Elgar, Britten & Co

Lektorat: Jochen Schürmann
Titelentwurf: Heinz von Arx
Titelfotos: Benjamin Britten, Edward Elgar (beide Ullstein Bilderdienst, Berlin)
Satz und Gestaltung: MisterMac AG, Chur
Druck: Gasser AG, Chur
ISBN 3-7265-6029-7

Meinhard Saremba

Elgar, Britten & Co

Eine Geschichte der britischen Musik in zwölf Portraits

M&T Verlag

Dem Andenken meiner Eltern
Hans und Hildegard Saremba gewidmet

Inhalt

Geleitwort von Sir Colin Davis 7
Vorbemerkung 8
Danksagung 11

I Die Unperson der britischen Musik 13
Arthur Sullivan (1842–1900)
Eine kulturelle Explosion – Das deutsche Erbe – Ein zorniger junger Mann – Kunst ja, aber bitte seriös – Der verlorene Sohn – Sullivan und Gilbert – Eine komische Oper neuen Stils – Popularität und Einfluß – Sir Arthur und Mr. Sullivan – Eine nationale Oper – Spötterdämmerung

II Captain Parry 55
Hubert Parry (1848–1918)
Abschied von der alten Garde – Akademiker mit Idealen – Der Konzertsaal als moralische Anstalt – Kollege Stanford – Didakt und Moralist – Das große Sterben

III Der Meister und Alice 85
Edward Elgar (1857–1934)
Zeit der Glorie, Zeit des Abschieds – Ein Mann aus der Provinz – Alice und »My Friends Pictured Within« – Zu neuen Ufern – Die Grenzen des Ruhms – Schwanengesang

IV Rebellion der Töchter 123
Ethel Smyth (1858–1944)
Ungleiche Paare – »... zurück nach Deutschland, meiner geistigen Heimat« – Jahre des Kampfes – Wie ein ruderloses Schiff – Die meisterhafte Compositrice – Eine neue Karriere

V Die Sinfonie der Welt 151
Ralph Vaughan Williams (1872–1958)
Auf der Suche nach den Wurzeln – Die Szene wandelt sich – »Complexe mais pas compliqué« – Aus dem reinen Quell der Musik – Der Buchstabe und der Geist – Weder ein großer noch ein alter Mann

VI Triumphator wider Willen 187
Gustav Holst (1874–1934)
Ein moderner Komponist? – »Worming« und andere Strapazen – Musikalisches Doppelleben – Von Bach bis »Tipperary« – Im Dienste der Kunst – »Wehe euch, wenn euch alle Menschen umschmeicheln« – Ein Zustand der Ewigkeit

VII Unsterbliche Stunden 211
Rutland Boughton (1878–1960)
Ein Träumer, ein Kämpfer – Vision und Wirklichkeit: Das Musikdrama der Zukunft – Ein Dorf namens Glastonbury – Sozialistische Koda

VIII Shakespeare and Company 245
William Walton (1902–83)
Oldham – *Façade* – Scharade – Klimax – Kino – Oper – Ischia

IX Und wo bleibt das Positive, Herr Britten? 275
Benjamin Britten (1913–76)
Kehrseiten der Vollkommenheit – *A Boy Was Born* – Das Abenteuer »Englische Oper« – *Peter Grimes* – Glyndebourne und Aldeburgh – *War Requiem* – Andere Welten – *Death in Venice* – Lange Schatten

X Schöne neue Welten 319
Michael Tippett (geb. 1905)
»Turn on to Tippett!« – Verdorbene Kindheit – In wüstem Land – Ein Kind unserer Zeit – Sommernachtsträume – Neue Ufer – Retter?! Held?!

XI Folge mir ins Labyrinth! 351
Peter Maxwell Davies (geb. 1934)
Pax Orcadiensis – Ein flammender Löwe – Frischer Wind – Dogma und Gewissen – Runen von einer heiligen Insel – Der fünfte Schlüssel

XII »Die Natur ist die Hölle auf Erden ...« 385
Harrison Birtwistle (geb. 1934)
Ein böser Scherz – Instrumentale Dramen – Bemerkungen zum Musiktheater – Orpheus-Kommentare – Ein endlos geflochtener Klang

Anhang

Anmerkungen zum Text 416
Abbildungsnachweis 450
Zeittafel 451
Bibliographie 466
Diskographie 475
Videos 491
Kontaktadressen 493
Personenregister 496

Geleitwort

Welch eine willkommene Überraschung! Ein Buch eines deutschen Autors über ein Dutzend britischer Komponisten von Arthur Sullivan bis Harrison Birtwistle, das sicherlich dazu beitragen wird, das Interesse an deren Musik zu erweitern und den deutschen Leser an die außerordentliche Vielfalt ihrer Verdienste und Leistungen zu erinnern. Britische Komponisten haben es nie leicht gehabt. Seit den glorreichen Tagen der Elisabethaner, Henry Purcells und Georg-Friedrich Händels stand die Musik im Schatten der Orgelempore, wo sie, mit dem Ruch gesellschaftlicher und intellektueller Minderwertigkeit behaftet, ihre Möglichkeiten nicht entfalten konnte. Das Auftreten von Edward Elgar und seine Erfolge in Deutschland kündigten den Umschwung an. Eine Renaissance setzte ein, die die Aufmerksamkeit der ganzen Welt auf Kompositionen aus Großbritannien gelenkt hat.

Diese Renaissance wird in dem vorliegenden Buch nachgezeichnet. Hier bekommt man die Gelegenheit, einige jener Persönlichkeiten kennenzulernen, die dabei eine bedeutende Rolle gespielt haben oder noch spielen. Ich hatte das große Glück, den letzten fünf von ihnen persönlich zu begegnen. Am engsten habe ich mit Michael Tippett zusammengearbeitet, einem großen, positiven Geist – so notwendig in einer Zeit, die zum Destruktiven neigt. Mit Verwunderung erinnere ich mich daran, daß ich es geschafft habe, *Worldes Bliss* von Peter Maxwell Davies zu bewältigen – es ist bis heute das schwierigste Orchesterwerk, das ich je dirigiert habe –, sowie mit Unruhe an Harrison Birtwistles *Verses for Ensembles*, die auf einer Deutschland-Tournee für soviel Wirbel gesorgt haben. William Waltons 1. Sinfonie, die 4. und die 6. Ralph Vaughan Williams, Benjamin Brittens *Peter Grimes* und Michael Tippetts *Child of Our Time* sind nun bereits zu meinen Lebzeiten zu Klassikern geworden. Zukünftige Generationen werden in dieser Musik des 20. Jahrhunderts universale Qualitäten finden. Großbritannien ist nicht länger »das Land ohne Musik«.

Sir Colin Davis
April 1993

Vorbemerkung

Künstler sind eben Künstler, weil sie ein besonderes Empfindungsvermögen haben, vielleicht ein nicht so dickes Fell wie andere; und die Großen unter ihnen haben eine unbequeme Art, in vielen Dingen recht zu haben, in manchen lange vor ihrer Zeit.

Benjamin Britten[1]

»Was ist in einem Namen?« sinniert Julia bei Shakespeare. »Das, was wir Rose nennen, würde mit jedem anderen Namen ebenso süß duften...« Nun mag Verliebten einerlei sein, was um sie herum vorgeht; im Bereich der Literatur, der bildenden Kunst und der Musik sind Namen indes nicht so einfach austauschbar. Hier sind sie im hohen Maße mit einem besonderen dichterischen Können, optischen und klanglichen Eindrücken verbunden. Doch hinter den Namen verbirgt sich mehr als lediglich ein Katalog von Werken; nämlich persönliche Schicksale, die Einflüsse einer Epoche sowie der daraus entwickelte individuelle Stil, der das Schaffen prägt.

Edward Elgar und Benjamin Britten sind gewiß die bekanntesten aus einem Reigen britischer Komponisten, die wertvolle Beiträge zu der phänomenalen Entwicklung der britischen Musik während der letzten 150 Jahre geleistet haben. Der *britischen* Musik wohlgemerkt, denn man kann höchstens bis zum Auftreten Henry Purcells von einer eigenständigen englischen Musik sprechen. Nach Purcells Tod im Jahre 1695 versank das Musikleben auf der Insel in Lethargie, aus der es sich erst knapp zwei Jahrhunderte später wieder lösen sollte – zu einem Zeitpunkt, da man längst nicht mehr von unabhängigen Entwicklungen in England, Schottland, Wales und Irland sprechen konnte.

Die Entwicklung des Musiklebens in Großbritannien während der letzten eineinhalb Jahrhunderte ist eines der spannendsten Kapitel der Musikgeschichte. Um die Mitte des 19. Jahrhunderts war von der glorreichen musikalischen Vergangenheit des Landes, etwa der im 15. Jahrhundert von den Franzosen noch gerühmten »contenance anglaise«, wenig zu spüren. In der wechselhaften Historie des Inselreiches waren frühere Traditionen verschüttet worden, und Musik importierte man seit Händels Zeiten vorwiegend aus Italien und Deutschland. »Wir gaben uns damit zufrieden, Musik zu kaufen, während wir Kirchen, Dampfmaschinen, Eisenbahnen, Baumwollspinnereien, Verfassungen, Ligen gegen die Getreidezölle und Parteiausschüsse machten«, kritisierte Arthur Sullivan 1888 die Situation.[2]

Nun braucht Geschichte Persönlichkeiten, durch die sie gestaltet und geformt wird. Die britische Musikgeschichte stellt in besonderem Maße eine anregende Verbindung von Zeitgeschichte mit dem Leben und Schaffen einzelner Künstlerpersönlichkeiten dar. Sullivan war eine dieser Persönlichkeiten, »der beliebteste Komponist unserer Zeit«, wie es damals in einer Biographie hieß,[3] und er war einer der wichtigsten Vertreter der allmählich einsetzenden Entwicklung, die als die sogenannte Renaissance der englischen (sic !) Musik in die Musikgeschichte einging. »Das englische Publikum ist merkwürdig«, konstatierte Hubert Parry 1918. »Es erkennt nur einen Komponisten zu jeder Zeit an. Einst war es Sullivan. Jetzt ist es Elgar.«[4] Und später kamen Vaughan Williams, Britten und Tippett hinzu. Doch neben diesen international renommierten Musikern verdienen noch andere Anerkennung.

In diesem Buch soll die Entwicklung der britischen Musik vom 19. Jahrhundert bis heute anhand von Portraits der bedeutendsten Komponisten vorgestellt werden. Um den Rahmen dieser Essaysammlung nicht zu sprengen, erhielten namhafte, zumeist in Großbritannien geborene oder tätige Künstler wie der deutschstämmige Frederick Delius – »ein auf merkwürdige Weise staatenloser Mann«[5] – oder der Ire Charles Villiers Stanford kein eigenes Kapitel. Sie tauchen ebenso wie Julius Benedict, William Vincent Wallace, Michael William Balfe, Frank Bridge, Constant Lambert, Thea Musgrave, Arnold Bax, John Ireland, Arthur Bliss und viele weitere nur in anderen Zusammenhängen auf.

Dennoch gibt es bei den Lebenswegen dieser Künstler und ihren Aktivitäten vielfältige, direkte oder indirekte Überschneidungen mit dem Wirken jener zwölf Komponisten, die hier einzeln portraitiert werden: Am Beginn steht Arthur Sullivan, nicht nur weil er als der wichtigste britische Musiker des 19. Jahrhunderts gilt, sondern insbesondere aufgrund seiner Bemühungen um den Nachwuchs und eine Anerkennung der Werke einheimischer Komponisten. Gerade durch seine satirisch-komischen Opern schuf Sullivan in seiner Heimat eine breite Basis an musikinteressierten und musikkundigen Hörern. Ferner wurde die Neubelebung der britischen Musikszene seit dem letzten Viertel des 19. Jahrhunderts wesentlich durch Hubert Parry beeinflußt, auch verdient die damals bedeutendste Komponistin Ethel Smyth Beachtung. Weitere Impulse zu Beginn des 20. Jahrhunderts vermittelten Edward Elgar mit den sensationellen Erfolgen der *Enigma Variations* und des Oratoriums *The Dream of Gerontius* sowie – besonders durch die Wiederentdeckung fast vergessener Traditionen im Volkslied – Ralph Vaughan Williams und Gustav Holst. Vor allem auf dem Gebiet der Oper traten Rutland Boughton, Michael Tippett und Benjamin Britten in Erscheinung. Letztlich darf auch ein Individualist wie William Walton nicht vergessen werden – ebensowenig wie die heutigen Repräsentanten der britischen Musik, Peter Maxwell Davies und Harrison Birtwistle.

Der Zweck dieser »Geschichte der britischen Musik in zwölf Portraits« kann es kaum sein, in erschöpfender Ausführlichkeit die Lebensläufe dieser Komponisten darzustellen oder gar ihre Werke eingehend zu analysieren. Das Hauptaugenmerk wurde darauf gelegt, Charakterbilder der einzelnen Persönlichkeiten zu zeichnen und ihre Leistungen unter Berücksichtigung von Quellenmaterial bzw. persönlichen Kontakten herauszustellen. Dabei galt es vor allem, Zusammenhängen nachzuspüren, die nicht allein musikalischen Ursprungs sind, sondern Leben und Werk untrennbar mit dem Zeitgeschehen verknüpften und Kompositionen hervorbrachten, die auch eine weiterreichende Bedeutung für nachfolgende Generationen haben. Letztendlich soll dieses Buch Neugier wecken auf die Musikkultur eines Landes, die nicht isoliert betrachtet werden sollte, sondern als spannende Ergänzung zum internationalen Repertoire zu sehen ist. Zu wünschen ist ihm ein Leserkreis von Menschen, die sich nicht nur für Bewährtes interessieren, sondern auch Neuem bzw. weniger Vertrautem gegenüber aufgeschlossen sind.

Doch auch jenen Lesern und Leserinnen, die bereits auf die Musik britischer Komponisten aufmerksam geworden sind – durch die zahlreicher werdenden Aufführungen der Bühnenwerke Brittens oder Maxwell Davies' in deutschen Theatern, die Musik aus den Opern von Gilbert und Sullivan, Elgars funkelnde Klänge, Holsts berühmtes Opus *The Planets*, Waltons Musik zu den Shakespeare-Verfilmungen mit Laurence Olivier oder Vaughan Williams' Sinfonien (in leicht erhältlichen Einspielungen) –, wünsche ich bei den Portraits von zwölf britischen Komponisten eine anregende Lektüre und viel Vergnügen mit den Aufnahmen der Disko- und Videographie oder beim Erlebnis von Live-Aufführungen.

Meinhard Saremba

Danksagung

Es ist mir eine besondere Freude, all denen zu danken, die mir bei der Arbeit an diesem Buch mit Rat und Tat zur Seite gestanden haben.

Besonders umfangreich waren die Unterstützung und die Ratschläge, die ich von Stanley Meares (Gerrards Cross), Dr. Anton Obrist (Riehen/Schweiz), Rosamund Strode (Aldeburgh), Jochen Schürmann (Hamburg) und Gabi Ziegenhagen (Karlsruhe) erhalten habe.

Mein besonderer Dank geht auch an Sir Peter Maxwell Davies, Sir Harrison Birtwistle und Sir Michael Tippett.

Wertvolle Hinweise zu einzelnen Kapiteln gaben mir Meirion Bowen (London), Dr. Stewart Craggs (High Barnes), Jeremy Dibble (Cork, Republic of Ireland), David Eden (Saffron Walden), Michael Hurd (West Liss), Prof. Arthur Jacobs (Oxford), Brian Jones (London), Peter Owens (London), Michael Pope (Warminster), Anne Stanyon (Hessle) und Dr. Percy Young (Wolverhampton).

Für weitere Informationen, Unterstützung und Anregungen danke ich ferner Judy Arnold (London), Dr. Brandenburg (Köln), Bill Colleran (London), Claire Colvin (London), Prof. Cyril Ehrlich (Oxford), Nicolas John (London), Manfred Kleber (München), Tom Morgan (London), Mechthild Nicolin (Wuppertal), Heidi Petrat (Heidelberg), Andrew Rosner (London), Andreas Saremba (Berlin), Jill Segal (London), Ilona Terstappen (Düsseldorf), Stephen Turnbull (Bishop Auckland), Nicholas Wright (London), den Düsseldorfer Symphonikern, der British Music Society und dem British Music Information Centre (London).

Nicht zu vergessen sind auch jene Autoren, die – fast ausschließlich in englischer Sprache – über britische Musik geschrieben haben, und aus deren Werken zitiert wird.

Last but not least geht mein herzlicher Dank an Sir Colin Davis, dessen Interesse und hilfsbereite Unterstützung für dieses Projekt in Sachen Musik aus Großbritannien eine besondere Ermutigung war.

M. S., März 1993

I

Die Unperson der britischen Musik

Arthur Sullivan (1842–1900)

Wir mußten zur Krönung [von Elizabeth II.] am nächsten Tag zu sehr früher Stunde in der Abtei sein [. . .] Draußen vor der Abtei sah es so aus, als ob ein gewaltiges Ensemble sich für »Iolanthe« versammelt hätte. Angehörige des Hochadels, die ihre Roben über den Arm gehängt hatten, hielten nach ihren Gattinnen Ausschau oder plauderten miteinander. Wir trafen auf eine Freundin, die in Gesellschaft der Königsfamilie gekommen war, prachtvoll in weißen Satin und Diamanten gehüllt, so daß ich vor ihr einen tiefen Knicks machte. »Bow, bow ye lower middle classes«, sagte ich, aber nur Ralph wußte, wovon ich sprach.

Ursula Vaughan Williams[1]

Eine kulturelle Explosion

Wenn sich im Jahre 1842 ein englischer Gentleman mit Weib und Kind in die Kutsche setzte, um sich auf die beschwerliche Reise von London nach Leeds zu begeben, mußte er sich frühzeitig auf den Weg machen, wenn er nicht zu allzu später Stunde sein Ziel erreichen wollte. Für die gut dreihundert Kilometer lange Strecke benötigte man über zwanzig Stunden, um schließlich gut durchgeschüttelt und erschöpft ans Ziel zu gelangen.

Die technische Entwicklung, die das Vorwärtskommen auf größeren Entfernungen im 19. Jahrhundert wesentlich erleichterte, war die Eisenbahn. Dieser Aufschwung im Verkehrswesen brachte jedoch nicht nur die Wirtschaft voran, sondern zugleich einen nicht zu unterschätzenden Stimulus für das Musikleben des Landes mit sich. Durch die immer besser werdende Infrastruktur Großbritanniens wurde es möglich, lange Distanzen rasch zu überwinden, was den ausübenden Musikern, ja ganzen Orchestern und Theaterensembles neue Auftrittsmöglichkeiten erschloß und den Einzugsbereich von Theatern und Konzerthäusern erweiterte. Die Musikfestivals in den großen Städten erlebten einen Aufschwung, neue Konzertsäle wurden gebaut und auch neue Orchestervereinigungen gegründet.

Das 19. Jahrhundert verschaffte auch der Statistik ihre Existenzberechtigung, denn endlich konnte man mit Daten aufwarten, die imposant genug waren, um für die Nachwelt festgehalten zu werden. Mit Genugtuung konnten die Bürger verfolgen, wie sich das Netz der Eisenbahn wie das einer Spinne ausbreitete und das Land mit Tausenden von Schienenmeilen überzog. Potentielle Fahrgäste, die in der neuen Epoche der Großstädte auf gute Verbindungen angewiesen waren, gab es genug. Allein in der ersten Hälfte des 19. Jahrhunderts wuchs die Bevölkerungszahl Europas dank der stetigen Verbesserungen der hygienischen Verhältnisse und der Fortschritte im medizinischen Bereich um 42 Prozent von 187 auf 256 Millionen. Mochte Paris die kulturelle »Hauptstadt des 19. Jahrhunderts«[2] sein, so war London sein wirtschaftlicher und politischer Mittelpunkt. »London ist wie eine Zeitung«, notierte der Journalist Walter Bagehot über die Bedeutung der englischen Metropole für das Werk des Schriftstellers Charles Dickens, einem langjährigen Freund Sullivans. »Hier gibt es alles, aber alles erscheint ohne Zusammenhang.«[3] In der Tat stellte London nicht nur einen Schmelztiegel des weltoffenen, industrialisierten viktorianischen Englands dar; hier fand man auch die Schattenseiten der von Klassenschranken, Machtpolitik und wirtschaftlichem Expansionsstreben geprägten Nation, denn die Verelendung im Zentrum des britischen Imperiums war groß, da an dem wachsenden Lebensstandard und dem steigenden Nationaleinkommen, das sich im Laufe des 19. Jahrhunderts vervierfachte, zumeist nur die ohnehin Wohlhabenden teilhatten.

Arthur Sullivan

Arthur Sullivan war Londoner, und er war Musiker – eine Persönlichkeit, die durch ihre Heimatstadt nicht minder geprägt wurde als durch das Elternhaus, und ein Künstler, der sich der Verflechtung von Musik, Handel, Politik und Technik sehr wohl bewußt war. Selbstsicher machte er geltend, daß die Musik in ihrer Bedeutung »auf einer Stufe mit so wesentlichen Arbeiten wie Landwirtschaft und Warenproduktion« stehe, eine Folgerung, die er sogar aus der Einteilung der menschlichen Gesellschaft im alttestamentarischen Buch Genesis herleitete.[4]

Durch die enormen Fortschritte auf den Gebieten der Technik, der Naturwissenschaften und der Medizin vollzog sich im 19. Jahrhundert einer der gewaltigsten Zivilisationsschübe in der Geschichte der Menschheit, der durchaus den gewaltigen Umwälzungen durch die heutige Computertechnologie vergleichbar ist. Auch das kommerzielle Konzertleben erhielt dadurch einen Aufschwung, der nach manchen Einschätzungen einer »kulturellen Explosion« gleichkam.[5] Was indes nicht im gleichen Maße Schritt halten konnte, war die Anerkennung, die man zu dieser Zeit der Musik in Großbritannien entgegenbrachte, und erst recht nicht, wenn sie von einheimischen Künstlern produziert wurde. Die glorreichen Tage, als die »contenance anglaise«, das englische Antlitz der Musik des 12. Jahrhunderts, in Europa gerühmt wurde, und die neue Phase der kulturellen Blüte unter Elizabeth I., als Namen wie Purcell, Gibbons, Dowland oder Byrd ein Begriff waren, gehörten schon längst der Vergangenheit an. Die Geschichte des Landes bewies, daß vor der Moral erst das Fressen kommt und ganz zuletzt die Kultur: Bürgerkriege, Machtkämpfe, der Einfluß der Puritaner und handfeste wirtschaftliche Interessen beanspruchten für eine lange, eine zu lange Zeit die Aufmerksamkeit der Nation. Die britischen Inseln sind zu klein, als daß beispielsweise ein Künstler wie Schütz auf dem weitläufigen europäischen Festland relativ unbehelligt von den Wirren des Dreißigjährigen Krieges noch genügend Muße für große Kunstwerke erübrigen konnte. Die Literatur genoß zwar stets ein hohes Ansehen in Großbritannien, aber eine Schriftkultur ist nun einmal auf Werke in der Muttersprache angewiesen. Musik hingegen war einfacher zu haben, indem man sich einfach das nahm, was andere Länder zu bieten hatten. Das nötige Geld dazu war vorhanden oder würde schon irgendwie durch die Kolonien in Übersee erwirtschaftet werden.

Als Arthur Sullivan die kulturelle Bühne seiner Heimat betrat, hatten die Briten seit fast 200 Jahren die einst hohe Stellung in der Musikwelt verloren und sich seitdem, wie Sullivan feststellte, »so berühmten Ausländern anvertraut [...] wie Händel, Haydn, Spohr, Mendelssohn (bis jetzt der Lieblingskomponist der Engländer) und der italienischen Oper, die ausschließlich die Aufmerksamkeit der vornehmen Klassen auf sich gezogen hat und sich wie ein großer Moloch über alle Bemühungen um eine eigene Musik rücksichtslos hinwegsetzte und sie beiseite drückte«.[6] Im Bereich der Musik war ein kulturelles Vakuum entstanden, das Sullivan nicht nur genau erkannte, sondern auch auszufüllen verstand. Nach den Kriegen mit Napoleon hatte sich die englische Industriegesellschaft in der zweiten Hälfte des 19. Jahrhunderts soweit stabilisiert, daß sie ihre nationale Identität nun auch auf kulturellem Gebiet neu zu definieren suchte. So erwachte im Zuge der Bestrebungen um ein nationales Theater[7] nach und nach das Interesse an originalen Werken eigener Komponisten. Doch aus welchem Brunnen konnte Sullivan schöpfen? Purcell war schon seit langem in Vergessenheit geraten, und man hatte erst 1876 mit der Gründung der Purcell-Gesellschaft wieder begonnen, seine Werke neu zu entdecken. Sullivans musikalische Wurzeln lagen in der von der Chapel Royal gepflegten Sakralmusik und im Kulturerbe Deutschlands, einem Land, dem England durch verwandschaftliche Verflechtungen auf höchster politischer Ebene seit geraumer Zeit verbunden war. Sullivans Laufbahn knüpfte an diese Tradition an, die er jedoch nicht konservieren, sondern zum Ausgangspunkt für neue Entwicklungen nehmen wollte.

Das deutsche Erbe

Am 13. Mai 1842 war Arthur Sullivan als zweiter Sohn eines irischen Musikers und dessen italienischstämmiger Frau in London zur Welt gekommen. Durch den Vater wurde Arthur eine ungewöhnlich gründliche musische Ausbildung zuteil, wobei Thomas Sullivan jedoch keine Ambitionen zeigte, aus seinem Sohn ein Wunderkind zu machen, wie es einst Leopold Mozart praktiziert hatte. Einen Zwang gab es nicht, er wäre bei dem musikbegeisterten Kind auch gar nicht nötig gewesen. Auf Drängen des Sohnes stellte Vater Sullivan den Knaben bei den Verantwortlichen der Chapel Royal vor, jener berühmten Königlichen Kapelle, die bereits im 12. Jahrhundert als Vereinigung der am Hof versammelten Musiker gegründet worden war und zur Ausgestaltung kirchlicher und höfischer Anlässe beitrug. Zwar stand unterdessen die Qualität dieses Ensembles kaum noch in Einklang mit der ruhmreichen Vergangenheit des Instituts, dennoch waren die prägenden Einflüsse, die Arthur Sullivan hier von 1854 bis 1856 erhielt, mannigfaltig. Durch seine gute Stimme avancierte der aus bescheidenen Verhältnissen stammende Musikersohn zum »first boy« des Chores und kam durch viele Auftritte erstmals mit dem Gesellschaftsleben der High Society und des Königshauses in Kontakt.

Einen tiefen Eindruck hinterließen Begegnungen mit Künstlern vom Rang einer Jenny Lind; musikalisch wurde ihm das Idiom Händels, Mozarts und Mendelssohns eingeimpft. Auch zu ersten Kompositionsversuchen ermutigten ihn seine Lehrer, und einige Chorstücke wurden sogar aufgeführt. Man ahnte bereits, daß es hier ein großes Talent zu fördern galt, und als Arthur Sullivan 1856 als jüngster Teilnehmer den erstmals ausgeschriebenen Mendelssohn-Wettbewerb gewann, schien seine weitere Laufbahn programmiert. Und für viele Jahre sollte sich Sullivan tatsächlich auf den für ihn ausgelegten Gleisen bewegen. Jedoch deutete sich schon bald an, daß er das kulturelle Vermächtnis, das ihm anvertraut wurde, nicht bloß weiterverwaltete, sondern mit seinen eigenen künstlerischen Vorstellungen verband.

Nach zwei weiteren Ausbildungsjahren an der Royal Academy of Music wurde Sullivan 1858 das mit dem Wettbewerbsgewinn verbundene Studium am Konservatorium in Leipzig ermöglicht. In England hatte man gerade erst damit begonnen, für die Unterweisung des Nachwuchses große Musikinstitute einzurichten. Dazu gehörten unter anderem die Royal Military School im Schloß Kneller Hall (1856), an der Sullivans Vater lehrte, die London Academy of Music (1861), das Royal College of Organists (1864), die London Organ School (1865) und das College of Church Music (1872), das später in Trinity College of Music umbenannt wurde, sowie die National Training School for Music, der Sullivan von 1876 bis 1881 vorstand, bis sie dann 1882 in das Royal College of Music integriert wurde. Für Sullivan, und noch für Künstler nachfolgender Generationen wie etwa Frederick Delius oder Ethel Smyth, war eine gehaltvolle musikalische Weiterbildung nur außerhalb Englands, vor allem in Deutschland, zu bekommen.

Obwohl Sullivan ein ausgezeichneter Pianist und Dirigent war, stellte sich in Leipzig heraus, daß er sich doch wohl in erster Linie als Komponist verstand. In der sächsischen Musikmetropole erhielt er auch wesentliche neue Anregungen. Neben die Idole von einst traten neue: Schumann und Schubert, während Wagner und seine Anhänger kaum Einfluß auf den jungen Mann aus England gewannen. Arthur Sullivan konnte nicht begreifen, daß London der neuen Musik weitgehend desinteressiert gegenüberstand, ja sie eigentlich gar nicht kannte. Im Musikleben der englischen Metropole dominierten Händelsche Chorsätze, Mendelssohns Melodienreichtum und Chopins Zauber. Sullivan erkannte rasch die Bedeutung, die das Leipziger Kulturleben für ihn hatte. Er begegnete auf musikalischen Matineen dem Geiger Joseph Joachim und der Pianistin Clara Schumann und lernte bei einem Treffen der Tonkünstler-Versammlung auch Franz Liszt kennen, der ihm trotz mancher Exzentrik sympathisch war und den er als Orchesterleiter bewunderte. Das kleine Hoftheater in Weimar hatte Liszt durch etwa zwanzig bemerkenswerte Premieren vor allem zeitgenössischer Werke, darunter 1850 Wagners *Lohengrin,* zu einer der innovativsten und interessantesten Bühnen in ganz Europa gemacht. Liszt war es wahrscheinlich auch, der Sullivan zu Peter Cornelius' komischer Oper *Der Barbier von Bagdad* nach Weimar einlud, deren Uraufführung im Dezember 1858 Liszt selbst dort geleitet hatte. Diese Oper stellt ein wichtiges Bindeglied zwischen Lortzings Werken und Wagners *Meistersingern von Nürnberg* dar, die allesamt nicht nur musikalisch anregend für die spätere englische komische Oper waren, sondern auch voll sprachlichen Humors im Geiste von Sullivans späterem Partner W. S. Gilbert. Die Oper von Cornelius dürfte auf Sullivan durchaus Eindruck gemacht haben, denn 1891 sollte auf seine Anregung hin die englische Erstaufführung im Savoy Theatre stattfinden, gegeben von Studenten des Royal College of Music.

»Ich versuche mir oft vorzustellen, was aus mir geworden wäre, wenn ich nie nach Deutschland gekommen wäre«, schrieb Arthur Sullivan 1860 an seine Mutter und fuhr fort: »In England gab es nur noch wenig für mich zu lernen. Ich hatte fast das gesamte jemals in London aufgeführte kleine Musikrepertoire gehört und kannte es gut (und es ist wirklich äußerst klein, verglichen mit dem, was man hier hört). [...] Nicht nur ist mein musikalisches Urteilsvermögen größer und reifer geworden, sondern ich habe auch gelernt, wie gute Arbeit gemacht sein sollte. In England haben sie keine Vorstellung davon, die Orchester mit dem Maß an Feuer und farblichen Abstufungen spielen zu lassen, wie sie es hier vermögen, und genau das möchte ich erreichen: Die englischen Orchester genauso perfekt zu machen wie die auf dem Kontinent, und sogar noch mehr, denn die Kraft und der Ton der unsrigen sind stärker als bei den ausländischen.« Doch Sullivan kamen durch seinen Deutschland-Aufenthalt noch andere Bedenken gegen die Einstellung einheimischer Musiker und Musikliebhaber sowie gegen das Kulturleben seines Heimatlandes allgemein: »Wenn ihnen irgend etwas nicht beim ersten Mal gefällt (und ihren Ohren schmeichelt), dann verwerfen sie es und wollen nichts mehr damit zu tun haben, wobei sie vergessen, daß man wirklich gute Musik selten beim ersten Hören würdigen kann, sondern daß jeder für sich nach und nach ihre Schönheiten erkennt. Man denke beispielsweise an Beethoven. Seine 5. Sinfonie wurde ausgebuht und verlacht, als man erstmals in der Philharmonie eine Aufführung versuchte; Carl M. von Weber sagte von der 8. (oder 7.), daß der Komponist reif fürs Irrenhaus sei. Gerade erst jetzt beginnt man in England die Chorsinfonie zu verstehen. Und wie denken wir jetzt über Beethoven? Man stelle sich vor, er wäre einfach verworfen worden wie heute Schumann (der populärste deutsche Komponist), Schubert, Gade und andere weniger renommierte Komponisten. Wirf einen Blick in das Konzertprogramm von morgen abend. [...] Stell' Dir vor, man sieht in England Schumann und Wagner in dem gleichen Programm. Ich hoffe, daß diese Zeit noch kommen wird. [...] Ich bin der Meinung, daß die Musik als Kunstgattung in England sehr bald zum Teufel gehen wird, wenn nicht ein paar begeisterte, geschickte, fähige, junge und ausgebildete Musiker die Sache in die Hand nehmen.«[8]

Ein zorniger junger Mann

Begeisterungsfähig war Sullivan, und er verstand es auch, seinen Enthusiasmus anderen zu vermitteln. Mit großen Plänen kam er 1861 nach London zurück. Hier galt es, neue Wege in einer noch unterentwickelten kulturellen Infrastruktur zu erschließen. Der eifrige junge Mann stieß allerdings mit seinen Vorstellungen auf manches Unverständnis. Sullivan sei in Deutschland ruiniert worden, klagte der alte Cipriani Potter, der Leiter der Royal Academy of Music, und mit dieser Einstellung stand er gewiß nicht allein. Um das englische Musikleben aus seiner Lethargie zu lösen, war Überzeugungsarbeit zu leisten. Einen Geistesverwandten fand Sullivan in George Grove (1820–1900), einem vielseitig begabten und hochgebildeten Mann, der nicht nur seine Wertschätzung für Schumann und Schubert teilte, sondern auch die allgemeine Situation ähnlich beurteilte. Grove hatte seinen Zugang zur Musik nicht über das Studium der Zunftregeln gewonnen, sondern als bildungshungriger Amateur. Zumindest in ihren Anfängen war die Musikwissenschaft in England eine Sache von Laien – oder »Dilettanten« in der alten Bedeutung dieses Wortes –, und so braucht es nicht zu verwundern, daß Grove, der von seiner Ausbildung her eigentlich Ingenieur war, sich autodidaktisch umfassende musikalische Kenntnisse angeeignet hatte und unter anderem einführende Texte zu den Konzerten im Kristallpalast (»Crystal Palace«) sowie ein Buch über Beethovens Sinfonien verfaßte. Ein so kritischer Geist wie George Bernard Shaw schrieb über Grove, sein Lebenswerk sei »wertvoller als das aller Premierminister des ganzen Jahrhunderts«.[9] Die Krönung dieses Werkes war gewiß das *Dictionary of Music and Musicians*, das zwischen 1879 und 1889 erstmals in vier Bänden herauskam.

Als Sullivan die Bekanntschaft von Grove machte, war dieser Geschäftsführer des Kristallpalasts in London. Dieses riesige Konzert- und Ausstellungsgebäude war 1851 zur ersten Weltausstellung im Hyde Park

Der von Joseph Paxton 1851 zur Weltausstellung errichtete Kristallpalast

errichtet worden, anschließend demontierte man es und baute es in erweiterter Form in Upper Norwood wieder auf. Seitdem hatte sich der gewaltige Bau (der 1936 abbrannte) mit seinem tonnenförmigen Dach zu einem der wichtigsten Konzertsäle der Hauptstadt entwickelt, weil er durch günstige Bahnverbindungen gut zu erreichen war, obwohl er etwas abseits vom Zentrum lag. Der Kristallpalast stellte einen für das Kultur- und Gesellschaftsleben seiner Zeit charakteristischen Bau dar. Bei besonderen Anlässen wirkten dort bis zu 4000 Sänger mit, während Zehntausende von Zuhörern teils sitzend, teils in den weiten Räumen auf und ab gehend der Musik lauschten. Die 1852 vor dem Aufbau des neuen Kristallpalasts gegründete Aktiengesellschaft »Crystal Palace Company« hatte es sich ausdrücklich zur Aufgabe gemacht, »der Erziehung der großen Massen des Volkes und der Veredelung ihrer Erholungsgenüsse einen Universaltempel zu bauen«.[10] Es war obendrein ein Musentempel mit Niveau: Der Dirigent August Manns (1825–1907), ein ehemaliger preußischer Militärkapellmeister, der Mitte der 50er Jahre nach England übergesiedelt war, hatte eine regelmäßige Konzertreihe im Kristallpalast eingeführt, bei der er die willkürliche Programmzusammenstellung der sogenannten »Benefizkonzerte« allmählich zugunsten einer künstlerisch redlicheren Werkauswahl und anspruchsvolleren Darbietungen zurückdrängte. Die Briten konfrontierte er erstmals mit »Neutönern« wie Wagner, Schumann und Schubert, doch Manns trug auch den Bemühungen einheimischer Komponisten Rechnung. »Beethoven ist noch immer der Lieblingskomponist«, stellte Manns nach jahrzehntelanger Konzerterfahrung im Jahre 1895 fest. »Ich denke, daß eine große Mehrheit der Kompositionen Franz Schuberts und der bedeutendsten Komponisten seit Mendelssohns Tod, die jetzt zu den Repertoirestücken aller großen Konzertgesellschaften in Großbritannien gehören, erstmals bei den Samstagskonzerten im Kristallpalast vorgestellt wurden. Die Liste der einheimischen Komponisten, deren Werke vor nun schon etwa einer Generation gelegentlich bei hochklassigen Konzerten eingeführt wurden, umfaßte kaum ein Dutzend Namen; jetzt ist sie auf die respektable Zahl von achtzig angewachsen, wie das Verzeichnis der im Lauf der letzten dreißig Jahre bei den Samstagskonzerten aufgeführten Musikstücke zeigt. Sullivan, Mackenzie, Cowen, Stanford, Parry, Hamish MacCunn, Wingham und etwa siebzig weitere haben unter meiner Leitung ihre ‹Debut-Taufe› erhalten.«[11] Zu dieser »Feuerprobe« hatte Arthur Sullivan seine Abschlußarbeit aus Leipzig, die Bühnenmusik zu Shakespeares letztem Drama, *The Tempest (Der Sturm)*, erweitert. George Grove, dem er das Werk zur Aufführung anbot, war gewillt, dem Nachwuchstalent eine Chance zu geben, besprach die Komposition mit August Manns, und schließlich wurde *The Tempest* für Samstag, den 5. April 1862 ins Programm genommen.

August Manns

Vater Sullivan warnte seinen Sohn, daß er sich seelisch darauf einstellen müsse, vom Londoner Publikum in der Luft zerrissen zu werden. Doch Arthur war zuversichtlich. Er hatte das Werk seit der ersten Aufführung in Leipzig einer gründlichen Revision unterzogen, und sein Optimismus wurde nicht enttäuscht. Das Konzert wurde zu einem Triumph für Sullivan; seine Bühnenmusik, die umfangreichste Komposition jenes Abends, erzielte bei Publikum und Presse einen einhelligen Erfolg. »Er selbst und diejenigen, die zuerst die Keime seines Talents entdeckten, können durchaus stolz sein«, hieß es in der Londoner »Times« und weiter: »Es genügt im Augenblick festzuhalten, daß seine Musik zu *The Tempest*, die eine starke Vorliebe für Mendelssohns faszinierenden Stil verrät, bemerkenswerte Vorzüge aufweist, etwa eine ausgeprägte melodische Ader, ein starkes Gefühl für dramatischen Ausdruck und glückliche Einfälle in der Orchesterbehandlung. [. . .] Am Schluß gab es laute Rufe nach ›dem Komponisten‹, der, von Mr. Manns nach vorne geführt, von allen Seiten mit dem herzlichsten Applaus bedacht wurde.«[12] »Es ist nicht übertrieben zu sagen, daß ich am nächsten Morgen aufwachte und berühmt war«, erinnerte sich Sullivan später, Lord Byron zitierend.[13] Das Konzert eröffnete ihm den Zugang zum Londoner Kulturleben. Der neue Hoffnungsträger der britischen Musik fand rasch Anschluß an einen Kreis deutsch-englischer Intellektueller um den Maler Rudolf Lehmann und den Schriftsteller Charles Dickens sowie um Otto Goldschmidt – später Gründer und Leiter des Londoner Bach-Chors sowie Vize-Präsident der Royal Academy of Music – und seine Gattin, die Sängerin Jenny Lind, die Sullivan seit seiner Jugend verehrte.

Sullivans Bühnenmusik zu *The Tempest* war bis dahin einmalig in der britischen Musik: Die Introduktion mit ihrer verhaltenen Stimmungsmalerei und dramatischen Verdichtung erinnert in ihrer Ruhelosigkeit und Melancholie beinahe an Tschaikowsky; auch war Sullivan die Leitmotivtechnik keineswegs fremd, und einige rhapsodische, rezitativische Passagen weisen darauf hin, daß dem Briten neben Liszt auch Wagners Idiom geläufig war.[14] In Rhythmik und Kontrapunkt findet man Bezüge zu Schumann, doch auch Mendelssohn ist als Vorbild unverkennbar. Das Wiederaufleben der schöpferischen Kraft und des Gestaltungswillens britischer Komponisten, das später als die sogenannte »Renaissance der englischen Musik« in die Kulturgeschichte einging, erfuhr am 5. April 1862, dem Tag dieses denkwürdigen Konzerts, einen ersten Höhepunkt im Bewußtsein der Öffentlichkeit. Spätere Generationen – wie etwa Gustav Holst bei Vorträgen in den 20er Jahren[15] – neigten eher dazu, dieses Verdienst Parrys *Scenes from Shelley's »Prometheus Unbound«* von 1880 oder Elgars *Enigma Variations* von 1899 zuzuschreiben. Dabei handelte es sich bei dieser »Renaissance« letztlich um eine Entwicklungsspirale, deren Beginn sich nicht auf Uraufführungsdaten festlegen läßt. Vielmehr waren diese spektakulären Aufführungen und einige herausragende Namen unter Hunderten britischer Komponisten äußeres Zeichen dafür, daß Großbritannien wieder eigene bedeutende Musik und Musiker besaß. Sullivans Leistungen am Anfang dieses Prozesses wurden später bewußt ignoriert und diskreditiert, weil seine Laufbahn eine Wendung nahm, die gegen die Regeln des Establishments verstieß.

Kunst ja, aber bitte seriös

Doch zunächst etablierte sich Sullivan im Lager der seriösen Musik. Um ein geregeltes Einkommen zu haben, übernahm er 1861 eine Stelle als Organist an der St. Michael's Church am Chester Square, 1867 wechselte er auf einen besser dotierten Posten an der St. Peter's Church in Kensington, wo er sein Amt bis Anfang der 70er Jahre wahrnahm. Zusätzliche Verdienstmöglichkeiten bot der Verkauf von im Druck erschienenen Musikstücken – eine Folge des stark expandierenden und im hohen Maße aufnahmefähigen Musikliebhaber-Marktes, der sich um das Klavier herum gebildet hatte. Dieses Instrument war fast überall in Europa zum Sinnbild für vornehme Lebensart geworden, ein notwendiges Accessoire für gebildete junge Damen und das Herzstück jedes gesellschaftlichen Abends. Allein in Großbritannien gab es 1910 zwei Millionen Klaviere, mehr als anderswo in Europa. Die Bedeutung dieses Instruments kann man nicht zuletzt daran ermessen, daß fast alle Romanheldinnen des 19. Jahrhunderts Klavier spielten. Nun ist die gesellschaftliche Entwicklung der Musik dieser Epoche ausgesprochen kompliziert und weist zahlreiche miteinander verflochtene Stränge auf. Die verschiedenen Musikgeschmäcke der Mittelklasse fanden sehr bald in den vornehmsten Salons Verbreitung, und die adeligen Kreise wandten sich mehr und mehr der im Aufschwung begriffenen Welt der »professionellen« leichten Muse zu. Hingegen war das Bürgertum bemüht, eher die progressive Musik der »Avantgarde« zu fördern und für jeden ersichtlich zu unterstützen. So heißt es etwa bei Marcel Proust in der *Suche nach der verlorenen Zeit* über einen Aristokraten namens M. de Marsantes, der ein Faible für Offenbach hatte, daß er Wagner gemocht hätte, wäre er ein »Bourgeois« gewesen.[16] Eines der deutlichsten Anzeichen für diesen Wandel war die starke Verbreitung der Hausmusik in den Familien des Mittelstandes, wobei dem Klavier eine zentrale Rolle zukam.

Bis zum Kriegsbeginn 1914 und den sich allmählich verbessernden Möglichkeiten, Musik technisch reproduzierbar zu machen, profitierten die Musikverlage in Großbritannien mehr vom Notenverkauf als von Aufführungen. 1898 bezifferte die Zeitschrift »Musical Opinion« die jährlichen Verkaufszahlen auf etwa 20 Millionen Stück bei 40 000 neuen Titeln, die jeweils eine Mindestauflage von 200 Exemplaren hatten.[17] So wandte sich Sullivan Anfang der 60er Jahre natürlich auch der Kammermusik und Liedvertonungen zu, die »Fingerübung« und Finanzquelle zugleich darstellten. Hierbei schöpfte der junge Komponist zumeist aus dem Fundus klassischer und romantischer Muster. Insgesamt schrieb er im Laufe seines Lebens gut 120 Lied- und Chorsätze, von denen zwischen 1876 und 1881 nur elf und in den verbleibenden 19 Jahren seines Lebens bloß noch sieben entstanden. Vorbild für sein Liedschaffen war zweifelsohne die deutsch-österreichische Tradition des Kunstliedes, die Sullivan vor allem in der Ausgestaltung des Klavierparts aufgriff. In seiner Heimat erwarb er sich früh einen guten Ruf durch die Vertonung von fünf Shakespeare-Texten – am bekanntesten ist *Orpheus with his lute* (aus *Henry VIII*) –, die 1864 zur Feier des 300. Geburtstags des Dichters entstanden. In Anbetracht der Popularität dieser Lieder dürfte Sullivan es später bedauert haben, diese Werke an den Verleger Metzler verkauft zu haben, ohne sich Anteile daran zu sichern. Das Tantiemen-System setzte sich im Theaterbereich erst um 1860 durch, als der irische Dramatiker Dion Boucicault sich weigerte, dem Adelphi Theatre sein Stück *The Colleen Bawn* für eine feste Summe zu verkaufen, und statt dessen eine prozentuale Beteiligung an den Einnahmen forderte.

Vielen Liedern Sullivans ist ein volksliedhafter Ton eigen, doch man findet auch für die Zeit ungewohnte harmonische und melodische Wendungen, da Sullivan mit verschiedenen kompositorischen Gestaltungsmöglichkeiten experimentierte, wobei er zum Teil Elemente aufgriff, die später anderen Tonsetzern eine charakteristische Note verleihen sollten. Bei der Textauswahl entschied sich der Komponist neben Shakespeare unter anderem für Werke von Tennyson, Kipling, Hugo, Eichendorff und George Eliot. Sullivan versuchte sich in Anlehnung an Schumanns *Dichterliebe* sogar an einem Liederzyklus, *The Window or The Songs of the Wrens (Das Fenster oder Die Lieder der Goldhähnchen)* nach Texten von Tennyson. Diesem liegt ein genauer Tonarten-Plan zugrunde, die elf Lieder zeichnen sich durch einen ausgeweiteten Klavierpart und eine Melodik aus, deren Vorbilder unverkennbar sind. Liederzyklen reizten später auch andere britische Komponisten. Hubert Parry, einer der wichtigsten Künstler in der Renaissance des englischen Liedes, veröffentlichte seit Anfang der 80er Jahre Liedersammlungen – bedeutend sind seine *Songs of Farewell* (1916) –, Charles Villiers Stanford schrieb zwischen 1901 und 1908 sechs Zyklen irischer Lieder, und über Delius und Holst spannt sich der Bogen bis zu Britten (man denke an *Seven Sonnets of Michelangelo* oder *Winter Words)* und Tippett *(Boyhood's End, The Heart's Assurance)*.

Sullivans populärste Liedvertonung überhaupt (und das erste Lied, das in England auf Phonographen zu hören war) wurde *The Lost Chord, (Der verklungene Ton)*, 1877 durch den frühen Tod seines erst 39jährigen Bruders Frederic angeregt. Das bewegende Stück mit einem Text von Adelaide A. Proctor ist mit seinem gefühlvollen, von religiösen Empfindungen geprägten Tonfall ein Musterbeispiel für die viktorianische Ballade und die privaten Empfindungen jener Zeit. Diese Art von Empfindsamkeit und Bewußtsein der eigenen Leidensfähigkeit – vom viktorianischen Bürgertum als Tugend gepflegt – findet sich beispielsweise auch in manchen Romanen von Charles Dickens als ein starker Appell an menschliche Emotionen in einer von Materialismus geprägten Zeit. Allein zwischen 1877 und 1902 wurden ein halbe Million Exemplare von *The Lost Chord* verkauft, und noch zwischen 1912 und 1923 machte allein Enrico Caruso sieben Aufnahmen von diesem Lied. Sullivan schrieb in seinen Anfangsjahren auch Kammermusik, in der er auf der Suche nach einer ihm eigenen Ausdrucksweise bereits Wege abseits der Konvention einschlug.

Spektakulärere Erfolge brachten jedoch seine Orchester- und Chorwerke. Durch seinen Freund Michael Costa, einen italienischen Dirigenten und Komponisten, der für die Opernsaison am Covent Garden und für das Festival in Birmingham verantwortlich war, bot sich Sullivan die Möglichkeit, als Organist an den Opernproben teilzunehmen und außerdem eigene Werke aufzuführen. So mußte er 1864 für Covent Garden als Programmfüller für Bellinis *La Sonnambula* in kurzer Zeit ein Ballett mit dem Titel *L'Ile enchantée* komponieren. Mehr nach seinem Geschmack war der Auftrag, den er durch Vermittlung Costas für Birmingham erhielt: die Kantate *Kenilworth*, mit der er jedoch noch nicht an den *Tempest*-Erfolg anknüpfen konnte. Immerhin bemühten sich nun die großen Musikfestivals in anderen Städten mehr um ihn. Diese Festivals wurden seit Händels Zeiten gepflegt und gelangten zu ihrer ersten Blüte, als sie im 19. Jahrhundert allmählich als regelmäßige Einrichtungen ins Kulturleben des Landes integriert wurden. Zu den bedeutendsten gehörten das »Three Choirs Festival«, das abwechselnd in Gloucester, Worcester und Hereford stattfand, sowie das Birmingham-Festival. Hinzu kamen dann die alle drei Jahre stattfindenden Musikfeste in Norwich (seit 1824) und Leeds (seit 1858) sowie vergleichbare Veranstaltungen in Manchester, Brighton, Liverpool und anderen Städten. Diese Festivals mit ihrem riesigen Aufgebot an Mitwirkenden und einer gewaltigen Zuhörerschaft, die beide nicht selten in die Tausende gingen, boten aufstrebenden Musikern die Möglichkeit, sich als Komponisten und Dirigenten vorzustellen. Sullivans erster Versuch auf dem Gebiet des Oratoriums entstand im Auftrag des Festivals in Worcester, *The Prodigal Son (Der verlorene Sohn,* wörtlich: *Der verschwenderische Sohn)*, uraufgeführt am 8. September 1869; vier Jahre darauf erklang am 27. August 1873 erstmals *The Light of the World* bei Costas Festival in Birmingham, jeweils unter der Leitung des Komponisten. Dazwischen lag 1872 ein groß angelegtes, pompöses *Te Deum*, verfaßt zur Genesung des schwer erkrankten Prinzen von Wales. Sullivan gehörte damit zu jenen Künstlern der »dritten Welle« britischer Oratorienkunst, und er war auch zugleich der älteste. In den 80er Jahren gewannen auch der Schotte Alexander Mackenzie, der Engländer Hubert Parry, der Ire Charles Villiers Stanford sowie Frederic Cowen Anerkennung. Noch Mitte des Jahrhunderts hatte der österreichische Musikkritiker Eduard Hanslick über Großbritannien geschrieben, dort sei »der Händelkultus [. . .] seine eigentliche musikalische Religion.«[18] Zu diesem Zeitpunkt hatte sich auch schon Louis Spohr einen Namen gemacht, von dem *Des Heilands letzte Stunden* 1839 in Norwich als *The Calvary* gegeben wurde, und in besonderem Maße natürlich Felix Mendelssohn Bartholdy, der mit seinem 1846 in Birmingham uraufgeführten *Elijah* ein neues Vorbild für das moderne Oratorium schuf und neben Händel zum zweiten Heroen dieser Kunstgattung wurde. Doch die kirchliche Aufführungspraxis konservierte den Status quo, so daß die britische Musik dem Entwicklungsstand auf dem Festland weit hinterherhinkte. Beispielsweise wurden in der ersten Hälfte des 19. Jahrhunderts Altstimmen in Chören noch von Countertenören gesungen und für diese geschrieben – ein Umstand, den Spohr und Mendelssohn monierten –, und selbst nachher mußten bei umfangreichen Werken der Alt noch mit Knabenstimmen verstärkt werden, wodurch ein Austausch der großen Sakralkompositionen von Land zu Land erschwert wurde.

Sullivan stand mit seinen ersten beiden Oratorien noch im Schatten Mendelssohns. Er hatte für beide Stücke die benötigten Texte aus der Bibel selbst ausgewählt. In nur drei Wochen stellte Sullivan *The Prodigal Son* fertig, ein allseits beachteter Erstling, wenn auch nicht der große Wurf. Mit viel Lob wurde 1873 der zweite Anlauf auf dem Gebiet der Oratorienkunst bedacht, *The Light of the World.* »Das Licht der Welt« ist ein sehr protestantisches Bild von Jesu Appell an das christliche Gewissen, ideal versinnbildlicht in Holman Hunts zwischen 1853 und 1856 entstandenem Gemälde eines Christus mit brennender Laterne. Auch mit dieser Sakralkomposition kam Sullivan den Erwartungen und den religiösen Gefühlen seiner Zeit entgegen, und der Komponist Alexander Mackenzie bescheinigte dem Werk später in seinen Erinnerungen, daß es nicht nur einen großen Teil der besten Musik Sullivans enthalte, sondern auch von »aufrichtigem religiösem Empfinden« geprägt sei.[19] In den Pressebesprechungen pries man die »Schöpferkraft« des jungen Komponisten und der »Observer« formulierte als Schlußfolgerung, was wohl viele Kunstgenießer in Zukunft erwarteten: »Zusammenfassend läßt sich sagen, daß *The Light of The World* ein großes Werk ist und daß wir nun mit Zuversicht von Mr. Sullivan sakrale Kompositionen höchsten Ranges erwarten können, denn die Ursprünglichkeit seines Genies hat sich vom sirenengleichen Einfluß Mendelssohns gelöst, dessen faszinierender Stil schon so oft neue Talente zerstört hat.«[20]

Zwar war diese Loslösung noch nicht restlos vollzogen, doch begründete Sullivan mit seinen Oratorienkompositionen zusammen mit Musikern wie Alexander Macfarren (1813–87), der 1873 mit *St John the Baptist* in Bristol Aufsehen erregt hatte, eine Art neuer »englischer Schule«. Diese strebte danach, die dramatische Natur des Oratoriums zu betonen und sich von den bei den Vorgängern üblichen Zugeständnissen an beliebte Musikformen allmählich zu lösen. Dabei versuchte man durch zahlreiche selbständige Orchestersätze sowie durch einen starken Anteil der Instrumente an den Gesangsnummern an die Entwicklung des kontinentalen Stils, z. B. an Liszt, anzuknüpfen. Selbst Königin Victoria war entzückt und meinte, Sullivans neues Werk sei »dazu bestimmt, die englische Musik wieder aufzurichten«.[21] Sie bat den Komponisten sogar, ihr eine vollständige Ausgabe seiner Werke zu senden, eine Ehre, die noch nicht einmal Mendelssohn zuteil geworden war. Sie sandte ihm ihrerseits – ebenfalls ein Zeichen ihrer Wertschätzung – einige Hobbykompositionen ihres 1861 verstorbenen Gemahls Albert.

Vielfach Beachtung fanden auch Sullivans Orchesterwerke, etwa die Konzertouvertüren *In Memoriam*, *Marmion* oder die *Di-ballo*-Ouvertüre, und seine Bühnenmusik zu Shakespeare-Dramen. Zudem komponierte er ein Cello-Konzert für den berühmten Virtuosen Alfredo Piatti und eine Sinfonie in E-Dur, die sogenannte »Irische Sinfonie«, die 1866 zu Recht begeistert aufgenommen wurde. Dies geschah immerhin zu einer Zeit, da sich Künstler wie Brahms, Tschaikowsky oder Dvořák als Sinfoniker noch keinen Namen gemacht hatten. Über Sullivans Sinfonie schrieb man in der »Times«, sie sei nicht nur das bislang bemerkenswerteste Opus aus seiner Feder, sondern das »allein an der Größe seiner Form und der Anzahl der schönen Einfälle gemessen für lange Zeit beste Musikstück eines englischen Komponisten«.[22] Obwohl Arthur Sullivan sogar international Aufmerksamkeit erregte und der erste englische Komponist war, von dem ein Werk bei den Pariser Konservatoriums-Konzerten erklang, ließ er die Gelegenheit ungenutzt, sich in den folgenden Jahren mit weiteren Werken als Sinfoniker zu etablieren. Diesen Rang sollte für England später der 1872 geborene Ralph Vaughan Williams mit seinen neun großen Sinfonien beanspruchen, die qualitativ die Arbeiten emsigerer Kollegen wie Robert Simpson (bislang 10 Sinfonien) oder Havergal Brian (32 Sinfonien) ausstachen.

Der verlorene Sohn

Finanziell hielt Sullivan das Komponieren »ernster« Musik für weniger lukrativ. Doch weder öffentliche Anerkennungen noch Prämien, die er ab einer bestimmten Zuschauerzahl bei Aufführungen seiner großen, nichtszenischen Werke erhielt, vermochten ihn dazu zu veranlassen, sich gänzlich der Kirchen- oder Orchestermusik zu verschreiben. Erst Jahre später sollte er sich diesem Gebiet wieder zuwenden: Nachdem London 1883 Bekanntschaft mit Berlioz' epochalem Opus *La Damnation de Faust* (1846) gemacht hatte, das Sullivan später selber aufführte, war auch die Zeit gekommen, um mit *The Golden Legend* seine reifste Arbeit in der Gattung Oratorium zu schaffen.

Diejenigen, die von Sullivan nun ständig neue sinfonische und sakrale Werke forderten, schienen zu verkennen, daß sein Lebensstandard und damit auch seine Ansprüche gestiegen waren, sogar steigen mußten, weil er durch das wachsende Ansehen zu einem Liebling der High Society geworden war, der auch freundschaftlichen Umgang mit Mitgliedern der königlichen Familie pflegte, darunter mit Edward, dem Prinzen von Wales und zukünftigen König. Mit dem jüngeren Bruder des Prinzen – Alfred, dem Herzog von Edinburgh –, einem begeisterten Geigenspieler, verband Sullivan eine enge Freundschaft, die der Komponist dadurch festigte, daß er sich bereitwillig als Klavierbegleiter zur Verfügung stellte. Indes dürfte gerade dem Berufsmusiker nicht entgangen sein, was selbst dem Stallmeister des adeligen Herren auffiel: »Nur wenige Leute fiedelten scheußlicher.«[23] Der »Punch«-Karikaturist Linley Sambourne zeichnete denn auch einen wild gestikulierenden Orchesterleiter Sullivan, dem als Dirigentenpodium der Geigenkasten des Herzogs von Edinburgh dient. Man kann Sullivan allerdings nicht verdenken, daß er diesen gesellschaftlichen Aufstieg in vollen Zügen genoß. Hinzu kamen eine immer größer werdende Reiselust und die Leidenschaft für Pferderennen und Glücksspiele, vor allem Karten und Roulette. 1867 sei Sullivan nahe an die Grenze zwischen der »Society« (mit dem großen S), d. h. der ›feinen‹ Gesellschaft der ›Oberen Zehntausend‹, und der »society« (mit dem kleinen s), d. h. der großen Gemeinschaft geraten, konstatierte später sein ehemaliger Klavierlehrer an der Akademie, William Sterndale Bennett. »Es wäre für die Musik vielleicht besser gewesen, wenn er diese Linie nie überschritten hätte, aber das war fast unvermeidbar. Die feine Gesellschaft, die weitgehend ein leeres und fades Leben führt, will sich amüsieren und kann es sich nicht leisten, bei den Unterhaltungskünstlern wählerisch zu sein. So kam es, daß Sullivan, der sich bereits auf der Seite der Engel befand – sofern man diese Stellung einem Kirchenorganisten zubilligen kann –, zum Schmetterling wurde, ein Freund von gekrönten Häuptern und ein Liebling der Salons. Er konnte sich kaum helfen, der arme Junge! War er doch beherrscht von seinen faszinierenden Talenten und seinem sonnigen Temperament.«[24]

Um sich allerdings diesen gehobenen Lebensstil leisten zu könnten, benötigte Sullivan eine Einnahmequelle, aus der die finanziellen Mittel reichhaltiger flossen als aus den wohlmeinenden Tantiemen für Orchesterstücke, Lieder und Sakralkompositionen. Diese lohnenden Verdienst-

Sullivan-Karikatur von Linley Sambourne in »Punch«

möglichkeiten bot das Musiktheater, insbesondere die komische Oper. Sullivans Spagat zwischen Theater und Konzertsaal brachte ihn indes in einen Zwiespalt, der bestimmend für sein weiteres Leben werden sollte. Sein Interesse an der Oper wurde erstmals durch Rossini geweckt, den er 1862 in Paris kennenlernte, wo der berühmte Italiener sich gut dreißig Jahre zuvor niedergelassen hatte. »Ich glaube, daß er der erste war, der mich mit einer Liebe zur Bühne und allem, was mit Oper zusammenhängt, begeistert hat«, meinte Sullivan später über Rossinis Bedeutung für sein Schaffen.[25] »Bis zu seinem Tod besuchte ich Rossini weiterhin jedesmal, wenn ich nach Paris kam«, berichtete Sullivan, »und nichts trübte das herzliche Verhältnis unserer Freundschaft.«[26] Zwar war Rossini vornehmlich

Opernkomponist gewesen, doch auch sein Schaffen war geprägt von einem kreativen Spannungsverhältnis, nämlich dem zwischen Opera seria und Opera buffa. Kennzeichnend für Sullivans künftige Laufbahn wurde der Konflikt zwischen der »ernsten« Musik und der Komposition komischer Opern, der durch Reaktionen von außen noch verschärft wurde. Als Sullivan 1883 für seine Verdienste als bedeutendster Komponist des Landes zum Ritter geschlagen wurde und sich fortan *Sir* Arthur Sullivan nennen lassen konnte, galt diese Auszeichnung dem Komponisten von Oratorien und Orchesterwerken. In der Presse sah man sich veranlaßt, den so Geehrten wieder auf den rechten Weg zurückzubringen. »So manche Dinge, die Mr. Arthur Sullivan tun mag, sollte Sir Arthur nicht machen«, räsonierte der Kritiker der »Musical Review«. »Mit anderen Worten: Es sähe wirklich mehr als merkwürdig aus, würde man in den Zeitungen die Ankündigung lesen, daß eine neue komische Oper in Vorbereitung sei mit dem Libretto von Mr. W. S. Gilbert und der Musik von Sir Arthur Sullivan. Ein Musiker, der in den Ritterstand erhoben wurde, kann schwerlich Kaufhaus-Balladen schreiben – er darf nicht wagen, sich mit etwas Geringerem als einem Anthem oder einem Madrigal die Hände schmutzig zu machen; er sollte sich vielmehr in Richtung Oratorium, wo er ja bereits geglänzt hat, und Sinfonie orientieren. Hier liegt nicht nur eine Möglichkeit, sondern eine positive Verpflichtung für ihn, in die Sphäre zurückzukehren, die er schon vor zu langer Zeit verlassen hat.«[27] Wenig Beachtung schenkte man der wechselseitig förderlichen Beeinflussung von ernster und leichter Muse, wie man sie sowohl bei Rossini als auch bei Sullivan findet. Beiden Künstlern erging es später wie dem Komiker, dem man keine Sterbeszene gönnt.

Sullivan und Gilbert

Sullivans erste Versuche auf dem Gebiet der komischen Oper waren der Einakter *Cox and Box* (1866) und die zweiaktige Oper *The Contrabandista* (1867). Besonders *Cox and Box* zeigt in komprimierter Form, mit wieviel Finesse und musikalischem Witz ein versierter »seriöser« Musiker einen komischen Stoff zu gestalten vermag. Dies fiel auch einem der Rezensenten auf, einem gewissen W. S. Gilbert, der in der Zeitschrift »Fun« schrieb: »Die Musik von Mr. Sullivan steht an vielen Stellen auf einer zu hohen Stufe für die grotesk absurde Handlung, mit der sie verknüpft ist. Sie ist hier und da komisch sowie vornehm und graziös, wo sie nicht komisch ist; aber das Vornehme und Graziöse beanspruchen meiner Meinung nach einen zu großen Teil der Ehre für sich.«[28]

Sullivan begegnete Gilbert vermutlich erstmals im Juli 1870. Dieser William Schwenck Gilbert (1836–1911) war fünfeinhalb Jahre älter als Sullivan und galt zu diesem Zeitpunkt als einer der renommiertesten zeitgenössischen Theaterautoren Englands – 1912, ein Jahr nach seinem Tod, apostrophierte ihn das angesehene Literaturmagazin »Fortnightly Review« sogar als »englischen Aristophanes«. Er war ein cholerischer, vor Geist sprühender Zeitgenosse, der sich nach einigen erfolglosen Jahren als Anwalt zunehmend literarischen Aktivitäten zuwandte. Er betätigte sich als bissiger Theaterkritiker, Korrespondent, Schriftsteller und Zeichner. Einen Namen machte er sich vor allem durch die von ihm selbst mit Karikaturen verzierten *Bab Ballads*, die seit 1862 in der Zeitschrift »Fun« veröffentlicht wurden und wegen ihres Erfolges nachher auch in Buchform herauskamen. Dabei handelte es sich um Nonsense-Lyrik in der Tradition von Edward Lear, reich an phantasievollen Wortspielen und witzigen Formulierungen, die später oft als Grundlage für die Textbücher Sullivans diente. Die Themen stammten hauptsächlich aus den Bereichen Kirche, Marine, Militär, Justiz und Theater. Mit »Bab«, Gilberts Kosename als Baby, waren auch die Karikaturen signiert (einen analogen Ursprung hatte ja auch Dickens' Pseudonym »Boz«). Mit Gilbert sollte Arthur Sullivan eine überaus ergiebige Arbeitsgemeinschaft verbinden, solange beide die gleichen Interessen verfolgten. Beide Männer waren mit Unterbrechungen 25 Jahre lang künstlerisch und geschäftlich Partner, und in nur dreizehn dieser ereignisreichen Jahre – zwischen 1875 und 1889 – entstanden die Werke, die beiden den Nachruhm sichern sollten. Stets blieb jedoch eine gewisse Distanz gewahrt; man zollte dem anderen Respekt und Anerkennung für die Meisterschaft, die er in seinem Metier erreicht hatte, doch eine echte Freundschaft wurde durch die zu unterschiedlichen Temperamente verhindert.

Die erste Zusammenarbeit bei der Oper *Thespis* im Dezember 1871 war eine ebenso flüchtige Episode wie die kurze Begegnung im Sommer des Vorjahres. Vermittelt hatte diese »Gelegenheitsarbeit« der Manager des Gaiety Theatre, John Hollingshead. Dieser war jedoch, obwohl einer der innovativsten Theaterleiter seiner Zeit, zu sehr Geschäftsmann, um zu realisieren, daß aus dem Zusammenwirken zwischen Englands bedeutendstem lebenden Komponisten und dem erfolgreichen Schriftsteller etwas Besonderes entstehen könnte. In der ersten komischen Oper von Gilbert und Sullivan, *Thespis or The Gods Grown Old (Thespis oder Die Götter sind alt geworden)*, tauschen Jupiter und seine Götterschar, ihres Amtes überdrüssig, für ein Jahr ihre Rollen mit dem Mimen Thespis und seiner Truppe fahrender Schauspieler, die im Olymp ein heilloses Durcheinander anrichten. Auf einmal gibt es bei Bacchus Ginger ale statt Wein, und Kriegsgott Mars wird zum Pazifisten! Bereits in diesem ersten Stück deutete sich das für Gilbert so bezeichnende »Topsyturvydom« an – die verkehrte Welt des Kladderadatsch-Witzes. Dieser für die Gilbert & Sullivan-Stücke kennzeichnende »Irrsinn mit Methode« im Stile der Rossinischen Opera buffa zeigt eine auf den Kopf gestellte Welt, wie man sie beispielsweise aus den Filmen Chaplins, der Marx Brothers oder von Laurel

& Hardy kennt. Die laue Publikumsreaktion auf *Thespis* mag an der oberflächlichen Vorbereitung der Aufführung und den teilweise schauderhaften Gesangsleistungen gelegen haben. »Damals gab es vergleichsweise wenig Schauspieler und Schauspielerinnen, die singen konnten«, erinnerte sich Sullivan, »und von denen, die so taten als ob, erreichte kaum jemand mehr als sechs Noten. Natürlich hatte ich mich als Komponist ziemlich einzuschränken, da ich Vokalmusik für Leute ohne Stimme schreiben mußte!«[29] Mit nur 63 folgenden Aufführungen kann man durchaus von »durchgefallen« sprechen, da damals wesentlich längere Laufzeiten üblich waren. Dieses Aufgeben des alten Repertoiresystems zugunsten des »long run system« wurde durch den Übergang zu langwierigen und sorgfältiger erarbeiteten Produktionen bedingt, die ihrerseits durch die Verbesserungen der Bühnentechnik und der Beleuchtung (ab 1820 verwendete man Gas statt Kerzen und Öllampen) und durch die Herausbildung der Guckkastenbühne und der geschlossenen Kulissenbauweise ermöglicht wurden. Von *Thespis* ist lediglich das Libretto überliefert, die Komposition erschien nicht im Druck und ging weitgehend verloren. Der Plan, dieses Stück noch einmal auf die Bühne zu bringen, stand nachher nicht mehr ernsthaft zur Debatte, ganz einfach weil das Werk nicht zu dem Stil der neuen komischen Oper, wie sie unter Richard D'Oyly Cartes Oberherrschaft initiiert wurde, paßte. So komponierte Sullivan für den beliebten Gaiety-Star Nelly Farren noch eine Hosenrolle (Merkur), doch später beschloß man »aus künstlerischen Gründen«, so Gilbert, »daß kein Mann eine Frauenrolle und keine Frau Männerrollen spielen soll.«

Nach den schlechten Erfahrungen mit *Thespis* gingen Arthur Sullivan und William Schwenck Gilbert vorerst weiterhin getrennte Wege, dennoch behielt das Theater seine Anziehungskraft für Sullivan. Um die künstlerische Beziehung zwischen Sullivan und Gilbert voll zur Entfaltung zu bringen, war eine Persönlichkeit anderen Formats erforderlich: Richard D'Oyly Carte (1844–1901). Carte, zwei Jahre jünger als Sullivan, hatte zunächst als Angestellter bei dem Instrumentenhersteller Rudall, Carte & Co. gearbeitet, gründete aber bald darauf eine eigene Künstler- und Konzertagentur, die unter anderem die Patti, den Startenor Mario, den Schriftsteller Matthew Arnold und später auch Oscar Wilde betreute. 1870 wurde Carte Manager im Royalty Theatre in Soho, das die Sängerin Selina Dolaro finanzierte, die dort in den neuesten Opéras bouffes Offenbachs vor allem selbst brillieren wollte. Carte hegte indes schon beizeiten Pläne, eine nationale englische (komische) Oper in einem eigenen Theater zu etablieren, wofür der gewiefte Impresario natürlich die geeigneten Künstlerpersönlichkeiten benötigte. Sullivan zur Seite stellte er keinen geringeren als William Schwenck Gilbert, denn im Gegensatz zu Hollingshead ahnte er, welche Möglichkeiten in dieser Verbindung liegen könnten.

Zur ersten Zusammenarbeit von Gilbert und Sullivan für Carte kam es 1875 bei dem Einakter *Trial by Jury* (*Schwurgerichtsprozeß*), der als »curtain raiser«, als Vorlaufstück, zu Offenbachs *La Périchole* gegeben wurde. Bei dieser »Dramatischen Kantate«, so die Bezeichnung, handelt es sich um ein Glanzstück musikalischer Satire, bei dem Sullivan in knapp fünfzig Minuten alle Register seines Könnens zieht. Neben melodischer Fülle findet man musikalische Karikaturen von sprachlichem Habitus (beim Lied des Anwalts), hinzu kommen Parodien auf Händelsche Chorsätze (beim Auftritt des Richters) und auf italienische Opernensembles, hier mit »A nice dilemma« direkt bezogen auf »D'un pensiero« aus dem Finale des 1. Aktes von Bellinis *La Sonnambula*, wobei die Anwesenden im Gerichtssaal ihrem Erstaunen über den heiklen Fall Ausdruck verleihen, während sich in der italienischen Oper die Dorfbewohner Gedanken über die Unschuld der Titelheldin machen. Shaw, der kaum als ein Anhänger Sullivans zu bezeichnen ist, mißbilligte diese Parallele: »Als Offenbach *Orphée aux Enfers* schrieb, hat er natürlich das Klassische auf die Schippe genommen, aber er verschonte Gluck: In der Olymp-Szene baut er keine Parodie von ›Che faró‹ ein, sondern die Arie selbst. [...] Aber Sullivan verulkt böswillig ›D'un pensiero‹ in dem Quintett mit Chor ›A nice dilemma‹. Wäre es ›Chi mi frena‹ oder ›Un di sí ben‹ gewesen, hätte man noch lachen können; aber das unschuldige, zarte, anrührende, altgeliebte ›D'un pensiero‹! Nur ein unverbesserlicher Spötter hätte es für seinen Hohn wählen können. Mit diesem Verbrechen mordete Sullivan seine bessere Natur.«[30]

Doch Sullivan hatte gar nicht im Sinn, Offenbach und den anderen Konkurrenten aus Frankreich nachzueifern. »Macfarren hat ihn [in der *Encyclopaedia Britannica*] als ›englischen Offenbach‹ tituliert – ein außergewöhnlich unpassender Vergleich«, schrieb Alexander Mackenzie 1927 rückblickend, »denn obwohl der Pariser Komponist ganz gewiß nicht ohne Genie war, gibt es jedoch zwischen ihren Methoden nicht die geringste Ähnlichkeit und noch weniger zwischen der besonderen Qualität der Libretti, die sie vertonten.«[31] In den folgenden Jahren wurde Sullivan zum »Spötter«, der mit Gilbert bissige Musiksatiren herausbrachte; inwiefern »böswillig«, wie Shaw meinte, sei dahingestellt. *Trial by Jury* wurde ein so durchschlagender Erfolg, daß es sogar dem Hauptstück des Abends den Rang ablief und noch im Programm blieb, als dieses längst abgespielt war. Noch im selben Jahr versuchte sich Sullivan an einer weiteren kurzen Musikkomödie, dem Einakter *The Zoo*, diesmal jedoch ohne Beteiligung Gilberts.

Schließlich lockte 1877 abermals Carte mit einer neuen Kooperation. Der Titel dieser »Entirely New and Original Modern Comic Opera« von Gilbert sollte *The Sorcerer* (*Der Zauberer*) lauten. Mit dieser Oper begann ein neues Kapitel in Londons Theatergeschichte. Richard D'Oyly Carte hatte Ende 1876 die Comedy Opera Company Ltd. gegründet und wurde Manager der Opéra Comique, einem kleinen Theater in der Londoner Theatermeile

»Strand«. Der erste große Auftrag ging an Sullivan und Gilbert, die ein längeres Werk mit zwei Akten liefern sollten. Neu war eine Vertragsklausel, die beiden bereits nach Ablieferung des Stückes ein Honorar zugestand.

In *The Sorcerer* gewinnt Gilbert dem Thema »Liebestrank« eine neue Variante ab. Hier handelt es sich im Gegensatz zu Donizettis *L'elisir d'amore* um einen wirklichen Liebestrank; außerdem bringt das magische Getränk nicht wie in Wagners *Tristan und Isolde* latent vorhandene Gefühle erst zum Ausbruch, sondern ein echter Zauberer stiftet Verwirrung und Liebesgluten zwischen zuvor sich völlig desinteressiert bzw. neutral gegenüberstehenden Personen. Der Grund für diese Gefühlsmanipulation ist, daß der verliebte Alexis wünscht, alle Welt solle das gleiche Glück wie er selbst empfinden. So verursacht er mit Hilfe des Berufszauberers John Wellington Wells – eine Rolle, die ursprünglich für Sullivans im selben Jahr verstorbenen Bruder Fred gedacht war – im Dorf ein sommernachtstraumartiges Liebeschaos. Mit seinem Anspruch der Unbedingtheit stiftet Alexis aber nur Unheil und gefährdet seine eigene Liebe, weil er von seiner Verlobten verlangt, ebenfalls den Liebestrank einzunehmen, um sie für immer an sich zu binden. Der Zauber, der aus jedem unverheirateten Betroffenen einen (männlichen oder weiblichen) Don Juan macht, wird letztlich gelöst durch eine selbstaufopfernde »Höllenfahrt« des Mr. Wells. Diese ist übrigens der einzige wirklich vollzogene Selbstmord in den Opern von Gilbert und Sullivan, in denen neben einigen versuchten Selbsttötungen (*HMS Pinafore, Mikado*) der Suizid auch zur Auflösung eines Paradoxons herangezogen wird (*Ruddigore*) – Topsyturvydom der makabersten Art.

»Ein Philosoph hat einmal das Komische in der Kunst als ein ›enges und unvermutetes Nebeneinander völlig unvereinbarer Dinge‹ charakterisiert«, schrieb der Rezensent des »Examiner«[32] und bezog dies vor allem auf die Figur des Zauberers Wells, doch die Umschreibung trifft auch auf alle weiteren komischen Opern von Gilbert und Sullivan zu. Für die Menschen der bewegten Epoche zwischen 1789 und 1914 konnte Thomas Mores (Morus) Vorstellung vom Überwinden des irdischen Leidens als Heilsweg zur ewigen Verheißung auf Dauer keinen Trost mehr spenden. In den Opern von Gilbert und Sullivan zeigt sich die aufkeimende Unsicherheit im »goldenen Zeitalter der Sicherheit«, wie Stefan Zweig die vermeintliche Ruhephase in den europäischen Monarchien vor dem Feuersturm des Ersten Weltkriegs umschrieb. Die Zerrissenheit der damaligen Epoche spiegelt sich in einem blinden Fortschrittsglauben einerseits und dem Zerbrechen des alten Weltbildes andererseits. Nicht nur die Schriften von Darwin, sondern auch die Hauptwerke Schopenhauers und Nietzsches fanden in England Verbreitung und hoben die alten Wertvorstellungen aus den Angeln. In den Romanen von Thomas Hardy und Oscar Wilde zeichnete sich viel von der Weltuntergangsstimmung des Fin de siècle ab. Shaw legte Wert auf die Feststellung, daß »die von Schopenhauer, Wagner, Ibsen, Nietzsche und Strindberg hervorgerufene Bewegung eine Welt-Bewegung war und ihren Ausdruck auch dann gefunden hätte, wenn jeder dieser Schriftsteller in der Wiege umgekommen wäre. [...] Heute lebt die Bewegung in der Philosophie Bergsons und in den Stücken von Gorki, Tschechow und der englischen Dramatik seit Ibsen.«[33] Genauso wie zuvor in den Werken Rossinis, die in der unsicheren Zeit nach dem Wiener Kongreß entstanden, spiegelt sich gegen Ende des 19. Jahrhunderts in den Opern von Gilbert und Sullivan das Groteske der eigenen Epoche.

Sullivan hatte erstmals mit einer längeren Vertonung für die Bühne einen Erfolg erzielt. Dabei ist *The Sorcerer* mit ihren gefühlvollen Arien und Duetten sowie den noch ausgedehnten Rezitativen noch die lyrischste seiner komischen Opern, während in späteren Werken der Dialog zwischen den Musiknummern sowie prägnantere parodistische und satirische Elemente größeren Raum einnehmen. Bereits in *The Sorcerer* zeigt sich Sullivans Meisterschaft, das Finale des 1. Aktes, in dem die Verwicklungen kaum noch zu überschauen sind, im Geiste Rossinis zu einem dramatisch effektvollen, mitreißenden Höhepunkt zu führen. Die musikalische Sogwirkung wird durch ein »Kulminationsprinzip« in der Art von Rossinis *Barbiere di Siviglia* (Finale I) oder Mozarts *Nozze di Figaro* (Finale II) erzielt; hingegen hat der Tanz, der wie beim Can-Can-, Walzer- oder Czárdástaumel ein wesentliches Gestaltungselement der Opéra bouffe von Offenbach und der Wiener bzw. Ungarischen Operette von Strauß und Kálmán ist, bei Sullivan sekundäre Bedeutung und dient eher zur (nationalen) Identifikation bzw. Charakterisierung, denn als Ausdruck eines Lebensgefühls. Bezüge zu Mozart gibt es nicht nur in den Rezitativen von *The Sorcerer*, sondern auch hinsichtlich der harmonischen Verbindungen.[34] Das Auftrittslied des Magieprofis Wells ist ein »Patter-Song« für einen Vollblutkomiker, ein »Plapperlied« im Stile des italienischen Parlando, wie es in fast allen folgenden Stücken seinen festen Platz finden sollte. Mit *The Sorcerer* bildete sich bereits der seinerzeit übliche Grundstamm eines festen Ensembles für alle weiteren Produktionen der Gilbert-und-Sullivan-Opern heraus: Tenor und Sopran als junge Liebende, Mezzosopran und Bariton für eine weitere junge Frau nebst Galan, ein Bariton als Komiker sowie Baß und Alt für ein in die Jahre gekommenes Paar. Darin taucht wieder die Struktur der Typenkomödie auf, wie sie in der Commedia dell'arte ihren Ursprung hat. Die Basis für eine völlig neue Art von Musiktheater war also geschaffen.

Eine komische Oper neuen Stils

Gilbert übernahm wie auch bei allen weiteren Produktionen die Regie, doch auf eine Art und Weise, die für die damaligen Verhältnisse an den Theatern durchaus einer Revolution gleichkam. Die komischen Opern von Gilbert und Sullivan stellten einen Kontrast zu dem bisherigen Unterhaltungsangebot Londons dar, der eine Analogie in der revolutionär-subtilen Komik hat, die

Chaplin beim Film in die Slapstick-Comedies einbrachte. In der Hauptstadt des Empire genoß man Kultur stets im großen Rahmen: Aufwand zählte oft mehr als Gehalt, und die Konkurrenz um die Gunst des Publikums war hart. Man errichtete Riesenbauten, die teilweise bis zu 3500 Zuschauer fassen konnten, wobei jedoch, bedingt durch mitunter schlechte Sicht und Akustik auf den bis zu sechs Rängen, mehr die große, imposante Geste und weniger gewandtes Agieren gefragt war. Originalwerke gab es kaum, vielfach handelte es sich um Bearbeitungen französischer Stücke. Allmählich hatte sich aber die Publikumsstruktur gewandelt, da gerade Königin Victoria durch ihr Interesse an der Theaterkunst die Bürger aus dem Mittelstand und den oberen Schichten zur Nacheiferung anregte, wodurch sie sogar in diesen Kreisen Theaterbesuche gesellschaftsfähig machte. Vorbild für die Reform von Gilbert und Sullivan im Bereich des Musiktheaters war der Schauspieler und Dramatiker Tom Robertson (1829–71), der Gilbert durch sein Bemühen um eine realistische Darstellungsweise beeindruckt hatte. »Er erfand die Personenführung auf der Bühne«, berichtete Sullivans Partner. »Vor seiner Zeit war es eine unbekannte Kunst. [. . .] Robertson zeigte nun, wie man Leben, Vielfalt und Natürlichkeit in die Szene einbringen konnte, indem man sie mit allen möglichen kleinen Episoden und feinen Nebenhandlungen auflockerte. [. . .] Er paßte jeden Charakter mit äußerster Genauigkeit dem Mann oder der Frau an, der oder die ihn zu verkörpern hatte; und er brachte allen jede Bewegung und jede Betonung genau bei.«[35]

Diese Tugenden machte sich auch Gilbert zu eigen, der gegebenenfalls seinen Interpreten die Szene selbst so vorspielte, wie er sie sich gedacht hatte. »Er duldete weder derbe Späße, Schabernack, grelle Schminke, rote Pappnasen noch alberne Verballhornungen durch Kostüme und Gestus«, erinnerte sich die Sängerin Jessie Bond, später eine der führenden Kräfte des Savoy-Ensembles. »Alles mußte natürlich sein, gesittet und vergnüglich, wobei den Darstellern beigebracht wurde, dadurch Wirkung zu erzielen, daß sie die absurdesten Dinge auf eine vollkommen nüchterne, sachliche Art und Weise sagten oder taten.«[36] Bezeichnenderweise ordnete Eduard Hanslick bei seiner Schilderung des englischen Theaterlebens in den 80er Jahren Sullivans Werke unter »Schauspiel in London« ein und legte mit seinem Verdikt über »derbe Operetten wie der *Mikado*« wahrscheinlich den Grundstein für spätere Vorurteile, während in deutschen Musiklexika der 70er und 80er Jahre des 19. Jahrhunderts noch von Sullivan als einem ernstzunehmenden Komponisten und Schöpfer »komischer Opern« die Rede war.

Auch der Chor erlangte beim »englischen Aristophanes« eine völlig neue Bedeutung. »Bis Gilbert die Sache in die Hand nahm, kam den Chören nur eine Statistenrolle zu; praktisch waren sie kaum viel mehr als ein Teil der Bühnendekoration«, sagte Sullivan,[37] der sich seinerseits auch für eine genaue Wiedergabe seiner Musik einsetzte und sie sorgfältig mit allen Beteiligten einstudierte, wobei er jedoch auf den Proben viel freundlicher und weniger cholerisch war als Gilbert. Trotzdem zeigte er sich in Fragen der musikalischen Qualität nicht weniger unnachgiebig und kämpfte vehement gegen entstellende Bearbeitungen und verfälschende Wiedergaben seiner Werke. »Orchesterfarben spielen in meinem Werk eine so große Rolle, daß es seinen Reiz verliert, wenn sie ihm genommen werden«, schrieb er an einen Freund in den USA,[38] doch auch im eigenen Land hatte er sich mit urheberrechtlichen Problemen auseinanderzusetzen. Als ihm beispielsweise 1889 zu Ohren kam, daß die Kapelle eines Garderegiments von seinem Lied *The Lost Chord* ein Tanzarrangement erstellt hatte, drohte er, gerichtlich vorzugehen, falls das Werk »als Hornpipe verunstaltet« aufgeführt werden sollte.

Ungeachtet des Publikumserfolgs mußte sich Sullivan allmählich auch an Kritik gewöhnen, wie sie der Rezensent der Londoner Zeitung »Figaro« formulierte, der sich enttäuscht zeigte von »dem absteigenden Weg der Kunst, auf den Sullivan anscheinend gerät.« Er habe zwar »alle Befähigung zu einem großen Komponisten, aber er wirft diese vorsätzlich weg. Ein Riese mag zwar zuweilen spielen, aber Mr. Sullivan spielt ständig.«[39] Doch der »spielende Riese« schrieb fünf Tage nach der ersten Aufführung von *The Sorcerer* hocherfreut an einen Freund, wenn das Werk ein Erfolg werde, dann sei es »ein weiterer Nagel im Sarg der Opéra bouffe der Franzosen«.[40]

Carte hatte bei seinen Plänen, eine nationale komische Oper zu etablieren, in bezug auf die Künstler die richtige Wahl getroffen. Durch die finanziellen Erfolge der kommenden Jahre war es ihm möglich, sich von den Geldgebern der »Comedy Opera Company« zu lösen und die eigene »D'Oyly Carte Opera Company« zu gründen. Für die Opern von Gilbert und Sullivan konnte er Anfang der 80er Jahre dank der finanziellen Erfolge ein eigenes Theater bauen. Das Savoy Theatre wurde mit einer Übernahme der Oper *Patience* aus der Opéra Comique am 23. April 1881 als eines der technisch fortschrittlichsten Häuser seiner Zeit eröffnet.

Unter anderem war es das erste vollständig mit elektrischem Licht ausgestattete Theatergebäude der Welt. Mit den sogenannten »Savoy Operas« – ein Terminus, der erst heute zum Synonym für die Werke von Gilbert und Sullivan geworden ist, ursprünglich aber alle im Savoy Theatre uraufgeführten Stücke bezeichnete – entstand die einzige gattungstypologische Neuentwicklung im englischen Drama des späten 19. Jahrhunderts. Das Savoy Theatre, neben dem man 1889 das luxuriöse Savoy Hotel bauen konnte, wurde zum Stammhaus der Opern von Gilbert und Sullivan. In diesen Werken nahm man in den folgenden Jahren die Stärken und Schwächen der eigenen Landsleute ins Visier – nun hielten die satirischen Spitzen aus Literatur und Karikatur auch auf den Musikbühnen Einzug.

Zuschauerraum und Bühne des 1881 eröffneten Savoy Theatre

In der Zusammenarbeit von Gilbert und Sullivan entstanden unter Cartes Management die Opern *HMS Pinafore* (1878), eine Satire über die Marine; *The Pirates of Penzance* (1880), gleichfalls ein Bühnenwerk mit Seitenhieben auf Politik und Gesellschaft; *Patience* (1881), eine Satire auf den Ästhetizismus und eigentlich alle Formen unreflektierter Kunstverehrung; *Iolanthe* (1882), eine politische Satire, bei der Abgeordnete des englischen Oberhauses in Konflikt mit dem Feenreich geraten; *Princess Ida* (1884), eine Satire auf die radikale Frauenbewegung; *The Mikado* (1885), eine Satire auf gesellschaftliche Übel aller Art im Gewand eines pseudojapanischen Milieus; *Ruddigore* (1887), eine Satire auf die Horrorwelle in der Literatur; *The Yeomen of the Guard* (1888), eine komische Oper mit tragischem Unterton; *The Gondoliers* (1889), eine komische Oper nicht ohne satirische Spitzen; *Utopia Limited* (1893), die radikalste Polit-Satire von Gilbert und Sullivan; sowie *The Grand Duke* (1896), ein nicht mehr ganz gelungener Nachzügler. Daß die damalige Aktualität der Stücke auch heute noch zum großen Teil gegeben ist, und das gewiß nicht nur für England, zeigt eine Beschreibung des Schriftstellers Gilbert Keith Chesterton, der 1907, als eine Aufführung von *The Mikado* verboten wurde, in einem Artikel beschrieb, wie wenig das Stück mit Japan und wie viel es mit den eigenen gesellschaftlichen Mißständen zu tun habe. Über die Figur des Pooh-Bah, des »Ministers für alle sonstigen Angelegenheiten« heißt es: »Für England ist Pooh-Bah mehr als eine Satire, er ist die Wahrheit. Es ist nun einmal wahr, daß wir in der britischen Politik (möglicherweise nicht in der japanischen) dem gleichen Mann zwanzigmal in zwanzig verschiedenen Funktionen begegnen. Angenommen, es kommt zu einem Streit zwischen einem Grundbesitzer, Lord Jones, und einer Eisenbahn-Gesellschaft unter dem Vorsitz von Lord Smith. Energisch nimmt eine Zeitung zu dieser Sache Stellung (sie gehört Lord Brown), und nach endlosem Prozessieren wird die Angelegenheit an das Oberhaus weitergegeben, d. h. zu den Lords Jones, Smith und Brown. Im allgemeinen sind die Verhältnisse noch verwickelter. Der Grundbesitzer lebt nicht vom Grundbesitz, sondern vielmehr davon, daß er die Eisenbahn-Gesellschaft leitet. Dieser Eisenbahn-Lord ist so reich, daß er die Zeitung aufkauft. Das allgemeine Resultat läßt sich nur mit zwei Silben ausdrücken (die man mit äußerster Lungenanstrengung von sich geben sollte): Pooh-Bah.«[41] Chesterton resümiert: »Gilbert hat den Übeln des modernen England nachgespürt und sie verfolgt, bis sie buchstäblich nicht mal mehr *ein* festes Standbein hatten, ganz genauso wie es Swift in seinem allegorischen Werk *Gullivers Reisen* gemacht hatte.»

Arthur Sullivans Musik zu den satirischen Opern erfüllte keineswegs bloß eine Begleitfunktion. Er setzte durch parodistische Elemente und seine Ernsthaftigkeit den wichtigen Kontrapunkt zu Gilberts Texten. Gerade dies macht die Stücke zu wahren Perlen des Musiktheaters. Wenn seine komischen Opern »als Kompositionen irgendwelche Ansprüche für sich geltend machen können«, meinte Sullivan in einem Interview, »dann zähle ich voll und ganz auf den ernsten Unterton, der sich durch alle meine Opern zieht. Beim Ausarbeiten der Partituren halte ich mich an die Grundsätze jener Kunst, die ich bei der Arbeit an gewichtigeren Werken gelernt habe. Jeder Musiker, der die Partituren dieser komischen Opern analysiert, wird nicht vergebens nach dieser Ernsthaftigkeit und Seriosität suchen.«[42] Sullivans Ansprüche an seine komischen Opern verdeutlicht seine Begeisterung für Wagners *Meistersinger von Nürnberg*. Bezeichnend ist eine kleine Episode, von der der mit Sullivan befreundete Kritiker der »Sunday Times«, Hermann Klein, erzählte, der den Komponisten einmal im Opernhaus Covent Garden traf, wo er, die Partitur vor sich ausgebreitet, die *Meistersinger*-Aufführung verfolgte. »Wie Sie sehen, nehme ich gerade Unterricht«, sagte Sullivan zu Klein. »Nun, warum auch nicht? Dies ist nicht nur Wagners Meisterwerk, sondern die größte komische Oper, die je geschrieben wurde.«[43]

Parodistische Elemente wie etwa die »operacrobatics« der Mabel in *The Pirates of Penzance*, die (mit Anleihen an Violettas Koloratur-Arie aus *La Traviata*) durch ihre dramaturgisch funktionslosen Koloraturen einen »Bauernhof-Effekt« – so Sullivan – wie etwa die Margarethe in Gounods *Faust* erzielt, sind nur ein Element von Sullivans musikalischem Humor. Wurde Gilbert vielfach sein beißender verbaler Spott vorgeworfen, so sind die Möglichkeiten, die Sullivan als Musiker ausschöpfte, vielleicht weniger offenkundig, dafür nicht minder subversiv: Ein A-cappella-Hymnus wie »Hail, Poetry, thou heaven-born maid« in *The Pirates of Penzance* brachte ihm beispielsweise den Vorwurf ein, er verspotte die Kirche, zumal das Ensemble an dieser Stelle zu knien hatte. Bei der Schilderung einer Enthauptung in *The Mikado* macht ein »herabfallendes« Flötenarpeggio das Herabsausen des Henkerbeils augen- und ohrenfällig. Durch Sullivans Opern zieht sich ein kontrastreiches Wechselspiel von absurder Heiterkeit und Tragik, wie man es auch in Mozarts da Ponte-Opern findet. Zur höchsten Reife führte der Komponist die scheinbar unvereinbaren Gegensätze in *The Yeomen of the Guard*, das alle Vorzüge seiner Musikdramaturgie aufweist: Die subtile Orchestrierung ist, vor allem in den Rezitativen, an der Instrumentationslehre von Hector Berlioz geschult; von geradezu grandioser Wirkung ist das in seinem Kontrastreichtum sich dramaturgisch wirksam steigernde Finale des 1. Aktes, bei dem Szenen von absurder Komik durch ein rasches Umschlagen in eine ernste Situation kontrapunktiert werden; als Folge daraus wird das Chaos für alle fast unüberschaubar – die Welt steht Kopf und ist aus den Fugen.

Ein besonderes Merkmal der komischen Opern Sullivans ist die desillusionierende Struktur seiner Musik. Bei einem genaueren Blick auf die Vertonung von »He is an Englishman« aus *HMS Pinafore* stellt man fest, mit wieviel Ironie Sullivan einen vermeintlich patriotischen Hymnus ausstattet. So weist ein Oktavsprung beim Wort »is« – also: »Er ist« – darauf hin, wie sich Sullivan über diesen Ist-Zustand, dieses durch und durch »Engländer-sein«, mokiert. Die Melismen bei »E-e-e-e-nglishman« sind eindeutig Ironie mit musikalischen Mitteln. Sullivan setzte in seinen Vertonungen oft einen Kontrast zu Gilberts Texten, was dem Schriftsteller mitunter gar nicht recht war. So wird in der Geisterszene aus dem 2. Akt der Oper *Ruddigore* der arglose Robin von seinen Vorfahren bedroht, die in der Ahnengalerie aus ihren Bildern herabsteigen, um ihn zu traktieren. Die spannungsgeladene Dramatik, mit der Sullivan diese Szene vertonte, mißfiel Gilbert, und er machte den Komponisten später dafür verantwortlich, daß das Publikum von dieser Gruseloper eher peinlich berührt war: »Der erste Akt ließ jeden glauben, daß das Stück durchgehend heiter und fröhlich ist. Das Publikum war nicht auf den würdevollen Ernst der Geisterszene vorbereitet. Meinem ungeübten Ohr erscheint diese Musik als wirklich sehr schön, aber – in einer komischen Oper fehl am Platz.« Ähnliche Meinungsverschiedenheiten gab es auch beim Finale von *Utopia Limited.* Diese Oper bietet die schärfste politische Satire aller Stücke von Gilbert und Sullivan. Im Schlußchor wird eine deutliche Warnung an die Heimat ausgesprochen, die damals eine führende Großmacht war:

There's a little group of isles beyond the wave –
So tiny you might almost wonder where it is –
Where people are the bravest of the brave,
And cowards are the rarest of all rarities.

The proudest nations kneel at her command –
She terrifies all foreign born rapscallions –
And holds the peace of Europe in her hand
With half a score invincible battalions.

Such at least is the tale
Which is borne on the gale
From the island that dwells in the sea.
Let us hope for her sake
That she makes no mistake
That she's all she professes to be.[44]

Gilbert war mit der Vertonung nicht sonderlich glücklich. »Ich weiß nicht, wie Sie über das Finale denken – mir ist es als Schlußnummer in seinem ganzen Charakter etwas zu ›andante‹«, klagte er Sullivan. »Ich stelle mir da eher etwas Lebhafteres und Entschlosseneres vor.«[45] Sullivan jedoch intensiviert den Text bewußt gerade dadurch, daß er die Nummer gegen die Erwartungen vertont. Den Schlußchor leiten mit einem brachialen Crescendo die ersten Takte von »Rule Britannia« ein, dann nimmt die Musik eine andere Wendung und stapft mit »Allegro maestoso« im stokkenden punktierten Rhythmus einher. Gerade dieses musikalische Gegengewicht verstärkt die Wirkung dieser und ähnlicher Szenen. Ebenso wie der Regisseur Gilbert seinen Darstellern die deftige Pappnasen-Komik untersagte, ging Sullivan der vordergründigen, munter heraus-»posaunten« musikalischen Parole aus dem Weg.

Popularität und Einfluß

Sullivans Vermächtnis für die nachfolgenden Generationen besteht jedoch nicht allein aus seinen Bühnenwerken. Wo immer er konnte, sei es in der Presse oder in der Öffentlichkeit, nutzte Sullivan seine Popularität, um sich für eine Verbesserung der Bedingungen für Musiker einzusetzen. Dabei war er einer der ersten Künstler, der sich gekonnt die Möglichkeiten der Medientechnik zunutze machte, wenn diese auch damals noch auf den immer größer werdenden Pressemarkt beschränkt blieben, und – abgesehen von einer Phonographenaufnahme mit der Stimme Sullivans – Musikaufnahmen erst kurz vor und nach seinem Tod von Interpreten seines Ensembles eingespielt wurden. In einer 1888 auch landesweit publizierten, kulturpolitisch bedeutsamen Rede erinnerte Sullivan eindringlich an die Bedeutung, die seine Heimat einst in der Musikwelt hatte, und rief dazu auf, Initiativen für die Zukunft zu ergreifen. Er war sich darüber im klaren, daß man »noch viel leisten [müsse], bevor wir wieder die Musiknation werden, die wir in den fernen Jahrhunderten unserer Geschichte waren.« Deshalb forderte er vehement »eine geeignete Ausbildung [. . .], die nicht für den Zweck von Aufführungen gedacht ist, sondern sich auch um die Förderung von *Wertschätzung und Verstehen* bemüht.«[46] Sein Ideal waren verständige Hörer und eine gründliche Ausbildung junger Musiker. »Geben Sie uns intelligente und gebildete Hörer, und wir werden Komponisten und Interpreten hervorbringen, die ihrer würdig sind«, lautete die Schlußfolgerung. Sullivan selbst leistete hierzu seinen Beitrag als Direktor der National Training School for Music, dem späteren Royal College of Music, als Dirigent der Philharmonischen Gesellschaft und von 1881 bis 1898 als künstlerischer Leiter des Musikfestivals in Leeds, wo er das Publikum nicht nur mit den klassischen Meistern, sondern auch mit Werken englischer Kollegen und mit der neuen Musik seiner Zeit vertraut machte. Als Dirigent bemühte er sich auch, von einem musikwissenschaftlichen Ansatz ausgehend, bei Barockkompositionen der ursprünglichen Klangwelt jener Epoche nachzuspüren, und er war einer der ersten, die ein großes Sinfonieorchester als ungeeignet für die Mozart-Interpretation erachteten. Damit gehört Sullivan zu den ersten Verfechtern originaler Aufführungspraxis wie Johann Heinrich Bonawitz, der Mitte der 80er Jahre bereits auf einem Cembalo konzertierte, und Arnold Dolmetsch mit seinen Aufführungen auf alten Instrumenten um 1890. Nicht zuletzt hatte sich ja bereits der »Musikwissenschaftler« Sullivan 1867 um Schubert verdient gemacht, als er zusammen mit Grove nach Wien reiste, um unter anderem die verschollen geglaubte Bühnenmusik zu *Rosamunde* wiederaufzufinden. Sein keineswegs romantisierendes Verständnis der Musik Schuberts zeigt sich beispielsweise darin, daß sich der Geisterchor »Painted emblems of a race« aus der Oper *Rudiggore* an den Adagio-Teil der sogenannten *Wanderer-Fantasie* anlehnt.

Fast alle englischsprachigen Musiker der nachfolgenden Generationen – nicht zuletzt Peter Maxwell Davies und Harrison Birtwistle – sind mit Sullivans Werken, insbesondere den komischen Opern, groß geworden. Oft brachten ihnen diese erstmals die Techniken der klassischen Musik zu Bewußtsein, weil ähnliche Verfahren wie in den großen Meisterwerken auch von Sullivan in einer einfacheren Form angewandt wurden. Mitunter wird Sullivan sogar direkt zitiert, wie etwa das Duett »I have a song to sing, O« *(The Yeomen of the Guard)* in Tippetts *Variations on Sellinger's Round*. Für Komponisten boten gerade Gilbert und Sullivans Experimente mit komplizierten metrischen Strukturen eine reichhaltige Quelle, um das Vertonen lyrischer Texte zu studieren. Englische Lyrik ist durch Form und Metrum weitaus weniger »musikalisch«, oder besser gesagt, schwerer vertonbar als etwa die Texte Goethes, Heines oder Mörikes, die sich für das deutsche Kunstlied geradezu anboten. Mitunter muten manche Sullivan-Kompositionen zu Texten Gilberts und Kiplings wie Vorstudien zu den fast als exemplarisch zu bezeichnenden Vertonungen von englischen Gedichten durch Benjamin Britten an. »Zuerst muß ich den Rhythmus festlegen, und dies geschieht noch bevor ich mir über die Melodie Gedanken mache«, äußerte sich Sullivan zu seiner Vorgehensweise. »Die Noten müssen später kommen. Nehmen Sie beispielsweise das Lied aus dem *Mikado* – ›The sun whose rays are all ablaze / With ever-living glory‹. Sie werden feststellen, daß es, einmal ganz abgesehen von den unbeschränkten melodischen Möglichkeiten, bezüglich des Rhythmus eine ganze Reihe verschiedener Wege gibt, wie man diese Worte gestalten kann. [Sullivan summte seinem Gesprächspartner mehrere Varianten für Rhythmus und Melodie vor.] Wie Sie sehen, sind fünf der sechs Methoden banal, und mein erstes Ziel besteht immer darin, dem Rhythmus soviel Originalität wie möglich zu verleihen, und erst dann befasse ich mich mit der Melodie.«[47] Daß sich dabei Wort und Musik auch vollendet auf die dramatische Situation abstimmen lassen, beweisen etwa die geschickten Akzentverschiebungen bei den Wortbetonungen in der Arie »Were I thy bride« (*The Yeomen of the Guard*), bei der Phoebe versucht, den Kerkermeister Shadbolt zu becircen, um ihm die Zellenschlüssel zu entwenden. Gerade mit seinen Versen zu diesem Lied wollte Gilbert, Berichten zufolge, beweisen, daß Englisch eine genauso melodiöse Sprache wie Italienisch ist.[48] Um den Orchesterpart auf Wortklang und Bühnensituation abzustimmen, ließ Sullivan die ganze Szene zunächst immer vor seinem geistigen Ohr Gestalt annehmen. »Ich mache eine hieroglyphenartige Skizze, bevor ich die Partitur niederschreibe, da ich genau weiß, welches Instrument ich benötige, um bestimmte Wirkungen, Kombinationen und Harmonien zu erzielen«, erläuterte er seine Vorgehensweise. »Beim Komponieren verwende ich nie ein Klavier, denn es würde wegen der von mir beabsichtigten Wirkungen nur mein Ohr einschränken. Deshalb schreibe ich die Komposition gleich für das ganze Orchester nieder, und ich höre das Ergebnis der von mir geschaffenen Werke erst, wenn sie aufgeführt und von mir dirigiert werden.«[49] Ganz anders ging später Ralph Vaughan Williams vor, der im Geiste seines Lehrers Ravel meinte, ohne Klavier könne man beim Komponieren keine neuen Harmonien erfinden. Und so sollte Sullivan der Musik in den 90er Jahren des 19. Jahrhunderts auch nichts Neuartiges mehr hinzufügen.

Sir Arthur und Mr. Sullivan

Während es Arthur Sullivan gelang, in seinen komischen Opern die vermeintlichen Gegensätze zu einer Synthese zu führen, so blieb ihm als seriöser Komponist die Anerkennung der Nachwelt versagt, und auch in seinem Privatleben zeichnete sich eine zunehmende Entfremdung ab. In

Sullivans Persönlichkeit spiegeln sich in besonderem Maße der Facettenreichtum und die Widersprüche des 19. Jahrhunderts: Sullivan, der in seinem Heimatland als »der beliebteste Komponist unserer Zeit«[50] gewürdigt wurde und als angesehener Musiker zum Aushängeschild des Landes aufstieg, war privat ein Salonlöwe und leidenschaftlicher Spieler, der ein Verhältnis mit einer von ihrem Gatten getrennt lebenden Frau unterhielt und trotz seines Umgangs mit der High Society noch mit dem Establishment seine Scherze trieb. Sullivan lernte seine Geliebte Fanny Ronalds 1867 in Paris kennen. Die vermutlich 1839 geborene Amerikanerin hatte sich von ihrem Mann getrennt und kam schließlich 1871 zusammen mit der französischen Hofgesellschaft auf der Flucht vor den anrückenden deutschen Truppen nach England. Da die junge Dame nicht geschieden war, durfte die Verbindung in den gehobenen Kreisen, in denen sie mit Sullivan verkehrte, nicht bekannt werden, denn das Thema Scheidung unterlag allgemein einem Tabu. Zu Empfängen und Parties wurden beide immer getrennt eingeladen. Sullivan bezog mit Fanny nie eine gemeinsame Wohnung, selbst in seinen Tagebüchern sind Treffen und intime Kontakte mit ihr häufig nur mit Kürzeln verzeichnet. Sullivan verstand es, sein Privatleben von seiner Arbeit und den gesellschaftlichen Verpflichtungen zu trennen. Er wußte, was von ihm erwartet wurde, und paßte sich dementsprechend an. So war er auch durch Michael Costas Vermittlung 1865 einer Freimaurerloge beigetreten, was der Komponist, der nie ein ernsthaftes Engagement in diese Richtung erkennen ließ, wohl eher als gesellschaftlich opportun erachtete, zumal auch die Prinzen des Königshauses und andere Persönlichkeiten den Freimaurern angehörten. Die High Society hatte ihre eigenen Spielregeln. »Als Hauptgrundsatz galt nicht, die Tugend zu pflegen, sondern einen Skandal zu vermeiden«, resümierte ein Autor, der unter dem Pseudonym »Diplomate étranger« schrieb.

Sein amouröses Verhältnis und die unterschiedlichen Bekanntenkreise aus den Spielkasinos und den Konzertsälen brachten Sullivan vielfach in einen Zwiespalt, der allmählich zu Differenzen führte. Der Journalist Joseph Bennett, der für den Komponisten das Textbuch zu *The Golden Legend* schrieb, meinte später, diese Entwicklung sei zum Teil auf die Enttäuschung darüber zurückzuführen, daß Sullivan sich nicht vollends den »›höheren Dingen‹, von denen er immer gesprochen hatte« widmete. »Ich sah, wie er ganz vom Leben im Londoner West End in Anspruch genommen wurde, was für einen Künstler niemals förderlich sein kann. Ich sah, wie er solch – meiner Meinung nach – dürftigen Ehren, wie sie die Pferderennbahn bietet, nachjagte. Außerdem spürte ich, daß so große Talente, wie er sie besaß, beim Komponieren komischer Opern nicht mit dem entsprechenden Gewinn eingesetzt würden, ganz gleich wie beliebt und reizend sie auch sein mochten. Dies alles mag sich auch auf meine öffentlichen Stellungnahmen über ihn so ausgewirkt haben, daß es einem so sensiblen Menschen rasch aufgefallen sein muß. Und so kam es, daß sich unsere Wege ohne den geringsten Streit trennten.«[51]

Auch in manchen Phasen der Zusammenarbeit mit Gilbert stellte sich bei Sullivan eine gewisse Verdrossenheit bezüglich heiterer Werke ein. »Halten sie mich für eine Drehorgel?« lautete eine Klage im Tagebuch, nachdem Gilbert und Carte, auf den nach *Iolanthe* abgeschlossenen Fünf-Jahres-Kontrakt pochend, bei ihm ein neues Stück anmahnten. »Sie betätigen die Kurbel, und ich gebe Musik in jeder beliebigen Stimmung von mir!«[52] Sullivan strebte danach, sich vom »Vertonen von Silben« bei Gilbert freizumachen. Ihm schwebte eine bedeutende, neue Oper vor, ein Werk, »bei dem die Musik im Vordergrund steht – bei dem die Worte zur Musik anregen und sie nicht bestimmen sollen, und bei dem die Musik die emotionale Wirkung der Worte intensivieren und hervorheben soll.«[53] Gerade in einem Werk wie Wagners *Meistersingern von Nürnberg* mag Sullivan die menschlich glaubwürdigen Charaktere gesehen haben, die er von Gilbert (oft vergeblich) forderte. Gilbert war nicht in seinem eigentlichen Element, wenn er, wie 1880 auf Anfrage Sullivans, den Text zu dem Oratorium *The Martyr of Antioch* von H. H. Milman adaptierte. Die »ernsteste« Oper wurde *The Yeomen of the Guard*, die Sullivan von allen seinen Bühnenwerken am liebsten war.

Eine nationale Oper

Sullivans Ruf als Komponist gründete vor allem auf seiner Sakralmusik, und nach dem triumphalen Erfolg des Oratoriums *The Golden Legend* wurde von vielen Seiten, nicht zuletzt von Königin Victoria, sein Ehrgeiz bestärkt, eine große nationale Oper zu schreiben. Für Sullivan war diese »Oper der Zukunft« ein Kompromiß. »Sie kommt nicht aus der französischen Schule mit ihren prunkhaften, kitschigen Melodien, ihren sanften Licht- und Schattenwirkungen, ihren theatralischen Effekten voll Wirkungssucht; nicht aus der Wagnerschen Schule mit ihrer Düsterkeit und den ernsten, ohrenzerfetzenden Arien, mit ihrem Mystizismus und ihrem unechten Empfindungen; und auch nicht aus der italienischen Schule mit ihren überspannten Arien, Fiorituren und an den Haaren herbeigezogenen Effekten. Sie ist ein Kompromiß zwischen diesen dreien – eine Art eklektische Schule, eine Auswahl aus den Vorzügen der drei anderen«, erläuterte Sullivan in einem Interview. »Ich glaube nicht an Opern, die auf Göttergestalten und Mythen aufbauen. Das ist die Schuld der deutschen Schule. Es ist metaphysische Musik – es ist Philosophie. Was wir brauchen, sind Handlungen, die Charaktere aus Fleisch und Blut ermöglichen, mit menschlichen Gefühlen und menschlichen Leidenschaften. Musik soll zum Herzen sprechen und nicht zum Kopf.«[54]

Sullivan und Carte entwickelten hochfliegende Pläne. Mit einem neuen Opernhaus, das nahezu doppelt so groß war wie das Savoy Theatre, wollte der Impresario *die* englische Nationaloper begründen, und Arthur Sullivan sollte die Einweihungsoper dazu komponieren. Ein kühnes Unternehmen, fürwahr, waren doch alle vorangegangenen Versuche, die Dominanz der italienischen Oper zu brechen oder zumindest eine Oper in der Landessprache zu begründen, gescheitert.

Ernsthafte Versuche in diese Richtung konnten sowieso erst unternommen werden, nachdem 1843 der »Act for Regulating Theatres« den unpopulären »Licensing Act« von 1737 ablöste, was einen wichtigen Beitrag zur Reform des Theaterwesens im Königreich bedeutete. Alle vorherigen Bestimmungen wurden dadurch außer Kraft gesetzt und neu gefaßt; wesentliche Ergebnisse zeitigte die Aufhebung der Privilegien der beiden einander gegenüberliegenden Theater Drury Lane und Covent Garden, die Zentren des »legitimate drama« waren und einzig das Recht besaßen, Tragödien und Komödien aufzuführen. Nun konnten auch die »minor theatres« nach dieser langen Trennung in zwei Klassen von Theatern – frei vom Zwang, die Tragödien- und Komödienform zu vermeiden – neue Dramentypen entwickeln. Ferner waren in dem neuen Theatergesetz die Befugnisse des Lord Chamberlain enger festgelegt, des Haushofmeisters des englischen Herrschers, der zugleich als oberster Aufsichtsbeamter für das Theater und die Zensur bis 1968 (!) zuständig war. Er konnte Aufführungen untersagen, »wann immer er der Meinung sein sollte, daß es zur Bewahrung der guten Sitten, des Anstands oder des öffentlichen Friedens angemessen sei.«[55] So wurde das 19. Jahrhundert zur eigentlichen Pionierzeit der englischen Oper. Damals errangen zunächst jene Werke den größten Triumph, die später liebevoll als »The English Ring« bezeichnet wurden. Den ersten Durchbruch erzielte 1843 Michael William Balfe, ein engagierter Verfechter der Oper in englischer Sprache, mit dem Erfolg von *The Bohemian Girl*. Es folgten 1845 *Maritana* von William Vincent Wallace sowie 1862 Julius Benedicts *The Lily of Killarney*. Von allen Opern jener Zeit gewannen nur wenige Werke wie Balfes *The Bohemian Girl* und Wallaces *Maritana* auch international Anerkennung. Bestrebungen, außerhalb der italienischen Spielzeit am Covent Garden gleichfalls Opern in englischer Sprache – Originalproduktionen und Übersetzungen – zu etablieren, war ein wechselndes Los beschieden. Die Pyne-Harrison-Company mußte als »Royal English Opera« 1864 schließen, eine neu gegründete Gesellschaft erlitt zwei Jahre darauf das gleiche Schicksal, weil die erfolgreichen Kassenfüller, wenn es sie denn gab, nicht die Kosten für die Experimente und Mißerfolge trugen. Dauerhafter waren Unternehmungen, die im kleineren Rahmen betrieben wurden, beispielsweise die Kammeropern, die Thomas German Reed und seine Frau Priscilla in der »Gallery of Illustration« in London herausbrachten – übrigens eine Art Tarnname für den Theatersaal, da der Besuch einer Galerie unter moralisch einwandfreien Bürgern längst nicht als so »shocking« galt wie der eines Theaters.

Gilbert wollte mit den hochfliegenden Nationalopernplänen von Sullivan und Carte nichts zu tun haben. Ein Bühnenwerk dieser Art war seine Sache nicht, zudem kam es 1890 zum Zerwürfnis des Savoy-Triumvirats, da Gilbert Carte immer mehr für einen Mann hielt, der auf dem Rücken des Librettisten und des Komponisten seine Karriere aufgebaut hatte. Außerdem betrachtete er Sullivans Interessenverflechtung mit Carte voller Argwohn. Für Carte war Gilbert schlichtweg unfähig einzuschätzen, welche Bedeutung die Gründung, Organisation und die Leitung des Savoy Theatres für das Werk beider hatte. Immerhin empfahl Gilbert noch Julian Russell Sturgis als Librettisten für die gewählte Vorlage der großen Nationaloper: Walter Scotts Roman *Ivanhoe*.

Mit dem nationalen Element in der britischen Musik verbindet man heutzutage eher die volksliedhaften, pastoralen Klänge eines Vaughan Williams. Die allgemeine Auffassung gegen Ende des 19. Jahrhunderts und auch Sullivan verbanden das Englische an der Musik jedoch nicht mit idyllischen Naturtönen, sondern mit historischen Sujets. Die fiktiven Ereignisse zur Zeit des fast schon legendären Königs Richard Löwenherz im 12. Jahrhundert und der Lobgesang auf edle Ritterlichkeit waren nicht ohne Bedeutung für das ethische Denken der Viktorianer. Schon vor Sullivan hatten viele Komponisten das Thema aufgegriffen, das bekannteste Beispiel dürfte Heinrich Marschners 1829 in Leipzig uraufgeführte Oper *Der Templer und die Jüdin* sein. Sullivans Textdichter Sturgis lieferte nun ein Libretto, das die Haupthandlung der Romanvorlage weitgehend bei-

Impresario D'Oyly Carte präsentiert seine Hauptattraktion, Karikatur in »Punch«

behielt und den Komponisten mit einer Reihe wirkungsvoller Tableaus versorgte, die jedoch nur in loser Folge aneinandergereiht waren. Das Werk bot keine so kühne Stoffwahl wie etwa noch das durchaus bühnenreife Oratorium *The Golden Legend*. Hier lag Sullivans Quelle, Longfellows *The Golden Legend*, eine Verslegende aus dem 12. Jahrhundert zugrunde: Hartmann von Aues *Der arme Heinrich*, die unter anderem auch als Stoff zu einer Oper Hans Pfitzners (1895) und einem Drama Gerhart Hauptmanns (1902) diente. Interessant an *The Golden Legend* ist neben manch gewagten harmonischen Wendungen vor allem die Luzifer-Gestalt, die wie später in der Oper *The Beauty Stone* (1898) kein bocksfüßiger, gehörnter Unhold mehr ist, sondern mal als Mönch, mal als Edelmann auftritt und musikalisch vortrefflich charakterisiert wird. Die Figur des Satans, die so lange aus der englischen Musikliteratur verbannt war, wurde hier durch Sullivan wieder hoffähig gemacht; sechs Jahre später trat Luzifer in Parrys *Job* sogar leibhaftig auf, um mit seinen Helfershelfern Hiobs Anwesen zu verwüsten.

Sullivan, an dem die Streitigkeiten zwischen Gilbert und Carte, die seine Energie lähmten, nicht spurlos vorübergingen, hatte bei *Ivanhoe* Mühe mit Sturgis' Blankvers und raffte sich nur allmählich zur Komposition auf. Lieber widmete er sich den Pferderennen in Ascot oder dem gesellschaftlichen Verkehr mit der High Society. Die für den 10. Januar 1891 vorgesehene Uraufführung und damit die Einweihung des neuen Opernhauses mußte verschoben werden, wofür Sullivan eine stattliche Entschädigung zu zahlen hatte. Während das Savoy Theatre weiterhin *The Gondoliers* spielte, fand die Einweihung des Royal English Opera House mit *Ivanhoe* am Samstag, dem 31. Januar 1891, statt. Das neue Haus am Cambridge Circus bot 1697 Zuschauern Platz (im Savoy waren es knapp 1300). Das Orchester war mit 63 Musikern fast doppelt so stark wie das des Savoy, hinzu kamen mehrfach besetzte Hauptrollen, 72 Chormitglieder und eine üppige Ausstattung. Wie es bei Anlässen dieser Art üblich ist, fand sich viel Prominenz ein. Sullivan widmete sein neues Werk Königin Victoria – Britten tat 1953 für Elizabeth II. desgleichen mit seiner Oper *Gloriana* –, doch die Queen hat es sich nie angesehen.

Vorsichtig, aber zutreffend, hieß es nach der Uraufführung von *Ivanhoe* in der »Times«, daß, »falls – was derzeit sehr wahrscheinlich ist – die modernen Theorien zur dramatischen Musik allgemeine Anerkennung finden sollten, *Ivanhoe* schwer zu kämpfen haben [wird], um sich auf Dauer halten zu können.«[56] Bei der Oper von Sturgis und Sullivan steht der Sieg des Guten über das Böse (die Sachsen bezwingen die Normannen) und der Tugend über das Gemeine (Rebecca gegen den Templer) im Vordergrund, präsentiert in einer wirkungsvollen Szenenfolge in Form eines breit angelegten Bilderbogens. Den aufreibenden Konflikten zwischen den verschiedenen Volksgruppen und Religionsgemeinschaften in Scotts

Roman schenkte man wenig Beachtung. Statt dessen wird die Figurengruppierung des Melodramas – Held, Schurke, Heldin, guter Alter und Komiker – weitgehend beibehalten. Trotz mancher beeindruckender musikalischer Passagen wie der Gestaltung der Rebecca, deren Gebet (2. Akt, 3. Szene) durch eine ausgeklügelte Orchesteruntermalung gestützt wird, der ungeahnten Leidenschaft in der Arie des Tempelritters Brian »Woo thou thy snowflake« (2. Akt, 2. Szene) oder den Szenen mit König Richard und Bruder Tuck, fällt auf, daß sich Sullivans Musik zu *Ivanhoe* zwar durch melodischen Einfallsreichtum und eine ausgefeilte Instrumentierung auszeichnet, doch das Drama nur sporadisch vorantreibt und Konflikte kaum evident macht. Dies ist bei dem unzusammenhängenden, beliebig wirkenden Aufbau von Sturgis Libretto auch schwer möglich, bei dem keine Handlungsmotive durchgehalten und keine Charaktere entwickelt werden. Es bleibt schwer verständlich, weshalb Sullivan bei seiner lebenslangen Beschäftigung mit William Shakespeare, deren Früchte zahlreiche Liedvertonungen und Bühnenmusiken waren (wie etwa zu Irvings *Macbeth*-Produktion), kein Werk des bedeutenden englischen Dramatikers als Stoff wählte, um seinen Traum von einer großen Oper zu verwirklichen. In vielen Ansätzen zeugt *Ivanhoe* von guter Absicht, doch letztlich bleibt es ein dramaturgischer Fehlgriff. »Erst bei der Szene zwischen Bruder Tuck und König Richard stellen wir den Grund fest, weshalb die Savoy-Opern ein nie versiegender Quell der Freude sind und *Ivanhoe* ein eher vages Etwas«, resümierte 1910 der Rezensent des »Standard«. »Es ist jener Sinn für Humor, den wir hier vermissen, ohne den selbst *The Yeomen* – das wagen wir einmal zu behaupten – kaum ein großes Werk geworden wäre.«[57]

Obwohl es Sullivans Oper auf 160 Aufführungen in Folge brachte, erwies sich das Projekt des englischen Opernhauses letztlich als ein Fehlschlag. Wegen nachlassenden Publikumsinteresses mußte Carte das Ritterdrama schließlich absetzen, noch bevor die entstandenen Kosten wieder eingespielt waren, und das Haus Anfang 1892 letztlich ganz schließen, weil er sich nicht darauf eingestellt hatte, ein Repertoire mit Werken britischer Komponisten aufzubauen. Trotz großer Verluste war der Manager dank der Savoy-Erfolge zwar keineswegs ruiniert, dafür aber reichlich desillusioniert. Er mußte das Haus an Augustus Harris verkaufen, der zu diesem Zeitpunkt bereits Herr über Covent Garden, Drury Lane, Her Majesty's und das Olympic Theatre war. Im Dezember 1892 wurde das Royal English Opera House dann unter dem Namen »Palace Theatre of Varieties« als Varietétheater wiedereröffnet und ist heute ein weltbekanntes Musical-Theater. Der Grund für den finanziellen und ideellen Mißerfolg mag nicht allein die Historienoper selbst gewesen sein, sondern auch der Umstand, daß Carte versuchte, ungeachtet der anders gearteten Publikumsstruktur des neuen Hauses, den Dauerspielbetrieb des populären Savoy Theatres in diese nationale Einrichtung zu übertragen, anstatt von Anfang an Aufträge für neue englische Opern zu vergeben, die in den Spielplan hätten integriert werden können. Dieses englischsprachige Opern-

Repertoiretheater entstand schließlich 1931 mit der Sadler's Wells Opera, die 1968 in das gut 2000 Zuschauer fassende Coliseum – das größte Theater Londons – umzog und seit 1974 den Namen »English National Opera« trägt. Von *Ivanhoe* fanden nur noch sporadisch weitere Aufführungen statt, und es dauerte bis nach dem Zweiten Weltkrieg, ehe mit *Peter Grimes* »das Eis für die britische Oper gebrochen« werden konnte, wie es der Komponist Benjamin Britten formulierte.[58] »Zwar kann man kaum behaupten, daß das herrliche Theater am Cambridge Circus ausschließlich für seine Produktion gebaut wurde«, hieß es zehn Jahre nach Sullivans Tod in »The Evening Standard and St. James's Gazette«, »aber es steht außer Frage, daß es ohne Sir Arthur Sullivan auch kein English Opera House gegeben hätte.«[59]

Sullivans letzte Lebensjahre waren überschattet von seiner schweren Krankheit, einem chronischen Nierenleiden, dem Sterben vieler Wegbegleiter und Freunde sowie dem dadurch fehlenden Antrieb, den neuen Stimmen in der Musik, wie sie von Strauss, Elgar und bald auch von Mahler und Schönberg zu vernehmen waren, noch Wesentliches hinzuzufügen. Durchschlagende Bühnenerfolge blieben in den 90er Jahren selbst bei Gilberts Mitwirkung aus. Weder mit *Utopia Limited* (1893) und *The Grand Duke* (1896), noch – ohne Gilberts Beteiligung – mit *Haddon Hall* (1892), *The Beauty Stone* (1898) und *The Rose of Persia* (1899) konnte Sullivan an frühere Zeiten anknüpfen. Die langen Phasen der Untätigkeit und die Paralyse seiner musischen Kreativität, vor allem in Sullivans letzten Jahren, sind, wie er seinem Tagebuch anvertraute, »erstens der Krankheit und dem körperlichen Unvermögen, zweitens dem Brüten und dem nervösen Ekel vor mir selbst«[60] zuzuschreiben.

Spötterdämmerung

Als Sullivan am 22. November 1900 zwei Monate vor Königin Victoria starb, wurden ihm alle Ehren des In- und Auslandes zuteil. Doch schon bald nach der Jahrhundertwende zerfledderte die Kritik seinen einstigen Ruhm. Das brachte unter anderem Edward Elgar in Harnisch, der sich stets der Bedeutung Sullivans für das englische Musikleben und für die Verfeinerung des Genres der komischen Oper bewußt war, und ließ ihn in Vorträgen diese »fragwürdige Seite der Musikkritik« brandmarken.[61] Schon in den 90er Jahren hatten Sullivan neue aufstrebende Künstler wie Barnby, Elgar oder German allmählich den Rang streitig gemacht; überdies galt sein Stil, im Sitzen zu dirigieren, in der Zeit, da nach der Epoche der Virtuosen und Gesangsidole nun die der Pultstars anbrach, allmählich als altmodisch. Mehr als Sullivans stets interessante Programmzusammenstellung war nun ein Orchesterleiter mit starker persönlicher Ausstrahlung gefragt. »Wir sind so verdorben mit unseren Richters, Levis, Mottls und Nikischs, daß der an seinem Pult sitzende Sir Arthur Sullivan nicht mehr beeindrucken kann«, faßte der Rezensent von »The World« die allgemeine Meinung zusammen. »Die Orchester sind jetzt an eine straffere Führung gewöhnt, als sie sein kraftloser Schlag geben kann, und der Dirigent, der mit seinen Augen so sehr an der Partitur klebt, ist einfach im Hintertreffen.«[62] Dennoch sah George Grove in ihm stets »einen ausgezeichneten Dirigenten«, wie er 1895 anläßlich einer Aufführung von Schumanns 4. Sinfonie und Beethovens Violinkonzert mit dem berühmten Joseph Joachim bemerkte.[63] Kraft seiner Persönlichkeit erzielte Sullivan noch beachtliche Publikumserfolge, wie etwa mit Auszügen aus Wagners *Meistersingern* in englischer Sprache sowie mit Aufführungen von Bachs *h-Moll-Messe* und Mendelssohns *Elijah*. Der »Daily Telegraph« bescheinigte seinem Wagner-Dirigat beim Festival in Leeds 1898, daß »die Musik des Bayreuther Meisters mit wahrem Verständnis und einem absoluten Gespür für ihre vielfältigen Schönheiten erklang«, und der Rezensent des Blattes »Athenaeum« urteilte abwägend: »Den Verzicht auf alle Show-Effekte bei seinen Dirigaten kann man leicht als Kälte mißdeuten, jedoch mögen solche Eindrücke hier, wie auch anderswo, täuschen. Sir Arthur ist aufgrund seiner Kenntnisse, seiner raschen Auffassungsgabe und Erfahrung einer der sichersten Dirigenten überhaupt und einer der sichersten englischen Dirigenten, vielleicht sogar der beste.«[64]

Unverziehen blieb indes, daß Sullivan immer wieder ins Lager der leichten Muse desertierte, und sogar in der Erstausgabe von Groves *Dictionary of Music and Musicians* wurde genörgelt, daß Sullivan doch zu Wertvollerem befähigt sei. Die Unterscheidung zwischen ernster Musik, die Anerkennung verdient, und Unterhaltungsmusik hatte sich im 19. Jahrhundert herausgebildet. Der Graben vertiefte sich zusehends durch die Aufgabenspaltung zwischen Komponist und Interpret einerseits, die noch bis zu Chopins Zeiten zumeist in Personalunion aktiv waren, sowie der bereits erwähnten Forderung nach Amüsement in den gut situierten Kreisen und der »Progressivität« des traditionsunabhängigeren neuen Bürgertums, das erst allmählich seine eigenen Konventionen entwickeln mußte. Zum Maßstab der Wert- und Qualitätsbeurteilung eines Werkes wurden nicht etwa die funktionale Ambiguität der Komposition, die in die Struktur eingelagerten Spannungen, die Reichhaltigkeit einzelner Gedanken und die planvolle Unbestimmtheit der Ausführung genommen,[65] sondern die äußeren Umstände, die zu seiner Entstehung führten. »Ernste« Musik in den traditionellen Gattungen fand in einer Betrachtungsweise, die das Publikum gar nicht mehr berücksichtigte, zumindest die Aufmerksamkeit der Fachleute. Unterhaltende oder gar kommerziell erfolgreiche Musik galt von vornherein als niederrangig. Vielleicht mag Sullivans Vorbild Rossini eine solche Entwicklung gespürt haben, als er 1829 noch eine ernste Oper, *Guglielmo Tell*, und 1863 noch ein sakrales Werk, die *Petite Messe solennelle*, schrieb, ansonsten aber das Komponieren aufgab. Möglicherweise ahnte er, daß man fortan nicht mehr danach beurteilt werden würde, ob man gute oder schlechte Musik schreibt, sondern ob sie ernst oder unterhaltend ist.

Obwohl das britische Musikleben durch Arthur Sullivan wertvolle Impulse empfing, sowohl was das Wiederanknüpfen an die Tradition als auch die Öffnung zu kontinentalen Entwicklungen betrifft, wurde Sullivan eine bleibende Anerkennung versagt. Auch wenn sich die Wiederentdeckung der nationalen Identität im Bereich der Musik durchaus vergleichen läßt mit den Anregungen, die Glinka in Rußland bzw. Weber in Deutschland gaben, blieb Sullivan nur die Ächtung der »Kenner«, anstelle der Achtung vor seinen Leistungen. Seine dramatischen Werke gerieten für lange Zeit in Vergessenheit, während am Savoy Theatre und in Laienvereinigungen, den in vielen Städten der englischsprachigen Welt verbreiteten »Gilbert & Sullivan Societies«, vielfach eine Tradition beharrlich weitergepflegt wurde, mit der die nachfolgenden Verantwortlichen der D'Oyly Carte Opera Company – Gralshütern gleich – die Welt von »G & S« abschotteten und zu einer Art Bayreuth der leichten Muse machten. Originalmanuskripte, die nicht in den Besitz von Bibliotheken oder Sammlern mit redlichen wissenschaftlichen Ambitionen gelangt sind, hütet man bis auf den heutigen Tag wie Fafner seinen Schatz. Selbst als die Zeiten, in denen Sullivan, Gilbert und Carte mit Macht gegen die Mißachtung des Urheberrechts vor allem in den USA vorgehen mußten, endlich vorbei waren, machten der Kulturprotektionismus und das Beharren auf Urheberrechtsansprüchen Inszenierungen anderer Ensembles unmöglich. Bis Ende 1961 hatte die »D'Oyly Carte Opera Company« das Monopol für professionelle Aufführungen der Opern von Gilbert und Sullivan. Erst 1962, fünfzig Jahre nach dem Tod Gilberts, konnte die Sadler's Wells Opera mit *Iolanthe* erstmals eine Sullivan-Oper in ihr Repertoire englischer Werke aufnehmen, mit dessen Aufbau man 31 Jahre zuvor begonnen hatte.

Dem Nachruhm Sullivans standen die Scheuklappenpolitik seiner Nachlaßverwalter sowie das Verdikt der »seriösen« Musikkritik und der Musikwissenschaft, die seine Leistungen diskreditierten, entgegen. Auch wenn es Sullivan nicht gelang, 1891 mit *Ivanhoe* eine Nationaloper von Rang zu komponieren, so schuf sein Auftreten in der britischen Musik eine Basis, auf der Künstler nachfolgender Generationen im Bereich des Konzerts und des Musiktheaters aufbauen konnten. Sein erster Biograph, Arthur Lawrence, resümierte 1899: »Die musikalische Renaissance Großbritanniens ist ein Teil der Geschichte der letzten dreißig Jahre. Es muß der Nachwelt überlassen bleiben, sie genau einzuordnen. Wie genau diese Renaissance dem Genie Sullivans zuzuschreiben war und dem Umstand, daß er sozusagen coram populo schreiben konnte, wird sich bestimmen lassen, wenn es dem Historiker möglich ist, unvoreingenommen das Werk und den Einfluß auf die Menschen seiner Generation zu untersuchen, zu einer Zeit also, wenn unsere gegenwärtigen kleinen Eifersüchteleien und Meinungsverschiedenheiten der Vergessenheit anheimgefallen sein werden.«[66]

II

Captain Parry

Hubert Parry (1848–1918)

Das Wesentliche an der Musik bleiben ihre musikalischen Kräfte und Wirkungen; sollte ihr aber – im Nebenamt sozusagen – etwas Weltverbesserung gelingen, so hätten wir allen Anlaß, für die Mehrung des »Guten« eine besondere Dankesfeier vor dem Altar des »Schönen« zu begehen. [. . .] Nur empfiehlt es sich, in unseren Erwartungen bescheiden zu sein, nicht anzunehmen, daß die Musik uns gut und vollkommen, vielleicht aber doch, daß sie uns besser machen kann.

Bruno Walter[1]

Charles Hubert Hastings Parry

Abschied von der alten Garde

Viele Künstler können sich trotz bescheidener Erfolge zu Lebzeiten damit trösten, daß ihnen die Nachwelt in angemessener Frist nach ihrem Ableben die verdiente Anerkennung zuteil werden läßt. In Großbritannien ist den Komponisten, die im 19. Jahrhundert zur Welt kamen, jedoch keineswegs der Nachruhm sicher, selbst wenn es sich um einst namhafte Persönlichkeiten wie Sullivan, Parry oder Vaughan Williams handelt. Im Jahre 1900 verlor die britische Musikwelt zwei ihrer bedeutendsten Vorkämpfer: George Grove und Arthur Sullivan. Beide erfuhren durch die damaligen Konkurrenzkämpfe und Cliquenbildungen eine unterschiedliche Beurteilung. Hubert Parry, um die Jahrhundertwende schon ein Musiker mit beachtlicher Reputation, war Grove 1868 als erst zwanzigjähriger Heißsporn durch Sullivan in Gloucester vorgestellt worden, als gerade das Orchesterwerk *Intermezzo Religioso* als seine erste Komposition bei einem englischen Festival mit gemischten Reaktionen aufgenommen worden war. Grove, der geistige und literarische Förderer der britischen Musik, gratulierte ihm, wie sich Parry später erinnerte, dafür, daß er »von den Kritikern mißhandelt wurde, denn das hielt er für ein gutes Zeichen«.[2] Für George Grove war nach langen Jahren schwerer Krankheit der Tod im Alter von achtzig Jahren eine Erlösung, und als die Nachricht am 29. Mai 1900 das Royal College of Music erreichte, brach Hubert Parry eine Orchesterprobe ab, hielt vor den Studenten eine bewegende kurze Ansprache und ließ als Tribut an den früheren Institutsleiter den Trauermarsch aus Beethovens 3. Sinfonie spielen. Arthur Sullivan, einer von »G's« engsten Freunden, war erst achtundfünfzig, als er wenige Monate später, am 22. November, starb, doch die »seriöse« Musikwelt betrauerte diesen Verlust nur kurzfristig. Hubert Parry achtete zwar die komischen Opern Sullivans gering – »frivol und unzusammenhängend« urteilte er über *Iolanthe* –, gestand aber in seinen Tagebüchern, daß er sich bei den Aufführungen durchaus amüsiert habe. Von Sullivans künstlerischen Ambitionen, seinen Gewohnheiten und seinem Umgang hielt Parry absolut nichts, dennoch beeindruckten den Philanthropen der Charme und die Großherzigkeit des sechs Jahre Älteren. Obwohl sich Parrys Lebenseinstellung vollkommen von der des erfolgreichen Kollegen unterschied, hatten sie stets einen freundschaftlichen Umgang gepflegt. In einem Brief an den »lieben, guten Kameraden« lobte Parry: »Ich weiß nicht, was von beiden größer ist – Ihr Verstand oder Ihr Herz.«[3] Den vielen Menschen, die an der Beisetzung in Londons St. Paul's Kathedrale teilnahmen, darunter viele Berühmtheiten der Theater- und Musikwelt, dürfte Sullivans Großzügigkeit, die er gegenüber den in finanzielle Notlagen geratenen Ensemblemitgliedern des Savoy Theatres oder der Familie seines früh verstorbenen Bruders zeigte, kaum bekannt gewesen sein. Sullivans Triumphe auf dem Unterhaltungssektor machten ihn moralisch fragwürdig, und so galt es bereits nach 1894, als Grove die Leitung des Royal College of Music in Kensington zugunsten von Parry aufgegeben hatte, als unschicklich, den Namen des Erfolgskomponisten am Institut zu erwähnen. Schon bald nachdem Sullivan mit allen Ehren beigesetzt worden war, versuchte man, seine Leistungen in Mißkredit zu bringen. Vor allem die Eleven des Royal College – John A. Fuller Maitland (1901 in der Zeitschrift »Cornhill«) und Ernest Walker (1907 in seiner *History of Music in England*) – ließen sich zu harschen Äußerungen wie »minderwertige Musik« oder »peinlicher Schund« hinreißen.[4] Parry indes schwieg, ebenso wie Stanford, und ließ die Absolventen in die musikliterarische Schlammschlacht ziehen. Der prägende Einfluß der Kensington-Schule dominierte die offizielle Meinung für die nächsten sieben Jahrzehnte. Das moraldurchtränkte Schönheitsideal des Kunstkritikers John Ruskin (1819–1900) und das Wertesystem des Schriftstellers Thomas Carlyle (1795–1881), der die britische Nation in neuer ethisch-religiöser Bindung zu sittlich-patriotischer Bewährung führen wollte, übten einen immer stärker werdenden Einfluß aus, und schon gegen Ende des 19. Jahrhunderts zeichnete sich ab, daß das Musikleben nach einer moralisch integeren Leitfigur verlangte, eben nach einem Mann wie Hubert Parry.

Akademiker mit Idealen

Charles Hubert Hastings Parry kam am 27. Februar 1848 in Bournemouth, einem Seebad an der englischen Kanalküste, zur Welt. Er war das letzte von sechs Kindern. Außer einem Bruder, Charles Clinton, hatten die vier anderen Geschwister das erste Lebensjahr nicht überstanden. Die Mutter, ausgezehrt durch das Kinderkriegen und durch anstrengende Reisen, die sie als Begleitung ihres vermögenden Gatten zu unternehmen hatte, verschied bald nach Huberts Geburt. Schon 1851 willigte der Vater in eine zweite Ehe ein, aus der sechs weitere Nachkommen hervorgingen.

Wenn auch Hubert Parrys Hauptinteresse schon bald der Musik galt, so war er doch nie ausschließlich Komponist. Er besaß – wie später auch Rutland Boughton, Ethel Smyth oder Michael Tippett – darüber hinaus eine ausgeprägte literarische Begabung. Und er war ein hervorragender Lehrer und Organisator; sein Freund und Kollege Alexander Mackenzie charakterisierte ihn als »Komponisten, Dichter, Denker, Historiker, Lehrer, Idealisten«.[5] Indem er diese Fähigkeiten zur Entwicklung der Musik in seiner Heimat einsetzte, leistete Parry einen der wertvollsten Beiträge zur Musikförderung in Großbritannien.

Die Beschäftigung mit der Kunst war für Parry keine Arbeit zum Broterwerb. Finanziell war er weitgehend unabhängig, stammte er doch aus einer wohlhabenden Familie der oberen Mittelklasse mit walisischen und französischen Vorfahren. Der Musik widmete er vor allem deshalb seine größte Aufmerksamkeit, weil er sie am ehesten für geeignet erachtete, seine Wertvorstellungen umzusetzen. Gerade durch die Musik schien es ihm am intensivsten möglich zu sein, an die humanistischen Grundideale im Menschen zu appellieren und die Verbindungen zwischen den einzelnen untereinander und den Völkern enger zu knüpfen, wovon nach Parrys Auffassung die Entwicklung der Menschheit abhing. Seine ideellen Ziele erinnern vielfach an den Zukunftsoptimismus, mit dem Prinz Albert von Sachsen-Coburg-Gotha einst meinte, daß die Wohltaten des Fortschritts der Menschheit auf dem Weg zur Vollendung des göttlichen Schöpfungsauftrags zugute kämen und ihr helfen würden, zum Ziel einer großen Einheit zu gelangen. »Ich rede nicht von einer Einheit, welche die Schranken zwischen den Nationen niederreißen und deren charakteristische Eigenschaften nivellieren würde«, legte Albert seine Vorstellungen in der Vorphase der Weltausstellung von 1851 dar, »sondern von einer Einheit, die das Ergebnis gerade dieser verschiedenen nationalen Eigenschaften wäre.«[6] Diese Synthese von nationaler Eigenheit und weltumspannender Humanität sollte zur Grundlage von Parrys Schaffen werden.

Die Persönlichkeit Hubert Parrys zeichnete sich durch eine beachtenswerte Vielseitigkeit aus. Großgewachsen und gutaussehend, war er sportlich sehr aktiv und ein begeisterter Segler; die Leute seiner Crew kannten den berühmten Künstler nur als ihren »Captain Parry«. »Sein Vergnügen an der Jacht war das Vergnügen eines Dreijährigen«, berichtete, wenn auch etwas überspitzt formuliert, ein Freund. »Die Sache machte ihm am meisten Spaß, wenn wir in Situationen gerieten, die eine Landratte wohl für gefährlich gehalten hätte.«[7] Der naturverbundene Musiker, der auch mit Begeisterung selbst Auto fuhr, war mit Sicherheit der beste Pilzkenner unter den Komponisten seiner Zeit und zudem stark interessiert an bildender Kunst und Literatur. Er eignete sich umfassende literarische, historische, wissenschaftliche und philosophische Kenntnisse an, und in seinen Tagebüchern, die er in Eton zu schreiben begann, verzeichnete er bis zu seinem Lebensende unter anderem akribisch die Werke, die er gerade studierte. Gestützt auf seine umfassende Bildung brachte er die Humanität in die britische Musik ein. Von der Kritik seiner Zeit wurde der Sohn aus gutem Hause jedoch oft als Amateur angesehen, obwohl er – etwa im Gegensatz zu Elgar oder Walton – durchaus einen geregelten Kompositionsunterricht genossen hatte.

Seiner Herkunft angemessen erhielt Parry seine Ausbildung in Eton (1861–66) und Oxford (1867–70), den besten Instituten des Landes, wo er sich den Grad des Mus. B. Oxon. (Bachelor of Music Oxoniensis) erwarb und zum B. A. (Bachelor of Arts) graduierte. Seine ersten Kompositionen waren zumeist Chor- und Sololieder sowie Kammermusik. Um sich weiter zu vervollkommnen, nahm Parry in den folgenden Jahren Unterricht bei so namhaften Musikern wie Sterndale Bennett und George Alexander Macfarren, doch eine der wichtigsten Begegnungen dürfte im Sommer 1867 die mit Heinrich Hugo Pierson (1815–73) in Stuttgart gewesen sein. Dessen Name war gut zwanzig Jahre zuvor noch Henry Hugo Pearson gewesen – der Engländer war nach Deutschland ausgewandert, weil er sich mit seinen Kompositionen im heimatlichen Klima der 40er Jahre nicht verstanden fühlte; auch genossen seine Idole Schumann und Berlioz zur damaligen Zeit kaum Ansehen in Großbritannien. Seine Tondichtung *Macbeth* aus dem Jahre 1859 ist eines der frühesten Beispiele der neuartigen Instrumentierungskunst in der britischen Musik. Gerade Berlioz, der 1843 seinen *Traité d'instrumentation* veröffentlicht hatte,[8] übte mit seinen Ideen von der Verwendung mehrfach geteilter Streicher, individualisierter Instrumente, die bislang nur als Füllstimmen eingesetzt worden waren, ungewöhnlicher Extremlagen in Höhen und Tiefen sowie den Einsatz ungebräuchlicher Blasinstrumente auch auf andere Musiker wie etwa Sullivan erheblichen Einfluß aus. Pearson alias Pierson versuchte, Parry das Idiom Mendelssohns mit Schumann auszutreiben, und schon bald begann sein Schüler auch mit Skizzen zu einer *Träume-Sinfonie*. Unter dem Einfluß des Kulturexilanten stellte Parry ein *Allegretto Scherzando* fertig, die Sinfonie ließ er unvollendet. Auf lange Sicht blieb der Einfluß dieser Lehrer auf seinen Stil jedoch gering. Es mag eine Ironie des Schicksals sein, daß schließlich das Zusammentreffen mit einem in England lebenden Deutschen für Parry die größte Bedeutung hatte.

Parrys Familie war von seinen musikalischen Neigungen unangenehm berührt. Der Sohn eines Gentleman mochte Maler oder Architekt werden, als Berufsmusiker stand er im Ansehen jedoch auf der gleichen niedrigen Stufe wie Schauspieler oder fahrendes Volk. Dieses Verhältnis zur Kunst kritisierte bereits Arthur Sullivan, der 1888 öffentlich feststellte, daß »sogar heute noch in der Einstellung eines echten Briten das Geschäft, gesellschaftlicher Umgang, Politik und Sport alle noch vor der Kunst rangieren. Kunst ist eine feine Sache, [...] aber wir haben nur Spaß daran, wenn sie keiner dieser Lieblingsbeschäftigungen ins Gehege kommt.«[9] Ein Lehrer des Royal College of Music meinte später, die treffendste Zusammenfassung der Persönlichkeit Parrys habe sein Kollege Sir Hugh Allen gegeben, indem er sagte: »›Er gab der Musik als Beruf die Würde.‹ Dies trifft zweifellos zu. Musiker werden nicht mehr länger als sonderbare, komische Kreaturen betrachtet, die man zum Essen in die Küche schickt und die man bei Gesellschaften bis zu ihrem Auftritt draußen warten läßt. Ihr Status hat sich derart verbessert, daß so etwas nun fast unglaublich erscheint. [...] Es war keine geringe Sache, daß ein Mann seiner Herkunft beschloß, sich der Musik zu widmen; nicht nur, weil er als sichtbarer Beweis dafür stand, daß ein Musiker auch ein kultivierter Gentleman sein konnte, sondern auch weil jene Studenten, die unter seinen persönlichen

Einfluß gerieten, davon überzeugt wurden, sich neben ihren musikalischen Fertigkeiten auch Allgemeinbildung anzueignen.«[10]

Die Hartnäckigkeit, mit der Hubert Parry seinen Weg ging, erscheint umso erstaunlicher, als die Atmosphäre, in der er sich bewegte, alles andere als förderlich für seine Kunst war. Clinton, der kaum weniger begabt schien als Hubert, richtete sich durch Alkoholismus zugrunde, was jahrelang eine schwere Bürde für die Angehörigen war. Und dennoch: »Tragisch einsam«, notierte Parry, als er 1883 die Nachricht vom Tod seines Bruders erhielt. »Was für ein Ende für solche Fähigkeiten und solch ein freundliches, überaus wohlmeinendes Wesen.«[11] Sein Vater – »the old Squire« (der alte Gutsherr), den der Sohn 1888 als solchen ablöste – lebte noch lange genug, um die ersten künstlerischen Erfolge Huberts mitzubekommen. Zunächst hatte Parry nach seinem Abschluß in Oxford noch eine anerkannte Tätigkeit für Lloyd's Schiffsregister aufgenommen und 1872 im gutbürgerlichen Stil eine Ehe geschlossen, aus der zwei Töchter hervorgingen. Diese Verbindung zu Maude Herbert, die Parry mit glühenden, schumannesk-leidenschaftlichen Liebesbriefen an die »dearest little Maudie« bzw. »dear little Faerie Queene« überhäufte, zwängte ihn im Lauf der Jahre in ein unglückseliges Korsett von Konventionen, worüber auch die gemeinsame Sympathie für die Frauenrechtsbewegung nicht hinwegtäuschen konnte. »Bei all seiner äußeren Lebenskraft und scheinbaren Heiterkeit war er furchtbar einsam und war es auch immer gewesen«, erinnerte sich Arthur Ponsonby, der 1898 Parrys älteste Tochter Dorothea geheiratet hatte. »Seine Frau hat sich nie um seine Musik gekümmert, nie an seinem Leben teilgehabt, war ihm keine Gefährtin und mit ihrer seltsam gehemmten Entwicklung und dem auf sich selbst bezogenen, winzigen Blickwinkel ihm in keinerlei Hinsicht eine Hilfe oder Stütze. Seine Hingabe zu ihr hatte etwas Pathetisches, und doch schien es immer, als ob ihm nicht bewußt sei, daß er sie nie gewinnen könnte. Sie schränkte ihn ein, irritierte ihn, schikanierte ihn, war eine Belastung für ihn, hinderte viele Leute daran, zu ihm vorzudringen und machte es selbst für uns schwierig, ihn zu sehen, da das Leben mit ihr zu anstrengend war. Dies gab ihm einen Hauch von Melancholie, der in seiner Musik herauskam.«[12] Maude – psychosomatisch kränkelnd, manisch-depressiv und tablettensüchtig – überlebte ihren Mann um fünfzehn Jahre und starb 1933.

Der Konzertsaal als moralische Anstalt

Trotz des Musikstudiums und der vielfältigen Eindrücke, die Hubert Parry durch seine regelmäßigen Besuch der Konzerte im Londoner Kristallpalast sammelte, war es Ende 1873 die Begegnung mit Edward Dannreuther, die von entscheidender Bedeutung für den Komponisten Parry werden sollte. Dannreuther, 1844 in Straßburg geboren und in Leipzig

Der monumentale Innenraum der Royal Albert Hall

von den gleichen Lehrern wie Sullivan ausgebildet, residierte seit 1863 in London, wo er sich vor allem für das Schaffen seines Freundes Richard Wagner einsetzte, dessen Stücke er übersetzte und für dessen Werk er 1877 ein Festival initiierte. Mit diesen Wagner-Konzerten in der Royal Albert Hall, die Hans Richter und der Komponist selber leiteten, sollten die finanziellen Einbußen der ersten Bayreuther Festspiele im Jahr zuvor wettgemacht werden, doch auch der künstlerische Eindruck auf das britische Musikleben war nachhaltig. Parry hatte 1876 bereits Bayreuth besucht und lernte nun auch Wagner persönlich kennen. Er erlebte ihn bei Gesellschaften und einer Lesung des soeben fertiggestellten *Parsifal*-Textes in Dannreuthers Wohnung, jedoch übte die Musik auf Parry einen stärkeren Eindruck aus als deren Schöpfer selbst. Den Höhepunkt seiner Wagner-Begeisterung bildete im Juli 1882 der Bayreuth-Besuch mit Dannreuther, wo man allein drei Vorstellungen von *Parsifal* sah.

Zu Dannreuthers »Hausgöttern« zählten ferner Mozart, Bach, Beethoven und Schumann, und er war der erste, der vor dem englischen Konzertpublikum wichtige neuere Klavierkonzerte zu Gehör brachte, wie etwa von Chopin (f-Moll), Grieg (a-Moll), Liszt (A-Dur), Scharwenka (b-Moll) und Tschaikowsky (b-Moll). »Er ist ein entschiedener Radikaler in der Musik, und er strebt den fortschrittlichsten Stil und die freieste Interpretation des alten Stils an«, hieß es in einem Brief Parrys vom November 1873. »Bei seinem Klavierunterricht beschreitet er einen ganz und gar radikalen Weg und verzichtet beim Spiel auf die alten Dogmen in der Absicht, unbedingt die größtmögliche Wirkung zu erzielen.«[13] Der methodische Ansatz Dannreuthers bot genau das, was Parry bei allen anderen Lehrern vergeblich gesucht hatte. Die gute Zusammenarbeit und spätere freundschaftliche Beziehung zu Dannreuther waren ausgesprochen förderlich, selbst wenn es diesem nicht immer gelang, Parry zu überzeugen. So blieb der Brite trotz eines eindrucksvollen Vortrags Dannreuthers von Liszts A-Dur-Klavierkonzert mit dem Dirigenten Hans von Bülow reserviert, fand das Werk aufdringlich und unecht und hielt sich lieber an Brahms. Dannreuther verfügte über ein umfangreiches Repertoire und führte Parry auch in die Geheimnisse des Schaffens von Bach und Beethoven ein. »Obwohl ich sie nur schrittweise lerne, wird es lange dauern, bis bei mir eine intelligente, bewußte Phrasierung der Bachschen Werke zu einer systematischen Gewohnheit wird«, meinte Parry während seiner Beschäftigung mit Bachs *Italienischem Konzert* und Beethovens 5. Klavierkonzert. »Es sind viel Geduld und Bildung erforderlich, um sie durchweg verständlich werden zu lassen. Es ist, als ob man das Portrait eines großen Mannes malt: Man muß die Gewohnheit des Beobachtens kultivieren, andernfalls wird das Werk durch einen Mangel an bewußtem Verstehen zu einer Parodie oder der bloßen Darstellung von Äußerlichkeiten, die nicht der wahren Sache entsprechen.«[14] Die Freundschaft, ja geradezu brüderliche Verbundenheit mit Dannreuther, der Parry nicht nur im Unterricht wichtige Anregungen gab, sondern der auch zum einflußreichen Berater und Kritiker des Komponisten wurde, blieb bis zum Tod des Deutschen im Jahre 1905 ungetrübt.

Doch Dannreuther beeinflußte auch die Einstellung des Akademikers Parry, der sich als Musiker eine solide Basis als Universitätslehrer verschaffen konnte. Parry gewann durch seine Tätigkeit als Mitarbeiter an Groves *Dictionary of Music and Musicians* bald auch Ansehen als Wissenschaftler, lehrte in den 80er Jahren an den Universitäten in Oxford und Cambridge und wurde 1883, im Jahr nach der Gründung, Mitglied des Lehrkörpers des Royal College of Music. Im gleichen Jahr bekam er die Ehrendoktorwürde der Universität Cambridge, war 1884 als Chorleiter in Oxford tätig und hielt dort in den 90er Jahren neben seiner Tätigkeit in London auch noch Vorlesungen. Zugleich steuerte er regelmäßig Kompositionen zu den großen Musikfestivals bei; dank seiner guten Kondition und ungebrochenen Energie verfaßte er auch noch mehrere Bücher, die einen weitreichenden Einfluß ausübten. Ralph Vaughan Williams erinnerte sich beispielsweise gut daran, wie sein Cousin, auch er damals noch ein Schuljunge, mit dem gerade erschienenen Buch *Studies of Great*

Composers ins Zimmer gestürmt kam: »›Dieser Parry‹, sagte er, ›erklärt, daß ein Komponist eine Musik schreiben muß, die sein musikalisches Gewissen von ihm fordert.‹ Die Loyalität eines Künstler zu seiner Kunst war ein ganz neuer Gedanke für mich.«[15] Daß der Gelehrte Parry von der Musik-Bohème zu Anfang des 20. Jahrhunderts nicht mehr anerkannt wurde, überrascht kaum. »Viele der jüngeren Autoren, beispielsweise Arnold Bax und Philip Heseltine, haben Parry vollkommen mißverstanden«, äußerte Vaughan Williams 1957 in einer Rede. »Sie ließen sich von seiner rosigen Gutmütigkeit täuschen und glaubten, er hätte mit dem Aussehen eines Landjunkers, auch dessen Ansichten. Tatsache ist, daß Parry ein überaus nervöses Temperament besaß. In seinen frühen Tagen war er ein Denker mit sehr fortschrittlichen Auffassungen. Ich erinnere mich beispielsweise daran, wie er Anfang der 90er Jahre Ibsen mit Freude angenommen hat. Er war einer der ersten Vorkämpfer für Wagner, als der für andere Denker in diesem Land noch immer als gottlos galt. Seine Lebensbeschreibung Wagners, die in den frühen 80er Jahren in seinen *Studies of Great Composers* erschien, ist meisterhaft und mißt ihm seinen hohen Rang bei, lange bevor Bernard Shaw und seine Anhänger glaubten, daß sie ihn entdeckt hätten.«[16]

Als Höhepunkt von Parrys akademischer Laufbahn gilt die Ernennung zum Direktor des Royal College of Music, ein Amt, das er von 1895 bis zu seinem Tod bekleidete. In seiner Antrittsrede, in der Parry ausgiebig die Verdienste seines Vorgängers Grove würdigte, deutete er bereits seinen Anspruch an: »Wenn wir nur danach leben und handeln, wie er es sich vorstellte, dann wird dieses College unserem Lande gewiß zur Ehre gereichen, gerade wie ein Signalfeuer auf einer Anhöhe, und es wird dazu beitragen, daß unsere Kunst so in Ehren gehalten wird, wie es ihr seit Jahrhunderten nicht mehr widerfahren ist.«[17]

Als Lehrer und Institutsleiter spielte Parry eine einflußreiche, führende Rolle im englischen Musikleben, obwohl seine innovativen Vorstellungen allmählich moderater wurden und »sein früher Radikalismus in späteren Jahren zu einem weitherzigen Konservatismus abflaute«, wie Vaughan Williams bemerkte. »Im Jahre 1891, als ich erstmals zu Parry ging, war er jedoch sowohl in der Kunst als auch im Leben durch und durch ein Radikaler. Er führte mich in Wagner und Brahms ein – was im genauen Gegensatz zum akademischen Lehrplan stand. Er zeigte mir die Größe von Bach und Beethoven verglichen mit Händel und Mendelssohn. Mit Entsetzen stellte er einmal fest, daß ich das Finale von Beethovens Appassionata-Sonate nicht kannte, und so setzte er sich hin und spielte es mir vor, wobei er mich darauf hinwies, wie die Durchführung zu einem großen Höhepunkt gesteigert wird. [. . .] Parry war immer auf der Suche nach dem, was ›charakteristisch‹ war – selbst wenn er die Musik nicht mochte, hätte er sie immer noch gelobt, wenn er darin Charakter erkannt hätte.«[18]

Mit dem Resümee, daß Parry »Musik als ein Teil des Lebens« lehrte, brachte Vaughan Williams dessen Ansatz auf den Punkt, und schilderte, wie er in einer Vorlesung über Musikgeschichte einen ersten Eindruck davon bekam, was dies bedeutete: »Er begann auf eine ganz gewöhnliche Weise. Er nannte Namen, Daten und Ereignisse, und ich machte mich darauf gefaßt, einer jener Vorlesungen zu lauschen, wie ich sie schon oft gehört hatte, nur diesmal etwas besser vorgetragen. Doch dann sah er von seinen Notizen auf und sagte: ›Ich nehme an, daß Sie alle wissen, was zu dieser Zeit in Europa vor sich ging?‹ Dann erhob er sich, und während er herumging, vermittelte er uns, wie mir schien, eine Vision, anstatt eine Vorlesung zu halten – eine Vision von Menschen, die darum kämpften, sich selbst im Krieg, im Geschäftsleben, in der Kunst, im Leben auszudrücken; eine Vision von der Einheit, die hinter diesen unterschiedlichen Formen menschlichen Strebens lag; eine Vision von der Einheit eines bestimmten Jahrhunderts mit denen, die ihm vorangegangen waren und die ihm folgten; eine Vision, die ich, so lernte ich von diesem Augenblick an, Geschichte nennen sollte.«[19]

Parry war in jeder Hinsicht eine Leitfigur, als Institutsvorstand wie als einfühlsamer Lehrer. Mehr als einmal stellte er eigene Interessen im Dienste der Sache hintan. Bezeichnend ist die Episode, als sein Schüler Richard Walthew mit seiner Vertonung von *The Pied Piper of Hamelin*, einer Ballade aus den *Dramatic Lyrics* von R. Browning, zu ihm kam. Parry hatte selbst eine eigene, fast fertiggestellte Vertonung dieser Rattenfängergeschichte in der Schublade, hielt diese aber zurück, beriet seinen Schüler und verhalf dessen Werk zur Aufführung. Parrys Version wurde erst gut zwölf Jahre später beim Norwich Festival 1905 erstmals gegeben.

Die weitumspannenden Interessen Parrys machten ihn keineswegs zu einem unpolitischen Künstler, aber zu einem, dessen Standpunkt sich nicht ohne weiteres festlegen ließ. Zwar war er in konservativen aristokratischen Kreisen groß geworden, jedoch zählten zu seinem späteren Bekanntenkreis viele Liberale wie die Lytteltons, die Fawcetts und die Gladstones – ein Cousin des Premierministers war 27 Jahre lang Professor am Royal College of Music. Ein Mitglied des Lehrkörpers meinte später, er habe nie ausmachen können, ob Parry ein liberal gesinnter Konservativer oder ein Liberaler mit starken konservativen Neigungen gewesen sei. Parry selbst hätte sich wohl als Radikalen bezeichnet; er hielt nicht viel von den »Tories«, war ein Gegner Disraelis und verabscheute aristokratischen Dünkel. »Die Grundidee der Aristokratie ist es, Verantwortlichkeiten zu schaffen. Die moderne Vorstellung geht dahin, diese dem Menschen zu entziehen«, meinte er und schlug vor: »Es wäre vielleicht von größtem Vorteil für die Peers und von keinem geringen für die Öffentlichkeit, wenn zuweilen ein besonders charakteristischer Ganove ins Oberhaus befördert würde.«[20]

Als Ausgleich zu seinen Verpflichtungen am College und zu seiner Tätigkeit als Komponist war Parry die Gesellschaft seiner Schiffsbesatzung angenehmer als die Ranküne der »upper classes«. Die meisten von ihnen »betrachten Musik mit der gleichen Empfindung wie ein Wilder die Malerei«, giftete er in seinen Notizbüchern.[21] Auch gegen den Dogmatismus der Kirche hegte er starke Vorbehalte, und der gesellschaftlich opportune allsonntägliche Kirchgang bereitete ihm Pein. »Am Morgen in die Kirche; geradezu widerwärtig«, heißt es im Tagebuch. »Zu hören, wie alle Leute sich selbst auf eine so selbstgefällige Weise als ›arme Sünder‹ bezeichnen, ekelt mich an.»[22] Hubert Parry hatte andere Wertvorstellungen, die bereits in einem Brief, den er 1873 an seinen Vater schrieb, deutlich zum Ausdruck kamen: »Ich glaube an die Religion, aber an eine, die so rein und schlicht ist, daß ihre Hauptmaxime lautet: ›Strebe nach der Tugend um ihrer selbst willen.‹ Ich glaube, daß die theologische Seite des Christentums und alle damit verbundenen Dogmen ein Fehler sind. Ich glaube an die Gemeinschaft als eine der bestmöglichen Bräuche der Religion – weil dies ›Eucharistie‹ ist –, diejenige welche uns an unsere gegenseitige Abhängigkeit voneinander erinnert sowie an unsere gegenseitige Verpflichtung zur Liebe und wechselseitigen Zuneigung. [...] Der Weg, den ich gewählt habe, ist schwerer zu gehen als die Wege derer, die im Schoße der Kirche leben und ohne Überlegen oder näheres Hinsehen das Gleiche denken wie die meisten derjenigen, die sie lieben. Vielleicht ist es für gewöhnliche Sterbliche auch leichter, in der Kirche gut und tugendhaft zu sein als außerhalb von ihr. Daran kann ich nichts ändern. Ich kann nicht an etwas glauben, nur weil das Leben dann einfacher wäre, wenn ich es täte. Was für mich Wahrheit ist, ist auch an sich Wahrheit, und aus keinem anderen Grund.«[23]

Letzten Endes ließ sich Parry stets von seinen hohen ethischen Vorstellungen leiten, was sich auch auf seine kompositorischen Arbeiten und die Textwahl auswirkte. In seinen frühen Kompositionen, unter anderem Kammermusik und ein anspruchsvolleres Klavierkonzert (mit Dannreuther als Solist), vermochte Parry noch nicht, seinen Idealen Ausdruck zu verleihen. Sein künstlerisches Credo, das später in seinen Büchern deutlicher Gestalt annehmen sollte, formulierte er aber schon 1879 in seinem Tagebuch. Hier definierte er die Kunst als »Aufteilung des emotionalen Materials in symmetrische Proportionen. Ohne ein formales Prinzip ist ein Kunstwerk vollkommen wertlos und ohne eine emotionale Grundlage ist es noch schlimmer.« Die Schwierigkeit bestand nach Parrys Auffassung darin, »eine Ordnung ohne Formalität zu erreichen und frei zu sein ohne Unordnung.« Für ihn »liegt in der Hand eines jeden Menschen, ob klein oder groß, die Macht, etwas zu der Anpassung des Menschen an seine Verhältnisse beizutragen; ja nicht nur die Macht, sondern auch die Notwendigkeit, etwas beizusteuern. Wenn er diese Verantwortung außer acht läßt, verringert er sehr das Glück der Menschen, die nach ihm kommen werden.«[24]

Seinen Ansprüchen vermochte Parry erstmals mit einer großen Kantate gerecht zu werden, die 1880 beim Three Choirs Festival in Gloucester zur Uraufführung kam, den *Scenes from Shelley's »Prometheus Unbound«*. In Percy Bysshe Shelleys 1820 erschienener Dichtung über den entfesselten Prometheus fand Parry nicht nur eine literarisch überzeugende Vorlage, sondern auch ein Werk, dessen Aussage seine Gedanken beflügelte. Shelley sah in Prometheus nicht mehr den schuldig gewordenen Aufrührer gegen das göttliche Walten, als den ihn Aischylos und andere antike Dichter darstellten, sondern, wie er in seinem Vorwort darlegte, einen Vorkämpfer der Menschheit, die »Verkörperung höchster Vollkommenheit der moralischen und geistigen Natur, angetrieben durch die reinsten und lautersten Beweggründe für die besten und edelsten Ziele«.[25]

Parrys Textwahl und die konzeptionelle Kühnheit seines Entwurfs erregten Aufsehen. Der Essayist und Musikschriftsteller Henry Hadow erinnerte später in einem Nachruf auf Parry an die trostlose Periode, die Parrys großem Wurf vorangegangen war, jene Phase, »als das Talent von Sterndale Bennett, einst frisch und klar wie ein Mühlbach oder eine Quelle, in den Sandwüsten der Amts- und Verwaltungsplackerei verlorengegangen war; als Sullivan noch nicht seinen Mitarbeiter gefunden hatte, und als Samuel Sebastian Wesley, ein echtes Genie innerhalb eines engen Rahmens, das Komponieren praktisch aufgegeben hatte.«[26]

Neben dem melodiösen Reichtum und der packenden Deklamation beeindrucken bei Parrys *Prometheus Unbound* vor allem die groß angelegten Chorszenen, deren Stringenz das an *Messias*- und *Elias*-Klänge gewöhnte Publikum irritierte. Parrys neues Idiom erinnerte mehr an Wagner und Brahms, doch auch schlichte Soloszenen wie das Lied der Erde »I felt thy torture, son« oder das Quartett «Life of life thy lips enkindle« sind von nachhaltiger Wirkung. Das Werk, das der Komponist Eugene Goossens in den 20er Jahren als eine der originellsten und wichtigsten britischen Kompositionen der viktorianischen Ära bezeichnete, wurde 1880 von der Presse zumeist kühl und reserviert aufgenommen. Abgesehen von ausgewogenen Artikeln, wie in der Zeitschrift »Athenaeum«, wo es hieß, das Stück zeichne sich durch ein »wirkliches poetisches Empfinden und eine ungewöhnliche dramatische Kraft« aus, ja auffallend sei der »treffende Ausdruck für jedes Wort und jede Gefühlsveränderung«, stand man Parrys Arbeit vielfach ablehnend gegenüber. Parry meinte, daß ein wahrer Künstler seine Fehler selbst am besten kenne. »Was ihn verrückt machen kann, ist, wenn irgendein Narr, der unfähig ist, sein Werk zu verstehen, daherkommt und auf Fehler verweist, die gar nicht existieren«, notierte er verärgert in seinem Tagebuch. »Englische Musiker täuschen sich auf der einen Seite, wenn sie Grammatik mit hochwertiger Dichtung und seriöser

Kunst verwechseln, und auf der anderen, wenn sie Frivolität für Frische oder Sentimentalität für Gefühl halten. Ein Grund dafür, weshalb der englischen Musik ein so deutlicher Mißerfolg beschieden ist, liegt darin, daß der kleine Kreis, der vorgibt, den Schiedsrichter zu spielen, stets die äußersten Anstrengungen und den festen Willen aufgebracht hat, Individualität zu unterdrücken.«[27]

Auf das Datum der Uraufführung von *Prometheus Unbound*, den 10. September 1880, wurde mehrfach der Beginn der Renaissance der britischen Musik datiert, wahrscheinlich weil das Symbol des entfesselten Prometheus in der Tat ein gewaltiges ist. Es markiert jedoch nur *einen* Höhepunkt im Strom der Ereignisse: Nicht den Tag der Erleuchtung für die in epigonenhaften Niederungen vorsichhindümpelnde einheimische Musikproduktion, sondern die Aufführung eines Werkes, das weitaus mehr als durch kompositorische Neuartigkeit durch die Wahl des literarischen Stoffes besticht. Hier knüpfte Parry an Henry Purcell und seine Zeitgenossen an, von denen selbst ein wenig herausragender Künstler wie Henry Lawes von Milton dafür gerühmt wurde, er habe »unserer englischen Musik als erster gelehrt, wie man Worte der treffenden Note und Betonung anpaßt«. Man sollte indes auch nicht übersehen, daß Purcell und andere Musiker seiner Zeit hinsichtlich des Geschicks bei Versvertonungen Vorläufer in den Lautenkünstlern des 12. Jahrhunderts hatten.

Als Komponist erlangte Parry, abgesehen von fünf beachtenswerten Sinfonien, vor allem Bedeutung durch seine Vokalwerke: Oratorien, Kantaten und die Vertonung englischer Lyrik. Für die Musikfestivals in Birmingham und Leeds schrieb er die Oratorien *Judith* (1888), *Job* (1892) und *King Saul* (1894), alles Kompositionen, die durch ihre formale Anlage und die ausgefeilte Struktur beeindrucken. Für *Judith*, wo nicht die Holofernes-Episode, sondern die Greueltaten Manasses, die Belagerung Jerusalems und die Befreiung durch Judith den Inhalt bilden, verwendet Parry eine breite Palette von Affekten, während er in *Job* dem Chor eine gewichtige Rolle zuteilt; dieser trägt unter anderem die göttlichen Worte an Hiob vor und führt in einem 410 Takte langen Satz – wohl dem längsten in der gesamten Chorliteratur – das 36. Kapitel des alttestamentarischen Buches zu einer gewaltigen Steigerung. *King Saul* ist ein groß angelegtes Festoratorium, in dem die dramatische Handlung von den Solisten getragen wird.

Im Detail vermögen Parrys Kantaten und Oratorien nicht immer zu überzeugen; sie sind mehr architektonische Gebilde als Gemälde und die Orchestrierung längst nicht so ausgefeilt wie bei Sullivan oder Elgar. »Er bestand immer hartnäckig auf der Bedeutung der Form im Gegensatz zur Farbe. Er hatte eine beinahe schon moralische Abscheu vor einem lediglich üppigen Klang«, berichtete Ralph Vaughan Williams. »Man hat gesagt, daß Parrys eigene Instrumentierung schlecht sei; die Wahrheit ist, so glaube ich, daß er in seinem bewußten Vermeiden rein orchestraler Effekte gelegentlich zu weit ging.«[28] Edward Elgar formulierte in einem Brief drastischer, er könne »Parrys Orchester nicht ertragen. Es ist leblos und nie mehr als ein arrangiertes Orgelstück.«[29] Wenn auch Elgar seinen Förderer ansonsten sehr schätzte und sein Urteil über dessen Instrumentierung später modifizierte, so brachte er für dessen Werke nicht das Verständnis und die Geduld eines Henry Hadow auf, der Parrys Kompositionen mit Goethe erläutert, der »in einem schönen Bild Gedichte mit den bemalten Glasfenstern einer Kathedrale vergleicht: Wenn man draußen vor dem Gebäude steht, wirken sie düster und bedeutungslos; tritt man jedoch durch das Portal, wird die Gestaltung des Meisters durch das Licht des Himmels, das durch sie hindurchscheint, offenbar. Diese Wahrheit liegt im Herzen und im Zentrum der späten Kantaten Parrys. Wir werden sie vollkommen mißverstehen, solange wir nicht erkennen, daß ihr eigentlicher Zweck darin besteht, uns durch die Pforte zu führen, um uns die wahre Bedeutung der Worte zu erschließen, die sie interpretieren. Ihre bemerkenswerte technische Ausführung ist diesem Ziele so gänzlich untergeordnet, daß wir Gefahr laufen, sie zu übersehen – und ihm wäre es in der Tat bloß recht gewesen, daß man nicht auf sie achtet. Man schlage nur aufs Geratewohl irgendeine Seite mit Chormusik auf, sie wird nur als eine einfache diatonische Textur mit wenig inneren Qualitäten oder Charakter erscheinen. Schaut man nur genauer hin, wird man erkennen, daß jede Stimme so gesetzt, jeder Einsatz so angeordnet ist, daß die ganze Bedeutung des Textes zur Geltung gebracht wird. Hört man es, wird man feststellen, daß Poet, Prophet und Evangelist zu einem gesprochen haben wie nie zuvor. Man ist vom Glanz und Getümmel der Straße eingetreten in eine ruhige Freistätte, und man wird lauschen mit gesenktem Haupt und andächtigem Herzen.«[30]

Spätestens um 1888 hatte sich Parrys Ruf als einer der bedeutendsten Musiker des Landes gefestigt – zehn Jahre später wurde er dann auch zum Ritter geschlagen –, so daß die Presse sehr heftig für ihn Partei ergriff, als G. B. Shaw anregte, Parry solle sich dem Komponieren »absoluter Musik« widmen, die Partitur von *Job* lieber verbrennen und obendrein noch *Judith* ins Feuer werfen, wenn die Flammen zu züngeln begännen. Im privaten Kreis gestand Parry, Shaw beipflichtend, daß sein Ausflug in den Bereich des »dramatischen« Oratoriums falsch gewesen sei. Ein dramatischer Instinkt, wie ihn etwa Sullivan mit *The Golden Legend* oder Elgar später mit *The Dream of Gerontius* bewies, ging ihm ab, auch blieb ihm zeitlebens internationale Anerkennung versagt. Nach seinem dritten Oratorium zog Parry bewußt einen Schlußstrich unter dieses Kapitel.

Das Jahr 1894, in dem sein letztes größeres Oratorium herauskam, markiert einen formalen Wendepunkt in seinem Schaffen. Um seine tief verwurzelten humanistischen Überzeugungen musikalisch glaubwürdig zu vermitteln, versuchte er nun schon seit geraumer Zeit, Gestaltungsvarianten zu finden, die ihn von der großen Oratorienform wegführten, hin zu einer konzentrierteren, meditativeren Art der umfangreichen Vokalkomposition. Parrys moralische Vorstellungen ließen sich eher in Werken zum Ausdruck bringen, die Kontemplation und einen erhebenden musikalischen Ausdruck anstelle aufwühlender dramatischer Effekte bieten. Um seinen hehren Idealen klanglich Gestalt zu verleihen, suchte Parry nach Wegen, die ihn aus der Tradition des »dramatischen« Oratoriums des 19. Jahrhunderts mit seinen teilweise säkularen Stoffen und der opernverwandten Ensembleform (Mendelssohns *Elias*, Liszts *Die Legende von der Heiligen Elisabeth*, Sullivans *The Martyr of Antioch* und *The Golden Legend*) herausführten – eine Suche »nach dem einen, das uns zum Nutzen gereicht«, nach »der Liebe, die unsere Furcht von uns nimmt«. »The love that casteth out fear« lautet bezeichnenderweise auch der Titel einer *Sinfonia sacra* von 1904. Schon *The Lotos Eaters* (1892), eine Vertonung von Tennysons Dichtung, der der Komponist viel Bedeutung beimaß, vermittelt einen guten Eindruck von jener harmonischen und melodischen Gestaltung, die für Parrys spätere Werke charakteristisch werden sollte. »Bei der Aufführung scheint es dem Publikum gut genug gefallen zu haben«, notierte Parry, nur war er wieder einmal unzufrieden mit den Kritikern: ». . . merkwürdigerweise hat es offensichtlich F[uller] Maitland und Graves nicht behagt. Ich glaube, sie haben einen Entschluß gefaßt, welche Musik ich zu schreiben habe, und wehren sich dagegen, wenn ich versuche, mein Betätigungsfeld zu erweitern.«[31]

Stand die Milton-Vertonung *Blest Pair of Sirens* bei ihrer Uraufführung 1887 noch im Schatten von Sullivans *The Golden Legend*, so waren die *St. Cecilia Ode, L'Allegro ed il Penseroso* (1890) und *De Profundis* (1892) bereits Stationen auf dem soeben beschriebenen Weg. Mit der Kantate *Invocation to Music* (1895) wurde eine erste Etappe erreicht, denn die Themenwahl zeigt nicht nur deutlich ein Bewußtsein für die Umbruchphase, in der sich die britische Musik befand, sondern die Ausformung deutete auch bereits auf die Richtung hin, die Parry einzuschlagen gedachte. Das zehnteilige Werk mit einem Text von Robert Bridges entstand zum 200. Todestag von Henry Purcell, um dessen Schaffen sich Parry schon seit einigen Jahren bemüht hatte. Die nun verstärkt einsetzende Rückbesinnung auf diesen bedeutenden englischen Musiker fand schon 1876 ihren Ausdruck in der Gründung der Purcell Society, die Parry mit einer Werkausgabe beauftragte. Erst 1895 kam es an Parrys Royal College of Music durch Stanford zur ersten modernen Aufführung von *Dido and Aeneas*, bei der Gustav Holst und Ralph Vaughan Williams als Studenten im Chor mitwirkten. Parrys *Invocation to Music* baut nun auf der Vorstellung auf, daß die Muse der Musik England den Rücken gekehrt habe, nachdem der »Orpheus Britannicus« 1695 verstorben war. Die Muse wird angerufen, jetzt wieder zurückzukehren und sich zu den beiden anderen Grazien, der Poesie und der Freiheit, zu gesellen. Mit wechselnden Stimmungen wird sie an die englische Landschaft, die Natur und das Meer erinnert, also die Umgebung, in der sie groß geworden ist. Parrys neo-barocke Kantate für drei Solisten, Chor und Orchester, dieses Hohelied auf die Kunst der Musik, wurde formal bedeutend für die Komponisten nachfolgender Generationen und übte stilistisch einen nachhaltigen Eindruck aus. An den englischen Vokalstil und die Strukturierung mit ihren ausgedehnten sinfonischen Passagen lehnen sich nicht zuletzt einige Sinfonien von Vaughan Williams an, und bis zu Britten reicht der Einfluß der Tenor-Arie »Thee, fair poetry, oft hath sought«.

Parrys Verwendung harmonischer und melodischer Ausdrucksmittel sowie die subtile chorale Farbgebung bei der Textgestaltung kommt am stärksten in seinen »ethischen« Kantaten zur Geltung, die zu Beginn des neuen Jahrhunderts entstanden und zu deren wichtigsten *The Soul's Ransom* (1906) und *The Vision of Life* (1907) gehören. Erstmals war dieser neue Ton in Werken wie der verhältnismäßig erfolgreichen Kantate *A Song of Darkness and Light* (1898) und vor allem in *War and Peace* (1903) zu vernehmen, gewidmet den Toten des Burenkrieges. Hier war der Erfolg bei der Uraufführung 1903 in der Londoner Albert Hall nur mäßig, denn statt einer neuen Hymne des Hurrapatriotismus hatte Parry ein ausgesprochen nachdenkliches Werk geschrieben, das vielmehr auf Stücke wie Bliss' *Morning Heroes* (1930), Vaughan Williams' *Dona Nobis Pacem* (1936) oder Irelands *These Things Shall Be* (1937) vorausweist. Zwar steht bei Parrys größeren Arbeiten letzen Endes die Bedeutung von Klangfarben immer hinter formalen und strukturellen Aspekten der Komposition zurück, doch weiß er sie besonders dann wirkungsvoll und zielbewußt einzusetzen, wenn er, wie in der 1914 nochmals überarbeiteten *Vision of Life*, eigene Texte über seine Lebensphilosophie der Brüderlichkeit und Nächstenliebe vertont. Dabei war Parry keineswegs im eng gefaßten kirchlichen Sinne religiös. »Religion umfaßt ebenso die Kunst wie die eigentliche andächtige Ausübung des Glaubens«, bekannte er und führte weiter aus: »Kunst ist eine Form dieser Andacht. Alles, was danach strebt, die Umwelt und die Vorstellungen des Menschen zu verschönern und liebenswert zu machen, ist ein Teil der andächtigen Religion. Es ist die Ergebenheit für die schönen Seiten der Dinge – jene Dinge, die für das geistige Wohlbefinden, für die Wahrheit dienlich sind.«[32]

The Soul's Ransom ist eines seiner kompositorisch gehaltvollsten Stükke. In dieser Kantate über die Erlösung der Seele kombiniert Parry Klang- und Formelemente vom 17. bis zum 19. Jahrhundert zu einer sinfonischen Dichtung in vier Teilen. Das Orchester übernimmt, insbesondere in den Zwischen- und Nachspielen, eine Art Ritornell-Funktion, während die zumeist vierstimmigen Chöre die üppigen spätromantischen Harmonien mit neo-barocken Elementen anreichern. Die dramatischen Kernszenen sind die ausgedehnten Rezitativ-Ariosi »Hear ye this« und »The hand of the Lord was upon me« für den Bassisten, zu denen zwei Sopran-Arien ein Gegengewicht bilden. Die zweite, »The people that walked in darkness«, greift dabei den Text der Baß-Arie aus dem ersten Teil von Händels *Messias* auf.

Parry war nie ein Komponist, der seinen Hörern Zugeständnisse machte, sondern einer, der sie zur Konzentration zwang. Die Klangschönheit seiner Musik ergab sich allein durch den ethischen Idealismus des konzeptionellen Entwurfes und durch die Notwendigkeit, etwas Erbauliches schaffen zu wollen und nicht etwas zur Zerstreuung. Bezeichnend ist eine Tagebuchnotiz von 1883 über Ohnets Roman *Serge Panine*: »Seine Bitterkeit gegenüber den Vergnügungssuchenden der oberen Gesellschaft erweckt meine Sympathie. Es scheint ein ausgeprägter Zug bei nicht wenigen der zeitgenössischen Autoren zu sein, und er mag einige nützliche Folgen haben.«[33]

Es ist auffallend hinsichtlich des ethischen Aspekts in Parrys Schaffen, daß in seinem über 220 Kompositionen umfassenden Werkverzeichnis die Orchesterstücke überwiegend am Anfang seiner Laufbahn entstanden und später fast ausschließlich Vokalwerke hinzukamen. Von den fünf Sinfonien sollten gerade die beiden letzten, von 1889 (1910 überarbeitet) und 1912, Parrys Prinzipien mit einer tragisch-heroischen Musiksprache zum Ausdruck bringen. Nachdem Hans Richter die ersten beiden Sinfonien erfolgreich aus der Taufe gehoben hatte, erwies sich die am 23. Mai 1889 bei einem Konzert der Philharmonic Society unter Leitung des Komponisten uraufgeführte 3. Sinfonie in C-Dur, die den Beinamen »The English« trägt, als die populärste. Dieses Werk, eine Art Pendant zu Mendelssohn Bartholdys »Schottischer« (1842), Schumanns «Rheinischer« (1851) und Sullivans (1866) und Stanfords (1887) »Irischen« Sinfonien, wurde für die nächsten zwanzig Jahre zur meistaufgeführten Sinfonie eines britischen Komponisten. Mit der fast gleichzeitig entstandenen 4. Sinfonie in e-Moll schlug Parry dann orchestral bereits eine Richtung ein, die er mit seinen ethischen Kantaten weiterverfolgen sollte. Mit »Spiritoso« ist bezeichnenderweise auch der letzte Satz des Hans Richter gewidmeten Werkes überschrieben. Doch Parry war mit der Ausformung nicht restlos zufrieden und überarbeitete nach seinen Erfahrungen mit der Gestaltung der zwischen 1903 und 1908 entstandenen »Ethical Cantatas« die e-Moll-Sinfonie noch einmal. Er fügte ein neues Scherzo ein, erweiterte unter Beibehaltung des thematischen Materials in den anderen Sätzen die Struktur und verfeinerte die Instrumentierung. Dessen, daß er hier etwas formal und inhaltlich Neuartiges geschaffen hatte, war sich Parry durchaus bewußt. »Ich bin froh, daß Du eine gute Meinung von der Sinfonie hast«, schrieb er im März 1910 an seinen Freund und Schüler Napier Miles. »Man hat sie wirklich gut gespielt. Ich glaube, sie ist ein wenig streng, wie Du auch meinst. Eigentlich bin ich sogar froh, daß Du so denkst. Gerade in dieser Zeit läßt sich das einfach nicht vermeiden, scheint mir, auch wenn es für eine allgemeine Akzeptanz nicht gerade förderlich ist. Mir scheint, daß sie genau das ausspricht, was ich sagen wollte – aber es ist nicht zu erwarten, daß sie schon beim ersten Hören angenommen wird, und, wie es in solchen Fällen häufig geschieht, kann eine ganze Weile vergehen, bis sich eine zweite Gelegenheit ergibt.«[34] Parry ahnte wohl kaum, wie recht er mit dieser Vermutung haben sollte. Zwar war beispielsweise noch nach seinem Tod die Kantate *Blest Pair of Sirens* dasjenige englische Chorwerk, das Vaughan Williams am meisten schätzte und nach Möglichkeit auch oft aufführte – Adrian Boult machte in den 60er und 70er Jahren sogar Plattenaufnahmen dieses und einiger anderer Stükke Parrys, die jedoch wenig Aufmerksamkeit erregten –, doch bleibende Anerkennung auf breiter Basis blieb seiner Musik versagt, obwohl sich führende Komponisten des Landes wie Elgar oder Holst für sie aussprachen. So erklang die 4. Sinfonie erst wieder im Mai 1990, als der deutsche Dirigent Matthias Bamert in der Londoner St. Jude's Church das London Philharmonic Orchestra für eine Digitaleinspielung leitete. Seine Darbietung zeige »einmal mehr, daß englische Musik oft besser von Ausländern verstanden wird als von einheimischen Dirigenten«, hieß es dazu in der »Musical Times«.[35] Wie einst Hans Richter für Elgar, engagiert sich Bamert für Parrys Werke, die er mit Unterstützung des Ralph Vaughan Williams Trust seit 1990 mit professionellen Ensembles systematisch auf CD einspielt.

Durch seinen Ruf als Lehrer und Institutsleiter ist die Bedeutung des Komponisten Parry lange Zeit in den Hintergrund getreten. Auch mag sein mit dem Werk verknüpfter moralischer Anspruch den Zugang erschwert haben. So schildern die vier pausenlos ineinanderübergehenden Sätze der 5. Sinfonie in h-Moll das Aufbegehren gegen die Tragödie des Lebens (überschrieben: »Streß«), die Liebe als Hoffnungsträger und Befreier (»Liebe«), das menschliche Bedürfnis nach Spaß und Vergnügen (»Spiel«) sowie das Vertrauen auf eine Erlösung durch die Liebe (»Jetzt«). Doch Parrys Musik besitzt auch andere Facetten: Beachtung verdienen hier die Bühnenmusiken zu griechischen Komödien, bei denen sich in einer Mischung aus Gelehrsamkeit und bubenhaftem Schalk der Satiriker Parry zeigt. Im Zuge einer um 1880 an den Universitäten neu aufflammenden Begeisterung für antike Bühnendichter schrieb Parry vor allem Musik zu Bühnenstücken von Aristophanes, die er »mit passenden Zitaten aus jeder erdenklichen Quelle beleuchtete: Bei den *Fröschen* spielen Gounod und Meyerbeer eine führende Rolle, bei den feinsinnigeren *Wolken* gibt es eine drollige Mischung aus Beethoven, Wagner, Tschaikowsky, Strauß und anderen mit populären und lustigen Liedern«, wie Alexander Mackenzie erläuterte. »Hier begegnet man unserem alten Freund *The Perfect Love,* verquickt mit einer Bachschen Fuge, man streift durch *Rule Britannia* bis hin zu Sullivans *The Lost Chord.*« Dieser Irrsinn hat Methode, denn »in den Schlußtakten der *Acharner*, entstanden Anfang 1914, hört man gleichzeitig Bruchstücke der *Meistersinger*, die Marseillaise, ein altes komisches Lied A *Norrible Tale I have to tell*, und – wenn der Vorhang sich senkt – *Die Wacht am Rhein* und obenauf unsere *British Grenadiers.*«[36] Manche Musikkapazität hätte diese Stücke am liebsten aus dem Werkkatalog verbannt gesehen, aber selbst Fuller Maitland und Hadow kamen nicht umhin, in ihren Nachrufen Parrys Humor zumindest kurz zu erwähnen.

Hubert Parry leistete seinen Beitrag zu allen musikalischen Gattungen mit einer Ausnahme: der Oper. Zwar hatte er unter dem Einfluß seiner Wagner-Begeisterung 1886 eine Oper mit dem Titel *Guenever* fertiggestellt, jedoch lehnte Carl Rosa eine Aufführung durch sein Ensemble ab, und wenn die Librettistin Una Taylor von Parrys »Ignoranz gegenüber den praktischen Anforderungen der Bühne«[37] sprach und der Komponist wenig Initiative aufbrachte, um das Werk jemals aufgeführt zu sehen, kann man erahnen, welche Bedeutung er dieser Arbeit beimaß. Die Welt der Oper paßte nicht in das Weltbild Parrys, und in späteren Jahren verurteilte er sie im allgemeinen und ihre Komponisten im besonderen. »Oper ist der heute noch nachklingende Rest der faden Vergnügungen der höfischen Klassen des 17., 18. und 19. Jahrhunderts. [. . .] Kein Komponist, der unabhängig und aufrichtig war, konnte jemals eine Oper schreiben. Beethovens einziger Versuch traf auf Ablehnung, weil er aufrichtig war«, notierte er und meinte desweiteren, Oper sei »der seichteste Schwindel, der jemals im Namen der Kunst gemacht wurde.«[38] Diese rigorose Auffassung, die er auch im privaten Kreis vertrat, unterstreicht allerdings vielmehr seine Bewunderung für Bach und Brahms. Wenn er auch wenig Begeisterung für Richard Strauss' erfolgreiche *Elektra* erübrigen konnte, so schätzte er neben Wagner auch Debussys *Pelléas und Mélisande* und Mussorgskys *Boris Godunow.* Dennoch brachte er den Komponisten, die sich nicht mit etwas literarisch so fragwürdigem wie einem Opernlibretto abgaben, den größeren Respekt entgegen. Parry verfolgte auch aufmerksam die neuen Entwicklungen zu Beginn des 20. Jahrhunderts. Besonders an Strawinsky fand er Gefallen, und»er machte sich auch die Mühe, selbst im hohen Alter Schönberg zu hören«, berichtete Ralph Vaughan Williams. »Natürlich gefiel er ihm nicht, aber er war bereit, ihn auszuprobieren; obwohl er nach den *Fünf Orchesterstücken* gesagt haben soll: ›Ich kann diesen Burschen ertragen, wenn er laut ist, nur wenn er sanft wird, ist er so obszön.‹«[39]

Kollege Stanford

Eine weniger drastische Auffassung hinsichtlich der Oper vertrat Parrys bedeutender Weggefährte Charles Villiers Stanford (1852–1924). Für den Iren stellte die Oper einen wesentlichen Bestandteil der Musikszene dar, ja für ihn war eine eigene Operntradition für eine volle Entfaltung des britischen Musiklebens unabdingbar. Mit ihm teilt sich Parry den Ruhm als bedeutender Lehrer, wobei Stanford eine noch dauerhaftere Wirkung hatte. Er war der Macher und Praktiker, Parry der Organisator und Intellektuelle. Parrys Autorität wurde bestimmend für die britische Musik bis gegen Ende des Ersten Weltkriegs; Stanford, ein äußerst rührseliger, erfolgreicher Orchesterleiter und ein kompromißloser Komposi-tionslehrer am Royal College of Music, übte Einfluß auf die nächsten beiden Generationen aus. Die Liste seiner Schüler liest sich fast wie die Inhaltsangabe eines Musikerlexikons. Er unterrichtete, um nur einige zu nennen, unter anderem Arthur Bliss, Rutland Boughton, Frank Bridge, George Butterworth, George Dyson, Eugene Goossens, Ivor Gurney, Herbert Howells, Gustav Holst, John Ireland, E. J. Moeran und Ralph Vaughan Williams. Stanford war in vielerlei Hinsicht das Gegenteil von Parry. »Parry war ein Denker über Musik, die er nicht nur mit dem Leben in Verbindung setzte, sondern auch mit vielen Aspekten der Philosophie und der Naturwissenschaft«, erinnerte sich Vaughan Williams. »Parry war manchmal musikalisch undeutlich und schwerfällig. Stanford war gelegentlich zu raffiniert. Seine eigene Gewandtheit spielte ihm mitunter einen Streich. Wenn er wollte, konnte er die Technik jedes beliebigen Komponisten annehmen – wie in *The Middle Watch*, wo er Delius auf dessen eigenem Terrain aussticht. Aber in Werken wie dem *Stabat Mater* und dem *Requiem* und in einigen seiner Lieder erleben wir Stanford, wie er seine eigenen schönen Gedanken auf die ihm eigene schöne Weise ausführt.»[40] Stanfords Leichtigkeit im Umgang mit allen Bereichen der Musik hinderte ihn bisweilen daran, zwischen individuellen eigenen Schöpfungen und uninspirierter Routine zu unterscheiden, resümierte sein Schüler. Auch war Stanford durch seine umfangreiche Dirigiertätigkeit zu stark von den Idiomen anderer Musiker beeinflußt, um als Komponist einen eigenen Weg zu finden. »Es enthält schöne Stellen. Oder vielmehr das Bemühen um schöne Stellen«, notierte Parry lakonisch über ein neues Werk Stanfords, in diesem Fall die *Elegiac Ode*, die 1884 für das Festival in Norwich entstand.[41] Als Lehrer war Stanford im Gegensatz zu Parry oft wenig tolerant, kleinlich, harsch und kompromißlos im Urteil. Aber sein Unterricht konnte überaus konstruktiv sein für diejenigen, die mit der Art des Iren umzugehen wußten. Parry hatte damit Schwierigkeiten. Es kam zunehmend zu Spannungen am Royal College of Music, weil Parry argwöhnisch wurde, als Stanford beispielsweise lästige Korrekturaufgaben von sich wies, Arbeit meisterhaft delegierte, eine höhere Dotierung forderte und obendrein einige Kollegen und Studenten mit cholerischen Zornesausbrüchen verprellte. Hinzu kam der Neid des anderen, als etwa Parry 1902 beauftragt wurde, Musik für die Krönungsfeierlichkeiten von Edward VII. zu schreiben. Erst kurz vor Parrys Tod kam es zu versöhnlichen Gesten.

Bournemouth Centenary Festival 1910, sitzend (von links): Edward Elgar, Dan Godfrey, Alexander Mackenzie, Charles Stanford; stehend: Edward German (links) und Hubert Parry

Stand ein Mann wie Mackenzie, der Leiter der Royal Academy of Music, noch in der alten Tradition des »handwerklichen Musikers«, so gehörten Parry und Stanford zu den universitär Gebildeten, durch die die Musik Anerkennung an den Hochschulen fand – ein wesentlicher Schritt für die Rehabilitation dieser Kunstform, die nach dem Zweiten Weltkrieg allmählich vollendet wurde. Stanford mag letztlich auch hinsichtlich der musikalischen Gattungen der vielfältigere und produktivere Komponist gewesen sein – so war die dritte seiner sieben Sinfonien, die »Irische« besonders erfolgreich –, jedoch stehen seine Werke in Qualität und Bedeutung zumeist hinter denen Parrys zurück. Im Gegensatz zu Parry, der die Oper aus moralischen Gründen ignorierte und sie für den schlechten Musikgeschmack des Publikums verantwortlich machte, wurde Stanford aber nach Sullivan zu einem Pionier im Bereich der englischen Oper, und seine

Bühnenwerke wie *The Canterbury Pilgrims* (1884), *Shamus O'Brien* (1896), *Much Ado About Nothing* (1901), *The Critic* (1915) und *The Travelling Companion* (1925) blieben bis in die 30er Jahre Bestandteil des Repertoires.

Didakt und Moralist

Die gleiche Bedeutung, die dem Lehrer und Komponisten zukam, erlangte auch der Schriftsteller Hubert Parry. Zwischen den Zeilen findet man in seinen Publikationen die theoretische Grundlage für sein kompositorisches Schaffen. Wenn er beispielsweise in seiner Analyse von Heinrich Schütz' *Symphonia Sacra* »Saul, Saul, was verfolgst du mich?« schreibt, es illustriere »die rechte Auffassung des teutonischen Komponisten, daß Musik von dem Inneren des Menschen handelt und nicht von seinen Äußerlichkeiten, von der Stimmung, die das Äußere hervorruft, und nicht von dem Äußeren selbst«, dann schwingt in diesen Worten seine Überzeugung vom humanitären Charakter der Musik mit. Seit »C. H. H. P.« im Mai 1875 seinen ersten Beitrag in der angesehenen Zeitschrift »Macmillan's Magazine« veröffentlichte – es handelte sich um Gedichte über eine erstrebenswerte Harmonie zwischen Natur und menschlichem Leben –, publizierte er regelmäßig kürzere Artikel bis umfangreiche Bücher. Für den damaligen Herausgeber der Zeitschrift, George Grove, wurde Parry ein wichtiger Mitarbeiter beim *Dictionary of Music and Musi- cians*. Bis ins 20. Jahrhundert hinein blieb die 1887 herausgebrachte, an einen breiteren Leserkreis gerichtete Aufsatzsammlung *Studies of Great Composers*, mit Portraits von Palestrina bis Wagner, einflußreich. Interessant ist, wie Parry eine kritische Einschätzung Mendelssohns vermeidet, um die vielen Bewunderer nicht zu verletzen, und die Liebenswürdigkeit der Person hervorhebt, während bei Wagner der Künstler im Vordergrund steht und sein Charakter Nebensache bleibt. Parrys zweites Buch, *The Art of Music* (1893) erschien 1896 in erweiterter Form als *The Evolution of the Art of Music*. Parry, der zu einer Zeit aufwuchs, als die Diskussion um Darwins Evolutionstheorien voll entbrannt war, wurde ein Anhänger des Philosophen Herbert Spencer, den er 1875 auch flüchtig kennenlernte. So stellte Parry Überlegungen an, inwiefern die Musik, wie auch das Leben überhaupt, diesen Gesetzen der Evolution entsprechen würde. Daraus entstand der Grundgedanke für die »Evolution der Kunst der Musik«, in der Parry unter anderem aufzeigte, daß Beethovens 9. Sinfonie kein isoliertes Phänomen darstellt, sondern auf einer hochentwickelten Stufe in diesem Prozeß steht, der sich auf die einfachen Lieder aus dem Volke zurückführen läßt. Aus kulturgeschichtlicher Sicht ist heute noch interessant, welch großen Einfluß Parry der deutschen Musik, insbesondre Wagner zuspricht, während französische Künstler wie Franck oder Debussy kaum Beachtung finden.

Neben diesen kritischen Würdigungen ist *The Music of the Seventeenth Century* (1902) als dritter Band der »Oxford History of Music« ein Werk des Musikhistorikers Parry. Eine Arbeit dieses Umfangs war keineswegs üblich für einen angesehenen Komponisten, hatten sich doch Schumann, Massenet, Berlioz oder Tschaikowsky eher journalistisch mit ihrer Kunst auseinandergesetzt. Die einzige Parallele zu dieser Forschungsarbeit bietet Vincent d'Indy, der mit seiner *Traité de Composition* praktisch eine musikgeschichtliche Analyse verfaßt hatte. Parrys Arbeit, die das Schaffen des 17. Jahrhunderts als eine Art Vorstufe zum Werk Johann Sebastian Bachs würdigt, kann als Vorbereitung zu seiner Bach-Monographie gelten, die 1909 kurz nach den französischen und deutschen Veröffentlichungen Albert Schweitzers erschien. Parrys Bach-Studie wird als sein »literarisches magnum opus« angesehen, das »ausreicht, um ihn in die erste Reihe der Musikhistoriker und -kritiker zu stellen«, wie ein Freund meinte.

Die Aufsatzsammlung *Style in Music* (1911), Parrys letzte große Veröffentlichung, mit einigen seiner Vorlesungen in Oxford, zeigt noch einmal, wie verflochten das Werk des Literaten und des Musikers Hubert Parry ist. Hier setzte er sich abermals mit seinem Generalthema auseinander. Stil, diese »perfekte Adaptation von Mitteln für ein Ziel«, sei, obwohl nie mehr als ein Kriterium dafür, ob etwas gut ausgedrückt ist oder nicht, »so eng verflochten mit jedem Augenblick der Existenz von Kunst, daß ein großer Gedanke kaum von dem Stil zu trennen ist, in dem er ausgedrückt wird. [. . .] Ein großer Gedanke kommt aus ganzem Herzen.«[42]

Das große Sterben

»Musik ist einer der wirksamsten Funktionsträger der Zivilisation«, verkündete Parry in Jahre 1917. »Und wenn die Zivilisation bedroht ist, wie zur Zeit durch einen schrecklichen Rückfall zu Methoden von Gewalt und Zerstörung, ist es die Pflicht derjenigen, die sich mit den geistigen Werten unserer Zivilisation befassen, ihre Bemühungen bis zum Äußersten fortzusetzen.«[43]

Der Kriegsausbruch im August 1914 erschütterte Parry schwer. Er konnte nicht verstehen, wie die Deutschen, die der Welt so viel bedeutsame Kunstwerke geschenkt hatten, zu dem größten Verbrechen, das jemals in der Geschichte der Völker begangen wurde, fähig waren. Sie sind »eine Nation geworden, die haßt«, sagte Parry in einer Ansprache. »Die sogenannte Philosophie, die ihren momentanen Zustand ausdrückt, ist die Philosophie von Haß und Zerstörung.«[44] Das Evangelium Nietzsches werde nun getreu in die Praxis umgesetzt, meinte er, konnte aber als Bewunderer der deutschen Kunst äußerst rabiat reagieren, wenn beispielsweise eine Dame bei einer Gesellschaft meinte, man solle alle Deutschen kreuzigen.

Parry fügte sich in die Umstände, überließ beträchtliche Teile seiner Lebensmittelrationen seinen Bediensteten und bot an, seine Jacht für Kriegseinsätze zur Verfügung zu stellen. Dennoch war er dagegen, daß vielversprechende Künstler aktiv am Kampfgeschehen teilnahmen. »Ich bedaure sagen zu müssen, daß Ihr Brief gerade zu spät eintraf, als Ihr Sohn bereits den entscheidenden Schritt vollzogen hatte und als ein Mitglied der Streitkräfte Seiner Majestät angeworben worden war«, schrieb er am 4. Februar an die Mutter des Komponisten Arthur Benjamin. »Ich war immer dagegen, daß er Soldat wird, denn er ist so außergewöhnlich begabt, daß man ihn nicht auf die gleiche Stufe stellen sollte wie die Millionen, die auf keinem Gebiet besonders Vielversprechendes vollbringen. Ich habe ihm dargelegt, daß Leute, die besondere Gaben besitzen, dem Land und der Menschheit allgemein auf eine höhere Weise von Nutzen sein können als jene, die sich lediglich als nicht näher bezeichnete Individuen in der kämpfenden Truppe darbieten. Ich habe eine sehr hohe Meinung und besondere Achtung vor ihm, und ich habe ihm gesagt, daß man junge Menschen wie ihn besonders vor Gefahren schützen sollte, anstatt sie ihnen auszusetzen.«[45] Doch bis Ende 1915 hatten sich bereits 100 Studenten des Royal College of Music als Freiwillige gemeldet, und 16 Mitglieder des Lehrkörpers standen an der Front oder waren im Aufbruch dorthin begriffen.

In einem Brief mit dem gleichen Tenor wandte sich Parry 1915 auch direkt an Ralph Vaughan Williams, der zum Kriegseinsatz nach Frankreich ging.[46] Dieser hatte sich mit den erfolgreichen Uraufführungen seiner *Sea Symphony* (1910) und der *London Symphony* (1914) in die vorderste Reihe der britischen Komponisten gestellt. Auch sonst berechtigte das Musikleben Großbritanniens gerade in dieser Phase der Entwicklung zu den größten Hoffnungen: Elgar war der führende Mann, seit er 1899 nach langen Dekaden abseits der Musikmetropolen mit seinen *Enigma Variations* triumphiert hatte, für die zwei Jahre zuvor Parrys *Symphonic Variations* noch ein wichtiger Auftakt gewesen waren. Zu den Leuten im zweiten Glied gehörten Rutland Boughton, der gerade begann, mit eigenen Werken in Glastonbury ein britisches Pendant zu Bayreuth aufzubauen, sowie Ethel Smyth und Frederick Delius, die ihre ersten Erfolge in Deutschland hatten. Hingegen war Gustav Holst nur Insidern bekannt, während Cecil Coles und George Butterworth als vielversprechende Talente galten. Von der »älteren Generation« waren neben Parry und Stanford noch Frederick Cowen und Alexander Mackenzie aktiv, doch auch einige Namen von jüngeren wie Frank Bridge, Edward German, Cyril Scott, Arnold Bax, Thomas Dunhill, Samuel Coleridge-Taylor und Hamilton Harty fand man gelegentlich in den Konzertprogrammen. Auch die großen Chor- und Orchesterwerke von Granville Bantock und Joseph Holbrooke dürften einige Aufmerksamkeit erregt haben, wie auch Havergal Brian, dessen 1. Sinfonie, die sogenannte »Gotische«, entstanden zwischen 1919 und 1927, wohl eine der gewaltigsten ist, die je geschrieben wurde. (Insgesamt schrieb Brian in seinen 96 Lebensjahren 32 Sinfonien, davon allein 13, wenn auch nur kürzere, nach seinem 86. Geburtstag. Der 1854 geborene Henry John Edwards erreichte sogar das biblische Alter von hundert Jahren, seine Oratorien, Motetten und Lieder waren aber damals wie heute kaum bekannt.) 1905 war die »Society of British Composers« zur Förderung von Aufführungen und Publikationen gegründet worden. Auch auf dem Sektor der Musikinterpretation hatte Großbritannien als Folge einer verbesserten Ausbildung Fortschritte gemacht, und neben Henry Wood etablierten sich allmählich weitere einheimische Dirigenten von Rang wie Balfour Gardiner, Thomas Beecham und Adrian Boult.

International war Richard Strauss führend, doch auch Werke britischer Komponisten wurden durchaus auf dem Kontinent gespielt. Diese Verbindung riß mit Beginn des Krieges ab. Nun kam es für die Musikwelt Großbritanniens, die so lange von der deutschen Musik geprägt wurde, ja deren führende Künstler zumeist in Deutschland ausgebildet worden waren, zu einem endgültigen Bruch mit dem «großen Bruder«, und es war abzusehen, daß nach dem Krieg nichts mehr so sein würde, wie es vorher einmal war. Nun mußte die britische Musik sich selbst behaupten.

Das Musikleben im Lande kam für die nächsten Jahre weitgehend zum Stillstand. Die Festivals wurden abgesagt. Sie waren mit zahllosen Uraufführungen die Hauptförderer junger Komponisten gewesen, eine Rolle, die nach dem Krieg dann die neu gegründete BBC übernehmen sollte. Nur die »Promenade Concerts« in der Londoner Queen's Hall, liebevoll »Proms« genannt, sowie kleinere Konzertveranstaltungen wurden noch weiter durchgeführt, um das Kulturleben nicht völlig zum Erliegen zu bringen. In der Heimat engagierte sich Parry ab 1915 in der »Music in Wartime«-Bewegung, die unter der Leitung des »Professional Classes Relief Fund« zahlreiche Konzerte veranstaltete. »Die schreckliche Anhäufung von zusätzlicher Arbeit, die der Krieg mit sich gebracht hat, legte meine Möglichkeiten für irgendwelche eigenen Arbeiten völlig lahm und hat in den vergangenen zwei Wochen fast zu einem Zusammenbruch geführt«, klagte Parry über die Belastungen. »Aber es scheint kaum wahrscheinlich, daß sich die Lage entspannt. Wir haben jetzt unsere ›Musik-in-Kriegszeiten‹-Aktivitäten ausgeweitet und geben nun durchschnittlich drei Konzerte täglich. Vor etwa einer Woche hatten wir sogar acht Konzerte an einem Tag. Sie scheinen sehr nützlich zu sein, und zumindest helfen wir einer großen Anzahl von Musikern, deren Lage sonst zum Verzweifeln wäre.«[47]

Die britische Klavierindustrie frohlockte, denn nun konnte sie sich ohne die starke deutsche Konkurrenz entfalten. Die Folge war allerdings, daß die Preise für die Instrumente stiegen und die Qualität schlechter wurde. Dafür wuchs in Kriegszeiten das Verlangen nach Musikalien, denn dem Mangel an Bedarfsgütern in den Geschäften stand ein erhöhtes Kaufpotential durch Vollbeschäftigung und die berufstätigen Frauen gegenüber. Man erwarb vorwiegend Noten von Künstlern aus dem eigenen Land, nicht der Feindnationen.

Einige junge Musiker – wie Bax, Ireland und Heseltine – blieben in der Heimat, andere meldeten sich freiwillig. »Ich handelte ganz automatisch, angetrieben von einem Gefühl der Empörung über die Kriegsursache und einer noch offenstehenden Schuld, und zu alldem kamen noch Abenteuergeist und eine ungestüme Erregung hinzu, hervorgerufen durch das Verhalten meiner Altersgenossen«, erinnerte sich der Komponist Arthur Bliss, der hinzufügte, daß die aufgeheizte Stimmung eine realistische Einschätzung unmöglich machte.[48] Philip Heseltine – der 1919 das Pseudonym Peter Warlock annahm – meinte hingegen in einem Brief an seinen Mentor Frederick Delius, er könne »das Gefühl des Patriotismus, die Liebe zum Empire nie verstehen; sie schienen mir immer eine so leere, unbestimmte Idee zu sein, so unpersönlich und im höchsten Maße unwichtig, verglichen mit den Dingen, die wirklich zählen – als da ist das gemeinsame Erbe der Menschheit ohne Rücksicht auf Rasse oder Nationalität ...«[49] Parrys schlimmste Befürchtungen bewahrheiteten sich. Viele Künstler starben auf den Schlachtfeldern, wie die Komponisten Cecil Coles und George Butterworth, oder kehrten verstümmelt zurück, wie der Organist Douglas Fox, der den rechten Arm verlor.

In den Kriegsjahren kam Parrys kompositorische Tätigkeit nahezu zum Erliegen. Von seinen letzten Werken kommt vor allem dem 1916 entstandenen Chorlied *Jerusalem* Bedeutung zu, das gerne zur Aufmunterung in nationalen Krisenzeiten gesungen wurde. »And did those feet in ancient time / Walk upon England's mountains green?« hebt William Blakes 1804 verfaßter Text an. »Bring me my Arrows of desire: / Bring me my Spear: O clouds unfold! / Bring me my Chariot of fire«, lauten die kämpferischen Verse, die aufrufen, in England ein neues Jerusalem erstehen zu lassen.[50] Der Dirigent und Autor Henry Walford Davies erinnerte sich gut, wie ihm Parry an einem »denkwürdigen Morgen« das Manuskript der Blake-Vertonung zeigte; dann plötzlich »hielt er im Sprechen inne und wies mit dem Finger auf den Ton D in der zweiten Strophe, wo die Worte ›O clouds unfold‹ den Rhythmus unterbrechen. Ich glaube nicht, daß noch irgendein Wort darüber verloren wurde, und dennoch hatte er vollkommen deutlich gemacht, daß er gerade diese Note und diesen Moment des Liedes besonders schätzte. [...] Ich kopierte es im Auftrag des Komponisten und gab es 1916 heraus. Wir brauchten es für die Menschen in dieser Zeit...«[51]

Wenn er zusätzlich Freiraum zum Arbeiten erübrigen konnte, widmete Parry ihn jenem Werk, das er als sein geistiges und literarisches Vermächtnis betrachtete. Gegen Ende des Ersten Weltkriegs, am 4. Juni 1918, schickte der Siebzigjährige ein umfangreiches Buchmanuskript an seinen Verleger Macmillan in London, allerdings »mit wenig oder gar keiner Hoffnung darauf, daß Sie es herausbringen werden«. Diese Enttäuschung sollte ihm auch nicht erspart bleiben, denn nur zehn Tage später erhielt er eine schlechte Nachricht. »Entmutigende Neuigkeiten von Macmillan, man hat mein Buch abgelehnt. Die Arbeit von drei Jahren und mehr für nichts.«[52]

Dieses Werk, das den Titel *Instinct and Character* (*Trieb und Charakter*) trug, lag Hubert Parry besonders am Herzen, enthielt es doch kaleidoskopartig das Weltbild des Musikers und Humanisten. Mit seiner Musik wolle Parry an die bessere Natur des Menschen appellieren und in Bereiche der Psyche, ja der Seele vordringen, die Worte allein nicht zu erreichen vermögen. Dieses letzte Buch aus seiner Feder stellte eine Ergänzung zu seinen Kompositionen und seiner Arbeit am Royal College of Music dar. Aufbauend auf seiner bereits angesprochenen Auseinandersetzung mit den neuen Theorien zur Evolution legte Parry umfangreich, mitunter wohl auch etwas weitschweifig, die Entwicklungsphasen dar, die zwischen Gut und Böse, zwischen Triebwesen und humanistisch gesinnten Menschen liegen. »Die urzeitlichen Formen des Antriebs, die weiterbestehen bleiben, und die Art, in der sie auf der Grundlage von Erfahrungen manipuliert und gelenkt werden, bilden das Fundament des menschlichen Charakters«, heißt es in dem Werk, »und vom menschlichen Charakter hängt das Wohlergehen oder das Unglück der Rasse ab.«[53]

In seinen Darlegungen läßt sich Parry über Aspekte wie den Herdentrieb, den Machtwillen, den Sexualtrieb, den »Trieb zu Aktivität und Arbeit«, den »Trieb von Ordnung und Organisation« oder auch den »Sympathietrieb« und dessen Gegenteil aus. Das größte und wichtigste Kapitel befaßt sich mit dem »Religionstrieb«. Nach Parrys Auffassung hat der Mensch seine momentane Entwicklungsstufe gerade dadurch erreicht, weil er ein »religiöses Tier« ist. Die Religion dominiert und lenkt alle anderen Triebe und ist, so Parry, durch ihre »fortschrittliche Anpassungsfähigkeit« den Anforderungen in den unterschiedlichen Entwicklungsphasen der Menschheit gewachsen. Aus der dem menschlichen Wesen inhärenten Hinwendung zu einer für das Leben ausschlaggebenden Ur-Energie folgt – so auch die Überschrift des letzten Abschnitts in diesem Kapitel – »die Verantwortlichkeit des Menschen und seine Entwicklung hin zu einer Einheit«. »Das Schicksal des Menschen liegt in ihm selbst, und langsam lernt er dies auch«, heißt es dort. »Je mehr ein Mensch wirklich weiß und versteht, je bescheidener er wird, umso mehr wird er vom Glauben an seine eigene Unfehlbarkeit ablassen und letztlich nicht mehr zur Gewaltanwendung bereit sein, um Grundsätze, Ansichten oder Theorien durchzusetzen.«[54]

In seinen noch verbleibenden Lebensmonaten versuchte Parry, das umfangreiche Manuskript mit Unterstützung seines Schwiegersohnes Arthur Ponsonby in eine straffere, für die Publikation geeignetere Form zu bringen. Ein Verleger fand sich nicht mehr, und die Komposition dieses Buches blieb seine »Unvollendete«. »Während ich eigentlich glaube, daß er gegen die Zusammenstellung, die ich getroffen habe, nichts einzuwenden gehabt hätte, ist es doch wahrscheinlich, daß er mit der allgemeinen Darstellung der Komposition noch unzufrieden gewesen wäre«, erinnerte sich Arthur Ponsonby. »Würde er noch leben, hätte er sich schließlich wohl zu einer noch drastischeren Neugestaltung des Manuskripts entschlossen. Zudem war es bei ihm üblich, bei seinen Veröffentlichungen sowohl in den Manuskripten als auch in den Korrekturfahnen umfangreiche Korrekturen anzubringen, und ich fürchte, daß sein letztes Werk ziemlich darunter zu leiden gehabt hätte, daß es nicht einer von ihm selbst ausgeführten gründlichen Revision unterzogen wurde.«[55] Heute existieren von *Instinct and Character* nur wenige maschinengeschriebene Exemplare in einigen großen Bibliotheken. »Ich habe es mein ganzes Leben lang geschrieben«, resümierte Parry einst über dieses Werk, und es stellte in der Tat die Quintessenz des Menschen und Künstlers Hubert Parry dar.

Parry starb am Abend des 7. Oktober 1918, gut einen Monat vor dem Waffenstillstand zwischen den Alliierten und dem Deutschen Reich. Durch die weltpolitischen Ereignisse während seiner letzten Lebensjahre war sein Glaube an Kultur und Zivilisation schwer erschüttert worden. »Where faith is there is strength! / Where truth is there is joy! / Where trust is there is love! / Where love is there is heaven!« hatte er noch hymnisch für den Schlußchor seiner *Vision of Life* gedichtet.[56] Nun überfiel ihn und auch seinen Zeitgenossen Elgar Resignation angesichts dieses kollektiven Wahnsinns, während einige, die wie Tippett und Britten die Kriegs- und die Folgejahre als Kinder erlebten, später zu radikalen Pazifisten wurden. Etwa vier Wochen nach Parrys Tod wurde auf einem Schlachtfeld in Flandern der erst 25jährige englische Dichter Wilfred Owen kurz vor Kriegsende von deutschen Kugeln zerfetzt. Seine Verse über den Krieg kontrastierte Benjamin Britten 1962 in seinem *War Requiem* mit dem überlieferten Text der lateinischen Totenmesse, und Arthur Bliss integrierte sie 1930 in seine Sinfonie *Morning Heroes*, die er seinem gefallenen Bruder Kennard widmete; Verse, die nicht nur vom Leid des Krieges künden, sondern auch vom Untergang einer Epoche.

> . . . But many there stood still
> To face the stark, blank sky beyond the ridge,
> Knowing their feet had come to the end of the world.[57]

III

Der Meister und Alice

Edward Elgar (1857–1934)

O! now, for ever
Farewell the tranquil mind; farewell content!
Farewell the plumed troop and the big wars
That make ambition virtue! O farewell!
Farewell the neighing steed, and the shrill trump,
The spirit-stirring drum, the ear-piercing fife,
The royal banner, and all quality.
Pride, pomp and circumstance of glorious war!

Shakespeare, Othello[1]

Zeit der Glorie, Zeit des Abschieds

»Es ist schade, aber ich bin zu alt, um noch Soldat zu sein«, schrieb im August 1914 ein Musiker aus Severn House, seinem Londoner Wohnsitz, an einen Freund. »Ich bin so tatkräftig. Alles ist zum Stillstand gekommen, und uns bleibt nichts mehr in der Welt – absoluter finanzieller Ruin –, aber wir sind vergnügt, und ich sterbe als Mensch, wenn schon nicht als Musiker.« Der 57jährige Verfasser dieser Zeilen war bei Kriegsbeginn einer Sondereinheit der Polizei beigetreten, bei der Privatpersonen die Kontrollgänge der in die Armee eingezogenen Wachtmeister übernahmen. Der Name des Briefschreibers: Edward Elgar. Sein Stand: damals bereits Sir Edward und der bedeutendste britische Komponist seiner Zeit.

Einmal mehr war der Mann aus den West Midlands, der erst als 42jähriger in der Hauptstadt zu Ruhm und Anerkennung gekommen war, an eine Grenze gelangt. Nur war es diesmal kein ignoranter Dirigent oder Verleger, den man überzeugen, kein verwöhntes Publikum, das man für sich gewinnen konnte, diesmal war es ein vierjähriges Inferno, das das Schicksal ganzer Nationen verändern sollte. Der Erste Weltkrieg bedeutete für das Kulturleben und alle britischen Musiker, die noch im 19. Jahrhundert zur Welt gekommen waren, eine entscheidende Zäsur. Sie waren gerade in dem Alter, in dem sie einer Entscheidung nicht ausweichen konnten: Sollten die Jüngeren aktiv für ihr Land am Kampfgeschehen teilnehmen? Wie hatten die Älteren zu reagieren?

Von Kriegsbegeisterung war, wie etwa noch gut fünfzehn Jahre zuvor beim Burenkrieg, Viktorias Vermächtnis für Edward VII., nur zu Beginn etwas zu spüren. In der Musikbranche erkannte man bald, daß ein finanzieller Einbruch folgen würde. Die anti-deutsche Stimmung war allerdings nur vorübergehend; so wurden zunächst zwar selbst angesehene Pianisten beschimpft, wenn sie auf deutschen Instrumenten konzertierten, und Künstler, die sich aus beruflichen Gründen einen deutsch klingenden Namen zugelegt hatten, wurden von einigen Fanatikern angegriffen. Auch versuchte man anfangs, die deutsche Musik der zurückliegenden fünfzig Jahre zurückzudrängen, und spielte am ersten Abend der »Proms« in der Londoner Queen's Hall Tschaikowskys *Capriccio italien* anstelle von *Don Juan* von Strauss und ersetzte ein Wagner-Programm durch Werke russischer und französischer Komponisten. Bald kehrte man jedoch wieder zu den »sicheren« Beethoven-Brahms-Tschaikowsky-Konzerten nebst einigen »patriotischen« Stücken zurück. Man empfand sich nicht mehr als Vollstrecker der Gerechtigkeit oder gar als Vorkämpfer der Zivilisation. Bestimmend war nur die Frage, wie man seinem Land in dieser Ausnahmesituation am besten nutzen konnte. Manche beugten sich dem Diktat des Pflichtgefühls und meldeten sich freiwillig zu den Waffen, andere versuchten ihren Mitbürgern in der Heimat von Diensten zu sein.

Unabhängig und individuell, wie alles, was er unternahm, war die Reaktion Edward Elgars, der ganz andere Töne anschlug als etwa seine Kollegen Bliss oder Warlock. »Was den Krieg betrifft, so sage ich nichts«, heißt es in dem bereits zitierten Brief, »das einzige, das mir wirklich zu Herzen und Seele geht, ist der Gedanke an die Pferde – oh! Meine geliebten Tiere! – Die Männer und Frauen können zur Hölle gehen – aber meine Pferde; ich gehe in diesem Raum auf und ab und verfluche Gott dafür, daß er es zuläßt, wie stumme Kreaturen gequält werden – laß Ihn seine menschlichen Geschöpfe umbringen, aber – wie KANN ER? Oh, meine Pferde.«[2]

Was in diesem Schreiben zum Kriegsausbruch 1914 mit grimmiger Verbitterung zum Ausdruck kommt, ist keineswegs überheblicher Sarkasmus. Der bis dato große Mann der britischen Musik war ein Mensch, der sein Leben lang hochsensibel auf seine Zeit reagierte; und seine Musik ist, wie Briefe, Anmerkungen und Werküberschriften belegen, vielleicht mehr als bei jedem anderen Komponisten ein Ausdruck seiner emotionalen Befindlichkeit. Obwohl Elgar noch zwanzig Schaffensjahre vor sich hatte, war sein bedeutendes Lebenswerk bei Kriegsbeginn schon fast vollendet. 1918 entstand noch einiges an Kammermusik, die in seinem Œuvre eher eine Nebenlinie bildet, und 1919 das Cellokonzert, die Elegie auf eine untergegangene Zivilisation. Nachdem der Komponist die Einzelheiten über dieses Konzert in sein privates Werkverzeichnis aufgenommen hatte, notierte er: »Finis. R. I. P.« Als 1920 seine Frau Alice starb, versiegte in ihm der Quell der Produktivität fast völlig. Dem Elgar der 20er Jahre fehlte in der Atmosphäre der sich nun immer rasanter verändernden Welt die Inspiration aus den Zeiten seines Aufstiegs und Ruhms. Der Künstler, den man vor allem auf dem Kontinent, namentlich durch Richard Strauss in Deutschland, als neuen großen »Vorwärtsmann« – Originalton Strauss – der britischen Musik feierte, wurde fortan auf dem Festland als Repräsentant einer feindlichen Kultur ignoriert.

Das Enigma des Menschen Elgar wollten seine Zeitgenossen ebensowenig verstehen wie die Warnzeichen der internationalen Krisen. Elgar galt als der Prunkkomponist des *Pomp and Circumstance*, den man in allen seinen Werken zu finden glaubte. Die ersten beiden der berühmten Orchestermärsche mit dem klangvollen Titel, der sich an Othellos Vision seines zugrundegehenden Ruhmes anlehnt, entstanden 1901 zum Beginn der Regierungszeit von König Edward VII. Insbesondere der erste Marsch in D-Dur (1901), der in Verbindung mit A. C. Bensons Text »Land of Hope and Glory« zu einer Art zweiter Nationalhymne mutierte, und der vierte Marsch in G-Dur (1907) wurden zum Inbegriff von nationaler Festmusik und Hurra-Patriotismus. Elgar schwebte jedoch in Anlehnung an Mozart oder Schuberts Klaviermärsche ursprünglich ein Zyklus von sechs Orchestermärschen vor, von denen er fünf vollendete. Die Märsche Nr. 2 in a-Moll (1901), Nr. 3 in c-Moll (1904) und Nr. 5 in C-Dur (1930) bie-

Edward Elgar

ten weder Pomp noch Prunk, und als Einheit betrachtet und gehört bilden die *Pomp and Circumstance*-Märsche eher eine Art Suite von sinfonischen Miniaturen mit wechselnden musikalischen Stimmungen. Waren aber die Moll-Märsche wie etwa auch die 1911 uraufgeführte 2. Sinfonie, mit der Elgar viele seine Anhänger verprellte, nicht doch ein Ausrutscher, ein Irrtum? Was verbarg sich hinter der Oberfläche des Komponisten, der so sehr mit der chauvinistischen Regierungszeit jenes Königs identifiziert wurde, dessen Namensvetter er war, Edwards VII.?

Elgar, Jahrgang 1857, erlebte die Ära von drei namhaften britischen Herrschern: Victoria (1837–1901), Edward VII. (1901–10) und George V. (1910–36), und die eben genannten Werke nehmen sich aus wie ein Nachruf auf die vergangenen Epochen. Wenn er auch nicht politisch engagiert war, so sollte der Komponist in dieser Zeit bewußt sowohl den Ruhm als auch den Fall Großbritanniens wahrnehmen – die Zeit der imperialen Glorie als junger Künstler in der Provinz, die Phase des »jingoism« (Hurra-Patriotismus) unter Edward VII. und den beginnenden Niedergang des Empire als geachtetster britischer Komponist seiner Tage. Eine militärische und wirtschaftliche Supermacht war Großbritannien nicht erst zur Zeit der Satiren Gilbert und Sullivans und Parrys Idee einer humanistischen Musikkultur. Seit der Inthronisation Victorias im Jahre 1837 bis zu ihrem Tod hatte sich eine Entwicklung vollzogen, die das Land von einer Wiederherstellung des alten Prestiges der Krone über eine Phase der Konsolidierung hin zu einer immer egozentrischeren Machtpolitik führte, die von innenpolitischen Schwierigkeiten, die gesellschaftliche Veränderungen und Reformbestrebungen verursachten, ablenken sollte. Das nationale Selbstbewußtsein nährten der Stolz auf die profitablen Erträge aus der größer werdenden Sammlung von Kolonien und ein eurozentristisches Weltbild, das sich bereits seit den Tagen des ersten Empire entwickelt hatte. Wenn auch im Verständnis der damaligen Zeit der Begriff Empire etwas »zu militärisch und despotisch erscheint, um zu dem Verhältnis eines Mutterlandes zu den Kolonien zu passen«, so betrachtete man das größere Britannien, das eher ein Handels- als ein Siedlungsimperium war, mangels eines passenderen Ausdrucks im Geiste der historischen Imperien doch als eine »reale Vergrößerung des englischen Staates; sie bringt nicht nur die englische Rasse über die Meere, sondern auch die Autorität der englischen Regierung.«[3]

Mit den Jahren wurde die Königin für ihr Land zu einer nationalen Institution, wenn auch der politische Einfluß der Krone allmählich zurückging. Nach sozialen Unruhen in der ersten Phase ihrer Herrschaft wechselte die politische Führung Großbritanniens allmählich von der Aristokratie auf den bürgerlichen Mittelstand über. Trotz der Chartistenbewegung war aber die wirtschaftliche Lage Mitte des 19. Jahrhunderts derart stabil, daß die revolutionären Tendenzen auf dem Kontinent nicht auf die Insel übergriffen. Thomas Babington Macaulay konnte in seiner *History of England* beruhigt feststellen: »Inmitten der Anarchie herrscht bei uns Ordnung«, während sonst allerorten die »Todeskämpfe großer Nationen« eingesetzt hätten.[4] Nachdem jedoch in der gut sechs Dezennien währenden Regierungszeit Victorias das britische Empire einen Höhepunkt seiner Machtentfaltung erreicht hatte, zeichnete sich um die Jahrhundertwende ein Wetterleuchten ab. Daß der koloniale Kapitalismus der viktorianischen Zeit im Ersten Weltkrieg an seinen Binnenproblemen und politischen Konflikten scheitern würde, erkannten nur wenige, manche spürten es immerhin. Auffallend war bereits, daß von den 90er Jahren an eine zunehmende Konkurrenz durch das erstarkende Deutschland erwuchs. Der Verlust der Führungsrolle als Industriemacht führte langfristig zu spürbaren Einbußen im Bereich der allgemeinen Prosperität, was später vor allem in den 20er und 30er Jahren zu beträchtlichen sozialen Spannungen führte. Die Auflösung des britischen Kolonialreiches wurde durch den Weltkrieg beschleunigt. Mit dem Verlust des Empires trat man auch schrittweise die politische Vormachtstellung an die neuen Weltmächte, die USA und die UdSSR, ab.

Diese fundamentalen Umwälzungen machten später Sir Edward nicht minder zu schaffen wie dem jungen Mr. Elgar sein Ringen im gesellschaftlichen Netz des viktorianischen Lebens. Wie konnte man damals bloß erwarten, als Musiker respektiert zu werden? Der junge Elgar wollte nie als »Mr. Elgar, der Komponist« vorgestellt werden, »Mr. Elgar, Gentleman«, hätte genügt, meinte er. Über die Anforderungen, die dieses herrschaftliche Image mit sich brachte, war er sich im klaren, ja er besaß in seiner Bibliothek Bücher wie die Anthologie *The Ideal of the English Gentleman* des Theologen A. Smythe-Palmer. Auf den Punkt gebracht werden die »Qualitäten, die einen Gentleman sozial auszeichnen« in einem 1859 für ihren ältesten Sohn abgefaßten Memorandum von Königin Victoria und Prinz Albert:
»1. Seine Gesamterscheinung, sein Benehmen, seine Haltung und seine Kleidung.
2. Der Charakter seiner Beziehungen zu und seines Umgangs mit anderen.
3. Sein Drang und seine Fähigkeit, sich in der Unterhaltung und jeglicher sonstigen Betätigung in Gesellschaft Achtung zu verschaffen.«[5]

Diese Auflistung entsprach den Erwartungen an den allgemein anerkannten Verhaltenskodex zu der Zeit, in der Edward Elgar geboren wurde und aufwuchs. Es waren die Vorschriften gesellschaftlicher Zirkel, die dem jungen Elgar allerdings fremd waren, denen er sich später aber so gut es ging anzupassen versuchte. Betrachtet man Bilder, die Elgar um 1880 und dann als gesetzten Herren zeigen, erkennt man, wie sich die äußerliche Anpassung an die gehobenen Schichten vollzog. Der noble Schnurrbart sollte eine Abstammung aus Militaristenkreisen suggerieren und gehörte ebenso dazu wie der elegante Anzug mit Schlips im Stile der Landjunker oder der wohlhabenden Herren aus der oberen Mittelklasse. Elgar vermied es meistens, seinen Geigenkasten in aller Öffentlichkeit mit sich herumzutragen, um nicht den Eindruck zu vermitteln, daß er beruflich mit Musik zu tun habe, was noch um 1890 nur Geringschätzung eingebracht hätte. Unter dem Einfluß seiner Frau investierte man vornehmlich in alles, was für Image und Karriere förderlich sein konnte: Edward wurde Mitglied in einem Londoner Klub und reiste stets erster Klasse in die Hauptstadt. Und wenn der junge Elgar mit seinen Partituren dort Verleger aufsuchte, konnte es schon vorkommen, daß sich der elegant aussehende Gentleman tagsüber ausgesprochen billig verpflegen mußte. Gerade jener

Komponist, den die Nachwelt im besonderen Maße mit prunkvollen Fanfaren zu Krönungsfeierlichkeiten und ähnlichen offiziellen Anlässen in Verbindung bringt, verlebte die ersten vier Jahrzehnte seines Lebens abseits der etablierten Kreise von Geld- und Erbadel und auch abseits der Kunst-Metropolen des Landes. Vergegenwärtigt man sich die gesellschaftlichen Ansprüche, die in dem komplizierten Netz hierarchischer Klassenstrukturen Großbritanniens an die obersten Ebenen gestellt wurden, sowie die Dominanz der Hauptstadt auf kulturellem Gebiet, kann man erahnen, welche Hindernisse der »Provinzler« Elgar zu überwinden hatte.

Es gab noch ein weiteres Problem, das dem Sohn eines protestantischen Musikalienhändlers und einer römisch-katholischen Mutter zu schaffen machte: seine Religion. Edwards Erziehung stand ausschließlich unter katholischem Einfluß, der nachhaltiger wirkte als die Ausbildung der meisten protestantischen Kinder. Er war vertraut mit dem Gemeindeleben und der Musik der katholischen St. George's Church in Worcester, wo er selbst an der Orgel saß oder seinem Vater half, und er bekannte sich auch zu seinem Glauben, wenn auch die Regelmäßigkeit des sonntäglichen Kirchgangs mit zunehmenden Alter nachließ. »Er fühlte sich als eine Art sozialer Paria gebrandmarkt«, erinnerte sich später eine Bekannte. »Darin wurzelt der Grund seiner tiefen inneren Frustration. Sein einziger Ehrgeiz bestand darin, große Musik zu schreiben, aber er wußte, daß ihm das Unterrichten und Spielen nie das Geld und die Freizeit einbringen würde, um komponieren zu können. Dieses Dilemma hatte er noch dadurch kompliziert, daß er eine Frau geheiratet hatte, die einer sozialen Schicht angehörte, die von der Klasse der Geschäftsleute durch eine Kluft getrennt war, die man sich heute nicht mehr vorstellen kann. Nie gab es einen klareren Fall des ›Wenn-Du-sie-nicht-schlagen-kannst,-werde-einer-von-ihnen‹. Aber das Ergebnis war verheerend für Elgars Psyche. Er war übersensibel und ein Künstler, und so trug er schwere Wunden davon. Diese verdeckte er durch seine äußerliche Fröhlichkeit und indem er den Eindruck erweckte, daß er nur durch Zufall Musiker geworden war. An seinem Vater verbitterte ihn, daß er ein Geschäftsmann war, und dennoch liebte und respektierte er seine Eltern.«[6] Die persönlichen Erfahrungen, die Edward Elgar auf seinem »Weg nach oben« machte, führten 1921 zu dem Resümee: »Weder als Kind, noch als junger Mann, noch als Erwachsener habe ich erlebt, daß jemals ein einziger Mensch freundlich zu mir gewesen ist.«[7]

Ein Mann aus der Provinz

Das Dorf Broadheath in der Nähe von Worcester, in dem Elgar am 2. Juni 1857 zur Welt kam, erweckt noch heute mitunter den Eindruck, als sei hier die Zeit stehengeblieben. Bis weit ins 20. Jahrhundert hinein gaben sich die Bewohner »viktorianisch«; ein gewisser Stolz auf Traditionen und auf die Abgeschirmtheit vom rasanten Leben der Metropolen ist den

Einwohnern nicht fremd. In nordöstlicher Richtung sind es keine hundert Kilometer bis Birmingham und Coventry, und knapp vierzig Kilometer östlich findet man die Shakespeare-Stadt Stratford-upon-Avon. Dazwischen liegt »Elgar Country«, die malerische Landschaft mit den imposanten Bergen bei Malvern und den Gegenden um Worcester, Upton-upon-Severn und Great Malvern. An den »großen Sohn« erinnern heute Gedenktafeln an seinen Wohn- und Wirkungsstätten sowie eine Statue im Garten seines Geburtshauses, in dem seine Tochter Carice nach seinem Tod ein Museum einrichtete.

Zeit seines Lebens blieb Elgar ein »Mann vom Lande«. Man drückte ihm sogar die Bezeichnung »Malvern composer« auf, nachdem er sich mit seiner Familie 1891 in Malvern, einem Ort zwischen Worcester und Hereford, niedergelassen hatte, wo er Geigenunterricht gab, regen Anteil am Musikleben der Gegend nahm und – komponierte. Er legte den Akzent seiner Heimat nie ganz ab, und auch als er 1912 in den Londoner Vorort Hampstead zog, wurden Erinnerungen wachgehalten, indem er sein Haus in den Netherhall Gardens Nr. 42 nach dem Fluß Severn bei Broadheath »Severn House« nannte. Überdies verband er dabei die Nähe zur Metropole mit allen denkbaren Annehmlichkeiten der Abgeschiedenheit, denn Hampstead im Nordwesten Londons war damals noch eine ländliche Gegend mit Bauernhöfen, Schafherden und lauschigen Alleen.

Edward war eines von sieben Kindern der Ann Elgar, die 1852 Mitglied der römisch-katholischen Kirche wurde, und ihrem Mann William Elgar, der als Protestant die Orgel in der katholischen Kirche spielte. Zum Glauben seiner Frau konvertierte er erst 1906 auf dem Sterbebett. Edwards Vater unterhielt einen Musikalienhandel in Worcester, einem Städtchen mit damals nur 27 000 Einwohnern, doch einem durchaus regen Kulturleben. Worcester gehörte neben Gloucester und Hereford zu den Ausrichtern des Three Choirs Festival, und so wurde Edward Elgar der letzte Komponist von Rang, der mit der Chortradition der Arbeiterklasse in den Industriebezirken Großbritanniens aufwuchs – eine Tradition, die sich aus dem Part-Song über die Kantate bis hin zum großen Oratorium entwickelt hatte. In seinen umfangreicheren Werken der ersten Schaffensphase knüpfte Elgar mit den Kantaten *The Black Knight* (1893), *King Olaf* (1896), *The Banner of St. George* (1897) und *Caractacus* (1898) an diese Entwicklung an. Allen diesen Stücke liegen Stoffe aus der nordischen Sage zugrunde, zu der Elgar eine starke Affinität besaß, weil er meinte, sein Name sei entfernt skandinavischen Ursprungs. Er ist hingegen rein angelsächsisch. In allen vier Werken ist das Grundthema der Handlungen der Kampf gegen Unrecht und Unterdrückung, und für Elgar mag der dramatische Gehalt seiner säkularen Kantaten ein Ersatz für die Oper gewesen sein, zu der ihm, abgesehen von wenigen Gastspielen der Haig-Dyer Opera Company, der Kontakt fehlte. In der Folge wandte er sich Kompositionen für die Bühne nie ernsthaft zu, plante aber als Gegenstück zu Wagners Tetralogie *Der Ring des Nibelungen* eine Oratorien-Trilogie über die Entstehung des Christentums, wovon aber nur *The Apostles* (1903) und *The Kingdom* (1906) aufgeführt wurden, während *The Last Judgement* unvollendet blieb. Die Oper war nun einmal eine Sache der Hauptstadt, und wenn sich Elgar in den 80er Jahren auf den Weg dorthin machte, war ein Konzert- oder Probenbesuch allemal preiswerter als eine Theaterkarte. »Ich lebte 120 Meilen von London entfernt«, erzählte er rückblickend über diese Zeit. »Ich stand um sechs Uhr auf und ging eine Meile bis zur Bahnstation, wo der Zug um sieben abfuhr. Ich kam um elf in Paddington an, nahm die Untergrundbahn bis Victoria, von dort zum Crystal Palace, wo ich gerade rechtzeitig zur letzten Dreiviertelstunde der Probe ankam. Wenn das Glück mir hold war, enthielt gerade dieser Teil der Probe das Werk, das ich hören wollte. Aber das Glück war mir selten hold, und meistens war das Hauptstück schon vorbei. Mittagessen. Konzert um drei. Um fünf mußte ich mich schnell auf den Weg nach Victoria machen, dann nach Paddington, auf nach Worcester, Ankunft um 22.30 Uhr. Wirklich ein anstrengender Tag; aber das neue Werk hatte ich gehört und der Lebenserfahrung einen weiteren Schatz hinzugefügt.«[8]

Daheim stand für eine geregelte Ausbildung kein Geld zur Verfügung. Edward begann im Elternhaus mit Klavierspielen, konnte später in der Kirche auf der Orgel begleiten und lernte auch die Kunst des Geigenspiels. Der Besuch des Konservatoriums in Leipzig blieb allerdings ein unerfüllbarer Wunschtraum. »Als ich mich entschieden hatte, Musiker zu werden, und feststellte, daß die Lebensumstände mich daran hindern würden, blieb mir nur übrig, mich selbst zu unterweisen«, schilderte Elgar seinen Werdegang. »Ich sah und lernte einen Großteil über Musik durch die Flut an Musikstücken, die durch die Firma meines Vaters gingen. Ich las alles, spielte alles und hörte alles, was ich bekommen konnte. Ich bin ein Autodidakt auf dem Gebiet der Harmonie, des Kontrapunkts, der Form, und kurz gesagt, bei allem, was das ›Geheimnis‹ der Musik ausmacht.«[9]

Die Jackentaschen vollgestopft mit Brot und Käse zog sich der Junge auf die Felder zurück und studierte die Partituren der Beethoven-Sinfonien und eine Generalbaßschule, die aus der Feder von Mozart stammen soll – »die erste wirklich hilfreiche Anleitung, die ich hatte«, wie er sagte. »Darin war etwas, dem man nachgehen mußte, etwas Menschliches.« Die damals selten gespielte englische Musik des 16. und 17. Jahrhunderts, die er sich gelegentlich in der anglikanischen Kirche anhören konnte, hatte für ihn nur Museumscharakter und erschien ihm mit Ausnahme einiger Werke Purcells als zu nüchtern. Im Worcester Glee Club sammelte er seine ersten praktischen Erfahrungen, begleitete Sänger und Chöre, wurde Geiger beim Philharmonischen

Orchester Worcesters, arrangierte Musikstücke, komponierte sogar, und – 1879 – dirigierte er zum erstenmal. Der Musiker Elgar wurde eine lokale Größe, dem Künstler blieben Enttäuschungen nicht erspart. Der Geigenunterricht, den er 1877 und 1878 bei Adolphe Pollitzer, einem der begehrtesten Lehrer seiner Zeit, in London nahm, war zwar äußerst instruktiv und ergiebig, jedoch zu kostspielig. »Ich lebte den ganzen Tag von zwei Tüten mit Nüssen«, erinnerte sich Elgar später.[10] Pollitzer traute seinem Schüler viel zu, doch nachdem dieser den Violinvirtuosen August Wilhelmj in einem Konzert unter anderem mit Beethovens Opus 61 gehört hatte, gab er den teuren Unterricht und die Ambitionen auf eine Solistenkarriere auf. Sein Spiel sei sehr hart und kalt gewesen, berichtete später eine Freundin, aber er muß über eine außergewöhnlich gute Technik verfügt haben, die ihm dann bei der Ausarbeitung des Violinkonzertes (1910) zugute kam.

Um das Jahr 1879 entstanden viele kleinere Arbeiten und Entwürfe, die erst später veröffentlicht oder weiterverwendet wurden. Darunter findet man eine *Romance* für Geige und Klavier, die 1885 bei Schott erschien, Skizzen, die in die Kantaten und die Musik zu dem Kinderstück *The Wand of Youth* (*Der Zauberstab der Jugend*) eingingen, und auch die erste Idee für die Melodie des »Land of Hope and Glory«. In den gleichzeitig entstandenen Kompositionen für das Orchester eines Heims für geistig Behinderte in Powick finden sich bereits im Nukleus charakteristische Stilmerkmale. So gibt es etwa im zweiten, vierten und achten Takt eines der Stücke jene unvermuteten dynamischen Ausbrüche mitten im Takt, wie man sie dann auch bis zum Cellokonzert immer wieder hört. In der Folgezeit wird die kleine musikalische Form zum Ausgangspunkt der umfangreicheren Werke, und es entsteht eine Wechselwirkung zwischen dem Miniaturisten Elgar und dem Virtuosen der großen Gattungen. Ähnliche Verbindungen von kleinen Melodiepartikeln in kammermusikalischen und großdimensionierten Werken sind auch kennzeichnend für das Werk eines großen Zeitgenossen Elgars, Leoš Janáčeks.

Bescheiden wie die Formen waren auch die ersten Sporen, die sich Elgar außerhalb der Provinz verdiente. Die Kantaten brachten ihm nur Achtungserfolge, finanziell ergiebig, als Klavier- wie als Orchesterstück, war *Salut d'Amour* op. 12 (1888), Anerkennung ernteten die Konzertouvertüre *Froissart* op. 19 (1890) und die *Serenade in E minor* für Streichorchester op. 20 (1892). Doch frustrierend waren die oft mühsamen Verhandlungen, die mäßigen Honorare und das Desinteresse, das etablierte Kollegen neuen Talenten entgegenbrachten. Schlechte Erfahrungen machte Elgar hier anfangs auch mit dem damals dominierenden Musiker, Arthur Sullivan. Als der 32jährige Elgar 1889 mit dem Orchester eigene Stücke für die Covent Garden Promenade Concerts probte, erschien auf einmal unerwartet Sullivan, der einige Passagen aus einer seiner Opern durchgehen wollte. Dafür brauchte er fast die gesamte zur Verfügung stehende Probenzeit auf, so daß der arme Elgar entnervt und niedergeschlagen heimkehren mußte. Erst neun Jahre später konnte Sullivan sein Verhalten wiedergutmachen: Als Elgar beim Festival in Leeds seine Kantate *Caractacus* einstudierte, erzählte er dem verantwortlichen Chefdirigenten Sullivan von dem unerfreulichen Vorkommnis, das Sullivan damals natürlich nicht bewußt war. Nun verzichtete der ältere Kollege bereitwillig auf seine Ruhepausen, wohnte Elgars Proben bei und gab viele nützliche Hinweise. Überhaupt erklangen unter der Ägide Sullivans viele Werke moderner englischer Komponisten, sofern diese bereits einen gewissen Namen hatten wie etwa Parry, Stanford, Mackenzie, Cowen und eben auch Elgar. Wenn aber Parry später meinte, daß das englische Publikum nur einen Komponisten zu jeder Zeit anerkennen würde – einst Sullivan und nun Elgar –, so muß man bei dieser »Generationsverschiebung« bedenken, daß Sullivan nur fünfzehn Jahre älter war als sein »Nachfolger« Elgar. Allerdings war der Sullivan der *Tempest*-Musik bei seinem Durchbruch mit 19 Jahren noch nicht einmal halb so alt wie der Elgar der *Enigma Variations* 1899.

Aber die Voraussetzungen, die das Tempo der künstlerischen und letztlich auch privaten Entwicklung im entscheidenden Maße bestimmten, waren bei beiden auch völlig unterschiedlich. Sullivan ging aus dem kulturellen Brennpunkt des Landes hervor, Elgar war ein Eindringling von außen. Von seinen ersten vierzig Lebensjahren entfielen etwa fünfundzwanzig auf ein intensives musikalisches Selbststudium, auf die Leitung von Chören und Orchestern bei zumeist kleineren Musikfestivals sowie auf das Komponieren von Kammermusik, Part-Songs und Kantaten. Zwar wurde schon am 12. Mai 1884 mit dem Orchesterstück *Sevillana* ein Werk Elgars in London aufgeführt, dirigiert von August Manns bei einem Nachmittagskonzert im Kristallpalast, doch erst 1899, nach dem Durchbruch mit den »Variations on an Original Theme for Orchestra«, den sogenannten *Enigma Variations*, wandte sich Elgar den großen Formen von Oratorium, Sinfonie und Solistenkonzert zu. Nach Ende des Ersten Weltkriegs und dem Tod seiner Frau (1920) widmete er sich fast ausschließlich dem Dirigieren seiner Werke bei Aufführungen und – hier ein Vorkämpfer seiner Zunft – Schallplattenaufnahmen.

Alice und »My Friends Pictured Within«

Einen entscheidenden Einfluß auf Elgars Laufbahn übte Caroline Alice Roberts aus. Die Heiratszeremonie am 8. Mai 1889 im Brompton Oratory mit dem fast 32jährigen Musiker und der 40jährigen Tochter eines Generalmajors verlief kurz und knapp, da Alice keine Katholikin war. Erst 1894 konvertierte sie zum Glauben ihres Mannes. Doch in den Jahren ihres Kennenlernens bis noch lange nach der Eheschließung gab es genug andere Schwierigkeiten zu bewältigen. Alice entstammte einer wohlhabenden protestantischen Offiziersfamilie, war am 9. Oktober 1848 in Bombay zur Welt gekommen und – was für ihre spätere Entwicklung bedeutsam wurde – das einzige Mädchen unter vier Kindern. Dadurch blieb es der Zwölfjährigen nicht erspart, nach dem Tod des Vaters im Jahre 1860 schon Haushaltspflichten zu übernehmen, und als sie im Oktober 1886 Elgars Klavierschülerin wurde, hatte ihre Umgebung sie gewiß schon mit dem Prädikat »alte Jungfer« bedacht. Doch Alice Roberts war alles andere als ein Hausmütterchen. Sie zeigte ein vielseitiges künstlerisches Talent, übersetzte unter anderem E. T. A. Hoffmanns *Ritter Glück*, veröffentlichte 1882 einen zweibändigen Roman, *Marchcroft Manor*, und schrieb Gedichte; einfühlsame Lyrik, die Elgar vielfach vertonte. Bei aller Umtriebigkeit war Alice keine Radikale, dennoch eine Rebellin im begrenzten Rahmen. Ihre Familie reagierte entsetzt auf den Entschluß, einen unbekannten, kränklich aussehenden Musikanten zu heiraten, dessen Eltern obendrein ihr Geld durch Handel verdienten. Zu allem Überfluß war er auch noch Katholik. Alice indes konnte das sie einschnürende Korsett von Vorurteilen, großbürgerlicher Ranküne und unkreativen Dahinexistierens aufbrechen. Sie war überzeugt, daß in Edward ein Künstler allererster Ordnung schlummerte, dessen Energien es zur Entfaltung zu bringen galt.

Durch die Verbindung mit Alice wurde Elgars Karriere allmählich in geregelte Bahnen gelenkt. Auf ihr Geheiß hin gab er das zeit- und kräfteraubende Unterrichten, Orgelspielen und Dirigieren auf und widmete sich intensiv seinen Kompositionen. Doch Alice wachte nicht nur darüber, *was* ihr Gatte machte, sondern auch *wie* und vor allem *wo*. Sobald man es sich leisten konnte, bezogen beide eine Wohnung in London. Elgar erhielt durch das Kulturleben der Großstadt und durch die Arbeit mit professionellen Musikern entscheidende Anregungen. Endlich konnte er seine künstlerischen Vorstellungen voll zur Entfaltung bringen. »Er hielt sich aufrecht, hatte ein beinahe militärisches Gehabe und unterschied sich überhaupt stark von dem landläufigen Bild eines Musikgenies«, schrieb sein Freund, der Geiger William H. Reed (1876–1942), in seiner Elgar-Biographie fünf Jahre nach dem Tod des Komponisten. »Die Orchestermitglieder verehrten ihn. Vom ersten Tag an brachte ihm jeder, der unter seiner Leitung spielte, unerschütterliche Zuneigung entgegen. Er war ungemein praktisch, verlor keine Zeit mit unnötigen Reden; doch wenn er etwas sagte, dann traf er mit wenigen Worten das Wesentliche. Durch die Bewegungen seiner feingliedrigen, wohlgeformten Hände konnte er alles aus den Orchestermitgliedern herausholen, was er sich nur wünschte, aber auch durch seinen Blick, der die ganze Skala des Empfindens widerspiegelte, durch den Ausdruck seines Gesichts, das sich wunderbar aufhellte, wenn ihm die ersehnte Antwort entgegenklang und seine Musik so brodelte und wallte, wie es ihm innerlich vorschwebte.«

Auch Elgars Persönlichkeit entfaltete sich unter Alices Einfluß. Die Assimilation war allmählich bis zur Vollendung gelungen, denn der äußere Eindruck, den er erweckte und auch erwecken wollte, war der eines »vornehm aussehenden englischen Landedelmannes, groß, mit einem dichten und etwas herausfordernden Schnurrbart, einer hervorspringenden, jedoch edelgeformten Nase und tiefliegenden, durchdringenden Augen. Vielleicht waren es die Augen, die den Zugang zu seiner Persönlichkeit öffneten; sie sprühten vor Humor, wurden ernst oder lustig, leuchtend oder verschleiert, je nachdem, welche Stimmung die Musik ausdrückte. Auch gaben die Hände weitere Hinweise: sie blieben nie ruhig; selbst wenn er nicht dirigierte; sie waren stets in unruhiger Bewegung, blätterten die Partiturseiten um oder machten durch eine Bewegung Angaben über Ausführung dieser oder jener Stelle; sie hatten immer etwas zu sagen und waren so ausdrucksvoll, daß man an ihnen die unerhörte Feinfühligkeit seines Wesens deutlich ablesen konnte.«[11]

Neben Alice wurde der drei Jahre jüngere August Johannes Jaeger sein größter Vertrauter. Dieser war bereits 1878 aus Düsseldorf nach England gekommen, wo er 1890 als Lektor in den Verlag Novello eintrat. Elgars erste Kontakte mit dem Deutschen waren demnach beruflich, schätzte doch Jaeger die Arbeiten des Komponisten außerordentlich. »Ich bin eingebildet genug zu denken, daß ich etwas Gutes durchaus würdigen und Genie in einem Musiker erkennen kann, der *noch nicht* tot oder zumindest noch nicht sehr bekannt ist«, meinte er. Schon bald entwickelte sich eine tiefe, dauerhafte Freundschaft zwischen den beiden Männern. In ihrem Briefwechsel ließ Elgar, obschon auch sonst kein taktierender Diplomat, seinen Empfindungen über das Musikleben und die Musikschaffenden in erstaunlicher Offenheit freien Lauf. »Sehen Sie nur! In zwei Jahren habe ich *Lux Xti, King Olaf, Impl. March, S. George*, eine Orgelsonate (groß) und ein *Te Deum* geschrieben. Ertrag: 86 Pfund 15. Schulden: 100 Pfund – nachdem ich alle meine eigenen Auslagen bei den beiden Festivals bezahlt habe. Ich komme mir vor wie ein verd...ter Narr«, schrieb Elgar, »daß ich überhaupt an Musik denke. Auch keine ›freundliche Ermutigung‹ kann diese schlichten Zahlen beiseitefegen.«[12] Wohlhabende und kunstverständige Gönner wie etwa Leo Francis Schuster waren rar in Großbritannien. Obgleich Edward Elgar mit ihm über dreißig Jahre befreundet war, konnte Alice den homosexuellen Amateur und seine Kreise nicht leiden. Nicht nur die ökonomische Benachteiligung von Künstlern bereitete Elgar Probleme, auch Intrigen und das Hofieren von seiner Ansicht nach zu Unrecht gefeierten Musikern konnten ihn in Rage bringen. Leute wie Parry, Stanford und Mackenzie waren seiner Meinung nach nur damit beschäftigt, gegenseitig ihre eigenen Werke aufzuführen. »So sehr ich mir auch wünschen würde, an der Spitze von etwas zu stehen, das mit Kunst zu tun hätte, [. . .] spüre ich doch, daß ich die bestehende

Ordnung nicht abschaffen kann«, meinte Elgar. »Ich bin zu gesetzestreu (& faul?), um eine Revolution anzuführen.«[13]

Daß Elgar überzeugt davon war, für die Musik seiner Heimat einen entscheidenden Beitrag zu leisten, schien ihm bereits in den 90er Jahren klar zu sein. Doch dieser konnte nur ausgesprochen individuell ausfallen, weder mit den Ambitionen noch mit den Aussichten, eine Art »Schule« zu begründen. Elgar sollte dennoch Prinzipien entwickeln, die für ihn persönlich Gültigkeit besaßen. »Sie täuschen sich, wenn Sie meinen, daß ich jedwede Art von ›Form‹ in der Musik nicht mag«, teilte der Komponist im Jahre 1898 Jaeger mit. »Alles, was ›echt‹ und natürlich ist, gefällt mir – das Zeug, das ich hasse und das, soviel weiß ich, für England jede Möglichkeit einer guten Musik ruiniert, ist jenes Zeug wie das von Stanford, das weder Fisch noch Fleisch noch Geflügel oder guter Bückling ist.«[14] Von Jaeger fühlte sich Elgar verstanden. »Meine Musik ist, so wie sie ist, lebendig – Sie sagen, sie hat Herz«, schrieb er in einem der frühen Briefe. »Ich sage immer zu meiner Frau (über jedes Stück oder jede Passage meines Werks, die mir gefällt): ›Wenn Du das herausnimmst, würde es bluten.‹ *Sie* scheinen das zu erkennen, aber wer sonst noch?«[15]

Trotz kleinerer Erfolge sollten erst die sogenannten *Enigma Variations* Elgar in die vorderste Reihe britischer Komponisten katapultieren. In einem Brief an Jaeger vom 24. Oktober 1898 gab es den ersten Hinweis auf dieses Werk, das die britische Musikszene entscheidend beeinflussen sollte: »Ich habe einen Satz von Variationen (für Orchester) über ein eigenes Thema skizziert: Die Variationen haben mir Spaß gemacht, weil ich sie mit den Spitznamen einiger besonderer Freunde überschrieben habe – *Sie* sind Nimrod. Das heißt, ich habe die Variationen jeweils so geschrieben, daß ich die Stimmung des oder der ›Beteiligten‹ darstelle. Ich habe mir dabei einfach versucht vorzustellen, wie der bzw. die ›Beteiligte‹ die Variation geschrieben hätte – wenn er/sie dumm genug wäre, zu komponieren – es ist ein kurioser Einfall, und das Ergebnis ist für die hinter den Kulissen amüsant genug und wird auch den Hörer nicht stören, der davon nichts weiß.«[16] Doch »Nimrod« (so der Name der alttestamentarischen Gestalt des großen Jägers) war nicht der einzige, den Elgar freudig über den Fortgang seiner Arbeit informierte. Nachdem er das Werk zwischen dem 5. und 19. Februar instrumentiert hatte, schrieb er am 22. des Monats an Dora Penny: »Die Variationen sind fertig und Deine ist die fröhlichste.«

Uraufgeführt wurden die etwa halbstündigen *Enigma Variations* am 19. Juni 1899 in der Londoner St. James's Hall unter der Stabführung von Hans Richter, jenem Mann, der 1876 bei den Bayreuther Festspielen den gesamten Zyklus vom *Ring des Nibelungen* geleitet hatte. Richter (1843–1916) war seit 1885 beim Musikfest in Birmingham einer der herausragenden Dirigenten in Großbritannien und seit 1897 Chef des Sinfonieorchesters in Manchester, das 1857 nach seinem Gründer Hallé Orchestra genannt wurde. Der Erfolg der *Enigma Variations* bei Publikum und Presse war gewaltig, wenn auch die Widmung »To my friends pictured within« (Meinen Freunden, die darin portraitiert werden) eher Verwirrung hervorrief. In der »Times« meinte man, es sei »für den Uneingeweihten offensichtlich unmöglich, die Bedeutung des Werkes zu erörtern«, und der Rezensent des Magazins »Athenaeum« fand den Zusatz sogar unpassend, weil »die Variationen keines Programmes bedürfen; als abstrakte Musik sind sie vollkommen zufriedenstellend«. Das Enigma des Erfolgs beschrieb August Jaeger im darauffolgenden Monat zutreffend in der Zeitschrift »Musical Times«: »Hier ist ein englischer Musiker, der etwas zu sagen hat und weiß, wie er es auf die ihm eigene individuelle und schöne Weise sagen soll«, und Jaeger resümierte: »Er schreibt, wie er fühlt, da gibt es keine Verstellung oder Heuchelei. Mühelose Originalität – die einzig wahre Originalität – in Verbindung mit einem gründlichen ›savoir-faire‹ und, was am wichtigsten ist, melodischer Schönheit, Wärme und Gefühl sind Zeugnisse seines Könnens, und sie sollten ihm die Herzen all derjenigen öffnen, die Vertrauen in die Zukunft unserer englischen Kunst haben und schöne Musik zu schätzen wissen, wo immer man auf sie trifft.«[17]

Nun war aus der lange brach liegenden Musikkultur der Engländer, die einst mit dem Schlagwort vom »Volk ohne Musik« abqualifiziert wurde, endlich ein Werk hervorgegangen, das als die Erfüllung aller Bemühungen des 19. Jahrhunderts um die eigene Musik angesehen wurde und der britischen Musik auch im Ausland größere Aufmerksamkeit sicherte. Das berüchtigte kontinentale Verdikt vom «Volk ohne Musik« wurde besonders im deutschsprachigen Raum kultiviert und fand in der Vorphase des Ersten Weltkriegs seinen Niederschlag in England-Büchern wie *Das Land ohne Musik* von Oscar A. H. Schmitz aus dem Jahre 1904, das 1915 bereits in 6. Auflage erschien. Dabei ist in diesem Buch von Musik überhaupt nicht die Rede; eher könnte man den Titel als Synonym dafür nehmen, daß England als ein Land ohne »Seele« angesehen wurde. Der eigentliche Urheber des viel zitierten Vorurteils ist nicht genau zu ermitteln; zwar wurde diese Aussage Brahms, Schumann oder auch Wagner zugeschrieben, jedoch fehlen jeweils genaue Quellenhinweise. Wenn es auch manche auf dem Kontinent nicht wahrhaben wollten, so hatte spätestens Elgar der britischen Musik wieder eine Seele eingehaucht.

Die Seele des Menschen Elgar spiegelt sich in dem Freundeskreis, der seine Variationen inspirierte. Dabei handelt es sich nicht um Variationen im streng musikalischen Sinne, sondern um Variationen verschiedener Facetten seines Wesens und seiner Musik. Viel Rätselraten gab es um das Variationsthema. Manche vermuteten, daß es sich auf eine bestimmte Melodie wie »Auld Lang Syne« stütze, andere hörten eine Abwandlung des einen oder anderen Chopin-Themas heraus – etwa vom Nocturne g-Moll op. 37 Nr. 1 –, wieder andere mutmaßten, es lehne sich an Bach oder Mozart, oder gar an *Rule Britannia* an (verzerrt wie beispielsweise das *Frère Jacques*-Motiv im dritten Satz von Mahlers 1. Sinfonie). Das Wort »Enigma« in Bezug auf die Variationen verwendete Elgar erst drei Monate nach Fertigstellung der Partitur erstmals in einem Schreiben an Jaeger. In einem Brief, den Elgar an den Verfasser des Programmheftes sandte und aus dem dort auch zitiert wurde, heißt es: »Das Enigma werde ich nicht erklären – sein ›düstrer Ausdruck‹ muß nicht erratbar bleiben, und ich mache Sie darauf aufmerksam, daß die scheinbare Verbindung zwischen den Variationen und dem Thema oft von einer hauchdünnen Textur ist; ferner, daß durch und über den ganzen Satz ein anderes, größeres Thema ›geht‹, aber nicht gespielt wird. [...] So tritt das Hauptthema niemals in Erscheinung, genauso wie in einigen späten Dramen – z. B. Maeterlincks *L'Intruse* und *Les Sept Princesses* – die Hauptperson niemals auf der Bühne ist.«[18] Auch als Elgar 1927 einige autorisierte Kommentare zu den Variationen auf »pianola rolls« verfaßte, die die Aeolian Company herausgab, beschrieb er nur den musikalisch-technischen Aufbau des Enigma-Themas.

Das zentrale Stück und der Höhepunkt des Werkes ist die Nimrod-Variation (Nr. IX), die dem Freund August Jaeger gewidmet ist. Diesem »langsamen Satz« gehen acht skizzenhafte Portraits voraus, und auf die neunte Variation folgen das Dorabella-Intermezzo und ein scherzohaftes Stück, drei kurze Tondichtungen, eine Cello-Variation, eine Romanze und das Finale. Elgar soll sich ursprünglich mit dem Gedanken getragen haben, auch Sullivan und Parry jeweils eine Variation zu widmen, wie ja auch Cipriani Potter um 1825 ein Klavierstück geschrieben hatte, das den Titel *Enigma Variations* trägt und im Stil fünf bekannter Künstler geschrieben ist. Doch Elgars Variationen sind viel persönlicher, und es ist lohnend, seinen Freundeskreis, der sich dahinter verbirgt, näher kennenzulernen. In der Variation »C. A. E.« (Nr. I) nach dem Enigma-Thema ist Caroline Alice Elgar mit viel Zartgefühl portraitiert. Es handelt sich »um eine Prolongation des Themas mit einigen, wie ich hoffe, romantischen, zarten Zusätzen«, wie der Komponist zu dieser musikalischen Liebeserklärung meinte. Die diatonischen Läufe, die sich in der »H. D. S.-P.« überschriebenen Variation (Nr. II) dem ahnungslosen Konzertbesucher in die Gehörgänge bohren, verewigen den Pianisten Hew David Steuart-Powell, einen Kammermusikpartner Elgars. Das Fagott im nächsten Stück ahmt die merkwürdig schnarrende Stimme des Freundes Richard Baxter Townshend nach – »R. B. T.« (Nr. III). Die Variation »W. M. B.« (Nr. IV) stellt den Landedelmann William Meath Baker dar. »In den Tagen von Pferden und Kutschen war es schwieriger als in unserer Zeit des Benzins, die Fahrzeuge so herzurichten, das sie für eine große Anzahl von Gästen bequem waren«, erläuterte Elgar diesen »Allegro di molto«-Satz. »Diese Variation entstand, nachdem der Gastgeber, einen Zettel in der Hand, mit Nachdruck das Tagesarrangement verlesen hatte und dann

DAS
LAND OHNE MUSIK

ENGLISCHE
GESELLSCHAFTSPROBLEME

VON

OSCAR A. H. SCHMITZ

SECHSTE AUFLAGE

Motto:
Als Themistokles bei einem Fest gebeten wurde, die Laute zu schlagen, antwortete er, er könne nicht spielen, wohl aber aus einer kleinen Stadt ein großes Gemeinwesen machen. Plutarch

1915

MÜNCHEN BEI GEORG MÜLLER

Titel des 1904 erstmals erschienenen Buches von Oscar Schmitz

eilends das Musikzimmer mit einem versehentlichen Knallen der Tür verließ.«[19]

Richard Arnold, der Sohn des Schriftstellers Matthew Arnold, steht hinter »R. P. A.« (Nr. V). Er war, so Elgar, »ein großer Musikliebhaber, und er spielte autodidaktisch (auf dem Klavier), wobei er Schwierigkeiten umging, jedoch auf eine geheimnisvolle Weise echtes Gefühl zeigte. Seine ernste Gesprächsführung wurde ständig von schrulligen, geistreichen Bemerkungen unterbrochen.« Diese illustrieren auf köstliche Weise die Holzbläser, worin Dora Penny aber auch das »drollige, kleine nervöse Lachen« des Freundes heraushörte. »Ysobel« (Nr. VI) ist Isabel Fitton, eine junge Frau aus einer mit den Elgars befreundeten Familie von Musikenthusiasten aus Malvern. Da Isabel Bratsche spielte, baute Elgar in den Eröffnungstakten eine »Übung« für Stimmkreuzungen ein, die für Anfänger recht schwierig ist. Die großen Intervalle stehen, wie bei »Dorabella«, für die Statur der hochgewachsenen Miss Fitton.

Der »Held« in der Variation »Troyte« (Nr. VII) ist der Architekt Arthur Troyte Griffith aus Malvern. Die ungestüme Stimmung der Musik ist hier bloß eine Neckerei, wie Elgar meinte. Sie erinnert an die »taktlosen« Bemühungen beim Klavierspiel, wobei der kraftvolle Rhythmus gegen Schluß die angestrengten Versuche des Lehrers (E. E.) andeutet, der darum ringt, etwas Ordnung in das Chaos zu bringen. Wie vergeblich dies alles war, deutet der abschließende »Tutti-Knall« des Orchesters an, der das Zuschlagen des Klavierdeckels symbolisiert. Die Musik illustriert mit einigen abrupten Ausbrüchen gleichfalls »Troytes« Angewohnheit, trotz seines Humors mitunter recht unerwartete, zuweilen etwas grobe Bemerkungen zu machen. Die Anregung zu »W. N.« (Nr. VIII) kam eigentlich durch das im 18. Jahrhundert erbaute Haus Sherridge bei Malvern, in dem die Familie Norbury wohnte. In einer rhythmisch reizvollen, zarten Miniatur beschreibt Elgar die Atmosphäre des Hauses und die Persönlichkeit ihrer Besitzer, Winifred und Florence Norbury. Da Winifred der Musik mehr verbunden war – sie gehörte unter anderem zum Vorstand der Worcestershire Philharmonic Society – ist diese Variation mit ihren Initialen überschrieben, und um dies zu rechtfertigen, deutete Elgar auch das für sie typische fröhliche Lachen instrumental an.

In eine ganz andere Stimmungslage versetzt das folgende Adagio-Stück, das mit einem dreifachen Piano in den Streichern beginnt und sich zu einem der gewaltigsten und eindrucksvollsten Sätze der Orchesterliteratur steigert. Mit dem Wort »Nimrod« (Nr. IX) ist dieses musikalische Portrait von August Jaeger überschrieben. Es ist »eine Reminiszenz an ein Gespräch an einem langen Sommerabend«, so Elgar, »als mein Freund sehr beredt über die langsamen Sätze bei Beethoven sprach und meinte, daß niemand an Beethovens beste Leistungen auf diesem Gebiet heranreichen könne – eine Auffassung, der ich von Herzen beipflichtete. Es mag auffallen, daß die Einleitungstakte an den langsamen Satz der achten Sonate (*Pathéthique*) erinnern sollen.«[20]

Nach diesem Hauch von Erhabenheit und Unendlichkeit wird in der nächsten Variation in »tanzartiger Leichtigkeit« (Elgar) mit einem kecken Wechselspiel von Streichern und Holzbläsern die lebhafte Dora Penny geschildert. Elgars Spitzname für sie war »Dorabella« – eine Figur aus

Mozarts Oper *Così fan tutte* –, und mit diesem Namen ist auch die Variation überschrieben (Nr. X). Dora Penny bemerkte nachher, daß der Komponist darin sogar ihr jugendliches Gestammel parodierte. Wahrlich »tierisch« ist die Variation »G. R. S.« (Nr. XI): Hier kam die Anregung weniger durch die Musik, mit der sich Dr. George R. Sinclair als Organist der Kathedrale in Hereford täglich beschäftigte, sondern durch seinen Hund, die Bulldogge Dan. Diese plumpst am steilen Ufer des Flusses Wye ins Wasser (Takt 1), paddelt herum, um irgendwo Halt zu finden (Takt 2 bis 3) und kläfft erleichtert, nachdem sie glücklich wieder Land unter den Pfoten hat (zweite Hälfte von Takt 5). »G. R. S. sagte: ›Vertone das mal.‹ Ich hab's gemacht; hier ist es.« Vielleicht mag Elgar auch Parallelen zwischen dem im Wasser planschenden Hund und seinem eifrig auf den Orgelpedalen herumfuhrwerkenden Herrchen gesehen haben. Auch wenn man später die Erläuterung des Komponisten nicht ganz ernst nahm, wird sie dadurch bestätigt, daß Elgar bereits in seinem Manuskript den Namen »Dan« beim fünften Takt notierte. In Sinclairs Gästebuch findet man zwischen 1897 und 1903 mehrfach Eintragungen Elgars, darunter musikalische Themen, die «die Stimmungen von Dan« wiedergeben. Darunter befanden sich auch einige Themen, die später wieder in den Oratorien *The Dream of Gerontius*, *The Apostles* und in dem Konzertstück *In The South* auftauchen sollten.

Basil G. Nevinson aus »B. G. N.« (Nr. XII) war ein Amateur-Cellist und neben Elgar und Steuart-Powell der Dritte im Bunde des Streichtrios. Diese Variation mit ihrem einfühlsamen Cello-Solo ist «ein Tribut an einen sehr lieben Freund, dessen wissenschaftliche und künstlerische Kenntnisse sowie die aufrichtige Art und Weise, mit der er sie seinen Freunden zur Verfügung stellte«, ihn für Elgar zu einem besonders wertvollen Weggefährten machten. Zu »****« (Nr. XIII) erläuterte Elgar, daß die Sternchen für den Namen einer Dame stehen, «die sich zur Zeit der Komposition auf einer Seereise befand. Die Trommeln deuten die Maschinengeräusche des Dampfers in der Ferne an, während die Klarinette eine Phrase aus Mendelssohns *Meeresstille und glückliche Fahrt* zitiert.«[21] Obwohl die Dame, um die es ging, sich damals nicht auf Reisen befand, ließ sich das Rätsel des seltsamen Kürzels lösen, weil in Elgars Manuskripten auch noch die Abkürzungen »L.« oder »L. M. L.« zu finden waren. Gemeint war Lady Mary Lygon, die Schwester des Earl of Beauchamp, aus Madresfield Court bei Malvern. Die Elgars lernten sie beim Madresfield Festival of Music kennen; 1912 wurde sie die erste Präsidentin der English Folk Dance Society.

Die letzte Variation steht für Elgar selbst. Die Abkürzung »E. D. U.« (Nr. XIV) ist die Paraphrase eines Spitznamens, den Elgars Frau oft verwendete: »Edoo«, was wie der deutsche Name Eduard ausgesprochen wird und hier auch mit Sicherheit seinen Ursprung hat (eines von Elgars liebsten Urlaubszielen war der Bayerische Wald). Dora Penny, die Dorabella der Variationen, wies später darauf hin, daß eine Holzbläserphrase, die bereits in der ersten, der Alice-Variation, erklang, einen Pfiff nachahmt, mit dem Elgar seine Rückkehr nach Hause anzukündigen pflegte und mit dem er auch Alice um Aufmerksamkeit bat. Auch an die Nimrod-Variation wird noch einmal erinnert, bevor das Werk, das ursprünglich ruhig endete, zu einem furiosen Finale gesteigert wird.

Aufgrund der Stimmungsvielfalt und der orchestralen Meisterschaft, durch die sich die *Enigma Variations* auszeichnen, ist eine Kenntnis der »Inspirationsquellen« nicht unbedingt erforderlich, um diese sinfonischen Miniaturen zu genießen. Jedoch zeigt die Musik gerade durch diese privaten Verbindungen andere Facetten des Menschen Edward Elgar, die das Bild, das man aus seiner Korrespondenz oder aus den Erinnerungen seiner Freunde und Kollegen gewinnt, wesentlich ergänzen. In Anbetracht der Ausgelassenheit einiger Variationen mag eine Bemerkung Bruno Walters verwundern, den die «ernste und innerliche Persönlichkeit des Komponisten« berührte.[22] Der Musikschriftsteller Ernest Newman schilderte Elgar nach einer ersten Begegnung, zu der es im Oktober 1901 in Liverpool kam, als einen »außergewöhnlich nervösen, in sich gespaltenen und insgeheim unglücklichen Menschen; im Lichte all dessen, was wir später über ihn erfuhren, sehe ich nun, daß er zu dieser Zeit ziemlich bestürzt und nervös war, weil ihm nun halb bewußt wurde, daß die Tage seiner geistigen Zurückgezogenheit – die ihm immer so lieb war – nun wahrscheinlich gezählt waren; während er zweifellos befriedigt war über seinen rasch wachsenden Ruhm, hatte er tief im Innersten seines Herzens Angst vor der Zukunft.« Diese brachte für Elgar die zwanzig produktivsten Jahre seines Lebens, eine Anerkennung, die ihn weit über die Grenzen Englands hinaus bekannt machte, aber auch Enttäuschungen, über die ihn die ganze reiche Ernte seiner Bemühungen nicht hinwegtrösten konnte. »Ich erinnere mich deutlich an ein Essen«, schrieb Newman 1955, »bei dem Mrs. Elgar die Gespräche taktvoll vom Thema Selbstmord weglenkte, auf das wir plötzlich gekommen waren; sie flüsterte mir zu, daß Edward ständig davon sprach, seinem Leben ein Ende zu machen.«[23]

Zu neuen Ufern

Nach dem Triumph des 19. Juni 1899 orientierte sich Elgar hin zu neuen musikalischen Ausdrucksformen. Mit *The Dream of Gerontius* (1900) wandte er sich, wie Parry mit seinen philosophischen Kantaten, bewußt von den dramatischen, »extrovertierten« Oratorien Mendelssohns und seiner Nachfolger ab. Der Text der Gerontius-Dichtung von John Henry Newman war erstmals 1865 in »The Month« erschienen, ein Jahr darauf dann in Buchform. Beim Traum des Gerontius handelt es sich um die Vision einer gerechten Seele, die den Körper im Tode verläßt. Man kann in dem Namen Gerontius das Symbol für einen alternden Menschen sehen, dessen Leben kurz vor seinem Ende steht, denn Gerontes, worauf das Wort Gerontologie (Altersforschung) zurückgeht, nannte man im antiken Griechenland auch die dem König als Berater zur Seite stehenden weisen Ältesten. In dem zweiteiligen Oratorium *The Dream of Gerontius* werden nun die Todesstunde und der Eintritt der Seele in die Ewigkeit geschildert. Freunde haben sich am Sterbelager versammelt und beten, der Priester spendet in einer feierlichen Zeremonie den letzten Segen. Die Seele entweicht dem Körper und wird, ähnlich wie in Dantes *Göttlicher Komödie*, von einem Engel durch die Himmelsräume geführt. Chöre der Engel wechseln sich ab mit den Gesängen der Dämonen und dem Klagen der Seelen im Fegefeuer. Von Gott wird Gerontius' Seele in die höchsten Sphären zu den Gerechten aufgenommen.

Einen liturgischen Einschlag versagt Elgar seiner Musik. Vielmehr entfaltet das Orchester Klangbilder von eindringlicher Wirkung, wobei neben Liszts Oratorium *Christus* (1872) und Wagners *Parsifal* (1882) vor allem die Tondichtung *Tod und Verklärung* von Richard Strauss (1888) Einfluß ausgeübt haben. Die Chorbehandlung setzt mit ihren Stimmschichtungen, dem Hervortreten von Einzelstimmen der Betenden und ihren Kontrasten auf eine beinahe räumlich-perspektivische Wirkung. Neben einer melodisch reichen Erfindung vor allem bei den Solopartien findet man auch gelehrte Kontrapunktik wie in der Doppelfuge des Dämonenchores »Dispossessed, aside thrust«, die im Orchester bzw. im Chor durchgeführt wird. Doch immer wieder blitzen auch kurze thematische Gedanken auf, die Elgar meisterhaft zu einem atmosphärisch dichten Gesamtbild zusammenfügt. Das mit »Lento mistico« überschriebene Vorspiel, das Bratschen mit Dämpfern, Klarinetten, Fagotte und – ab Takt 5 – auch das Englischhorn erklingen läßt, führt genauso stimmungsvoll in Elgars Imagination ein, wie der Beginn von *La Traviata* oder *Aida* Zugang zu Verdis Tragödien bietet. Doch die »gedämpfte« Atmosphäre des Werkes erinnert weniger an die Leidenschaft, die der Italiener im Verlauf seiner Bühnenwerke entfacht, als vielmehr an die Morbidität von Debussys *Pelléas et Mélisande*, das die Briten, obschon 1902 uraufgeführt, erst 1909 in London kennenlernten. Auch Elgar vermeidet die von Debussy verabscheuten »schmarotzenden musikalischen Phrasen«, stützt sich im Gegensatz zu dem Klang-Pointilismus des Franzosen aber auf die englische Tradition des Chorgesangs und Oratorienrezitativs. Geradezu sensationell war für die damaligen Verhältnisse aber sein expressiver Einsatz des Orchesters, das zum gleichberechtigten Partner des großen Chores wird. Wie Elgars eigene Aufnahmen zeigen, legte er besonderen Wert auf den dramatischen Ausdruck, nicht auf kirchliche Festlichkeit. So bevorzugte er beispielsweise den energischen Vortrag von John Coates als Gerontius gegenüber dem des überzeugten Katholiken Gervase Elwes. Als Elgar 1927 den Part mit dem Tenor Steuart Wilson einstudierte, blickte er an der Stelle »Sanctus fortis« vom Klavier auf und bemerkte: »Verdi hätte sich nicht geschämt, diese Melodie zu schreiben!«[24] Eine gelungene Aufführung von Elgars *The Dream of Gerontius* bietet ein spirituelles und künstlerisches Ereignis, wie man es sonst vielleicht nur noch bei der Bachschen *Matthäus-Passion* erlebt. »Ich glaube, Sie werden feststellen, daß der *Gerontius* über alles andere hinausgeht, was ich bisher gemacht habe – ich mag ihn wirklich«, teilte Elgar dem engagierten Musikenthusiasten Nicholas Kilburn mit. »In Gedanken habe ich die Seele aufsteigen sehen und habe mein ganzes Herzblut in die Partitur hineingeschrieben.«[25]

Mit seinem *Gerontius* als »katholischem« Oratorium erweckte Elgar auch kurzfristig Interesse an Komponisten wie César Franck, dessen *Les Béatitudes* (*Die Seligpreisungen*) 1902 in Cardiff erstmals in Großbritannien aufgeführt wurde. Elgars Werk ist wie Berlioz' *Damnation de Faust* schwer zu definieren und fand auch kaum Nachahmer. Da es ausgesprochen problematisch ist, geeignete Texte zu finden, bot sich für philosophische Fragen und Reflexionen eher die Sinfonik an. In der Tradition des »philosophischen« Oratoriums standen später Bliss' *The Beatitudes* (1962), Brittens *War Requiem* (1962) sowie Tippetts *A Child of Our Time* (1944) und *The Mask of Time* (1982).

Die Uraufführung von *The Dream of Gerontius* am 3. Oktober 1900 beim Festival in Birmingham fügte den legendären Premierenskandalen der Musikgeschichte ein weiteres Beispiel hinzu. Auf dem Papier nahm sich die Besetzung mit Marie Brema, Edward Lloyd, H. Plunket Greene und dem Dirigenten Hans Richter gut aus, die Aufführung geriet jedoch katastrophal. Waren Musiker auf dem Kontinent mit der neuen Musik ihrer Zeit oft schon rein technisch überfordert, so waren es um die Jahrhundertwende jene in Großbritannien erst recht. Das Notenmaterial kam fehlerhaft und viel zu kurzfristig, um das Orchester und den Chor angemessen einzustudieren; zudem unterschätzte Richter die Schwierigkeiten der Partitur. Die Vorbereitungen verliefen chaotisch, doch trotz einiger intensiver Proben mit dem Komponisten in letzter Minute konnte die Erstaufführung nicht gerettet werden. Dennoch erkannten viele Musikkenner und -liebhaber – darunter Parry, Stanford und Manns – die Qualitäten dessen, was sie dort gehört hatten. »Eine sehr schlechte Aufführung, aber was für ein wunderbares Werk!« bemerkte die Gattin des »Enigma-W. M. B.« gegenüber »Dorabella«.

Auch in den Pressebesprechungen erkannte man den Wert des neuen Stücks und machte den Verantwortlichen für die schwache Darbietung schwere Vorwürfe. Interpretatorisch widerfuhr dem Werk erstmals im Dezember 1901 bei den Düsseldorfer Rhein-Festspielen Gerechtigkeit, wo Elgar, der mit seiner Frau gut drei Wochen nach dem Tod von Königin

Victoria zu der Aufführung reiste, besonders von der intelligenten Gestaltung, weniger von der Vokalpracht des Tenors Ludwig Wüllner begeistert war. Wüllner sang den Gerontius dann auch am 6. Juni 1903 bei der ersten Londoner Aufführung in Westminster Cathedral mit Elgar am Pult und den weiteren Solisten Muriel Foster und David Ffrangcon-Davies. Das Düsseldorfer Konzert mit dem *Traum des Gerontius*, initiiert und übersetzt von dem Dirigenten Julius Buths, war nach dem Desaster in Birmingham die erste Gelegenheit, das Werk wiederzuhören. In Düsseldorf genoß Elgar die Anerkennung von Richard Strauss und die Ehrungen, die ihm – noch relativ unbehelligt von der sich allmählich verschärfenden anti-britischen Stimmung in Deutschland – in Gesellschaft von Musikern und Malern zuteil wurden. Bei seiner Rückkehr nach London am 1. Januar 1902 erwartete ihn nicht nur der Text eines Hymnus, den er für die Krönung von Edward VII. vertonen sollte, *O mightiest of the mighty*, sondern auch die vergleichsweise bedrückende Tumbheit des britischen Kulturlebens. »Die entsetzliche musikalische Atmosphäre in die ich sogleich wieder eintauchte, hätte mich beinahe umgebracht – ich wünschte, es wäre ihr endgültig gelungen«, hieß es zwei Tage später in einem Brief aus Malvern an August Jaeger.[26]

Im Juli 1902 besuchte Elgar die Bayreuther Festspiele, wo er Wagners *Parsifal* und *Der Ring des Nibelungen* unter der Leitung von Hans Richter sah. Vom Besuch dieser Aufführungen versprach er sich Anregungen für ein Projekt das er bereits seit den 80er Jahren mit sich herumtrug. Das »gigantische Werk« (Elgar), das er plante, war eine Oratorien-Trilogie über die Entwicklung des Christentums, beginnend mit der Berufung der Jünger durch Jesus sowie Christi Tod und Verklärung (*The Apostles*), fortgesetzt mit der Mission bei den Heiden (*The Kingdom*) und dem Jüngsten Gericht (*The Last Judgement*). Die ersten beiden Werke wurden 1903 bzw. 1906 in Birmingham uraufgeführt, während der dritte Teil weitgehend unvollendet blieb. »Natürlich habe ich das Ding – das größte von allen – schon skizziert, aber ich kann mir die Zeitverschwendung auf Kosten anderer Stücke nicht erlauben«, teilte Elgar im Juni 1908 Jaeger mit. Er erachtete es als nutzlos, Musik zu schreiben, die niemand haben wollte, und seine Erfahrungen waren auch mehr als entmutigend gewesen. Nicht nur hielt er es für unmöglich, »Sänger mit Verstand« zu finden, auch finanziell hatten ihm die Oratorien nichts eingebracht. Versuche seiner Freunde, ihn in den 20er Jahren dazu zu bewegen, den Zyklus zu vollenden, führten zu nichts.

Elgar selbst hatte den Text für seine letzten Oratorien verfaßt, die übrigens parallel zu den ersten *Pomp and Circumstance*-Märschen entstanden. Sein literarisches Geschick zeigte sich nicht nur immer wieder im Stil seiner zahllosen Briefe, sondern auch bei der überlegten Auswahl der vielen Part-Songs, die er vertonte. In den beiden vollendeten Christen-Oratorien verwendete er zum Teil das gleiche thematische Material, wobei ein frei gehandhabtes System von Erinnerungsmotiven zur Charakterisierung dient. Der Duktus der Musiksprache Elgars ist hier dem *Gerontius* verwandt; angeregt wurde er dabei durch das Bild *Christ in the Wildernis*, ein Stich von Kramskoi, der während der Komposition der *Apostles* in seinem Arbeitszimmer hing. Er zeigt einen auf einem Steinblock sitzenden, traurig zu Boden blickenden Christus mit verkrampft gefalteten Händen in einer trostlosen Felslandschaft. »Es ist mein Idealbild des einsamen Christus, als ich versucht habe (und hart versucht habe), den Charakter (musikalisch für einige von uns) darzustellen«, schrieb der Komponist 1903 an David Ffrangcon-Davies, der die Rolle des Jesus singen sollte.[27]

Von großer Geschlossenheit ist in *The Apostles* die Verquickung von rezitativischen und ariosen Elementen mit ausladenden Chorpassagen. Markante Stationen aus dem Leben und Wirken der Apostel werden in loser Aneinanderreihung nur gestreift, von der Entwicklung einer Handlung kann im eigentlichen Sinne nicht die Rede sein. Wie bei Gerontius' Traum sind es Stimmungs- und Situationsbeschreibungen von mitunter großer Eindringlichkeit, so etwa beim Solo der Maria Magdalena »O Lord Almighty« oder den Szenen des Judas im zweiten Teil. Aus den Chorszenen treten einzelne Apostel immer wieder als Individuen heraus und gewinnen auch musikalisch Profil. In *The Kingdom* spielt der Chor eine noch bedeutsamere Rolle, und Szenen wie »When the great Lord will« und »O ye priests« gehören zum Eindrucksvollsten, das Elgar geschaffen hat. Passagen wie das Sopran-Solo »The sun goeth down« und das erneut prägnante Orchester zeigen, wie stark das Konzept der Oratorien von der Oper beeinflußt wurde. Zugleich verweist die Orchesterbehandlung auf die kommende sinfonische Entwicklung des Komponisten.

In Elgars unvollendeter Christen-Trilogie geht es nicht um eine musikalische Illustration der Bibel. Theologisch wichtige Symbole wie die Kreuzigung und Jesu Erhöhung spielen eher am Rande eine Rolle. Elgar faszinierte der Mensch mit seinen Schwächen und seiner Fehlerhaftigkeit – auch mit seiner Schuld. So steht gerade Judas im Zentrum des zweiten Teils von *The Apostles*; das Werk bietet eine vorweggenommene, interessante Ergänzung zu den modernen Deutungen dieser Figur durch Walter Jens und Nikos Kasandsakis. »Judas ist der gescheite Mann-von-Welt-Typ« schrieb Elgar an Thomas Dunhill. »Ich habe aus ihm [. . .] einen Mann mit Verstand gemacht.«[28] Bei ihm ist Judas, angeregt durch die 1893 publizierte Deutung *Lectures on the Characters of Our Lord's Apostles* des Erzbischofs Richard Whateley, ein radikaler Anhänger der Zeloten, der in der Verfolgung seiner Ziele zu weit geht. Elgars eigenes Verhältnis zum Katholizismus wandelte sich im Laufe der Jahre grundlegend. Der durch eine Jugend in katholischem Umfeld geprägte Mann war noch zur Zeit seiner Heirat ein regelmäßiger Kirchgänger. In seinen letzten Jahren hatte er nur Verachtung für den »Hokuspokus« der Kirche, wie er sagte, und »keinen Glauben an irgendeine Form des Lebens nach dem Tode. Ich glaube, es gibt nichts außer dem völligen Vergessen.«[29] Elgars Haltung wandelte sich während der Arbeit an den Oratorien von einer demütigen Religiosität zu einer eher allgemeinen humanistischen Einstellung. »Deutliche Anzeichen, daß er Prüfungen durchmacht. Weniger lebhaft und selbstbewußter in seinen Ansichten usw.«, vermerkte Alice 1906 in ihren Tagebuchnotizen.[30] Ihr Mann arbeitete zu diesem Zeitpunkt noch an *The Kingdom*.

Mit dem ungeteilten Erfolg bei Presse und Publikum sowohl von *The Apostles* als auch von *The Kingdom*, die im Abstand von drei Jahren beim Birmingham Festival uraufgeführt wurden, schien Elgars Ruf als einer der führenden Komponisten Europas sowie des Jahrhunderts gesichert. »Noch nie hat sich, sowohl in diesem Land als auch im Ausland, die ganze Musikwelt mehr oder weniger geschlossen versammelt, um die Aufführung des Werkes eines Engländers zu erleben«, hieß es 1903 im »Daily Telegraph« zu *The Apostles*. »Obgleich von standhafter Unabhängigkeit und niemandem schmeichelnd, hat er nun die Stellung eines Mannes inne, an dem die meisten Leute großen Gefallen finden.«[31] Glücklich indes war Elgar dadurch keineswegs.

Die Grenzen des Ruhms

In einem Tagebucheintrag vom 23. Oktober 1903 notierte Alice, ihr Mann fühle sich nicht sonderlich wohl, er sei »sehr besorgt über die finanzielle Seite des neuen Werkes und darüber sehr enttäuscht«.[32] Diese Reaktion blieb nicht nur, wie hier, auf das kurz zuvor uraufgeführte Oratorium *The Apostles* beschränkt, sondern stellte eine Art Generalthema bei Elgars Bemühungen dar, nicht nur als Künstler Anerkennung zu finden, sondern auch mit mehr als nur mit freundlichen Worten der Presse und dem Applaus des Publikums belohnt zu werden. »Meine Sachen sind unter Musikern erfolgreich, aber die Leute kaufen sie nicht«, klagte der Komponist. »Meine Musik läßt sich nicht gut für Klavier arrangieren und folglich hat sie auch kommerziell keinen Erfolg.«[33] Bis 1904 hatten ihm die *Enigma Variations* gerade acht Pfund eingebracht. »Wie Du siehst, brauche ich so wenig: 300 Pfund muß ich im Jahr machen, das ist alles. Letztes Jahr mußte ich von 200 Pfund leben«, heißt es in einem Brief an Jaeger aus dem Jahre 1899. »Es erscheint merkwürdig, daß ein Mann, der gute Arbeit leisten könnte, daran völlig gehindert wird – denn genau das bedeutet es.«[34] Das Problem der unzureichenden Honorierung blieb ein ständiges Thema in Elgars Korrespondenz. Als der zu Ruhm gekommene Komponist im Juni 1921 von seinem Verleger Novello die Mitteilung bekam, daß seine Werke in

Elgar dirigiert (Morecambe Festival 1904)

den zurückliegenden fünf Jahren gerade 256 Pfund eingebracht hätten, schrieb er verbittert: »Ich habe der Musikwelt niemals wirklich angehört – ich verabscheue meine geringste notwendige Verbindung mir ihr und wäre froh, endlich mit ihr fertig zu sein, um wieder zu meinen (verstorbenen) Hunden und Pferden zurückzukehren.«[35] Nachdem er im November 1908 eine *Gerontius*-Aufführung in Eastbourne geleitet hatte, schickte Elgar seinem Freund Troyte Griffith eine Bildpostkarte mit folgendem Aufdruck: »Donkey in Wheel at Birthig Farm drawing water from Well.« (Esel in einem Tretrad beim Wasserziehen aus einem Brunnen.) Elgar schrieb lakonisch dazu: »Der Komponist bei der Arbeit.«[36]

Elgar neigte eher dazu, sich grollend zurückzuziehen, als sich wie etwa Sullivan die Medien nutzbar zu machen und in Leserbriefen oder öffentlichen Stellungnahmen seinem Unmut Luft zu verschaffen. Eine Gelegenheit, sich vor einem breiten Publikum über Musik und das Kulturleben zu äußern, bot sich ihm aber Anfang 1905, als ihm die Universität Birmingham eine Professur offerierte. Der Komponist besaß eine Abneigung gegen das Unterrichten und hatte auch erst kurz zuvor diesbezügliche Angebote aus London abgelehnt. Da aber durch eine Vakanz die musikalische Abteilung an der Universität in Birmingham von der Auflösung bedroht war, übernahm er nach reiflicher Überlegung diese Aufgabe. Elgar ergriff dabei die Gelegenheit beim Schopfe, seinem Groll über das Kulturleben Ausdruck zu verleihen, und hielt zwischen März und Dezember acht Vorlesungen, von denen allein die Titel zeigen, daß er sich unerschrocken an heiße Eisen heranwagte: »Eine Zukunft für die englische Musik«, »Englische Komponisten«, »Kritiker« und »Englische Interpreten« lauteten die Themen; eher Neutrales, wie Ausführungen zur 3. Sinfonie von Brahms oder zu Mozarts g-Moll-Sinfonie, KV 550, waren selten. Nun mögen einzelne Vortragsabende, auch wenn die geäußerten Meinungen noch so ärgerlich sind, am nächsten Tag vergeben und vergessen sein. Nicht so, wenn der bedeutendste Komponist des Landes das Wort ergreift. Elgars sorgfältig vorbereitete Äußerungen wurden landesweit in den großen Zeitungen publiziert, und da die meisten Besucher der Veranstaltungen in Birmingham sowieso auf seiner Seite standen, waren es gerade diese Veröffentlichungen, die einen schon fast legendären Sturm der Entrüstung hervorriefen. Sogar Stanford schleuderte aus Kensington Blitze in Form eines nicht gerade kurzen Briefes an die »Times.«

»Wir haben gehört, daß es Schlangen in Irland und auch, daß es Dirigenten aus England geben soll«, spottete Elgar, der nur die Qualitäten von Henry Wood anerkannte. »Wie gedenken wir, uns die Apathie des Publikums zu erklären, wenn englische Musik aufgeführt wird?«[37] Provozierend und aufrüttelnd zugleich war die Kulturkritik Elgars, der mit wohlüberlegten Darlegungen auf die eben zitierten Spitzen hinsteuerte. Wesentliche Punkte waren ihm die Neigung, Kunst aus anderen Ländern zu importieren und nachzuahmen, die Gleichgültigkeit in der Gesellschaft gegenüber der einheimischen Musik und der Ausbildung zu Musikberufen, die mit hauptstädtischer Arroganz gepflegte Mißachtung des regen Kulturlebens in anderen Teilen des Landes sowie der fehlende gesunde Menschenverstand und die mangelnde Konstruktivität in der Musikkritik, wie man sie beispielsweise noch bei Shaw findet. An Elgars umsichtige, nie kleinlich nationalistische Haltung erinnern viele spätere Äußerungen von Vaughan Williams. »Warum sollen wir als ein Ideal für die englische Musik einen Typus akzeptieren, den es in keiner anderen Kunst gibt?« meinte Elgar. »Ich plädiere dafür, daß die Jüngeren ihre Inspiration mehr aus ihrem eigenen Land gewinnen, aus ihrer eigenen Literatur und – ungeachtet dessen, was viele sagen würden – aus ihrem eigenen Klima. Nur wenn man auf eine wirklich englische Inspirationsquelle zurückgreift, werden wir zu einer englischen *Kunst* gelangen.«[38] Vaughan Williams pflegte zur Illustration dieser Haltung gerne auf den Schlußmonolog aus den *Meistersingern von Nürnberg* zu verweisen.

Mit seinen Attacken bohrte Elgar in zu vielen offenen Wunden. Die Etablierten und Saturierten schlugen zurück, und der Schuster blieb letztlich wieder bei seinen Leisten. Alice half ihrem Mann dabei, die nervliche Belastung in den Monaten der umstrittenen Vorträge durchzustehen. Elgar zog sich wieder zurück in seine Musik. Willkommen war er der Öffentlichkeit nur, wenn man sein Werk als Aushängeschild für die Kreativität eines Landsmanns feiern konnte. Seine großen Orchesterwerke, denen sich Elgar nach den Enttäuschungen mit den Oratorien zuwandte, wurden nicht minder begeistert aufgenommen als die Chorstücke. Nachdem Sullivan seiner E-Dur-Sinfonie (1866) nichts mehr nachfolgen ließ und sich Stanfords und Parrys Sinfonik nur teilweise durchsetzen konnte – ganz zu schweigen von den bald folgenden monströsen Dimensionen von Havergal Brians ersten Versuchen –, kam Elgars 1907 und 1908 komponierte 1. Sinfonie als eine wahre Erlösung. Bei den ersten Proben mit dem London Symphony Orchestra waren unter anderem auch Gabriel Fauré und der junge Adrian Boult zugegen, als Hans Richter seine berühmte Bemerkung machte: »Gentlemen, lassen Sie uns nun die größte Sinfonie unserer Zeit proben, die vom bedeutendsten heute lebenden Komponisten geschrieben wurde.« Richter, dem das Stück auch gewidmet ist, leitete die Uraufführung am 3. Dezember 1908 in Manchester mit dem Hallé Orchestra und am 7. Dezember die erste Londoner Aufführung in der Queen's Hall. Beide Darbietungen wurden triumphale Erfolge, und allein 1909 kam es zu 82 Folgeaufführungen, davon allein 17 in London, die übrigen unter anderem in den USA, Manchester, Wien, Berlin, Bonn, Leipzig, St. Petersburg und Sydney. »Ich erhalte einen Haufen Briefe von bekannten und unbekannten Leuten, die mir mitteilen, wie sehr sie [die Sinfonie] ihre Stimmung hebt«, schrieb Elgar. »Ich wünschte, sie würde auch meine

Stimmung heben – ich habe gerade die Miete, Grundsteuer, Einkommenssteuer und eine Reihe anderer Dinge, die heute fällig waren, bezahlt, und es stehen noch Kinder an der Tür, deren Mäuler gestopft sein wollen.«[39]

Bereits in seinen Birminghamer Vorträgen hatte Elgar postuliert, daß »die Sinfonie ohne Programm die höchste Entwicklung der Kunst« sei.[40] Nun bewies er selbst seine Meisterschaft auf diesem Gebiet. Elgars Sinfonik ist klangdramaturgisch von großer Wirkung, dennoch bleibt sie »reine« Musik. Für außermusikalische Bedeutungszuweisungen hatte Elgar ebensowenig übrig wie später Vaughan Williams. »Es gibt kein Programm jenseits der weitgefaßten Erfahrung menschlichen Lebens mit einer großen Wohltat (Liebe) und einer *massiven* Hoffnung auf die Zukunft«, schrieb Elgar.[41] So ist das deutungsträchtige, martialisch anmutende Einleitungsthema zur As-Dur-Sinfonie musikalisch vielmehr ein Hymnus, kontrastiert durch ein zweites Thema im entlegenen d-Moll. Trotz scharfer musikalischer Gegensätze im Verlauf des fast einstündigen Werkes bleibt das Eingangsthema als eine Art »idée fixe« stets gegenwärtig und mündet schließlich in ein Finale, das an die Vitalität der *Enigma Variations* erinnert.

1911 folgte die Sinfonie Nr. 2 in Es-Dur. Als »die leidenschaftliche Pilgerschaft einer Seele« umschrieb Elgar das Werk auf rätselhafte Weise, und die Widmung an den im Vorjahr verstorbenen König Edward VII. gibt einen Hinweis darauf, daß Elgar hier mit klanglichen Mitteln das Seelengemälde einer »Welt von Gestern« zeichnete, so wie auch der *Traum des Gerontius* in seiner endgültigen Form ohne das geistige Klima des englischen Fin de siècle undenkbar gewesen wäre. Das verbindende Element der viersätzigen Sinfonie, die zwischen 1903 und 1911 entstand, bildet vor allem die emotionale Spannung, die durch eine freie Ausgestaltung rhapsodischer Passagen gekonnt durchgehalten und zu immer neuen Höhepunkten geführt wird. »Rarely, rarely comest thou, / Spirit of Delight«[42] lauten die Worte, die der 1911 von Novello veröffentlichten Partitur vorangestellt sind.

Uraufgeführt wurde die 2. Sinfonie beim »London Music Festival« am 24. Mai 1911 in der Queen's Hall unter der Leitung des Komponisten. Die Ovationen, die Elgar noch von den Triumphzügen der 1. Sinfonie in den Ohren gerauscht haben mögen, blieben aus. Das Publikum reagierte kühl. Henry Wood, dessen Orchester Elgar dirigiert hatte, stand neben der Bühne, als Elgar das Pult verließ. »Henry, sie gefällt ihnen nicht«, sagte er im Vorbeigehen, »sie gefällt ihnen nicht.«[43] Und W. H. Reed, der damalige Konzertmeister des Queen's Hall Orchestra, erinnerte sich an Elgars Worte: »Was ist bloß los mit ihnen, Billy? Sie hocken da wie ein Haufen gemästeter Schweine.«[44]

Verstört durch die wüsten dramatischen Ausbrüche und die im Gegensatz zum festlichen Konzertereignis eher düstere Tonsprache des neuen

Werkes konnte sich die Londoner Schickeria kaum zu Jubelstürmen aufraffen. Man wollte einen neuen König feiern und geriet in das Begräbnis der eigenen Morbidität. Folgeaufführungen waren längst nicht so zahlreich wie bei der »Ersten«, was sich kaum damit erklären läßt, daß es in Großbritannien zu dem Zeitpunkt wenige wirklich qualifizierte professionelle Orchestererzieher gab. Richter hatte sich unterdessen zurückgezogen, Beecham zeigte wenig Interesse an Elgars Werk, die besten englischen Dirigenten waren Henry Wood und Landon Ronald. Auch in den Vereinigten Staaten reagierte das Publikum verständnislos, als Leopold Stokowski am 24. und 25. November dort die ersten Aufführungen mit dem Cincinnati Symphony Orchestra darbot. Obwohl Elgars 2. Sinfonie musikalisch nicht weniger gehaltvoll ist als die 1., hat das Werk bis heute den schwereren Stand.

Elgars letzter großer Triumph vor dem deprimierenden Premierenabend der Es-Dur-Sinfonie war der 10. November 1910, an dem das von Fritz Kreisler bestellte Violinkonzert in h-Moll erstmals erklang. Auch hier ziert ein für Außenstehende seltsam anmutender Satz in spanischer Sprache die Partitur: »Aquí está encerrada el alma de . . .« (Hier ruht die Seele von . . .) aus der Einleitung zu *Gil Blas* von Le Sage. Die fünf Punkte stehen für Alice Stuart-Wortley (1862-1936), die Tochter des Malers John Millais und Frau des konservativen Parlamentsabgeordneten Charles Stuart-Wortley, die Elgar seit 1902 kannte. Sie nahm regen Anteil an der Entstehung des Konzerts und ermutigte den Komponisten, wo sie konnte, so daß Elgar der Freundin ebenso wie den Themen im ersten Satz bei Ziffer 2 und fünf Takte nach Ziffer 4 den Kosenamen »Windflower« (Windröschen) gab. Die thematische Reichhaltigkeit des Violinkonzerts ist frappierend. Kaum ein Komponist war mit der Violine so vertraut wie Elgar, und man kann annehmen, daß nur ein Bruchteil seines reichhaltigen Erfindungsschatzes in das Werk einging. Während der Arbeit hatte Elgar in seinem ganzen Zimmer Zettel mit Skizzen, Entwürfen und Notizen ausgebreitet, die er in die Komposition einflocht. Obwohl hier wie auch in den anderen großen musikalischen Konstruktionen Elgars der Mosaikcharakter unverkennbar ist, bleibt die Plastizität und Ausgewogenheit des Klangs zwischen Orchester und Soloinstrument ideal ausbalanciert. Die musikalische Denkweise Elgars hatte ihren Ursprung in der Miniatur, wie auch die zahlreichen kurzen Vokal- und Instrumentalstücke für Kammer und Konzertsaal in seinem Œuvre zeigen. Man würde aber Elgars kürzeren Werken unrecht tun, sähe man sie nur als Nebenprodukte an. Es handelt sich um in sich geschlossene Miniaturen, die als Mosaiksteine die Substanz der großen Werke ausmachen. Nach der erfolgreichen Uraufführung rissen sich die berühmtesten Geiger um das Werk, das als das größte Violinkonzert seit Beethovens Opus 61 gefeiert wurde. Zwischen diesem Triumph und Elgars nächstem großen Solokonzert lagen die 2. Sinfonie und der Erste Weltkrieg.

1919 entstand das Konzert für Cello und Orchester in e-Moll, das am 27. Oktober 1919 mit dem Solisten Felix Salmond unter Elgars Leitung erstmals erklang. Das Cellokonzert bietet im Gegensatz zu den virtuosen Geigenkapriolen kaum Gelegenheit, mangelnde interpretatorische Substanz durch technisches Brillieren zu vertuschen. Nur wenigen Cellisten gelingt es, zum Ernst und zur Tiefe dieses Werkes vorzudringen, bei dem das Orchester zwar die gleichen Dimensionen wie beim Violinkonzert hat, wobei jedoch der Celloklang prägnanter in der Vordergrund tritt. Die langen rezitativischen Cellopassagen rücken das Stück mitunter in die Nähe der Kammermusik Elgars, etwa des fast zur gleichen Zeit entstandenen a-Moll-Quintetts für Streicher und Klavier. Die rhythmische und harmonische Gestalt dieser Arbeit erinnert an die 2. Sinfonie, diesmal geformt von einem 62jährigen Mann, der unter dem Schock des gerade beendeten Krieges litt. Die Cellistin Jacqueline du Pré (1945–87), die bislang wohl genialste Interpretin dieses Werkes, berichtete, daß Elgars langsame Passagen sie jedesmal innerlich geradezu zerrissen hätten. »Es ist wie das Destillat einer Träne.«[45]

Elgars Cellokonzert war keineswegs die einzige Komposition, die unmittelbar unter dem Eindruck des Weltkrieges entstand. Frank Bridge widmete sein Lamento für Streicher »Catherine, 9 Jahre alt, Lusitania 1915«, einem Opfer des Untergangs des britischen Passagierschiffes »Lusitania«, das auch Munition transportierte und von einem deutschen U-Boot versenkt wurde. Das Leben von 1200 Menschen an Bord, darunter 100 Amerikaner, war bei der riskanten Fahrt aufs Spiel gesetzt worden, um den USA einen Grund für den Kriegseintritt zu liefern. Für Elgar stellte das Cellokonzert eines seiner persönlichsten Werke dar. Es war seine letzte größere Komposition. »Finis. R. I. P.«

Schwanengesang

Am 7. April 1920 erhielt die seit einigen Monaten kranke Lady Elgar nachmittags um halb vier die letzte Ölung. Um zehn Minuten nach sechs starb die 71jährige in den Armen ihres Mannes. »Alles was ich getan habe, war nur ihr zu verdanken, und ich bin im Augenblick ein trauriger und gebrochener Mann – wie gelähmt . . . Ich schreie heraus ›Laßt mich mit meinen Toten‹, aber diese Kreaturen müssen hereinkommen und über ihren hübschen, wertlosen kleinen Ringen und ihren privatesten Dingen zusammenrechnen, was sie wert sind. Das treibt mich zum Wahnsinn, ich bin keine geeignete Gesellschaft für menschliche Wesen«, schrieb Elgar und bekannte in einem Brief an einen Freund: »Du, dem einige meiner Werke gefallen, mußt *ihr* für alles danken – nicht mir. Ich hätte alles vernichten und genauso wie Hiobs Weib Gott verfluchen sollen.«[46]

Elgar hatte bereits nach dem Kriegsende sein Cellokonzert als »die Einstellung eines Menschen zum Leben« charakterisiert.[47] Mit dem Tod seiner Frau war für ihn nicht nur die äußere, sondern auch seine innere Welt zerbrochen. »Musik ist in der Luft um uns herum, man braucht sich nur so viel davon nehmen, wie man haben will«, äußerte er 1904. Musik war sein Lebenselixier, aber wo sollte er dieses nun finden. Vyvyan Holland, der Sohn Oscar Wildes, den er 1909 kennenlernte, erinnerte sich an einen Spaziergang mit Elgar am Ufer des Flusses Wye. Der Komponist summte vor sich hin, notierte sich dabei musikalische Themen und »erzählte mir, daß er musikalische Tagträume habe in der gleichen Weise, wie andere Leute Tagträume von Heldentaten oder Abenteuern haben, und daß er nahezu jeden Gedanken, der ihm in den Sinn kommt, mit musikalischen Mitteln auszudrücken vermag.«[48]

Nun war der Komponist Elgar, auch aufgrund der äußeren Einflüsse, vorzeitig ausgebrannt. Auch Künstler wie Sullivan und Walton hatten in ihren späten Jahren solche Schaffenskrisen, was vielleicht nicht zuletzt mit den unterschiedlichen kulturgeschichtlichen Bedingungen zusammenhängt, die auf den britischen Inseln und in den Ländern auf dem Kontinent herrschten. Während Verdi mit dem Genre der Oper auf eine Akzeptanz auf breiter Basis bauen konnte und sich auch durchschnittliche Werke erlauben durfte, mußte man in Großbritannien schon mit Meisterwerken an die Öffentlichkeit treten, um überhaupt als englischer Komponist Aufmerksamkeit zu erregen. Elgar hatte dem England der 20er Jahre, in dem Waltons Entertainment *Façade* Furore machte, und dem der beginnenden 30er Jahre nichts mehr hinzuzufügen. Die politischen Entwicklungen, deren letzte Konsequenzen er nicht mehr erleben sollte, betrachtete er mit Argwohn. »Ich bin völlig verwirrt, wenn ich die Ereignisse in Deutschland betrachte – was treiben die da?« schrieb Elgar im Frühjahr 1933. »In der heutigen Morgenzeitung heißt es, daß der große Dirigent Bruno Walter und, was noch merkwürdiger ist, Einstein verbannt sind: Sind wir alle verrückt? Die Juden waren stets meine besten und liebenswürdigsten Freunde – der Schmerz, den diese Nachrichten bereiten, ist unerträglich, und ich weiß nicht, was das alles bedeuten soll.«[49] 1934 begann Großbritannien mit der Wiederaufrüstung.

Ebenso wie die Kritik schon bald nach Sullivans Tod versucht hatte, dessen Leistungen abzuwerten, ging sie wenig schmeichelhaft mit Elgar um. Der Jüngere, der den Kollegen einst bei seinen Vorlesungen in Birmingham verteidigt hatte, wurde in den 20er und 30er Jahren selbst Opfer voreingenommener Diskreditierungen. Männer der neuen Generation wie der Kritiker Cecil Gray oder der Komponist Constant Lambert fegten mit schneller Feder ein ganzes Lebenswerk beiseite. »Der aggressive edwardianische Wohlstand, der Elgars Finali einen so bequemen Hintergrund gibt, ist für uns jetzt ebenso fremd wie das England, das *Greensleeves* hervorgebracht hat«, urteilte Lambert 1934 in seinem einflußreichen Buch *Music Ho!*. »Vieles von Elgars Musik hat, obwohl das nicht ihre eigene Schuld ist, für die jetzige Generation den Hauch von Spießigkeit, Selbstbewußtsein und selbstherrlichem Wohlwollen.«[50] Daß Elgar, den die »Neue Zeitschrift für Musik« noch 1902 als einen »›man of genius‹, von dem noch manches zu erhoffen ist,« vorstellte,[51] nach seinen anfänglichen Erfolgen auf dem Kontinent auch hier keine dauerhafte Anerkennung fand, lag einerseits an zwei Kriegen, die Deutschland und England zu Feinden machten, sowie daran, daß nun »die lähmende Wirkung der Schönbergschen Revolution spürbar wurde«, wie Hans Keller 1957 anläßlich Elgars 100. Geburtstags schrieb. »Auf dem Kontinent ist man viel zu sehr damit beschäftigt, die Veränderungen aufzunehmen, die dadurch in seiner eigenen Musiktradition hervorgerufen wurden, als daß man die volle Bedeutung von Elgars konservativer Fortschrittlichkeit würdigen kann.«[52]

Als Dirigent zahlreicher Aufführungen wurde Elgar in den letzten vierzehn Jahren seines Lebens zum Verwalter seiner Werke, aber auch zum Pionier in einem neuen Medienbereich: der Schallplatte. So wie sich Sullivan seinerzeit nach Erfindung der Rotationsschnellpresse (1860) den immer breiter aufgefächerten Zeitungs- und Zeitschriftenmarkt für die Sache der Musik zunutze machte und wenige Jahre nach Elgars Tod der Film für Vaughan Williams und Walton attraktiv werden sollte, so sorgten mit Beginn der 20er Jahre Rundfunkübertragungen und Tonaufzeichnungen für Furore. Dieses Jahrzehnt wurde zur Pionierzeit der technischen Verwertbarkeit von Musik. Einen gewaltigen Schritt vorwärts bedeuteten im Oktober 1922 die Gründung der British Broadcasting Company, der BBC, und die Weiterentwicklung der Aufnahmetechnik. Bald nach dem ersten Rundfunkbeitrag am 14. November 1922 bemühte sich der Sender um die Rechte an Konzertübertragungen mit verschiedenen Orchestern. Elgar war einer der Dirigenten, die neben Percy Pitt, Hamilton Harty, Eugene Goossens, Bruno Walter, Ernest Ansermet und Pierre Monteux Radiokonzerte leiteten. Ein besonderes Ereignis vor der Gründung des BBC Symphony Orchestra (1930) war ab 1927 die Übernahme der »Promenade Concerts« aus der Londoner Queen's Hall, die Henry Wood 1895 initiiert hatte. Wood (1869–1944), ein hochbegabter, zudem einheimischer Orchesterleiter mit der gleichen Repertoirebreite wie August Manns, hatte mit dem Queen's Hall Orchestra erstmals ein ständiges englisches Konzertorchester etabliert, nachdem man die Orchester bis dahin lediglich aus dem vorhandenen Fundus von Musikern für bestimmte Aufführungen oder Konzertreihen zusammengestellt hatte. Von diesem Orchester spalteten sich 1904 einige Mitglieder ab und gründeten das London Symphony Orchestra, dessen erster Hauptdirigent Hans Richter wurde. Viele Gastdirigenten folgten, darunter auch Elgar, der in den Jahren, in denen er überwiegend als reproduzierender Künstler aktiv war, von der zunehmenden Professionalisierung und Ausweitung der britischen Orchesterszene profitierte.

Schon am 21. Januar 1914 hatte Elgar mit seiner neuen Komposition *Carissima* erstmals eine Miniatur in den Londoner H. M.V.-Studios eingespielt. Bald darauf unterzeichnete er einen Vertrag mit den amerikanischen Grammophonpionieren Fred und Will Gaisberg. Bis zur Jahrhundertwende hatte sich die mit Wachs überzogene Zinkplatte des Grammophonerfinders Emil Berliner gegenüber Edisons Walzen-Phonographen durchgesetzt; man war mittlerweile sogar zu einer Serienherstellung übergegangen. Dennoch ließ die Tonqualität noch sehr zu wünschen übrig, was den Musikgenuß gewaltig trübte. Außerdem konnte man durch die nur wenige Minuten dauernde Laufzeit einer Platte lediglich Aufnahmen relativ kurzer Arien ungestört überstehen, da bei längeren Stücken ständig gewechselt werden mußte. Aus diesem Grund sah sich Elgar genötigt, einige seiner kürzeren Werke zurechtstutzen, damit sie auf eine Vier-Minuten-Platte paßten. Selbst das Cellokonzert wurde Ende 1919 im Umfang den technischen Möglichkeiten einer Aufnahme angeglichen. Die erste Erleichterung kam um 1920, als eine elektronische Verstärkerröhre entwickelt wurde. Nun war der Weg geebnet für den Übergang von der akustischen zur elektronischen Aufnahme, was erhebliche Fortschritte hinsichtlich Spieldauer und Klang brachte. Elgar war der erste Komponist von Rang, der sich ausgiebig des neuen Mediums bediente. Andere Musiker wie etwa Rutland Boughton kritisierten heftig die negativen Begleiterscheinungen von Rundfunkübertragungen und Platteneinspielungen, die immer mehr zu einer passiven Beschäftigung mit Musik und damit zu einem erheblichen Rückgang beim Verkauf von Notenmaterial führten. Die bereits 1914 gegründete Performing Right Society, das britische Pendant zur GEMA, konnte erst allmählich ihren Einfluß für die Rechte der Komponisten geltend machen.[53]

Zwischen 1914 und 1934 entstanden insgesamt weit über sechzig Aufnahmen mit Elgar als Dirigenten, darunter zahlreiche eigene Kompositionen: mehrere Konzertouvertüren, die beiden Sinfonien, das Cello- und das Violinkonzert und *The Dream of Gerontius*.[54] Elgar sei, »gemessen am höchsten professionellen Standard, kein großer Dirigent« gewesen, urteilte John Barbirolli, der noch selbst in Orchestern unter Elgars Leitung das Cello gespielt hatte. Er erinnerte sich daran, daß Elgar aus dem Gedächtnis dirigierte; im Gegensatz zum Beispiel zu Vaughan Williams, der immer beteuerte, daß er sich nie eine einzige Note seiner eigenen Musik merken könne. »Elgar sagte: ›Wenn ich dirigiere, lasse ich das Orchester einfach spielen.‹«, erzählte Vaughan Williams und bestätigte: »Ein gutes Orchester wird gut spielen, wenn der Dirigent es läßt, und es spielt keinen Deut besser, wenn er vor ihm komische Gesichter macht. (Anders verhält es sich mit einem Chor, der nicht passend einsetzen kann, wenn man nicht die richtige Grimasse zieht.)«[55] So fühlte sich Elgar auch erst dann richtig wohl, wenn er mit Profis zusammenarbeitete. Adrian Boult berichtete, daß Elgars »nervöser, elektrisierender Schlag unfehlbar eine Spannung und einen Glanz hinzufügte, wodurch eine Klangqualität entstand, die man als im höchsten Maße persönlich erkannte«. Zwar werden »Musiker, die ein Dirigat Elgars gehört haben, immer rarer, aber ich glaube, sie würden zustimmen, daß in einem Verzeichnis der besten Aufführungen, die sie jemals von Elgars Werken hörten, fast alle – wenn nicht sogar wirklich alle – von ihnen von Elgar selbst dirigiert wurden.«[56]

Bei einer Probe wurde einmal auch, ohne Elgars Wissen, ein Mitschnitt gemacht, worüber er sehr erfreut war. Bis zu seinem Sterbejahr spielte Elgar regelmäßig seine Werke mit den großen Londoner Orchestern ein, ließ Live-Mitschnitte von Konzerten machen und interpretierte seine Klavierstücke selbst. 1932 nahm Elgar sein Violinkonzert mit dem damals erst 16jährigen Yehudi Menuhin als Solisten auf. »Der wundervollste Künstler, den ich je gehört habe«, schwärmte der greise Komponist.

Nachdem er im Folgejahr mit Menuhin ein Konzert in Paris gegeben hatte, besucht er den bereits schwerkranken Frederick Delius in Grez-sur-Loing. Beide hatten noch etwa ein knappes Jahr zu leben, und ungeachtet mancher Gegensätze verbrachten sie viele Stunden intensiver Gespräche miteinander. Mit Elgars Laufbahn wird die des 1862 geborenen Frederick Delius oft verglichen, und es gibt durchaus manche Parallele in der musikalischen Entwicklung. Auch Delius mußte sich seine musikalischen Kenntnisse weitgehend autodidaktisch aneignen, dabei noch gegen den Widerstand seiner Eltern, und hatte große Mühe, für seine Musik Anerkennung zu gewinnen. Hier aber enden die Gemeinsamkeiten auch schon. Delius verdient durch *Koanga* (1904), *Romeo und Julia auf dem Dorfe* (1907) und *Fennimore und Gerda* (1919) vor allem als Opernkomponist Beachtung, was letztlich eher Parallelen zu Ethel Smyth nahelegt. Delius' Orchestersprache ist in seinen Bühnenwerken wie auch in seinen sinfonischen Dichtungen mehr von den französischen Impressionisten beeinflußt als von der britischen Musik. Er baute nicht wie Elgar auf der Tradition des englischen Chorgesangs auf, wenn es bei ihm auch mitunter Anleihen bei schottischer Volksmusik gibt. Delius war, obwohl im nordenglischen Bradford zur Welt gekommen und damit durch Geburt Engländer, als Sohn deutscher Eltern eigentlich Deutscher. Der Knabe hörte mit Sicherheit viele deutsche Gespräche, und als der Kosmopolit, der sich nach vielen Auslandsaufenthalten schließlich in Frankreich niederließ, 1929 bei Beechams Delius-Festival eine kurze Ansprache halten mußte, fiel sein starker deutscher Akzent deutlich auf (»I mos tank you and Sair Thomas . . .«). Delius hegte eine Abneigung gegen das Land seiner Geburt, während er Deutschland und die Musik Wagners schätzte. Auch wurden seine Opern in Deutschland uraufgeführt, und die Probleme einer Übernahme nach England zeigten sich in den 80er Jahren, als man an der English National Opera den unbeholfenen englischen Text von *Romeo und Julia auf dem Dorfe* sprachlich überarbeiten und aufpolieren wollte. Die Delius Society, die die Produktion finanziell unterstützte, schritt ein und prote-

Elgar, der Gentleman

stierte gegen eine Bearbeitung, denn die englische Fassung stammte vom Komponisten selbst.

Anerkennung für ihr Werk fanden sowohl Elgar als auch Delius nur durch den nachhaltigen Einsatz kompetenter Dirigenten. Thomas Beecham (1879–1961) brachte für Delius' feinnervige, klangsensible Orchestersprache das entsprechende Verständnis mit und wurde zum bedeutenden Interpreten und Förderer. Daß Beecham Elgar entsprechend mißverstand, ihm vorwarf, Bombast und Rhetorik ersetzten zu häufig wirklichen Gehalt und poetische Tiefe,[57] ja daß Beecham zwar Elgars populäre 1. Sinfonie ins Tourneeprogramm aufnahm, sie aber ohne Einverständnis des Komponisten drastisch kürzte, was stürmischen Protest in der »Musical Times« hervorrief, ist ein Indiz für seine innere Abneigung gegen die Tonsprache dieses Komponisten. Elgar fand große Interpreten in Hans Richter, Henry Wood, Landon Ronald, Malcolm Sargent, John Barbirolli und Adrian Boult (1889–1983). Gerade bei dem Letztgenannten brachten Elgars Kompositionen eine lebenslange Auseinandersetzung mit der geeigneten Positionierung des Orchesters für bestimmte Werke in Gang. Ausgehend von der unterschiedlichen Aufstellung der einzelnen Streicher- und Bläsergruppen bei Woods Queen's Hall Orchestra, Cowens Liverpool Philharmonic, Richters Covent Garden Orchestra und Hallés Orchester in Manchester stellte Boult interessante Überlegungen zu einer partiturgerechten Orchesteranordnung an und kam beispielsweise zu dem Schluß, daß sich Elgar bei der Komposition der 2. Sinfonie die ersten und zweiten Geigen offenbar links bzw. rechts vom Dirigenten sitzend vorgestellt haben müsse.[58] »Elgars Gespür für Orchesterfarben war unerreicht, und nur sein Freund Strauss konnte mit seinem kunstvollen Einsatz der Instrumente konkurrieren«, meinte Boult. »Ständig lauschte er nach neuen Klängen, und als ich einmal, während im Orchester vor einem Konzert die Instrumente gestimmt wurden, mit ihm in der Galerie der Queen's Hall saß, spürte ich plötzlich seinen Ellbogen in meinen Rippen: ›Hör' Dir mal die Trompete an, Adrian. Verblüffend, nicht wahr? Und wenn ich so etwas für ihn schreiben würde, hieße es, das sei unspielbar!‹«[59]

Gemeinsam war Elgar und Delius nur noch das Sterbejahr 1934. Im Mai verschied auch Gustav Holst. Im selben Jahr fand ein von Thomas Beecham initiiertes Festival mit Kompositionen von Ethel Smyth statt, jedoch war die Taubheit der 76jährigen Komponistin schon zu weit fortgeschritten, als daß sie ihre Musik noch hätte hören können. Arthur Bliss schickte sich an, Musik für H. G. Wells' und Alexander Kordas Film *Things to Come* zu schreiben. Ebenfalls 1934 begann der 29jährige Michael Tippett mit seiner ersten Komposition, die öffentlich aufgeführt wurde, einem Streichquartett. Vaughan Williams arbeitete gerade an seiner 4. Sinfonie, die erste von Walton wurde am 3. Dezember mit dem London Symphony Orchestra unter Hamilton Hartys Leitung in der Londoner Queen's Hall uraufgeführt. Und ebenfalls 1934 wurden im Norden Englands Harrison Birtwistle und Peter Maxwell Davies geboren.

Dieses Jahr bildete einen zufälligen Einschnitt in der britischen Musikgeschichte, bestätigte aber durch die Vielfalt der Ereignisse eine Vermutung von Ralph Vaughan Williams, der 1916, am Vorabend seines Kriegseinsatzes auf dem Kontinent, seinem Freund Gustav Holst mitgeteilt hatte: »Ich fühle, daß England nach dem Krieg vielleicht ein besserer Platz für Musik sein wird als zuvor – zum großen Teil, weil wir nicht mehr in der Lage sein werden, kostspielige Interpreten zu kaufen usw., wie wir das bisher gemacht haben.«[60]

IV

Rebellion der Töchter

Ethel Smyth (1858–1944)

Es gibt keine schwierigere Kunst als zu leben. Für andere Künste und Wissenschaften kann man überall zahlreiche Lehrer finden. Selbst junge Leute glauben, sie hätten sich diese Kunst schon soweit erworben, daß sie andere darin unterrichten könnten:
Während seines ganzen Lebens muß man immer weiter lernen zu leben, und, was euch noch mehr erstaunen wird, während des ganzen Lebens muß man lernen zu sterben.

Seneca[1]

Ungleiche Paare

»Ich hasse es, wenn Autoren über sich selbst sprechen, Anonymität bewundere ich«, lautete ein Hinweis, den Virginia Woolf, die Schriftstellerin, ihrer Freundin Ethel Smyth, der Komponistin, in einem Brief gab.[2] Diese hatte nämlich außer ihren beachtlichen musikalischen Fähigkeiten noch weitere Talente: Sie konnte unbefangen und flüssig erzählen sowie sich selbst und alle Ergebnisse ihrer künstlerischen Produktivität mit burschikoser Courage an den Mann bringen, was man durchaus wörtlich nehmen kann. Virginia, sensibel, introvertiert, intellektuell, immens fleißig, erschien als der genaue Gegensatz zu Ethel, der Kontaktfreudigen, für die mitunter der Erfolg beim Golf oder Tennis wichtiger war als eine neue Oper. Die beiden Frauen lernten sich 1930 kennen, und obwohl Ethel Smyth meinte, daß Virginia keine Ahnung von Religion habe und nicht nur ihre politischen Ansichten, wie überhaupt die des ganzen Bloomsbury-Kreises[3], ziemlich kindisch seien, gestand sie doch in ihrem Tagebuch, daß sie »wohl noch nie für jemanden so viel empfunden« habe. »Ich lernte sie zu spät kennen, als meine Taubheit immer schlimmer wurde.«[4]

Die Erfolge der Bücher, Artikel und Rundfunkbeiträge Ethel Smyths steigerten seit den 20er Jahren das Interesse an der Komponistin und ihren Werken, obwohl ihr Hauptanliegen, daß nämlich ihr künstlerisches Schaffen ignoriert werde, weil sie eine Frau sei, als etwas zu einfache Schlußfolgerung erscheint. »Gib ruhig alle Fakten und Daten an, je mehr, desto besser, aber nenne andere Namen, rede nicht dauernd über E. S.«, riet Virginia Woolf und führte einige frei erfundene Beispiele an: »Sage einfach, direkt und objektiv: ›Im Jahre 1880 gab es in Orchestern nicht eine einzige Frau; nicht ein Lehrer erteilte Frauen Harmonieunterricht; die Kosten, um nach Berlin zu gehen, beliefen sich auf 165 Pfund und zehn Schilling; bis 1891 wurden teilweise acht Frauen ausgebildet; 1902 nahm Wood fünf weibliche Geigerinnen in sein Orchester, die Anzahl stieg und beträgt jetzt (nun eine Tabelle).‹ [...] Aber wenn man erfährt ›*Meine* Oper wurde nicht gespielt, weil ...; *meine* Messe wurde nur einmal gespielt, Elgars 17mal;‹ oder sich Anekdoten anhören muß, wortwörtliche Anekdoten vom Hörensagen, wie irgendein unbekannter Österreicher gesagt hat, daß irgendein namenloser Dirigent auf E. S. stolz sein sollte, vermittelt mir dies das Gefühl – und so glaube ich, auch allen anderen durchschnittlich intelligenten und empfindsamen Männern oder Frauen: Oh, diese Frau bedauert nur sich selbst, sie ist unfähig, an jemand anderen zu denken.«[5]

Vielmehr jedoch war Ethel Smyth unfähig, Kompromisse einzugehen. Die Schriftstellerin Edith Somerville, wie Virginia Woolf ein kontrastierendes Naturell zu Ethel, schrieb der Freundin: »Verglichen mit Dir bin ich ein Wunderwerk von Milch und Wasser – Du wilde Fanatikerin!«[6] Und der deutsche Dirigent Bruno Walter – möglicherweise der »unbekannte Österreicher«, auf den Virginia Woolf anspielte – erinnerte sich an Ethel Smyth, die er in Wien kennengelernt hatte, als »eine flammende Seele. Sie brannte ununterbrochen, ob sie komponierte, ob sie schrieb, [...] ob sie als Suffragette agierte, ob sie in einer Art Kimono ein Orchester dirigierte oder ob sie sich unterhielt.«[7] Radikal und leidenschaftlich war Ethel Smyth in allem, was sie anging: in ihren Freundschaften, in ihrer Liebe zu dem Dichter und Philosophen Henry Bennet Brewster (1850–1908), in ihrem Einsatz für ihr Werk und für den Kampf um das Aufbrechen der vorgeschriebenen Rollenmuster der Geschlechter und – in ihrer Liebe zur Musik.

»... zurück nach Deutschland, meiner geistigen Heimat«

Ihre Musikbegeisterung zwang Ethel Smyth, schon im Elternhaus Barrieren niederzureißen. Als drittes von sieben Kindern – fünf Töchter, zwei Söhne – kam sie am 23. April 1858 als Sproß des Generalmajors John H. Smyth und seiner Gattin Nina im Londoner Stadtteil Marylebone zur Welt. Ihre Jugend, gut behütet im Schoß einer wohlhabenden Familie, verbrachte sie bis 1867 auf dem Landsitz in Sidcup in Kent, danach auf einem noch größeren Anwesen in Frimley, Surrey. 1872 wurde sie auf ein Internat geschickt, und drei Jahre später mußte sie nach ihrer Rückkehr Haushaltspflichten übernehmen, da ihre beiden älteren Schwestern unterdessen verheiratet waren.

Ethels Geschwister waren Musterbeispiele für das Rollenverständnis der Geschlechter, das sich im 19. Jahrhundert herausbildet hatte. Nachdem die Familie durch die zunehmende Industrialisierung ihre ursprüngliche Bedeutung als »Produktionseinheit« verloren hatte, waren ihre Mitglieder gezwungen, außerhalb des Hauses unter zumeist schweren Bedingungen den Unterhalt zu verdienen. Die schlechter entlohnten Frauen und Kinder mußten sich noch zusätzlich um den Haushalt kümmern. Eine Folge der wirtschaftlichen Umstrukturierungen war eine immer größer werdende Kluft zwischen der Verelendung und Verarmung auf der einen und der Etablierung einer wohlhabenden bürgerlichen Mittelschicht auf der anderen Seite. Gestützt durch eine gewisse finanzielle Sicherheit übernahm hier der Mann die Aufgabe, sich mit der Außenwelt auseinanderzusetzen und seiner Familie einen angemessenen Lebensstandard zu sichern. Die Frau hingegen hatte dafür Sorge zu tragen, den Ihren ein behütetes, behagliches Heim zu schaffen. Die äußere Fassade des Wohlergehens blieb eingefaßt in einen umfangreichen Rahmen von Ehrenkodex und Sittlichkeit. Entsprechend dieser Aufgabenverteilung verlief die Erziehung, die den Geschlechtern zuteil wurde. Man sprach den Frauen kaum Intelligenz und Bildungsfähigkeit zu, was von Politik, Kirche und Wissenschaft noch unterstützt wurde.

Ein junges Mädchen, das auf Pferden wild durch die Natur tobte, alle Arten von Sport trieb, Fahrrad fuhr und die Musik zu ihrem Beruf machen wollte, war in den Kreisen des Generalmajors Smyth schon ein mittelschwerer Skandal. Doch Tochter Ethel wollte sich nicht durch die vorgegebenen Verhaltensmuster bändigen lassen. Später erinnert sie sich, wie sie, das freche, zänkische Kind, vom Vater »mit einer von Großmutters hölzernen Stricknadeln, einem etwa 2,5 Fuß langen Ding mit einem Knauf an einem Ende«, gezüchtigt wurde, und wie ihr die Mutter oft auf die Ohren schlug. So prügelte man ihr Benehmen ein – schmerzhafte Lektionen, die wahrscheinlich auch zu ihrer früh beginnenden Taubheit führten. Obwohl sie von sich sagte, sie habe »kein Talent zum Flirten« gehabt, besaß sie durchaus Verehrer. Bei einem Besuch in Irland kam es sogar zu einer Verlobung mit Oscar Wildes Bruder William, die Ethel jedoch schon drei Wochen darauf wieder löste.

Das Mädchen zeigte bald sein musikalisches Talent, wenn auch nicht beim Komponieren, so doch beim Singen und Spielen mit den Schwestern. Die Entscheidung der Zwölfjährigen für die Musik wurde indirekt von einer neuen Gouvernante beeinflußt, die am Leipziger Konservatorium studiert hatte. Beim Vortrag einer Beethoven-Sonate hörte Ethel »zum erstenmal klassische Musik, und eine neue Welt öffnete sich vor mir. [...] Damals entstand in mir der Plan, den ich sieben Jahre später durchführte, nach Leipzig zu gehen und Musik zu studieren.«[8] Niemand nahm sie zunächst ernst, und erst nach harten Auseinandersetzungen mit den Eltern gestattete man der aufsässigen Tochter, allein ins Ausland zu fahren. »Ich beschloß, das Leben daheim so unerträglich zu machen, daß sie mich schon um ihrer selbst willen nach Leipzig gehen lassen mußten.« Ethel verweigerte den Kirchgang, ritt nicht mehr aus, sprach nicht mehr und verbarrikadierte sich in ihrem Zimmer. Während die Schwestern alle die traditionelle Rolle als Haus- und Ehefrau akzeptiert hatten, rang Ethel mit Unterstützung der Mutter, die insgeheim auf ihrer Seite stand, darum, den erzürnten Vater umzustimmen. Man ließ sie schließlich ziehen, unter einer Bedingung: Sie mußte einmal jährlich nach England zurückkehren.

Die Royal Academy of Music in London, an der ein Studium ohne Verlassen des Elternhauses möglich gewesen wäre, war um 1877 noch keine ernsthafte Alternative zu einer Ausbildung in Deutschland. So blieb, wie einst bei Sullivan und Elgar (der es ja nie erreicht hatte), Leipzig das Ziel. Ethel Smyth war durchaus nicht die erste Engländerin, die ins Ausland ging, um Musik zu studieren, jedoch beabsichtigte sie keineswegs, wie es sonst üblich war, ihre Fertigkeiten im Klavierspiel weiter auszubauen; sie wollte statt dessen in den von Männern dominierten Bereich des Komponierens vordringen. Ihrer Lehrer am Konservatorium wurde sie rasch überdrüssig, und so widmete sie sich bald ganz dem privaten Harmonielehre- und Kontrapunktunterricht des Komponisten Heinrich

Ethel Smyth

von Herzogenberg. Zeit ihres Lebens schöpfte Ethel Smyth Energien aus ihren intellektuellen Bekanntschaften und Freundschaften. Leipzig bot mit den Gewandhauskonzerten und der Oper nicht nur ein reichhaltiges Kulturangebot, sondern auch die Nähe von Künstlerpersönlichkeiten wie Peter Tschaikowsky, Edvard Grieg, Clara Schumann und Johannes Brahms. Die Stadt an der Pleiße genoß zu Recht einen guten Ruf als Ausbildungszentrum für junge Musiker, mehr jedoch »aufgrund der Musik, die man dort hören konnte, als wegen einer Überlegenheit des dortigen Lehrkörpers«, wie Elgar bemerkte, der die Stadt, die er selbst nur aus Berichten kannte, seinen Landsleuten als löbliches und nachahmenswertes Beispiel präsentierte: »In Leipzig hatten die Studenten die Möglichkeit, die besten Künstler ihrer Zeit zu hören, die besten Orchesterkonzerte und -proben, und auch den Vorteil, eine ausgezeichnete Oper bei einem geringen Eintrittspreis besuchen zu können – in beiden Fällen wurden besondere Konditionen gewährt.«[9] Ethel Smyth machte reichlich Gebrauch von diesen Angeboten.

Eine enge Freundschaft verband sie mit der Frau ihres Mentors und Lehrers, der Brahms-Schülerin und Pianistin Elisabeth von Herzogenberg, genannt »Lisl«. Für die kinderlose Lisl, die 29 Jahre alt war, als Ethel sie kennenlernte, bedeutete die Freundschaft wohl auch einen Ersatz für den eigenen ersehnten Nachwuchs – so entwickelte sich eine Art erotisch angehauchter Mutter-Tochter-Beziehung. »Ich frage mich manchmal, weswegen es so leicht für mich ist – und wohl auch für zahlreiche andere Engländerinnen –, mein eigenes Geschlecht leidenschaftlicher zu lieben als das Deine«, hieß es einmal in einem Brief Ethels an ihren späteren Freund. »Selbst die Liebe zu meiner Mutter besaß eine intensive Qualität, die man nur als Leidenschaft bezeichnen kann. Wie erklärst Du Dir das? Ich kann es nicht ergründen, denn ich halte mich für eine sehr gesunde Person. Es ist ein ewiges Rätsel.«[10]

Das Weltbild der Gesellschaftskreise, in denen sich Ethel Smyth in Leipzig bewegte, wurden von ähnlich strengen Moralvorstellungen zusammengehalten wie in England, und als sie Ende 1882 in Florenz Lisls Schwager, den englisch-amerikanischen Schriftsteller Henry Brewster, kennenlernte, an den der eben zitierte Brief gerichtet war, und sich eine Beziehung zu dem verheirateten Mann entwickelte, kam es allmählich zu einer Entfremdung und schließlich zum Bruch zwischen den Freundinnen. Das Verhältnis zu Brewster nahm einen wechselhaften Verlauf. Intensiven Begegnungen folgten lange Phasen der Trennung mit ausgiebigem Briefwechsel. Nach langer Rücksichtnahme teilte Ethel Smyth Brewsters Frau Julia nach Lisls Tod im Jahre 1891 mit, daß sie nun – ungeachtet von Julias Existenz auf dem gleichen Planeten – ihren Lebensweg nach eigenem Gutdünken gehen wolle. Der eher sanftmütige Brewster wähnte stets, daß seine Gattin von seinen Treffen mit Ethel nichts mitbekommen habe, doch wie Ethel später einräumte, wußte Julia »wohl mehr, als Harry vermutete; aber bis zu ihrem Todestag gab es zwischen den beiden nie eine Andeutung bezüglich dieser Sache.«[11]

Nachdem seine Frau 1895 gestorben war, bemühte sich Brewster, nun Ethel Smyth zur Heirat zu bewegen. Diese lehnte ab, verwies in einem Brief auf das Schicksal der Anna Karenina in Tolstois Roman und führte andere mahnende Beispiele gegen die Ehe an: »Einige produktive Männer sind sogar unfähig zu weiteren Anstrengungen, und wenn sie sie unternehmen, bringen sie nur Unheil für sie selbst, ihre Frauen oder das gesellschaftliche Gefüge mit sich – sieh' Dir nur Carlyle und Goethe an, und als

Beispiel für eine Frau, die – zu furchtsam, um für sich selbst einzustehen – heiratete und ihr Werk durch dieses Aufgeben der Freiheit verdarb: G. Eliot.«[12] Der Schritt zu einer intimen sexuellen Beziehung mit Brewster – die »erhabene Kapitulation [...] ohne Segen eines Priesters oder Standesbeamten«, als die sie die erste Liebesnacht bezeichnete – war nach langen Jahren des Abwägens ein Willensakt von Ethel Smyth. »Die Angelegenheit erschien mir unbedeutend verglichen mit dem, was ich an ihm bereits besaß und was er mir bedeutete«, meinte sie.[13] Eine Vorstellung von ihrer emotionalen Bindung an Henry Brewster vermittelt ihr Loblied auf die Liebe und die Leidenschaft in Beethovens Oper *Fidelio*, das sie 1928, zwanzig Jahre nach Brewster Tod, in einem Artikel anstimmte: »Doch was ist mit der anderen Art von Liebe – der Liebe, die aus der Einheit der Seele und des Körpers entsteht, um die, wenn wir glücklich genug sind, sie zu besitzen, unser Leben sich dreht? Nicht alle haben das Glück, jemals die vollkommene Einheit kennenzulernen, dennoch gibt es so etwas wie Liebe, die so stark ist wie der Tod, wenn auch frei von Leidenschaft im engeren Sinne des Wortes. Und es gibt andere Qualitäten, ohne deren Einfluß auf unsere Existenz unser Leben nicht mehr als eine müde Pilgerreise durch einen unausgemisteten Schweinestall wäre.«[14]

Als erste Kompositionsversuche in Leipzig entstanden Kammermusikwerke, Klavierstücke und Lieder, von denen Ethel Smyth 1884 zunächst einmal ihr Streichquartett E-Dur op. 1 veröffentlichen ließ. Ihre technischen Fertigkeiten am Klavier waren begrenzt, so daß Clara Schumann klagte, sie könnte Smyth beim Klavierspielen wohl zu*hören*, ihr jedoch unmöglich dabei zuse*hen*. Mehr Beachtung fand ihr Gesang. Sie besaß zwar keine ausgebildete Stimme, konnte aber beim Vortrag von Schubert- und Brahms-Liedern gut Texte und deren Inhalte vermitteln sowie nach eigenem Bekunden »angenehme Geräusche« von sich geben, womit sie in kleinem Kreis Aufmerksamkeit fand. Zumeist begleitete sie sich dabei selbst am Klavier. Der Maler John Singer Sargent hat Ethel Smyth einmal auf einer Zeichnung festgehalten, als sie gerade Schuberts Lied *Gruppe aus dem Tartarus* sang. Die Überzeugungskraft, mit der sie fremde Stücke darbot, sollte ihr später oft von Nutzen sein, wenn sie arglosen Intendanten und Orchesterleitern singend und beherzt in die Tasten greifend die eigenen Opern anpries.

Ethel Smyth, Zeichnung von J. Singer Sargent, 1901

Ethel Smyth fühlte sich wohl in dem künstlerischen Klima, das sie in Deutschland vorfand. Bei ihren obligatorischen Besuchen daheim in England wurde die Atmosphäre zwischen ihr und der innerlich unausgefüllten, eifersüchtigen Mutter immer gespannter, zudem vermißte Ethel Anregungen kultureller Art: »Im Sommer 1889 wußte ich, daß, wenn meine Musikerseele gerettet werden sollte, ich nach Deutschland, meiner geistigen Heimat, zurückkehren mußte.«[15]

Jahre des Kampfes

»Für mich ist Musik mein Leben, meine Religion, meine Pflicht«, postulierte Ethel Smyth in vielen ihrer Briefe, und ihr Engagement nach Beendigung der Ausbildung in Leipzig trug dem Rechnung.[16] Nach einigen mäßigen Erfolgen mit Kammermusikkompositionen bestärkte eine viersätzige Serenade, die 1890 bei August Manns' Konzerten im Kristallpalast aufgeführt wurde, ihr Selbstvertrauen. Zudem lagen ja bereits einige Stücke gedruckt vor, und schon bald erklang ein weiteres Orchesterwerk öffentlich, die Ouvertüre zu Shakespeares Drama *Antony and Cleopatra.*

Ethel Smyth besaß eine ausgeprägte theatralische, musikdramatische Begabung, was sich bereits bei ihrer ersten größeren Komposition zeigte, der Messe in D-Dur. Angeregt wurde die Beschäftigung mit den christlichen Texten durch die Freundschaft mit Pauline Trevelyan, der ältesten Tochter von Sir Alfred Trevelyan, dem Angehörigen eines geachteten Adelsgeschlechts, aus dem auch der berühmte Historiker George Macaulay Trevelyan hervorging. Pauline war eine überzeugte Katholikin, und obwohl Ethel, die keineswegs im kirchlichen Sinne religiös war, mit ihr kaum eingehend über Glaubensfragen diskutiert haben dürfte, war sie doch von der menschlich integeren Frau beeindruckt. »Ich wußte, daß Pauline nicht das wäre, was sie ist, wenn sie nicht Katholikin wäre«, schrieb sie an Nelly Benson, die Tochter des Erzbischofs von Canterbury, und fügte hinzu: »Eine Zeitlang hatte ich das starke Bedürfnis, der katholischen Kirche beizutreten, aber das ist vorbei.«[17] Ethel Smyth hatte wenig übrig für die Lehren der Amtskirche, zeigte sich jedoch stark berührt von der individuellen emotionalen Wirkung, die der Glauben auf Menschen ausübte. Ethel Smyths Messe, 1891 komponiert, ist denn auch eher ein pantheistisches Werk im Geiste von Verdis *Requiem*, ja es scheint, als wolle sie, wie sich später auch Janáček über seine *Glagolitische Messe* äußerte, den Menschen einmal zeigen, wie man mit dem Herrgott spricht. Die Grundtonart legt auch Parallelen zu Beethovens *Missa Solemnis* nahe, und die kraftvolle, individuelle Tonsprache macht dieses Werk von Ethel Smyth zu einer der originellsten Messen überhaupt. Die Komponistin war sich über die historischen Bezüge durchaus im klaren, dennoch steht ihr Stück stilistisch mehr im 20. Jahrhundert – trotz einiger Reminiszenzen wie der Barocktrompete bei »Et expecto resurrectionem«. Eigenwillig ist nicht zuletzt der Hinweis in der Partitur, daß das Gloria als letzter Teil erklingen soll.

Die Uraufführung fand erst gut eineinhalb Jahre nach Fertigstellung der Partitur am 18. Januar 1893 mit der Royal Choral Society unter der Leitung von Joseph Barnby in der Royal Albert Hall statt. »Es war, als ob ich vor einer Backsteinwand stehe. Die wichtigsten Hüter des Altbewährten waren zu jener Zeit Parry, Stanford und Sullivan. Ich kannte diese

Männer persönlich, auch Sir George Grove. Ich hätte sogar gewagt, Parry und Sullivan meine Freunde zu nennen«, erinnerte sich Ethel Smyth, »doch keiner von ihnen reichte einem Neuling auch nur den kleinen Finger.«[18] Wie so oft in ihrer Laufbahn, erhielt Ethel Smyth Unterstützung von einflußreicher, finanzstarker Seite; in diesem Fall von ihrer Nachbarin und Freundin Kaiserin Eugénie, die 1853 Napoleon III. geheiratet hatte und seit 1871 in England im Exil lebte. Deren Bankkonto und die guten Kontakte zum Herzog von Edinburgh, dem Präsidenten der Royal Choral Society, ermöglichten die Aufführung. »Dies erklärte alles ...«, resümierte man in der Zeitschrift »Musical Times« lapidar, und wenn man auch einige wohlwollende Worte für die Komponistin fand, lauteten die meisten Presseurteile dergestalt, daß das Werk normalerweise nicht die erste Wahl unter den vielen neuen Stücken gewesen wäre. Es sollten dann auch gut dreißig Jahre vergehen, bis es am 7. Februar 1924 zu einer zweiten Aufführung kam, die Adrian Boult in Birmingham initiierte.

Trotz der für sie ärgerlichen Ablehnung gab es aber auch positive Urteile. So schrieb George Bernard Shaw in »The World«, dem Werk liege »bei allem äußeren Anspruch, höchst würdevoll aufzutreten, eine Weltlichkeit zugrunde, die den Hörern ihre Aufgabe leicht macht.« Manches erinnerte den Iren an Musik, die man auch in den komischen Opern oder in den Ballsälen der damaligen Zeit hörte, und nicht unzutreffend war sein Eindruck, daß »der dekorative Instinkt durchgehend gegenüber dem religiösen überwiegt und daß die religiöse Haltung nicht gerade von der umfassendsten und überzeugendsten Sorte ist«. Aber: »Die Messe hat großartige Stellen, zum Beispiel das ›I look for the life of the world to come‹, Stellen, die alle Menschen rühren, in denen überhaupt noch Glaube oder Hoffnung lebt, ob das Leben, das sie erwarten, sich nun auf Londoner Straßen und Plätzen abspielen soll oder in einer anderen Welt. Stellen, die sich in werkgerechten modernen Vertonungen gottesdienstlicher Texte aus der abgebrauchten toten Messe herausheben, mit der Glaubensbekenntnisse im Lauf der Jahrhunderte unweigerlich belastet werden.« Ferner bemerkte Shaw, Miss Smyth assoziiere auch »auf seltsam heidnische, aber durchaus angenehme Weise das Himmlische mit dem Pastoralen«, und er bescheinigte ihr »ein echtes Gefühl für die Instrumente«. Das ermutigende Resümee lautete: »Nachdem Frauen in Victor Hugos Beruf auffallende Erfolge erzielt haben, sehe ich nicht ein, warum ihnen das nicht auch in Liszts Beruf gelingen sollte, sobald sie ihm erst einmal ihre Aufmerksamkeit zuwenden.«[19]

Ethel Smyth sah den Grund für die Ablehnung ihrer Werke in der Verkrustung des britischen Kulturestablishments und in dem Umstand, daß sie eine Frau war. »Jahrein, jahraus produzierten Komponisten des Inneren Zirkels, für gewöhnlich Männer von der Universität, die mit unseren Musikinstitutionen in Verbindung standen, ein Chorwerk nach dem anderen – nicht selten todlangweilige Sachen, die [. . .] automatisch bei unseren Festivals und Chorvereinigungen die Runde machten«, schrieb sie. »War dann etwa zu erwarten, daß die Fakultätsmitglieder einem Werk irgendeinen Wert beimaßen, das nach ganz anderen Prinzipien geschrieben worden war – geschrieben zudem von einer Frau, die sogar nach Deutschland gegangen war, um ihr Handwerk zu lernen?«[20] Jedoch hieße es, ein zu einseitiges Bild der Situation zu zeichnen, wenn man Ethel Smyth allein als die Leidtragende patriarchalischer Machtstrukturen darstellt, wie sie es selbst zumeist getan hat. Es ist allerdings nicht zu leugnen, daß sie noch nach der Komposition ihres fünften Bühnenwerks in einem aktuellen Buch über die Geschichte der englischen Oper nicht erwähnt, und auch von dem einflußreichen Musikliteraten Cecil Gray (1895–1951) in seiner 1924 erschienenen *Survey of Contemporary Music* (*Abriß der zeitgenössischen Musik*) übergangen wurde. Zu beachten ist aber der ausgesprochen positive Artikel in der 1903 erschienenen zweiten Auflage von Groves maßgebender Musikenzyklopädie, in dem Fuller Maitland schrieb, daß ihr Werk Ethel Smyth »eindeutig unter die bekanntesten Komponisten ihrer Zeit stellt, und mit Leichtigkeit an die Spitze all derer, die ihrem Geschlecht angehören«. Wenn er auch die Qualität ihrer Musik nach den Klischees einer männlichen und weiblichen Kompositionsweise beurteilte, so zeigt dieser Beitrag, daß Ethel Smyth durchaus Anerkennung fand.

Vor allem Autorinnen klagten immer wieder darüber, daß es zwar viele schreibende, aber kaum komponierende Frauen gab, die, wie einige Klosterfrauen und Adelsdamen früherer Jahrhunderte oder in neuerer Zeit Johanna Kinkel, Fanny Hensel, Clara Schumann, Lili Boulanger, Adriana Hölszky, Sofia Gubaidulina, Violeta Dinescu sowie die Engländerinnen Rebecca Clarke (1886–1979), Elisabeth Lutyens (1906–83) und Elizabeth Maconchy (geb. 1907) oder die Schottinnen Thea Musgrave (geb. 1928) und Judith Weir (geb. 1954), Beachtung gefunden haben. Dabei blieben die eingangs erwähnten sozialen Gegebenheiten zumeist unberücksichtigt. Einerseits konnte sich eine talentierte Frau ohne eine aufwendige Ausbildung zur Schriftstellerin mausern, während das Komponieren nicht unerhebliche musikalische Fachkenntnisse voraussetzt; andererseits war das Berufsziel Komponistin für die Frauen früherer Zeiten kaum erstrebenswert, weil Musikberufe weder gesellschaftliche Anerkennung noch finanzielle Sicherheit boten. Der Bereitschaft, sich ungeachtet aller Risiken als MusikantIn ins soziale Abseits zu stellen, muß nicht zuletzt eine besondere psychische Disposition zugrunde liegen. Im Fall der Ethel Smyth weckte mitunter der Umstand, daß diese Musik von einer Frau stammte, gerade erst das Interesse an dem Werk. So wies ihre Freundin und Biographin Christopher St. John auch darauf hin, daß vielmehr Dummheit und Ignoranz von offizieller Seite als »männliches Vorurteil« der Grund für die vielfache Ablehnung gewesen sein mag.

Verglichen mit vielen Kollegen, die gleichfalls, und oft mit weniger Glück, um Aufführungen und Aufmerksamkeit rangen, waren Ethel Smyths Werke in den Konzertsälen und Opernhäusern gut vertreten und ziemlich erfolgreich, ja in den 30er Jahren war sie sogar eine der meistgespielten lebenden TonsetzerInnen, wenn sich auch bis zum Ende des Zweiten Weltkriegs Eric Coates mit seinen populären Stücken zum *kommerziell* erfolgreichsten Komponisten des Landes gemausert hatte. »Elgar habe ich fertiggemacht«, schrieb sie, tief befriedigt, nach einem Konzert, bei dem *Er* warten mußte, während *sie* eine Zugabe geben durfte. »Mein Gott, wie ich diesen mürrischen, arroganten Brummbären hasse.«[21] Andere hatten weniger Erfolgserlebnisse. Als der Komponist Albert Coates 1923 nach New York kam, um dort Vaughan Williams' *London Symphony*, Holsts Ballettmusik aus *The Perfect Fool* und Baxs 1. Sinfonie vorzustellen, faßte er die Situation folgendermaßen zusammen: »In London waren nicht viele neue Kompositionen erhältlich, weil die Komponisten so arm waren, daß sie es sich nicht leisten konnten, Kopien anfertigen zu lassen.«[22] Mit diesen Problemen hatte Smyth nie zu kämpfen.

Die Messe der 34jährigen Ethel Smyth brachte ihr auch die Anerkennung des Dirigenten Hermann Levi ein, der überzeugt war, daß sie ihre Begabung auf dem Gebiet der Oper weiterentwickeln könnte. »Niemals, niemals hätte ich geglaubt, daß das eine Frau geschrieben hat«, meinte er und riet: »Sie sollten sich sofort hinsetzen und eine Oper schreiben.« Levis Empfehlung wurde richtungweisend für Ethel Smyth, deren Hauptwerk neben ihrer Messe die sechs Opern bilden, die sie zwischen 1892 und 1925 schrieb. Ihr Bühnenerstling, die Komödie *Fantasio* mit einem Libretto von Henry Brewster nach dem gleichnamigen Theaterstück von Alfred de Musset, entstand zwischen 1892 und 1894, und in den folgenden vier Jahren war die Komponistin damit beschäftigt, das Werk bei einem der vierzehn deutschen Opernhäuser unterzubringen. Dies hielt sie für aussichtsreicher als eine Produktion in Großbritannien, wo man am Covent Garden und Drury Lane hauptsächlich die sicheren Kassenfüller gab, während das Savoy Theatre fast ausschließlich die Werke Sullivans spielte und sich Tourneeensembles wie die Carl Rosa Opera Company Uraufführungen kaum leisten konnten. Der ihr wohlgesonnene, aber schwerkranke Levi mußte 1896 sein Amt als Dirigent in München aufgeben, jedoch machte sein Interesse Felix Mottl in Karlsruhe neugierig. Da aber der Intendant sich ziemlich gleichgültig verhielt, führte Ethel Smyth die Odyssee für ihr Werk über Dresden, Leipzig, Köln, Hamburg und Wiesbaden nach Weimar. Schließlich kam es hier am 20. Mai 1898 zur Uraufführung, die zwar vom Publikum freundlich aufgenommen wurde, aber eine schlechte Presse bekam. Ethel Smyth, die sich bald danach schon mit ihrer nächsten Oper *Der Wald* befaßte, kam zu dem Schluß, daß ihr Erstling der Propagandamühen nicht wert gewesen war. Als sie

1916 von ihrem deutschen Verleger alle gedruckten Partituren erhielt, verbrannte sie den Papierberg in ihrem Garten und kippte die Asche auf den Komposthaufen.

Die zweite Oper *Der Wald*, erneut auf ein Textbuch von Brewster, wurde erstmals am 21. April 1902 in Berlin unter der Leitung von Karl Muck gegeben. Vorangegangen war erneut ein langwieriges Ringen um eine Bühnenaufführung, wobei Ethel Smyth ein Engagement zeigte, das vielen Kollegen abging. »Ich fühle, daß ich für *Der Wald* kämpfen muß«, schrieb sie 1902 an Brewster, »auch weil ich will, daß sich Frauen großen und schwierigen Aufgaben zuwenden und sich nicht nur an der Küste herumdrücken aus Angst, in See zu stechen. Nunmehr habe ich weder Angst noch bin ich ein Bettler; auf meine Weise bin ich ein Forscher, der in erster Linie an den Nutzen von diesem bißchen Pionierarbeit glaubt.«[23]

Das einaktige Stück erzählt die tragische Liebesgeschichte zweier Naturkinder, die mit viel Waldweben und -einsamkeit umrahmt ist und von einem Chor der Waldgeister eingeleitet und beschlossen wird. Möglicherweise wäre das Sujet bei Boughton oder Delius besser aufgehoben gewesen, doch die couragierte Ethel Smyth sorgte dafür, daß auch dieses Werk das Bühnenlicht erblickte. Sie setzt ihren Ehrgeiz daran, die Oper an einem erstklassigen Opernhaus aufgeführt zu sehen. Es hatte Vorgespräche mit André Messager, dem verantwortlichen Dirigenten am Covent Garden, gegeben, auch die Staatsoper in Dresden schien interessiert zu sein. Doch mit ausweichenden Erklärungen lehnte der Intendant Graf Seebach das Stück schließlich ab. Möglicherweise waren die deutsch-britischen Verstimmungen zur Zeit des Burenkrieges mit ein Grund dafür. Daß *Der Wald* schließlich trotzdem in Berlin angenommen wurde, ist vermutlich dem Engagement von Karl Muck zu verdanken, dem die Musik zusagte und der sich in künstlerischen Fragen nicht von politischen Stimmungen beeinflussen ließ, hatte er doch erst im Vorjahr am Covent Garden in London als Dirigent gastiert. Einen durchaus hilfreichen Einfluß auf die übergeordneten Entscheidungsträger dürfte zudem Sir Frank Lascelles ausgeübt haben, der nicht nur britischer Botschafter in Berlin war, sondern auch ein Freund von Ethels Schwester Mary. Obwohl ein Erfolg bei der Premiere durch organisierte Buhrufer gefährdet wurde, setzte sich das Werk an den folgenden Abenden beim Publikum durch. Noch bevor es zum fünftenmal gespielt werden konnte, mußte das Notenmaterial nach London an das Opernhaus Covent Garden weitergereicht werden, wo man die Erstaufführung auf den 18. Juli 1902 festgesetzt hatte. Die englische Übersetzung hatte Smyth selbst vorgenommen, nachdem die Fassung eines Bühnenprofis ziemlich beklagenswert ausgefallen war. »*Der Wald* am Covent Garden war der einzige wirklich bemerkenswerte Theatertriumph, den ich je hatte«, erinnerte sich die Komponistin später.[24] »Damals kam ich zu der Überzeugung, die durch die Zeit und die Gründung von

Sadler's Wells noch bestärkt wurde, daß England, wenn man ihm nur eine Chance gibt, die führende Opernnation der Welt werden könnte.«[25]

Otto Lohse, der die Londoner Aufführung leitete, war von dem Werk so überzeugt, daß er es 1904 auch nach Straßburg brachte. An der Metropolitan Opera, wo *Der Wald* erstmals am 14. März 1903 gespielt wurde, erhielt Ethel Smyth zwar zehnminütige Ovationen des gut gelaunten Publikums, das willens war, sich anläßlich des vermeintlichen Galaabends entsprechend zu betragen, doch nach nur zwei mittelmäßigen Aufführungen in New York und einem »beschämenden Fiasko« in Boston waren alle Hoffnungen dahin, mit einem Erfolg in den Vereinigten Staaten »Geld zu machen«, wie Ethel Smyth gehofft hatte. 1903 kam es noch zu einer weiteren Aufführung am Covent Garden, weil Smyth ihre Beziehungen spielen und die Herzogin von Connaught die Leitung des Hauses wissen ließ, daß die Königliche Familie gedenke, anläßlich einer *Wald*-Aufführung ihre Loge in Anspruch zu nehmen. Danach verschwand das Stück wieder vom Spielplan.

Daß Ethel Smyths Opern, wie auch die von Delius, zunächst in Deutschland gespielt wurden, zeigt eher, daß Propheten im eigenen Lande oft nichts gelten, und ist nicht unbedingt ein Zeichen dafür, daß britische Musik auf dem europäischen Festland allgemeine Anerkennung fand. So stießen Opern von Gilbert und Sullivan, die vom November 1887 bis zum Januar 1888 bei einer Gastspielreise auf dem Kontinent in Hamburg, Berlin und anderen Städten gegeben wurden, vielfach auf Ablehnung. In einer Zeit wachsender Animositäten und zunehmender imperialistischer Konkurrenz zwischen England und Deutschland hatte man zwar einige lobende Worte für die Musik übrig, kritisierte jedoch vor allem den respektlosen Umgang mit der Obrigkeit. Deutsche Fassungen englischer Opern aus jener Zeit waren zumeist Bearbeitungen, hinter denen der Geist des Originals fast völlig verschwand. Noch nach dem Zweiten Weltkrieg mußten manche britische Komponisten mit ihren Opern ins »Exil« gehen, zumal, wenn sie, wie der Pianist und Komponist Alan Bush (geb. 1900), als Sozialisten daheim einen schweren Stand hatten. So wurden vier Bühnenwerke von Bush zwischen 1953 und 1970 in der DDR uraufgeführt und von zehn weiteren osteuropäischen Opernhäusern mit insgesamt etwa 160 Aufführungen nachgespielt. Der besondere Reiz für britische Komponisten, gerade in Deutschland aufgeführt zu werden, mag aber seit jeher einen Grund in dem Verhalten der Zuschauer haben. So meinte Bush nach seinen Erfahrungen in Osteuropa, daß das Publikum dort sehr aufnahmefähig sei, und obwohl auch die Briten durchaus enthusiastisch reagieren könnten, gebe es einen kleinen Unterschied. »Das osteuropäische Publikum ist schärfer in seinem Urteil«, meinte Bush. »Das bedeutet, daß sie den Stücken, die ihnen gefallen, mehr applaudieren, und denen, die sie nicht mögen, weniger. Sie klatschen nicht aus reiner Höflichkeit für Werke, die sie gleichgültig lassen.«[26]

Abgesehen davon, daß die deutschen Bühnen einen größeren Bedarf an neuen Werken hatten, kamen die deutschen Uraufführungen zum großen Teil durch den energischen Einsatz zustande, mit dem Ethel Smyth für ihre Stücke kämpfte. Damit beeindruckte sie auch Künstler wie Bruno Walter, dem sie ihr nächstes Bühnenwerk *The Wreckers* (wörtlich: *Die Strandräuber*) vorstellte. Die Komponistin wandte sich mit der in den Jahren 1903 und 1904 fertiggestellten Partitur nach Wien an die Hofoper, wo Gustav Mahler 1897 seine zehnjährige Direktionszeit angetreten hatte. Dieser nahm sich jedoch nicht die Zeit, die Engländerin zu empfangen, und verwies sie an seinen Assistenten Bruno Walter. »Kurz vor Mahlers Abgang verschaffte er mir noch eine außerordentlich interessante Bekanntschaft, die sich allmählich zur Freundschaft entwickelte«, erinnerte sich Walter später. »Es war Ethel Smyth, die mit der Partitur ihrer Oper *The Wreckers* unter dem Arm zu ihm gekommen war und die er an mich gewiesen. Vor mir erschien eine hagere, etwa achtundvierzig Jahre alte Engländerin in farblosem, sackartigem Gewand und erklärte mir, sie habe früher in Leipzig studiert, Brahms sei für ihre Kammermusik interessiert gewesen, ihre Oper *Der Wald* hätte ihre Aufführung in Dresden gehabt und nun sei sie hier, um uns in Wien mit ihrer letzten Oper nach Brousters [sic!] *Les Naufrageurs* bekannt zu machen. Ich sah unserer Zusammenkunft mit peinlichem Vorgefühl entgegen, aber noch hatte sie nicht zehn Minuten gespielt und mit unschöner Stimme dazu gesungen, als ich sie unterbrach, um zu Mahler hinüberzustürzen und ihn zu beschwören, mit mir zu kommen – mir spiele die Engländerin ihr Werk vor und sie sei ein wirklicher Komponist. Leider war er nicht abkömmlich, und ich kehrte allein zurück. Wir verbrachten dann den ganzen Vormittag mit ihrer Oper, und als wir uns trennten, stand ich völlig im Bann des Gehörten und ihrer Person.«[27] Nicht jeder Dirigent konnte sich mit Ethel Smyths aufdringlicher, insistierender Art anfreunden. Mehrfach kam es zu scharfen, anekdotenträchtigen Zusammenstößen mit Adrian Boult, einem der führenden Orchesterleiter Großbritanniens und ab 1922 der erste künstlerische Direktor der neu gegründeten BBC. Wenn irgend etwas nicht genau nach ihren Vorstellungen lief, war der Vorschlag: »Dann kann ich ja genausogut wieder nach London zurückfahren...« eine ihrer schnippischen Standardbemerkungen.[28] Boult stand ihrem Werk keineswegs ablehnend gegenüber, hatte er doch 1924 ihre Messe wieder dem Publikum zugängig gemacht. Trotzdem konnte ihn das Gebaren der engagierten Frau mitunter bis zur Weißglut reizen, wie etwa nach einer von zwei Londoner Aufführungen der Bachschen *Matthäus-Passion*. Kurz nachdem das vierstündige Konzert in andächtigem Schweigen beendet worden war und sich die Solisten und der Dirigent in die Künstlerzimmer zurückgezogen hatten, hörte man, wie jemand aus dem Parkett nachfolgte. Es war Ethel Smyth, die mit laut vernehmlicher Stimme fragte: »Adrian, wann machst Du denn nun *The Prison* mit der Choral Society?« In Sekundenschnelle wandelte sich die solenne Passionsatmosphäre in eine hochexplosive Kampfstimmung. »Raus hier, wie können Sie es wagen, so mit mir zu sprechen«, entgegnete Boult, und Dame Ethel mußte etwas irritiert den Rückzug antreten.[29]

Nun sollte man meinen, daß es bei der Oper *The Wreckers* einer derart beharrlichen Reklame nicht bedurft hätte, gilt sie doch als Ethel Smyths Meisterwerk. Es gelang ihr gerade in diesem Stück, ein spannendes, realistisches Sujet mit einer packenden, wirkungssicheren Musik zu vereinen. Dennoch ist die Rezeptionsgeschichte ziemlich abenteuerlich. Bei allen Irrungen und Wirrungen, die sich dabei ergaben, muß man berücksichtigen, daß die Anforderungen an die Bühne keinesfalls zu unterschätzen sind. Das Libretto hatte Brewster auf französisch verfaßt, zwei Leipziger Freunde – H. Decker und J. Bernhoff – besorgten die deutsche Übertragung, die englische Version erstellten dann A. Strettel und die Komponistin selbst. Der erforderliche Orchesterapparat erreicht beinahe Wagnersche Dimensionen, auch sparte Ethel Smyth in ihrer subtilen Instrumentierung nicht mit Klangeffekten wie einer Kanone hinter der Bühne, Glockenspiel, Gong, Trompeten und Tuba. Einflüsse von Wagners Œuvre aufzunehmen lag der Smyth jedoch fern. Hubert Parry, mit dem sie häufig Tennis spielte und endlose Debatten über Musik führte, bezeichnete sie einmal als »die extremste Anti-Wagnerianerin, die ich je getroffen habe«. Ihrer Ansicht nach war es unmöglich, Brahms *und* Wagner zu mögen: »Kein Mensch kann zwei Herren dienen«, bemerkte sie lapidar.[30] Stilistisch steht die Musik zu *The Wreckers* auch eher den dramatischen Arbeiten Sullivans sowie Brahms nahe, jedoch entfaltet die Komponistin eine breit gefächerte, individuelle Ausdruckspalette, die in den Introduktionen und Zwischenspielen atmosphärische Naturschilderungen mit schlagkräftigen Massenszenen und lyrischen Passagen (wie der Liebesszene zwischen Thirza und Mark im 2. Akt) verknüpft. Dies alles verbindet eine ausgesprochen realistische Handlung im Milieu von ärmlichen Dorfbewohnern, die an der Küste Cornwalls Schiffe mit Hilfe von irreführenden Orientierungslichtern auf Klippen auflaufen lassen, um sie auszuplündern. Das Liebespaar, das gegen die Spielregeln, die sich diese Gesellschaft geschaffen hat, aufbegehrt, wird hingerichtet, indem beide in eine Höhle gesperrt werden, in der sie bei Eintreten der Flut ertrinken müssen. Im Gegensatz zu dem musikdramatischen Konzept Rutland Boughtons steht Ethel Smyths Werk eher der »extrovertierten« Theatralik der italienischen Oper nahe. So dürften bei der Szene im 1. Akt, in der hinter der Bühne der Chor der bigotten Kirchgänger erschallt, die dort für das Kentern eines neuen Schiffes beten, sowie bei den Anklagen, die Thirza auf der Bühne im Fortissimo schmettert, wohl das Gebetsensemble aus Mascagnis *Cavalleria rusticana* bzw. die Konfrontation der Amneris mit den Priestern aus Verdis

Aida (4. Akt, 1. Szene) Pate gestanden haben. Die Charakter- und Milieustudien des dörflichen Ambientes, die Beziehung zum Meer und der wirkungsvolle Einsatz musikalischer Effekte machten *The Wreckers* zu einem wichtigen Übergangswerk in der Entwicklung der britischen Oper, das auf Brittens Durchbruch mit *Peter Grimes* vorausweist.

Auf der bereits üblichen mühsamen Suche nach einer geeigneten Stätte für die Uraufführung, die diesmal über Brüssel und Monte Carlo führte, erhielt Ethel Smyth schließlich einen Vertrag für das Opernhaus in Leipzig, unterzeichnet vom neuen Operndirektor Arthur Nikisch, der zehn Jahre zuvor das Berliner Philharmonische Orchester nach dem Tode Hans von Bülows übernommen hatte. Unglücklicherweise war Nikischs Gastspiel als Leiter der Leipziger Oper nur von kurzer Dauer. Die Stadtväter warfen ihm vor, die bewilligten Zuschüsse weit überschritten zu haben, und bestellten nach nur einer Spielzeit einen gewissen Hagel zu seinem Nachfolger. Nikisch warnte Ethel Smyth und empfahl, sich andernorts um die Uraufführung zu bemühen. Die Komponistin beherzigte diesen Rat, geriet damit jedoch nur vom Regen in die Traufe. Sie bot das Werk in Prag an, und ein Scheck von Brewster über 1000 Pfund Sterling für Auslagen bewog den dortigen Operndirektor Angelo Neumann, es mit dem aufwendigen neuen Stück zu versuchen. Während Ethel Smyth in Prag weilte, um dort das Werk mit dem Ensemble durchzugehen und die Besetzung festzulegen, erreichte sie ein Telegramm aus Leipzig: Dort hatte Nikischs Nachfolger bereits die Vorbereitungen für die Uraufführung anlaufen lassen. Ethel eilte nordwärts, um schwierige Passagen der Partitur durchzusprechen und klarzustellen, daß ohne ihre Zustimmung keine Kürzungen vorgenommen werden dürften. Halbwegs beruhigt kehrte sie nach England zurück. »Ich dachte, daß ich es mit Leipzig riskieren könnte«, meinte sie. »Am besten für eine Aufführung mochte es wohl sein, wenn man dem Dirigenten freie Hand läßt und sich nicht einmischt. Wenn er die Sache trotzdem verpfuscht, ließe sich alles in Prag wieder ausbügeln.«[31]

Doch Smyth hatte in beiden Fällen auf die Falschen gesetzt. Als sie am Tag vor der Generalprobe nach Leipzig kam, stellte sie zu ihrem Entsetzen fest, daß der 3. Akt nahezu bis zur Unkenntlichkeit zusammengestrichen worden war. Sie tobte. Das Publikum bei der Premiere auch, aber vor Begeisterung. Dieser Erfolg der ersten Aufführung am 11. November 1906 unter dem Titel *Strandrecht*, dirigiert von Leo Blech, war jedoch nur ein schwacher Trost, und Smyth bestand darauf, die originale Fassung wiederherzustellen. Die Oper werde am zweiten Abend genauso gespielt wie am ersten oder überhaupt nicht, verkündete hingegen der desinteressierte Hagel. Daraufhin stieg Ethel Smyth des Morgens früh in den noch unbesetzten Orchestergraben, sammelte das Notenmaterial, das noch auf den Pulten lag, Blatt für Blatt ein, klemmte sich noch die Dirigierpartitur unter den Arm und reiste mit dem Mittagszug nach Prag ab. »Ich habe noch immer eine diebische Freude daran, daß ich einem Rüpel und einem Vertragsbrecher die Stirn geboten habe«, schrieb sie fast vierzig Jahre später über diese Aktion, die »einmalig in den Annalen der Operngeschichte« war und wohl auch noch ist.[32] In Prag kam es nicht zur erhofften Wiedergutmachung. Neumann war erkrankt, und die zweite Garnitur der Prager Oper brachte dem neuen Werk wenig Interesse entgegen. Die Proben waren dementsprechend unzureichend, und die Aufführung wurde ein Desaster. Zu allem Übel kam zu den negativen Pressebesprechungen noch hinzu, daß die vermeintlich schlechte Instrumentierung der Komponistin für die mangelhafte Leistung des Orchesters verantwortlich gemacht wurde.

Dem Werk widerfuhr erst allmählich Gerechtigkeit, als sich Künstler seiner annahmen, die von den Qualitäten des Stücks wirklich überzeugt waren. An eine Aufführung am Covent Garden war nicht zu denken, weil dort nur Stücke übernommen wurden, die im Ausland bereits Erfolge verbuchen konnten. »Wenn uns aber Puccini ein neues, noch ungespieltes Stück bringen würde, wäre das etwas ganz anderes«, ließ man allerdings aus den obersten Vorstandsetagen verlauten.[33] Schließlich ergab sich 1908 für Arthur Nikisch doch eine Gelegenheit, *The Wreckers* aufzuführen, wenn auch nur auszugsweise und nur in einer konzertanten Darbietung in der Londoner Queen's Hall. Die Produktion, die im Juni 1909 unter Thomas Beechams musikalischer Leitung in London am His Majesty's Theatre am Haymarket in Szene ging, war dann endlich die »große Modellaufführung«, nach der sich Ethel Smyth so lange gesehnt hatte. Weniger zufrieden konnte sie schon wieder ein Jahr später sein, als sich Beecham, nun verantwortlicher Dirigent am Opernhaus Covent Garden, sorgfältiger um die Einstudierungen von Strauss' *Elektra* und Delius' *A Village Romeo and Juliet* kümmerte als um ihre Oper. »Einmal mehr haben die *Strandräuber* Schiffbruch erlitten!« schrieb sie. Nicht minder halbherzig behandelte Beecham in der gleichen Spielzeit Sullivans Dekorationsopus *Ivanhoe*. Gerechtigkeit widerfuhr Ethel Smyths Oper am Covent Garden erst, als sie 1938 unter der Stabführung von John Barbirolli herausgebracht wurde.

Das theatralische Potential von *The Wreckers* zeigte sich nicht zuletzt in dem begeisterten Echo, das 1908 die nicht-szenische Aufführung von Auszügen aus der Oper auslöste. »Niemand in diesem Land, ob Mann oder Frau, hat in den vergangenen fünfzehn Jahren irgend etwas Vergleichbares geschrieben«, hieß es in einem Pressebericht. »Ich war in *Madam Butterfly* am Vorabend des *Wreckers*-Konzerts. Als was für ein armseliges, blutleeres, raffiniertes Zeug erscheint die beliebte Oper des italienischen Komponisten an der Seite des wunderbar lebensprühenden Werkes der Engländerin!«[34]

Wie ein ruderloses Schiff

Die ersten Erfolge ihrer neuesten Oper waren Ethel Smyth ziemlich gleichgültig. Henry Brewster kam todkrank zu der konzertanten Aufführung nach London; die Diagnose lautete: Leberkrebs. Ethel stand ihm in seinen letzten Lebensmonaten so oft sie konnte zur Seite, radelte fast täglich zum nahegelegenen Haus seiner Tochter Clotilde, die den Vater pflegte. »Nie vermag ich zu sagen, wie tief berührt ich davon war, wie seine Kinder meine Anwesenheit als eine Selbstverständlichkeit hinnahmen«, erinnerte sie sich später. »Während der letzten vierundzwanzig Stunden hielt ihn der Doktor praktisch bewußtlos; er starb ziemlich ruhig am 13. Juni. Am Schluß saß ich an seinem Bett und hielt seine Hand.«[35]

Das Jahr 1908 markierte einen Umbruch im Leben der Ethel Smyth. Nach Brewster Tod fühlte sie sich »wie ein ruderloses Schiff, das ziellos hin und her driftete.«[36] Der menschliche Verlust hatte sie schwer erschüttert, aber auch ihr künstlerischer Partner fehlte ihr. Es sollten etliche Jahre vergehen, bis sie aus ihren vielfältigen, oft schmerzlichen Erfahrungen zu einer inneren Gelassenheit finden sollte. »Man muß bereit sein, das Leben unzählige Male immer wieder von neuem zu beginnen, bis zum äußersten Ende«, lautete eine ihrer Manuskriptnotizen aus dem Jahre 1941.[37] Ungeachtet dieser altersweisen Erkenntnis sollte sie sich bis zuletzt ihren rebellischen Geist bewahren.

Die Jahre, die auf die private Tragödie folgten, standen im Zeichen eines sozialpolitischen Engagements. Die »ruderlose« Ethel Smyth warf bei der Frauenbewegung Anker, der sie nun ihre ganze Energie widmete. Den Aktivitäten der 1903 von Emmeline Pankhurst (1858–1928) und ihren Mitstreiterinnen gegründeten Women's Social and Political Union hatte sie bis dahin wenig Beachtung geschenkt. Diese parteiunabhängige Organisation setzte sich vor allem für das Frauenwahlrecht ein, was den Damen, die neben organisierten Massenprotesten auch durch radikale Gewaltaktionen auf ihre Anliegen aufmerksam machten, die Bezeichnung »Suffragetten« einbrachte (nach dem lateinischen Wort »suffragium« für Stimmrecht). Moralische Unterstützung fanden die Frauen bei einflußreichen Intellektuellen wie Bernard Shaw und Bertrand Russell. Zunächst wollte sich Ethel Smyth von den Aktivitäten dieser Gruppe fernhalten, da sie sie für unvereinbar mit ihrer künstlerischen Tätigkeit hielt. Dem Sog, den die Rebellion der britischen Töchter entfachte, konnte sie sich aber auf Dauer nicht entziehen. Endgültig wurde sie für deren Sache gewonnen, als sie die Ausstrahlung einer so starken, leidenschaftlichen Persönlichkeit wie der von Emmeline Pankhurst bei einer Rede erlebte.[38]

Die Stellung der Frau in einem Land ist einer der sichersten Indikatoren für den sozialen Wandel. Dieser Wandel vollzog sich selbst im sogenannten »Mutterland der Demokratie« ausgesprochen langsam. In die viktorianische Zeit fallen die ersten Bemühungen der Frauen, sich zu emanzipieren. England übernahm eine Vorreiterrolle in der Frauenbewegung, die hier später militanter vorgehen sollte als in anderen europäischen Ländern. Dennoch erhielten die Britinnen erst 1928 das uneingeschränkte Wahlrecht (in Finnland z.B. geschah dies 1906, in Rußland 1917, in Deutschland 1918, in den USA 1920; in Frankreich dagegen erst 1944, in der Schweiz 1971). Immerhin gab es schon 1847 in London die ersten Mädchenschulen, 1867 wurde das erste Frauencollege in Cambridge eingerichtet, und gerade in Großbritannien haben Frauen wie Florence Nightingale, Jane Austen, die Schwestern Brontë, George Eliot (eigentlich: Mary Ann Evans) und Virginia Woolf »weibliches Genie, weibliche Gestaltungskraft, weibliche Ebenbürtigkeit zunächst bewiesen und dann kämpferisch durchzusetzen versucht«, wie die Schriftstellerin Hilde Spiel resümiert. »Das ausgeprägte Freiheitsgefühl, die Achtung vor dem Individuum, die das englische Leben charakterisiert, hat den Frauen seit jeher eine besondere Stellung eingeräumt. Sie wurden immer ernst genommen [...] und seit Generationen üben sie Berufe aus, die den Frauen anderer europäischer Länder noch verschlossen sind.«[39] In dem bereits 1847 noch unter dem männlichen Pseudonym Currer Bell veröffentlichten Roman *Jane Eyre* schilderte Charlotte Brontë eindringlich Einstellungen und Bedürfnisse der »neuen Frau« in der Mitte des 19. Jahrhunderts: »Frauen gelten im allgemeinen als sehr ruhige Naturen, aber Frauen empfinden genauso wie Männer. Sie brauchen ebenso wie ihre Brüder einen Tätigkeitsbereich, in dem sie ihre Fähigkeiten entfalten können. Sie leiden genauso wie Männer, wenn man ihnen allzu enge Fesseln anlegt und keine Entwicklungsmöglichkeiten bietet. Es ist engstirnig von den bevorrechteten Männern, wenn sie sagen, Frauen sollen sich darauf beschränken, Pudding zu kochen und Strümpfe zu stricken, Klavier zu spielen und Taschen zu besticken. Es ist gedankenlos, sie zu verurteilen oder sich über sie lustig zu machen, wenn sie mehr tun oder mehr lernen wollen, als man nach den herkömmlichen Ansichten ihrem Geschlecht zugesteht.«[40]

Ganz wie es ihre Art war, brachte Ethel Smyth recht deftig »weiblichen Pfiff ins Paradies« ein. *Female Pipings in Eden* lautete 1933 auch der Titel einer ihrer Essaysammlungen – »ein Groschenhefttitel« meinte Virginia Woolf, die Dichternase rümpfend. Er spielt indes recht geistreich auf Miltons Versdichtung *Paradise Lost* (1667) an, in der Eva als recht unselbständige Gefährtin Adams dargestellt wird. »Ich fragte mich, wie viele von uns *Das verlorene Paradies* von John Milton wirklich gelesen haben«, schrieb Ethel Smyth. »Ich habe es immer wieder versucht, doch ich wurde immer durch die Geschichte von Adam und Eva in Wut versetzt und abgestoßen – eine Erzählung, die heutige Frauen, Frauen des Jahres 1928!, zu Recht zum Lachen reizt. Doch demselben süffisanten und barbarischen Puritanismus, der der Frau ›ihren angestammten Ort zuwies‹ und ihr die Tür ihres Gefängnisses im Namen der Religion versiegelte, verdanken wir nicht nur die Auslöschung der Musik und der Fröhlichkeit in England; wir verdanken ihm auch eine solche Verkümmerung des weiblichen Verstandes, daß, als Frauen ihn zweihundert Jahre später wieder einzuschalten begannen, sie insgeheim das Gefühl hatten, etwas Unrechtes zu tun, ganz zu schweigen davon, welchen Mut es brauchte, die Verachtung und den Ärger ihrer männlichen Zeitgenossen zu ertragen. So kommt es, daß heutzutage Frauen, die etwas zu sagen haben, nach wie vor mit einer Mauer aus Vorurteilen und Übelwollen konfrontiert sind, der die Männer, die sie errichtet haben und sie ständig ausbessern, selbst niemals gegenüberstehen. Die Männer werden sogar die Existenz ihrer Mauer gegen die Frauen leugnen, bis man auf die Tatsache wie das Orchester-Tabu hinweist – nur einer von hunderten solcher Fakten!«[41] Die Klagen waren berechtigt, wurden doch beispielsweise viele Verträge mit Orchestermusikerinnen, die die Männer im Krieg vertreten hatten, nach deren Heimkehr wieder gelöst. 1924 gründete man schließlich das British Women's Symphony Orchestra, das im ersten Jahr von Gwynne Kimpton geleitet wurde, ab 1925 dann von einem vielversprechenden jungen Nachwuchsdirigenten: Malcolm Sargent. Obwohl Ethel Smyth konstatieren konnte, daß »auf manchen Feldern [...] die Schlacht schon gewonnen« ist, setzte sie sich auch nach ihrer Loslösung von den Frauenrechtlerinnen engagiert für die Gleichberechtigung ein. In der Anfangszeit ihrer Aktivitäten bei der Frauenbewegung komponierte Ethel Smyth den berühmten *March of the Women* – ein eingängiger Hymnus, den ein Suffragettenchor erstmals am 21. Januar 1911 unter der Leitung der Komponistin erschallen ließ. Die wohl spektakulärste Szene, die nahtlos in das Bild der Frau paßt, die »über Stühle samt Lehne springt, reitet, jagt, fischt, schwimmt etc. etc.« (so der Sänger Georg Henschel),[42] spielte sich ab, als Ethel Smyth im Londoner Gefängnis in Holloway inhaftiert war, weil sie sich an Gewaltaktionen und dem Demolieren von Fensterscheiben beteiligt hatte. Nach der Beschreibung von Thomas Beecham marschierte durch den Innenhof ein »stattlicher Trupp von Märtyrerinnen, die kraftvoll ihren Kriegsgesang schmetterten, während die Komponistin, freudestrahlend aus einem der höher gelegenen Fenster blickend, in einem beinahe bacchantischen Taumel den Takt mit einer Zahnbürste schlug.«[43]

Die Zeit ihres aktiven Einsatzes für die Frauenbewegung war befristet. Ab 1913 wandte sich Ethel Smyth wieder größeren kompositorischen Aufgaben zu, ohne jedoch ihre Ideale aufzugeben. So klingt der *March of the Women* noch einmal in der Ouvertüre ihrer komischen Oper *The Boatswain's Mate* an, in der Witz und Verstand der weiblichen Hauptperson Mrs. Waters das Geschehen bestimmen. Auch machte sie sich, sooft sie konnte, für die Belange ihrer Geschlechtsgenossinnen stark, mitunter zum Mißvergnügen ihrer Gesprächspartner, wie etwa der pikierten Marie von Thurn und Taxis, die Rilke 1913 in einem Brief mitteilte, sie habe in Wien eine Miss Ethel Smythe [sic!]

kennengelernt, »die nebenbei eine wirklich sehr begabte Componistin ist, und außerordentlich gescheidt, temperamentvoll scheußlich garstig und decidiert. Sie hat uns fort über ihre Suffragette-schaft erzählt, hat erklärt, daß sie jeden Tag wenn sie wach wird unserem Herrgott dankt daß sie eine Frau ist, daß sie, wenn sie nach England zurück ginge sofort wieder eine Bombe in ein Theater werfen würde, oder ein Haus anzünden, oder ein(en) Minister am Parapluie aufspießen würde (darum bleibt sie jetzt hübsch in Wien), hat Alex über die Feigheit der Männer, Dr. K. über die Dummheit vorlamentiert – kurz es war zum entrée zahlen – Dabei ist sie wirklich eine exceptionelle Frau – (nur wie oft Engländerinnen, ganz instinctlos).«[44] »Aus der Suffragettenbewegung ist Ethel mit der noch festeren Überzeugung hervorgegangen, daß alle Männer Halunken sind«, bedauerte eine Freundin. »Aber das sind sie doch auch«, entgegnete der Schauspieler Granville-Barker lakonisch, an den die Bemerkung gerichtet war.[45]

Ethel Smyth hatte nach ihrem politisch engagierten Intermezzo schon längst wieder andere Ambitionen. Auf der Suche nach einem neuen Librettisten wandte sie sich nach dem Verlust Brewsters unter anderem an die Schriftstellerin Selma Lagerlöf, die 1909 als erste Frau den Nobelpreis für Literatur erhalten hatte und deren Erzählungen durch ihre dramatischen Elemente vielversprechende Möglichkeiten zu enthalten schienen. Doch die Schwedin winkte ab. »Ich bin keine Dramatikerin«, schrieb sie, wies aber darauf hin, daß Gerhart Hauptmann aus einem ihrer Bücher, *Herr Arnes Schatz*, eine Bühnenfassung gemacht habe. Daß Ethel Smyth dieses Werk in Erwägung gezogen hat, belegt ein Libretto-Manuskript, das sie auf der Grundlage von Hauptmanns Drama selbst erstellte. Im Schreiben, nicht nur von Textvorlagen, sollte auch die Zukunft ihrer künstlerischen Entwicklung liegen. Schon bald nach ihrem Gefängnisaufenthalt hatte sie in Paris einen Ohrenarzt konsultiert, der ihr hinsichtlich ihres Gehörleidens wenig Hoffnung machen konnte. Die beginnende Ertaubung konnte vielleicht hinausgezögert, aber nicht geheilt werden. »Ich spüre einen Filzpfropfen zwischen mir und den Stimmen dieser Welt«, teilte sie ihrer Freundin Edith Somerville mit. »Wahrscheinlich werde ich mich daran gewöhnen, in einem Taucherhelm unter dem Meer eingesperrt zu sein [...] Aber wer kann sagen, ob es dabei bleibt; ob ich weiterleben möchte?«[46]

Die meisterhafte Compositrice

Als der Komponist Alexander Mackenzie 1927 auf ein halbes Jahrhundert »fortschrittlicher Ergebnisse« Rückschau hielt, wagte er die Vermutung, daß »in diesem Lande mehr *Compositrices* tätig sind – einige davon außerordentlich begabt – als anderswo. Diese Bewegung erreicht ihren Höhepunkt in der Person einer Engländerin, deren künstlerische Begabung und gladiatorenartige Geisteskraft hinter ihren Vorgängerinnen nicht zurücksteht. Die Meisterschaft meiner Freundin, Dame Ethel Smyth, hat wirkungsvoll die einst vertraute, jetzt vergessene Bemerkung zum Schweigen gebracht: ›Gut – für eine Frau!‹ Sie verdient im vollen Maße die Anerkennung, die ihre Musik, ungeachtet des Geschlechts, für sie gewonnen hat.«[47] In der Tat war dieses Lob eines geachteten Kollegen nur ein Anzeichen dafür, daß ihr Werk nach seiner Qualität eingestuft und beurteilt wurde. Dank ihres beharrlichen Einsatzes und nicht zuletzt des Engagements von Beecham und Wood war sie etwa ab 1910 auch durch ihre Orchesterwerke zu einer der bekanntesten Komponistinnen des Landes geworden. Ihre regelmäßigen Auftritte als Dirigentin eigener Werke bei den Promenadenkonzerten und zu anderen Gelegenheiten sorgten zusätzlich für Ansehen und entwickelten sich zu Publikumsmagneten. Jedermann wollte in den Genuß kommen, ihre unnachahmliche Art, ein Orchester zu leiten, selbst in Augenschein zu nehmen. »Sie ging ans Dirigentenpult, nahm den Taktstock und begutachtete kritisch seine Länge«, berichtete Henry Wood. »Sie kam zu dem Schluß, daß er für sie zu groß war, und so zerbrach sie ihn in aller Seelenruhe in zwei Teile, warf einen weg und dirigierte mit dem anderen.«[48] Ihre Erfolge überraschten Ethel Smyth selbst. »Ich leitete die *B[oatswain's Mate]*-Ouvertüre bei den Proms. Es lief sehr gut«, hielt sie 1921 in ihrem Tagebuch fest. »Hatte eine ungeheuere Aufnahme, wurde nachher viermal hervorgerufen und erhielt einen stürmischen Beifall. Das Amüsante ist dabei, daß beim letzten Mal, als ich dirigierte, die Presse zu schreiben beliebte, daß ich nicht dirigieren könne, und jetzt loben sie mein Dirigat! Man muß einfach nur seinen Weg gehen und dem keine Beachtung schenken.« Ihre Werke erklangen bei den großen britischen Festivals, doch auch auf dem Kontinent wurden sie regelmäßig gespielt, wie etwa in Salzburg. »Ich war eine von nur zwei Personen, die (außer einem Sänger) überhaupt Applaus erhielt«, notierte sie im September 1922. »Die andere war Hindemith, ein recht junger Frankfurter, der ein herrliches Streichquartett beisteuerte. [. . .] Es ist ein wunderbares Werk, und der Junge wird sich schon noch einen Namen machen . . .«[49] Rutland Boughton reihte Ethel Smyths Arbeiten in einem Artikel für das »Music Bulletin« (Februar 1923) unter das Werk der größten Komponisten ein, der Dirigent Bruno Walter setzte sich für sie ein, und der Dramatiker Arthur Schnitzler zeigte sich begeistert von der deutschen Fassung des Librettos zu *The Boatswain's Mate*.

Dieses Werk, eine Mischung aus Ballad Opera und Musikdrama, war – gut zehn Jahre nach den drei romantischen Opern – die erste umfangreiche Komposition ihrer zweiten großen Schaffensperiode. Ethel Smyth rechtfertigte die eben genannten Urteile durch eine stilistische und thematische Vielseitigkeit in den 20er Jahren, zu deren wichtigsten Experimenten noch der »Tanz-Traum« *Fête Galante* (1923), eine Mischung aus Oper und Ballett, die Farce *Entente Cordiale* (1925) und die »Sinfonie für

Sopran- und Baß-Bariton-Solo, Chor und Orchester« *The Prison* mit einem Text von Henry Brewster (1930) gehörten.

Die komische Oper *The Boatswain's Mate (Der Bootsmannsmaat)* erlebte weitaus mehr Aufführungen als *The Wreckers*, allerdings sind die Anforderungen an den Theaterapparat mit der nicht so umfangreichen Besetzung und dem kleineren Orchester auch weitaus bescheidener. Dem Rat Selma Lagerlöfs folgend, hatte Ethel Smyth das Libretto nach W. W. Jacobs Erzählung selbst verfaßt. Die Geschichte handelt vom ehemaligen Bootsmann Harry Benn, der mit Hilfe von Ned, einem früheren Soldaten, die Wirtin des Landgasthofes »Bienenkorb«, Mrs. Waters, beeindrucken und für sich gewinnen will. Ned soll einen Einbruch vortäuschen, bei dem dann er, Harry, gedenkt, als »rettender Engel« aufzutauchen. Doch Mrs. Waters ertappt Ned, beide finden Gefallen aneinander und rächen sich an Harry, indem sie ihm einen Streich spielen. Ethel Smyth komponierte die Musik während einer Ägypten-Reise zwischen dem Dezember 1913 und dem Mai 1914. Trotz der eingängigen Melodien wurde oft nicht zu Unrecht die gestörte Balance der Oper bemängelt, die im 1. Akt noch gesprochenen Dialog zwischen den Musiknummern enthält und im 2. Akt durchkomponiert ist. Ihren Gedanken zu einer neuen Art komischer Oper, die Smyth später in einem Vorwort zum publizierten Libretto formulierte, ließ sie selbst keine überzeugenden Beispiele folgen. »Was ich in meinen Komödien versuche, ist, mag der Fall pathetisch oder komisch sein, den menschlichen Aspekt hervorzuheben, so wie er uns im 20. Jahrhundert begegnet; jedenfalls nicht kostümiert, sondern in seiner normalen Alltagskleidung. Ich nehme noch nicht einmal Typen aus meiner eigenen Zeit und serviere sie mit einer burlesken Sauce, wie Gilbert es so delikat in *Patience* und *Pinafore* gemacht hat; mein Ziel ist es, Leben in Musik zu setzen, so wie ich es selbst in Zügen, Bussen, in meinem Dorf oder auf meinem Golfplatz gesehen und mitangehört habe.«[50] Erst Britten vermochte mit der Oper *Albert Herring* (1947) diesem Ideal in einer geglückten Verbindung von Musik und Leben des 20. Jahrhunderts gerecht zu werden.

Die für 1915 geplante Uraufführung von *The Boatswain's Mate* in Frankfurt sowie eine neue Produktion von *The Wreckers* unter Bruno Walters Leitung in München wurden durch den Ersten Weltkrieg zunichte gemacht. Ethel Smyth wandte sich abermals einer bis dahin für sie ungewohnten Beschäftigung zu und arbeitete von 1915 bis 1918 als Röntgenassistentin in einem französischen Militärhospital in der Nähe von Vichy. In der Heimat erklang ihre Oper *The Boatswain's Mate* erstmals am 28. Januar 1916, aufgeführt von der Beecham Opera Company im Shaftesbury Theatre in London. Das Werk wurde auch von Laienensembles alsbald gerne und oft gespielt und blieb bis in die 40er Jahre hinein ein Repertoirestück. Die folgenden Bühnenwerke von Ethel Smyth konnten mit diesem Erfolg zwar nicht mithalten, doch hatte es die Komponistin in den 20er Jahren auch nicht mehr nötig, ihre Arbeiten mit der Vehemenz früherer Tage in das Bewußtsein der Operndirektoren und auf die Bühne zu hieven. Mit dem »Tanz-Traum« *Fête Galante* (1923) erschloß Ethel Smyth ein ganz anderes Terrain. Es war das einzige Bühnenwerk, bei dem sie nicht selbst das Textbuch schrieb, adaptierte oder dem Verfasser vorschlug. Das komödiantische Werk mit den Versen von Edward Shanks geht auf eine Kurzgeschichte von Maurice Baring zurück, der nach Brewsters Tod Ethel Smyths bester Freund wurde. An diesem Stück für Gesangssolisten, Tänzer und Chor versuchte sich die Komponistin mit einer eleganten Musik im Geiste des 18. Jahrhunderts. Mit der humorvollen Widmung »To my own branch – the Army« versah sie ihr nächstes Bühnenwerk, die unterhaltsame Farce *Entente Cordiale* (1925), eine »Nachkriegskomödie in einem Akt«. Auf der Titelseite ließ sie ihrem Namen noch die Bezeichnung »Bengalische Militärwaise« hinzufügen. Das Stück, in dessen Mittelpunkt sprachliche Verwirrungen und Verwechslungen zwischen britischen Soldaten und Einwohnern eines kleinen nordfranzösischen Städtchens stehen, erlebte nur wenig Aufführungen, obwohl die mit Volksliedern angereicherte und von Dialogen unterbrochene Musik durchaus gefällig ist.

Mit größeren Ambitionen arbeitete Ethel Smyth fünf Jahre später an der Vertonung von *The Prison (Das Gefängnis)*, einem seinerzeit vielbeachteten philosophischen Text von Henry Brewster aus den 80er Jahren. Das Plotinus-Motto: »Ich bemühe mich, das Göttliche in uns zu erkennen und es mit dem universellen Göttlichen zu verschmelzen« zierte Brewsters Buch *The Prison – a Dialogue*. Mit dem etwa 65minütigen, kantatenartigen Werk für Sopran, Baß, Chor und Orchester setzte Ethel Smyth nicht nur ihrem früheren Geliebten ein spätes Denkmal, sondern schuf auch, der Taubheit nahe, eine ihrer meistbeachteten Kompositionen. Die Uraufführung dieser zweiteiligen »Sinfonie«, so die ursprüngliche Charakterisierung, fand am 19. Februar 1931 in Edinburgh zu einer Zeit statt, da Ethel Smyths Messe von 1891 wieder gespielt und sogar von der BBC im Rundfunk übertragen wurde. Ähnlich wie Janáčeks Oper *Aus einem Totenhaus* (1928) – das Werk eines Komponisten, der gegen Ende der 20er Jahre in England Aufmerksamkeit fand – kann man Smyths *The Prison* kaum Publikumswirksamkeit nachsagen. Als das Stück bei der Londoner Erstaufführung zusammen mit einem Werk erklang, das den vielsagenden Titel *The Last Things of Men* (*Die letzten Dinge der Menschheit*) trug und auch prompt durchfiel, bemerkte die Komponistin trokken, daß »die spöttische Bemerkung, daß man keinem Publikum zwei Beerdigungen an einem Abend zumuten könne, voll bestätigt« wurde.[51] Zudem war Ethel Smyths Musik nicht jedermanns Sache. Erst wenn, wie bei einer Galaaufführung zu ihrem 75. Geburtstag, ein Dirigent wie Thomas Beecham vor dem Orchester stand, meißelte sein Taktstock »Schönheit aus etwas, das gestern noch ein nackter Fels von Partitur war«, wie es der Rezensent des »Manchester Guardian« bildhaft verdeutlichte. Die Ovationen an jenem Tag galten jedoch gewiß nicht nur der Komponistin Ethel Smyth. »Dame Ethels Genie reicht über die Musik hinaus, es ist ein Genie von Charakter«, hieß es in der festlichen Würdigung, »und er kommt in allen Bereichen ihres Lebens zum Ausdruck, besonders in ihren Büchern, ihrem Tagesablauf, den ganz gewöhnlichen Belangen ...«[52]

Eine neue Karriere

Ende der 20er Jahre konnte bereits Bruno Walter feststellen, daß seine alte Freundin Ethel Smyth, die unterdessen »Dame Commander of the Order of the British Empire« geworden war, noch »nichts von ihrem höchst unkonventionellen Wesen und urwüchsigen Humor eingebüßt hatte. Sie näherte sich dem biblischen Alter, war aber noch immer die zeitlos junge, flammende Seele, als die ich sie einst in Wien erkannt hatte. Sie komponierte, sie schrieb und nahm an der Zeitgeschichte leidenschaftlichen Anteil, den sie gelegentlich in brillant abgefaßten, drastisch wirksamen Zeitungsartikeln ausdrückte.«[53] Das Schreiben bekam nach dem Erfolg ihrer zweibändigen Memoiren *Impressions That Remained*, die 1919 herauskamen, einen immer größeren Stellenwert. Teilweise mußte Ethel Smyth aus der Not eine Tugend machen, weil ihre unaufhaltsam fortschreitende Ertaubung ihre musikalischen Tätigkeiten zunehmend beeinträchtigte. Im Gegensatz zu dem Komponisten Gabriel Fauré, der gleichfalls im Alter von gut 50 Jahren allmählich sein Hörvermögen verlor, war sie darauf angewiesen, immer gleich hören zu können, was sie komponierte. Neben zahlreichen Zeitungs- und Rundfunkbeiträgen folgten noch ihre Essaysammlungen *Streaks of Life* (1921), *A Final Burning of Boats* (1928), *Female Pipings in Eden* (1933) und *Beecham and Pharao* (1936), die Erinnerungsbände *A Three-legged Tour in Greece* (1927), *As Time Went On* (1935) und *What Happened Next* (1940) sowie eine Biographie des Schriftstellers Maurice Baring (1938) und *Inordinate Affection* (1936) – ein Buch über die Hunde, in den meisten Fällen Schäferhunde, die sie zwischen 1888 und 1928 besaß. Unvollendet blieb der autobiographische Band *A Fresh Start.*

Obwohl die Schriftstellerei bei ihr nur die »zweite Geige« spielte, wie sie sagte, waren es gerade ihre Publikationen, die auch vermehrt die Aufmerksamkeit auf die Komponistin Ethel Smyth lenkten. Die Zukunft ihrer Werke schätzte sie aber durchaus realistisch ein, wenn sie in *A Final Burning of Boats* schrieb, man werde »den genauen Wert meiner Musik wahrscheinlich erst dann erkennen, wenn von ihrem Schöpfer nichts weiter übriggeblieben ist als geschlechtslose Punkte und Linien auf liniertem Papier«.[54]

Tierfreundin Ethel Smyth mit Marco, 1891

Als 1934 aus Anlaß ihres 75. Geburtstags ein Festival mit ihren Kompositionen gegeben wurde, war ihr Ohrenleiden bereits zu weit fortgeschritten, als daß sie noch etwas von den vorzüglichen Aufführungen durch Thomas Beecham in der Royal Albert Hall gehabt hätte. Bedingt durch ihre Taubheit konnte Ethel Smyth in ihren letzten Lebensjahren ausführlichere Unterhaltungen nur noch schriftlich führen. Mit Genugtuung registrierte sie 1943 den für England günstigen Kriegsverlauf – »Nie habe ich die Engländer mehr bewundert. Natürlich ist der gottgegebene Winston der größte Segen für sie. Welche

Gesundheit muß in ihm stecken!«, schrieb sie, freute sich aber auch ebenso, daß sie nach einer Radioübertragung ihrer Messe über 100 Briefe erreichten.[55] Im Alter von 86 Jahren erlag sie am 8. Mai 1944 einer Lungenentzündung, knapp einen Monat vor der Invasion in der Normandie.

Das Leben der Ethel Smyth war geprägt von Konfrontationen und Reibungen, was sich nicht zuletzt an ihrem kontrastierenden Freundeskreis zeigt, wie etwa in späten Jahren an der Beziehung zu einem so gegensätzlichen Temperament wie Virginia Woolf, die 1941 Selbstmord beging. In den Nachrufen auf Ethel Smyth wurden viele Facetten ihrer Persönlichkeit aufgezeigt: die Schriftstellerin, die Feministin, die Freundin, die Kämpferin, der große Charakter und nicht zuletzt die Komponistin. »Der Hauptfehler ihrer musikalischen Laufbahn bestand darin, daß sie vergaß, daß es die Aufgabe des Komponisten ist, zuerst, zuletzt und die meiste Zeit zu komponieren«, hieß es in der »Times« unter der Rubrik »Entertainments«.[56] Der Journalist, dem dieser Satz aus der Feder floß, hätte ihn ebensogut Rossini und Sibelius, die sich vom Komponieren zurückzogen, oder Webern mit seinem Gesamtwerk von etwa drei Stunden Dauer ins Stammbuch schreiben können. Er ließ unberücksichtigt, daß nur besonders günstige Umstände einem Komponisten ausreichend Zeit für seine eigentliche Arbeit lassen. Karrieren wie die von Ralph Vaughan Williams, Gustav Holst, Rutland Boughton und William Walton geben davon Zeugnis.

V

Die Sinfonie der Welt

Ralph Vaughan Williams (1872–1958)

Come Muse, migrate from Greece and Ionia, / Cross out, please, those immensely over-paid accounts, / That matter of Troy and Achilles' wrath, and Aeneas, Odysseus wanderings, / Placard 'removed' and 'to let' on the rocks of your snowy Parnassus, / Repeat at Jerusalem, place the notice high on Jaffa's gate, and on Mount Moriah / The same on the walls of your German, French and Spanish castles, and Italian collections, / For a better, fresher, busier sphere, / A wide, untried domain awaits, demands you.

Walt Whitman[1]

Auf der Suche nach den Wurzeln

Die Schwierigkeiten fangen bereits mit dem Namen an. Sein Doppelname wird ohne Bindestrich geschrieben und gehört in ein Register unter V wie Vaughan Williams. Sein Großvater Edward verwendete erstmals diese Fassung, nur Williams für sich ist falsch. Auch an der Aussprache des Vornamens bricht manche Zunge. Ralph wird eher wie »Rejf« ausgesprochen und reimt sich im Englischen auf »safe«, alles andere konnte ihn ziemlich verdrießlich stimmen.

Er war englisch-walisischer Herkunft und entstammte einer angesehenen Anwaltsfamilie. Ein Bruder seines Großvaters mütterlicherseits war kein Geringerer als Charles Darwin. Großonkel Charles starb 1882, als Ralph neun Jahre alt war, und so lernte er den Verwandten, der das Weltbild seiner Zeit mit seinem 1859 erschienenen Buch *On the Origin of Species* umwälzend veränderte, lediglich als kleiner Junge kennen. Als er seine Mutter fragte, was es denn mit diesem Ursprung der Arten auf sich habe, erläuterte sie ihm lapidar: »Die Bibel sagt, daß Gott die Welt in sechs Tagen erschaffen hat; Großonkel Charles glaubt, daß es länger gedauert hat; aber darüber brauchen wir uns keine Sorgen zu machen, denn auf beide Arten ist es gleich wundervoll.«[2]

Ralph wurde am Samstag, dem 12. Oktober 1872 als jüngstes von drei Kindern der Vaughan Williams in Down Ampney geboren, nahe der Stadt Cricklade, die auf der Grenze zwischen den Grafschaften Gloucestershire und Wiltshire liegt. Sein Vater starb, als Ralph drei Jahre alt war, und so wuchs das Kind in Leith Hill Place in Surrey, dem Wohnsitz seiner Mutter, auf. Daheim hatte man viel Muße zum Lesen und Musizieren. Überhaupt konnte sich Ralph ziemlich unbeschwert entwickeln. Zeit seines Lebens mußte er sich nie Sorgen um sein Auskommen machen, ganz im Gegensatz etwa zu seinem Freund Gustav Holst.

Die musikalischen Eindrücke, die er in seiner Jugend empfing, waren mannigfaltig. Ralph erhielt schon beizeiten Musikunterricht, wobei er bald entdeckte, daß ihm Streichinstrumente mehr lagen als das Klavier. So konzentrierte er sich darauf, sich auf der Geige zu vervollkommnen, später kam noch die Bratsche hinzu. Die Mutter nahm den Jungen auf Ausflüge mit, wobei er beim Three Choirs Festival erstmals Chorgesang und im Londoner Kristallpalast Konzerte erlebte. 1890 sah er in München seine erste Wagner-Oper. »Ich verspürte keine Überraschung, sondern eher die merkwürdige Gewißheit, daß ich alles zuvor schon einmal gehört hatte«, erinnerte sich Vaughan Williams. »Es war ein Gefühl des Wiedererkennens wie beim Treffen mit einem alten Freund, das uns alle angesichts einer großen künstlerischen Erfahrung überkommt. Ich machte die gleiche Erfahrung, als ich zum erstenmal ein englisches Volkslied hörte, als ich zum erstenmal Michael Angelos [sic!] *Tag und Nacht* sah, als ich plötzlich auf Stonehenge stieß oder meinen ersten Blick auf New York City erhaschte – das intuitive Gefühl, daß ich schon einmal dort gewesen war.«[3]

Im gleichen Jahr hatte Vaughan Williams ein Musikstudium am Royal College of Music aufgenommen, wo er unter anderem lehrreichen und inspirierenden Kompositionsunterricht bei Parry genoß. Auch das Leben in der Hauptstadt faszinierte ihn; hier konnte er Eindrücke gewinnen und Erfahrungen sammeln, die selbst im rührigen Kulturbetrieb der britischen Festspielstädte undenkbar waren. Nicht zuletzt zählte jene Aufführung von *Tristan und Isolde* dazu, die Gustav Mahler am 15. Juni 1892 am Opernhaus Covent Garden leitete. Es war die erste, seit Wagner bei seinem England-Besuch von 1877 das Werk hier selbst dirigiert hatte. Vaughan Williams, obgleich in der Provinz aufgewachsen, verstand sich zunehmend als Londoner, und er erwies dieser Stadt mit seiner zweiten, der *London Symphony*, auch musikalisch die Reverenz.

Zur Vorbereitung auf sein Examen wandte er der Themse-Metropole vorübergehend den Rücken und ging 1892 nach Cambridge, um sich von Charles Wood, »für technische Dinge der beste Lehrer, den ich je kennengelernt habe«, den letzten Schliff geben zu lassen. Jedoch pendelte er weiterhin nach London, um Parrys Stunden nicht zu versäumen. Offiziell war Vaughan Williams in Cambridge für das Fach Geschichte immatrikuliert, eine Fächerkombination, die nicht nur sein Bewußtsein für kulturelle Zusammenhänge schärfte, sondern ihn auch für eine interdisziplinäre Betrachtungsweise sensibilisierte. Gerade während der drei Jahre am Trinity College in Cambridge begann Vaughan Williams' »Unabhängigkeit und Emanzipation«, wie später seine zweite Frau Ursula berichtete. »Aufgewachsen unter dem strengen Moralkodex seiner Zeit, schätzte er die freieren Umgangsformen anderer Menschen und späterer Generationen, aber jede Art von körperlicher Ausschweifung erschien ihm unmöglich oder unzulässig aufgrund seiner eigenen inneren Disziplin, die zwar Flirten, Freundschaften und Verwirrung der Gefühle zuließ, jedoch alles untersagte, was nach seiner Auffassung anderen Menschen schaden oder sie verletzten könnte.« Es schien, als ob er »unbewußt alle Emotionen für die tieferen Erfordernisse des Schaffens aufsparte [. . .] In allen Erwiderungen auf das Leben war sein Wesen tief romantisch.«[4]

Als Vaughan Williams 1895 wieder an das Royal College nach London zurückkehrte, war Parry dort mittlerweile Direktor geworden. Mit seinem neuen Kompositionslehrer Charles Villiers Stanford kam der junge Student nicht zurecht. »Stanford war ein großer Lehrer, aber ich glaube, daß ich unbelehrbar war«, charakterisierte er das Verhältnis, das im Unterricht zu ständigen Spannungen führte. Trotz seiner Abneigung gegen die Musik von Vaughan Williams setzte sich Stanford später vermittelnd für dessen Werk ein. »Der Gewinn, den man aus einer Akademie oder einem College zieht, hängt nicht so sehr von den offiziellen Lehrern ab, sondern von den Studienkollegen«, räsonierte Vaughan Williams. »Ich hatte damals Glück mit meinen Kameraden. Andere Studenten am College waren Dunhill, Ireland, Howard Jones, Fritz Hart und Gustav Holst. Wir trafen uns für gewöhnlich in einer kleinen Teestube in Kensington und diskutierten über alle erdenklichen Themen unter der Sonne, vom tiefsten Ton des Kontrafagotts bis zur Philosophie von *Jude the Obscure*. Ich lernte von diesen Gesprächen mehr als von irgendeinem offiziellen Unterricht, dennoch empfand ich in dieser Gesellschaft eine gewisse Benachteiligung: sie waren alle so kompetent, und ich empfand mich als einen solchen Amateur. Ich habe mein ganzes Leben lang gekämpft, um meiner amateurhaften Technik Herr zu werden, und nun, da ich sie vielleicht im Griff habe, scheint es zu spät zu sein, um daraus noch Nutzen zu ziehen.«[5]

Bei diesem musikalischen Reifungsprozeß war vor allem ein Kommilitone besonders behilflich: Gustav Holst. Die erste Begegnung im Jahre 1895 sollte eine der folgenreichsten im Leben von Ralph Vaughan Williams werden. Dem zwei Jahre jüngeren Holst wurde der Besuch des Royal College of Music ab 1893 durch Geld ermöglicht, das sein Vater aus der Verwandtschaft zusammengeborgt hatte; die Fortsetzung der Studien sicherte 1894 schließlich ein Kompositionsstipendium. Gustav stammte genau wie Ralph aus Gloucestershire, und obwohl beider Musik sich stilistisch stark voneinander abhebt, lagen sie privat auf einer Wellenlänge. Noch als Studenten begannen die beiden mit ihren sogenannten »Field Days«, ihren »Manövern«, wie sie es nannten, die nach den Worten von Vaughan Williams zu wahren »Orgien« gerieten. Arbeitsorgien, wohlgemerkt, bei denen sich beide gegenseitig ihre Kompositionen zeigten und die entsprechende »Manöverkritik« übten – ein fruchtbarer Lernprozeß, bei dem einer vom anderen profitierte. »Holst verbrachte Stunden damit, seine Meisterschaft, seine tiefe Vorstellungskraft und sein Gefühl für das Schaffen klarer Texturen auf mein Werk zu verwenden, insbesondere bei jenen unbeholfenen Stellen, an denen ich andauernd festsaß und nicht mehr herauskam. Er ließ nicht locker, bis er eine Lösung gefunden hatte, die nicht nur ihn zufriedenstellte, sondern auch meinen Starrsinn überzeugte«, erinnerte sich Vaughan Williams. »Dies war umso wunderbarer, weil Holst, wie ich wußte, sich schwertat, eine amateurhafte Einstellung zu schätzen; durch seine absolute Sicherheit, genau die beabsichtigte Wirkung zu erzielen, brachte er wenig Sympathie für den Wankelmut der menschlichen Natur auf. Deshalb zeigte ich ihm beispielsweise nie meine komische Oper, weil er nie hätte verstehen können, wie ich sie gleichzeitig für trivial halten konnte und sie doch schreiben wollte.«[6] Man hatte also durchaus auch Geheimnisse voreinander, dennoch währten Freundschaft und Zusammenarbeit fast vierzig Jahre, bis zu

Ralph Vaughan Williams

Holsts frühem Tod im Jahre 1934. Mochte Holsts Musik unter dem Einfluß von Vaughan Williams kraftvoller und entschlossener werden, so inspirierte der Jüngere den lyrischen Ausdruck und die visionären Energien in Vaughan Williams' Werken.

Dem Abschluß der Studien am Royal College of Music folgte 1899 die Promotion in Cambridge. Am 9. Oktober 1897 heiratete der Doktorand Adeline Fisher, Tochter eines Anwalts, der zeitweilig Privatsekretär des Prinzen von Wales war. Die Verbindung mit der zwei Jahre älteren

Schönheit hielt bis zu Adelines Tod am 10. Mai 1951, dem seit den 20er Jahren eine chronische Gelenkerkrankung vorangegangen war, die die einst so gewandte Frau in ihren letzten Lebensjahren an den Rollstuhl gefesselt hatte. Vaughan Williams' zweite Gattin wurde am 7. Februar 1953 Ursula Lock, verwitwete Wood. Beide hatten sich bereits 1938 kennengelernt, als ihm die über zwanzig Jahre jüngere Frau ein Szenario zu einem Maskenspiel angeboten hatte. Aus der künstlerischen Zusammenarbeit, in deren Verlauf der Komponist wiederholt Texte von Ursula Wood vertonte, entwickelte sich eine tiefe Zuneigung, die schließlich in der Eheschließung mündete, nachdem beide ihre Partner verloren hatten. Bis auf den heutigen Tag engagiert sich Ursula Vaughan Williams für das Werk ihres zweiten Mannes. Sie veröffentlichte 1964 eine Lebensbeschreibung, war Mitautorin eines sehenswerten Fernsehportraits der BBC, das in vielen Ländern gesendet wurde, und ist noch immer in den Aufnahmestudios zugegen, wenn seine Musik eingespielt wird.

Die einzige feste Anstellung, die Vaughan Williams als Musiker jemals hatte, war von 1895 bis 1897 eine Organistenstelle in der Gemeinde St. Barnabas im Londoner Stadtteil South Lambeth. Er konnte es seiner auf Ansehen bedachten Familie kaum antun, wie sein Freund Holst auch Orchestermusiker zu werden. Wenn es schon ein Musikberuf sein mußte, dann sollte er eine sichere und halbwegs respektierte Laufbahn als Organist einschlagen. Dieser Tätigkeit wurde Vaughan Williams jedoch bald überdrüssig. Er wollte nicht nur, er mußte komponieren, doch die Grundlagen dazu erwarb er sich keineswegs durch trockene Theoriestunden, sondern durch den dornigen Weg von Versuch und Irrtum. Um mehr Erfahrungen zu sammeln, suchte er Lehrer, von deren Ratschlägen er sich etwas versprach. So zog er 1897 mit seiner jungen Frau nach Berlin, um Privatstunden bei Max Bruch zu nehmen. Nach seiner Rückkehr kündigte er seinen Posten an St. Barnabas und wandte sich 1900 sogar an Elgar, um ihn um Unterricht zu bitten. Alice Elgar antwortete seinem schriftlichen Ersuchen: Ihr Gatte nehme keine Schüler, und er solle sich doch an Professor Bantock wenden. Darauf ging Vaughan Williams nicht ein und nahm doch Unterricht bei Elgar, selbst wenn dieser nicht persönlich zugegen war. »Ich verbrachte mehrere Stunden im Britischen Museum, wo ich die Partituren der *Variations* und des *Gerontius* studierte«, erzählte Vaughan Williams und räumte ein, daß besonders seine erste Sinfonie stark davon beeinflußt wurde.[7]

Die Wechselwirkung zwischen seiner historischen und seiner musikalischen Ausbildung zeigte sich besonders bei der Beschäftigung mit der Volksmusik seiner Heimat, mit der er um 1900 begann. Die Anfänge dieser Auseinandersetzung mit dem englischen Liedgut lagen eigentlich schon Anfang des 19. Jahrhunderts, als vereinzelt Ausgaben erschienen, deren bemerkenswerteste 1843 die zunächst privat publizierte Sammlung der *Old English Songs as now sung by the Peasantry of the Weald of Surrey and Sussex* von Reverend John Broadwood war. Mit einer erweiterten Neufassung dieses Bandes setzte um 1889 auch eine systematische Beschäftigung mit den Volksmelodien ein. Aus verschiedenen Teilen Großbritanniens wurden Liedersammlungen herausgebracht, und am 16. Juni 1898 die Folk Song Society gegründet, zu deren Vizepräsidenten Parry, Stanford, Mackenzie und Stainer gehörten und deren ersten Jahresbericht »Mr. Edward Elgar« vorlegte.

Wesentliche Anregungen verdankte die Volksliedbewegung Cecil Sharp (1859–1924), der von 1903 bis zu seinem Lebensende insgesamt 4977 Melodien sammelte, von denen er 1118 veröffentlichte. Bereits ab 1899 hatte er sich mit Volkstänzen befaßt, und Vaughan Williams, der fürchtete, daß er mit seinem Interesse an der Volksmusik seine Freunde zu Tode langweilen würde, entdeckte erst spät diese Gemeinsamkeit mit Sharp. Der Ältere steckte mit seinem Enthusiasmus nicht nur Vaughan Williams, sondern auch Holst an, und auf zahlreichen Wanderungen hielt man Lieder der Dorfbewohner schriftlich fest. Modernere Methoden wandte später Percy Grainger (1882–1961) an, der als erster die Tonaufzeichnung zur Liederarchivierung einsetzte und mit einem Phonographen über Land zog – 1974 widmete ihm Britten seine *Suite on English Folk Tunes*. Ein Verdienst von Sharps Bemühungen bestand darin, daß es möglich wurde, volksliedhafte Anklänge in den Kompositionen mit den au-thentischen Volksliedern zu vergleichen. Das Singen von Volksliedern war in der zweiten Hälfte des 19. Jahrhunderts immer mehr zurückgegangen. Ja, früher habe man noch auf dem Weg zur Arbeit, auf dem Felde und des Abends auf dem Heimweg stets Lieder gesungen, erzählten die Älteren dem Musikforscher. Rückblickend schrieb Sharp 1907, daß »noch vor dreißig oder vierzig Jahren in England jedes Dorf auf dem Lande ein Nest von Singvögeln war. Es erscheint unwahrscheinlich, daß dies den Gutsbesitzern oder der Geistlichkeit nicht bekannt war. Ich glaube, wir müssen eher annehmen, daß sie davon wußten, jedoch die Bedeutung nicht erkannten.«[8] Als Sharp mit seiner Arbeit begann, meinte er bereits, daß es sinnlos sei, ein Lied von einem Menschen aufzunehmen, der nicht älter als fünfzig Jahre sei. Die gesellschaftlichen Veränderungen hatten auch das Musikleben auf dem Lande entscheidend beeinflußt: Die sich stetig verbessernden Fortbewegungs- und Bildungsmöglichkeiten erlaubten es, sich vom dörflichen Leben zu lösen und in der Stadt auch die breit gestreuten Freizeitangebote in Anspruch zu nehmen. Wozu dann noch selber Lieder singen? Vaughan Williams führte diese Entwicklung auf den Education Act von 1871 zurück; nicht minder einflußreich waren aber auch die Folgen der Migrationsbewegung, die mit Englands Entwicklung zu einer Industrienation einherging. So stellte der Schriftsteller Thomas Hardy 1902 in einem Brief fest, daß die Dorftradition mit ihrem großen Reichtum an nie aufgeschriebenen Volkssagen, Chroniken sowie ihrer ländlichen Topographie und Nomenklatur fast schon vergessen sei. »Ich kann mich nicht an einen einzigen Arbeiter erinnern, der noch auf dem Hof wohnt, auf dem er geboren wurde, und ich kenne einige, die fünf Jahre auf ihren jetzigen Höfen waren. Wie man sieht, gibt es keine Kontinuität in ihrem Leben und im Weiterreichen von Kenntnissen«, notierte Hardy.[9]

Vaughan Williams sammelte zwischen 1903 und 1913 über 800 Lieder und Varianten; längst nicht so umfangreiches Material wie Sharp, dafür zeigte er sich in seinen Vorträgen stets aufgeschlossen für echte Volksmusik, die zur Inspirationsquelle in zahlreichen seiner Kompositionen wurde. »Ich glaube, daß wir von den Erfindern dieser Volksmusik eine Lektion lernen können«, resümierte er. »Warum dachten sie sich diese Volkslieder aus und sangen sie? Nicht weil sie etwas Neues schaffen wollten, nicht weil sie ein Unterhaltungsprogramm zusammenstellen wollten, um die Schulden für die Orgel zu bezahlen, und auch nicht, weil ein Festival anstand, bei dem jedermann erschien. Der Grund, weshalb diese frühen Musiker sangen, spielten, sich etwas ausdachten und komponierten, war einfach und allein, weil sie es wollten, und ich denke, daß die Lek-tion, die wir davon lernen können, die der Aufrichtigkeit ist.«[10]

Die Beschäftigung mit der Volksmusik und die zeitlich knapp bemessene, aber nachhaltige musikalische Inspiration, die 1908 die dreimonatigen Studien bei Maurice Ravel vermittelten, bildeten eine wesentliche Grundlage für die Entfaltung der musikalischen Ideen, die Vaughan Williams entwickelte. Ravel war genau die Art von Lehrer, nach der er so lange gesucht hatte. Man befaßte sich vornehmlich mit der Orchestrierung, wobei Vaughan Williams erstmals in die Werke russischer Komponisten eingeführt wurde und zur Übung Klavierstücke von Borodin, Rimsky-Korsakow und Ravel selbst instrumentieren mußte. » ›Complexe, mais pas compliqué‹, lautete sein Motto. Er zeigte mir, wie man im Hinblick auf Farben anstatt auf Linie orchestriert. Es war eine anregende Erfahrung, alle künstlerischen Probleme von einem für mich völlig neuen Blickwinkel aus zu betrachten«, erinnerte sich der Brite. Von Ravel übernahm Vaughan Williams die Einstellung, Themenverarbeitungen um ihrer selbst willen abzulehnen und sie nur anzuerkennen, wenn es ihm mit der Durchführung glückt, zu etwas Besserem zu gelangen. »Er pflegte stets zu sagen, daß alle lebendige Musik eine ihr eigene melodische Anlage besitze, und führte die Einleitung der c-Moll-Sinfonie als Beispiel für eine Melodie an, die nicht als Themenaufstellung dient, sondern sich als etwas Selbstverständliches entwickelt«, berichtete Vaughan Williams. »Er war entsetzt, daß ich in dem kleinen Hotel, in dem ich arbeitete, kein Klavier hatte. ›Sans le piano on ne peut pas inventer des nouvelles harmonies.‹«[11]

In nur wenigen Werken, die unmittelbar nach der Rückkehr aus Paris entstanden, ist das »französische Fieber«, wie Vaughan Williams es nannte, unmittelbar zu diagnostizieren. Im übrigen war Ravel stolz darauf, daß der Brite sein einziger Schüler war, der »nicht meine Musik schrieb«, sondern zu einem eigenen Stil fand. Als beispielsweise 1912 Vaughan Williams' Liederzyklus für

Klavier und Streichquartett *On Wenlock Edge* in Paris aufgeführt wurde, wirkte der Franzose selbst als Pianist mit. Später berichtete Vaughan Williams, wie der befreundete Komponist George Butterworth mit seiner unverhofften Bemerkung: »Weißt Du, Du solltest mal eine Sinfonie schreiben!« den ersten Anstoß gab, sich ernsthaft mit diesem Genre zu befassen. In seinem 1912 im »RCM Magazine« veröffentlichten Artikel »Wer will den englischen Komponisten?« legte Vaughan Williams die Grundsätze fest, nach denen er seine Musik ausrichten sollte. »Die Kunst um der Kunst willen konnte in England nie gedeihen. Wir [die Komponisten] wurden oft als unkünstlerisch bezeichnet, weil unsere Kunst unbewußt ist. Unsere Dramatik und unsere Dichtung haben sich, wie unsere Gesetze und unsere Verfassung, eher zufällig entwickelt, während wir dachten, daß wir doch etwas ganz anderes machten, und so wird es auch mit der Musik sein«, schrieb er und postulierte: »Der Komponist darf sich nicht abschotten und über Kunst nachdenken; er muß mit seinen Mitmenschen leben und seine Musik zu einem Ausdruck des ganzen Lebens der Gemeinschaft werden lassen – wenn wir nach Kunst suchen, werden wir sie nicht finden . . .«[12] R. V. W., wie er vertraut abgekürzt wurde, sollte der Sinfonie der Welt wichtige Klänge beisteuern; Klänge, hinter denen ebenso das Wissen um das Leid eines Hiob wie um die Verbindung der menschlichen Existenz mit der Natur steht.

1914 gehörte Vaughan Williams zu den Künstlern, die sich freiwillig zum Militär meldeten. Die Erfahrung des Krieges wurde wichtig für sein persönliches Reifen, und in seinem 1940 veröffentlichten Artikel »Der Komponist in Kriegszeiten« vertrat er einen Standpunkt, der sicherlich schon 1914 das Agens seines Handelns war. »Einige Glückspilze können, so glaube ich, ihre Kunst weiterbetreiben, als ob nichts geschehen wäre. Für sie ist der Krieg lediglich eine ärgerliche Belästigung ihres geistigen und demnach ihres wahren Lebens. Ich habe junge Komponisten gekannt, die verärgert von diesem ›langweiligen Krieg‹ gesprochen haben. Ich muß zugeben, daß mich solch eine Bezeichnung schockiert«, schrieb Vaughan Williams und fuhr fort: »Was immer dieser Krieg sein mag, er ist nicht langweilig. Er mag unnötig sein, er mag falsch sein, aber man kann ihn nicht ignorieren: Er wird unser Leben genauso beeinflussen, wie das der nachfolgenden Generationen.«[13]

Die Szene wandelt sich

Das Auftreten von Vaughan Williams markierte einen Wendepunkt in der britischen Musikgeschichte. Er übernahm nicht nur Elgars Stellung als führender Komponist des Landes, mit ihm trat auch eine neue Künstlergeneration in den Vordergrund. Ralph Vaughan Williams war ein universitär gebildeter, aber nicht an Institutionen gebundener intellektueller Musiker. Anders als Sullivan oder Elgar äußerte und publizierte er nicht nur gelegentliche Stellungnahmen zu Fragen von Musik und Kunst, sondern trat seit 1902, als seine ersten Artikel in »The Vocalist« erschienen, bis weit in die 50er Jahre hinein regelmäßig mit Vorträgen und Beiträgen für den Rundfunk, für Zeitschriften und Zeitungen und mit Büchern an die Öffentlichkeit. Was seinem Lehrer Parry in Ansätzen gelang, führte er weiter: die Verwirklichung kultureller Ideale in seinem Werk. »Wenn Sie mehr über Musik wissen wollen, werden Sie Vaughan Williams' Vorträge enttäuschen. Wenn Sie aber mehr über Vaughan Williams' Musik erfahren möchten, lesen Sie sie«, resümierte Martin Cooper im »Daily Telegraph« dann auch zutreffend in seiner Rezension des Buches *The Making of Music.*[14]

Edward Elgar, darin noch ganz ein Repräsentant des 19. Jahrhunderts, gehörte zu den letzten großen Komponisten, die sich in einer umfangreichen Korrespondenz mitteilten, ohne wie etwa Ethel Smyth durch Taubheit bedingt mit dem Schreiben aus der Not eine Tugend machen zu müssen. Elgars Briefe gehen in die Tausende. Ralph Vaughan Williams' privater schriftlicher Nachlaß ist bei weitem nicht so ergiebig, und seine Korrespondenz mit Gustav Holst beispielsweise nimmt weitgehend auf die Arbeit Bezug. Vaughan Williams teilte sich in Vorträgen, in Begegnungen und in seinem Werk mit. An diesem Werk, vornehmlich seinen Sinfonien, entzündete sich die Musikbegeisterung in Großbritannien seit den 20er Jahren, und parallel zu seiner Karriere erreichte der Standard der britischen Orchester eine Qualität, von der Sullivan, Parry oder Elgar nur zu träumen gewagt hätten. Die Sinfonien von Vaughan Williams waren nur *ein* besonderer Stimulus, der die britische Orchesterszene belebte, die seit Beginn des 20. Jahrhunderts ausgesprochen vielfältig geworden war. Die anspornende Konkurrenz erwies sich für die Qualität der einzelnen Ensembles durchaus als Vorteil. »Man sagte, es hätte vor 47 Jahren kein Publikum für große Musik gegeben«, erinnerte sich Henry Wood 1941, »und die Kritiker schüttelten den Kopf. Aber Robert Newman meinte, wir würden ein Publikum *schaffen*, und das haben wir gemacht. Er fragte mich, ob ich ständiger Dirigent eines Orchesters werden wollte, das er gerade bildete, des Queen's Hall Orchestra – und ich ergriff die Gelegenheit beim Schopfe. Daraus entstanden die Proms; eine gewagte Sache im Jahre 1895. Bach und Haydn, Mozart, Beethoven und Brahms sind in dieser Zeit keine elitären Größen mehr, vor denen man erschaudert. Sie sind jetzt für alle möglichen Leute, auch für diejenigen, die bis zur Einrichtung der Proms nie von ihnen gehört hatten, Freunde geworden, die man gern hat. Dazu bedurfte es Jahre harter Arbeit und, das gebe ich gerne zu, auch eines gewissen Geschicks. Wir mußten langsam anfangen; zunächst mit Kornettsoli und ähnlichem. Heutzutage kann ich ein Werk wie die *London Symphony* von Vaughan Williams, eines der besten Komponisten, den wir in Großbritannien heute haben, aufs Programm setzen, und daran kann man sehen, wie sich die Proms verändert haben. Ich habe das mir gesetzte Ziel erreicht.«[15] Nachdem die Queen's Hall, seinerzeit der bedeutendste Londoner Konzertsaal, am 10. Mai 1941 bei einem deutschen Luftangriff zerstört worden war, mauserte sich die 1951 zum »Festival of Britain« eingeweihte Royal Festival Hall zum wichtigsten Veranstaltungsort für Orchesterkonzerte.

Vom Hallé Orchestra aus Manchester (1857), dem Queen's Hall Orchestra (1895), dem London Symphony Orchestra (1904), dem British Women's Symphony Orchestra (1924) und dem BBC Symphony Orchestra (1930) war bereits die Rede. Ausgezeichnete Musikervereinigungen fanden allmählich in allen größeren Städten zusammen, wie etwa 1891 das Scottish National Orchestra in Edinburgh, das 1951 in Scottish Orchestra umbenannt wurde, oder 1920 das City of Birmingham Orchestra als das erste permanente Orchester der Stadt. Elgar, auf der Höhe seines Ruhmes, dirigierte höchstpersönlich das erste Konzert am 10. November 1920 mit einer Auswahl eigener Werke. Auch das 1943 gegründete Liverpool Philharmonic Orchestra wird höchsten Ansprüchen gerecht. Heute gibt es jedoch keine Stadt, die eine so vielfältige Orchesterszene besitzt wie London. Neben den Orchestern des Covent Garden Opera House und der English National Opera gibt es mehrere Sinfonieorchester, die für Schallplatteneinspielungen auch regelmäßig Opern einstudieren. Das London Philharmonic Orchestra war bereits 1932 von Thomas Beecham gegründet worden und hatte sich bis zum Kriegsbeginn zum führenden Orchester der Hauptstadt entwickelt. Als Beecham Ende 1939 in die USA ging, überstanden die Musiker mit viel Eigeninitiative die Kriegsjahre und schafften 1945 einen Neubeginn. In diesem Jahr wurde auch das Philharmonia Orchestra London von Walter Legge, dem Leiter von EMI Records, ins Leben gerufen. Die Hauptaufgabe bestand darin, regelmäßig für Schallplattenproduktionen zur Verfügung zu stehen. Das Orchester, das unter großen Dirigenten wie Erich Kleiber und Otto Klemperer spielte, wurde 1964 zum New Philharmonia Orchestra umbenannt. 1946 gründete Thomas Beecham in London das Royal Philharmonic Orchestra, dessen Leitung nach seinem Tod 1961 Rudolf Kempe übernahm, auf den wiederum Künstler wie Charles Groves, Lawrence Foster und Walter Weller folgten. In jüngster Zeit ist allerdings das Weiterbestehen vor allem des Philharmonia Orchestra und des London Philharmonic Orchestra durch die Streichung der Staatlichen Subventionen stark gefährdet.

Vaughan Williams dirigierte mehrfach vor allem das London Philharmonic, das London Symphony und das Hallé Orchestra. Er war kein technisch versierter Orchesterleiter, verstand es aber, die Musiker kraft seiner Persönlichkeit zu inspirieren. Im Gegensatz zu Elgar sind seine Einspielungen rar: 1925 wurde mit einem akustischen Aufnahmeverfahren eine Platte mit der Ouvertüre zu *The Wasps* und mit der Musik zu *Old King Cole* produziert, und erst 1937 leistete er mit einer Aufnahme seiner

4. Sinfonie einen Beitrag zur Interpretation seiner großen Orchesterwerke. Eine gewisse »Authentizität« vieler anderer Einspielungen bis 1958 ist jedoch durch seine ständige Anwesenheit bei den Aufnahmesitzungen gewährleistet.

Im Gegensatz zu dem zurückgezogenen, scheuen Elgar bildete der alerte, mediensichere Vaughan Williams mit seinem mitunter rabelaishaften Humor eine Art Fixpunkt im Kulturleben. Brechungen künstlerischer Standpunkte, Reibungen zwischen Kultur und Politik, gesellschaftliche und kulturelle Spannungen waren von Anfang der 20er bis gegen Ende der 50er Jahre ohne eine Stellungnahme von Vaughan Williams undenkbar. Zwischen 1945 und 1958 gehörten die neuen Werke von Vaughan Williams neben denen Benjamin Brittens zu den von Fachleuten und Liebhabern am meisten beachteten Ereignissen im britischen Musikleben. Die Musik Großbritanniens hatte wieder an länderübergreifender Geltung gewonnen. Aus dem 1940 gegründeten Council for the Encouragement of Music and the Arts (CEMA) erwuchs nach Kriegsende der Arts Council of Great Britain, der das Kulturleben mit staatlichen Finanzmitteln unterstützte. Auch einige städtische Träger erkannten allmählich die Bedeutung der Kunstförderung. 1945 wurde in Cheltenham ein Festival für zeitgenössische britische Musik gegründet, und für das Wirken von Komponisten und Autoren stellte insbesondere die Einrichtung des 3. Programms der BBC im Jahre 1946 eines der wichtigsten Ereignisse dar. Den Kulturboom illustrieren Zahlen wie die 722 Konzerte, die vom Hallé, Liverpool Philharmonic und London Philharmonic Orchestra im Jahre 1944 vor insgesamt einer Million Menschen gegeben wurden; die Beiträge von den Mitgliedern der beim CEMA organisierten kammermusikalischen Vereinigungen, die von 800 Pfund (1941) auf 7500 Pfund (1944) stiegen, und die 42 Werke, die Henry Wood in nur zwei Spielzeiten der Promenadenkonzerte 1942/43 zur englischen Erstaufführung brachte. Der British Council förderte zahlreiche Platteneinspielungen englischer Musik, so etwa zwischen 1942 und 1947 von Elgars Oratorium *The Dream of Gerontius*, Holsts Chorwerk *Hymn of Jesus* und der Orchestersuite *The Planets*, Waltons Oratorium *Belshazzar's Feast,* Moerans g-Moll-Sinfonie, Baxs 3. Sinfonie, Bliss' Klavierkonzert, Purcells Oper *Dido and Aeneas*, Brittens *Serenade* und Vaughan Williams' Ballett *Job*, der Suite *Flos Campi* und der 5. Sinfonie.

Der Ausgangspunkt für Vaughan Williams Aufstieg zu einer der Schlüsselfiguren im britischen Musikleben des 20. Jahrhunderts fällt in die Phase des Verlöschens des edwardianischen Zeitalters. König Edward VII., der Sohn Victorias, starb am 6. Mai 1910 nach nur knapp neun Amtsjahren. Während die brillante *Fantasia on a Theme by Thomas Tallis* für Streichorchester bei ihrer ersten Aufführung am 6. September in Gloucester noch wenig Aufmerksamkeit erregte, wurde der 38. Geburtstag des Komponisten zu einem persönlichen Triumph: Am 12. Oktober 1910 erklang in einem von Stanford geleiteten Konzert in Leeds neben Rachmaninows 2. Klavierkonzert (mit dem Komponisten selbst am Flügel) und Richard Strauss' Tondichtung *Don Juan* auch Vaughan Williams' *Sea Symphony*, von ihm selbst dirigiert. »Es dürfte kaum überraschen, wenn man das Festival von 1910 als das ›Festival der *Sea Symphony*‹ in Erinnerung behält« prophezeite der Rezensent der Londoner »Times«, und ungeachtet manch kritischer Stimmen in anderen Blättern konstatierte man im »Manchester Guardian«, daß das Werk »zweifelsohne eine neue Persönlichkeit in die erste Reihe unserer englischen Komponisten stellt.«[16]

»Complexe, mais pas compliqué«

Es ist keineswegs willkürlich, wenn man das Jahr 1911 als einen wichtigen Achsenpunkt im britischen Kulturleben herausgreift: Es war das Jahr folgenreicher politischer und kultureller Ereignisse, ein Jahr, das eine Bestandsaufnahme des Vergangenen ermöglichte und zugleich Perspektiven für die Zukunft aufzeigte. Wenn Sullivan schon 1888, sozusagen auf halbem Wege zwischen *The Tempest* und den *Enigma Variations*, in Birmingham resümiert hatte, daß »bei den Fortschritten, die unser Land in den letzten fünfzig Jahren gemacht hat, wohl keine größer waren als die im Bereich der Musik«, so konnte man nun, 23 Jahre später, feststellen, daß man der Aussicht, »wieder die Stellung zu erlangen, die man einst innehatte, als man vor vielen hundert Jahren als Musiknation an der Spitze Europas stand«[17], ein gutes Stück nähergekommen war.

1911 war das erste Regierungsjahr von George V., eines Königs, der es geschickt verstand, die britische Monarchie den sich wandelnden gesellschaftlichen Verhältnissen anzupassen. Die politisch immer geringer werdende Effektivität des Königshauses glich er durch eine Hinwendung zu repräsentativen Aufgaben und durch Volksnähe aus. So genehmigte er beispielsweise 1923, seine Untertanen durch die Medien am Geschehen im Königshaus teilhaben zu lassen. Auch trug er 1926 zur friedlichen Beilegung der schweren innenpolitischen Krise bei, die der Generalstreik hervorrief. Die Wohlhabenden spürten ein Jahr nach dem Tod Edward VII., was Nostalgie bedeutet, während sich für diejenigen, die unter dem großen sozialen Gefälle litten, mit dem ersten Wahlerfolg der Labour Party in weiter Ferne ein Hoffnungsschimmer abzeichnete. Die ersten beiden Labour-Mitglieder zogen 1911 ins Parlament ein. Desweiteren bedeutete der Parliament Act, der die Dauer der Legislaturperiode von sieben auf fünf Jahre reduzierte und die Gesetzesgewalt des Oberhauses nahezu ausschaltete, einen bedeutsamen Schritt in Richtung Demokratisierung. Zugleich aber erschütterte im Sommer eine Streikbewegung das Land, wie sie Großbritannien bisher noch nicht gekannt hatte.

Vorerst noch wenig beachtet von der insularen Kulturwelt wurden im Jahre 1911 *Petruschka* von Igor Strawinsky und die 4. Sinfonie von Jean Sibelius uraufgeführt, die als das persönlichste Bekenntnis ihres Schöpfers gilt. Ravel schrieb noch an *Daphnis et Chloé*, das genauso wie die Werke der eben Genannten einen weitreichenden Einfluß haben sollte. Serge Diaghilews (1872–1929) »Ballets Russes« erzielten 1911 in London einen sensationellen Erfolg. Die bis dahin unvergleichliche Verbindung von Musik, Malerei und Tanz mit den für das moderne Ballett bahnbrechenden Choreographien ihres Tanzstars Vaclav Nijinsky (1888–1950) beflügelte die Phantasie britischer Künstler. »Diaghilews Persönlichkeit vereinigte auf eine wohl unvergleichliche Weise den Geist einer ganzen Generation künstlerischen Denkens«, resümierte der Komponist Constant Lambert,[18] dessen Ballettmusik zu *Romeo and Juliet* im Mai 1926 das erste Werk eines Engländers war, das im Auftrag des Russen für Diaghilews Ensemble in Monte Carlo entstand; im Dezember brachte es dann Lord Berners Harlekinade *The Triumph of Neptune* in London heraus. Wenig tangiert wurde man auf der Insel dagegen von Béla Bartóks Bemühungen um eine eigenständige Kunstmusik in seiner Heimat und von dessen expressionistischen Klavierstücken wie dem neuen *Allegro barbaro*. Kaum Aufmerksamkeit fand auch Gustav Mahler, der im Mai 1911 in Wien starb und als Vermächtnis *Das Lied von der Erde* und die 9. Sinfonie hinterließ, die in England erstmals 1930 zu hören war. Auch der Däne Carl Nielsen, dessen Musik nach dem Zweiten Weltkrieg in England eine Zeitlang ausgesprochen populär war, erregte in jenen Jahren mit seiner 3. Sinfonie und dem Violinkonzert kaum Neugier.

Auf dem Kontinent erreichte die Krise der Tonalität ihren Höhepunkt; es war die Zeit, in der die revolutionären Werke des 20. Jahrhunderts entstanden. Schönberg arbeitete an *Pierrot lunaire*; 1911, zwei Jahre nach den atonalen drei Klavierstücken op. 11, wurden seine expressiven sechs kleinen Klavierstücke op. 19 uraufgeführt. Das Londoner Publikum, das an dem heißen Frühlingsabend des 24. Mai in der Queen's Hall saß, war schon mit der ungewohnten Klangsprache in Elgars 2. Sinfonie überfordert. Delius feilte im selbstgewählten französischen Exil an seiner sensiblen Orchesterlyrik, und daheim beteiligten sich an den damaligen Suchwanderungen der britischen Musik Künstler wie Delius' Freund Peter Warlock, dessen verhältnismäßig kleines Œuvre vor allem bedeutende Beiträge zum Kunstlied aufweist. Dazu gehörten ferner Joseph Holbrooke, dessen Opern-Trias mit Themen aus der walisischen Mythologie ihn zum »Cockney Wagner« abstempelte, Lord Berners, dem man später das Etikett eines »englischen Satie« anhängte – obwohl er nach Einschätzung des Schriftstellers Osbert Sitwell in den Jahren zwischen den Kriegen mehr als jemand sonst in England dazu beigetragen habe, den Kulturgeschmack der Wohlhabenden zu »zivilisieren«–, John Ireland, der nach

Orlando Gibbons wohl die bedeutendsten Beiträge eines Briten zur Klavierliteratur leistete, Frank Bridge, der sich insbesondere durch seine Kammermusik einen Namen machte und 1910 mit der Orchestersuite *The Sea* Begeisterung hervorrief, sowie Arthur Bliss, dessen dramatischer Instinkt vor allem in seinen Ballett- und Filmmusiken zum Ausdruck kam. Zu der Generation, die wie Bliss und Moeran im letzten Jahrzehnt des 19. Jahrhunderts geboren wurde, bildet Eugene Goossens eine Art »Bindeglied«. Seinen Hauptbeitrag neben den Kompositionen, die nach 1918 entstanden, leistete er vor allem als Dirigent vornehmlich moderner Musik. Arnold Bax hatte vorerst lediglich kleinere Werke geschaffen, Künstler wie William Walton, Cyril Scott, Arthur Benjamin, Edmund Rubbra, Ivor Gurney und Constant Lambert traten erst nach dem Ersten Weltkrieg in Erscheinung.

Im Jahr 1911 organisierte Gustav Holst mit Studenten des Morley College die seit 1692 erste Aufführung von Purcells Semi-Opera *The Fairy Queen*, Parry veröffentlichte sein Buch *Style in Musical Art*, Ethel Smyth verband mit dem *March of the Women* ihre Kunst mit gesellschaftspolitischen Anliegen, und es war das »Jahr eins« des Sinfonikers Ralph Vaughan Williams. Die Komposition der 1910 uraufgeführten *Sea Symphony* hatte ihn fast sieben Jahre lang beschäftigt, und nun widmete er sich bereits der Arbeit an seiner nächsten Sinfonie. Die erste Sinfonie, die bei einigen ein enthusiastisches Echo hervorrief, irritierte manch andere wegen ihrer Modernität. Das kühne Konzept, die elektrisierende Fanfaren-Introduktion und die ungewohnten Dimensionen ließen fast vergessen, daß Vaughan Williams hier viele Erkenntnisse seines Studiums der Elgarschen Partituren, vor allem des *Gerontius*, eingebracht hatte. Auch bei seinen folgenden sinfonischen Werken sollte Vaughan Williams die Entfaltung seiner musikalischen Gedanken keinen formalen oder durch die Konvention vorgegebenen Beschränkungen unterwerfen. Die Sinfonik bildet den Kern seines Lebenswerkes. Nicht nur ist sie durch ihren schieren Umfang, der wie bei Beethoven, Bruckner und Mahler neun große Sinfonien umfaßt, beeindruckend, sondern sie stellt auch die Umsetzung des künstlerischen Credos von Vaughan Williams dar. Berücksichtigt man die langen Entstehungsphasen der Werke, so umfaßt die Beschäftigung mit den Sinfonien den Zeitraum von 1903, als die ersten Skizzen entstanden, bis zum August 1958, als die letzte noch für die Schallplatte eingespielt wurde, also insgesamt 55 Jahre. Der Komponist ist bereits Ende dreißig, als er 1910 erstmals ein Werk in dieser Gattung präsentiert; zwei weitere Arbeiten folgen in den nächsten zwölf Jahren – drei Sinfonien mit Namen, eine Trias von Liebeserklärungen an sein Land, dessen Meer, Hauptstadt und Natur. Dreizehn Jahre schwieg Vaughan Williams als Sinfoniker, sein Freund Gustav Holst war unterdessen verstorben, dann – 1935 – begann die Numerierung der Sinfonien: »Symphonie Nr. 4 in f-Moll«, uraufgeführt am 10. April mit dem BBC Symphony Orchestra unter Adrian Boult. Es wurde ein unvergleichlicher Erfolg, ja das Publikum habe »beinahe hysterisch« reagiert, berichteten die Zeitungen. Über kaum eine andere seiner Sinfonien wurde soviel geschrieben und spekuliert. Auch glaubte man, sein sinfonisches Schaffen sei nunmehr abgeschlossen, denn auch Brahms hatte es bei vier Sinfonien bewenden lassen, ebenso Schumann und Mendelssohn. Neun Jahre später wurde die 5. Sinfonie erstmals gespielt, am 24. Juni des vierten Kriegsjahres. Der Komponist dirigierte selbst. Fünf Jahre darauf, 1948, trat er mit seiner 6. Sinfonie an die Öffentlichkeit, und am Pult stand wieder Adrian Boult, einer der verständnisvollsten Interpreten seiner Werke. Nachdem 1953 John Barbirolli mit seinem Hallé Orchestra die *Sinfonia Antartica* aus der Taufe gehoben hat, die Siebte, die auf der Filmmusik zu *Scott of the Antarctic* (1948) aufbaut, begann Boult, der bereits für H. M. V. vereinzelte 78er-Aufnahmen gemacht hatte, im Jahr darauf für Decca alle Sinfonien von Vaughan Williams einzuspielen. Dafür stand ihm das hervorragend disponierte London Philharmonic Orchestra zur Verfügung, und der Komponist war bei den Aufnahmen der 1., 4., 5., 6. und 7. Sinfonie in den Kingsway-Hall-Studios zugegen. Mit der zuvor einzeln produzierten *London Symphony* (1952) und der *Pastoral Symphony* (1953 als Beitrag zur Krönung von Elizabeth II.) waren nunmehr alle bis dahin komponierten Sinfonien auf Langspielplatten erhältlich. Schließlich führte Barbirolli 1956 erstmals die 8. Sinfonie auf, und gut vier Monate vor dem Tod des Komponisten erklang die Neunte unter Malcolm Sargents Leitung. Bruckner und Mahler hatten ihre wie Beethoven in d-Moll geschrieben, Vaughan Williams wählte die Tonart e-Moll.

Vaughan Williams war ein weltverstehender, universeller Komponist. »Ich glaube, daß alle Künste und besonders die Musik für ein erfülltes Leben notwendig sind«, schrieb er an Schüler in Norfolk, die eines ihrer Unterrichtsgebäude nach ihm benennen wollten. »Die praktische Seite des Lebens ist natürlich auch wichtig, [...] aber die Musik versetzt Euch in die Lage, in Vergangenem das Wesentliche auf eine Art und Weise zu erkennen, wie es die Naturwissenschaft nicht vermag. Die Künste sind jene Instrumentarien, mit denen wir durch die magischen Fenster blicken können und erkennen, was sich dahinter verbirgt.«[19] Seine Sinfonien umspannen nahezu alle Bereiche des Lebens: die Natur, die den Menschen prägt (*A Sea Symphony, A Pastoral Symphony*), die moderne Großstadt (*A London Symphony*), die geographisch noch wenig erschlossene Welt (*Sinfonia Antartica*), den Humanismus (6. Sinfonie), die Intensität eines sparsam strukturierten Klangkosmos (8. Sinfonie) und ein gewaltiges Tonpoem (9. Sinfonie), das Symbol des Schönen in den Kriegsjahren (5. Sinfonie) und das Zeitgefühl der eigenen Epoche (4. Sinfonie).

Vielfach wurde versucht, die komplexen Strukturen der neun Sinfonien durch außermusikalische Deutungen zugänglich zu machen, und am schwersten machte es der Komponist seinen Interpretatoren mit seinen letzen beiden großen Orchesterwerken. Er glaubte nicht an Bedeutungen oder Mottos, und die Titel, die er vier seiner Sinfonien gab, wollte er keineswegs als Überschriften für Programmusik im herkömmlichen Sinne verstanden wissen. Sie bezeichneten für ihn nur »eine Stimmung, in der man zuhören sollte«.[20] Diese Konkretisierungen unzugängliche, ambivalente Beschaffenheit seiner Hauptwerke war weitgehend von der Entstehungszeit und dem Stadium seiner persönlichen Entwicklung geprägt. Mochte seine Biographie von außen betrachtet verhältnismäßig unspektakulär verlaufen, so gibt es in seinem sinfonischen Kosmos zahllose Facetten auszuloten, die in ihrer Mannigfaltigkeit hier nur angedeutet werden können.

Wenn der Komponist von Stimmungen sprach, die man sich beim Hören seiner Werke bewußt machen soll, so wird deutlich, daß eine aktive Rezeptionshaltung gefordert ist. Wer die Sinfonien als kulinarische Berieselung im Hintergrund spielen läßt, hört an ihnen vorbei. Dies bedeutet nicht, daß etwa ein radikaler Bruch mit der klassischen oder romantischen Klangästhetik den rein akustischen Zugang über Gebühr erschweren würde. »Schönheit in der Musik« war ein Stichwort, das für Vaughan Williams eine zentrale Rolle spielte, wobei sein Begriff von »Schönheit« Kunstideale wie Aufrichtigkeit und Wahrhaftigkeit beinhaltete. »Der beste Komponist ist mit Sicherheit derjenige, der über die schönsten Melodien verfügt, die tadelloseste Harmonik, die lebhafteste Rhythmik und das sicherste Formgefühl. Ein anderes Kriterium gibt es nicht«, schrieb er.[21]

Taucht man nun in die Klangfluten von Vaughan Williams' Sinfonien ein, muß man, wie bereits erwähnt, stets berücksichtigen, daß sie spürbar von der Entwicklung ihres Schöpfers und den prägenden Eindrücken seiner Zeit beeinflußt sind. Der Komponist benötigte für diese Wesensäußerungen die Farbpalette des gesamten Orchesterapparats, gelegentlich sogar den zusätzlichen Einsatz ungewöhnlicher Instrumente und der menschlichen Stimme. Instrumentalkonzerte waren nicht sein Fall, und selbst ein Klavierkonzert (1933) zeigt eher, daß er ein Versprechen für die Pianistin Harriet Cohen einzuhalten bereit war, als daß er aus innerer Notwendigkeit heraus komponierte. Diese Unabdingbarkeit spürt man hingegen bei der *Sea* und der *London Symphony*, die nach einer mehrjährigen Entstehungsphase innerhalb von kurzer Zeit (1910 und 1914) noch vor Beginn des Ersten Weltkriegs uraufgeführt wurden. Die *Sea Sym- phony* für Sopran- und Bariton-Solo, Chor und Orchester ist mit 60 bis 70 Minuten Spieldauer Vaughan Williams' längstes Werk in dieser Gattung. Völlig neuartig war 1910 die Verbindung von Gesangsstimmen und Orchester in allen vier Sätzen, und so steht das Stück durchaus in der Kantaten-Tradition, knüpft aber formal auch an Gustav Mahler an, insbesondere an dessen 1907 uraufgeführte 8. Sinfonie. Trotz der vokalen Teile dominieren mit dem einflußreichen Orchesterpart die sinfonischen Elemente. Die geradezu instrumentale Gleichberechtigung, die Vaughan Williams der menschlichen Stimme zugestand, zeigte sich auch in den Klangfarben der Vokalisen in der *Pastoral Symphony* und der *Sinfonia Antartica*. Es gibt kaum einen britischen Komponisten, der sich nicht in irgendeiner Form mit dem Thema »Meer« auseinandergesetzt hätte. Elgars *Sea Pictures* (1899), Stanfords *Songs of the Sea* mit Texten von Henry Newbolt (1904) und Bridges Orchesterwerk *The Sea* (1910) sind nur einige Beispiele dafür. Vaughan Williams' *Sea Symphony* mit den pantheistischen Texten des amerikanischen Dichters Walt Whitman (1819–92) weist voraus auf die *Choral Symphony* von Gustav Holst (1925), der R. V. W. nur eine »kalte Bewunderung« entgegenbrachte, wie er zugab.

Die zweite Sinfonie von Vaughan Williams ist wie die 4., 5., 6, 8. und 9. rein instrumental. Der Komponist wollte seine *London Symphony* als »Sinfonie eines Londoners« verstanden wissen und gestand später, trotz seiner Vorbehalte gegen programmatische Deutungen, daß »das Leben in London (wozu wohl auch seine Sehenswürdigkeiten und Klänge gehören) [. . .] einen Versuch des Ausdrucks nahelegt.«[22] Als Albert Coates das mehrfach überarbeitete Werk 1920 wieder aufführte, hinderte ihn Vaughan Williams nicht daran, die Musik im Programmheft mit sehr anschaulichen Assoziationen zu charakterisieren. Die Sätze schildern laut Coates den Tagesanbruch an der Themse, einen nostalgischen, nebeligen Novembernachmittag in Bloomsbury und einen Samstagnachmittag am belebten Südufer der Themse. Umstritten blieb die Deutung des Marsches im Schlußsatz, in dem einige eine Art »Hungermarsch« der Zukurzgekommenen zu

London zu Beginn des Jahrhunderts – die Theatermeile The Strand, vorn links das Gaiety Theatre

hören glaubten, während Vaughan Williams eher eine Reminiszenz an die bewegte Geschichte, die die Themse erlebt hat, vorgeschwebt haben mag, wie ein brieflicher Hinweis auf den Schluß von H. G. Wells' Roman *Tono-Bungay* nahelegt. Hier tritt die menschliche Dimension zurück, und der Ich-Erzähler beschreibt rein szenisch eine Fahrt in einem Schnellboot die Themse hinunter zum offenen Meer. In diesem erfolgreichen, 1909 erschienen Buch zeichnete Wells nach eigenen Worten »ein soziales Panorama im Geiste Balzacs«.

Die ersten Entwürfe zur *Pastoral Symphony* entstanden bereits 1916, und das gesamte Werk, das 1922 unter Boults Leitung erklang, war von einer verblüffenden kammermusikalischen Zartheit. Trotz des großen Orchesterapparats liegt die Dynamik fast ausschließlich unterhalb des Mezzoforte, und erst im dritten Satz ballen sich alle Kräfte zu einem Tutti zusammen. Der Komponist Constant Lambert resümierte, daß bei dieser knapp vierzigminütigen Elegie das »Erschaffen eines besonderen Typus der grauen, grüblerischen Stimmung der englischen Landschaft gegenüber den Erfordernissen der sinfonischen Form überwog«.[23] Die Musik, die in zumeist ruhiger, gelassener Gleichmäßigkeit dahinfließt, mutet nach Vaughan Williams' Kriegszeit an wie der ersehnte Rückzug in ein unbehelligtes heimatliches Idyll. So gestimmt mag man auch den Titel der Sinfonie deuten, die im Gegensatz zu Beethovens *Pastorale* keine Naturimitation bietet. Die vier langsamen Sätze legen einen Einfluß von Vaughan Williams' Beschäftigung mit der Volksmusik nahe, wenn sich auch nirgends direkte Zitate nachweisen lassen. Das Werk war von Anfang an umstritten. Peter Warlock langweilte sich; »... als ob eine Kuh übers Gatter schaut«, kommentierte er.[24] Andere waren ergriffen von der Melancholie und Ausdruckskraft. »Take it or leave it«, meinte der Komponist selbst lapidar zu den widerstreitenden Meinungen zu seiner Musik. Erst Anfang der 50er Jahre nahm er kleinere Überarbeitungen vor. Ansonsten kümmerte er sich bei Proben und in Aufführungen ausschließlich um den technischen Aspekt der Interpretation – Noten, Tempi, Rhythmus. Stimmungsdeutungen überließ er den Hörern.

Die Jahre des Krieges hatten nicht nur im Leben und in der Kunst, sondern auch in der musikalischen Sprache Vaughan Williams' Spuren hinterlassen. Ungewöhnliche Klangbereiche erschloß er 1925 mit *Flos Campi*, einer Suite für Soloviola, gemischten Chor und kleines Orchester. Jedem der sechs Sätze ist ein lateinisches Zitat aus dem Hohelied Salomos vorangestellt. Das virtuose, technisch anspruchsvolle Stück entfaltet seinen Reiz durch seine Klangvielfalt und die gewagte Verbindung von Soloviola und Oboe mit der Ausdruckskraft der menschlichen Stimme und mit Schlaginstrumenten. Als die Suite am 10. Oktober 1925 erstmals zu hören war, dirigiert von Henry Wood mit Lionel Tertis als Solist, reagierte das Publikum bei weitem nicht mit der herzlichen Aufgeschlossenheit, die man den Sinfonien entgegengebracht hatte. Daß man hier etwas Besonderes gehört hatte, war aber vielen klar. Die Musik zu *Flos Campi* zeige im wesentlichen »einen Prozeß, ›in Klängen zu denken‹, und dieses Denken mag weitergehen, auch nachdem damit begonnen wurde, es auf dem Papier festzuhalten«, charakterisierte H. C. Colles in der »Times« diese Entwicklungsphase des Komponisten. Vaughan Williams habe »vorsätzlich Barrieren in den Köpfen seiner Hörer errichtet, wobei die Musik selbst vielleicht nicht stark genug sein mag, um sie niederzureißen.«[25] Gustav Holst war nicht sonderlich glücklich mit dem gut zwanzigminütigen Werk. Er verstand es nicht, zeigte sich jedoch keinesfalls vom Komponisten von *Flos Campi* enttäuscht, nur weil dieser sich nicht selbst wiederholt hatte. Der Freund erkannte, daß dieses Stück »möglicherweise entweder ein Fortschritt ist, oder zu einem führen wird«.[26]

Eine weitere Etappe auf Vaughan Williams' Weg, neue Klangmöglichkeiten zu erschließen, war sein erstes Oratorium *Sancta Civitas*, die heilige Stadt, für Bariton- und Tenor-Solo, verschiedene Chöre und Orchester. Diese Arbeit entstand zwischen 1923 und 1925, doch nach der qualitativ wohl unzureichenden Uraufführung am 7. Mai 1926 in Oxford kam es nur zu wenigen Folgeaufführungen des aufwendigen Werkes, und auch die Plattenindustrie hat sich erst 1993 an dieses Stück gewagt. Vaughan Williams selbst war es das liebste unter seinen Chorwerken, seine Anhänger jedoch irritierte es. Mit nur etwa 35 Minuten Spielzeit fiel es – verglichen mit den großen Dimensionen der Werke Elgars – aus dem Rahmen, und einige meinten sogar, der Komponist habe im Grunde genommen Angst vor der Form des Oratoriums. Zudem stellte die komplexe Struktur immense Anforderungen an die Ausführenden, die damit zumindest in den 20er Jahren gewiß noch genauso überfordert waren wie einst die Musiker in Birmingham, die den *Traum des Gerontius* zu einem Alptraum gemacht hatten. Elgar jedoch zeigte sich tief befriedigt von *Sancta Civitas*, als er es 1930 in Hereford hörte. »Ich habe sogar selbst einmal daran gedacht, diese Worte zu vertonen«, bemerkte er gegenüber Vaughan Williams, »aber jetzt würde ich es nicht mehr machen. Ich bin froh, daß ich es nicht getan habe, weil Sie es für mich übernommen haben.«

Ein vorläufiger Höhepunkt dieses musikalischen Entwicklungsprozesses, mehr und mehr in Klängen zu denken, war schließlich die 1927 begonnene Komposition von *Job*, einer »Masque for Dancing« nach Motiven des alttestamentarischen Buches Hiob in neun Szenen und einem Epilog, die auf William Blakes *Illustrations of the Book of Job* zurückgeht. Als Vaughan Williams am 23. Oktober 1930 zunächst eine konzertante Aufführung beim Norwich Festival leitete, befand sich das Werk in der erlauchten Gesellschaft von Janáčeks *Glagolitischer Messe* und Bliss' Sinfonie *Morning Heroes*, die in der gleichen Woche dort ihre englische Erst- bzw. Uraufführung erlebten. In der Choreographie von Ninette de Valois und unter der Stabführung Constant Lamberts kam das Ballett dann 1931 mit einem reduzierten Orchester in Londons Cambridge Theatre szenisch heraus, nachdem sich mit der Bildung der Camargo Society Anfang 1930 erstmals ein britisches Ballettensemble etabliert hatte. Zuvor hatte Diaghilew das Werk abgelehnt, was Vaughan Williams jedoch leicht verschmerzen konnte, da er meinte, daß »das Russische Ballett mit seinen überentwickelten Waden daraus nur eine sehr unheilige Angelegenheit gemacht hätte«. Aus der Camargo Society entwickelte sich später das Sadler's Wells (das heutige Royal) Ballet.

Mit Parrys Oratorium *Job*, das Vaughan Williams noch 1929 bei dem von seiner Schwester Margaret 1905 gegründeten Leith Hill Festival dirigierte, weist die Ballettmusik wenig Gemeinsamkeiten auf. Das Rühmlichste, das Parry vielleicht angemerkt hätte, wäre, daß die neue Komposition etwas »Charakteristisches« enthalte. Holst flehte seinen früheren Kommilitonen beinahe auf den Knien an, »etwas von den Schlaginstrumenten herauszunehmen, mit denen ich aufgrund meines Minderwertigkeitskomplexes die Partitur überladen hatte«, erinnerte sich Vaughan Williams.[27] Die komplizierte Struktur der fesselnden Musik kam durch oberflächliche Einstudierungen und den noch nicht ausreichenden technischen Standard der Orchester zunächst kaum zur Geltung. Erst als Adrian Boult sich des Werkes annahm und sein BBC-Orchester sorgfältig vorbereitete, trat *Job* seinen Siegeszug an. Allein zwischen 1935 und 1939 dirigierte Boult die Musik konzertant in Salzburg, Genf, Monte Carlo, Chicago und Brüssel; 1970 kam es nach einigen Aufführungen am Opernhaus Covent Garden zu einer Platteneinspielung mit dem London Symphony Orchestra. Zu seiner großen Freude und Überraschung entdeckte Boult übrigens erst 1934 bei einer Probe, daß das Werk in der soeben im Druck erschienenen Partitur nun ihm gewidmet war. Die Komposition umreißt melodisch das friedvolle Leben des Hiob mit pastoraler Eloquenz, das Eingreifen Satans in Synkopen und krassen Dur-Moll-Wechseln sowie mit majestätischer Diatonik die Sphäre des Göttlichen. Dieses »Maskenspiel für Tanz« markiert nicht nur die Anfänge des englischen Balletts, sondern auch eine Bestandsaufnahme des Komponisten Vaughan Williams, vereint es doch die lyrischen und volkstümlichen Facetten seiner Musik mit der schlagkräftigen, aggressiven Harmonik des neuen Jahrhunderts und der Würde der Diatonik des nie zu vergessenden Purcell. Erst nach Boults Darbietung in Rundfunk und Konzertsaal vermerkte Rutland Boughton 1934, daß er nach anfänglichen Zweifeln jetzt sicher sei, »daß dies die wichtigste Musik ist, die je ein Engländer meiner Generation geschrieben hat.« Vaughan Williams habe sich in vielen seiner früheren Werke als ein wahrer Komponist erwiesen, fuhr Boughton fort, der in seinen Publikationen nie ein Blatt vor den Mund nahm, und setzte in einem halbfett gedruckten Absatz nach: »In letzter Zeit neigte er jedoch dazu, seine Traditionen zu mißachten – bis zu einem gewissen Grad gab er sich den kalten, intellektualisierten Dissonanzen hin, mit denen die jüngsten Komponisten ihrer Unzufriedenheit mit der Welt im allgemeinen Ausdruck verleihen. Vaughan Williams' eigenes *Benedicite* ist ein Werk dieser Art.«[28] Mit *Job* verhielten sich die Dinge aber anders. Vaughan Williams habe nun seine Reife erreicht, postulierte Boughton. Was in den kommenden Jahrzehnten alles folgen sollte, konnte er indes noch selbst miterleben.

Kaum daß Vaughan Williams *Job* vollendet hatte, begann er mit der Arbeit an seiner 4. Sinfonie. Als Boult 1935 die Wiener Philharmoniker in Salzburg dirigieren sollte und den Komponisten um Rat fragte, welches größere Werk von ihm er aufführen solle, das Maskenspiel oder die neue Sinfonie, antwortete dieser, daß er *Job* vorziehe, denn »einerseits möchte ich einige kleinere Überarbeitungen in der Sinfonie vornehmen, [. . .] außerdem glaube ich, daß man dort mit etwas wie *Job* wohl weniger vertraut ist, und gerade das sollten wir, so meine ich, dort bieten.«[29]

Aus dem reinen Quell der Musik

Vierzehn Jahre lang hatte der Sinfoniker Vaughan Williams geschwiegen. Dann hörte ein verblüfftes Publikum in der Londoner Queen's Hall am 10. April 1935 eine neue Sinfonie, interpretiert vom BBC Symphony Orchestra unter der Leitung von Adrian Boult. Dieses Werk hatte keinen Beinamen, der eine Stimmung nahelegte, und doch evozierte diese 4. Sinfonie in f-Moll Aufwühlung, Erschütterung, Entsetzen. »Jemand sagte, man sollte sie ›Europa 1935‹ nennen«, schrieb Maud Karpeles an den Komponisten, »und das ist es, was sie für mich bedeutet: Das Gefühl, es sei eine gewaltige Kraft am Werke, die uns zum Kampf und einem Ringen treibt, das uns zerschmettern kann, und dennoch wissen wir in unserem Herzen, daß es etwas im Leben gibt, das der Zerstörung widersteht, und Ordnung in der Unordnung schafft.«[30]

Die 4. Sinfonie ist der Gipfelpunkt einer Entwicklung, die 1925 mit der Suite *Flos Campi* eingesetzt hatte. Die Konflikte und Spannungen der 4. Sinfonie sind, ohne Berücksichtigung einer Programmatik, in erster Linie musikalischer Natur. Vaughan Williams vertiefte seine Beschäftigung mit der Bitonalität, krassen Dissonanzen, Dur-Moll-Kontrasten und Harmonieverschiebungen. Harte musikalische Auseinandersetzungen gibt es in diesem Werk auch zwischen den Orchestergruppen. Die Streicher breiten den Blasinstrumenten nicht mehr den möglicherweise erwarteten elegischen Klangteppich aus, sondern prallen mit geballter Energie auf die Bläsergruppen. Vaughan Williams ging nie so weit, die Tonalität aufzulösen. Er beschritt einen anderen Weg, bei dem er das tonale Zentrum mitunter in Frage stellte und mit ungewöhnlichen Klangwirkungen experimentierte. »Ich weiß nicht, ob ich sie mag«, äußerte R. V. W. selbst über seine 4. Sinfonie, »aber sie ist das geworden, was ich gemeint habe.«[31]

Und dann, mitten im Zweiten Weltkrieg, erklang 1943 die 5. Sinfonie in D-Dur. Welch ein Gegensatz schien dies zu der vermeintlichen »Vorkriegssinfonie« zu sein! Allein die Satzüberschriften setzten sich gegen die zumeist wilden Allegro-Sätze der Vierten ab: Preludio (Moderato), Scherzo (Presto misterioso), Romanza (Lento) und Passacaglia (Moderato) lauteten sie, und wahrlich bildete für viele dieses etwa halbstündige Werk einen ruhenden Pol im Chaos des Völkerschlachtens – nach der 4. Sinfonie folgte nun die fast herbeigesehnte friedvolle Vision einer glücklicheren Welt. Doch die außermusikalischen Deutungen, die man an diese Sinfonien herantrug, ließen unberücksichtigt, daß Vaughan Williams bereits 1931 mit der Komposition der 4. und schon 1938 mit der 5. Sinfonie begonnen hatte, also noch bevor sich durch die Bedrohung, die vom faschistischen Deutschland ausging, ein Krieg abzeichnete und bevor man die Auswirkungen der neuesten Waffentechnologie zu spüren bekam. Im Gegensatz zu den Verwicklungen ihrer Vorgängerin zeigt die Partitur der 5. Sinfonie ein ungemein klares Bild. »So wenig ich mich von seiner Thematik angezogen fühle, so tief bin ich berührt von der edlen und wirklich frommen Atmosphäre dieses Werkes«, schrieb Bruno Walter in einem Brief vom Juli 1946. »Es ist eine mir sehr gemäße Welt, und wenn auch ihre Sprache mir nicht geläufig werden kann, so fühle ich mich doch wohl in so erhobener Umgebung und beabsichtige, das Werk nächstes Jahr zur Aufführung zu bringen. Hoffentlich steht es auf keinem anderen New Yorker Programm.«[32] Dieses Werk enthält Themen aus der bis dahin noch nicht vollendeten Oper *The Pilgrim's Progress*, weist aber ansonsten keine Verbindung mit Bunyans Allegorie auf. Vaughan Williams widmete diese lyrische Sinfonie dem finnischen Komponisten Jean Sibelius, der 1925 nach seiner 7. Sinfonie verstummt war, aber noch zwanzig Jahre später in Großbritannien hohes Ansehen genoß. Dieses wurde nicht zuletzt durch Constant Lamberts 1934 erschienenes Buch *Music Ho! – A Study of Music in Decline* bestärkt, in dem ein anerkannter Vertreter der jüngeren britischen Komponistengeneration das sinfonische Schaffen von Sibelius als die Antwort auf viele Fragen über die Zukunft der Musik pries. »Ohne Erlaubnis und mit der aufrichtigsten Empfehlung an Jean Sibelius, dessen großes Beispiel wert ist, nachgeahmt zu werden«, notierte R. V. W. dann auch auf dem Originalmanuskript seiner »Fünften«.

1944 begann Vaughan Williams mit einer neuen Sinfonie, die 1948 erstmals der Öffentlichkeit vorgestellt wurde. Kein anderes seiner Orchesterwerke klingt so aggressiv wie diese 6. Sinfonie in e-Moll. In ihr offenbaren sich die »seelischen Konsequenzen des Krieges« hieß es,[33] und in der Tat ist die Veränderung der Tonsprache zwischen der 5. und 6. Sinfonie ebenso krass wie jene zwischen der 3. und 4. Die pausenlos ineinander übergehenden vier Sätze des Werkes vermitteln den Eindruck ständiger emotionaler Hochspannung, die der Komponist durch eine gewaltige dynamische Bandbreite und durch Kunstgriffe wie die Verbindung mehrerer

Themenkomplexe, ein äußerst dichtes Klangbild mit bis zu achtzehnfacher Streicherteilung und ungewöhnliche Toneffekte aufrechterhält. In der 6. Sinfonie bietet Vaughan Williams seine bis dahin stärkste Orchesterbesetzung auf, die sogar Baßklarinette, Tenorsaxophon, Xylophon und zwei Harfen mit einschließt. Der Komponist Peter Maxwell Davies schätzt dieses Werk in Vaughan Williams' Schaffen am höchsten ein. Als Kind konnte er die Uraufführung nur im Radio verfolgen, auch war er zu jung, um den Altmeister je kennenzulernen, später drang er aber als Dirigent tiefer in die Geheimnisse des Stücks ein. »Die Verwandlung der Themen ist wirklich sehr geschickt, wie ein Thema in das andere übergeleitet und sozusagen ›umgebaut‹ wird, um immer frisch zu sein«, sagt Maxwell Davies. »So oft tanzt er wie ein Bauer, und das ist scheußlich. Aber in dieser Sinfonie, wo er im 3. Satz noch englische Volkstänze einbaut, die aber irgendwo im Hintergrund liegen – das ist etwas wie die Burleske in Mahlers 9. Sinfonie. Man hört noch Volksmusik ›da hinten‹, aber das ist so anders geworden und die Bedeutung davon ist so anders. Das ist grotesk und so mit Ironie geschrieben, besonders das Thema mit Saxophon.«[34] Der gewagteste Satz des ganzen Werkes ist aber der unablässig im Pianissimo schwebende, fahlfarbige Moderato-Epilog – ein ähnlicher sinfonischer Coup wie der Schlußsatz in Tschaikowskys 6. Sinfonie.

Auch bei dem neuen Orchesterwerk bot sich eine außermusikalische Deutung geradezu an. Etwas von einem »Enigma« sei gegenwärtig, hieß es in einer Besprechung, was noch angehen mochte, doch gegen Etiketten wie »Kriegssinfonie« verwahrte sich der Komponist. »Den Leuten scheint nie der Gedanke zu kommen, daß man bloß ein Stück Musik schreiben möchte«, meinte er,[35] und in einem Brief an seinen Freund und Biographen Michael Kennedy formulierte er seine Entgegnung auf nicht-musikalische Deutungen seiner Werke unter Zuhilfenahme eines Shakespeare-Zitats: »Hinsichtlich des letzten Satzes meiner Nr. 6 GLAUBE ich NICHT an Bedeutungen oder Mottos, wie Du weißt, aber ich denke, daß wir mit Worten der Substanz meines letzten Satzes am nächsten kommen: ›Wir sind aus solchem Stoff, wie Träume sind, und unser kleines Leben ist von einem Schlaf umringt.‹«[36] Prosperos Worte vom Beginn des 4. Aktes aus dem Drama *The Tempest (Der Sturm)* hatte Vaughan Williams 1951 in einem Part Song seiner *Three Shakespeare Songs* für unbegleiteten gemischten Chor vertont. Der Brief stammte vom 22. Januar 1956.

Im Geiste Eduard Hanslicks wollte Vaughan Williams »aus dem reinen Quell der Musik« schöpfen und nicht »künstlich gebranntes Wasser« (so der Wiener Musikkritiker über Liszts sinfonische Dichtung *Les Préludes*) destillieren. Nicht als bildhafte Programmusik mit leicht faßbaren Anhaltspunkten verstand er seine Werke, sondern als Musik pur. Überhaupt zeigte sich Vaughan Williams wenig anfällig für die sogenannte »faustische Krankheit«, die ihren Ursprung in Wagners literarisch inspirierter Deutung von Beethovens 9. Sinfonie hat und etwa ab 1911 in der Musikliteratur grassierte, als Paul Bekkers Beethoven-Monographie mit ihren assoziativen, phantasievollen Werkbeschreibungen zum Erfolgsbuch wurde. Vaughan Williams glaubte nicht an eine vage Gefühlsästhetik. »Die 9. Sinfonie hat in der Tat eine Bedeutung«, erläuterte er in einem Vortrag, »aber es ist eine Bedeutung, die jenseits der Welt der Fakten und Worte liegt; sie bedeutet sie selbst, und sie kann nur mit dem ihr eigenen Vokabular ausgedrückt werden und mit keinem anderen.«[37] In Anbetracht dieser Einstellung des zu seiner Zeit bedeutendsten britischen Komponisten in der englischsprachigen Welt ist es wenig erstaunlich, daß die konsequent musikbezogene Analyse des Wiener Musikwissenschaftlers Heinrich Schenker vor allem in den USA zur bevorzugten Untersuchungsmethode wurde. Aufschlußreich sind auch die fast parallelen musikalischen Vorlieben von R. V. W. und Hanslick. Vaughan Williams' oberstes Ideal war Bach, zu Beethoven hatte er eine eher ambivalente Haltung. Ihm war Haydn lieber als Mozart, und er hatte eine Abneigung gegen die Musik von Liszt und Berlioz, denen er Meyerbeer vorzog. Wagner bewunderte er zeit seines Lebens. Unter den modernen Komponisten nahm Holst eine Sonderstellung ein; er schätzte Ravel, brachte aber für Strawinsky und Mahler nur bedingt Verständnis auf. Über den Vorreiter der sogenannten Wiener Schule bemerkte er nach dessen Tod: »Schönberg sagte mir nichts – aber da er anscheinend vielen anderen Leuten etwas bedeutete, wage ich zu behaupten, daß das meine Schuld ist.«[38]

Während Vaughan Williams bei Orchestermusik im Konzertsaal das Hineininterpretieren von außermusikalischer Bedeutung ablehnte, war er durchaus bereit, sich bei Arbeiten für den Film den spezifischen Erfordernissen unterzuordnen. Er empfand die Gegebenheiten einer Filmmusikproduktion als eine ausgezeichnete Disziplinierungsmaßnahme. »Ein Filmproduzent hätte mit Mahlers endlosen Codas und Dvořáks fünf Abschlüssen zu jedem Satz kurzen Prozeß gemacht«, witzelte er. Interessanter als die zwischen 1940 und 1956 für zumeist wenig gelungene Filme entstandenen Kompositionen ist seine theoretische Auseinandersetzung mit dem Thema. In dem Essay »Komponieren für den Film«, der erstmals 1945 im »RCM Magazine« veröffentlicht wurde, erkannte er, welche Chancen sich bieten könnten, wenn ein Drehbuchautor, ein Regisseur, ein Kameramann und ein Komponist von Anfang an gemeinsam an einem Film als Gesamtkunstwerk arbeiten. »Ich glaube, daß der Film durchaus Möglichkeiten hat, zu den schönen Künsten gezählt zu werden, und bis zu einem gewissen Grad gehört er bereits dazu«, meinte Vaughan Williams. »Es gibt zwei Arten, Filmmusik zu schreiben: Bei der einen wird jede Handlung, jedes Wort, jede Geste oder jede Episode klanglich noch unterstrichen. [. . .] Die andere Methode, die ich persönlich bevorzuge, vielleicht weil mir die erste nicht liegt, besteht darin, die Einzelheiten auszuklammern und den Geist der Situation als Ganzes durch einen ununterbrochenen musikalischen Fluß zu intensivieren. [. . .] Ich glaube immer noch daran, daß der Film das Potential für eine Verschmelzung aller Künste in sich birgt, von der Wagner nie zu träumen gewagt hätte. Deshalb möchte ich alle angesehenen Musiker, die sich in die Welt des Kinos begeben haben – Bax, Bliss, Walton, Benjamin und andere –, dringend darum bitten, ihrer Verantwortung gerecht zu werden und mitzuhelfen, den Film aus dem Bereich der eintönigen Lohnarbeit herauszuführen und ihn zu einem Gegenstand zu machen, der eines wahren Komponisten würdig ist.« Vaughan Williams träumte sogar davon, daß eines Tages ein großer Film gerade auf der Grundlage der Musik entstehen könnte. »Zuerst wird die Musik geschrieben und dann der Film ersonnen, der nach ihr entsteht, oder ein Film wird zu Musik geschrieben, die bereits komponiert ist. Walt Disney hat mit *Fantasia* die Richtung gewiesen. Doch muß es immer ein Zeichentrickfilm sein? Könnte nicht mit der gleichen Idee auch ein fotografischer Film entstehen? Kann die Musik der Feder eines Künstlers immer nur das Phantastische und Groteske entlocken? Vermag sie ihr Licht nicht auch auf wirkliche Menschen zu werfen?« schrieb er. »Ich habe diese Schwierigkeiten oft mit Autoren, Regisseuren und Dirigenten besprochen: Sie waren durchaus geneigt, meiner Theorie zuzustimmen [. . .], aber es war ihnen noch nicht möglich, jenes völlig verkehrte System abzuschaffen, durch das die verschiedenen Künste voneinander getrennt und erst im letzten Augenblick zusammengeführt werden, anstatt daß sie von Anfang an zusammenwirken. Erst wenn dies erreicht ist, wird der Film zu sich selbst gefunden haben als eine der schönsten aller Künste.«[39]

Ein Kollege wie Arthur Bliss stand Filmmusik kritisch gegenüber und meinte, daß sie lediglich wegen ihres Wertes in Pfund und Dollar attraktiv sei, obwohl er es durchaus für möglich hielt, daß sich ein Komponist dabei seine künstlerische Integrität bewahren könne. »Mein Argument ist, daß Filmmusik erst ganz zuletzt als reine Musik beurteilt werden soll – das heißt allein durch das Ohr«, meinte er, »und die Frage ihres Wertes hängt davon ab, ob sie diesen Test besteht.«[40] Erst William Walton wurde mit seinen Beiträgen zu Laurence Oliviers Kinofassungen von Shakespeare-Dramen einer der frühen großen Komponisten von Filmmusik, der Vaughan Williams' Ideale erstmals annäherungsweise verwirklichen konnte.

Eine Frucht von Vaughan Williams' Arbeiten für den Film war die 7. Sinfonie, die den Titel *Sinfonia Antartica* erhielt. Erst kurz vor der Uraufführung am 14. Januar 1953 fiel auf, daß die am Englischen orientierte Schreibweise »Antarctica« nicht korrekt war, woraufhin sie in das italienische »Antartica« geändert wurde. Das Rohmaterial zur diesem Werk findet man in der Musik zu dem 1948 erstmals gezeigten Film *Scott of the Antarctic*. Die Mischung aus Dokumentar- und Spielfilm über die tragisch endende Südpolexpedition, die Robert Falcon Scott von 1910 bis 1912 unternahm, wurde auch in deutschen Kinos gezeigt und erhielt 1949 beim Prager Filmfestival einen der ersten Preise. Bereits bei seinen ersten drei Sinfonien wollte Vaughan Williams die Titel dahingehend verstanden wissen, daß sie eine Stimmung vorgeben, in der das Werk gehört werden soll. So auch hier. Das Fremde, Ungewöhnliche, Unheimliche der faszinierenden, doch menschenfeindlichen Natur der Antarktis rechtfertigt die mitunter bespöttelte Verwendung ungewöhnlicher Klangerzeuger wie etwa der Windmaschine sowie von Solo- und Chorvokalisen im ersten und letzten Satz oder der Orgel im dritten Satz. Zusätzlich sind jedem Teil noch Zitate aus Shelleys *Prometheus Unbound*, dem 104. Psalm, Coleridges *Hymn Before Sunrise in The Vale of Chamouni*, Donnes *The Sun Rising* und einer der letzten Tagebucheintragungen von Captain Scott vorangestellt, die von einem Sprecher gelesen werden können. Die Sinfonie beeindruckt durch ihre schiere Pracht und Fülle an thematischem und melodischem Material. Dabei erscheint es nebensächlich zu wissen, daß Motive des Scherzos im Film das Leben der Tiere auf dem Eis und das der Menschen an Bord des Schiffes illustrierten, daß auf das Leviathan-Thema im zweiten Satz Wale auf der Leinwand auftauchten und eine absteigende Melodie das Watscheln der Pinguine untermalte. Einmal mehr mag man sich an Vaughan Williams' Postulat erinnern, daß es ein Fehler ist, die Musik mit »Bedeutungen« zu belegen. »Jede Person mag ihr seine eigene Bedeutung zuschreiben, wenn sie will«, teilte er 1952 mit, »daraus folgt aber nicht, daß deren Bedeutung auch das gleiche für jeden anderen

Vaughan Williams dirigiert, Zeichnung von Helen Wicks (in »Opera«, 1951)

meint – dafür ist Musik zu universal.«[41] Innerhalb von gut zwei Jahren folgten über 100 weitere Aufführungen der *Sinfonia Antartica*, ein Rekord, den nur der Erfolg der 1. Sinfonie Elgars übertraf. Die authentische Milieuweihe erhielt das Werk, als am 21. Juni 1956 zur Wintermitte im Stützpunkt der Royal Society Antarctic Expedition in Halley Bay eine Platteneinspielung aufgelegt wurde.

In rascher Folge und nach verhältnismäßig kurzen Entstehungszeiten schrieb Vaughan Williams noch eine 8. und 9. Sinfonie. Begeistert reagierte das Publikum am 2. Mai 1956 auf die Experimentierfreude in der 8. Sinfonie in d-Moll, die John Barbirolli mit dem Hallé Orchestra in Manchester zur Uraufführung brachte. Der Komponist war erleichtert. In seinem Alter könne er es sich nicht leisten, irgend etwas Zweitklassiges hervorzubringen, meinte er. Obgleich das Werk relativ schlicht anmutet, fügte Vaughan Williams mit Glockenspiel, Xylophonen und Röhrenglokken seiner Tonsprache neue Klangnuancen hinzu, ferner zeigte er verstärkt Interesse an Schlaginstrumenten, was sich bereits in der kurz zuvor entstandenen Weihnachtskantate *Hodie* angedeutet hatte.

Die 9. Sinfonie in e-Moll, am 2. April 1958 erstmals vom Royal Philharmonic Orchestra unter der Stabführung Malcolm Sargents gespielt, entfachte in London nur noch wenig Enthusiasmus. »Komponieren um des Komponierens willen«, lautete ein Vorwurf, während Vaughan Williams meinte, man nehme ihm nur übel, daß er in seinem Alter dazu überhaupt noch in der Lage sei. Doch der Wind hatte sich allmählich gedreht, und eine neue Generation britischer Musiker entdeckte nach und nach Boulez, Nono und Stockhausen, die in Fachkreisen auf dem Kontinent von sich Reden machten. In Vaughan Williams' letzter Sinfonie klingen, verstärkt durch Flügelhorn und Saxophon, wiederholt die Stimmungen und Spannungen früherer Sinfonien an. Als »ein Zusammenbinden von Extremen« umschrieb der Komponist Robert Simpson die »Neunte«, und in der Tat verdichtet der 86jährige Vaughan Williams in diesem Werk, wenige Monate vor seinem Tod, so unterschiedliche Elemente wie die Dramatik der »Vierten« und die entspannte Ruhe der »Fünften«. Obschon jede Sinfonie von Vaughan Williams ihre eigene Prägung besitzt, blieb der Komponist sich bis zuletzt treu. Gerade in seinen späten Jahren entfaltete er eine ungeahnte Produktivität, wobei er es trotz aller Kritik vermied, sich neuen Strömungen anzupassen. Er brachte seine Anliegen mit der ihm eigenen Stimme zum Ausdruck. »Ich habe so viel Musik in meinem Kopf, daß ich weiß, ich werde nie die Zeit haben, sie niederzuschreiben«, meinte er schon 1953 zu John Barbirollis Frau.[42]

Die Kammermusik bildete nur eine Seitenlinie in dem Gesamtwerk von Vaughan Williams, eher Beachtung verdient seine Beschäftigung mit der Oper. Als sein Erstling *Hugh the Drover* (1924) Anfang der 50er Jahre an Sadler's Wells wiederaufgenommen und auch vom Rundfunk übertragen wurde, präsentierte man dem breiten Hörerkreis einen nahezu unbekannten Bereich aus dem Œuvre des namhaftesten lebenden britischen Komponisten. »Unterscheidet sich das Publikum vom Covent Garden etwa vollständig von dem der Albert Hall? Liegt es vielleicht daran, daß der Operngeschmack sich so grundlegend vom Geschmack der Konzertbesucher abhebt?« fragte Hugh Ottaway rhetorisch im Januar 1951 in der Zeitschrift »Musical Opinion« nach der zurückhaltenden Aufnahme. Vor allem drei Gründe ließen Vaughan Williams nie zum Opernkomponisten reifen: Zum einen mag der Parry-Schüler seine Beschäftigung mit der Oper nie so ernst genommen haben wie etwa Stanford und die Seinen, und infolgedessen kümmerte er sich wenig um den Erfolg der Produktionen seiner Bühnenwerke. Welch einen Unterschied zu der vor Enthusiasmus brennenden Ethel Smyth offenbart beispielsweise ein Brief, den R. V. W. 1930 an Evelyn Sharp schrieb, seine Librettistin bei *The Poisoned Kiss*: »Ich glaube, die Oper ist fertig, um sie jetzt herumzuschicken. Aber ich habe keine Ahnung, an wen«, heißt es dort. »Wie ich Sie bereits vorgewarnt habe, bin ich außerstande und viel zu faul, um irgend etwas selbst zu unternehmen. Würden Sie sich darum kümmern, sie anzubieten, wenn ich Ihnen die Partitur schicke?«[43] In einer Phase in der sich Stanford, Smyth und Boughton dafür einsetzten, an Sullivan anknüpfend eine englische Oper zu etablieren, überließ Vaughan Williams die Erstaufführungen seiner Werke zumeist dem Zufall oder Amateuren bzw. semi-professionellen Ensembles. Er sah es nicht als seine Aufgabe an, mit den Werken »hausieren zu gehen«. Und letztendlich war Vaughan Williams kein Mann des Theaters. Sein Einwirken auf die Textlieferanten konnte vielleicht Schlimmeres verhindern, ohne aber aus der Vorlage insgesamt ein gutes Opernbuch zu machen.

Musikalisch findet man in den Opern manches, das durchaus ansprechend ist, dennoch kann man den Werken im ganzen gesehen kaum gerecht werden, wenn man die italienische oder deutsche Operntradition als Vergleichsmaßstab nimmt. *Hugh the Drover* (1924) und *Sir John in Love* (1929) sind vor allem in Verbindung mit Vaughan Williams' Beschäftigung mit der Volksmusik zu sehen. In beiden Werken flocht der Komponist, ergänzt durch eigene Erfindungen, zahlreiche Bearbeitungen von Volksmelodien ein, darunter beispielsweise in der Falstaff-Oper 25 Volkslieder, ein französisches Chanson für Dr. Cajus und sieben eigene Nummern. Das volkstümliche Sujet von *Hugh the Drover* (*Hugh, der Viehtreiber*) war als eine Art Pendant zu Smetanas *Die verkaufte Braut* oder Kodálys *Háry János* gedacht, wobei Songs im Stile der »ballad opera« des 18. Jahrhunderts die Grundlage bildeten, während in der auf Shakespeare aufbauenden Oper auch musikalisch die Atmosphäre des elisabethanischen Englands heraufbeschworen wurde. Die komische Oper *The Poisoned Kiss* (1936) stand in der Tradition der Stücke von Gilbert und Sullivan, und bei *Riders to the Sea* (1937) handelte es sich um eine fast wortgetreue Vertonung der 1904 entstandenen Tragödie des Iren John Millington Synge.

Als Großbritannien 1951 mit dem Festival of Britain an die hundert Jahre zuvor stattgefundene erste Weltausstellung erinnerte, die bei den Engländern bescheidener »Great Exhibition« genannt wird, steuerte Vaughan Williams sein letztes Bühnenwerk *The Pilgrim's Progress* zu den Kulturveranstaltungen bei – ein pikanter Kontrapunkt zu dem kommerziell-kulturellen Anlaß. Der Komponist bezeichnete dieses Stück nicht als »Oper«, sondern als »Moralität«: Gezeigt wird der Weg einer suchenden Seele durch allerlei Verführungen und Gefahren »aus dieser Welt hin zu jener, die da kommen wird«, wie es im Untertitel von Bunyans zwischen 1678 und 1684 veröffentlichter Allegorie heißt. «Ich habe dem Pilger mit Absicht nicht den Namen ›Christian‹ gegeben [wie bei Bunyan, dt. auch ›Christ‹], weil ich wollte, daß der Grundgedanke universell bleibt und jedermann anspricht, der nach einem geistigen Leben strebt, sei er nun Christ, Jude, Buddhist, Schintoist oder ein Adventist des fünften [sic!] Tages«, meinte Vaughan Williams.[44] Bereits seit 1906 hatte er sich mit diesem gewaltigen Werk beschäftigt, als er Bühnenmusik zu einer Dramatisierung schrieb, ferner schuf er 1922 mit *The Shepherds of the Delectable Mountains* einen Einakter aus einer Einzelszene und 1942 Musik zu einer Hörspielfassung der BBC. Ende der 40er Jahre vollendete er schließlich die lange gereifte Vertonung des gesamten Werkes, das mit seinen 34 Rollen, von denen allerdings jeder Interpret mehrere übernehmen kann, sowie einem großen Orchester und Chor die Anforderungen der früheren Bühnenstücke weit übertrifft. Im Gegensatz zu den vorangegangenen Opern war *The Pilgrim's Progress* die erste, die von einem professionellen Ensemble uraufgeführt wurde. Dies geschah am 26. April 1951 unter Leonard Hancocks Leitung am Opernhaus Covent Garden. Das Publikum reagierte kühl, in der Presse pries man die Qualitäten der Musik, hatte aber Schwierigkeiten, die passende Schublade für das Stück zu finden. »Es könnte in einer Kathedrale gespielt werden oder vor einer großen architektonischen Fassade. Trotzdem ist es nicht ungeeignet für das Opernhaus, wo man schon die exotischeren religiösen Dramen Wagners, d'Annunzios und Debussys, Claudels und Honeggers sah«, räsonierte man in »Music and Letters.« »In [seiner] vollkommenen Ehrfurcht vor dem gesungenen Wort legt Vaughan Williams eine Parallele zu Debussys Vertonung von *Pelléas et Mélisande* nahe, bei der Maeterlincks Text sich mit der Natürlichkeit und Geschmeidigkeit der Sprache selbst bewegen kann.«[45] Viele hielten das Werk dennoch eher für eine konzertante Darbietung geeignet. »Ich glaube noch, daß es im Grunde genommen ein Bühnenstück ist und nicht für eine Kathedrale gedacht«, sagte der Komponist dazu. »Ich würde es nicht dulden, daß es in einem Saal oder einer

Kirche aufgeführt wird, solange es nicht völlig auf der Bühne etabliert ist.«[46]

Vaughan Williams' Musik zu Bunyans Text, der ergänzt wird durch Passagen aus der Bibel und Verse seiner zweiten Frau Ursula, ist von großer Ausdrucksintensität. Allerdings wagten in Anbetracht der interpretatorischen Anforderungen nur wenige Theater eine Inszenierung. Zudem blieb das Werk bis heute umstritten, ja es spaltete sogar die Anhänger des Komponisten in Bewunderer und Kritiker, die meinten, daß für das Bühnenstück nur noch wenig von der Schöpferkraft übriggeblieben sei, die in die gleichzeitig entstandenen Sinfonien geflossen war. Die ablehnende Haltung gegenüber dieser Bühnenkomposition traf Vaughan Williams schwer. »Sie gefällt ihnen nicht und sie wird ihnen nicht gefallen«, grollte er, »und vielleicht wird sie ihnen nie gefallen, weil sie keine Liebesgeschichte und keine großen Duette bietet und weil sie nicht so wie die Opern ist, die sie gewohnt sind; aber es ist die Art von Oper, die ich schreiben wollte, und da ist sie nun mal.«[47]

Der Buchstabe und der Geist

So wenig Vaughan Williams in seiner Musik bewußte Zugeständnisse machte, die auf den kleinsten gemeinsamen Nenner der Adressaten abzielten, so fern lag es ihm, sich mit seinem Schaffen in einen Elfenbeinturm zurückzuziehen. Er war stets »gegenwärtig« und allgemeinverständlich, sei es mit einer neuen Komposition oder mit Essays und Vorlesungen über Musik, bei denen ihm jedwede intellektualistische Schwafelei fernlag. Seine Vorträge vermitteln in gedruckter Form mit Notenbeispielen nur ein schwaches Bild von dem Eindruck, den sie als »Gesamtkunstwerk« bei den Hörern hinterlassen haben mögen. Vaughan Williams legte stets Wert darauf, daß Musik nur klingend erfahrbar sei. So ließ er bestimmte musikalische Sachverhalte bei seinen Vorlesungen am Klavier oder von Chören illustrieren, und wenn diese Hilfsmittel nicht zur Verfügung standen, verwendete er Schallplatten oder sang im äußersten Notfall auch selbst. Seine Einstellung kommt besonders treffend in dem 1920 in der Zeitschrift »Music and Letters« publizierten Artikel »Der Buchstabe und der Geist« zum Ausdruck.[48] Hier ging er auf die beiden Existenzformen der Musik ein: das Notenbild auf dem Papier und den daraus zu erzeugenden Klang. Im Gegensatz zu den Symbolen des Malers – den Farben – und denen des Dichters – den Worten – waren für ihn die Symbole des Komponisten von Musikwerken »jene des Gehörs – musikalische Klänge in ihren verschiedenen Kombinationen«. Bei den anderen Kunstformen ist die Produktion und die Präsentation *ein* Prozeß, nicht so in der Musik, wo »eine musikalische Komposition nach ihrer Erstellung nur halb fertig ist, und solange nicht der eigentliche Klang hergestellt wird, *existiert diese Kom-*

position nicht.« In seiner pointierten Ausdrucksweise resümierte Vaughan Williams: »Hätte sich Odysseus etwa an den Mast binden lassen müssen, wenn ihm die Sirenen – anstatt zu singen – mit Noten bedrucktes Papier unter die Nase gehalten hätten?«

Dieses künstlerische Glaubensbekenntnis verdeutlicht Vaughan Williams' eher laxe Haltung gegenüber den Originalmanuskripten seiner Partituren. Die meisten Handschriften etwa der Sinfonien können heute im Britischen Museum in London eingesehen werden, jedoch wird man daraus wenig Gewinn ziehen: Nicht nur ist hier, wie bei fast allem, was er zu Papier brachte, die Schrift nahezu unleserlich, es bestehen auch zum Teil erhebliche Unterschiede zwischen dem geschriebenen und dem gedruckten bzw. aufgeführten Notentext. Jede Sinfonie von Vaughan Williams war ein »work in progress« – der Komponist änderte und variierte noch bei den Orchesterproben oder nahm auch noch nach der Uraufführung Revisionen vor. Nach dem Tod seines einflußreichsten Beraters Gustav Holst wurde Roy Douglas sein wichtigster Mitarbeiter. «Das ist der Mann, der meine Musik für mich schreibt», sagte R. V. W. scherzhaft über den Helfer, der die Manuskripte für die Drucklegung abschrieb und in enger Zusammenarbeit mit dem Komponisten überarbeitete – eine Bemerkung, die dahingehend mißverstanden wurde, daß Vaughan Williams seine letzten Sinfonien nicht mehr selbst instrumentiert hätte. Nach Aussage von Roy Douglas bezog sich die Zusammenarbeit außer auf solche handwerklichen Fragen auch auf «Momente, bei denen V. W. unsicher über die Ausgewogenheit in seiner Instrumentierung war – ›Kommt diese Melodie auch durch?‹ war seine ständige Sorge –, insbesondere während der letzten Jahre, als sein Gehör ihm oft einen unschönen Streich spielte; bei diesen Gelegenheiten fragte er und wollte auch wirklich eine zweite Meinung haben. (Er sagte stets: ›Ich frage jedermann um Rat, verspreche aber nie, daß ich ihn auch annehme.‹)«[49]

»Eine überladene Instrumentierung war immer eine meiner Unarten«, schrieb Vaughan Williams 1950, «und ich bin überzeugt, daß sie daher rührt, daß ich mir meiner selbst nicht immer sicher genug bin und nicht den Mut meiner Überzeugungen habe, so daß ich meine Nacktheit hinter dem Schutz der Orchestrierung verbergen muß. Holsts Orchester konnte nackt und unbeschämt sein.«[50]

Weder ein großer noch ein alter Mann

Spätestens ab Mitte der 40er Jahre hatte Ralph Vaughan Williams eine einzigartige Stellung im britischen Kulturleben erreicht. Liebevoll titulierte man ihn als den «Grand Old Man of British Music«, eine Bezeichnung, die ihm zuwider war. Er sei weder groß noch alt, beschwerte sich der über Siebzigjährige, der später noch nach seinem 80. Geburtstag in einem

Brief mitteilte, daß gerade die Zuneigung der jungen Leute verhindere, daß er alt werde. »Sehe ich etwa wirklich aus wie ein kranker Hund, wenn ich Musik höre?« schrieb er 1953 über eine private Photographie.[51] Ungeachtet der Wertschätzung, die man diesem noch im alten Jahrhundert geborenen Mann entgegenbrachte, vollzog sich in den 50er Jahren ein künstlerischer Umbruch in Großbritannien. Nachdem die Experimente der Wiener Schule erst relativ spät auf der Insel Beachtung gefunden hatten, verfolgte nun eine junge Künstlergeneration mit wachen Augen und Ohren, was auf dem Kontinent in Paris, Darmstadt und Donaueschingen, den Wallfahrtsstätten der Avantgarde, vor sich ging. John Cage führte dort seine Experimente vor, Pierre Boulez machte mit Stükken wie *Polyphonie X* (1951) und *Le Marteau sans Maître* (1955) von sich reden, desgleichen Karlheinz Stockhausen mit *Kontra-Punkte* (1953) und Luigi Nono mit *Varianti* (1957). Reihenweise schworen sich junge Briten, darunter Peter Maxwell Davies, Harrison Birtwistle und Alexander Goehr, auf die neuen Tendenzen ein. Nachdem Vaughan Williams entscheidend mit dazu beigetragen hatte, das Musikleben seiner Heimat vom starken kontinentalen Einfluß zu lösen, folgte man nun mit der Atonalität und der seriellen Kompositionsweise wieder den neuesten Entwicklungen, die in Mitteleuropa »en vogue« war. Auf Vaughan Williams' Reaktion, die ihm später den Vorwurf einbrachte, nationalistisch zu sein, folgte eine Gegenreaktion, als beispielsweise Peter Maxwell Davies im März 1956 und Oktober 1959 in seinen Artikeln in »The Score« bzw. »The Listener« den Konservatismus und die insulare Abgeschlossenheit der britischen Musik kritisierte.[52] In der Tat beherrschten die britischen Komponisten, die kurz nach 1900 geboren wurden – darunter etwa Finzi, Rubbra, Walton, Wordsworth, Berkeley, Lambert, Rawsthorne und Tippett –, ein anderes Idiom als die Verfechter der seriellen und der Computermusik. Einst hatten sich lediglich Künstler wie Humphrey Searle, der bei Webern studierte, und Elisabeth Lutyens erfolgreich der Kompositionsweise mit zwölf Tönen angenommen. Nun begannen auch die jungen rebellierenden englischen Heißsporne ihr eigenes Profil zu entwicklen, und den besten unter ihnen gelang es, sich von modischen Einflüssen zu lösen und eine ihnen eigene Ausdrucksweise zu finden. »Ich glaube, daß große Musik nicht geschrieben wird, indem man mit der Tradition bricht, sondern indem man ihr etwas hinzufügt«, meinte Vaughan Williams 1955 anläßlich des 90. Geburtstages von Jean Sibelius. »Sibelius hat uns gezeigt, daß der neue Gedanke, der in dem alten Material entdeckt wird, unerschöpflich ist.«[53]

Die britische Musik verdankte Vaughan Williams vor allem Selbstvertrauen auf die eigene Leistungsfähigkeit. Er entwickelte ein Selbstbewußtsein, mit dem er 1937 sogar aus Deutschland eine Ehrung annahm, den Shakespeare-Preis der Universität Hamburg. Obwohl ihm öffentliche Anerkennung jeglicher Art ein Greuel war – er lehnte sogar den Ritterschlag und den Titel des »Master of the King's Musick« ab, lediglich den »Order of Merit« akzeptierte er 1935 – und er die Nazi-Herrscher verabscheute, reiste er 1938 zur Verleihung in die Hansestadt, weil er die Ansicht vertrat, diese Ehrung sei nicht in erster Linie ihm persönlich zugedacht, sondern »eigentlich eine Geste der Anerkennung gegenüber der gesamten Musikkunst Englands, die durch mich repräsentiert wird.« Deshalb müsse er seine persönlichen Belange beiseite stellen und das Angebot annehmen, »obwohl die Ehrungen aus Deutschland auch nicht mehr das sind, was sie einmal waren«.[54] Bei der Preisübergabe wurde noch die *London Symphony* unter Eugen Jochums Leitung aufgeführt, doch schon ein Jahr später war Vaughan Williams' Musik in Deutschland verboten. Die kontinental-eurozentristische Musikgeschichtsschreibung feierte fröhliche Urständ.

Nach dem Zweiten Weltkrieg wurde dann mehrfach versucht, das Interesse an britischer Musik und ihren Komponisten in anderen Ländern wieder auf eine solide Basis zu stellen. So erschienen Ende der 40er Jahre beispielsweise ein Buch von Eric Walter White über Britten und William H. Reeds Elgar-Biographie in deutscher Übersetzung, desweiteren A. L. Bacharachs berühmter Band über zeitgenössische britische Komponisten, ferner veröffentliche die BBC ein Büchlein über *Das englische Musikleben* in deutscher Sprache und Boosey & Hawkes publizierte Anfang der 50er Jahre zwei Essaybände über Britten und ein *England-Heft* in der Reihe *Musik der Zeit*, doch dies blieben nur sporadische Beiträge.[55] Man akzeptierte in Deutschland von den ehemaligen Kriegsgegnern vorerst nur das, was unmittelbar Nutzen brachte: etwas Demokratie und Care-Pakete. In einer ausführlichen Kulturanalyse jener Zeit wies der Literaturwissenschaftler Jost Hermand darauf hin, daß die neoliberale Kunstkritik im ersten Nachkriegsjahrzehnt vor allem das als künstlerisch »modern« durchgehen ließ, was man nach den Jahren der faschistischen Gleichschaltung als dynamisch, neuartig, ästhetisch arriviert, kurzgesagt: als »frischen Wind« empfand. Weil man aber im Bereich der deutschen Kunst aufgrund der weiterbestehenden Verdrängung oder Tabuisierung fast aller fortschrittlichen Traditionen dafür kaum Beispiele entdeckte, griff man auf die Kunst anderer westlicher Länder zurück wie etwa auf Sartre und Camus, Hemingway und Williams, Frisch und Dürrenmatt, Picasso und Chagall, Cocteau und Fellini, Bartók und Britten – also auf »all jene Klassiker der Moderne oder Halbmoderne, die aufgrund ihrer relativ realistischen, melodiebezogenen und inhaltlich aufregenden Kunst einen recht großen Prozentsatz innerhalb der gebildeten Oberschichten ansprachen. Selbst als die Zeit weiterschritt, wurden die Werke dieser Künstler immer noch viel gelesen, angeschaut oder gehört. Als Anlässe zu kulturtheoretischen Auseinandersetzungen traten sie jedoch nach 1955 allmählich in den Hintergrund. Was in den neoliberalen Kunstdiskussionen nach diesem Zeitpunkt ins Zentrum rückte, war – vor allem in Malerei und Musik – eine wesentlich abstraktere Stilhaltung, welche sich lediglich in der Literatur, die stets eine größere Inhaltsbezogenheit hat, nicht recht durchsetzen konnte.«[56] Seit dieser Zeit wurde der britischen Musik verstärkt »Eklektizismus«, also das Verbinden von Vorhandenem zu einer Einheit, nicht bescheinigt, sondern vorgeworfen; eine Haltung, die der Komponist Peter Maxwell Davies heute ablehnt. Er bewerte diesen Begriff nicht negativ, meint der Künstler, der sich in den 50er Jahren die ersten Sporen verdiente. Als er 1956 erstmals nach Darmstadt zu den »Ferienkursen für Neue Musik« kam, fand er, daß »viele Komponisten sich allzusehr um das Neue, Andersartige ihrer Musik bemühten, und ihre Wurzeln kappen wollten. Aber eine Pflanze, deren Wurzeln man abgeschnitten hat, lebt nicht mehr lange – außer sie schlägt neue.« Diese Worte entspringen durchaus dem Geiste Vaughan Williams'. Um eine lebensfähige Musik zu schreiben, bemühte er sich wie später Maxwell Davies darum, Wurzeln für seine Musik zu finden, aber, so der Jüngere, »es mußten nicht unbedingt angelsächsische sein. Alles was mir innerhalb der europäischen Kultur als akzeptabel, passend, brauchbar schien, was mir helfen würde, mich in meinem Hause wohl zu fühlen, war mir recht.«[57]

Sich in seinem Hause wohl fühlen – dies war auch das Bestreben von Ralph Vaughan Williams. Die Ausbildung bei Bruch, das Studium mit Ravel, die Erforschung der Volksmelodien seiner Heimat sowie die Anregungen durch Bartók, Hindemith, Schostakowitsch und Strawinsky bildeten die Grundpfeiler seines Hauses. Sein Nationalismus war nie chauvinistisch, obgleich seinem Ansehen dieses üble Mißverstehenwollen durch die britischen Musikkritiker und -wissenschaftler, die in den 40er Jahren geboren wurden, schon kurz nach seinem Tod schadete. Vaughan Williams verstand sich in erster Linie als englischer Komponist, weil er der Meinung des Durchschnittsengländers, der seiner Auffassung nach englische Musik haßte, entgegenwirken wollte. Engstirnigkeit und eine »Klein-England«-Mentalität wurden ihm vorgeworfen, ferner das Ignorieren von Mahler und Schönberg und die Diskriminierung der seriellen Musik. Vieles davon findet man eher in den Publikationen seiner Kritiker, wie etwa ein Blick in die fünfte Auflage des *Grove* von 1954 zeigt. Vaughan Williams, der eine Weltregierung für möglich hielt und schon in den 30er Jahren an Vereinigte Staaten von Europa glaubte, einer kurzsichtigen britischen Eigenbrötelei zu bezichtigen, entsprang einer zumeist willkürlichen Umkehrung seines Postulats, daß ein Komponist nicht willentlich »international« oder »universal« schreiben könne, sondern stets eigene Wurzeln haben müsse, um zu leben. Schönberg, Strawinsky und Debussy hätten dem wohl kaum widersprochen. »Wir sollten einander durch unsere Kunst kennen und lieben«, sagte Vaughan Williams 1953 in einer Ansprache in Manchester, »und es muß unsere eigene Kunst sein, nicht ein farbloser Kosmopolitismus. Ich glaube, daß die eigene Gemeinschaft, die eigene

Sprache, die Gebräuche und die Religion wesentlich sind für unser geistiges Wohlbefinden. Aus diesen Merkmalen, diesen ›starken Verknüpfungen‹, können wir ein vereintes Europa und eine Weltföderation errichten. Aber ohne eine Treue zur Heimat gibt es nichts, worauf man weiter aufbauen könnte. Alles, was in unserem geistigen und kulturellen Leben einen Wert hat, entspringt unserem eigenen Boden.«[58]

Die Essenz seiner großen Werke weist über die Gestade Großbritanniens hinaus, und mit dem Œuvre, das R. V. W. in seiner langen Laufbahn hinterlassen hat, konnte er sich allemal wohl fühlen. So war denn auch sein Ende friedvoll und nicht von langer Krankheit gezeichnet. Nach einem normalen Arbeitstag machte Ralph Vaughan Williams am Abend des 25. August 1958 Pläne, am nächsten Tag nach Walthamstow im Norden Londons zu fahren, wo seine 9. Sinfonie eingespielt wurde. In den frühen Morgenstunden des 26. August starb er im Schlaf an Herzversagen. »Es war alles wie gewöhnlich, normal, wie auch viele andere Nächte gewesen waren, und wir hätten nie gedacht, daß noch vor dem Morgengrauen der Tod, nicht der Schlaf, von ihm Besitz ergreifen würde«, schließt seine zweite Frau Ursula die Lebensbeschreibung. Die Bedeutung dieses Verlusts für die britische Musik verdeutlicht der Kondolenzbrief eines anderen großen Komponisten:

»The Red House,
Aldeburgh, Suffolk.
28. August 1958

Meine liebe Mrs. Vaughan Williams,
ich möchte Ihnen mein tiefstes Mitgefühl zum Tode Ihres Gatten aussprechen, einem wirklich großen Mann. Er war mein ganzes Musikerleben lang für mich eine so großartige Persönlichkeit, daß es schwerfällt zu begreifen, daß er nicht mehr länger bei uns ist. Wir werden ihn sehr vermissen – vor allem seinen wunderbaren, kompromißlosen Mut, für all die Dinge zu kämpfen, an die er geglaubt hat – Dinge, von denen ich persönlich denke, daß sie zum wichtigsten im Leben überhaupt gehören. Ihnen bleiben in diesem schrecklichen Augenblick die herzlichen Gedanken der zahllosen Menschen, die ihn mit Ihnen geliebt haben.

Hochachtungsvoll
Benjamin Britten.«[59]

VI

Triumphator wider Willen

Gustav Holst (1874–1934)

Das Bild der Sonne in einem Tautropfen ist nicht weniger als die Sonne selbst. Das Abbild des Lebens in eurer Seele ist nicht weniger wert als das Leben selbst. Ein Tropfen des Taues spiegelt das Licht wider, denn es ist eins mit dem Licht, und ihr seid ein Ebenbild des Lebens, denn ihr und das Leben seid eins.

Khalil Gibran[1]

Ein moderner Komponist?

An seine erste Begegnung mit Gustav Holst im Jahre 1895 habe er noch eine sehr lebhafte Erinnerung, berichtete Ralph Vaughan Williams noch gut fünfzig Jahre später. Es sei anno 1895 gewesen. »Er zitierte irgend etwas aus Sheridans *The Critic*. Wie rasch wir danach mit unseren ›Manövern‹ begannen, kann ich mich nicht mehr entsinnen, aber es muß ziemlich bald gewesen sein«, erzählte R. V. W. »Bei diesen Treffen verwandten wir einen ganzen Tag oder zumindest einen Nachmittag darauf, die Kompositionen des anderen unter die Lupe zu nehmen. Wie ich schon sagte, müssen diese Orgien recht bald angefangen haben, und sie wurden bis zum Schluß beibehalten, das heißt fast vierzig Jahre lang.« Holst zeigte Vaughan Williams vermutlich alles, was er geschrieben hatte, und der ihm wiederum von sich fast alles. »Ich sage mit Bedacht ›fast alles‹, denn manchmal konnte ich der absoluten Integrität seiner Vision nicht gegenübertreten, und so verbarg ich einige meiner übelsten Schandtaten vor ihm. Heute bedauere ich, daß ich nicht einmal seinem Mißfallen standhalten konnte.«[2]

Holsts Freund und Kollege Vaughan Williams ist einer der wichtigsten Zeugen für die Annäherung an einen Musiker, dessen Ruhm sich fast ausschließlich auf ein Werk zu gründen scheint: die Orchestersuite *The Planets*. Doch diese Reduzierung ist nicht minder einseitig wie die Scheuklappenpolitik, die Wendungen wie »der Komponist von *Carmen (Faust/ Cavalleria/Mikado)*« zum Synonym für Bizet (Gounod/Mascagni/Sullivan) macht. Holst schreckte zurück vor öffentlicher Anerkennung und Lobeslitaneien der Medien. Die Pressemeldungen zu dem Chorwerk *The Hymn of Jesus* »haben mir klargemacht, welche Wahrheit in dem Satz ›Wehe euch, wenn euch alle Menschen umschmeicheln‹, steckt. Ich fühle, daß hier irgend etwas nicht stimmt, weiß aber nicht, wo und warum«, schrieb Holst 1920 in einem Brief mit Anspielung auf ein Zitat aus der Bergpredigt (Lukas 6, 26).[3]

Doch das Echo war keineswegs einhellig. In seinem 1924 publizierten Buch über zeitgenössische Musik (*A Survey of Contemporary Music*) ordnete ihn Cecil Gray in die Rubrik »wenig bedeutende Komponisten« ein, während einem Freund, dem Holländer und Wahlengländer Bernard van Dieren (1884–1936) neben Männern wie Debussy, Strawinsky und Schönberg ein eigenes Kapitel gewidmet war. Künstler aus dem Kreis um Gray, van Dieren, Lambert, Warlock, Moeran, Foss oder den Sitwells ignorierten vermeintlich Konservative wie Holst entweder geflissentlich, erübrigten wie Lambert in *Music Ho*! gerade einen Satz für ihn oder gingen auf Konfrontationskurs. Gray meinte, Holsts Kunst erscheine ihm größtenteils wegen ihrer unbezweifelbaren Gewissenhaftigkeit und Aufrichtigkeit »entschieden schädlich«. Er habe bereits im Vorwort darauf hingewiesen, daß Mittelmäßigkeit selbst die größten Tugenden unerträglich mache, und Holst sei gerade dafür ein Beispiel. »Wie so viele Menschen mit mittelmäßigem Verstand sprechen ihn die größten und hochtrabendsten Ideen an; nichts anderes als die gewaltigsten Themen der Kunst bringen ihm Befriedigung, wie *The Planets*, die *Hymns from the Rig-Veda*, der *Hymn of Jesus* und so weiter. Um mit Heine zu sprechen, füttert er unablässig weiter die Fixsterne und trinkt von der Milchstraße.«[4] Soweit der Musikschriftsteller Cecil Gray.

Vaughan Williams war anderer Ansicht. Nach seiner Auffassung verkörperte Holst in erster Linie den Typus des »modernen Komponisten«. In einem 1920 veröffentlichten Beitrag über Gustav Holst für die Zeitschrift »Music and Letters« definierte er sein Verständnis des abgeschliffenen Begriffs »modern«: »Zwischen der Musik, die modern und jener, die ›im modernen Idiom‹ geschrieben ist, liegen Welten. Das ›moderne Idiom‹ setzt sich zusammen aus einer Handvoll Klischees über die Instrumentierung, die mit einer harmonischen Textur aus den Werken der vor etwa 25 Jahren aktiven Komponisten verwässert werden. Damit hat die Musik von Holst nichts gemein; er serviert uns nicht all die harmonischen Spielereien des letzten Vierteljahrhunderts, er führt nicht mit schöner Regelmäßigkeit in jedem achten Takt eine ›große None‹ ein, er scheut lange Melodien nicht (oft hat er sogar den Mut, sie für sich allein oder mit nur einer leichten Andeutung einer Harmonisierung stehen zu lassen),[5] er läßt nicht ständig acht Hörner hohe D blöken – er ist vielfach Bach, Purcell, Byrd und Wilbye verpflichtet, und dennoch (oder gerade deshalb) ist er einer der wenigen Komponisten, die man als wirklich modern bezeichnen kann. Modernität beruht nicht auf bestimmten stilistischen Kniffen, sondern auf der Beziehung zwischen dem Verstand, der ausdrückt, und dem Vokabular des Ausdrucks. Der moderne Verstand braucht ein modernes Vokabular, aber das Vokabular macht nicht den modernen Verstand. Einige Komponisten besitzen den modernen Verstand, haben aber noch nicht das Idiom gefunden, das dazu paßt; wesentlich mehr verfügen über alle stilistischen Tricks, jedoch nicht über den entsprechend ausgebildeten Verstand. Man erzählt uns, daß Richard Strauss ein ›Moderner unter den Modernen‹ sei, aber das stimmt nur oberflächlich; sein Verstand ist genauso frühviktorianisch wie der seines musikalischen Ziehvaters Liszt – Strauss' Musik ist nicht mehr als Liszt mit Zusatzzahl. Geistig schwelgt er in den deutschen Gefühlsduseleien der Fünfziger. Delius wiederum gehört trotz seiner bestrickenden harmonischen Experimente (oder vielleicht gerade deswegen?) geistig in die Achtziger. Mr. Bernard Shaw hat kürzlich geschrieben, Sir Edward Elgar könnte – wenn er wollte – ›aus Spaß in seiner Freizeit Tausende von Takten der Musik Debussys und Strawinskys schreiben‹. Das könnte er zweifelsohne, aber das Ergebnis wäre wahrscheinlich wertlos, weil es nicht die für ihn natürliche Diktion wäre, wäh-

Gustav Theodore Holst

rend Strawinskys eigene Musik insofern Wert hat, weil sein Stil wirklichen Ausdruck besitzt. Auf die gleiche Weise könnte Strawinsky – wenn er wollte – eine farbenprächtige Elgar-Imitation schreiben, diese würde aber mit Sicherheit jene Qualitäten entbehren, die aus den *Variations* und dem langsamen Satz der 2. Sinfonie schöne Musik machen. Wenn Holsts Musik modern ist, dann nicht deshalb, weil er sich einige Kunstgriffe angeeignet hat, die heute als Wunder angepriesen werden und morgen genauso schal sind wie ein abgestandenes Ginger ale, sondern weil er über einen Verstand verfügt, der Erbe aller Jahrhunderte ist und die Sprache gefunden hat, mit der er diesem Verstand Ausdruck verleihen kann. [. . .] Holsts Modernität ist die Folge der einfachen Tatsache, daß er ein moderner Engländer ist und daß seine Musik in direkter Beziehung zum wirklichen Leben steht. [. . .] Wenn ›Leben‹ bedeutet, daß man mit einer Primadonna durchgebrannt sein oder seine Freunde beschissen haben muß, oder daß man stets dreckig und betrunken ist – wenn Leben nicht mehr ist, dann hat es für einen Mann wie Holst wenig Bedeutung. Wenn sich aber Leben in den Worten zusammenfassen läßt: ›Was auch immer Du anfängst, tue es mit aller Kraft‹, dann hat Holst voll und ganz gelebt; er hat seine Lektionen in der harten Schule der Notwendigkeit gelernt, er ist diesem Ringen nicht ausgewichen, sondern hat gekämpft und gewonnen. [. . .] Einem törichten Freund, der einmal zu ihm meinte: ›Vermutlich hast Du ja nicht deshalb geheiratet, weil es für Deine Kompositionen förderlich ist . . .‹, hat er geantwortet: ›Gerade deshalb habe ich es getan.‹ Leben und Kunst sind für Holst keine Feinde, sondern sie ergänzen einander; und im Laufe der Zeit und mit zunehmender Betriebsamkeit und Vielfalt in seinem Leben wird sein künstlerisches Schaffen reifer, prononcierter und individueller werden.«[6]

»Worming« und andere Strapazen

Das Bild des Lebenskampfes, das Vaughan Williams verwendete, deutet die Probleme an, die dieser moderne Komponist zu bewältigen hatte. Gustav Holsts Freund R. V. W. meinte einmal scherzhaft von sich selbst, er sei »mit einem kleinen Silberlöffel im Mund« zur Welt gekommen. Dies machte ihn unabhängig von einer zeitaufwendigen Lehr- und Instrumentalistentätigkeit, die einem Komponisten viel Energie raubt. Vaughan Williams' Ausbildung war weitgehend »akademisch«, während Holst, obgleich auch Studienkollege am Royal College of Music, mehr durch die tägliche Praxis lernte. Wie Sullivan stammte auch Holst aus einer Musikerfamilie, und wie sein Jugendidol hatte auch er nicht nur britisches Blut in den Adern.

Gustav Theodore Holst wurde am 21. September 1874 in Cheltenham bei Gloucester geboren, damals noch als »von Holst«. Das eindruckheischende »von« legte er erst 1918 ab, als ihm wegen anti-deutscher Ressentiments Bedenken kamen. Drei Generationen zuvor war ein Matthias von Holst als Musiker von Deutschland nach Riga ausgewandert, wo er komponierte; später dann gab er in St. Petersburg der Zarenfamilie Harfenunterricht. Zu Beginn des 19. Jahrhunderts bekam er wegen seiner politischen Vorstellungen jedoch Schwierigkeiten, woraufhin er zusammen mit seiner russischen Frau und seinem kleinen Sohn in Riga kurzerhand ein Schiff nach England bestieg. Auch sein Sohn, Gustavus Valentine, wurde Komponist und Pianist; dessen jüngerer Bruder, der schon in England zur Welt kam, hingegen Maler. Gustavus ließ sich in Cheltenham nieder, wo er eine Engländerin heiratete und den Familienunterhalt vor allem mit Musikunterricht verdiente. Nur in seinen Mußestunden komponierte er noch, und als gut achtzig Jahre später eine Plattenfirma eines seiner beliebtesten Werke einspielte, *A Pleasant Afternoon on the Alp* für Harfe und Klavier, waren viele Bewunderer der Orchestersuite *The Planets* ziemlich irritiert ob dieses völlig andersartigen Idioms eines Gustav von Holst.

Adolph, einer der beiden Söhne dieses Großvaters, trat in die Fußstapfen seiner Vorfahren und studierte Musik in Hamburg, wo er bei seiner Tante Caroline wohnte, die Harfenistin am preußischen Hof war. Während sich sein Bruder zu einem guten Pianisten entwickelte, wurde Adolph von Holst eine der führenden Figuren des Kulturlebens in Cheltenham. Er leitete Orchesterkonzerte, spielte in der Kirche die Orgel und gab Musikunterricht. 1871 heiratete er eine seiner Schülerinnen, Clara Lediard, die Tochter eines angesehenen Anwalts. Obwohl Adolph mit seinen guten Manieren durchaus als englischer Gentleman durchgehen mochte, konnte sich die Familie seiner Frau nur schwer damit abfinden, daß Clara einen »Musikanten« ehelichen wollte. Doch die Dinge nahmen ihren Lauf und zwei Jahre nach der Geburt von Gustav Theodore kam noch sein Bruder Emil Gottfried zur Welt.

Das Familienleben im Hause von Holst gestaltete sich diffizil, weil sich Gustavs Vater außer für seine Musik für wenig andere Dinge Zeit nahm. Umso kritischer wurde die Situation, als seine Frau wenige Monate nach einer Totgeburt an einer Herzerkrankung und Wassersucht starb und ihn mit den acht- bzw. sechsjährigen Knaben zurückließ. Adolphs Schwester Nina war im Hause keine große Hilfe, weil die begabte Pianistin wohl viel von ihrer Kunst, aber so gut wie nichts vom Umgang mit Kindern verstand. Zwar gab sie Gustav Klavierunterricht, doch niemand beachtete, daß der hochsensible, kurzsichtige Junge dringend eine Brille benötigt hätte. Auch seinem Asthma schenkte man wenig Aufmerksamkeit. Im August 1885 heiratete Adolph Holst zum zweitenmal: Mary Thorley Stone – wiederum eine Musikschülerin von ihm. Gustavs nachhaltigste Erinnerungen an seine Stiefmutter, eine Theosophistin, dürften die langen abendlichen Gespräche über Wiedergeburt und ähnliche Themen gewesen sein. Adolph kümmerte sich kaum um häusliche Angelegenheiten. Er setzte seinen ganzen Ehrgeiz in die pianistische Ausbildung seines Ältesten, dem er eine glänzende Konzertkarriere ermöglichen wollte.

Adolph verehrte Mendelssohn, doch wenn er aus dem Haus war, nahm sich Gustav lieber die Werke Griegs vor, den sein Vater für einen Modernisten hielt. Neben dem Klavier lernte Gustav auch noch Geige und Posaune, die der Vater als ein gutes Mittel gegen das Asthma erachtete.

Durch seine Musik verschaffte sich Gustav Anerkennung bei seinen Klassenkameraden, da der kränkelnde, schwächliche Junge kaum durch seine eher soliden Schulerfolge und seine nicht vorhandenen sportlichen Leistungen beeindrucken konnte. Mit seinem Auftritt bei einem Schulkonzert am 18. Dezember 1890 spielte Gustav erstmals vor Publikum, doch die erhoffte Pianistenlaufbahn blieb ein Wunschtraum seines Vaters. Neuritis in der rechten Hand rückte dieses Ziel in unerreichbare Ferne. Heimlich hatte sich Gustav aber schon mit dem Komponieren beschäftigt und eifrig Berlioz' Instrumentationslehre studiert. Daß er auf diesem Gebiet etwas erreichen könnte, bewiesen ihm die ersten Preise, die er bei den Jugend-Kompositionswettbewerben der Zeitschrift »Boy's Own Paper« für seine Liedvertonungen gewann. In späteren Jahren hatte er jedoch mit seinen Bewerbungen für Stipendien oder Teilnahmen an Wettbewerben kaum noch Erfolg. Die erste Station seiner Musikerlaufbahn blieb seine Heimatstadt, wo er nach einer privaten Ausbildung in Oxford als Organist und Dirigent tätig wurde. Für Chorvereinigungen schrieb er musikalische Unterhaltungsstücke und Kinderopern, zu denen häufig Lokalgrößen wie ein Bürgermeister die Textbücher verfaßt hatten. Holsts Leitbild bei diesen durchaus erfolgreichen Stücken war das Idiom der komischen Opern Sullivans, und ein Freund, der Komponist Fritz Hart, beschrieb ein Werk später als »eine Mischung zwischen *Ruddigore* und *Walküre*, mit einem Spritzer von ihm selbst und etwas ›Erlkönig‹«.[7]

Die finanzielle Unterstützung des Vaters und der Verwandtschaft ermöglichte ab Mai 1893 den Besuch des Royal College of Music, nachdem ein Stipendium abgelehnt worden war. Einen Vorgeschmack auf die Vielfalt des Londoner Kulturlebens hatte Holst bereits im Jahr zuvor bekommen, als er in die Hauptstadt reiste, um dort eine Aufführung von Wagners *Götterdämmerung* unter der Leitung von Gustav Mahler zu erleben. Doch am Royal College wurde Holst gewahr, wie unzureichend seine Kenntnisse in Harmonie und Kontrapunkt noch waren. Als Kompositionsschüler wurde er von Stanford zunächst abgelehnt.

Zu Holsts Studienkollegen gehörten neben dem bereits genannten Fritz Hart unter anderem Samuel Coleridge-Taylor, Thomas Dunhill, John Ireland und eben Ralph Vaughan Williams. Gustav galt als ein sehr umgänglicher Mensch und wurde als zielstrebig, treuherzig, ja zuweilen naiv charakterisiert, wobei anderen seine übergroße Rechtschaffenheit mitunter unangenehm war. «Ich glaube, daß alles Böse und jedes Ärgernis in der Welt ganz schön den Schwanz einziehen muß, wenn es Dir begegnet«, schrieb ein Freund. «Begeisterungsfähig und glücklicherweise nicht ohne Humor«, erinnerte sich Stanford an den Studenten, und wirklich wurde auch sein kraftvolles Lachen als das robusteste an dem schmalen, blassen jungen Mann beschrieben.[8] So zeigen nicht zuletzt seine Briefe und Schriften sowie sein gekonnter Umgang mit Worten viel von Holsts humorvollem Wesen. Sein literarisches Talent färbte später auf seine schriftstellerisch versierte Tochter Imogen ab.

Nach einigen vorbereitenden Studien gewährte man Holst schließlich doch Zugang zu Stanfords Kompositionsklasse, hinzu kamen Musikgeschichte bei Parry und Instrumentation bei Georg Jacobi. Im Gegensatz zu Vaughan Williams kam Gustav Holst mit Stanford wesentlich besser zurecht; 1903 widmete er ihm sogar seine Kantate *King Estmere*. Ein weiterer Unterschied zu seinem Freund war die ständige Beeinträchtigung durch Geldsorgen. Als Gustavs Vater eine weitere finanzielle Förderung nicht mehr tragen konnte, verhalf ihm im Februar 1895 letztendlich doch noch ein Stipendium zur Fortsetzung seiner Studien. In den Ferien verdiente er sich ein Zusatzeinkommen, indem er am Pier in Brighton und in anderen Küstenstädten Posaune spielte oder in Musikkapellen wie der »White Viennese Band« mitwirkte, die unter der Leitung von Stanislaus Wurm Strauß-Walzer dröhnte. Da es als schick galt und finanziell einträglicher war, als vermeintliche »Ausländer« diese Musikdarbietungen zu offerieren, zwängten sich die zumeist britischen Instrumentalisten in weiße Uniformen mit Messingknöpfen und parlierten in der Nähe von Badegästen auf der Promenade mit einem kontinentalen Akzent. Dieses anstrengende Vergnügungsmusizieren bezeichnete Holst in Anspielung auf den Namen des Kapellmeisters mit dem Tätigkeitswort »worming«. Oft klagte er darüber, er sei »nachlässig geworden wegen des ›Gewurmes‹ und der Brotarbeit. Ich bin sicher, daß das ›Wurmen‹ sehr schlecht für einen ist – ich habe alles so satt, daß ich nicht vernünftig arbeiten kann.«[9]

Dafür konnte er Erfahrungen auf einem Weg sammeln, der für einen Komponisten zwar keineswegs einfach, dafür aber sehr lehrreich ist. Im Anschluß an den College-Besuch wurde Holst von 1898 bis 1903 erster Posaunist und Repetitor der Carl Rosa Company sowie zweiter Posaunist beim erst wenige Jahre zuvor gegründeten Scottish Orchestra. Er war zwar kein Spitzeninstrumentalist, spielte aber solide genug, um auch einmal unter Hans Richters Leitung am Opernhaus Covent Garden mitwirken zu dürfen. Auch wenn sich die Erfahrungen, die Holst als Opern- und Konzertmusiker in einem Orchester machen konnte, später als sehr wertvoll erweisen sollten, war er in diesen Jahren doch immer unzufriedener mit dieser »Zeitverschwendung«. »Ich empfinde meine Lebensweise zunehmend als sehr unbefriedigend«, schrieb er an Vaughan Williams. »Es wäre eine tolle Sache für mich, wenn ich immer in London leben und Wurm und allen anderen Strandkapellen ade sagen könnte. Um das Scottish Orchestra würde es mir aus bestimmten Gründen leid tun, aber insgesamt gesehen wäre es besser.«[10] Letztlich kam es dann auch dazu. Aber Probleme anderer Art waren schon programmiert.

Musikalisches Doppelleben

Die Anfänge des Komponisten Gustav Holst liegen in den Monaten der Jahreswende von 1888 auf 1889. Damals gab der bereits erwähnte Wettbewerb einer Jugendzeitschrift den Anstoß, und zeit seines Lebens blieb Holst ein sehr praktisch orientierter Komponist, der seine Werke nicht abstrakt schrieb, sondern stets als Reaktion auf etwas, das ihn stimulierte. Falls es Ausnahmen gibt, bestätigen sie nur die Regel. Die ersten bedeutenderen Stücke entstanden in der knapp bemessenen freien Zeit des Orchestermusikers Holst. 1899 erweckte die Sanskrit-Literatur erstmals seine Neugier, als ihm bei einem Gastspiel der Carl Rosa Company in Scarborough ein Freund ein Buch von Friedrich Max Müller lieh, vermutlich *The Sacred Books of the East*. Die Auseinandersetzung mit der Welt der indischen Religionen war ein durch und durch ungewöhnliches Steckenpferd. Auch wenn das reiche Indien als das »Kronjuwel« unter den vom Mutterland England ausgebeuteten Kolonien galt, zeigten die Briten kaum noch Interesse an der Kultur des Landes. Inspiriert von den romantischen, gegen die rationale Weltdeutung der Aufklärung gewendeten Strömungen gegen Ende des 18. Jahrhunderts hatte man erst gut hundert Jahre, bevor Gustav Holst die erste Sanskritübersetzung in die Hände bekam, damit begonnen, sich ernsthaft mit der Indologie zu befassen. Im Zuge einer aufgeschlossenen Kulturpolitik des sprachbegabten Warren Hastings, der 1752 Generalgouverneur der britischen Kompanie in Indien wurde, kam es im Januar 1784 zur Gründung der ersten wissenschaftlichen Gesellschaft in Indien, der Asiatic Society, der heutigen Asiatic Society of Bengal. 1789 erschienen die ersten englischen Übersetzungen von Sanskrit-Texten, 1791 die ersten deutschen. Doch die Indien-Begeisterung währte in England nur kurz. Ziemlich abrupt beendet wurde sie durch das 1817 erschienene Buch *The History of British India* von James Mill, in dem ein negatives Bild der fremden Kultur gezeichnet wird, deren Aberglaube und Rückständigkeit dem technisch fortschrittlichen Europa unterlegen sei. Dieses Werk, verfaßt vom Vater des Philosophen John Stuart Mill, hat das englische Indien-Bild bis heute geprägt, während auf dem Kontinent eher die romantischen Vorstellungen Rousseaus oder Herders Einfluß ausübten. Aus dem Streit zwischen den sogenannten »Anglizisten«, die die orientalische Kultur als widerlegt ansahen und eine Einführung der modernen englischen Bildung in Indien forderten, und den »Orientalisten«, die eine Verbindung der alten Kultur mit westlichen Ideen anstrebten, setzten sich 1836 die Anglisten per Dekret im Parlament durch. Damit war die Indologie in Großbritannien praktisch gestorben, nur in Deutschland fand sie noch eine Nische.

Diese Hintergründe sind wichtig für das Verständnis von Holsts Persönlichkeit und für die Rezeption einiger seiner bedeutendsten Werke.

Holst faszinierte die Mystik der *Rig Veda*, die Dramatik des *Ramayana* und die Philosophie der *Bhagavad Gita*. Hier hatte er eine rationale Religion gefunden, wie er meinte, bei der ihn viele Elemente ansprachen. Nicht die Suche nach Schönheit oder Wahrheit rückte ins Zentrum seines Denkens, sondern die Suche nach Weisheit. Der Weise ist nach der *Bhagavad Gita* ein Mensch, der frei ist von Furcht, Eitelkeit, Egoismus, Ungeduld und der Angst vor dem Scheitern. Was in der Welt Bedeutung hat, bedeutet ihm nichts; er ist gerecht, rein und unvoreingenommen. Lange Studien und innere Einkehr haben ihn zu einem Wissenden und Verstehenden gemacht. Es war mehr die Haltung gegenüber der Welt als die praktische Ausübung der Riten, die Holst an den indischen Religionen faszinierte. »Mache Deine Arbeit, wie auch immer sie aussehen mag, und kümmere Dich nicht darum, was geschehen wird«, lautete seine Devise.[11] Neugierig geworden und fest entschlossen, einige Sanskrittexte zu vertonen, machte er sich auf in den Lesesaal des Britischen Museums, wo er sich aus Übersetzungen das heraussuchen wollte, was ihm für seine Zwekke am geeignetsten erschien. Er bekam jedoch nur einen großen Stapel mit Originalschriften ausgehändigt, und die wenigen Übersetzungen, derer er habhaft wurde, waren allesamt unbefriedigend. Ungeachtet des Umstandes, daß ihm schon das Erlernen europäischer Sprachen schwerfiel, beschloß er kurzerhand, Sanskrit zu lernen. Er schrieb sich an der Londoner Schule für Orientalische Sprachen ein, an der er der erste Sanskritschüler von Dr. Mabel Bode wurde, einer Irin, die mit dem Manager des County Theatre in Reading verheiratet war. Holst und seine Lehrerin kamen so gut miteinander aus, daß sie schon in der ersten Unterrichtsstunde so laut scherzten und lachten, daß der alarmierte Portier ganz irritiert darüber war, daß eine so altehrwürdige Sprache ein so zotiges Benehmen hervorrufen konnte. Auch der Unterricht trug Früchte, selbst wenn Holst Sanskrit nie fließend lesen lernte. »Ich glaube«, meinte er, »wenn man wirklich mit Leidenschaft etwas machen will, findet man dazu auch die Zeit. Ich pflegte Sanskrit beim Zugfahren zu lernen – zumindest lernte ich das Alphabet. Es war eine beträchtliche Leistung, aber ich habe es geschafft.«[12]

Holst übersetzte die Texte, die er zu vertonen gedachte, selbst – das Wörterbuch aufgeschlagen neben dem Papier liegend. Wort für Wort, Satz für Satz, Strophe für Strophe tastete er sich an die Bedeutung, den Sinn der Schriftzeichen heran. »Die beiden Sprachen unterscheiden sich so grundsätzlich voneinander, daß mich selbst meine noch so geringen Kenntnisse in die Lage versetzten, den ursprünglichen Gedanken näher zu kommen, als es mir anhand einer der üblichen Übersetzungen möglich gewesen wäre«, resümierte der Komponist. Eine der bedeutendsten Hindudichtungen, *Ramayana*, regte Holst zu seiner dreiaktigen Oper *Sita* an, zu der er selbst das Libretto schrieb. Das Werk, mit dem er sich seit 1900 befaßte und das er 1908 sogar bei einem Kompositionswettbewerb des Verlagshauses Ricordi einreichte, ohne Erfolg allerdings, wurde nie aufgeführt. Trotz vieler enttäuschter Hoffnungen, die mit *Sita* verbunden waren, sprach Holst später selbstkritisch von der Musik als »gutem altem Wagnerschen Getöse«.[13] Weitere Einflüsse der indischen Gedankenwelt finden sich in der Tondichtung *Indra* (1903), den *Vedic Hymns* (1907/08) und der großen Kantate *The Cloud Messenger* (1910–12). Die bedeutendsten Stücke dieser Art sind die vier Gruppen der *Choral Hymns from the Rig Veda*, entstanden zwischen 1908 und 1912, und die Kammeroper *Savitri*, komponiert 1907 und 1908, erstmals aufgeführt acht Jahre später im Dezember 1916 an der London School of Opera unter der Leitung von Hermann Grunebaum.

Savitri war die erste englische Kammeroper seit Ende des 17. Jahrhunderts und durch ihren bewußt sparsamen, aber dennoch gezielten Einsatz der Mittel und durch ihre Tonsprache im Hinblick auf die Entstehungszeit ein durchaus revolutionäres Werk. Das verblüffende an den durch die Sanskritstudien beeinflußten Arbeiten Holsts ist vielfach, daß er sie in einer Art »authentisch« klingendem Idiom komponierte, ohne jemals originale indische Musik kennengelernt zu haben. So erinnert beispielsweise auch vieles in den *Choral Hymns* an jene Harmonik und Metrik, wie man sie heute von der Tabla- und Sitarmusik kennt. Holst experimentierte vielfach mit einer asymmetrischen Metrik von fünf oder sieben Schlägen pro Takt, die er für die englische Sprache für geeigneter hielt als den Zweier- oder Dreiertakt. Hinzu kommen wohl auch Einflüsse der damals verbreiteten »orientalischen« Färbung, wie man sie auch in der Musik Debussys, Ravels oder Strawinskys findet, von denen sie sich wiederum bis zu Glinka zurückverfolgen läßt. Das Orchester für *Savitri* wird von zwei Flöten, Englischhorn, zwei Streichquartetten und Kontrabaß gebildet, hinzu kommen drei Solisten auf der Bühne und ein kleiner Frauenchor im Hintergrund. Das Stück erzählt von der jungen Savitri, die dem personifizierten Tod begegnet, der gekommen ist, um ihren Mann Satyavan mit sich zu nehmen. Satyavan sinkt, kaum daß er aus dem Wald zu seiner Geliebten heimgekehrt ist, leblos zu Boden. Der Tod ist bereit, der verzweifelten Savitri eine Gunst zu gewähren. Diese bittet ihn, dem Gatten das Leben zurückzugeben, denn ohne ihn könne auch sie nicht mehr weiterexistieren: »Leben aber ist Gemeinschaft, / jeder, der lebet, lebet für alle.« Der Tod verzichtet auf sein Opfer und kehrt allein in sein Reich zurück. Die Klangsprache, die Holst zu dieser Geschichte erfand, ist schlicht und lyrisch gehalten. Mitunter werden die Stimmen ohne Instrumentalbegleitung geführt, dynamische Extreme werden vermieden. Anläßlich einer Radioübertragung der Oper aus dem Sadler's Wells Theatre im Jahre 1935 schilderte Richard Capell als Charakteristika der Musik die »große Klarheit, die Unmittelbarkeit und die Kraft der Empfindsamkeit. Die Gesangslinie wird von der natürlichen Betonung der Worte bestimmt. Man kann sagen, daß seit Purcell kein englischer Komponist seine Melodik so direkt aus dem Quell der Sprache gewonnen hat.«[14]

Außerhalb der Schulen, an denen Holst unterrichtete, und eines kleinen Freundeskreises fanden diese Arbeiten aber kaum Beachtung. Bei seinem ersten Orchesterwerk, das von professionellen Musikern gespielt wurde, handelte es sich um die 1900 vollendete, 1901 publizierte und 1902 uraufgeführte *Cotswolds Symphony*. Diese viersätzige Komposition – benannt nach einem Gebirgszug beim heimatlichen Cheltenham, in dem auch die Themse entspringt – entsprach eher den Klängen, mit denen die harmoniegewohnten Ohren jener Zeit vertraut waren, und so bietet sie stilistisch noch wenig Hinweise auf die Individualität und die spätere Entwicklung ihres Schöpfers. Für die Holst eigene musikalische Sprache waren stets jene Einflüsse seines Lebens bedeutsam, die nicht geraden Weges zur Musik hinführten. Seine Biographie, die arm an äußeren Ereignissen ist, bietet jedoch eine üppige, vielseitige Auseinandersetzung mit vermeintlich beziehungsfernen Erscheinungen seiner Zeit.

Von Bach bis »Tipperary«

Mit dem neuen Jahrhundert begann Holst auch einen neuen Lebensabschnitt. Der Sechsundzwanzigjährige heiratete am 23. Juni 1901 Isobel Harrison, die er im Chor der Hammersmith Socialist Society kennengelernt hatte, den er leitete und in dem sie sang. Dank einer kleinen Hinterlassenschaft seines verstorbenen Vaters leistete sich das Paar im Frühjahr 1903 eine Reise nach Berlin – der erste Aufenthalt im Ausland, den man kurzerhand zu verspäteten Flitterwochen erklärte. Die Entscheidung, die Gustav Holst nach der Rückkehr fällte, war einschneidender: Er war nun fest entschlossen, sein Posaunistendasein in verschiedenen Orchestern endgültig aufzugeben, um sich mehr dem Komponieren widmen zu können.

Die Entscheidung bedauerte er bald als zu voreilig, da einige Lieder, von denen er hoffte, daß sie sich gut verkaufen würden, von Verlegern abgelehnt wurden. Mit Isobels Hilfe, die nähte und Noten kopierte, konnte man sich eine Zeitlang über Wasser halten. Die Existenz wurde vorerst gesichert, als Gustav noch im gleichen Jahr aushilfsweise als Gesangslehrer an der James-Allen-Mädchenschule im Londoner Stadtteil Dulwich anfangen durfte. Dieses erfolgreiche Schuljahr, nach dessen Ablauf er eine dauerhafte Anstellung erhielt, war der Beginn seiner Laufbahn als Lehrer. Diese Tätigkeit war für einen Mann, der alles so engagiert anging wie Holst, kaum weniger anstrengend und zeitraubend als die eines Orchestermusikers. Dennoch war es eine andere Art der Auseinandersetzung mit Musik und für seine Kompositionen (und deren Aufführungen) gewiß hilfreicher, wenn auch das Schreiben von Musik eine Beschäftigung wurde, die vornehmlich den Wochenenden und den Ferientagen vorbehalten blieb. An der James-Allen-Mädchenschule unweit des Kristallpalasts arbeitete Holst bis 1920. Parallel dazu übernahm er 1905 das Amt des musikalischen Leiters an der St. Paul's-Mädchenschule in Hammersmith im Westen der Hauptstadt – die einzige Stelle, die er bis zu seinem Tode im Jahr 1934 ausfüllte. Vorübergehend war er noch zusätzlich als musikalischer Leiter am Morley College for Working Men and Women beschäftigt (1907 bis 1924) sowie als Kompositionsprofessor am Royal College of Music (1919 bis 1924) und am University College in Reading, etwa achtzig Kilometer westlich von London (1919 bis 1923).

Diese bloße Aufzählung vermittelt einen Überblick über die Vielfalt seiner Lehrtätigkeit, zu der noch Vorträge und 1932 ein sechsmonatiger Lehrauftrag in den USA hinzukamen; entscheidend sind jedoch der Geist und das inspirierende Feuer, mit dem Gustav Holst lehrte. Er stopfte seine Schüler nicht mit Wissen voll, sondern entwickelte behutsam deren Fähigkeiten. »Einige von uns verabreichen Kindern Musik, als ob es sich um Medizin handelt, und erzählen ihnen, daß es ihnen gut tue«, lautete eine seiner Klagen.[15] »Einige Kenntnisse können nicht schaden, solange man sich darüber im klaren ist, daß sie nur gering sind«, meinte er zu seinen Schülern, »und der Prüfstein des Erfolges ist der künstlerische Genuß, den man beim Aufführen, Schreiben und Hören von Musik empfindet.«[16]

Unzufrieden mit dem ungeeigneten Chorrepertoire, komponierte er zahlreiche neue Stücke für seine Schülerinnen. Um sich verständlicher zu machen und den Unterricht aus eingefahrenen Gleisen herauszulenken, entwickelte er eine eigene Terminologie, erläuterte die Kontrapunktik als »in Streifen geschnittenen Speck« und die Harmonik als »Schichttorte mit großen Stücken, mit verschiedenen Schichten in jedem Stück«, vergaß aber auch nie, alles durch bekannte Musikbeispiele – von Bach bis »Tipperary« – zu verdeutlichen, wobei er vor allem die Bedeutung des Rhythmus' betonte. Überdies animierte er seine Schüler stets, selbst zu komponieren, und er brachte diese Stücke so oft es ging auch zur Aufführung. »Alle Kinder haben einen Instinkt dafür, und man sollte es nicht als ein esoterisches Geheimnis betrachten. Im kleinen Rahmen sollte mehr geschrieben und aufgeführt werden – Stücke, die allein aus dem Spaß, sich selbst auszudrücken, entstehen«, erläuterte Holst. »Man nehme doch nur das Erlernen des Klavierspielens zum Vergleich; darüber wird nicht so ein Aufhebens gemacht. Warum also all das Getue ums Komponieren?«[17] Er meldete Bedenken an, meinte, daß das Klavier »mehr eine Institution als ein Instrument« geworden sei, und legte selbst mehr wert auf Chorgesang und Orchesterspiel. Eine seiner berühmtesten Schülerinnen war die englische Sopranistin Joan Cross (geb. 1900), die er an der St. Paul's-Schule unterrichtete. Sie begann ihre Karriere 1924, gehörte von 1931 bis 1945 zum Ensemble der Sadler's Wells Opera und initiierte 1945 nicht nur die Uraufführung von *Peter Grimes*, sondern sang auch in dieser wie später in anderen Britten-Opern die weibliche Hauptrolle.

Nach Holsts eigenem Bekunden war »einer der größten Augenblicke in meiner Laufbahn, als ich eines Morgens an einem dunklen Wintertag früher kam, um mir vor Schulbeginn meine Post zu holen. Ich stellte fest, daß einige der Mädchen noch früher gekommen waren, ohne mir ein Wort davon zu sagen, sich im Klassenzimmer rund um das Feuer gesetzt hatten und aus reiner Liebe zur Musik Palestrina sangen.«[18] Doch nicht nur im Umgang mit Jugendlichen trug seine Lehrtätigkeit Früchte. »In die Musik brachte Holst etwas ganz Neues im Bereich der Erwachsenenbildung ein«, meinte Michael Tippett 1944, Holsts Nachfolger am Morley College, »nämlich seinen nachdrücklichen Einsatz für seine unnachgiebigen Anforderungen an die künstlerische Ausführung.«[19] In die Annalen der britischen Musikgeschichte ging auch jene denkwürdige konzertante Aufführung von Henry Purcells Semi-Opera *The Fairy Queen* ein, die Holst am Samstag, dem 10. Juni 1911 mit Studenten des Morley College realisierte. Es handelte sich um die erste seit 1692, was umso beachtenswerter war zu einem Zeitpunkt, da Purcells Werke keineswegs Bestandteil des Unterrichts an den Musikinstituten waren und auch von den Theatern kaum beachtet wurden, sieht man einmal von Gordon Craigs innovativer Inszenierung von *Dido and Aeneas* ab, die 1900 von der neu gegründeten Purcell Operatic Society herausgebracht wurde. Das verschollen geglaubte Originalmanuskript von *The Fairy Queen* war erst kurz nach der Jahrhundertwende in den Archiven der Royal Academy of Music wiederaufgefunden worden, und so war es der seit 1876 rührigen Purcell Society möglich, eine vollständige Partitur zu veröffentlichen. Holst animierte alle zur Verfügung stehenden Kräfte, um eine Aufführung zu realisieren. Und er bewies, daß bereits vor Erfindung der Fotokopiergeräte Leben auf der Erde existierte: Unermüdlich wies er seine Studenten beim Kopieren des Notenmaterials an, das für die Orchestermitglieder, die Choristen und die Solisten benötigt wurde. Zusätzliche Schwierigkeiten traten auf, weil der Sopranpart für einige Chorsängerinnen zu hoch lag, so daß teilweise noch Transponierungen vorgenommen werden mußten. Niemand murrte. Niemand fühlte sich von dem ehrgeizigen Professor ausgenutzt. Ja, die Studenten hatten unter Holsts Anleitung eher den Eindruck, besonders privilegiert zu sein, wenn sie mit ihm arbeiten durften. Sie betrachteten ihn nicht nur als ihren Lehrer, sondern auch als ihren Kameraden, wie sich eine Schülerin 1923 im »Music Bulletin« erinnerte. Insgesamt wurden 1500 Seiten mit Noten gefüllt. Mit Spannung fieberte man dem großen Tag entgegen. Das College hatte sich in der benachbarten Royal Victoria Hall eingemietet, um den zahlreichen Hörern genügend Platz zu bieten. Das Publikum bestand größtenteils nicht aus College-Angehörigen, sondern aus neugierigen Musikfreunden, die von den umfangreichen Vorbereitungen gehört hatten und nun das Ergebnis in Ohrenschein nehmen wollten. Obwohl sie Einladungen erhalten hatten, sandten der König und einige angesehene Politiker sowie Musikgrößen wie Parry, Mackenzie und Henry Wood nur aufmunternde Grußschreiben. Die von Isidore Schwiller dirigierte Aufführung wurde in Pressebesprechungen ausführlich gewürdigt. Der Erfolg bedeutete nicht nur eine enorme Motivation für Holsts Arbeit, sondern auch für das Interesse an Purcells Werk. Im Februar 1920 sollte es in Cambridge auch zu einer Bühnenproduktion von *The Fairy Queen* kommen.

Daß Holst seine Studenten für diese ungewöhnliche Leistung gewinnen konnte, läßt sich durchaus erklären. Trotz seines eher zurückhaltenden Wesens verfügte er über eine starke Persönlichkeit, die selbst bei einem nur flüchtigen Kennenlernen einen nachhaltigen Eindruck hinterließ. So erinnerte sich Michael Tippett daran, daß Malcolm Sargent seine Studenten je einen Satz aus der *St Paul's Suite* für Streicher dirigieren ließ, als der Komponist am Royal College of Music vorbeischaute. »Ich habe vergessen, welchen Satz ich leitete: Ich war während der Aufführung äußerst unruhig, und ich weiß nicht warum. Holst hörte zu. Nachdem alles vorbei war, stellten wir uns in einer Reihe auf, und er kam und schüttelte jedem von uns feierlich die Hand. Holsts Augen waren von einem tiefen, durchdringenden Blau: Ich war verblüfft – wie später noch einmal bei einer ähnlich kurzen Begegnung mit Bartók anläßlich eines Konzertes der BBC.« Soweit Tippett über Holst, der durch die Aufführungen seiner Musik »einen viel stärkeren Eindruck« auf den angehenden Komponisten machte als etwa Vaughan Williams, den er traf, als am Royal College erstmals die Oper *Hugh the Drover* vorbereitet wurde. »Ich spürte, daß seine Schüler lediglich in einem kraftlosen, verwässerten V. W.-Stil schrieben, und so unterließ ich es, bei ihm zu studieren«, erklärte Tippett.[20]

Wie Vaughan Williams maß auch Holst der Volksmusik große Bedeutung bei und engagierte sich in der neu gegründeten English Folk Music Society. Mit seinen Freunden unternahm er – mit solider Wanderausrüstung und Rucksack ausgestattet – zahlreiche »walking tours« durch England, jedoch beteiligte sich Holst aus Zeitgründen nicht selbst an den »Expeditionen«, auf denen man systematisch erhaltenswertes Liedgut suchte und aufschrieb. Gewohnheitsgemäß pflegte er auch oft allein auf Wanderschaft zu gehen, um mit sich und seinen Gedanken allein zu sein. Wenn ihm auch die Lehrverpflichtungen ein aktives Sammeln von Volksmusik verwehrten, bleibt deren Einfluß bei ihm jedoch stets gegenwärtig. »Ich glaube sehr stark daran, daß wir größtenteils das Ergebnis unserer Umgebung sind und daß wir nie etwas alleine vollbringen«, schrieb er 1917 in einem Brief. »Alles, was wert ist, getan zu werden, ist das Ergebnis von verschiedenen Haltungen, die aufeinander einwirken.«[21]

Auch Holsts 1907 geborene Tochter Imogen profitierte von der Kunst ihres Vaters, jungen Menschen Musik zu vermitteln, und wurde eine der bekanntesten Musikpädagoginnen und -schriftstellerinnen Großbritanniens. Sie setzte sich zudem bis zu ihrem Tode 1984 als Organisatorin, Dirigentin und Autorin intensiv für das Werk Gustav Holsts ein. Bei all diesen Aktivitäten stellte sie ihre Begabung für das Komponieren hintan, obwohl sie am Royal College of Music mehrere Preise gewonnen hatte. Als sie gefragt wurde, warum sie ihr Talent nicht in diese Richtung weiterentwickelt habe, entgegnete sie etwas brüsk, sie sei nicht gut genug gewesen. Immerhin war sie qualifiziert genug, um als Musikpädagogin, Mitarbeiterin des CEMA und von 1952 bis 1964 als Benjamin Brittens Musikassistentin und rechte Hand sowie von 1957 bis 1977 als künstlerische Leiterin des Festivals in Aldeburgh tätig zu sein. Britten hatte den Eindrücken, die er durch die Musik ihres Vaters gewann, nicht zuletzt zu verdanken, daß er bereits als Jugendlicher »in einem viel freieren harmonischen Idiom« zu schreiben begann. Als sich Imogen Holst 1953 mit Britten einmal eine Aufnahme seiner *Ceremony of Carols* anhörte und einwarf, wie schön doch der Akkord auf »The Prince himself« klänge, entgegnete Britten: »Das ist nur eines der Dinge, die ich von Ihrem Vater gelernt habe; die enharmonische Verwechslung und der außergewöhnliche Effekt, den sie auf die Note hat, die verändert wird.«[22] Tochter Imogen konnte daraufhin vor Aufregung kaum ihr Mittagessen hinunterbekommen, weil dies genau die Bestätigung war, die sie erhofft hatte.

Doch Gustav Holst selbst hätte sich wohl nie als Wegbereiter der Großen, die nach ihm kommen sollten, sehen wollen. »Wir alle beginnen unsere Ausbildung als Amateure, und im wahrsten Sinne des Wortes müssen wir auch Amateure bleiben«, war die Lehre, die er für sich persönlich zog, »wie jener japanische Künstler, der als seine Grabinschrift wählte: ›Hier ruht ein alter Mann, dem das Malen Freude bereitet hat.‹«[23] So groß Holsts Vermächtnis als Musikerzieher gewesen sein mag, diese Tätigkeit bildete nur einen Mosaikstein, der zur Vervollkommnung seiner eigentlichen Befähigung beitrug. Der Komponist konstatierte später ohne Reue: »Ungeachtet der offenkundigen Nachteile glaube ich, daß ich durch meinen Schulunterricht genausoviel gelernt habe wie zuvor als Posaunist beim Carl Rosa und dem Scottish Orchestra.«[24]

Im Dienste der Kunst

Parallel zu seiner musikausübenden und -lehrenden Tätigkeit entwickelte sich der Komponist Gustav Holst weiter. Sein Œuvre ist, bedingt durch die äußeren Notwendigkeiten, nicht sehr umfangreich. Mag sich der Werkkatalog auf den ersten Blick auch lang ausnehmen, die meisten Stücke sind relativ kurz und waren größtenteils Gelegenheitskompositionen, wie ein paar Einakter und Kinderopern in den 90er Jahren oder Chor- und Instrumentalkompositionen für den Unterricht. Darunter befinden sich auch einige Kleinodien wie etwa die *St Paul's Suite* für Streichorchester, die er 1913 für seine Studentinnen an der gleichnamigen Schule schrieb. Dabei nahm er bei dem mit einem Jig, Ostinato, Intermezzo und Finale viersätzigen Werk durchaus Rücksicht auf die technischen Möglichkeiten von Laien, dennoch sind auch professionelle Musiker bei der Interpretation keineswegs unterfordert. Holst folgte der Maxime Tolstois, daß Kunst ein »Kommunikationsmittel« sei, und konsequenterweise befaßte er sich nach seinen eigenen Worten »nur mit Dingen, die mich zu Musik anregen«. Eines davon war, wie bereits geschildert, die Mystik asiatischer Religionen. Holsts Aufgeschlossenheit und sein Einfühlungsvermögen in wenig vertraute Erfahrungsbereiche öffneten den Blick für außereuropäische Kulturen – in einer Umwelt, in der ein eurozentristisches Weltbild dominierte. Die Kultur seiner Heimat ließ er dabei jedoch keineswegs außer acht; er verpflichtete sich der Volksliedbewegung nur nicht auf Dauer, betrachtete er sich doch auf musikwissenschaftlichem Gebiet zeit seines Lebens als Amateur.

Zu den Dingen, die Holst zur Musik anregten, gehörte auch die Astrologie. Im Jahre 1913 fiel ihm das Büchlein *What is a Horoscope?* von Alan Leo in die Hände, und die Charakteristika, die darin den Planeten unseres Sonnensystems zugeschrieben werden, sprachen ihn unmittelbar an. Die Faszination, diese Anregungen als Ausgangspunkt zu einem Orchesterstück zu nehmen, wurde ferner genährt durch Schönbergs *Fünf Orchesterstücke* op. 16 (1909) und Strawinskys Musik zu *Le Sacre du Printemps* (1913), die Holst in Londoner Konzerten hörte. Besonders Strawinskys Rhythmik, die Kritiker und Publikum eher entsetzte, eröffnete ihm eine völlig neue Welt des Klangs und der Orchesterfarben. Warum nicht selbst ein großes Werk für Orchester schreiben? Und dann erst Schönberg ... Nachdem die *Fünf Orchesterstücke* zwei Jahre zuvor bei der Londoner Uraufführung ausgelacht worden waren, bat der Komponist nun um absolute Ruhe bei der Darbietung, als das Werk am 17. Januar 1914 abermals auf dem Programm eines Konzerts in der Queen's Hall stand. Schönberg dirigierte seine Komposition selbst. Höflich und normalerweise weniger leicht die Fassung verlierend als das Publikum auf dem Kontinent, nahmen die britischen Hörer diesmal geduldig die zweite Aufführung zur Kenntnis. Freundlicher Applaus folgte. Die Presse fand lobende Worte. Mit dem stürmischen Jubel, der dann Henry Wood empfing, als er die weitere Leitung des Abends übernahm, gaben die Konzertbesucher dann aber ihre wirkliche Meinung kund. Einer von ihnen war allerdings mehr als beeindruckt: Gustav Holst. Im Mai 1914 begann er mit der Komposition von *Mars*, dem ersten Stück aus *The Planets*.

Die Reihenfolge der Entstehung stimmt mit der Anordnung der Sätze in der Orchestersuite *The Planets* nicht überein. Es folgten alsbald *Venus* und *Jupiter* (Herbst 1914), *Saturn*, *Uranus*, *Neptun* (1915) und *Merkur* (1916). Im Laufe des Jahres 1917 stellte Holst endlich die Instrumentation fertig. Immer wieder hatte sich die Komposition verzögert, weil wegen der Unterrichtsverpflichtungen nur das Wochenende den Freiraum bot, die Ideen zu Papier zu bringen. Die schließlich festgelegte Reihenfolge der Sätze, die durch kurze Titel charakterisiert werden, bietet nacheinander die unterschiedlichsten Stimmungen: 1. Mars, der Kriegsbringer; 2. Venus, die Friedensbringerin; 3. Merkur, der geflügelte Bote; 4. Jupiter, der Freudenträger; 5. Saturn, Planet des Alters; 6. Uranus, der Zauberer, und 7. Neptun, der Mystiker. Nach Alan Leos Leitfaden zeichnen sich diejenigen, die unter dem Einfluß des Mars geboren sind, durch Unabhängigkeit, Ehrgeiz und Unternehmungsgeist aus, »eigensinnig und zuweilen zu ungestüm«. Venus hingegen erwecke die »liebevolle, gefühlsmäßige Seite bei den ihren, sie vermittelt ihnen eine starke Bewunderung für Kunst und Schönheit«; während Saturn »den Weg durch das Leben langsam und gleichmäßig macht – wer unter seinem Einfluß steht, wird eher schwerfällig, bewahrend sein, als brillant und aktiv . . .«[25] Hinweise dieser Art mögen Holst ungefähr eine Orientierung für seine Vorgehensweise gegeben haben, doch die Orchestersuite *The Planets* ist, ähnlich wie Elgars *Enigma Variations*, ein völlig selbständiges Kunstwerk. Holst spielte zunächst auch mit dem Gedanken, es analog zu Schönbergs Opus 16 mit einem Titel wie *Sieben Orchesterstücke* zu versehen. Doch die Assoziationen, die die Planetennamen mit ihren Beschreibungen nahelegen, sind keineswegs ungewollt. So schrieb Holst nach der ersten Aufführung an den Dirigenten Adrian Boult über seine Lieblingssuite *Saturn* – ein träges, düsteres Stück mit dem originalen Untertitel »Bringer of Old Age«: »In der Einleitung sind einige Instrumente regelrecht ›tot‹. Andere haben < >. Machen Sie letztere so gefühlvoll wie möglich [. . .] Die Melodie, die von vier der Flöten gespielt wird, war weich genug, aber versuchen Sie, Pauke, Harfen und Bässe auf ein kaum noch hörbares Maß herunterzubringen. Dieser Teil muß beginnen, als käme er von einer anderen Welt, und er darf erst ganz allmählich die unsere überlagern. Diese verbale Beschreibung kommt der Sache am nächsten, und ist die beste, die ich Ihnen geben kann.«[26]

Die Vielfalt des musikalischen Ausdrucks und die brillante Instrumentierung machen *The Planets* zu einem fulminanten Konzerterlebnis. Noch 1927 wurde *Mars* als »das wildeste Musikstück, das es gibt« bezeichnet, und in der Tat sticht Holst mit dem brutalen, keineswegs heroischen Marsch des Kriegsgottes durch die schiere Intensität und Gewalt des Rhythmus' Strawinsky auf dessen ureigenstem Feld aus. Holst riet Boult sogar, dieses Stück müsse »viel unangenehmer und entsetzlicher« klingen, als er es aufführe.[27] Schönbergs Einfluß wird am ehesten im letzten Stück, *Neptun*, deutlich, wo die von Holst angestrebte geheimnisvoll-ätherische Stimmung des weiten Alls durch unbestimmtes thematisches Material und ein Überlagern von Klangfarben erzeugt wird, vergleichbar mit *Farben*, dem dritten von Schönbergs *Fünf Orchesterstücken*. Am Schluß vermischen sich Vokalisen eines Frauenchors mit dem Orchesterklang. Langsam verhallt der im Pianissimo gehaltene Schlußsatz im Schweigen.

Holsts Freund Balfour Gardiner initiierte 1917 die erste inoffizielle Aufführung, ein rasch arrangiertes Konzert mit dem Queen's Hall Orchestra unter Leitung von Adrian Boult. Im Herbst 1918 kam für Holst endlich die lang erhoffte Einberufung. Bei Kriegsbeginn im August 1914 und in den darauffolgenden Jahren war er wegen seines Augenleidens und seines Asthmas zu seiner großen Enttäuschung als kampfuntauglich abgelehnt worden, nun übernahm er noch bis zum Juni 1919 das Amt des musikalischen Leiters der Ausbildungsabteilung des Y. M. C. A. (Young Men's Christian Association) im Balkan. Somit konnte er bei der ersten öffentlichen Aufführung seiner Orchestersuite am 27. Februar 1919 – ebenfalls in der Queen's Hall und abermals unter Boults Leitung – nicht zugegen sein. Dies war wahrscheinlich auch besser so, denn er wäre kaum damit einverstanden gewesen, daß der behutsame Boult mit Rücksicht auf das Publikum das Werk auf etwa eine halbe Stunde zusammengestutzt und einfach auf die Teile *Venus* und *Neptun* verzichtet hatte. Den durchschlagenden Erfolg beeinträchtigte dieses Manko damals nicht. Boult war im übrigen ein engagierter Interpret von Holsts Werken. Als 1972, zwei Jahre nach seiner vierten von fünf eigenen Platteneinspielung von *The Planets*, eine historische Aufnahme von 1926 wiederveröffentlicht wurde, auf der Gustav Holst selbst seine Orchestersuite dirigierte, geriet Boult in Panik. Der Komponist hatte die Tempi in den meisten Sätzen wesentlich schneller genommen! Er schrieb umgehend an dessen Tochter Imogen. Die Antwort war für ihn beruhigend und aufschlußreich über die Aufnahmepraxis: Ohne Zweifel wurde die Interpretation hier, wie wohl auch bei einigen alten Einspielungen Elgars, durch die Aufnahmebedingungen beeinträchtigt. Da auf eine Seite einer 78er-Platte nur etwa vier Minuten Musik paßten, sahen sich viele Interpreten gedrängt, mit überzogener Hast die Musik durchzuspielen, zumal die technischen Bedingungen auch keine Unterbrechungen oder Schnitte erlaubten. »Ich meine, daß es wirklich falsch ist, wenn irgend jemand glaubt, diese Aufnahme sei ›authentisch‹«, schrieb Imogen Holst.[28]

»Wehe euch, wenn euch alle Menschen umschmeicheln«

Im Jahre 1919 wurde das Chorwerk *The Hymn of Jesus* veröffentlicht, und im März 1920 leitete Holst selbst die erste Aufführung vor Publikum. Zu diesem Zeitpunkt hielt er dieses 1917 komponierte Stück für das beste, was er bislang geschrieben hatte. Unglücklicherweise war das Publikum der gleichen Meinung. Solch friedvolle Eintracht machte ihn mißtrauisch. Durch die positiven Rezensionen zu *The Hymn of Jesus* habe er erkannt, wieviel Wahres jener Satz aus der Bergpredigt: »Wehe euch, wenn euch alle Menschen umschmeicheln ...« enthalte. Mißerfolge bergen weniger bedrohliche Verlockungen in sich, meinte er. »Wenn niemandem deine Arbeit gefällt, muß man gerade um dieser Arbeit willen weitermachen. Und man ist nicht in Gefahr, daß man vom Publikum genötigt wird, nur noch sich selbst zu wiederholen«, sagte Holst zu einem Freund. »Jeder Künstler sollte darum beten, daß er nicht ›ein Erfolg‹ ist. Scheitert er, hat er eine gute Chance, sich auf das Bestmögliche zu konzentrieren, zu dem er fähig ist.«[29]

Die Aufmerksamkeit und der Ruhm von *The Planets* und *The Hymn of Jesus* wurden Holst unheimlich. Er hielt diese Werke später keineswegs für seine gelungensten und hegte viel mehr Sympathien für die wenige Jahre später komponierte *Choral Symphony*. Bezeichnenderweise war dies auch eine Arbeit, die einen schweren Stand hatte. Verfaßt wurde sie in den Jahren 1923 und 1924 für das Leeds Festival im folgenden Jahr. Holst hatte selbst Gedichte von John Keats ausgewählt, obwohl seine beleseneren Literatenfreunde es für unklug hielten, die Verse der »Ode on a Grecian Urn« Seite an Seite mit den holprigen Reimen von »Fancy« und »Folly's Song« im Scherzo zu vertonen. Doch der Komponist wußte, welche Texte er für seine musikalischen Ideen brauchte, und knüpfte den roten Faden zwischen den einzelnen Sätzen dadurch, daß er die imaginäre Kraft des Dichters, die die Niederungen und Widrigkeiten der menschlichen Existenz überwindet, in den Mittelpunkt rückte. Die vielfach wechselnden Stimmungen des Werkes stellen hohe Anforderungen an die Interpreten. Mit mysteriösem Gemurmel setzt die Einleitung an, eine Anrufung Pans, gefolgt von einem Lied für Sopransolo. Der folgende bacchantische Taumel wird durch eine energische Rhythmik versinnbildlicht, wie sie bereits aus den *Planets* vertraut ist. Mit ruhigen, aufsteigenden Quinten und Streicherpizzicati wird die friedvolle »Ode an eine griechische Urne« umspielt, mitunter an die Vertonungen der alten Sanskrittexte erinnernd. Doch Holst schwebte keineswegs eine solenne Stimmung vor, wie eine Notiz zeigte; er wünschte sich diesen Teil »nicht geheimnisvoll, sondern alles klar umrissen, wie die aufgehende Sonne bei Frost«. Das brillante Scherzo besitzt die gleiche Vitalität wie *Merkur*, während im Finale hymnische Steigerungen zum Lobe großer verblichener Poeten aufgebaut werden: Homer, Vergil, Milton, Shakespeare, Spenser und Tasso.

Bei der Uraufführung in Leeds am 7. Oktober 1925 unter der Leitung von Albert Coates sowie bei der ersten Darbietung in London drei Wochen später stieß die *Choral Symphony* auf Unverständnis. Für Cecil Gray besaß die Musik »keine eigene Logik oder einen Zusammenhang, und um irgendwelchen Eindruck zu machen, ist sie fast völlig von Keats Gedichten abhängig [. . .] Ein Zeichen der Begeisterung, der Reichtum der Bilder, die Atmosphäre der sinnlichen Fülle, die so charakteristisch sind für die Dichtung Keats', sind der Musik Holsts vollkommen fremd.«[30] Selbst Vaughan Williams, dessen *Sea Symphony* ein wichtiges Bindeglied zwischen Elgars *Gerontius* und Holsts Chorsinfonie war, hatte wenig für das Werk übrig. Erst fünfzig Jahre, nachdem die *Choral Symphony* geschrieben wurde, erschien eine Studienpartitur, und Adrian Boult blieb es 1974 vorbehalten, die erste Einspielung von Holsts Opus 41 vorzunehmen. Holst, der diese Komposition zunächst mit »Erste Chorsinfonie« überschrieben hatte, ließ keine zweite folgen, obwohl er sich mehrere Jahre mit einem diesbezüglichen Projekt befaßte. Musikalische Bezüge zur Chorsinfonie findet man aber dennoch in Auftragswerken wie der Orchestersuite *Egdon Heath* (1927), die vom ersten Kapitel aus Thomas Hardys Roman *The Return of the Native* inspiriert wurde. Uraufgeführt wurde das Stück im Februar 1928, gut einen Monat nach Hardys Tod. Eine Frucht von Holsts persönlicher Beziehung zum Londoner Stadtteil Hammersmith ist das Orchesterstück *Hammersmith* (1931), ursprünglich im Auftrag der BBC entstanden als Präludium und Scherzo für eine Militärkapelle.

Die Werke, die Holst für die Bühne schrieb, waren keine Auftragsarbeiten. Von den insgesamt zwölf vollendeten Werken – sechs Opern, drei Kinderstücke und drei Musikkomödien – sind bislang nur vier im Druck erschienen. Im Theater erlebt man heute nur noch gelegentliche Aufführungen der Kammeroper *Savitri*. Die meisten dieser Stücke entstanden vor 1908, während die ambitioniertesten Unternehmungen danach *The Perfect Fool* (1918–22), die Falstaff-Oper *At the Boar's Head* (1924) und *The Wandering Scholar* (1929/30) waren. Als Opernkomponist zeigte sich Holst im Gegensatz zu Vaughan Williams als gelehriger Schüler Stanfords. Während sein Freund ziemlich unbekümmert opernhafte Klischees übernahm, befand sich Holst ständig auf der Suche nach dem passenden Stoff und der geeigneten Umsetzung. Der Einfluß Wagners führte ihn zu der Überzeugung, daß der Komponist am besten auch sein eigener Librettist zu sein habe, und so schrieb oder adaptierte er die meisten Textbücher selbst. Dies war wie etwa in *The Perfect Fool* nicht immer zum Vorteil der Werke, was er auch selbst erkannte. »Nachdem ich mich lange Zeit darum bemühte, habe ich mir selbst beigebracht, zu spüren, was in einem Libretto vonnöten ist«, schrieb er. »Man muß zwei voneinander unabhängige Aufgaben bewältigen: 1) die Situation deutlich machen, so einfach wie möglich, 2) nachdem das geschehen ist, alle Ungereimtheiten beseitigen. Aber das Libretto des *Fool* braucht eine leichte Hand, und ich merke, daß mir gerade die fehlt.«[31] Seinen Idealvorstellungen kam er in *Savitri* und in seinen Spätwerken am nächsten – in denen allerdings ein großes Orchester verlangt wird. Bei *At the Boar's Head* stehen die Szenen von Falstaff und dem jungen Prinzen Henry aus den beiden Teilen von Shakespeares *Henry IV* im Mittelpunkt, von Holst gekürzt und durch Texte aus Shakespeares Sonetten ergänzt. Die Musik mit ihrem dramatischen Einsatz polyphoner Strukturen ist vitaler als Vaughan Williams' im Geiste des elisabethanischen Volksgutes entstandene Falstaff-Oper. Für die Oper *The Tale of the Wandering Scholar* nach dem Buch *The Wandering Scholars* der befreundeten Schriftstellerin Helen Waddells schrieb der Dichter Clifford Bax, der Bruder des Komponisten Arnold Bax, das Libretto. Dieser Einakter für ein Ensemble von vier Solisten bietet sich trotz des stärker besetzten Orchesters als Pendant zu *Savitri* an, zumal er auch das musikalische Idiom Holsts von einer anderen Seite zeigt. Uraufgeführt wurden *The Perfect Fool* und *At the Boar's Head* von der British National Opera Company; die Kammeroper *The Wandering Scholar* von Studenten aus Liverpool erst ein gutes Vierteljahr vor Holsts Tod, so daß der bereits schwerkranke Komponist die Aufführung nicht mehr sehen konnte.

Ein Zustand der Ewigkeit

Konfrontiert mit Ereignissen, die außerhalb seines auf das Kulturleben konzentrierten Erlebnisbereiches lagen, wie etwa mit den sozialen Unruhen und dem Generalstreik im Jahre 1926, reagierte Holst irritiert und verunsichert. »Ich finde, daß ich ein hoffnungsloser Halbbatziger bin, der eher bereit ist, sich so lange wie möglich abwartend zu verhalten; zum Teil aus Bequemlichkeit und aus der Macht der Gewohnheit heraus, hauptsächlich aber, weil ich festgestellt habe, daß ich ein musikalischer Fachidiot bin und in allen anderen Dingen ein verdammter Trottel«, schrieb er an Vaughan Williams. »Um es mit anderen Worten auszudrükken: Ich glaube noch immer an die hinduistische Lehre von Dharma, diese bezeichnet den eigenen Weg im Leben. Wenn man das Glück hat (oder auch das Unglück – das ist egal), einen genau ausgewiesenen Weg zu haben, der sich ganz natürlich ergibt, während jeder andere ein erfolgloses Unterfangen darstellen würde, dann sollte man versuchen, sich an ihn zu halten. Ich bin genug östlich angehaucht, um daran zu glauben, ohne mir über die ›Früchte dieser Tat‹ Gedanken zu machen, das heißt, ob es Erfolg bringt oder nicht. Das gilt für gewisse Volksschullehrer, denen ich begegnet bin, ebenso wie für Bach. Natürlich muß man dies alles im Notfall über Bord werfen, aber ich glaube, so etwas mache ich nur im allerletzten Augenblick. Und wenn ich das nicht tue – wenn ich also versuche, sorgfältig und ruhig über die Dinge nachzudenken –, liege ich immer falsch. Das ist mir schon so oft passiert, daß ich überzeugt bin, daß Dharma für mich das einzige ist.«[32]

Gustav Holst

Holst beschritt seinen Weg konsequent, beeinträchtigt lediglich durch die Grenzen, die ihm die eingeschränkten Möglichkeiten seines Körpers setzten. Zu oft mutete er seiner schwachen Konstitution zu viel zu, so daß er sich nur allmählich erholte, nachdem er im Februar 1923 bei Proben im University College zu Reading vom Dirigentenpodium gestürzt und sich eine Gehirnerschütterung zugezogen hatte. Depressionen und Überarbeitung führten 1924 zu einem Nervenzusammenbruch, der ihn zu einer Zwangspause von etwa einem Jahr nötigte. Ermöglicht wurde diese durch einen reichen Gönner, der genügend Mittel zur Verfügung stellte, um ihn von den meisten Lehrverpflichtungen zu befreien.

Zu diesem Zeitpunkt waren sein Ansehen und seine Beliebtheit als Komponist auf dem Höhepunkt. Offizielle Anerkennung wurde ihm 1927 noch mit einem Musikfestival in seiner Heimatstadt Cheltenham zuteil, das seinen Werken gewidmet war. Viele konnten jedoch für seine späten Kompositionen kaum noch Verständnis aufbringen. »Im höchsten Maße intellektualisiert«, bemängelte die Kritik im April 1930 über das Doppelkonzert für zwei Violinen und Orchester, und 1931 lehnten nacheinander drei Verleger seine Vertonungen von Gedichten Humbert Wolfes ab. Doch Holst widerstrebte es, sich auf eine für das Publikum und Agenten bequeme Richtung festlegen zu lassen. »Ich habe eine starke Abneigung gegen festgelegte Prinzipien in der Kunst, und ich möchte, daß alles – Form, Melodik, Harmonik usw. – aus der ursprünglichen Inspiration heraus erwächst, die nachher eines der Geheimnisse ausmacht und deshalb für eine höfliche Konversation ziemlich ungeeignet ist«, hatte er schon einige Jahre zuvor geschrieben. «Ich glaube, eine gute Regel ist: ›Komponiere nie etwas, solange Dir das Komponieren nicht zu einem angenehmen Ärgernis wird.‹«[33]

In dieser Phase kam für 1932 das Angebot, an der Harvard University Vorlesungen über Komposition zu halten, gerade recht. Desweiteren folgte noch eine Einladung des Boston Symphony Orchestra, Konzerte mit eigenen Werken zu dirigieren. Die Reise bot ihm auch die Möglichkeit, seinen Bruder Emil nach langer Zeit wiederzusehen, der es in den USA zu einem erfolgreichen Schauspieler gebracht hatte. Nach nur drei von geplanten sechs Monaten mußte Gustav Holst die Tour im März abbrechen. Eine schwere Magenschleimhautentzündung mit schmerzhaften Anfällen zwang ihn, die meisten Termine abzusagen. Im Juni konnte er nach England zurückkehren. Für die nächsten 18 Monate wurde er ein Dauergast in Kliniken. Ärzte verordneten ihm, »ein eingeschränktes Leben« auf sich zu nehmen – ein für ihn fast undenkbarer Zustand. Als Alternative bot man ihm die Möglichkeit einer Operation, die zwar äußerst risikoreich war, aber die Hoffnung bot, wieder einen geregelten Alltag zu haben. In Augenblicken tiefster Niedergeschlagenheit tröstete Holst »ein klares, intensives und beruhigendes Gefühl – das einer überwältigenden Dankbarkeit. Und die drei Hauptgründe für diese Dankbarkeit waren die Musik, Cotswolds und Ralph Vaughan Williams.«[34]

In seinen letzten Lebensmonaten konnte er an Aufführungen seiner Werke nur noch durch Rundfunkübertragungen teilhaben. Die geplante Operation wurde am 23. Mai 1934 vorgenommen. Sie verlief gut, doch das Herz war den Anstrengungen nicht mehr gewachsen. Zwei Tage später verstarb Gustav Holst. Seine Asche wurde im Nordflügel der Kathedrale zu Chichester unter den Klängen des Kyrie aus Vaughan Williams' g-Moll-Messe und seines eigenen Chorliedes *This Have I Done for My True Love* beigesetzt. »Die Musik, die mit dem Himmlischen gleichzusetzen ist, ist nicht bloß eine Sache, die für ein paar flüchtige Augenblicke oder gar Stunden Erregung verschafft«, hatte er 1916, im Entstehungsjahr dieser Komposition, geschrieben. »Sie ist ein Zustand der Ewigkeit.«[35]

VII

Unsterbliche Stunden
Rutland Boughton (1878–1960)

Die Welt [wird] durch Taten regiert und nicht durch gute Absichten, und ein tüchtiger Sünder wiegt zehn wirkungslose Heilige und Märtyrer auf.
George Bernard Shaw[1]

Ein Träumer, ein Kämpfer

»Lieber Mr. Boughton, warum wollen Sie mir Ihren *King Arthur* vorspielen? Ich bestehe ja auch nicht darauf, Ihnen meine Stücke vorzulesen«, teilte George Bernard Shaw in einem Brief vom 9. November 1908 einem jungen, ehrgeizigen Tonsetzer mit, den er vier Jahre später – als ihm dieser hartnäckig weiter seine Kompositionen zuschickte – mit noch gröberen Worten abkanzelte und ihn aufforderte, endlich damit aufzuhören, ihm seine »gräßliche Musik« zu schicken.[2] Bei zaghafteren Künstlern hätte das Urteil der irischen Musikkoryphäe den letzen Funken Glauben an das eigene Können zunichte gemacht. Nicht so bei Rutland Boughton. Gut zwanzig Jahre später sollte Shaw, mittlerweile bekehrt, schreiben: »Nun da Elgar von uns gegangen ist, haben Sie den einzigen original englischen Stil auf dem Markt, endlich befreit von den Überbleibseln des Wagnerismus und des Debussy-Ravelismus, die Ihren Rivalen einen exotischen Hauch verleihen. Ich stelle fest, daß ich eine starke Vorliebe für ihn entwickelt habe.«[3]

Wie kam es, daß dieser Rutland Boughton – ein kleingewachsener Mann, kaum größer als Wagner oder Beethoven, mit flinken, entschlossenen Bewegungen und einer dünnen, aber klaren und lebhaften Stimme selbst hartnäckige Skeptiker und Gegner für sich gewinnen konnte? Daß Boughton ein ausgeprägter Individualist war, macht ihn noch nicht zu einer Aus- nahmeerscheinung im Reigen der britischen Komponisten. Seine Entwicklung ist vielleicht mit der von Elgar vergleichbar, seine Neigung zur Oper und sein Einsatz für sein Werk legt Parallelen zu Ethel Smyth nahe, im musikalischen Ausdruck ist er am ehesten Frederick Delius verwandt. Kein anderer britischer Musiker hat jedoch ein neues Kulturkonzept entwickelt, es in Publikationen theoretisch untermauert und durch unermüdlichen persönlichen Einsatz in die Praxis umgesetzt.

Boughton, geboren am 23. Januar 1878 in Aylesbury in der Grafschaft Buckinghamshire, etwa dreißig Kilometer nordöstlich von Oxford, wuchs in äußerst bescheidenen Verhältnissen auf. Von seinen fünf jüngeren Geschwistern starben drei im Babyalter. Doch der Familie ging es immerhin noch gut genug, daß man einen Teil des Sonntagsmahls an die noch Ärmeren abtreten konnte, bevor man sich selbst zu Tisch setzte – für Rutland eine frühe Lektion in praktizierter Solidarität.

Der Vater war Lebensmittelhändler, und alles was die Musik betraf, war eher Sache der Mutter. Deren Vater führte ein kleines Pub, betrieb nebenbei etwas Landwirtschaft und – komponierte. Die Familie war mütterlicherseits hochmusikalisch, alle zehn Kinder des Großvaters besaßen sehr schöne Stimmen, wie sich Boughton erinnerte, und die ersten Noten, die der kleine Rutland in die Hand gedrückt bekam, waren ein Anthem, das sein Großvater nicht nur geschrieben, sondern in der Kirche zu Monks Risborough nahe Aylesbury auch zur Aufführung gebracht hatte.

Rutland Boughton

Von zwei Cousinen lernte Rutland auf dem Klavier zu spielen, das seine Mutter auf Kreditbasis angeschafft hatte. Durch die streng religiöse Frau kam er in seiner Jugend vor allem mit Kirchenmusik in Berührung. »Als Chorknabe lernte ich Musik etwas besser kennen, als es mir sonst möglich gewesen wäre«, erzählte Boughton später, »außerdem sangen meine Eltern beide in der Sacred Harmonic Society, der damaligen Aylesbury Choral Society, so daß die großen musikalischen Ereignisse meines Lebens Oratorien von Händel und Mendelssohn waren.«[4]

Der Junge war ein Einzelgänger, der sich außer mit Musik vor allem mit Büchern beschäftigte – mit der Bibel, Bunyan, Shakespeare und historischen Romanen. Schon bald entwickelte er hochfliegende Pläne, wie etwa die Vertonung eines großen Zyklus über Jesus Christus, was zwar nie realisiert wurde, aber in abgewandelter Form im Artus-Pentameron Gestalt annehmen sollte. Seine schulische Ausbildung konnten sich die Eltern leisten bis er vierzehn war, danach mußte er sich eine Arbeitsstelle suchen. Entsprechend seinen Neigungen trat er in Cecil Barths Londoner Konzertagentur ein. Der Wechsel vom ländlichen Aylesbury in die Hauptstadt fiel dem zurückhaltenden Jungen schwer. »Der Himmel sieht so kläglich aus, und die Menschen sind so aggressiv«, schrieb er. »Als ich, ein schmaler, scheuer Junge, einmal um ein Glas Milch und etwas Kuchen bat, blickte mich die Kellnerin mit einer so fürchterlichen, angsteinflößenden Überheblichkeit an, daß ich für lange Zeit nicht mehr wagte, mich in irgendeiner Art von Gaststätte blicken zu lassen.«[5] Durch seinen Akzent – Buckinghamshire, worein sich in späteren Jahren auch etwas Gloucestershire mischte – war ihm zeit seines Lebens deutlich anzuhören, daß er vom Lande kam. Trotz des angenehm weichen Klangs konnten seine Gesprächspartner leicht den Eindruck bekommen, es mit einem etwas arglos-naiven, vielleicht sogar unkultivierten Menschen zu tun zu haben.

Mit seinem Arbeitgeber hatte der junge Rutland Boughton allerdings mehr als Glück. Cecil Barth war nicht dessen richtiger Name. Er gehörte eigentlich zur Sippe der Walenns, deren Mitglieder im Londoner Musikleben einen guten Ruf als Sänger und Instrumentalisten genossen. Zur Namensänderung kam es, als sich das schwarze Schaf der Familie der geschäftlichen statt der musikausübenden Seite zuwandte. Seine Agentur befaßte sich denn auch mehr mit Musikumrahmungen von Parties und mit Blaskapellen als mit »seriöser« klassischer Musik. Rutland Boughton verstand sich gut mit seinem Chef, und als er eines Tages dabei erwischt wurde, wie er in seiner Arbeitszeit heimlich komponierte, hielt ihm Barth nicht die erwartete Gardinenpredigt, sondern schickte ihn nach Überprüfung der Manuskripte zum Harmonie- und Klavierunterricht. »Das war der Beginn meiner musikalischen Ausbildung«, konstatierte Boughton, dessen Werke in jener Zeit zumeist Lieder und Kammermusik waren. Das ambitionierteste Stück wurde zunächst ein Klavierkonzert, das am 1. Februar 1898 sogar in der St. James's Hall zur Aufführung gelangte. Die Kritiker vernichteten das Werk. Boughton tat mit dem Manuskript desgleichen.

Der junge Mann erübrigte die Nachtstunden für seine musikalischen Studien; zunächst eine Nacht pro Woche, dann, als ein Musikwettbewerb in Aussicht stand, zwei Nächte. Das Ergebnis war ein völliger körperlicher Zusammenbruch. Rutland Boughton verließ London 1898 und kehrte heim: »Zum Entsetzen der Nachbarn wurde ich zum Schmarotzer meiner Eltern.« Eine Schlacht war verloren, jedoch gab er den Kampf nicht auf. »Zu diesem Zeitpunkt hatte ich bereits eine ganze Reihe verschiedenartiger Kompositionen fertiggestellt, darunter eine Messe, ein Requiem und diverse kammermusikalische Stücke«, erinnerte sich Boughton, »und als eine Zeitschrift mit dem Titel ›The Musician‹ einen Artikel über den ›Messias der Musik‹ veröffentlichte, schrieb ich an sie und teilte mit, daß ich dieser Messias sei.« Der damalige Herausgeber war Robin Legge, der Kritiker des »Daily Telegraph«. Er wollte einige Arbeiten des neuen Erlösers sehen, dieser schickte sie ihm, Legge leitete sie weiter an Fuller Maitland, den Kritiker der »Times«, und der gab sie Stanford am Royal College of Music. Dieser empfahl, daß Mr. Rutland Boughton in irgendeiner Form musikalisch ausgebildet werden sollte; und mit Unterstützung des Parlamentsabgeordneten von Aylesbury gelang es, Boughton mit einem Stipendium ein Studium bei Stanford zu ermöglichen. »Als ich das Royal College verließ, hatte ich nicht das Gefühl, daß Stanford mir viel beigebracht hätte«, meinte Boughton, »erst als ich älter wurde, erkannte ich, wieviel ich von ihm gelernt hatte.«

Im Jahre 1901 verließ Boughton das Royal College nach dem Sommersemester. Als Musiker lebte er zu dieser Zeit hart an der Grenze des Existenzminimums. Abermals kam ihm eine glückliche Fügung zu Hilfe, als er mit dem Sänger David Ffrangcon-Davies Bekanntschaft machte, der einen Klavierbegleiter suchte. Die Zusammenarbeit mit dem erfolgreichen Bariton war für Boughton von unschätzbarem Wert. Nicht nur lernte er viel durch die Konzerte und den Unterricht, den Ffrangcon-Davies gab, der Sänger war sogar bereit, Boughtons Stimme auszubilden. Der Klavierbegleiter erwies sich als talentierter Schüler mit beträchtlichen Fähigkeiten, später sollte er sogar in seinen eigenen Opern mitwirken. Ffrangcon-Davies ermutigte Boughton, weiter zu komponieren, und interpretierte natürlich auch einige seiner Lieder in den Konzerten. Gelegentlich vertrat Boughton Ffrangcon-Davies sogar beim Gesangsunterricht.

Boughtons erster Opernversuch, *Eolf*, entstanden zwischen 1901 und 1903, dürfte eher für Psychologen interessant sein, die sich für den Charakter des Verfassers interessieren. Bemerkenswert an der Geschichte um den Edelmann Eolf, der alle Widrigkeiten durch die Macht der Musik überwindet, dessen Widersacher, den Mönch Oscar, und die schöne, aufopferungsvolle Eda sind nicht nur die Parallelen zu Boughtons Leben, die religiösen Zwänge Aylesburys und Boughtons Frauenideal, sondern vor allem, daß Boughton hier erstmals seinen eigenen Text schrieb. Mit der stark an Wagner orientierten Musik war er jedoch bald unzufrieden, so daß er sich nie die Mühe machte, das Werk zu instrumentieren.

Zusätzliche Einkünfte verschaffte sich Boughton durch seine musikjournalistischen Aktivitäten bei der »Daily Mail«, die indes nur von kurzer Dauer waren. Er hielt es für unvereinbar mit seinem künstlerischen Gewissen, seine Konzert- und Opernbesprechungen der Verlagspolitik des Hauses anzupassen, und sagte ziemlich unverblümt seine Meinung, was ihm auch in späteren Jahren mehr als einmal Feindseligkeiten einbrachte, wie etwa bei seiner kritischen Haltung zur BBC. So landete Boughton alsbald im Büro des Herausgebers, weil er trotz mehrfacher Warnungen, etwas moderater im Urteil zu sein, zu schreiben wagte: »Melba won't do.« (Die Melba packt es nicht mehr.) Ein Sakrileg! »Boughton won't do!« lautete der Bannspruch. Aus der erneuten finanziellen und beruflichen Kalamität half ihm der deutsche Dirigent Paul Graener heraus. Kennengelernt hatten sich die beiden 1898 noch zu Boughtons Zeit in Barths Musikagentur, als der Junge dem arbeitslosen, verzweifelten Graener einen halben Sovereign, das einzige Geld, das er gerade bei sich hatte, schenkte. Der Deutsche befand sich in einer so kritischen Lage, daß er die Gabe annahm, so peinlich es ihm auch sein mochte. Boughton hatte den Vorfall schon fast vergessen, als Graener einige Wochen später wieder auftauchte. Mit Hilfe der damaligen Unterstützung schien er mittlerweile aus dem Gröbsten herausgekommen zu sein und bat Boughton nun, ein Stück für ein Orchesterkonzert vorzuschlagen, das er bald zu dirigieren habe. Boughton empfahl sein eigenes Klavierkonzert – und machte sich dann eilends an die Arbeit, um es zu schreiben. Daß es ein deprimierender Mißerfolg wurde, wissen wir bereits. Unterdessen war Graener Orchesterleiter am Haymarket Theatre geworden und bot Boughton eine Stelle an. Da dieser aber kein Orchesterinstrument beherrschte, ließ Graener ein Harmonium installieren. Zwar bescherte diese Begleittätigkeit Boughton keine künstlerische Erfüllung – nur einmal durfte er eine selbst komponierte Ouvertüre für eine Inszenierung von Sheridans *The School for Scandal* beisteuern –, dafür ein regelmäßiges Einkommen für die nächsten zwei Jahre und bei acht Vorstellungen pro Woche auch praktische Erfahrungen im Theaterbetrieb. Selbst wenn er später meinte, er habe dabei eher gelernt, wie man es nicht machen sollte, war diese Erfahrung nicht ohne Wert.

Durch seinen neuen Bekanntenkreis unter den Orchestermusikern kam Boughton auch erstmals mit dem aktuellen politischen Gedankengut seiner Zeit in Berührung, insbesondere den sozialistischen Ideen. Liedtitel wie *Song of the Labourer* (Ellwyn Hoffman), *The Love of Comrades* (Walt Whitman) und *In Prison* (William Morris) aus dem 1903 entstandenen Zyklus *Six Songs of Manhood* zeigen deutlich, welche Richtung er allmählich ansteuerte. Der Kommunismus, dessen Anhänger Boughton wurde, entsprang aber mehr dem englischen liberalen Sozialismus des 19. Jahrhunderts als der Marxistischen Lehre. Seine eigenen Erfahrungen hatten ihn auf diesen Weg gebracht: Die praktische Umsetzung von christlichen Idealen und der Wunsch, die Armut, die er selbst zur Genüge erfahren hatte, abzuschaffen, führten ihn zu der Hoffnung, eine lebendige, verantwortungsvolle Gemeinschaft etablieren zu können. Zur Erreichung dieses Ziels setzte er auf den Sozialismus; Boughton selbst entwickelte später ein Konzept, wie der Künstler in diese Gesellschaft eingebunden werden könnte.

Auch privat führte sein Retterinstinkt zu weitreichenden Folgen. Er verliebte sich in London in eine Nachbarstochter, Sproß einer zerrütteten Ehe trunksüchtiger Eltern, und führte sie aus dieser unwürdigen Umgebung heim nach Aylesbury. Am 16. Dezember 1903 wurde Florence Hobley zum Entsetzen seiner Eltern seine erste Frau. Mit seiner Mutter lag Boughton schon seit längerem im Zwist, weil er ihrem eifernden Katholizismus wenig Sympathie entgegenbrachte. Als 1905 der Vater starb, zerrissen die Familienbande. Beruflich stabilisierte sich Boughtons Situation für einige Zeit, als ihn der Komponist Granville Bantock an das Midland Institute of Music nach Birmingham berief. Bantock war auf Boughton aufmerksam geworden, als dieser in einer Artikelserie über englische Musik sehr positiv über Bantocks Werke geschrieben hatte; zudem hatte der etablierte Komponist 1902 auch Boughtons sinfonische Dichtung *A Summer Night* in einem Konzert gehört und war durchaus beeindruckt. Boughton unterrichtete in Birmingham Gesang, und er empfand seine Tätigkeit als genauso anregend wie seine Schüler den Unterricht. »Er war ein wahrer Lavastrom an Vitalität«, erinnerte sich einer. »Inspirierend waren für uns seine Integrität und Ernsthaftigkeit.«[6] Als Gesangslehrer baute Boughton auf einer »ganzheitlichen« Methode auf. Er, dessen eigener Stimmumfang vom tiefen G des Baritons bis hinauf zum zweigestrichenen h des Tenors ging, unterschied bei der menschlichen Stimme lediglich zwischen weiblich und männlich. Weitere Differenzierungen in einem frühen Stadium der Ausbildung zu treffen, hielt er für übereilt. Ein gutes Beispiel für seine Vorstellungen bietet die Wandlungsfähigkeit seines Schülers Arthur Jordan, der zunächst Bariton-Partien interpretierte und später auch in der Tenor-Partie des Siegfried am Covent Garden autrat.

Boughton erwarb sich einen guten Ruf als Musiker, so daß ihm 1906 schließlich die Birmingham City Choral Society anvertraut wurde, wenn auch zunächst nur in Vertretung, da der eigentliche Leiter in Australien weilte. Doch trotz erfolgreicher Konzerte war ein kleiner Teil der Mitglieder dagegen, daß Boughton den Chor auf Dauer übernehmen sollte, als abzusehen war, daß der frühere Chefdirigent nicht mehr zurückkehren würde. Ein Spaltung war nicht zu verhindern, und so gründete Boughton 1908 unter der Ägide von Bantock die New Choral Society. Für diese auf ihn eingeschworene Sängerschar komponierte Boughton zahlreiche Werke, was ihm nicht nur half, einen eigenen Stil zu entwickeln, sondern auch sein Ansehen als Komponist zu steigern. Vor allem die sinfonische Dichtung mit Chor *Midnight*, eine Vertonung von Edward Carpenters Gedicht *Towards Democracy*, brachte ihm 1909 beim Triennial Festival in Birmingham einen durchschlagenden Erfolg. »Es ist eine spontane Musik, ungezwungen, direkt, und doch durchwoben mit einem mystischen Empfinden. Vor allem aber ist sie originell: sie ist anders als alles andere, das in unserer Zeit geschrieben wurde, und es ist schwierig, die Quellen aufzuspüren, aus denen sie entsprang«, hieß es im »Manchester Courier«, in dem man resümierte: »Mr. Boughton ist jetzt ein Komponist, mit dem man rechnen muß.«[7] Womit allerdings noch niemand rechnete, waren Boughtons theoretische Schriften, die die Musikwelt Großbritanniens belustigen, verärgern und neugierig machen sollten.

Vision und Wirklichkeit: Das Musikdrama der Zukunft

In den Jahren 1909 und 1911 erschienen zwei Schriften, die bei allem jugendlichen Ungestüm und aller Naivität, die man ihnen nachsagen mag, doch einige bemerkenswerte Ideen enthalten. Zwar waren es zu diesem Zeitpunkt noch gute Absichten, doch Boughton, der Hartnäckige, sollte alsbald den trägen Kulturbetrieb aufrütteln. Im Vorwort seines 1909 privat herausgegebenen Pamphlets *The Self-Advertisement of Rutland Boughton (Rutland Boughtons Reklame für sich selbst)* formulierte der Komponist sein künstlerisches Credo: »Jede Kunst sollte ein freies Geschenk sein. Es ist furchtbar, daß das Ergebnis der tiefsten Emotionen eines Menschen wie ein Pfund Butter auf den Markt gebracht werden muß. Aber diese entsetzlich kommerzielle Zivilisation bietet einem Künstler keine faire Alternative. Er muß sich entweder darauf einlassen – oder seine Energien in einem Brotberuf schwächen und vergeuden, für den er ungeeignet ist – oder verhungern. Je mehr ein Mensch durch sein Innerstes gezwungen ist, Bilder zu malen oder Sinfonien zu schreiben, desto weniger wird er jemals bereit sein, seine Kräfte im Herstellen von Stühlen oder dem Beschlagen von Pferden zu verzetteln – Tätigkeiten, die andere Menschen weitaus besser verrichten können als er. Andererseits ist es dennoch gut für ihn und seine Kunst, wenn ihm einiges an körperlicher Arbeit zufällt. Gut ist es für ihn, weil Arbeit auf dem Feld oder im Wald ihn in Verbindung mit dem wahren Adel hält – mit Zimmerleuten, Feldarbeitern und allen Menschen, die wirklich produktive körperliche Arbeit leisten. Gut ist es für seine Kunst, weil der Maler in seinem Atelier und der Komponist in seinem Arbeitszimmer den unangenehmen Hang zur Absurdität haben – sie werden entweder kleinlich konventionell oder kleinlich unkonventionell. Wenn ein Künstler wirklich produktive geistige Arbeit leisten will, muß er das wahre Leben von jeder Seite kennenlernen und dabei nicht nur die handwerklichen Fertigkeiten seiner Kunst ausbilden, sondern auch seine körperlichen und intellektuellen Fähigkeiten. Und wenn diese Fähigkeiten in unmittelbarer Verbindung mit Vater Himmel und Mutter Erde entwickelt werden können, umso besser. Sie sind die Urquellen aller kreativen Energie auf diesem Planeten. Hinter Bildern, die unter solchen Bedingungen gemalt und Sinfonien, die unter solchen Bedingungen komponiert werden, steht eine solare Kraft. Aber die Schwierigkeit für den modernen Künstler besteht darin, in solch eine Position zu gelangen. Der moderne Künstler wird von jeder erdenklichen Seite behindert, solange er nicht wie Thoreau bereit ist, der Gemeinschaft der Menschen zu entsagen, und wenn er dieser Gemeinschaft entsagt – lebt wohl denn, all ihr besten Kunstwerke, denn die edelste Kunst ist nichts anderes als der spirituelle *Kontakt* der Menschheit in Freude und Leid. Diese falschen Freuden und Leiden, die aus der kommerzialisierten Welt entstehen, verfügen weder über eine verbindende Macht noch über eine kreative Kraft. Was auch immer gut ist in der modernen Kunst, entsteht trotz der modernen Zivilisation und im direkten Gegensatz zu ihr; sobald sie aber einmal da ist, wird sie eine Totgeburt sein, solange der Künstler sich weigert, sich durch das Gespinst des Kommerzes zu kämpfen, in das wir alle verstrickt sind. Dies war das Dilemma, vor das sich William Morris gestellt sah. Er verabscheute das kommerzielle System, und war dennoch gezwungen, davon Gebrauch zu machen. Dies ist auch das Dilemma, vor dem ich stehe. Wenn Sie mir eine hübsche kleine Farm in der Nähe einer Stadt geben würden, unter Bedingungen, die es mir ermöglichen, meine musikalische Arbeit dann zu tun, wenn mir danach ist, werde ich Ihnen meine Musik *geben*. Natürlich würde ich Ihnen gegenüber nicht im geringsten Dankbarkeit für das Geschenk empfinden; nur die Befriedigung, daß Sie genügend Einsicht hatten, den Wert meiner Arbeit zu erkennen. Da es aber kaum wahrscheinlich ist, daß Sie dies machen werden, bin ich gezwungen, Ihnen meine Seele zu *verkaufen* – ich muß meine Musik anpreisen und fragen, welchen Preis ich dafür erhalten kann. Ich bin ein bescheidener Mensch (scheu sogar), und habe kein Verlangen danach, meine Musik jenen armen Seelen aufzudrängen, die sie nicht haben möchten; aber ich bin überzeugt, daß alle empfindsamen Leute sie letztendlich haben wollen, sobald sie sie erst einmal kennengelernt haben. [...] Nun wage ich zu behaupten, daß gute Dinge letztendlich ihren Weg gehen werden, auch ohne daß man sie dazu antreibt. Doch ich kann nicht damit rechnen, hundert Jahre alt zu werden, und in der Zwischenzeit, in der ich es mir nicht leisten kann, Ihnen meine Kunst zu geben, wünsche ich mir, daß Sie mein Recht auf ein angemessenes Auskommen aufgrund ihrer

Qualitäten anerkennen. Die Tatsache, daß Sie dieses kommerzialisierte Leben weiterhin zulassen, beweist, daß Sie dagegen nichts einzuwenden haben, und so können Sie auch gegen diese Reklame keine Einwände haben. Schließlich wird nur für wenige gute Dinge Reklame gemacht. Mr. Pears wartete nicht erst darauf, daß sich die Nachwelt an seiner sehr hübschen Seife erfreuen kann. Warum soll ich der Nachwelt das ausschließliche Recht überlassen, sich an meiner sehr hübschen Musik zu erfreuen. Ich kann dafür garantieren, daß das Gefühl, das sie hervorgebracht hat, echt, die Ausführung einwandfrei und ehrlich und das Ergebnis wirkungsvoll ist.«[8]

Den insgesamt 32 Seiten Selbstanpreisung fügte Boughton noch einen ausführlichen Werkkatalog und Pressebesprechungen, sowohl gute als auch schlechte, bei. Mochten die wenigen Exemplare denen, die sie lasen, noch ein mildes Lächeln abgerungen haben, so bewies zwei Jahre darauf der Band *Music Drama of the Future* (*Musikdrama der Zukunft*), wie ernst es Boughton mit seinen Vorstellungen war. Das Büchlein entstand in Zusammenarbeit mit dem gleichgesinnten, fünf Jahre jüngeren Journalisten und Dichter Reginald Buckley. Boughtons Beitrag war ein gut vierzig Seiten langer Essay über seine Vorstellungen vom »choral drama«, wie er sein »Chordrama« analog zu Wagners Konzept des »Gesamtkunstwerks der Zukunft« nannte, während Buckley für das Visionäres verheißende Titelbild, den Artikel »Die Entwicklung von Träumen« und für ein Libretto – *Uther and Igraine* – verantwortlich zeichnete.

Den Titel seiner 1911 veröffentlichten Streitschrift *Music Drama of the Future* mag Boughton als Pendant zu Wagners Schrift *Das Kunstwerk der Zukunft* (1849) verstanden haben, doch auch in Shaws Wagner-Buch *The Perfect Wagnerite* (1898) ist ein Kapitel mit »Die Musik der Zukunft« überschrieben; nicht vergessen seien auch Gordon Craigs theoretische Auseinandersetzungen mit alternativen Theaterkonzepten. Der Begriff »Musikdrama« selbst stammte eigentlich gar nicht von Wagner, der in dem Essay *Über die Benennung »Musikdrama«* (1872) auch meinte, er könne sich darunter nichts vorstellen, und dann für den *Parsifal* die Bezeichnung »Bühnenweihfestspiel« ersann. Ursprünglich war der Terminus »Musikdrama« erstmals in der 1833 herausgebrachten Schrift *Kritische Wälder* von Theodor Mundt verwendet worden, der ihn als Synonym für die alte Oper prägte. Etwa seit den 60er Jahren des 19. Jahrhunderts gebrauchte man ihn überwiegend zur Bezeichnung für das Besondere an Wagners andersartigen Bühnenwerken, während der Begriff heute zumeist als Gegensatz zur in Arien und Szenen untergliederten »Nummernoper« verstanden wird.

Boughton stand Wagners Vorstellungen nahe, dessen theoretische Schriften in den 90er Jahren in der englischen Übersetzung von Ashton Ellis erschienen waren. Während Wagner jedoch die Passionsmusik, Oratorien und Opern lediglich als Vorstufen zu seinem »Gesamtkunstwerk der Zukunft« ansah, in dem er die drei Schwesterkünste Musik, Sprache und Tanz der »Handlung« unterordnen wollte, betrachtete Boughton seinerseits Wagners Stücke nur als einen Schritt in die richtige Richtung. »Ich ging nach Bayreuth«, erzählte er später in einem Interview, »liebte natürlich Wagners Werk und hatte wirklich eine gewaltige Bewunderung dafür. Ich fand aber, daß es zu schwer war, es enthielt zu viele Noten. Wagners Stil war fesselnd, prägnant, kraftvoll, wahrhaftig, und es gab einen Schlüssel für eine neue Art von Drama.«[9]

In seinen Überlegungen zum *Musikdrama der Zukunft* legte Boughton dar, wie er »der echt volkstümlichen Natur aller großen Kunstwerke gewahr wurde und der Tatsache, daß die größten Künstler ihre übermenschliche Kraft dadurch erlangen, daß sie als ein Ausdruck der ›Überseele‹ eines Volkes agieren. Dann verstand ich, weshalb Wagner Stoffe aus dem Volke gewählt hatte, die aus dieser ›Überseele‹ hervorgegangen waren.«[10] Boughton wurde sich »einer neuen dichterischen Technik« bewußt, nämlich »der Übertragung von Wagners Leitmotiv auf die Kunst der Worte – es schien einem Ketzer wie mir eine Schande zu sein, ihre Lieblichkeit und ihren Beziehungsreichtum aus der dramatischen Darbietung zu verbannen, geradeso, als würde man das allermeiste aus den schönen Texten Shakespeares herausstreichen. Dann entsann ich mich meines Christus-Dramas mit seinem Chor, der außerhalb der Bühne stand, kommentierte, erklärte, auf Höhepunkte hinwies und jenem gewaltigen Geist Ausdruck verlieh, wie man ihn nur in der Menschheit als Ganzes findet.«[11]

Wenn auch vielerseits beanstandet wurde, seine Kritik käme »zur falschen Zeit«, so mußte man zumindest anerkennen, daß Boughton offenbar, wenn auch eigenwillige, so doch recht genaue Vorstellungen besaß. Er zog eine klare Trennlinie zwischen »Oper«, die nach seiner Auffassung als reine Unterhaltung diente, und »Musikdrama«. Einen künstlerischen Wert maß er nur letzterem bei. »Es gab schon vor Wagners Zeit zahlreiche Opern, diese waren jedoch alle Vertonungen von Stücken. Nach meiner Ansicht sind Opern Theaterstücke mit Musik, während das Musikdrama Dramen des menschlichen Geistes zeigt, die für ihre Art des Ausdrucks eigentlich noch nicht einmal einer Inszenierung bedürften«, sagte Boughton. »Wenn man diese innere Entwicklung einer Figur auf die Bühne bringt, dann darf es nicht allein durch äußerliche Aktion in Szene gesetzt werden, sondern im Sinne der Schönheit durch Bewegung, Farbe, Beleuchtung, also alles, was die Emotionen berührt. Der reine Verstand wird dabei so gut wie gar nicht angesprochen.«

Im Vordergrund sollte hier also die innere Entwicklung der Charaktere stehen; Handlung und Dekoration waren nebensächlich. Folglich wurden zwei Aspekte wesentlich für Boughtons Bühnenwerke: Ihr Ablauf war eher statisch, und solange der Chor im Stile der antiken Tragödie die Situation kommentierte, stand die Aktion auf der Bühne still. Boughton setzte seine Ideen alsbald auch in die Tat um, wenn auch vorerst nur am Schreibtisch. In den Jahren 1908 und 1909 entstand die Oper *The Birth of Arthur*, der erste Teil eines geplanten Zyklus um König Artus, und 1912/13 komponierte er *The Immortal Hour*. In diesem Werk, das später eine unerwartete Popularität erreichen sollte, gelang es Boughton, seine Vorstellungen auf fast ideale Weise zu realisieren. Vorlage war ein Stück von William Sharp (1855–1905), der außer *The Immortal Hour* unter dem Pseudonym Fiona Macleod auch zahlreiche Gedichte schrieb. In dem Drama, das in der Phase einer um 1890 einsetzenden »keltischen Renaissance« entstand, die auch Schriftsteller wie Yeats und Synge beeinflußte, sind verschiedene Legenden der keltischen Götterwelt miteinander verwoben. Die Bedeutungsschichten der symbolreichen Handlung lassen sich vielleicht am ehesten mit den Mitteln der Traumdeutung aufdecken. Äußerlich erzählt die Geschichte von König Eochaidh, der auf der Suche nach vollkommener Schönheit und nie versiegender Liebe auf Etain trifft, eine Prinzessin aus dem Feenreich der ewigen Jugend. Dalua, der Herr des Schattenreiches, der die Fäden des Geschicks in Händen hält, führt die beiden zusammen. Sie verlieben sich ineinander, und im Taumel der Glückseligkeit erscheint Midir, der rechtmäßige Herr Etains, der sie in ihr Feenland zurückführt. Seines Ideals beraubt, sinkt Eochaidh leblos hin in Daluas Schatten.

Musikalisch findet man Einflüsse der Leitmotivtechnik Wagners, der Instrumentierungskunst Debussys sowie des englischen Volkslieds und Madrigals. Die Orchestrierung ist sparsam, doch ungemein vielgestaltig und reich an reizvoller Klangkolorierung. Obwohl sie auf den ersten Blick recht einfach aussieht, dürfte sie die Laien, von denen das Werk oft aufgeführt wurde, vor nicht unerhebliche Probleme gestellt haben, die richtige Stimmung zu erzeugen. Ein Protagonist des Geschehens ist der Chor, der nicht nur in den Rollen von Geistern, Priestern, Soldaten und Hofleuten in Erscheinung tritt, sondern auch kommentierend die Ereignisse begleitet. Das Werk wurde 1915 begeistert aufgenommen. In der »Times« hieß es, »der Komponist hat viel zu sagen, das schön und originell ist, und zeigt ein großes Geschick darin, die geeigneten Ausdrucksmittel zu finden.« Der Rezensent des »Musical Standard«, Charles Kennedy Scott, prophezeite sogar: »Ich glaube, daß Boughtons Werk letztlich als eine der bemerkenswertesten Leistungen in der Musikgeschichte Anerkennung finden wird.«[12] Boughton gelang mit seiner Oper *The Immortal Hour* ein geradezu sensationeller Rekord: Nachdem das Werk 1914 beim Festival in Glastonbury erstmals mit Klavierbegleitung gegeben worden war, 1915 dann in der Orchesterfassung in Bournemouth, wurde das Stück nach einer triumphalen Aufführung 1921 in Birmingham vom Regent Theatre in

London übernommen, wo es vom 23. Oktober 1922 an 216 Folgevorstellungen erlebte. Bei der Wiederaufnahme am 17. November 1923 kamen weitere 160 Aufführungen hinzu. Auch 1926 und 1932 gab es noch Produktionen mit langer Laufzeit. Auszüge wurden sogar auf Schellackplatten eingespielt, die Aufführungszahlen überstiegen allein in London die Traummarke von insgesamt 500, bevor sich bei Wiederaufnahmen 1948, 1949 und 1953 ein abflauendes Interesse zeigte. Eine andere Generation von Musikern und Musikliebhabern übernahm allmählich die Initiative.

Nur bedingt war der erste Schritt in Richtung Chordrama mit der Oper *The Birth of Arthur* gelungen, dem ersten Teil eines geplanten Mammutwerks, der um 1908/09 mit einem Text von Boughton und Buckley entstand (Vorläufer war dessen Libretto zu *Uther and Igraine*, das in *Music Drama of the Future* abgedruckt war). Damit fiel dieses Werk in die Ausläufer einer ausgesprochen leidenschaftlichen patriotischen Phase, die Boughton um die Jahrhundertwende durchlebte. Zu diesem Zeitpunkt sang Ffrangcon-Davies seine Kipling-Lieder, der Komponist schrieb eine Trauermusik für Königin Victoria. »Zurückblickend glaube ich, daß Patriotismus allein nicht ausreicht«, resümierte Boughton, der mit seinem Artus-Zyklus mehr schaffen wollte als ein Verherrlichen der englischen Historie. »Im Mittelpunkt der Artus-Dramen sollte England stehen, denn ich liebte England. Aber nicht das England, das ich kannte, sondern ein England, wie es sein sollte, jenes England, wie es William Morris, Robert Blatchford und andere Sozialisten schilderten.«

Zu dem Zyklus gehören ferner *The Round Table* (1916), *The Lily Maid* (1934), *Galahad* (1944) und *Avalon* (1945).[13] Szenisch aufgeführt wurden ab 1920 bisher nur die ersten drei Stücke, im Druck erschienen ist bis heute keines. Alan Bush, gleichfalls Musiker und Sozialist, erinnerte sich, wie Genosse Boughton »ziemlich verbittert oder zumindest enttäuscht darüber war, daß die britische Arbeiterbewegung sie nicht auf die Bühne brachte. Von jemand anderem erwartete er dies erst gar nicht, aber wir hatten zu dieser Zeit einfach kein Geld dafür.«[14] Daß Boughton ziemlich unabhängig agierte, zeigt sich an der Tatsache, daß er unbeeindruckt blieb sowohl von August Bungerts *Ring*-Rivalen, dem Odysseus-Zyklus *Homerische Welt*, der um die Jahrhundertwende in Deutschland Aufmerksamkeit erregte, als auch von Ernest Chaussons *Le Roi Arthus*, 1903 posthum in Brüssel uraufgeführt. Höchstwahrscheinlich kannte Boughton die Werke dieser beiden Komponisten überhaupt nicht. Musikalisch ist der Einfluß Wagners auf die Musik zu *The Birth of Arthur* nicht zu leugnen, wenn auch Boughton das Material nicht so souverän in den Griff bekam. So stellte er denn die Instrumentierung nie fertig, was wohl auch an kompositionstechnischen Problemen gelegen haben mag. Beachtenswert ist jedoch die Handhabung des Chores. Dieser steht kommentierend abseits der fortlaufenden Handlung und repräsentiert für Boughton eine Art

Gemeinschaftsgefühl. Die Wirkung dieser »Chor-Orchestrierung«, wie er es nannte, kann mitunter frappierend sein – auch Holst machte sich in *Neptun*, Vaughan Williams in der *Sinfonia Antartica* ähnliche Effekte zunutze –, doch ergaben sich dadurch auch ernsthafte dramaturgische Schwächen, sobald man die Möglichkeiten überstrapazierte; beispielsweise wenn beschrieben wurde, was auf der Bühne ohnehin für jedermann offensichtlich war, oder wenn man die Chormasse in einem Augenblick als »Weltwillen« vernahm und sie sich im nächsten schon als nahenden Gewittersturm vorstellen mußte.

Gravierender sind jedoch die Probleme, die Boughtons »choral drama« für die szenische Umsetzung stellt. Opernhistorisch ging der Komponist mit seiner Idee vom »Chordrama« sozusagen einen Schritt zurück, um zwei vorwärts zu machen: Szenisch lehnen sich seine Ideen an die Barockoper, ja sogar an die Oratorien im Stile Händels an, Text und Musik illustrieren hingegen die Seelenvorgänge der Figuren im Geiste des modernen Musiktheaters und sind keine Selbstdarstellungsvehikel für Rampenstars. Boughtons Chordrama stellt einen wichtigen Aspekt des musikalischen Theaters in den Mittelpunkt: die Zeit, oder genauer gesagt: die Diskrepanz zwischen »innerer Zeit« und »Zeit der Handlung«. Dieses Problem ist im Theater gravierender als bei dem Problem von »Erzählzeit« und »erzählter Zeit« in der Literatur. Während beim Lesen die Vorgänge auch *innerlich* nachvollzogen werden, ist der Zuschauer im Theater Zeuge eines »realen« Handlungsablaufs, der durch die Musik verzögert wird. Die Handlung wird gleichsam bis zum Zeitlupentempo verlangsamt: Gesprochen gehen die Liebesworte, die sich ein Paar zuraunt, flüssiger über die Lippen als in C-Dur-Melismen, und die langen Abschiedsszenen, zu denen – von Mozarts *Don Giovanni* bis hin zu Tippetts *The Ice Break* – Sterbende im Schöngesang noch fähig sind, mögen in der Realität jene Sekundenbruchteile sein, in denen, Berichten zufolge, die wichtigsten Lebensstationen noch einmal in rascher Aneinanderreihung vor dem geistigen Auge erscheinen. Allein durch den Klang der Musik vermag der Hörer mit den Bühnenfiguren mitzuempfinden. Mitunter werden der Handlungsablauf bis zum Stillstand »eingefroren« und die innere Befindlichkeit der Charaktere vollständig der Macht der Musik anvertraut; etwa in den großen Ensembles auf den Konflikthöhepunkten in der italienischen Oper des 19. Jahrhunderts. Noch Verdi verwendete 1887 im 3. Akt des *Otello* diesen Kunstgriff für jene Sekunde, die zwischen dem Moment liegt, da Otello seine Gattin zu Boden schleudert und im folgenden Augenblick auf die Menge losgeht und sie aus dem Saal vertreibt. Dabei fügte Verdi – ungewöhnlich und neuartig – durch rezitativische Passagen zwischen Jago und Otello sowie Jago und Rodrigo zugleich wieder ein die Aktion vorantreibendes Element ein.[15] Auch in Brittens Oper *Peter Grimes* (1945) gibt es solche Momente der »eingefrorenen« Zeit, etwa Grimes Solo »Now the Great Bear and Pleiades« im 2. Akt.

Der Faktor Zeit ist in Boughtons Chordramen entscheidend; sie ist nahezu unbegrenzt vorhanden. Den Menschen der Kriegswirren, der beginnenden »wilden zwanziger Jahre« und nun denen des ausgehenden 20. Jahrhunderts wird dabei eine ganz andere Art des Hörens und Betrachtens abverlangt. Wenn auch mit anderen Ausdrucksmitteln, so versucht auch ein Komponist wie Peter Maxwell Davies sich diesem Problem anzunähern. Nach eigenem Bekunden mußte er in seiner Musik jahrelang darauf hinarbeiten, die Vorstellung umzusetzen, »daß die Zeit psychologisch ist und nichts mit Sekunden zu tun hat. Sie kann sehr still, aber auch sehr schnell sein, aber das ist eine psychologische Sache.«[16]

Um hinter das Geheimnis des Chordramas zu kommen, muß eine angemessene Verbindung von Musik und Szene geschaffen werden. Da von einer kontinuierlichen Rezeptionsgeschichte der Bühnenwerke Boughtons kaum die Rede sein kann, steht man in Großbritannien heute vor einer ähnlichen Situation wie etwa die deutschen Theater in den 20er Jahren bei der Renaissance der Opern Händels. Unverdorben von Sehgewohnheiten, Konvention und falsch verstandener Tradition konnten die Theatermacher damals ihrer Imagination freien Lauf lassen; ob Ornament, Symbol, abstrakte Szenerie oder szenisches Oratorium – fast alles war denkbar.[17] Nun mögen für eine Neubeschäftigung mit Boughtons Werk die Bildwelten eines Robert Wilson oder Einflüsse des japanischen Kabuki- und No-Theaters als wichtige Inspirationsquellen hinzukommen. Der Komponist selbst beschäftigte sich peripher mit dem japanischen Theater, als er 1918 ein Chorballett nach Vorlage von Marie Stopes Übertragung eines No-Spiels schrieb. Der Gedanke dazu war ihm bereits 1916 gekommen, als Clarence Rayboulds *The Sumida River* in Glastonbury aufgeführt wurde, zudem war das Interesse an japanischer Kunst zu dieser Zeit allgemein sehr verbreitet. Das Sujet des »Sumida River« griff Benjamin Britten 1964 in seiner Kirchenparabel *Curlew River* (nach dem alten japanischen Drama *Sumidagawa*) wieder auf, beeinflußt allerdings durch seinen Japan-Besuch acht Jahre zuvor.

Boughton selbst wußte sehr wohl um die revolutionären Theaterexperimente seiner Zeit. So beeindruckten ihn neben der Oratorientradition vor allem die Tänzerin Margaret Morris, eine Schülerin von Raymond Duncan, dem Bruder der berühmten Isadora Duncan, und die Ideen von Edward Gordon Craig und Max Reinhardt. Bei Reinhardt (1873–1943) dürfte Boughton weniger die anfänglich von Otto Brahms naturalistischem Inszenierungsideal beeinflußte Bühnenästhetik angesprochen haben, sondern vielmehr die Aspekte der Theater- und Raumsuggestion und Reinhardts dramaturgisches Konzept, die Menschen »aus der grauen Alltagsmisere über sich selbst [hinauszuführen], in eine heitere und reine Luft der Schönheit«.[18] Geistesverwandt war Boughton der Regisseur Craig (1876–1966), der seit 1904 mit der Tänzerin Isadora Duncan

(1878–1927) zusammenarbeitete und mit ihr das Konzept eines »Theaters der Zukunft« entwickelt hatte. Bereits 1905 brachte Craig sein programmatisches Buch *The Art of the Theatre* heraus, dessen Grundgedanken er in seiner 1908 gegründeten Zeitschrift »The Mask« weiterverfolgte: das Theater der Zukunft, Konzepte eines zukunftsorientierten Theaterbaus wie des Rundtheaters – wie etwa das 1914 in Köln eröffnete Werkbundtheater –, Bayreuth, Marionetten- und Maskentheater sowie das griechische Theater. Craig zögerte auch nicht, in der Vorbereitungsphase des Glastonbury-Festivals in einem aufmunternden Brief aus Florenz, seinen guten Namen für die Sache einzusetzen. Berücksichtigt man die Gestaltungsfreiheit und -möglichkeiten der experimentierfreudigen Theatermacher kurz nach der Jahrhundertwende, bleibt das Faszinierende an Boughtons Bühnenwerken das Phänomen, daß wir wahrscheinlich erst heute bühnentechnisch in der Lage sind, seine Theatervisionen angemessen umzusetzen.

Als 1953, 39 Jahre nach der ersten Aufführung und sieben Jahre vor Boughtons Tod, *The Immortal Hour* in der »Coronation Season«, der Spielzeit im Krönungsjahr von Elizabeth II., erstmals am Sadler's Wells gegeben wurde, überschütteten die etablierten Musikkritiker das Werk mit ihrer ganzen Häme. Die Tage der Triumphe und langen Laufzeiten waren Vergangenheit. »Unsterblichkeit?« zweifelte der Berichterstatter des »Evening Standard« in der Überschrift und katalogisierte das Werk als »eine Art *Pelléas und Mélisande* für arme Leute«. Darin verbarg sich ein versteckter Hinweis auf Boughtons sozialistisches Engagement, mit dem sich der Mann, der sich von der akademischen Musikwelt fernhielt, die Sympathien des Establishments verdorben hatte wie einst – wenn auch aus anderen Gründen – Arthur Sullivan. Bezeichnenderweise findet man den einzigen wirklich wohlgesonnenen Artikel im Mai 1953 in der sozialistischen Zeitung »Daily Worker«.[19] Daß die Zuschauer das Werk besser aufnahmen als die Kritiker, mag zum Teil daran gelegen haben, daß damals noch »viele Leute, die kaum ›God Save the Queen‹ richtig anzustimmen vermögen, den ›Faery Song‹ pfeifen können«.[20] Beanstandet wurde vielfach auch die Inszenierung, die »die größte aller theatralischen und musikalischen Sünden begeht – sie langweilt«.[21] Ein gewisser »P. B.«, der – gut sechzig Jahre nach Shaw – für »The Star« schrieb, resümierte: »Am Ende gab es wenig Begeisterung. Ein paar Stimmen riefen vergeblich nach dem Autor. Eine einzelne Stimme brüllte ›Buh‹. Und genauso haben offensichtlich auch viele andere empfunden.«[22]

Der Künstler Boughton wurde schon lange vor seinem tatsächlichen Tod im Jahre 1960 zu Grabe getragen. Den ersten Wiederbelebungsversuch gab es 1962, als der Komponist Michael Hurd, der mit Boughton in dessen letzten zehn Lebensjahren bekannt war, eine knapp 200 Seiten starke Biographie veröffentlichte. Der Band, der in einer Auflage von eintausend Exemplaren erschien, ist längst vergriffen. Dann nahm sich die 1979 gegründete British Music Society, die sich verstärkt um diejenigen unter den britischen Komponisten bemüht, die nicht wie Sullivan oder Elgar von einer engagierten Gesellschaft vertreten werden, des Vergessenen an. Im Juni 1983 wurde mit der finanziellen Unterstützung des Rutland Boughton Trust und des Sutton Manor Arts Centre in der Church of All Saints im Londoner Stadtteil Tooting eine Platteneinspielung von *The Immortal Hour* mit professionellen Kräften, darunter zumeist junge britische Solisten, produziert, die auch im Ausland sehr gelobt wurde. Weitere Meilensteine in der Boughton-Renaissance sind 1993 die Veröffentlichung einer erweiterten Ausgabe von Hurds Biographie, *Rutland Boughton and the Glastonbury Festivals*, und eine Einspielung von *Bethlehem*. Wenn sich auch die Magie des atmosphärischen Glastonbury, wo Boughton seine Ideale verwirklichen wollte, heute kaum wiederherstellen läßt, so bieten die Werke selbst genügend Stoff, an dem sich die Phantasie entzünden kann.

Ein Dorf namens Glastonbury

Glastonbury findet man im Westen Englands. Es ist ein abgelegenes Städtchen mit kaum 5000 Einwohnern, das in Somerset liegt, einer Grafschaft auf jener Halbinsel, auf der sich auch Cornwall befindet. Der ursprüngliche Name war wahrscheinlich »Glastonia«, was auf ein keltisches Wort zurückgeht, das eine Färberpflanze (»Waid«) bezeichnet. Daraus wurde im Laufe der Zeit »Glastingay« (der Suffix bedeutet soviel wie »Insel«) und schließlich »Glastingbury«, was in etwa »Siedlung an dem Orte, wo die Leute mit Waid gefärbte Kleidung tragen« heißt. Tiefliegend und sumpfig war das Land in früheren Tagen, und in der Antike wurden hier vermutlich zahlreiche Seedörfer gegründet. Möglicherweise hängt der Name auch mit »Glas« zusammen. Viele heidnische Legenden ranken sich um Glastonbury, dessen alter traditioneller Name Avalon war. Ob dies nun nach dem Keltischen »Apfelinsel« bedeutet (im modernen Walisisch ist »afal« das Wort für »Apfel«), oder nicht doch eher auf den Namen einer keltischen Gottheit zurückgeht, sei dahingestellt. Jedenfalls ist Glastonbury, wo König Artus seine letzte Ruhestätte gefunden haben soll, ein Ort, wo sich Phantasie und Mythos vereinen. Und ein Ort, in dem Träume wahr werden. Träume, wie sie Boughton bereits 1911 in der Schrift *Music Drama of the Future* angesprochen hatte. »Wir sind Träumer, das ist unvermeidlich, aber ohne Träume kann nichts erreicht werden«, hieß es dort. »Unsere Dramen machen die Errichtung eines Platzes erforderlich, den Buckley treffend als Tempeltheater bezeichnet hat. Dieses Theater wollen wir zum Zentrum einer Kommune machen. Es gab bereits viele Kommunen, aber sie sind gescheitert – weil ihnen ein religiöses Zentrum fehlte. Dies bietet unser Theater. Es soll aus dem Gemeindeleben heraus auf einem Platz erstehen, der im Bewußtsein der Bürger verankert ist, wenn wir einen solchen Ort zur Zusammenarbeit mit uns bewegen können. Sollte dies nicht gelingen, wird eine neue Stadt um das Theater herum erwachsen.«[23] Da der praktische Theateralltag jedoch zumeist eher prosaisch ist, wird das Erwachen aus den Träumen bitter. Glastonbury war eine Art Mikrokosmos, in dem Boughton von 1914 bis 1926 innerhalb gewisser Grenzen frei schalten und walten konnte. Probleme traten auf, als er versuchte, diese Grenzen zu sprengen.

Die ersten Kontakte nach Glastonbury ergaben sich durch die Initiative eines gewissen Philip Oyler, der von Boughtons Kulturkonzept angetan war und seine Pläne unterstützen wollte. Der Ort, den er dafür für geeignet hielt, war Glastonbury, wo neben einer aufgeschlossenen Bevölkerung auch ein leerstehendes großes Gebäude zur Verfügung stand. Obwohl Oyler bald darauf das Interesse an dem Projekt verlor, war die erste Verbindung hergestellt. Boughton besuchte Glastonbury gemeinsam mit Buckley und konnte auf die volle Unterstützung der Einwohner bauen, die lediglich nach einigen Qualitätsgarantien seitens angesehener Musikkapazitäten verlangten. Diese ließen nicht lange auf sich warten. Sowohl Granville Bantock als auch Edward Elgar, dem Boughton *The Birth of Arthur* vorspielte, ermutigten das Projekt. »Ich hoffe von ganzem Herzen, daß der Plan erfolgreich durchgeführt wird«, schrieb Elgar am 27. April 1913. »Die Musik scheint mir des großen Themas, das Sie gewählt haben, durchaus würdig zu sein.«[24]

Das »Komitee der Festivalbefürworter« zeigte sich hocherfreut über diese Reaktionen, und alsbald zirkulierten Ankündigungen von Freiluftaufführungen von *The Birth of Arthur* »mit Hauptdarstellern und Orchester aus London«, wie es hieß. »Vorbereitungen werden getroffen für drei Aufführungen in einer schönen Gartenanlage, die für diesen Zweck zur Verfügung gestellt wird. Soweit wie möglich werden auch die Dienste der Ortsansässigen für die Chortänze in Anspruch genommen, die in dem Werk eine wichtige Rolle spielen.«[25] Als weitere Attraktionen der Veranstaltungen wurden Spiele, Picknicks und Wanderungen in den romantischen und historischen Stätten der Umgebung angeboten. Alles schien wie geplant zu laufen, doch eines unschönen Tages wurde Boughton vor den Festspielausschuß zitiert. Den Herren und Damen seien da gewisse Gerüchte zu Ohren gekommen ... Und Boughton konnte kaum leugnen, daß er ein sehr bewegtes Privatleben führte. Seine Ehe mit Florence war 1910 gescheitert, als er in Christina Walshe eine Frau kennengelernt hatte, die wesentlich mehr Verständnis für seine Träume und Ideale aufbrachte. Christina, Studentin der Birmingham School of Art, war ein Mitglied der von ihm gegründeten Birmingham Literary and Musical Fellowship, die regelmäßig Konzerte und Gesprächsrunden veranstaltete.

In ihr hatte Boughton eine geistesverwandte Partnerin gefunden, jedoch waren der Skandal und der Tratsch beträchtlich. Boughton und Christina Walshe verließen Birmingham 1911 und beschlossen, in einer eheähnlichen Gemeinschaft zusammenzuleben, da sich Boughton eine offizielle Scheidung jetzt und auch später finanziell nicht leisten konnte. Florence mußte den Bruch akzeptieren und überließ ihrem Mann die Verantwortung für die drei Kinder. Nach zwei Monaten Aufenthalt in Berlin und Bayreuth kehrten Boughton und seine neue Gefährtin zurück nach London, wo alte Freunde nach anfänglichen Vorbehalten die glückliche Beziehung akzeptierten und unterstützten. Ein neuer Bekanntenkreis kam hinzu. Christina schrieb Kunstkritiken für den »Daily Citizen«, und Boughton begann damit, Vorträge zu halten, Unterricht zu erteilen und Musikrezensionen für den »Daily Herald« zu verfassen, ein Posten, den ihm George Bernard Shaw vermittelt hatte.

In Glastonbury wiederholte sich die Prozedur von Ablehnung und Verständnis für das Paar. Ein Teil des Komitees, darunter der Pfarrer und seine Gleichgesinnten, entzogen dem Festival ihre Unterstützung, so daß man es zunächst als ratsam erachtete, das Projekt zu verschieben. Boughton, schwer getroffen, organisierte mit Unterstützung der Tänzerin Margaret Morris statt dessen einen dreiwöchigen Ferienkurs in Bournemouth, wo man neben Tanz und Dichterlesungen auch einige Szenen aus *The Birth of Arthur* aufführte. Diese Veranstaltungen, bei denen die Kursteilnehmer im Chor mitwirkten, boten den Bürgern von Glastonbury einen Vorgeschmack auf das, was sich realisieren ließe. Ermutigt durch die positiven Reaktionen konnte 1914 erneut das erste Festival in Glastonbury ins Auge gefaßt werden. Boughton hatte sich mit Christina in dem nahegelegenen Dorf Street niedergelassen, wo man in gebührender Entfernung von denjenigen lebte, die nur nach neuer Nahrung für ihren Klatsch suchten. »Mit einem Berg zwischen uns konnten wir bei niemandem Anstoß erregen«, meinte Boughton.[26]

Doch durch die kritische politische Lage traten weitere Schwierigkeiten auf. »Der Erste Weltkrieg begann genau in dem Monat, in dem das erste meiner Artus-Dramen aus einer Reihe von Werken aufgeführt werden sollte, für die man in Glastonbury ein Theater bauen wollte«, erinnerte sich Boughton. »Die widrigen Umstände im August 1914 zwangen mich jedenfalls dazu, statt dessen Vorkehrungen für die erste Inszenierung von *The Immortal Hour* zu treffen, einem Werk, das bescheidenerer Mittel bedarf. Die Unterstützung für dieses Stück war so gut, wie ich es mir wünschen konnte, aber es war klar, daß unter den damals gegebenen Möglichkeiten die ambitionierteren Projekte verschoben werden mußten.«

Das erste Glastonbury Festival begann am 5. August 1914 um 20 Uhr, einen Tag, nachdem Großbritannien dem Deutschen Reich den Krieg erklärt hatte. Auf dem Veranstaltungsprogramm standen Lieder und Tänze, kurze Theaterstücke und die Gralsszene aus Wagners *Parsifal* sowie die erste Aufführung von *The Immortal Hour*, wenn auch nur mit Klavierbegleitung. Der unermüdliche Boughton organisierte, inszenierte und dirigierte, ja er mußte wegen Erkrankung einiger Sänger sogar selbst in *Parsifal* und seiner eigenen Oper mitwirken. Dadurch dürfte er wohl der einzige Komponist sein, der selbst die ersten Worte bei der Uraufführung einer seiner Opern gesungen hat. Trotz eines finanziellen Defizits konnte das erste Festivaljahr überzeugen, so daß Boughton weitere Geldgeber und auch moralische Unterstützung fand. Er war bestrebt, die finanziellen Hilfen zu rechtfertigen und initiierte für die Bevölkerung und alle Interessenten zusätzlich einen regelmäßigen Unterricht in einer »Schule für Musik und Drama«. »Die Kunst ist ein Teil des Lebens. Sie ist nicht wirklich der Zuckerguß auf dem Kuchen, sondern selbst ein Teil des Kuchens«, lautete seine Überzeugung. »Meine Vorstellung bestand darin, daß es eine landwirtschaftliche Gemeinschaft geben sollte, mit regelmäßig stattfindenden Festivals zu den Zeiten, zu denen es auf dem Feld wenig zu tun gibt.« Als Präsident für die Glastonbury Festival School konnte Thomas Beecham gewonnen werden, doch als beim Osterfestival 1915 *The Immortal Hour* in der Orchesterfassung, die erstmals im Januar in Bournemouth erklungen war, übernommen wurde und man die erste Inszenierung von Purcells *Dido and Aeneas* seit Gordon Craigs bahnbrechender Produktion von 1900 wagte, wurde klar, daß solch anspruchsvolle Werke nicht allein mit Amateuren zu besetzen waren. Boughton mußte genau kalkulieren. »Wir hatten eine ›Sommerschule‹ zu der einige Leute kamen, die für ihre Teilnahme einen kleinen Beitrag bezahlten, und die die Mehrheit unter den Chormitgliedern stellten. Da wir nun wußten, was wir durch die Schule einnahmen, konnten wir abschätzen, wieviel wir für Profis ausgeben konnten«, erinnerte sich Boughton in späteren Jahren und fuhr fort: »Nun, ich sage ausgeben, weil wir gelegentlich tatsächlich kleine Gagen gezahlt haben, die aber größtenteils so gering waren, daß es mir nun beinahe peinlich ist, daß wir so etwas überhaupt angeboten haben.« Zu den Interpreten zählten viele aus der ersten Sängergarnitur Großbritanniens, darunter Frank Mullings, Steuart Wilson, Arthur Jordan und Astra Desmond, die bereit waren, für »lächerlich kleine Summen« die Festspielidee zu unterstützen. Auch die moralische oder tatkräftige Förderung anerkannter Kulturgrößen des Landes wie Elgar, Beecham, Henry Wood, Bantock, Vaughan Williams und Shaw ließ nicht auf sich warten. »Ich glaube, daß Boughtons Werk letzten Endes als eine der bemerkenswertesten Leistungen in unserer Musikgeschichte anerkannt werden wird«, schrieb im Juni 1915 der Rezensent des »Musical Standard«, und in der Tat brachte das zweite Festival im August einen weiteren Höhepunkt.

Mit *Bethlehem* wurde erstmals ein Werk uraufgeführt, das für Glastonbury geschrieben worden war, unter Berücksichtigung des Umstands, das die Akteure Amateure waren. Da jedoch einige Partien, wie etwa die des König Herodes, größere stimmliche Anforderungen stellten, halfen professionelle Interpreten wie Boughtons Freund Frank Mullings aus. Das Chordrama *Bethlehem* geht auf ein mittelalterliches Krippenspiel aus Coventry zurück, das Boughton, wie er sagte, »nach angemessener Überlegung als Volksoper vertonte, wobei die lyrischen Qualitäten des Stückes durch das Hinzufügen von frühen englischen Weihnachtsliedern an den geeigneten Stellen, entweder als Chorzwischenspiele in der Art der griechischen Tragödie oder als eigenständiger Teil des Stückes, beispielsweise bei den beiden Wiegenliedern der Jungfrau, noch verstärkt wurden.«[27] Die Darsteller sollten, dem Ursprung des Werkes angemessen, ihren Text auch mit lokalem Zungenschlag vortragen, was einige Einheimische dazu zwang, sich erst einmal mit ihrem eigenen Dialekt von Somerset vertraut zu machen. Um den nationalen Aspekt und die Beziehung zu Glastonbury hervorzuheben, hatte Boughton die drei Weisen umbenannt: »Merlin, weil er bereits in unseren Artus-Dramen die Geburt Arthurs zur Errettung Britanniens herbeiführte; Zarathustra, weil Nietzsches Übermensch auf seine deutsche Art auch für ein messianisches Konzept steht; und Nubar, allein aus dem Grund, weil ich die christliche Vorstellung, daß die farbigen Völker uns in brüderlicher Gemeinschaft gleichgestellt sind, beibehalten wollte.«

Boughton schrieb zur Weihnachtsgeschichte eines der schönsten und stimmungsvollsten Werke der Musikliteratur, wobei die Melodien betont volkstümlich gehalten sind. Unter anderem werden die bekannten Weihnachtslieder in Choralvariationen als verbindender Kommentar zwischen den Szenen verwendet, analog etwa zu den Bachschen Passionen; eine Gestaltungsform, die später Parallelen in den Spirituals in Tippetts Oratorium *A Child of Our Time* (1941) und den Kirchenliedern in Brittens Kinderoper *Noye's Fludde* (1957) haben sollte. »*Bethlehem* ist, das hoffe ich zumindest, ein Werk des Volkes. Es ist auf jeden Fall in dieser Absicht entstanden«, meinte der Komponist zu seinem Stück. Er habe dieses Werk geschrieben, »um einfachen Leuten vom Lande die Möglichkeit zu geben, etwas zu spielen, was sie ohne große professionelle Unterstützung aufführen konnten«. Seiner Auffassung nach schien dieses Krippenspiel aus Coventry »besonders geeignet zu sein für die Gefühle jener Zeit, weil es materielle Macht und Blutvergießen als Gegensatz zu geistiger Macht und zum Frieden auf Erden stellte.«

Ideal unterstützt wurde Boughton auch von seiner Freundin. »Die Künstlerin Christina Walshe war meine rechte Hand in Glastonbury«, würdigte er ihre Verdienste später. »Sie entwarf nicht nur die Kostüme für *Bethlehem*, sondern für alle meine Bühnenwerke. Sie verfügte zwar über keine bemerkenswerte Gesangsstimme, war aber wunderschön als Gabriel.« Durch den wachsenden Enthusiasmus der Dorfbewohner und die moralische und finanzielle Förderung von außerhalb befand sich das Festival in Glastonbury auf dem besten Weg, sich zu etablieren. 1916 wurde bereits *The Round Table* uraufgeführt, die zweite Oper aus Boughtons Artus-Zyklus. In den letzen beiden Kriegsjahren kam aber auch im abgeschiedenen Glastonbury das Kulturleben weitgehend zum Erliegen, nachdem Boughton doch noch in die Armee eingezogen wurde. Seine Arbeit sei »von keinerlei nationalem Interesse«, argumentierte die Militärbehörde. Lächerlich, meinte Shaw, der in einem offenen Brief spottete, ob denn die Schlagkraft der Armee wirklich gelähmt sei, wenn ein Mann nicht eingezogen werde, der »meisterhaft mit einem Konzertflügel oder einem Dirigentenstab umzugehen versteht, aber bei einem Gewehr nicht das richtige Ende vom falschen unterscheiden kann«.[28] Empörte patriotische Leserbriefe gegen Shaw, Boughton und die ganze »Künstlerbrut« waren die Folge. Vor einer Militärkommission hatte Boughtons Einspruch wenig Aussichten auf Erfolg, war doch einer der Verantwortlichen gerade jener Offizier, der wenige Tage zuvor entrüstet eine Aufführung von *The Round Table* verlassen hatte, nachdem König Artus sich auf der Bühne für den Frieden im Lande ausgesprochen hatte. Im September 1916 mußte Boughton seinem Stellungsbefehl Folge leisten, erkrankte, landete im Lazarett und sah sich zu seinem Erstaunen nach einigen Monaten in den Stand eines Leiters der Militärkapelle des 1. Suffolk Regiment erhoben. Nach Umwegen über Frankreich endete Mitte 1918 seine Soldatenlaufbahn ohne ernsthafte Feindberührung.

Zwischen 1919 und 1926 fanden mit Ausnahme des Jahres 1923 wieder regelmäßig Festivalveranstaltungen statt. Zu den Höhepunkten der insgesamt über 350 Bühnenaufführungen – darunter sechs Opern Boughtons und zahlreiche weniger bekannte Werke von Gluck, Purcell, Blow und Matthew Lokke – und weit über 100 Konzerten und Lesungen gehörten in den folgenden Jahren noch die Uraufführungen von Boughtons Chordramen *The Birth of Arthur* (1920), *Alkestis* (1922) und *The Queen of Cornwall* (1924).

Boughton war hochzufrieden mit den guten Erfahrungen, die er vor allem mit der Produktion seiner »Volksoper« *Bethlehem* machte, die zur Folge hatte, daß »die Leute aus dem Ort ungemein hilfsbereit waren. Von der Zeit an schienen sie die Sache nun nicht gerade ›berufsmäßig‹ zu machen, aber die erste Aufführung wurde hauptsächlich von ihnen selbst bestritten.« Schon 1922 meinte Shaw in der vierten Auflage seines Buches *The Perfect Wagnerite*, daß in Glastonbury »unter den gegebenen Umständen Aufführungen gelangen, die hinsichtlich der Atmosphäre und Intimität wirklich besser waren als die Produktionen im wesentlich anspruchsvolleren Festspielhaus in Bayreuth oder seiner Kopie, dem Prinzregententheater in München«.[29] Der Tenor Steuart Wilson konnte aus eigenen Erfahrungen anschaulich den rustikalen Charme des Festivals beschreiben. »Die Garderoben, wenn man sie so nennen konnte, befanden sich im Hauptgebäude am entgegengesetzten Ende von der Bühne«, erinnerte sich der Sänger. »Man kleidete sich an, schminkte sich und ging dann eine Außentreppe hinunter auf einen Hof und eine andere Außentreppe wieder hinauf direkt auf die Bühne. Bei schönem Wetter befanden sich zwei Windhunde im Hof, die auch auf der Bühne zu erscheinen hatten – sie näherten sich argwöhnisch und mußten am Bellen gehindert werden. Bei Regen, der ziemlich häufig war, mußte man sich in dem ungepflasterten Hof sehr vorsichtig bewegen.«[30]

Trotz des oft improvisierten Charakters der Darbietungen – viele Aufführungen konnten mangels Geld und Orchester nur mit Klavierbegleitung gegeben werden – blieb das Engagement jahrelang ungebrochen. Doch die nicht gerade sehr günstige Lage Glastonburys sowie die Abhängigkeit der Aktivitäten von der nicht unumstrittenen Leitfigur Boughton und einem begrenzten Kreis von Enthusiasten ließ die Zukunft fraglich erscheinen. »Als sich Glastonbury nun immer mehr entwickelte, fielen die Einwohner allmählich von der Sache ab – das Ganze wurde nun geschäftlich immer interessanter für sie«, bedauerte Boughton. »Sie waren zu dieser Zeit so geschäftig, daß ich nicht mehr auf ihre künstlerische Unterstützung bauen konnte, und so war ich immer mehr auf Profis angewiesen.« Die Organisation des Festivals gestaltete sich zunehmend schwieriger. Im März 1919 war Buckley, einer der engagiertesten Mitstreiter Boughtons, gestorben, zudem ergaben sich erneut private Kalamitäten, als sich Boughton Anfang 1920 in Kathleen Davis verliebte, eine seiner Schülerinnen, die Christina Walshe nach und nach in seiner Gunst verdrängte. Als er im April 1923 mit Kathleen zusammenzog, kam es endgültig zum Bruch mit Christina, die Boughton zwar eine gleichgesinnte und angemessene künstlerische Partnerin gewesen war, ihm jedoch emotionale Stabilität und heimische Behaglichkeit als Rückendeckung nicht hatte bieten können. Seine Position in Glastonbury geriet zunehmend ins Wanken, zumal er 1925 noch der Kommunistischen Partei beitrat. Das Ende der ländlichen Kulturidylle in Glastonbury war abzusehen. 1926 kam es nur noch zu einigen Theateraufführungen, dann gehörte dieses Kapitel Kulturgeschichte der Vergangenheit an.

Um die Festivalidee zu retten, versuchte Boughton, nachdem man ab 1920 schon Tourneeproduktionen geboten hatte, mit den 1924 gegründeten Glastonbury Festival Players die Aufführungstradition nicht abreißen zu lassen. So gastierte man beispielsweise 1925 in verschiedenen Städten im Westen Englands, darunter mit der ersten Darbietung der Orchesterfassung von *The Queen of Cornwall* in Bournemouth. Zum Skandal kam es im Jahr darauf: Boughton, wütend über den Verrat, der seiner Ansicht nach an den Bergarbeitern beim großen Generalstreik begangen worden

Szene aus Boughtons aktualisierter Inszenierung von »Bethlehem«, 1926

war, beschloß, Schluß zu machen mit den heuchlerisch traditionellen Darbietungen der weihnachtlichen Heilsverkündigung und stellte eine moderne Inszenierung von *Bethlehem* auf die Bühne. Dabei sollte Christus im Hause eines Bergarbeiters zur Welt kommen, und Herodes, unterstützt von Polizei und Soldaten, erschien als zigarrerauchende, einen Abendanzug tragende Verkörperung des Kapitalismus. »Wurde nicht im ursprünglichen Schauspiel selbst König Herodes als ›Kaiser‹ bezeichnet?« meinte Boughton. Er hatte noch weitere gute Gründe für diese Aktualisierung. »Bis auf die letzten wurden alle anderen Aufführungen in mittelalterlichen Kostümen gespielt, weil diese auch bei der Originalproduktion dieses Krippenspiels aus Coventry getragen wurden. Dann kam mir der Gedanke, daß diese Kostüme damals ja eigentlich zeitgenössisch waren, und wenn wir das Stück wirklich in diesem mittelalterlichen Geist wiederaufführen wollten, mußten wir es in den Kostümen unser eigenen Zeit spielen.«

Da Boughton die anderen Verantwortlichen nicht rechtzeitig in seine Pläne eingeweiht hatte, entbrannte, wie nicht anders zu erwarten war, ein heftiger Streit. Boughton blieb unnachgiebig, zumal Autoritäten wie der Schriftsteller G. K. Chesterton, die überdies Christen waren, die Wogen glätteten. »Erschiene die Gottesmutter heute wieder, würde dies möglicherweise im Hause eines Bergarbeiters geschehen«, meinte er.[31] Ungeachtet durchaus wohlgesonnener Reaktionen in der Presse wurde die Tournee finanziell ein Desaster. Die teureren Plätze blieben demonstrativ leer, und trotz eines ansehnlichen Absatzes der preiswerteren Karten blieb ein beträchtlicher Verlust zu verzeichnen. Eine weitere Zusammenarbeit der Glastonbury Festival Players erachtete man als unmöglich, so daß die Gesellschaft im Juli 1927 schließlich aufgelöst werden mußte. Zudem wurden durch diese moderne Produktion auch alle weiteren Brücken nach Glastonbury abgebrochen. Die Probleme der eigenen Gesellschaft in die Idylle der weihnachtlichen Fluchtpunkte hineintragen zu lassen, wollte man sich nicht noch einmal bieten lassen. »Das bedeutete das Ende für die Glastonbury Players, aber es war die Sache wert«, urteilte Boughton noch Jahrzehnte später.

Shaw ärgerte sich und meinte, Boughton hätte sich am besten nicht mit Politik einlassen sollen. Das menschliche Wesen sei zwar unter kompetenter Anleitung in der Lage, eine Oper passabel aufzuführen oder gar zu komponieren, jedoch unfähig, die durch seine Vermehrung und Zusammenrottung heraufbeschworenen Probleme zu lösen. Dennoch blieb für Boughton diese letzte Inszenierung von *Bethlehem* in modernen Kostümen »die beste und wahrhaftigste, obwohl sie fürs erste Vorbehalte gegenüber diesem Werk mit sich gebracht hat«. Er schien eine andere Haltung Shaws eher zu beherzigen, nämlich daß Wahrheit das ist, »was ein Mensch sagen muß, selbst wenn er dafür gesteinigt oder gekreuzigt wird, daß er es sagt.«[32]

Sozialistische Koda

Glastonbury war nicht die einzige Schlacht, die Boughton verlor. Er ließ sich mit seiner Familie im November 1927 auf einem kleinen Bauernhof in Kilcot nieder, einem Dorf auf der Grenze zwischen Gloucester- und Herefordshire. Hier wohnte er bis zu seinem Lebensende, betätigte sich landwirtschaftlich, schrieb, komponierte und grollte zuweilen. Mitunter überkamen ihn Anflüge des alten messianischen Kampfgeistes, beispielsweise wenn er 1928 enthusiastisch an den Journalisten Stuart Fletcher, den Mann seiner Tochter Estelle, schrieb: »Mein lieber Stuart, Estelle erzählt mir, daß Du freundlicherweise planst, einen Artikel für ›Sackbut‹ über mich zu schreiben, der darlegt, wie mein Werk seinen Ursprung in den Zeitumständen hat und nicht allein in meiner Persönlichkeit. Es ist sehr gut, daß Du daran gedacht hast, und ich wäre froh, Dir dabei zu helfen, Dich von persönlichen Interessen freizumachen, die uns verbinden, und ich glaube, daß Du das auch kannst. Ich schicke Dir eine Ausgabe meiner *Reklame für mich selbst* aus dem Jahre 1909. Seit damals gibt es von mir folgende Hauptwerke und Fortsetzungen: . . .«[33] Und es folgte eine seitenlange kommentierte Aufzählung von Werken, die bereits die noch nicht komponierten Teile des Artus-Zyklus enthielt. Doch Boughtons Stern war bereits am Sinken.

Es ist schwierig, zu einem einigermaßen aussagekräftigen Urteil über Boughtons Werk zu kommen, weil sich die meisten Stücke nie in der Theater- oder Konzertpraxis bewähren mußten; überhaupt ist nur etwa die Hälfte seiner Kompositionen jemals im Druck erschienen. Die seinerzeit populärsten Opern *The Immortal Hour* und *Bethlehem* haben nach einer zeitweiligen Baisse durchaus Chancen, in der Gunst engagierter Theaterensembles und Laiengruppen zu steigen. Der Artus-Zyklus, der teilweise nicht vollständig in Partitur vorliegt, kann einem Vergleich mit Wagners *Ring des Nibelungen* nicht standhalten. Es wäre aber voreilig, auch über die noch nie aufgeführten letzten Teile, *Galahad* (1943/44) und *Avalon* (1944/45), den Stab zu brechen, selbst wenn die Musik auf dem Papier den Eindruck hinterläßt, daß der Quell der Ideen aus den früheren Jahren allmählich versiegt ist. Eindrucksvoll ist gewiß die Oper *The Lily Maid* (1933/34), der dritte Teil des Zyklus. Dieses Werk, am 10. September 1934 in Stroud uraufgeführt, hat sich auch als separates Stück als spielfähig erwiesen. Wesentlich ist der Artus-Zyklus, den ein Chor mit Motiven des »Revolutionsliedes« der Bauern beschließt, auf jeden Fall für das Verständnis von Boughtons Weltbild. »Der Artus-Zyklus bedeutete vierzig Jahre lang mein Leben«, zog Boughton 1946 Bilanz. »Das ganze Werk ist eigentlich ein Abriß vom Aufstieg und Fall der christlichen Zivilisation. Am Schluß von *The Round Table* scheinen die Römisch-Katholischen die Oberhand zu behalten; aber das Drama von Galahad zeigt, wie dem naiven Burschen, der das Christentum wörtlich nimmt, sogleich die amtliche und kirchliche Welt entgegensteht. Dann folgt *The Lily Maid* mit dem Faschisten Lancelot. Das letzte Drama – zugleich das wichtigste – zeigt den Zusammenbruch dieses Lebens, verursacht durch die in ihm verwurzelten Widersprüche. Ich hoffe, daß es auch zeigt, daß das, was im Christentum wahr war, auch wahr bleibt.«[34]

Die 1929 entstandene Oper *The Ever Young*, eine Art Pendant zu *The Immortal Hour*, verdient Interesse, weil Boughton hier sein Konzept des Chordramas am konsequentesten realisierte. Doch das Werk ist beeinträchtigt durch die in diesem Genre nicht mehr ganz so frische Erfindungskraft des Komponisten und die mitunter etwas konfuse Symbolik. So verschwand das Stück nach der Uraufführung in Bath 1935 schon bald wieder in der Versenkung. Beachtung verdienen jedoch die Opern *Alkestis* (1922) und *The Queen of Cornwall* (1924). Für *Alkestis* adaptierte Boughton Gilbert Murrays Übersetzung von Euripides' Tragödie. Obwohl Boughtons Einsatz des Chores aus der englischen Oratorientradition kommt, die sich hier trefflich mit dem Charakter der griechischen Tragödie in Verbindung setzen läßt, zeigt die Musik auch bereits viel Gespür für dramatische Wirkung, wie man sie später auch in vielen Chorpassagen der Opern Tippetts (*The Midsummer Marriage, The Ice Break*) und Brittens (*Peter Grimes, Death in Venice*) hören sollte. Eine bedeutende Rolle kommt dem Chor auch in *The Queen of Cornwall* zu. Hier handelt es sich um eine Version des Tristan-und-Isolde-Stoffes. Boughton hatte selbst Thomas Hardys Maskenspiel bearbeitet und noch sechs Gedichte des Schriftstellers in das Libretto eingefügt. Die gestelzte Kunstsprache Hardys klingt für englische Ohren oft unfreiwillig komisch, doch Boughtons glutvolle, romantische Musik überbrückt manche Schwächen des Textes.

Nach seinen frustrierenden Erfahrungen mit Bühnenkompositionen wandte sich Boughton verstärkt der Instrumentalmusik zu. Sein erfolgreichstes Werk wurde das häufiger aufgeführte Konzert für Oboe und Streicher Nr. 1 in c-Moll (1936), ein pastoral, volkstümlich anmutendes Stück, das zwar der Stringenz von Vaughan Williams *Pastoral Symphony* entbehrt, aber durchaus dessen Oboenkonzert (1944) aussticht. Boughtons bemerkenswerteste kompositorische Leistungen aus der Zeit nach Glastonbury sind seine 2. und 3. Sinfonie, entstanden 1927 bzw. 1937. Die 1. Sinfonie von 1904, betitelt *Oliver Cromwell*, hatte er, wenn auch die Partitur noch vollständig erhalten ist, längst zurückgezogen und einen Teil des Materials für *Alkestis* wiederverwendet. Im Gegensatz zu diesem ersten Versuch, wo Boughton im letzten Satz mit einem Bariton-Solo experimentierte, sind die anderen beiden Sinfonien rein instrumental gehalten. Die zweite, »keltische« Sinfonie mit dem Untertitel *Deirdre* war aus einem geplanten Ballett hervorgegangen, für das sich wenige Jahre vor Gründung der Camargo Society und den ersten Erfolgen mit Vaughan Williams' *Job* noch niemand interessiert hatte. Boughton machte daraus ein Konzertstück, das er als «ein Musikdrama ohne Handlung« bezeichnete, dessen Ablauf die Untertitel der drei Sätze erahnen lassen: »Das junge Mädchen – Der alte König – Der junge Liebhaber«, »Mondschein-Idyll« und »Liebe und Tod – ein Tanz wider den Tod«. Dem Ursprung entsprechend findet man in dem Werk nicht die traditionelle thematische Auseinandersetzung der Sinfonie, sondern eher eine Fülle kontrastreicher melodischer Elemente, die die lyrischen und dramatischen Passagen der Geschichte illustrieren. Die Art, wie Boughton seine umfangreichen Ideen in den Griff bekommt, erinnert an Elgar, auch Richard Strauss dürfte ihm vertraut gewesen sein, wie die *Salome*-Anklänge bei Deirdres Schmeicheleien im dritten Satz zeigen. In der 3. Sinfonie in h-Moll wird noch mehr die mitunter melancholisch-düstere, slawisch angehauchte Klangsprache von Boughtons Orchesterwerken deutlich, wie man sie etwa auch in seinen an Tschaikowsky erinnernden sinfonischen Dichtungen findet. Zusammenhänge mit Boughtons sozialistischen Neigungen wären hier aber rein zufällig, gehörte doch diese Musik in jenen Tagen bereits zum allgemein verbreiteten europäischen Kulturgut. Dvořák konnte sich über die Entlehnungen bei seinen *Slawischen Tänzen* im Schlußsatz von Boughtons 3. Sinfonie sowieso nicht mehr beklagen; interessant ist jedenfalls auch die Wechselwirkung zu der Musik des Polen Witold Lutoslawski, der zu Beginn seines *Konzerts für Orchester* (1954) ein fanfarenartiges Thema mit einer dramatisch absteigenden Streicherpassage verwendet, die fast genauso gleich mehrfach im zweiten Satz von Boughtons 2. Sinfonie erklingt. Nachdem die Sinfonien lange Zeit in Vergessenheit geraten waren und auch in der ersten Biographie kaum Beachtung gefunden hatten, liegen heute dank der Initiativen des Boughton Music Trust bereits Einspielungen vor.

Daß das Komponieren sinfonischer Werke nicht gerade eine sehr einträgliche Tätigkeit war, haben nicht zuletzt die Schicksale von Sullivan und Elgar gezeigt. Mit Filmgesellschaften konnte Boughton auch nie richtig warm werden. Er schrieb 1934 lediglich ein Lied für Basil Deans Verfilmung von R. D. Blackmores einst populärem Roman *Lorna Doone*, das auch für eine Bühnenfassung verwendet wurde und mühelos die andere Musik, die Cecil Armstrong Gibbs beisteuerte, ausstach. Zu Verbitterung und Voreingenommenheit gegenüber dem Filmbetrieb dürften kurz darauf die Erfahrungen mit Richard Taubers Filmversion von Leoncavallos *I Pagliacci* geführt haben. Zunächst sollte Boughton die Partitur für die Kinofassung einrichten, wofür er sich in Anbetracht der fürstlichen Entlohnung von 400 Pfund auch eine gewisse Begeisterung abringen konnte. Tauber, der 1938 nach England emigrieren mußte, wollte indes das Werk von einem seiner Freunde verrichtet hören, und so stutzte Hanns Eisler die Oper filmadäquat zurecht. Obwohl seine Mühen vergebens waren, wurde Boughton dennoch ausbezahlt. Eine einträgliche, aber kaum befriedigende Arbeit.

Eine ebenfalls wichtige, wenn auch kaum ausreichende Einnahmequelle für Boughton wurde der Musikjournalismus. Dabei zeigte es sich, daß er noch immer nichts von seiner Fähigkeit, sich Feinde zu schaffen, eingebüßt hatte. In seinem 1934 veröffentlichten Buch *The Reality of Music* und in zahlreichen Artikeln für die »Musical Times«, den »Musical Standard« und »Sackbut« schlachtete er erbarmungslos viele heilige Kühe des Kulturbetriebs. Seine Hauptanliegen waren die Oper in Großbritannien, der Anspruch von Komponisten auf eine angemessene Bezahlung und die Probleme, die sich durch Monopolstellungen ergaben, wie sie die BBC innehatte. Nicht zu Unrecht kritisierte Boughton, daß die Regierung beispielsweise Gelder in das Covent Garden Opera House steckte, ohne zu prüfen, ob dieses überhaupt als ein »nationales Opernhaus« geeignet sei. Er ließ sich sogar zu Injurien gegen Premierminister MacDonald hinreißen, ohne jedoch die Bewilligung der Zuschüsse verhindern zu können.

Boughton legte den Finger auf noch manch andere schmerzende Wunde, beispielsweise die beklagenswerte soziale Situation von Komponisten. »Ein Verleger, mit dem ich diesen Punkt diskutierte (ein schlauer alter Knabe), entgegnete auf diesen Streitpunkt selbstgefällig, daß ›von Komponisten nicht erwartet wird, daß sie von ihren Kompositionen leben, sondern von anderen Einkünften – Unterrichten und so weiter‹«, schrieb Boughton im Mai 1928 in den »Musical News«. »Dies stimmt größtenteils als eine Situationsbeschreibung der Lage britischer Komponisten; und gerade deshalb hatten wir auch so wenig herausragende während der vergangenen zweihundert Jahre.«[35] Als eine weitere Gefahr betrachtete er Rundfunkübertragungen und Plattenaufnahmen, die nicht nur die Verkaufszahlen von Noten drückten, sondern den Komponisten auch sonst leer ausgehen ließen. »Ich glaube nun nicht gerade, daß die BBC-Mitarbeiter eine Ansammlung korrupter Beamter sind«, hieß es in einem Artikel, »sondern bloß eine Anzahl zweitrangiger Männer, die unter den gegebenen Umständen die qualifizierteren dominieren.«[36] Die 1914 gegründete Performing Right Society hatte sich erst um 1926 konsolidiert und konnte vor allem seit den 30er Jahren ihrer Vermittlerrolle zwischen dem Produzenten und dem Konsumenten von Musik gerecht werden. 1924 waren mit Bax, Bliss, Bridge, Delius und Ireland die ersten renommierteren Komponisten beigetreten, bis 1936 ließen Kunstschaffende wie Walton, Elgar, Boughton, Rupert D'Oyly Carte, Holst, Vaughan Williams und Britten durch die PRS ihre Ansprüche geltend machen, 1943 folgte Michael Tippett, 1965 Harrison Birtwistle – insgesamt stieg die Mitgliederzahl von 199 (1915) auf 21 085 (1986) Wahrnehmungsberechtigte. In zunehmendem Maße wandelte sich auch die Hauptverdienstquelle vom Verkauf durch Notenmaterial hin zu Tantiemen für Aufführungen und Rundfunkübertragungen.[37]

Gegenüber den musikakademischen Zirkeln bestanden beiderseits große Vorbehalte. Nach seiner Tätigkeit in Birmingham hatte Boughton nie wieder an einer Akademie unterrichtet, obwohl sein Kontakt zu alten Freunden des Midland Institute nie ganz abriß; schließlich hinterließ er ihm sogar einen Teil seiner Musikbibliothek. Doch Boughtons Angriffe gegen die BBC, die Praktiken von Verlegern und das Establishment im allgemeinen ließen den Graben mit den Jahren breiter und tiefer werden. Boughton galt immer mehr als überdrehter Exzentriker und wunderlicher Zausel, zumal, wenn er wie in früheren Jahren in Don-Quijote-Manier halsstarrig und nicht immer mit durchschlagskräftigen Argumenten seine Attacken gegen die Kulturriesen ritt. Wer ihn dann als lästig empfand, ignorierte ihn schlechtweg.

Als Musiker fand er durchaus Anerkennung, so etwa wenn Vaughan Williams für ihn Partei ergriff, als Stanford über ein Orchesterstück Boughtons lästerte, dies sei das scheußlichste Zeug, was er, abgesehen von Richard Strauss, je gehört habe. »Einige von Strauss' Scheußlichkeiten sind besser als das Schöne bei Stanford«, konterte R. V. W.[38] Wenn auch Vaughan Williams und Holst durchaus Interesse an dem Musikdramatiker Boughton zeigten, konnten sie mit dessen politischem Engagement wenig anfangen. Wie viele Intellektuelle in der ersten Hälfte des 20. Jahrhunderts, so auch Tippett oder Orwell, stand Boughton der Kommunistischen Partei nahe. Als Ende 1925 zwölf Mitglieder der englischen KP, die kurz nach dem Krieg gegründet worden war, mit der fragwürdigen Anschuldigung der staatsgefährdenden Verleumdung und Anstiftung zur Meuterei in der Truppe verhaftet wurden, trat er der Partei offiziell bei. Seinen Schritt begründete er in der Zeitschrift »Worker's Weekly«[39] damit, daß er glaube, die Kommunistische »scheint die Partei mit den klarsten Zielen zu sein und in ihren Methoden die vernünftigste, aufrichtigste und mutigste.« Er stellte sich seinen Genossen vor als »ein Musiker, der unablässig der wahren Verdienste seiner Arbeit beraubt wird und dem zugleich Almosen angeboten werden«. Die Kunst könne nur unter der Voraussetzung der »Freiheit für alle« gedeihen, und da diese im kapitalistischen System unmöglich sei und »weil der unbegrenzte Staatssozialismus in vielerlei Hinsicht mit den Einzelwesen genauso rücksichtslos verfährt wie eine Gesellschaft mit beschränkter Haftung mit ihren Arbeitern, bekannte ich mich dazu, ein Kommunist zu sein«.

Daß Boughton vor allem von humanistischen Idealen geleitet wurde, zeigt ein späterer Absatz, in dem er darauf hinwies, daß für ihn »die wahren Führer des Kommunismus jene Männer sind, die uns dazu gebracht haben, bestimmte Aspekte aus der Distanz zu betrachten – Männer wie Platon, Jesus, More, Ruskin, Marx, Shelley, Morris, Hardy, Lenin, Upton Sinclair und Bernard Shaw . . .« Wenn die KP dem Lande vielleicht keine klugen Dienste erweisen werde, so doch ehrliche. Shaw hatte unterdessen aber schon seinen kommunistischen Neigungen abgeschworen und teilte seinem »lieben Rutland« mit, daß »die Spezialität der Partei nicht der Kommunismus, sondern der ›Coup d'Etatismus‹« sei. Ende 1927 war Boughton noch hocherfreut, als er sich bei einem Aufenthalt in Moskau auf Einladung der sowjetischen Gesellschaft für kulturelle Beziehungen davon überzeugen konnte, daß Künstler dort, wenn auch bescheiden, aber doch ausreichend gut leben konnten. Daß ein linientreuer Kurs vorausgesetzt wurde, dürfte dem Engländer bei seinem Kurzbesuch vorerst kaum aufgefallen sein. Enttäuscht war er lediglich, daß es den Sowjets an Einsicht in den politischen Zündstoff in Wagners Werken mangelte. Wesentlich frustrierender für Boughton war dann das fehlende Verständnis für alternative Ideen, das schließlich 1956 im blutigen Niederschlagen des Volksaufstandes in Ungarn durch sowjetische Streitkräfte gipfelte. Nach gut dreißig Jahren Zugehörigkeit trat Boughton aus der Partei aus. Doch noch bis an sein Lebensende vertrat er die Vorstellung, daß eine Art Kommunismus das natürliche Ziel der christlichen Zivilisation sei. Friede und allgemeines Wohlergehen war für ihn nur in einer Welt gewährleistet, in der die Menschen unter ungefähr gleichen wirtschaftlichen Bedingungen zusammenleben. Boughtons politische Ideen blieben nicht ohne Einfluß auf den Musikschriftsteller. Nachdem er 1907 bereits eine Kurzbiographie von Johann Sebastian Bach herausgebracht hatte – hier befand er sich in guter Gesellschaft mit Albert Schweitzers (1905 in französischer, 1908 in deutscher Sprache erschienenen, von Ernest Newman alsbald ins Englische übersetzten) und Hubert Parrys (1909) Publikationen – erschien 1930 ein umfangreiches Werk über den Thomaskantor. Hier präsentierte er den Barockmeister als verkappten Kommunisten, der durch die Verwendung von Chorälen seine Solidarität mit dem Volke zum Ausdruck brachte. Einmal mehr ließ Boughton seiner Lust am Provozieren freien Lauf, denn fraglos sorgte das durchaus interessante Werk für einigen Aufruhr in den akademischen Gefilden.

Als Rutland Boughton im September 1935 in Bath ein kleines Festival mit sechs Vorstellungen von *The Immortal Hour* und vier von *The Ever Young* initiierte, resümierte William McNaught in der »Musical Times«: »Boughtons Idealismus ist – abgesehen von dem, was er vollbringt – von reiner, echter Art. Seine Welt bleibt intakt; die Frustration ereignete sich in ihr selbst. Es ist schwierig, mit einem Mann zu disputieren, der mit seinem Kopf in den Wolken steckt. Andernfalls würde man Mr. Boughton zur Rede stellen müssen, warum er gute Musik geradezu verschwenderisch für ein nebulöses, fades Thema vergeudet, an dem niemand Interesse haben kann . . .«[40]

Dieser erneute Versuch, nach Glastonbury und einem Mißerfolg in Stroud (1934) den alten Festivalpioniergeist wieder aufleben zu lassen, brachte finanziell eine Katastrophe. Tantiemen und Zeitungsartikel reichten kaum, um sich über Wasser zu halten, so daß seine Freunde, allen voran der Tenor Steuart Wilson, eine von namhaften Musikern unterzeichnete Petition einreichten, die Boughton eine Art Zivilistenpension bescherte – die ersten regelmäßigen Einkünfte seines Lebens. Diese wurde später von Boughtons Bruder aufgestockt, der als Ingenieur zu Geld gekommen war, allerdings mit der Auflage, die Beträge nicht für politische Zwecke zu verwenden. Ergrimmt durch die Beschränkung, wollte sich Boughton in späteren Jahren dieser versteckten Zensur entledigen, indem er auf das Geld verzichtete. Doch Shaw wies ihn zurecht und zugleich darauf hin, daß die Pension doch »ein wahres Wunder an öffentlicher Anerkennung« sei, über das man sich doch nicht beschweren könne. »Obwohl Elgar ›Master of the King's Musick‹ war, mußte ich ihm 1000 Pfund geben, um ihm aus Geldschwierigkeiten herauszuhelfen«, schrieb Shaw, »was immer Sie also machen, nörgeln sie nicht.« Boughton ließ sich besänftigen und meinte sogar, daß es immer Leute gab, die nett zu ihm waren. »Ich hatte mehr Glück, als ich verdiente«, glaubte er.[41]

Obwohl er nicht mehr komponierte und schrieb, nahm Boughton in seinen letzten Lebensjahren noch wachen Anteil am Kulturleben, wobei er unter anderem mit Britten oder Vaughan Williams zu korrespondieren pflegte. Aus einigen Familienmitgliedern – Boughton war Vater von insgesamt acht Kindern – wurden sogar angesehene Musiker, so etwa aus seiner Tochter Joy (1913–62), die Mitglied der English Opera Group war und sich als eine der führenden Oboistinnen des Landes etablierte. Benjamin Britten schrieb für sie 1951 seine *Six Metamorphoses After Ovid;* auch spielte sie im Januar 1955 die Oboe in Brittens Plattenaufnahme seiner Oper *The Turn of the Screw*. Der heute rührige Dirigent William Boughton ist Rutlands Enkel, Sohn der jüngsten Tochter Jennifer und eines Orchestermusikers. Nach der Scheidung seiner Eltern nahm er den großväterlichen Familiennamen an, ohne sich dadurch jedoch bislang dessen Musik verpflichtet zu fühlen. Viele Freunde Boughtons starben nach und nach, so auch Shaw im gesegneten Alter von 94 Jahren, am 2. November 1950. Der Gedanke an den Tod hatte für den Komponisten offenbar nichts Schreckendes. »In meinem Alter scheint der Tod keine so üble Sache zu sein«, bemerkte er einmal.[42] Zwei Tage nach seinem 82. Geburtstag schlief Rutland Boughton friedlich ein, ohne wieder zu erwachen.

Er sei »eine musikalische Kuriosität« gewesen, »ein Komponist, der zielbewußt seine musikalische Entwicklung in den Dienst seiner politischen und sozialen Überzeugungen stellte«, erinnerte sich Alan Bush. »In seinen besten Werken war Boughton gewiß so gut wie Vaughan Williams in seinen besten Stücken; Boughton aber war ein unausgeglichener Komponist. Nur sehr wenige seiner Arbeiten sind auf einem gleichbleibend hohen Niveau. Ich stimme jedoch ganz und gar nicht jener Schlußfolgerung zu, daß er seine Musik zugunsten seiner sozialen Überzeugungen geopfert habe. Er opferte seine musikalische Karriere, aber nicht seine künstlerische Integrität.«[43]

»Boughton war sich selbst sein schlimmster Feind«, resümierte der Komponist Michael Hurd, »er äußerte sich viel zu freimütig; insistierte viel zu sehr darauf, daß ein Komponist ein Recht auf einen Lebensunterhalt habe; versessen darauf, seinen eigenen Weg zu gehen; zu schnell bereit, Monumente wie die BBC anzugreifen. Er war nicht der vertraute ›good sort‹-Typ, ›old boy‹, ›gentleman‹. Und er kehrte dem Establishment, das Akademikertum eingeschlossen, den Rücken und ging seinen eigenen Weg, machte, was er wollte. Er begab sich in gefährliche Lagen, um seine Opern aufgeführt zu sehen. Der britische Durchschnittskomponist bzw. -musiker wußte einfach nicht, was er mit ihm anfangen sollte.«[44] Dennoch stellte Boughtons Initiative eine wichtige Nebenlinie im britischen Musikleben dar, die eine notwendige Schrittmacherfunktion leistete für die lebenswichtigen Organe des Kulturlebens, die Festival-Zentren fernab der Hauptstadt. Das Herz des Musiklebens schlug aber nach wie vor in London, und mit Beginn der »Roaring Twenties« sollte dieser Herzschlag umso kräftiger werden.

VIII

Shakespeare and Company
William Walton (1902–83)

Die Revolutionäre selbst sind die letzten, die merken, wenn sie – erzwungen durch Zeit und Umstände – allmählich zu Konservativen geworden sind.

Constant Lambert[1]

Oldham

Die Schwelle zum neuen Jahrhundert war gerade überschritten, als William Walton in Oldham, einer Großstadt unweit von Manchester, am 29. März 1902 geboren wurde. Vieles in seiner Biographie erinnert an den Weg, den Elgar gehen mußte, und es mag erstaunen, daß die neue Zeit in dieser Hinsicht kaum Veränderungen mit sich brachte. Waltons Leben kann man durchaus als Musterschicksal eines Komponisten in Großbritannien sehen: Die Etappen der Initiation des Neulings, der Inthronisation des Erfolgreichen, der Institutionalisierung des Berühmten und des Ignorierens durch eine neue Generation stellten nicht nur bei ihm die wichtigsten Stationen dar. Bezeichnend sind in dieser Hinsicht die Überschriften zu den drei größeren Teilen in der offiziellen Biographie des von Walton selbst gewünschten Autors Michael Kennedy: »Willie«, »William« und »Sir William«. Als Walton an dem verregneten Sonntagnachmittag des 26. Juni 1927 an einer »Homage to Elgar« zu dessen 70. Geburtstag in Frank Schusters Haus in Bray teilnahm – ein gesellschaftliches Ereignis, dessen befremdliche Atmosphäre ergreifend in den Erinnerungen des Schriftstellers Osbert Sitwell geschildert wird[2] – vermochte er kaum zu ahnen, daß er fünfzig Jahre später in Londons Royal Festival Hall selbst das Objekt einer vergleichbaren Ehrung sein würde – nur diesmal als Repräsentant der Dinosaurier.

Willies Vater, ein Baß-Bariton, war Gesangslehrer, Organist und Chorleiter in Oldham, die Mutter Altistin. Der kleine William, das zweite von vier Kindern, wuchs mit Musik auf, ohne es jedoch zu besonderer Perfektion auf einem Instrument zu bringen. Er blieb ein mäßig begabter Klavierspieler, und die Geige bereitete ihm noch mehr Schwierigkeiten. »Ich konnte nie meine Finger richtig koordinieren, deshalb klang alles ganz furchtbar«, berichtete er.[3] Dennoch gehörte er zu den wenigen Komponisten, die sich – entgegen den am Royal College gelehrten Praktiken – zuweilen ans Klavier setzten, um neue Musikstücke zu schreiben. Der Zehnjährige wurde Internatsschüler und Chorknabe an der Christ Church in Oxford. »Der einzige Grund, warum meine Eltern Willie nach Oxford schickten, war die Möglichkeit, ihm dort eine bessere Ausbildung zu einem relativ geringen Preis zuteil werden zu lassen (wenn sie auch, laut W., keineswegs ›besser‹ gewesen sein soll)«, erzählte der drei Jahre ältere Bruder Noel. »Die Probleme kamen erst später, als die Einnahmen meines Vaters zurückgingen und die Ausgaben für Oxford zunehmend schwerer fielen; außerdem gab es da noch die jüngeren Kinder, meinen Bruder Alec und die Schwester Nora, die größer wurden. Ich bin fest davon überzeugt, daß meinen Eltern Willies musikalisches Talent nicht bewußt war. Ich glaube, mein Vater hörte ein oder zwei von Willies Kompositionen über einen Detektorempfänger. Ich glaube schon, daß er bis zum Schluß ziemlich skeptisch war.«[4] Das Leben in Oxford wurde dem Kind im ersten Jahr gründlich vergällt, und erst nachdem Willie seinen Lancashire-Akzent weitgehend abgelegt hatte, kam er mit seinen Kameraden und seiner Situation fern des heimatlichen Oldham besser zurecht. Willie sang in Anthems das Sopran-Solo und begann auch bereits zu komponieren. Der Dekan der Christ Church, Dr. Thomas Strong, erinnerte sich daran, wie Walton Junior »eines Sonntags, als er im Chor war, ein großes Bündel Notenpapier mitbrachte, das er mit seinen Kompositionen vollgeschrieben hatte: er war damals etwa 15. Er fragte, ob er sie mir überlassen dürfe, damit ich sie mir anschauen könnte, und knallte sie auf den Tisch in meinem Speisezimmer. Nun liefen damals zufälligerweise gerade die Prüfungen für die Musikexamina, und Parry stand neben mir. Er nahm W.'s Manuskript und war interessiert. Ich erinnere mich, wie er sagte: ›In dem Burschen steckt viel, den müssen Sie im Auge behalten!‹« Neben anderen Jugendwerken befinden sich heute die Manuskripte von zumindest zwei dieser Kompositionen in der British Library, und zwar von dem Lied *Tell me where is fancy bred* und einem Choralvorspiel zu *Wheatley* vom Juli bzw. August 1916. Sie mögen zeigen, was Hubert Parrys Aufmerksamkeit erregt hat, denn er blieb weiterhin mit Willie Walton in Kontakt, sah sich dessen Kompositionen an und ermutigte den Jungen. »24. Juni: Vergangenen Sonntagnachmittag ging ich Sir Hubert Parry besuchen und hatte eine ziemlich lange Unterhaltung mit ihm. Er ist ein schrecklich drolliger alter Herr«, lautete 1917 eine bezeichnende Notiz im Tagebuch.[5]

Walton blieb bis zum letzten Kriegsjahr an der Choir School der Christ Church, konnte jedoch keinen Abschluß in Musik oder Kunst machen, weil seine Leistungen in Griechisch und Algebra unzureichend waren. So legte er schließlich am 11. Juni 1918 seine erste Prüfung für den »Bachelor of Music« am New College ab und bestand sein Examen im Juni 1920. Zur Prüfungskommission gehörten – welch reizvolles Zusammentreffen – Hugh Allen, Percy Buck und Vaughan Williams, die den jungen Studenten nach seinen Kenntnissen über Parrys *Job*, Schönbergs *Gurrelieder*, Strauss' *Ariadne auf Naxos*, Strawinskys *L'Oiseau de Feu*, Holsts *Hymn of Jesus* und Ravels *Daphnis et Chloé* befragten. Ungeachtet seiner Erziehung in der britischen Chortradition und der Auseinandersetzung mit den neueren Musikstücken seiner Zeit, lernte der Komponist Walton vorwiegend nach der Methode von Versuch und Irrtum. Komponieren sei für ihn »harte Arbeit«, bekannte er später. »Manchmal bleibe ich bei ein paar Takten stecken und kann nicht erkennen, wie ich weitermachen soll. Letztlich arbeitet man es aus, und dann erscheint es so einfach. Das Problem liegt darin, daß ich nie vernünftig ausgebildet wurde. Ich beneide Ben Britten wirklich um seine ... nicht Mühelosigkeit, aber daß er in der Lage ist, alles im Kopf zu machen – wie Mozart oder Rossini.«[6] Die erste wirklich anspruchsvolle Komposition Waltons war das Klavierquartett von 1918, das Dr. Strong gewidmet ist. Dieses viersätzige, später überarbeitete Werk bleibt noch der Romantik verbunden, steht aber eher der Musik von Vaughan Williams' Lehrer Ravel nahe als der deutschen Tradition. Die schroffe Harmonik und Rhythmik des zweiten Satzes, eines Scherzos, weist bereits voraus auf die Orchesterminiatur *Portsmouth Point* (1925) und die Scherzi der Instrumentalkonzerte.

Um sein Talent weiter zu entfalten, bedurfte Walton jedoch eines Umfelds, das den angemessenen intellektuellen Hintergrund bot. Im Bannkreis der Geschwister Sitwell empfing er Impulse, die im Elternhaus oder dem heimatlichen Lancashire undenkbar gewesen wären. Bei diesen versammelte sich eine jüngere Schar von Musikern, Malern, Literaten und Schauspielern, die von ihnen gefördert wurden, wie sich eine Generation zuvor der mit Elgar, Fauré, Sassoon und Boult befreundete Frank Schuster und die Vanderveldes für Kulturschaffende engagiert hatten. Unter den Intellektuellen gab es allerdings durchaus auch Rivalitäten und Abgrenzungen. Laut Walton war der Bloomsbury-Zirkel um Künstler wie Virginia Woolf, Lytton Strachey und Roger Fry »ein eigener Kreis und die Sitwells ein anderer, und dadurch kamen sie, sozusagen, nie zusammen. Sie kannten einander, aber sie lagen weder künstlerisch noch sonstwie wirklich auf einer Linie.«[7]

Durch den Einfluß der Sitwells hielt sich Walton vom Royal College und der Royal Academy of Music fern und nahm zeitweilig Unterricht bei Edward Dent und Ernest Ansermet. Auch mit Ferruccio Busoni wurde er zusammengeführt. Walton zeigte ihm einige seiner Werke, doch der aufstrebende Engländer war Busoni ziemlich gleichgültig. »Der junge Mann, dieser Walton (der in dem spanischen Restaurant war), schickte mir einige seiner Manuskripte«, schrieb Signor Busoni an Signora Busoni. »Er hat nur eine geringe Begabung für Kontrapunkt. Ansonsten schreiben sie alle nach dem Motto: Noten, Noten, Noten, immer rauf und runter ohne Phantasie und Gefühl. Natürlich kann sich der Geschmack und in diesem Zusammenhang die Vorstellung vom *Schönen* verändern. Wagners Musik ist beispielsweise oft ›schön‹; er wußte sehr wohl, daß dies auch zum Handwerk gehört. Talent ist wirklich die Grundvoraussetzung der ganzen Sache und der entscheidende Faktor.«[8] In Anbetracht der weiteren Entwicklung darf man durchaus die Behauptung wagen, daß Busoni nicht der geeignete Mann war, um die Begabung zu erkennen, die in dem Briten schlummerte. Musikalisch dachte Walton in großen Dimensionen, was allein eine Übersicht über die Orchesterbesetzung seiner Werke deutlich macht,[9] und trotz seines eher zurückhaltenden, beinahe schüchternen Wesens und seiner melancholischen Natur verfügte er über einen ätzenden Witz. Die Sitwells sorgten nun für den entsprechenden Rahmen, damit sein Auftritt in der Musikszene nicht bescheiden und leise ausfiel.

»Façade«

Der Skandalerfolg der ersten öffentlichen Aufführung von *Façade* im Juni 1923 kam Waltons Vater zwei Jahre vor seinem Tod noch zu Ohren. »Mr. Walton, ist ein Klarinettist schon einmal tätlich gegen Sie gewor-

William Walton

den?« mußte sich der Komponist bereits bei den Proben fragen lassen. Die Autorin Edith Sitwell meinte, sie sei beinahe gelyncht worden, zumindest jedoch bedroht mit »dem unvermeidbaren alten Symbol des Feindes«, dem zum Zuschlagen bereiten, hoch erhobenen Regenschirm. »Muß ich etwa noch sagen, daß das Publikum Mr. Waltons Fehleinschätzung irrtümlicherweise für einen Geniestreich hielt?« lästerte der Rezensent von »Vogue«. Daß Männer wie Strawinsky und Schönberg *vor* dem Ersten Weltkrieg die Konzertbesucher zu wutschnaubenden Mißfallenskundgebungen provozieren konnten, mag einleuchten, aber damit das zivilisierte Londoner Publikum – darunter Evelyn Waugh, Virginia Woolf und Noël Coward – noch in den 20er Jahren in der Aeolian Hall die Beherrschung verlor, mußte man schon einiges aufbieten. Was also war geschehen? Was verbarg sich hinter dieser *Façade*?

Sechs Wochen lang hatten die Schriftstellerin Edith Sitwell und Walton an diesem, wie sie es nannten, »Entertainment« für Sprecher und Instrumentalisten intensiv gearbeitet. Das Ergebnis war ein Zyklus von Gedichten, die dem Dadaismus und der Nonsense-Dichtung nahestehen; ein literatur- und zeitkritisches Werk, bei dem ein skurriles, ironisches Spiel mit Lauten, Klängen und Rhythmen betrieben wird, um mit zum Teil grotesk verschlüsselten Texten das Idiom und die Ideologie der von den Folgen des Krieges scheinbar unberührt gebliebenen etablierten Kulturzirkel Englands vorzuführen. Für diese Art skurriler Extravaganzen brachte Walton seinen mitunter bizarren Humor und eine gewisse »Vorbildung« durch seine Zeit in Oxford mit. »Der Dekan der Christ Church, Dr. Strong, pflegte eine Gruppe von uns nach dem Gottesdienst am Sonntagmorgen zwecks religiöser Unterweisung in das Dekanat zu holen«, erzählte er. »Gelegentlich spielte er dann, vielleicht als Belohnung, einige Musikstücke, die uns wirklich äußerst sonderbar erschienen – Stücke wie Schönbergs op. 11 und op. 15. Ich erinnere mich auch, daß er einmal etwas von Ornstein spielte – ich glaube kaum, daß sie jemals seinen Namen gehört haben, aber um 1914 war er bekannt und berüchtigt als eine Art John Cage seiner Zeit.«[10]

Bei den Texten zu *Façade* handele es sich, so Edith Sitwell, um »*abstrakte* Gedichte – das heißt, sie sind Klangschemata; sie sind in vielen Fällen auch virtuose Etüden zur Poetik (mit einem extrem hohen Schwierigkeitsgrad) – im gleichen Sinne wie bestimmte Etüden von Liszt Etüden zu einer transzendentalen Technik in der Musik sind.«[11] Waltons Komposition dazu nimmt der gesamten Kunstmusik des Westens den Heiligenschein ab. In einer turbulenten Mischung aus Folklore, Jazz, verfremdeter Klassik und Salonmusik spürte Walton dem Klangsinn und der Vortragsweise der Verse nach. Bei vielen Stücken legen Titel wie Hornpipe, Tango-Pasodoble, Schottische Rhapsodie, Tarantella, Walzer, Jodel-Lied oder Foxtrott die Art der Vertonung nahe. Form und Besetzung erinnern an

Schönbergs Zyklus *Pierrot Lunaire* (1912), jedoch ist der Umgang mit den konventionellen musikalischen Mustern eher Satie oder Strawinsky verwandt.

Die öffentliche Erstaufführung von *Façade* war, etwa ein Jahr nach einer Privatdarbietung im Hause der Sitwells, wie bereits erwähnt ein »succès de scandale«, verstärkt durch die klirrende Akustik der Aeolian Hall und das plärrende Sengerphon, über das die Texte vorgetragen wurden. Ein Anlaß für den Aufruhr mag auch Waltons Zusammenarbeit mit den Sitwells gewesen sein. Die drei Geschwister Edith (1887–1964), Osbert (1892–1969) und Sacheverell Sitwell (1897–1988) waren typische Vertreter einer bestimmten künstlerischen Weltsicht im Großbritannien nach dem Ersten Weltkrieg: zynische Bilderstürmer, die einer freizügigen Lebensweise frönten, den zeitgenössischen Literaten Spießbürgerlichkeit vorwarfen und sich engagiert für Künstler wie Ezra Pound, Wyndham Lewis und T. S. Eliot einsetzten. Der Kritiker F. R. Leavis bemerkte 1932, daß die Sitwells eher »der Geschichte der Publizität als der Poetik« angehören, doch auch heute werden sie noch als Literaten geschätzt und gelesen.

Auch Walton gehörte zu denjenigen, die durch die Sitwells gefördert wurden. Erstmals begegnete er ihnen 1919 in Oxford, wo er sich bereits mit einigen Literaten angefreundet hatte. Die Sitwells ahnten, welche Begabung in William Walton verborgen lag, und begannen allmählich, den jungen Mann mit Atmosphäre, einem Heim und finanzieller Unterstützung zu umhegen. Walton zog als »adoptierter bzw. erwählter Bruder« bei den Sitwells im Londoner Ortsteil Chelsea ein und erhielt einen festen jährlichen Geldbetrag von 250 Pfund, den die Sitwells, Dr. Strong, der Komponist Lord Berners und der Dichter Siegfried Sassoon bereitstellten. Die idealen Voraussetzungen waren geschaffen, um sorgenfrei dem musikalischen Genie freien Lauf zu lassen. »Die Sitwells entwickelten meine Einstellung zu beinahe allem, aber besonders zur Kunst und zur Literatur, selbst zur Musik«, erinnerte sich Walton.[12] Vor allem ein gemeinsamer Italien-Besuch im Jahre 1920 prägte Waltons Vorliebe für die wärmeren Regionen Europas sowie sein musikalisches Idiom.

Durch die Kreise, in denen Walton nun verkehrte, kam er auch mit dem Zirkel um Constant Lambert in Kontakt. Mit diesem verband ihn eine enge Freundschaft, auch lernte er Bernard van Dieren, Cecil Gray, Spike Hughes und den Pianisten Angus Morrison kennen sowie Peter Warlock, den er nicht sonderlich mochte. Auch teilte Walton keineswegs Warlocks und van Dierens Begeisterung für Delius und blieb ein lebenslanger Bewunderer von Elgar, was im Umkreis dieser Künstler und allgemein im damaligen kulturellen Klima eher ungewöhnlich erschien. Walton war indes klug genug, sich nicht vollends von den neuen Bekannten vereinnahmen zu lassen und eine gewisse Eigenständigkeit zu wahren. Für

Anregungen und Kritik aus seinem intellektuellen Freundeskreis war er stets aufgeschlossen, auch ließ er sich 1923 beim Festival der 1921 gegründeten Internationalen Gesellschaft für Neue Musik, bei dem Alban Berg an Waltons Streichquartett Gefallen fand, willig Arnold Schönberg vorstellen. Nie jedoch war er bereit, sich auf eine bestimmte Entwicklung festlegen zu lassen, und so verblüffte er Bewunderer und Kritiker mehr als einmal durch eine rätselhafte Unberechenbarkeit im Genre und in der musikalischen Ausdrucksweise, die – und darin lag eines der Geheimnisse seiner Kunst – dem Medium, für das er schrieb, stets auf ideale Weise maßgeschneidert war. Das Enfant terrible mauserte sich gerade in einer Zeit zum großen Hoffnungsträger der britischen Musik, in der das Land sein Aschenputteldasein in der Musikgeschichte allmählich überwunden hatte. »Eines der vielen überraschenden Ergebnisse der Umwälzungen der letzten Jahre war die plötzliche Veränderung bei der Vorreiterrolle in der Weltmusik. Vor dem Krieg wäre ein Mann, der die Auffassung vertrat, daß London ›das musikalische Forum‹ der Welt sei, so verdutzt angestarrt worden, als ob er behauptet hätte, Siam sei der Vorreiter für die Verbreitung des Fußballspiels«, schrieb Arthur Bliss noch 1921 und faßte zusammen: »Mit Ausnahme von zwei oder drei herausragenden Figuren in Europa schlägt das Herz des musikalischen Schaffens in London – Elgar und Bax in Hampstead, Vaughan Williams und Ireland in Chelsea, Holst und Howells in Hammersmith, Goossens in Bayswater.«[13] Bald darauf gesellte sich Walton in London, später Ischia, zu diesem erlesenen Kreis.

Scharade

Nach der Aufführung von *Façade* war William Walton ein Mann, von dem man sprach. Welchen Weg er nun einschlagen sollte, war dem Musikersohn aus Oldham allerdings noch unklar. Sollte er, Elgar folgend, große Chorwerke schreiben oder den Sinfonien Vaughan Williams' nacheifern? Darüber hätte man in den Zirkeln, in denen er verkehrte, nur die Nase gerümpft. Hatte nicht Cecil Gray, der literarische Wortführer der jungen britischen Avantgardisten, die Erlösung durch die Kunst van Dierens, Schönbergs und Sibelius' prophezeit? Doch Walton wollte nicht in einem Teich fischen, der durch viele Konkurrenten schon trübe geworden war. Gab es noch einen anderen Weg? Dieser sollte sich eröffnen durch die fixe Idee eines Broadway-Musikers namens Paul Whiteman. Er plante, mit einem großen Sinfonieorchester den Jazz »konzerttauglich« zu machen, und beauftragte einen jungen, gerade 25jährigen Komponisten, ein »sinfonisches Jazzstück« zu schreiben. Dieser Mann, ein gewisser George Gershwin, stellte sich der Herausforderung, und am 24. Februar 1924 wurde das neue Werk, die *Rhapsody in Blue*, in der New Yorker Carnegie Hall unter Whitemans Leitung uraufgeführt. Um Übertreibungen zu vermeiden, sei der Erfolg hier schlicht als »Sensation«

beschrieben. In der Folgezeit gab es kaum einen Komponisten, der nicht zumindest vorübergehend mit Jazz-Elementen experimentierte. Gershwins geniale Synthese zwischen einer größtenteils von der Improvisation lebenden Kunst und der fixierten Kunstmusik inspirierte diesseits und jenseits des Atlantiks Meister ihres Fachs wie Strawinsky, Milhaud, Honegger, Copland, Antheil, Weill und Křenek – so auch Walton. »Mehr als ein Jahr lang studierte er nichts anderes als Jazz, schrieb und instrumentierte Foxtrotts für die Savoy Orpheans Band, und arbeitete an einem monumental angelegten Konzert für zwei Klaviere, Jazzkapelle und Orchester, der *Fantasia Concertante*«, berichtete Constant Lambert. »Er war wirklich dermaßen in den Ragtime vertieft, daß er, selbst als er Bühnenmusik für Lytton Stracheys chinesisches Melodrama *The Son of Heaven* schrieb, nicht vermeiden konnte, daß sich einige unverkennbare Anlehnungen an Gershwin in die Partitur einschlichen!«[14] Doch der Spuk ging bald vorüber. Als das Konzert fertiggestellt war und eigentlich gespielt werden konnte, wandte sich Walton, so Lambert, »in einem Anfall von Ekel« vom Jazz ab. Die Jazzfantasie wurde weder veröffentlicht, noch aufgeführt.

Im Mai 1925 begegnete Walton Gershwin persönlich, als sich dieser in London aufhielt. Der Amerikaner schrieb gerade an seinem Klavierkonzert in F, der Engländer sollte kurz darauf mit der Komposition von *Portsmouth Point* beginnen, einem wichtigen Orchesterwerk, dessen Titel sich an eine Radierung von Thomas Rowlandson anlehnt, die das rege Treiben am Pier der Hafenstadt Portsmouth zeigt. Dieses Werk war nicht nur das erste, das im Rahmen einer lebenslangen Zusammenarbeit mit dem 1923 neu gegründeten und von Hubert Foss geleiteten Oxford University Music Department herauskam, sondern es stand auch am Anfang einer Reihe von Orchesterkompositionen wie *Siesta* (1926) und der *Sinfonia Concertante* (1928), die treffliche Belege für Waltons Virtuosität im Umgang mit vielstimmigen sinfonischen Formen sind.

Während in einigen Werken aus dieser Zeit noch der Schatten Gershwins im Hintergrund wahrnehmbar ist, wandte sich Walton Ende der 20er Jahre mit dem Bratschenkonzert, das den Auftakt zu drei Solokonzerten für Streichinstrumente bildete, einer klassischen Form zu, die er nach persönlichem Gusto um mustergültige Instrumentalkonzerte zeitgenössischer Prägung bereicherte. »Mein Stil verändert sich. Er wird melodiöser und reifer«, frohlockte Walton 1929 in einem Brief an Angus Morrison.[15] Formal knüpft das Bratschenkonzert an die Anlage von Elgars Cellokonzert an, auch gemahnt die Balance zwischen Soloinstrument und vollem Orchester an dieses Vorbild. Doch die für Walton bezeichnenden Klangmuster prägen das Werk, wie etwa die melodische Umsetzung einer schrittweisen Bewegung oder weite Intervallsprünge von Sept und None, ausgehaltene Noten, absteigende Kadenzen und verschlungene Arabesken, eine unregelmäßige Rhythmik, Synkopierungen und Dur-Moll-Wechsel. Das Stück entwickelte sich bald zu einem der beliebtesten Solistenkonzerte, so daß verblüffen mag, daß der Bratschist Lionel

Tertis das bestellte Werk ablehnte, weil es ihm zu modern erschien. Deshalb spielte bei der Uraufführung am 3. Oktober 1929 in der Londoner Queen's Hall Paul Hindemith den Solopart, mit dem Walton bis zu dessen Tod im Jahre 1963 eine lange Freundschaft verband. »Seine Technik war fabelhaft, aber er war rauh – da gab es keinen Firlefanz«, erinnerte sich Walton, der das Orchester leitete. »Er stand einfach auf und spielte drauflos.«[16] Dennoch erwies er dem Kollegen 1963 mit den *Variations on a Theme by Hindemith* die Reverenz. Später ließ sich auch Tertis von den Qualitäten des Bratschenkonzerts überzeugen, und Arthur Bliss rühmte 1939 in einem Vortrag, daß trotz Waltons verhältnismäßig kleinem Œuvre »jedes Werk, das er komponiert, definitiv und vollkommen« sei. Er bevorzuge »Ordnung, Deutlichkeit und Ausgewogenheit; er ist das Gegenteil von Kälte, und durch jedes seiner Werke läuft eine vitale Hochspannung.«[17]

Der kometenhafte Aufstieg schien nicht mehr aufzuhalten. Stilistisch schlug Walton aber weiterhin Haken und verblüffte diejenigen, die wähnten, sie wüßten den Komponisten einzuordnen. Vom nunmehr wichtigsten Förderer neuer Musik, der BBC, die allein 1929 gut fünfzig Werke unter ihrer Schirmherrschaft ur- bzw. in England erstmals aufführte, erging gegen Ende des Jahres ein Auftrag an Walton, stand man doch kurz vor der Gründung eines eigenen Orchesters durch Adrian Boult. Walton, inspiriert durch Lamberts Opus *The Rio Grande* für Chor, Klavier und Orchester (1929), das als poetische Verschmelzung von Jazz und Romantik gerühmt wurde, beschloß, auch ein Chorwerk zu komponieren. Es werde »viel besser als alles, was ich bisher geschrieben habe«, tönte er öffentlich. Das Thema, so sickerte alsbald durch, sollte die alttestamentarische Orakelverkündigung während einer Orgie des babylonischen Königs Belsazar sein, jenes Menetekel, wie es im Buch Daniel (5, 25) erzählt wird. Der Titel von Waltons erstem Chorwerk lautete *Belshazzar's Feast.*

In dieser etwa 35minütigen Kantate für Bariton, gemischten Chor und Orchester, für die Osbert Sitwell die Texte aus dem Buch Daniel sowie einigen Psalmen zusammenstellte, ist das Geschehen in drei Teile gegliedert: Der erste enthält eine Klage um Babylon, im zweiten wird die Geschichte von Belsazars Festmahl geschildert, bei dem die geheimnisvollen aramäischen Worte »mene, mene, tekel upharsin« an der Palastwand erscheinen, die davon künden, daß die Tage des Königs gezählt sind, und im dritten Teil bildet ein Hymnus den Abschluß. Waltons Musik besitzt eine rhythmische Intensität wie *Mars* oder *Jupiter* von Holst sowie die heidnische Wildheit von Strawinskys *Sacre du Printemps.* »Dirigenten scheinen nie zu merken, daß man bei *B's F.* die Erregung nicht hinzuzufügen braucht«, schrieb Walton in späten Jahren an Malcolm Arnold über eine Neueinspielung von André Previn. »Ganz im Gegenteil sollte man sie eher fest an der Kandare haben, sonst geht es zu wie im Schlachthaus, was bei dieser Aufnahme leider oft der Fall ist. Sie zeigt lediglich, wie wichtig es für den Komponisten ist, bei einer Einspielung anwesend zu sein.«[18]

Auch mit der ersten Darbietung in Leeds am 8. Oktober 1931 unter der Leitung von Malcolm Sargent war Walton nicht sonderlich glücklich. Er wurde selbst zu einem der besten Interpreten seiner Werke und dirigierte 1943 und 1959 auch Plattenaufnahmen von *Belshazzar's Feast*. Der Erfolg war von Anfang an durchschlagend. Als das Publikum nach der Uraufführung dieses fulminanten Stücks wieder Zeit zum Atemholen bekam, brach ein Jubelsturm los. Die Begeisterung war überwältigend, und in den Besprechungen wurde die Kantate als das bedeutendste Chorwerk seit Elgars *Dream of Gerontius* gepriesen. Im Ausland reagierte man gelassener. Dort empfand man das Stück bei einer Aufführung der Internationalen Gesellschaft für Neue Musik am 10. Juni 1933 in Amsterdam, geleitet von Constant Lambert, als »konventionell«. Andere Werke Waltons hatten schon zuvor den Weg auf den Kontinent gefunden. So wurde *Façade* im September 1929 von Günter Heß für das Stadttheater in Hagen sogar als Ballett aufbereitet, eine Idee, der Walton durchaus zugetan war.

Zumindest in Großbritannien wurden seine weiteren Projekte mit größter Aufmerksamkeit verfolgt, und an Aufträgen bestand kein Mangel. Auf Ersuchen des Dirigenten Hamilton Harty begann Walton 1931 mit der Arbeit an seiner 1. Sinfonie, die ihn vier Jahre lang beschäftigen sollte. Besondere Probleme bereitete die Gestaltung des vierten Satzes, und als vorauszusehen war, daß Walton diesen auch nicht zum bereits einmal verschobenen Termin der Uraufführung fertiggestellt haben würde, entschloß man sich, das Werk am 3. Dezember 1934 zunächst als »Unvollendete« in drei Sätzen zu präsentieren. Zwei weitere Aufführungen des Torsos folgten im April des nächsten Jahres, als sich Walton immer noch mit dem Finale plagte. Vor allem der Mittelteil bereitete ihm Probleme. Constant Lambert schlug vor, eine Fuge zu schreiben, doch Walton hatte Zweifel, weil Vaughan Williams' 4. Sinfonie, die gerade erst am 10. April 1935 uraufgeführt worden war, im Schlußsatz ebenfalls eine Fuge enthielt. Schließlich griff er die Idee doch auf, so daß er Ende August endlich die letzte Note zu Papier bringen konnte.

Walton, den nach eigenem Bekunden atonale Musik stets langweilte, sprengte mit seiner 1. Sinfonie zwar nicht den Rahmen der Tonalität, allemal jedoch den der für britische Ohren vertrauten Hörgewohnheiten. In dem Werk verarbeitete er die Einflüsse der unter den Intellektuellen der 30er Jahre besonders populären Komponisten Sibelius und Berlioz, aber auch das Idiom Prokofjews und Schostakowitschs war Walton vertraut. Die Briten Ernest Newman und Cecil Gray waren durch Veröffentlichungen über den Franzosen bzw. den Finnen hervorgetreten, Gray konnte Sibelius für die Arbeit an seiner Biographie sogar noch persönlich aufsuchen. Die Arbeiten der Russen lernte Walton vor allem durch Lambert und Gray kennen. In seiner 1. Sinfonie nun setzte er vor allem auf krasse thematische und harmonische Kontraste und strebte keineswegs eine individuell geprägte Erweiterung tonaler Bereiche an wie etwa Bartók oder später Alan Rawsthorne. Er verzichtete auf eine Tonartvorzeichnung und schrieb ein Werk von ruheloser, nimmer endender Bewegung und überrumpelnder rhythmischer Intensität.

Die erste Darbietung der »Vollendeten« am 6. November 1935 mit dem BBC Symphony Orchestra unter Hartys Leitung wurde in der Presse als »historischer Abend für die britische Musik« begrüßt. Amerikanische Hörer waren schockiert von der Modernität, so daß bei Eugene Ormandys Präsentation 1936 in Philadelphia das Publikum scharenweise den Saal verließ. Die Briten feierten ihr neues Meisterwerk, das schon fünf Wochen nach der Uraufführung für die Platte eingespielt wurde. Das Los des Sinfonikers Walton weist manche Parallele zu Elgar auf, der gleichfalls zwei Sinfonien schrieb. Wie bei Elgar folgte auf einen überwältigenden Triumph eine konsternierte, ablehnende Reaktion auf die 2. Sinfonie. Was sich bei Elgar innerhalb von vier Jahren abspielte, entwickelte sich bei Walton im Laufe von über zwei Jahrzehnten. Als 1960 die 2. Sinfonie herauskam, war man an seiner Stimme kaum noch interessiert. »Today's white hope becomes tomorrow's black sheep«, ahnte Walton schon 1939, ein Aperçu mit einem unübersetzbaren Wortspiel prägend.[19] Doch was stand damals in der »Musical Times«? »Heute hat die englische Musik eine würdevolle, ausgezeichnete Stellung inne, mit der Aussicht auf eine aufstrebende Schule junger Komponisten unter einem vorbildlichen Leiter«, hieß es dort im März 1937, »und man kann mit Sicherheit sagen, daß wir nun auf jedes neue Werk von Walton warten werden, wie wir es einst bei Sibelius getan haben, in der Gewißheit, etwas von bleibendem Wert zu erhalten.«[20]

Klimax

Walton eignete sich nicht als Prophet oder Guru, ja nicht einmal als Lehrer. Er führte keine Schule an, auch ging ihm das Komponieren keineswegs leicht von der Hand. »Ich vermag mich wirklich zu begeistern, solange die Musik rasch fließt, aber es sind diese Trockenperioden, die ärgerlich sein können«, räumte er ein. »Eigentlich arbeite ich langsam. Bei den Fällen, wo ich einen Termin hatte, machte ich mich an die Arbeit und versuchte, ihn einzuhalten. Ich kann rasch arbeiten, wenn ich unter Druck bin, bei Filmmusik, beispielsweise, aber ich bin niemals überzeugt von den Dingen, die ich schnell verrichte, obwohl sie in den meisten Fällen viel besser werden, als ich glaube.«[21] Einige seiner großen Werke überarbeitete Walton später, wobei die Entstehungsphasen ohnehin oft lange genug dauerten. War er mit einem neuen Stück beschäftigt, zog er sich täglich etwa sechs Stunden zum Komponieren zurück, wobei ihn die Arbeit manchmal den ganzen Tag nicht vor Probleme stellte, dann wieder kam er längere Zeit kaum voran. Ungeachtet der gewaltigen Proportionen seiner Werke hatte Walton nichts von Großspurigkeit an sich. Sein Gebaren besaß nichts von der Durchschlagskraft seiner Musik. »Wie alle Männer, die echtes Genie besitzen, war er ein distanzierter, rätselhafter junger Mann, sehr ruhig und geheimnisvoll«, erinnerte sich Stephen Tennant aus dem Sitwell-Zirkel. »Christabel Aberconway bewunderte Willie. Aber niemand verstand ihn wirklich. Ich ging mit ihm oft zu den ›Ballets Russes‹. Im großen und ganzen konnte man nicht so leicht mit ihm reden, auch war er beim Sprechen nicht gewandt. Er war ein Enigma, eine Sphinx.«[22]

Der Umgang mit seiner Person gestaltete sich weitaus diffiziler als etwa der mit Britten, der keineswegs nachtragend war, aber sehr rasch nervös wurde und sein seelisches Gleichgewicht verlor, wenn er an jemanden geriet, der seine Musik nicht mochte. »Willie Walton, beispielsweise, war ein völlig anderer Charakter, mit dem man *sehr* achtsam umgehen mußte«, erinnert sich Keith Grant, der Manager des English Chamber Orchestra. »Er war sehr argwöhnisch und dünnhäutig, und er konnte sehr schwierig sein. Und obwohl es bei Willie Dinge gab, die nach meiner Auffassung wirklich bewundernswert waren, glaube ich nicht, daß ich mit ihm jemals so gut ausgekommen wäre wie mit Ben.«[23] Einige der anekdotenträchtigen Verschrobenheiten William Waltons dienen denn auch zur Auflockerung der Lebensbeschreibung *Behind the Façade*, die seine Frau Susana 1988 veröffentlichte. Besonders heikel war Walton, wenn es um andere Komponisten ging. Zu Britten hatte er ein kollegiales Verhältnis, jedoch plagte ihn trotz seiner Bewunderung für dessen Werke der Neid auf die zunehmenden Erfolge des Jüngeren, der ihn an Ansehen bald überragen sollte, und er mißtraute der Anhänger-Klientel, die dieser um sich scharte. Sprach Walton über Britten, bezeichnete er ihn mitunter als seinen »junior partner«, und konnte es sich nicht verkneifen, bei gelegentlichen Treffen mit mehr oder weniger taktlosen Witzen auf dessen homosexuelle Liaison mit Peter Pears anzuspielen. Vor den ausführenden Künstlern hatte er Hochachtung und schätzte ganz besonders eine 1954 produzierte Einspielung von *Façade* mit Peter Pears und Edith Sitwell. Wenige Jahre später schrieb Walton für Pears und den Gitarristen Julian Bream den Liederzyklus *Anon in Love*, der 1960 bei Brittens Aldeburgh Festival uraufgeführt wurde.

Bei Waltons skurrilem Humor war es nicht immer leicht zu erkennen, inwiefern es ihm ernst war oder ob er nur scherzte. So betrat er beispielsweise einmal einen Plattenladen, dessen Fensterauslage ein Portrait und Aufnahmen Brittens schmückten, um das Bild des Kollegen einfach mit dem Antlitz nach unten umzulegen, oder er gab vor, bei einer Party bei den Steins, Britten wohlgesonnene Musiker, von den Gastgebern vergiftet worden zu sein. Als Walton einmal bei der Abreise aus Prag auf dem Flughafen Zoltán Kodály mit seiner Gattin entdeckte, versteckte er sich hinter einer Säule, um eine Begegnung zu vermeiden. »Er hat den bösen Blick«, behauptete Walton, der dem ungarischen Komponisten während der ganzen Reise aus dem Weg ging. In London glaubte er ihn endlich abgeschüttelt zu haben, fand sich aber alsbald bei einem »Composer's Copyright Banquet« unmittelbar neben Kodály plaziert wieder. In seiner Not wandte Walton ihm den Rücken zu und seinen ganzen Charme für seine Tischnachbarin auf. Doch der Anblick, vor dem ihm grauste, war unvermeidbar, als ein Pokal zum gemeinsamen Umtrunk herumgereicht wurde und Walton über dem Rand des Kelches, der nicht an ihm vorüberging, Kodálys Augen erschaute, die ihn musterten. Walton murmelte einige Worte in einer selbsterfundenen Sprache, drückte dem Ungarn den Pokal in die Hand und widmete sich wieder der Dame auf der anderen Seite. Sobald er konnte, verließ er die Gesellschaft, stolz darauf, »dem schrecklichen alten Kodály aus dem Weg gegangen zu sein, ohne daß er etwas gemerkt hat«. Kodály hingegen war außer sich und telefonierte am nächsten Tag verärgert mit dem Pianisten Louis Kentner, dem Schwager Yehudi Menuhins: »Ich weiß zwar, daß Engländer jahrelang zusammen in der Wüste leben können, ohne dabei ein Wort miteinander zu wechseln, aber was ich Ihnen jetzt erzähle, werden Sie einfach nicht für möglich halten ...« Auch Hubert Foss überlieferte in einem Brief an seine Frau ein Erlebnis besonderer Art von einer Tagung der Internationalen Gesellschaft für Neue Musik, die 1933 in Amsterdam stattfand. Beim Besuch einer Ausstellung mit alten Instrumenten habe sich William »fürchterlich aufgeführt«, schrieb Foss. »Er drosch in völliger Verzückung auf alle Trommeln ein und drehte ein Bild von Richard Strauss zur Wand um.« Walton konnte aber auch friedlicher provozieren. Als er 1948 zu einer Konferenz der Performing Right Society als Beispiel für einen leibhaftigen Komponisten nach Argentinien entsandt wurde und dort von Evita Perón in ihrem Büro im Arbeitsministerium empfangen werden sollte, machte er es sich, da man zu warten hatte, nach etwa zwei Stunden in ihrem Sessel bequem, inspizierte alle Schubladen und schlief dann, die Füße auf dem Schreibtisch, im Präsidentinnensessel ein.[24]

Als Künstler wurde Walton größte Wertschätzung entgegengebracht. Über Mangel an Arbeit konnte er sich kaum beklagen. Nicht nur angesehene Interpreten bemühten sich um ein Werk aus seiner Feder, auch das Königshaus gehörte zu den Auftraggebern. So komponierte Walton einen Krönungsmarsch für die bevorstehende Amtseinführung von Edward VIII. im März 1937. Als der Marsch *Crown Imperial* (für 40 Guineen) dann fertiggestellt war, erklang er indes zur Krönung von König George

VI., nachdem Edward für einen Familienskandal im Herrscherhaus gesorgt hatte, als er auf den Thron verzichtete, um eine Bürgerliche zu heiraten. Als Elizabeth II. 1953 Königin wurde, steuerte Walton das Orchesterstück *Orb and Sceptre* bei.

Keine Zeit fand Walton, um Benny Goodman und Joseph Szigeti den Wunsch nach einem Stück für Klarinette und Violine zu erfüllen. Bartók sprang ein. Das Ersuchen von Jascha Heifetz um ein Violinkonzert (für 1500 Dollar bzw. 300 Pfund Sterling) konnte Walton annehmen. Ähnlich wie beim Bratschenkonzert handelt es sich um ein dreisätziges Werk, das mit dem Violinkonzert Elgars nicht nur die Tonart h-Moll verbindet. Es ist ein, wie auch Walton bekundete, sehr persönliches Stück, das seine Empfindungen für seine Freundin und Gönnerin Alice Wimborne zum Ausdruck bringt. Durch diese Frau, die 54 und damit 22 Jahre älter war als Walton, als der sie 1934 kennenlernte, hatte er sich allmählich aus dem Einflußbereich der Sitwells lösen können.

Doch die melodische Fülle und die ausgereifte Technik des Komponisten, die das Violinkonzert im besonderen ausweisen, konnte das Publikum erst nach dem Überwinden einiger Hindernisse genießen. Die Pläne für die Uraufführung wurden durch den Eintritt Großbritanniens in den Zweiten Weltkrieg am 3. September 1939 zunichte gemacht. Erstmals gespielt werden konnte es schließlich am 7. Dezember 1939 in Cleveland, Ohio, mit Heifetz als Solisten und Artur Rodzinski am Pult. Die englische Erstaufführung, für den Februar 1941 in Oxford vorgesehen, mußte verschoben werden, weil das Schiff, mit dem Heifetz' Violinpart auf dem Weg nach Europa war, torpediert wurde. In weiser Voraussicht hatte man in New York eine Kopie angefertigt, die eingeflogen werden konnte. Am Nachmittag des 1. November 1941 spielte dann der dänische Geiger Henry Holst, früher Konzertmeister der Berliner Philharmoniker unter Furtwängler, das Werk in der Royal Albert Hall. Walton leitete das London Philharmonic Orchestra.

Wenn es auch zutreffen mag, daß Waltons Kunst eher dem Können entsprang als dem Müssen, so stellt das die hohe Qualität seiner Kompositionen nicht in Frage. Er selbst setzte das Bonmot in die Welt, daß er als Komponist alles für jeden schreibe, solange er bezahlt werde, und daß er natürlich viel besser arbeiten könne, wenn man ihn in amerikanischen Dollars bezahle (so Walton zu dem Pianisten Ivor Newton, der ihn im Auftrag von Gregor Piatigorsky um ein Cellokonzert ersuchte). Gegenüber Alan Rawsthorne bezeichnete John Ireland Walton einmal als »den geldgierigsten Komponisten, den ich je getroffen habe«. Letztlich ging es jedoch darum, den Komponisten aus seiner Position als Bittsteller und schlecht entlohnten Musiklieferanten herauszuführen, und um das Selbstverständnis, daß gute Leistungen auch angemessen bezahlt werden. Walton lag es jedoch fern, dafür irgendwelche Zugeständnisse zu machen. »Mir scheint, daß es heute schwerer ist, ein Komponist zu sein, da man nur auf ein relativ kleines Publikum von ausgebildeten Musikern bauen kann, die wirklich würdigen können, was man macht«, äußerte er anfangs der 60er Jahre. »Ich glaube, daß viele Komponisten heute schizophren handeln. Sie schreiben diatonische Musik für den Film und ultramoderne Musik für sich selbst; das eine für die Elite, das andere für den Mob. Auch ist die Musik heute zu sehr in Dogmen eingefaßt – es gibt zu viele ›Ismen‹, die sich alle zu wichtig nehmen. [. . .] Dennoch ist es für einen Komponisten heute vergleichsweise leicht, vom Komponieren zu leben. In meiner Anfangszeit war das ganz anders. Es war schwierig, aufgeführt zu werden, und selbst wenn es dazu kam, konnte man nicht erwarten, den Saal mit einem neuen Werk zu füllen. Das einzige Mal, daß es mir je gelang, daß die Queen's Hall vollständig besetzt war, ergab sich bei der Aufführung der kompletten Fassung meiner 1. Sinfonie.«[25] Einen großen Publikumskreis sollte er indes auch mit seinen Filmkompositionen erreichen, wenn auch vielen vielleicht gar nicht bewußt war, daß sie dabei die Musik eines der berühmtesten Tonsetzer der Gegenwart hörten.

Kino

Walton war kein Programm-Musiker, der sich durch bildliche Vorstellungen leiten ließ. »Ich neige dazu, Strawinsky zuzustimmen, daß Musik das ist, was sie ist, und nichts weiter«, äußerte er. »Zweimal wurde ich durch Gemälde inspiriert. ›Inspiriert‹ ist vielleicht das falsche Wort; aber der Ausgangspunkt für meine Ouvertüre *Portsmouth Point* war ein Gemälde von Rowlandson und der für *Scapino* eines von Callot. Bei Filmmusik hat man natürlich eine visuelle Richtschnur, mit der die Musik ziemlich verbunden ist, ja sogar bis zu einem Grad, daß ich dazu tendiere, den eigenständigen Wert von Filmmusik anzuzweifeln.«[26]

Eine Äußerung aus berufenem Mund, nachdem Walton auf eine jahrzehntelange Erfahrung mit Filmmusik zurückblicken konnte. Seine Zusammenarbeit mit dem Schauspieler und Regisseur Laurence Olivier (1907–89) kann man als ebenso legendär bezeichnen wie etwa jene von Sergej Eisenstein und Prokofjew. Kennengelernt hatten sich Walton und Olivier 1936 bei der Arbeit zu der Shakespeare-Adaptation *As You Like It*, die der ungarische Emigrant Paul Czinner im englischen Exil mit seiner Frau Elisabeth Bergner und dem aufsteigenden jungen Bühnenstar drehte. Olivier, fünf Jahre jünger als Walton, war seit 1937 Ensemblemitglied des Old Vic Theatre, das – nachdem es 1818 für Boulevardstücke errichtet worden war – seit 1931 unter der Leitung von Lilian Baylis ausschließlich Klassikeraufführungen auf die Bretter stellte. Als Sir Laurence leitete Olivier das Ensemble als National Theatre von 1963 bis 1973.

In den 40er Jahren begann Laurence Olivier nun, sich auch als Regisseur einen Namen zu machen. Welche Bedeutung er seinen Filmfassungen von Shakespeare-Dramen beimaß, zeigt, daß er die Musik bei Walton bestellte, der seinerzeit neben dem Grandseigneur Vaughan Williams als der angesehenste lebende Musiker des Landes galt. Damit war Walton zwar nicht der erste britische Komponist von Rang, der für den Film tätig wurde – Elgar hatte 1927 Musik zu dem Stummfilm *Land of Hope and Glory* beigesteuert, Holst 1931 etwas zu *The Bells*, Bliss 1936 zu *Things to Come*, auch Vaughan Williams interessierte sich für das neue Medium –, aber der erste, bei dem Tonfilmmusik als eine wesentliche Komponente des Leinwanddramas zur Kunstform erhoben wurde. Mit *Henry V* (1944), *Hamlet* (1948) und *Richard III* (1955) entstanden drei Klassiker von Kinoadaptationen bedeutender Bühnendramen. Auch Thomas Mann zeigte sich beeindruckt und lobte im Dezember 1948 in seinem Tagebuch eine »genußreiche und denkwürdige Darstellung, vorzügliche Leistung, über die ich die ungerechtesten Urteile gelesen habe. Klare und kluge Regie, gute Schauspieler, Atmosphäre, die mich an Maeterlinck denken läßt. Olivier ein sehr guter Hamlet. Die Kürzungen nicht ungeschickt.«[27] Walton selbst bezeichnete die Zusammenarbeit mit Olivier als wirklich »fabelhaft und anregend«.[28]

Doch zu Waltons Filmarbeiten gehörten auch zweitklassige Werke im Dienste der Propaganda. Nachdem er bei Beginn der deutschen Angriffe auf London zunächst als Fahrer eines Krankenwagens aushalf, mußte er gegen Ende des Jahres 1940 seine eigentliche Kunst in den Dienst der Filmabteilung des Ministry of Information stellen. Ein wie auch immer geartetes politisch motiviertes Engagement, das etwa Vaughan Williams (15 Jahre zuvor) oder nun, während des Zweiten Weltkriegs, Britten und Tippett leitete, blieb ihm indes fremd. »Ich glaube nicht, daß es zu etwas führt, wenn ein Komponist sich an irgend etwas ›beteiligt‹, sei es als Kriegsheld, sei es, indem man dem Krieg abschwört oder sonst etwas macht. Das hat mit uns nichts zu tun«, sagte Walton später. »Die Erhaltung von Bäumen liegt mir viel mehr. Ich bin da ziemlich erdverbunden. Ich halte mich fern von ›Gründen‹, weil das nicht meine Sache ist.«[29] Er steuerte auch Musik zu Filmen wie *Escape Me Never* (1935), *Dreaming Lips* (1937), *Stolen Life* (1938), *Major Barbara* (1941), *Next of Kin* (1942), *The Foreman Went to France* (1942), *The First of the Few* (1942), *Went the Day Well?* (1942), *The Battle of Britain* (1969) und *Three Sisters* (1970) bei, die allerdings kaum Kinogeschichte machten.

Schon während der Arbeit an seinem Violinkonzert plagten Walton Ende der 30er Jahre Bedenken. »Was mir jedoch als der größte Nachteil erscheint, ist das Wesen des Werkes selbst. Es scheint sich auf eine äußerst intime Art und Weise zu entwickeln, ohne viel Schau oder Bravour, und mir kommen allmählich Zweifel daran (was für das Werk natürlich verheerend ist), daß diese ruhige, dünne Stimme letztendlich in einem riesigen Saal mit 10 000 Menschen durchdringt«, überlegte er. »Schließlich läuft es auf folgendes hinaus: Ob ich ein Filmkomponist oder ein richtiger Komponist werden soll.«[30]

Das Ansehen des Filmkomponisten war damals wie heute nicht sehr hoch. Gerade der Umstand, daß die Arbeit für Filmgesellschaften finanziell ausgesprochen lukrativ war, machte die Sache anrüchig, und das zähe Vorurteil, daß Kunst und Kassenerfolg einander ausschließen, wurde lebendiger als je zuvor. So befand man denn auch die Musik zu einem Film kaum für wert, in eine Besprechung mit einbezogen zu werden. Der Kritiker mußte schon Benjamin Britten heißen, wenn er sich in einem Artikel, wie über *As You Like It*, auch mit der Musik befaßte. »Daß die Leiter der Filmgesellschaft 20th Century Fox einen der Stars der britischen Musik des 20. Jahrhunderts baten, eine ihrer aufwendigsten Produktionen zu vertonen, erscheint wirklich anerkennenswert«, schrieb der damals 22jährige im Oktober 1936 in der Zeitschrift »World Film News and Television Progress«. »Aber dieses Ersuchen scheint ihren Unternehmungsgeist bereits völlig erschöpft zu haben. Sein Name ist nämlich – vielleicht symbolisch – nicht auf dem Programm zu finden, und die Gelegenheiten, die sich ihm boten, um ernsthafte Filmmusik zu schreiben, erscheinen bedeutungslos.«[31]

Walton sah seine Filmarbeit nicht nur unter dem finanziellen Aspekt, dessen Bedeutung er indes auch nicht abzustreiten brauchte. »Mit der Filmmusik machte ich mir einiges an Gewandtheit zu eigen«, erklärte er 1962 in einem Interview, »aber ich haßte es, für den Film zu schreiben, bis die Zusammenarbeit mit Larry Olivier begann. Bei Filmmusik verhält es sich so, daß sie nicht unbedingt gut oder schlecht zu sein braucht, sie muß nur passend sein. Alle sagen, daß ihr charakteristisches Merkmal darin besteht, daß man sie nicht hören soll. [. . .] Bei *Richard III* gab es eine Stelle, die mir zuwider war – nur etwa zwei Minuten. Nun, ich habe dann einfach etwas einge-

Pfeifenraucher Walton

fügt. Larry war verärgert. ›Diesmal hast Du einfach nur irgend etwas hingeschrieben‹, sagte er. Aber die Techniker meinten, daß es genau das war, was sie brauchten.«[32]

Auch in den Shakespeare-Verfilmungen gibt es noch Sequenzen, bei denen die Musik die Szene verdoppelt, beispielsweise zu Beginn von *Henry V*, wo ein abgerissenes Theaterplakat, das die neueste Produktion von Shakespeares Globe Theatre ankündigt, im Wind umherflattert, was eine Soloflöte illustriert, gefolgt von einem Schwenk über ein Modellpanorama Londons im 16. Jahrhundert, untermalt mit Ostinato-Baß und Fanfaren, bis die Kamera am Globe Playhouse hängenbleibt. Ein Trompetenruf kündigt dann den Beginn der Vorstellung an. »Es gab einen Moment in *Henry*, als der unbarmherzige Sturmangriff der französischen Kavallerie an einem Hagel von Pfeilen der englischen Bogenschützen zerschellte«, erzählte Olivier über die Arbeit an dem Drama über den Sieger der Schlacht von Agincourt im Hundertjährigen Krieg 1415. »Dies war ein Höhepunkt, zu dem die optische Seite, die Klangeffekte und vor allem die Musik gleichermaßen beitrugen – William Waltons Anteil am Erfolg des Films war einzigartig. Weshalb er nie einen Oscar für diesen oder einen anderen meiner Shakespeare-Filme erhalten hat, bleibt ein hervorstechendes Beispiel für die ansteckend mysteriösen Entscheidungsvorgänge bei den für die Preisvergabe zuständigen Gremien.«[33] Zu vielen Einstellungen kommentierte Walton eher die Situation mit musikalischen Mitteln oder setzte Kontraste. In einer Szene, in der der Herzog von Burgund die Engländer um Frieden ersucht, und die Zerstörung von Heimat und Moral schildert, unterlegte Walton keine düsteren Klänge, sondern beschrieb vielmehr, was eigentlich vernichtet wurde, wobei unter anderem ein Volkslied aus der Auvergne zitiert wird. Die Musik zum Tode des rüpelhaften, selbstgefälligen Falstaff ist bei Walton eine geradezu zärtliche, rührende Passacaglia.

Nach dem Film *Henry V*, der, mitten im Zweiten Weltkrieg entstanden und der kämpfenden Truppe gewidmet, auch an den Durchhalte- und Kampfeswillen der Briten appellierten sollte, entstand mit *Hamlet* 1948 eine Tragödie, deren eindringliche Musik beim Leiden und Sterben der Protagonisten von Waltons privaten Sorgen nicht unbeeinträchtigt blieb, lag doch während der Arbeit seine Lebensgefährtin Alice Wimborne im Sterben. Hier wie auch in *Richard III* gelang es dem Komponisten zudem, eine der elisabethanischen Zeit gekonnt nachempfundene Musik zu kreieren. Für die Szene der Wanderschauspieler, die Hamlet helfen, den König zu provozieren, indem sie die Ermordung von Hamlets Vater durch seinen Onkel nachspielen, hatte Walton sogenannte »Quellenmusik« zu liefern, also Musik, bei der die Klangquelle im Bild sichtbar war und natürlich auch aus der Zeit der Handlung zu stammen hatte. Für die Instrumente der Schauspieler schrieb er, vermischt und illuminiert mit dem eigenen Idiom, meisterhafte Klänge im Gewand des 16. Jahrhunderts für Oboe, Englischhorn, Fagott, Cembalo, zwei Bratschen und ein Cello.

Diesen Filmkompositionen, die die besten Londoner Orchester unter Muir Mathiesons Leitung einspielten, steht auch die Musik zu dem BBC-Hörspiel *Christopher Columbus* des nordirischen Dichters Louis MacNeice in nichts nach. Das Stück, das mit Laurence Olivier in der Titelrolle zum 450. Jahrestag der Entdeckung Amerikas am 12. Oktober 1942 über den Äther ging, enthält bemerkenswerte Vokalpassagen und weist bereits auf Waltons Beschäftigung mit der Oper voraus. Für Walton bedeuteten dieser einmalige Beitrag für den Hörfunk und seine Arbeit für den Film stets Komponieren für eine bestimmte Gelegenheit, was jedoch keinesfalls heißen mußte, daß man sich dieser Tätigkeit nur nebenbei oder oberflächlich widmet. »Filmmusik ist keine gute Filmmusik, wenn sie für jeden anderen Zweck verwendet werden kann«, lautete seine Überzeugung. Im Konzertsaal werde eine Musik ganz anders aufgenommen, die vielleicht im Zusammenhang mit der Geschichte, den Situationen und Szenen des Films, zu dem sie gehört, ganz ausgezeichnet sein kann. »Ich kümmere mich nicht darum, was mit *Major Barbara* oder anderen meiner Filme ist. Aber die Musik sollte niemals ohne den Film gehört werden«, meinte Walton.[34]

Im englischsprachigen Kulturkreis fand er viele kompetente Nachfolger. Komponisten wie der befreundete Malcolm Arnold (geb. 1921) konnten es sich gerade durch die Tantiemen von Welterfolgen wie der Musik zu dem Film *Bridge on the River Kwai* leisten, auch »ambitioniertere« Orchester- und Bühnenwerke zu schreiben, und Künstler wie der Amerikaner Bernard Herrmann (1911–76), der neben Sinfonien auch die Oper *Wuthering Heights* nach dem Roman von Emily Brontë komponierte, gehörte zu denen, die bei ihrer Zusammenarbeit mit Orson Welles und Alfred Hitchcock die Musik zum integralen Bestandteil eines Gesamtkunstwerks machten und sich auch nicht wie Korngold, Waxman oder Goldsmith auf »orchestrators« verließen, die nach dem Klavierauszug eine Partitur ausarbeiteten. Das Kulturestablishment war jedoch kaum willens, dem Hoffnungsträger Walton auch noch bei seiner Beschäftigung mit dem Film zu folgen. Der Zweite Weltkrieg verursachte nicht nur einen vorübergehenden »Herzstillstand« in der britischen Musikwelt, er markiert auch den Übergang von Waltons Vorherrschaft zu Britten. Mit dem Uraufführungserfolg der Oper *Peter Grimes*, etwa einen Monat nach dem Waffenstillstand in Europa, begann der Kreislauf der britischen Musikkulturszene stärker als je zuvor zu pulsieren.

Oper

»Vor *Peter Grimes* war Walton die einzige Hoffnung, obwohl ich gestehen muß, daß ich nie etwas mit *Façade* oder *Belshazzar's Feast* anfangen konnte«, erzählt Michael Tippett. »Es war ziemlich unglücklich, daß Walton sich zu dieser Zeit mit einer Kamarilla von Komponisten einließ, die versuchten, Ben den Nimbus zu nehmen oder seinen Ruf zu untergraben: Leute wie Elisabeth Lutyens, Constant Lambert, Alan Rawsthorne, die zusammen mit dem Kritiker Cecil Gray, dem Schriftstellern Dylan Thomas, mit Louis MacNeice und dem Maler Michael Ayrton kräftigen Zechereien zu frönen pflegten. Sie alle hatten große Komplexe und hegten absurde Hirngespinste über eine homosexuelle Verschwörung in der Musik, die von Britten und Pears angeführt werde.«[35] Die Rivalität mit Britten führte bei Walton mitunter zu Reaktionen, die Tippett von seiner Beobachtungsposition aus für geradezu »lächerlich« hielt. Wenn auch Walton und Tippett jeweils die Musik des anderen nicht mochten, kamen sie zumindest persönlich gut miteinander aus, ja Walton erzählte dem Kollegen sogar, daß er zwei Takte aus dessen 2. Sinfonie in seine letzte Komposition eingebaut habe, und er empfahl ihn kurz vor seinem Tod der Königin für die Auszeichnung mit dem Order of Merit, den Walton selbst 1967 verliehen bekommen hatte. »Wenn man sich überlegt, daß die Queen tatsächlich weiß, daß ich noch lebe!« freute er sich über diese bedeutende Ehrung.

Die abwechslungsreichen Ereignisse seines Lebens verführen bei Waltons Persönlichkeit leicht dazu, im Anekdotenhaften steckenzubleiben. Das Bizarre macht indes nur einen Teil seiner Individualität aus. Er war durchaus ein Künstler, der sein Handeln hinterfragte. Das Absurde seines Witzes wurzelte in einer ausgesprochen melancholischen Psyche. Diese Facette seines Wesens kommt am ehesten in den Instrumentalkonzerten zum Ausdruck, Waltons Filmpartituren belegen seine technische Meisterschaft, die beiden Opern seine lyrische Empfindsamkeit und seinen Sinn für Humor.

Besonders förderlich für seine künstlerische Entwicklung war, daß Walton immer im passenden Augenblick auf die für ihn richtigen Menschen traf. Der qualvolle Krebstod seiner Freundin, der Vicomtesse Alice Wimborne, am 19. April 1948 war für ihn eine der erschütterndsten Erfahrungen seines Lebens. Alpträume und schreckliche Erinnerungen blieben seine Begleiter. Noch 35 Jahre später hatte er Tränen in den Augen, als er für Tony Palmers Filmportrait *At the Haunted End of the Day* auf dieses Kapitel seiner Biographie angesprochen wurde. »Wissen Sie, wenn man kann, versucht man es zu vergessen«, sagte er nach langem Schweigen. Nach einer tiefgreifenden privaten Krise lernte Walton im Oktober 1948 in Buenos Aires, wohin er als ruhmreicher Künstler zu einer Konferenz der Performing Right Society entsandt worden war, Susana Valeria Rosa Maria Gil Passo kennen. Ziel der Konferenz war es, Argentinien zum Unterzeichnen der Berner Konvention zu bewegen; der 46jährige Komponist hatte jedoch genug Muße, sich ausgiebig der gerade erst 22jährigen Anwaltstochter aus katholischem Hause zu widmen, die für den British Council in Buenos Aires arbeitete. Walton zögerte nicht lange, und als die junge Frau seinen Heiratsantrag annahm, wurde die Trauung noch im selben Jahr vollzogen. Nach Ansicht des Walton-Vertrauten und -Biographen Michael Kennedy mag dieser überstürzt erscheinende Schritt einerseits eine Flucht nach vorn aus den Erinnerungen an Alice Wimborne gewesen sein, andererseits auch der Beginn eines Rückzugs aus der britischen Musikszene, in der er nun nicht mehr tonangebend war. Man zog sich zurück nach Forio auf die Insel Ischia in der Bucht von Neapel, wo Walton sich ungestört vom Londoner Kultureinfluß seinen Kompositionen widmen wollte. Für das angenehme Ambiente sorgte nun seine Gattin, von der er sich während der folgenden 35jährigen Ehe kaum für einen längeren Zeitraum trennte. Schon vor der Hochzeit stellte Walton jedoch klar, daß er unter keinen Umständen Kinder wolle, dies sei für ihn sogar ein Scheidungsgrund. Tatsächlich wurde später in einer anonymen Wohnung in Chelsea Cloisters bei seiner Frau eine illegale Abtreibung für 80 Pfund vorgenommen.

An der Oper *Troilus and Cressida*, der sich Walton nach dem Krieg zuwandte und die er dann seiner Frau widmete, arbeitete er von 1947 bis 1954; später nahm er noch zwei Überarbeitungen vor. »Kreativität und Geschicklichkeit sind nicht ganz dasselbe«, meinte Walton. »Geht es darum, so etwas wie eine Sinfonie zu schaffen, ist es anders, als ob man Filmmusik schreibt. Man kann vielleicht zwei Stunden Filmmusik in ein paar Wochen komponieren, und es dauert ein paar Jahre, um eine halbe Stunde einer Sinfonie zu Papier zu bringen.«[36] Mit der Oper lagen die Dinge ähnlich. Die Liebesgeschichte um die problematische Verbindung des Prinzen Troilus, Sohn des Trojanerkönigs Priamus, mit der Griechin Cressida arbeitete Christopher Hassall nach Chaucers Vorlage zu einem Libretto aus. Walton besaß jedoch kaum praktische Erfahrung mit dem Theater, erst recht war er kein »uomo di teatro«, wie einst Verdi von sich sagen konnte. Der Impetus, eine Oper zu komponieren, entsprang eher dem Konkurrenzdruck, den Walton nach Brittens Erfolgen auf sich lasten sah. Nun wollte er es dem Jüngeren auf dessen ureigenstem Feld gleichtun. In einer Zeit, in der sich das Verständnis von Musiktheater grundlegend wandelte, machte sich Walton arglos daran, eine Sängeroper alten Stils zu schreiben. Das private Schicksal der Hauptpersonen interessierte ihn mehr als das Umfeld – der Trojanische Krieg blieb nur Hintergrund. »Wenn ich mich hinsetze, um zu komponieren, mache ich mir keine Gedanken über Modernität oder ähnliches«, bekannte er schon 1926. »Natürlich versuche ich nie, für heute oder gar für morgen zu schreiben, sondern etwas zu komponieren, das, wann immer es aufgeführt wird, die gleichen Vorzüge aufweist.«[37]

Diese wußten die Anhänger Waltons und die Genießer guter Musik zu schätzen. Weniger der Dirigent Malcolm Sargent, mit dem es mehr als einmal Dispute und Auseinandersetzungen gab, weil er sich die komplizierte Partitur nur oberflächlich aneignete und zu oft auf seine Fähigkeit, vom Blatt zu lesen, vertraute. Zu guter Letzt schlug er sogar Änderungen in der Musik vor, um den mitunter vertrackten Rhythmus für die Aufführung zu glätten und »sicherer« zu machen. Walton konnte dies zwar unterbinden, sich mit seinem Wunsch nach einem anderen Dirigenten jedoch nicht durchsetzen. Sargent war nun einmal ein ehemaliger Studienfreund des Covent-Garden-Managers David Webster und durfte somit neun Jahre später auch noch eine Wiederaufnahme leiten. Die Uraufführung am 3. Dezember 1954 geriet zu einer großen Gala, und die Premierenfeier mit Hunderten von Menschen soll die größte gewesen sein, die es je bei einem derartigen Ereignis am Covent Garden gegeben hat. Die Meinungen über das Werk waren geteilt. In der Londoner »Times« lobte man *Troilus and Cressida* als »große tragische Oper«, doch neben Bewunderung für Waltons Leistung gab es auch Stimmen, die das Werk, verglichen mit Brittens und Tippetts Arbeiten jener Zeit, für ziemlich bedeutungslos hielten.

Auch in San Francisco und New York wurde die Oper bald darauf in Anwesenheit des Komponisten eifrig beklatscht, doch nach der Erstaufführung in der New York City Center Opera bremste James Hinton in der Fachzeitschrift »Opera« den Enthusiasmus: »Gewiß hat uns Sir William eine ganze Menge Musik ins Gedächtnis zurückgerufen; der eine Punkt, auf den anscheinend alle hingewiesen haben, die bislang über diese Oper schrieben, ist, daß sie eklektisch ist«, hieß es dort im Januar 1956. »Bis jetzt haben derart viele Leute so viele verschiedene Komponisten darin erkannt, daß die Liste nun beinahe aufgebraucht ist. Massenet, Berg, Strawinsky, Prokofjew, Strauss, Wagner, Verdi, Schönberg, Ravel usw. usw. – es hängt ziemlich davon ab, welche Takte man gerade hört und was man dabei im Sinn hat. Es klingt ganz gewiß nach einer Menge anderer Sachen. Manchmal klingt es sogar nach Walton – ein geschickter Kunstgriff, denn abgesehen von dem charakteristischen Wechsel des Rhythmus', besitzt Walton die Eigenart, von einem Stück zum nächsten eigentlich nicht so sehr nach Walton zu klingen. Wie in den meisten solchen Fällen sind die Ähnlichkeiten eher oberflächlich, was aber nichts daran ändert, daß die Partitur von *Troilus and Cressida* die meisten Hörer anscheinend an etwas anderes erinnert. Einerseits werden keine Barrieren durch Unvertrautes aufgebaut (weiß der Himmel), aber andererseits scheint sie niemanden durch die Kraft ihrer Individualität oder ihres Profils zu beeindrucken. Und dennoch wurde sie als ›ein bedeutendes Kapitel . . . in der Entwicklung der englischen Oper‹ und selbst mit Bestimmtheit als ›eine große Oper‹ gepriesen – und das von einem so vernünftigen und gelehrten Blatt wie Londons ›Sunday Times‹. Ohne nun so ruchlos sein zu wollen, gegen ein Werk zu argumentieren, das tatsächlich viele reizvolle Seiten hat, so könnte ich dem doch kaum weniger zustimmen. Wenn *Troilus and Cressida* wirklich ›groß‹ ist, welche Superlative möchte man denn dann für *L'Amore dei Tre Re* oder (um in eine andere Richtung zu gehen) für *Daphne* aufbieten? Es mag sein, daß *Troilus and Cressida* die beste Oper ihrer Art auf ein englisches Libretto ist; das aber besagt letztendlich herzlich wenig. Mir erscheint sie als ein nüchternes, ernsthaftes, wohlüberlegtes Stück Arbeit, das darin bestand, eine Oper zu schreiben, genau auf die gleiche Art und Weise wie ein Museumswissenschaftler das Modell eines Brontosaurus zusammenbaut. Es besitzt Lebensgröße; es weist alle äußeren Merkmale auf; aber es scheint nicht recht lebendig zu sein. Dieses Scheinbare hat, so glaube ich, nichts damit zu tun, daß seine Musik ›wie‹ diese oder jene Musik klingt, sondern damit, daß sie im wesentlichen etwas Konstruiertes und kein kreativ erschaffenes Kunstwerk ist. Dennoch ist es in die Welt gesetzt worden, und es hinterläßt den Eindruck, daß es entstanden ist, weil der Librettist glaubte, er *solle* ein Textbuch schreiben, weil der Komponist glaubte, er *solle* eine Oper machen – nicht etwa, weil einer von beiden einen bestimmten inneren Zwang oder Antrieb für das Projekt in sich verspürte, ganz zu schweigen von irgendeinem bestimmten Talent oder einem ausreichend vorhandenem Gespür, die damit verbundenen Probleme zu lösen.«[38] Selbst der hochgelobte Peter Pears, der Cressidas Oheim Pandarus sang, mochte seinen Part nicht sonderlich und sprach später von einer »schrecklichen Oper«.[39]

An der Mailänder Scala wurde *Troilus and Cressida* 1955 ausgebuht. Die unzulängliche Produktion, bei der Günther Rennert Regie führte und Nino Sonzogno ein schwaches Ensemble leitete, verärgerte Walton, der überdies in seiner Loge noch die giftigen Kommentare von Maria Callas und Elisabeth Schwarzkopf über sich ergehen lassen mußte: »Dorothy Dow bringt es doch nicht als Cressida ... Ach, die übersteht doch noch nicht mal einen Akt!« Erst 1963 kam es zu einer Wiederaufnahme am Opernhaus Covent Garden, zu Waltons Leidwesen erneut mit Sargent am Pult. Bei dieser Gelegenheit nahm der Komponist eine Überarbeitung vor und kürzte das Stück um gut acht Minuten. 1964 gab es auch sieben Aufführungen beim Adelaide Festival, ohne daß das Ergebnis befriedigend ausfiel. *Troilus and Cressida* blieb Waltons Sorgenkind, vor allem bereitete die Besetzung der Hauptrollen Probleme. Als Gwyneth Jones und Placido Domingo im Dezember 1971 ein Londoner Gastspiel in Puccinis Oper *Tosca* gaben, glaubte Walton sein »ideales Paar für *T & C*« gefunden zu haben. Doch auch aus dieser Traumbesetzung wurde nichts, und Walton schrieb die weibliche Hauptrolle noch einmal 1976 für eine Produktion mit der von ihm überaus geschätzten Altistin Janet Baker um. Doch die Neuinszenierung, die ihm vom Covent-Garden-Management geboten wurde, enttäuschte. Während man nur 15 000 Pfund für diese Produktion bereitstellte, wurde in der gleichen Saison eine Inszenierung von Puccinis *La Fanciulla del West* für 150 000 Pfund herausgebracht.

Relativ zügig komponierte Walton zwischen Februar und Oktober 1956 sein Cellokonzert für Gregor Piatigorsky – für 3000 Dollar (amerikanische, natürlich). Hocherfreut über Piatigorskys zufriedene Annahme seines Werkes schrieb er: »Nach meiner Ansicht ist es das beste meiner nunmehr drei Solokonzerte. Aber sagen Sie das bloß nicht Jascha ...« Waltons Frau Susana berichtete später, daß seine Präferenz jeweils davon abhängig gewesen sei, wer das jeweilige Konzert interpretierte. »Natürlich hatte er eine besondere Vorliebe für das Cellokonzert, da es sehr spontan entstand und nach seinem Empfinden seiner Persönlichkeit am nächsten stand«, schrieb sie in ihren Erinnerungen. »Er betrachtete seine Konzerte mehr als Kammermusik, als ziemlich intime Werke, bei denen er nicht versuchte, die Instrumente auftrumpfen zu lassen. Keines der drei Konzerte ist wirklich ein Virtuosenwerk im Sinne etwa eines Paganini-Konzerts. Das Instrument, für das er schrieb, wurde für ihn stets zu einer realen Persönlichkeit.«[40] Walton folgte mit seinem Cellokonzert weitgehend dem Muster des Bratschen- und Violinkonzerts. Für ihn hatte der Celloklang etwas ausgesprochen Melancholisches an sich, und so ist die Stimmung des Werkes bis auf das lebhafte Scherzo eher introvertiert. Bei der Uraufführung im Januar 1957 mit Piatigorsky und dem Boston Symphony Orchestra unter Leitung von Charles Münch, dem Neffen Albert Schweitzers, und der Londoner Erstaufführung drei Wochen später mit dem BBC Orchestra unter Sargent waren die Meinungen über Waltons neuesten Beitrag für die Musikwelt abermals geteilt. Schon das persönliche Auftreten Brittens hatte nach dem Krieg eine unvoreingenommene Auseinandersetzung mit seinen Kompositionen erschwert. Wie sollte nun im Klima der 50er Jahre, das selbst das solide Fundament eines Vaughan Williams ins Wanken brachte, ein Walton bestehen können? Seine 2. Sinfonie, uraufgeführt beim Edinburgh Festival am 2. September 1960 vom Liverpool Philharmonic Orchestra unter John Pritchard, wurde reserviert aufgenommen. »Die gleiche Mixtur wie zuvor«, hieß es in den Kritiken, woraufhin EMI eine geplante Einspielung absetzte. Auch wenn Walton bei dem düsteren Werk, das Parallelen zum emotionalen Gehalt der 2. Sinfonie Elgars nahelegt, im Finale eine Zwölftonreihe verwendete, so diente diese ihm lediglich als Grundlage für eine Variationenfolge und markierte keineswegs die Wende zur atonalen oder seriellen Musik. Alle möglichen Arten von Modernismen habe er bereits in seiner Jugend durchgemacht, meinte der Komponist. »Aber danach habe ich zu einem persönlicheren Stil gefunden und sehe keinen Grund, warum ich diesen nicht beibehalten soll«, erläuterte er. »Wenn überhaupt, dann würde ich sagen, daß ich ein klassischer Komponist bin mit einem starken Gefühl für das Lyrische.«[41]

Der Bedarf daran wurde im modernen Konzert- und Theaterbetrieb indes immer mehr durch ein zunehmend überaltertes Repertoire abgedeckt. Walton und einige andere Komponisten konnten in ihrer Korrespondenz Wunden lecken. »Ich muß zugeben, daß ich an einem anhaltenden Anfall von Depressionen leide und kaum einen Takt zu Papier gebracht habe, der es wert gewesen wäre, aufbewahrt zu werden«, schrieb Walton am 2. Januar 1964 an Britten. »Alle meine letzten Werke werden von der Presse derart niedergemacht, besonders mein letztes, das ich wirklich für eines meiner besten halte: die *Variations on a Theme by Hindemith*.« Den Kollegen Malcolm Arnold tröstete er: »Ich war wütend, als ich las, was dieser verdammte Trottel von einem Kritiker über Dein letztes Stück geschrieben hat. Sie sind wirklich unerträglich – alle miteinander.«[42]

Auf Drängen von Peter Pears wurde eine neue Oper noch einmal ein ernsthaftes Thema für Walton. Das Genre der großen Oper war ausgereizt, aber am anderen Ende der Skala blieb noch Raum für eine Kammeroper. Walton wählte Tschechows Einakter *Der Bär* als Vorlage, den Paul Dehn zu einem passenden Textbuch umgestaltete. Die zweijährige Arbeit bis zur ersten Aufführung beim 20. Aldeburgh Festival am 3. Juni 1967 in der Jubilee Hall wurde unterbrochen durch die intensive Behandlung einer Krebserkrankung, die an Waltons linkem Lungenflügel diagnostiziert worden war. Bis zu zwanzig Pfeifen hatte er täglich geraucht, eine Zahl, die er fortan auf Null reduzierte. Eine Operation brachte nicht den gewünschten Erfolg, und erst nach einer peinigenden, anstrengen Strahlentherapie trat eine Heilung ein. Erst wenige Wochen vor der ersten Aufführung, die zusammen mit Lennox Berkeleys *The Castaways* gegeben werden sollte, konnte Walton die Partitur fertigstellen. »Ich bin fertig mit B. B., aber nicht das, was Du denkst«, schrieb er an Pears über seinen »Bloody Bear«. »Ich weiß nicht, was Du von ihm hältst. Es hat länger gedauert als nötig.«

Bei der Uraufführung von *The Bear* in Aldeburgh und der einen Monat später in Londons Sadler's Wells Theatre folgenden – jeweils unter James Lockharts Leitung – fand man Gefallen an Waltons Versuch in Sachen komischer Oper. Bei dieser Kammeroper war er auch ganz in seinem Element. Die Musik zu dem Dreipersonenstück, in dem eine Witwe kurz nach der Beisetzung ihres Gemahls von einem bärbeißigen Gläubiger aufgesucht wird, der Schulden eintreiben will, aber dann in Liebe zu der schönen Hinterbliebenen entbrennt, besitzt rossinischen Witz – ein Komponist, den Walton stets bewunderte – und den Esprit ... Waltons! »Ich habe mich so daran gewöhnt, daß ich von diesen Kritikern verrissen werde, daß ich glaube, es muß irgend etwas nicht stimmen, wenn dieses Gewürm plötzlich auf Lob umschaltet«, grummelte er nach den ersten positiven Reaktionen. »Die Musik ist leicht und humorvoll. Natürlich taucht bei den Bemerkungen der Kritiker ständig *Façade* auf, aber es besteht keine wirkliche Verbindung, abgesehen davon, daß ich zufällig beides komponiert habe. Die sogenannten Scherze sind keine Zitate, sondern ›à la manière‹ der russischen Musik.«[43] Geschwächt von seiner anstrengenden

Krebsbehandlung und entmutigt von manchen Rückschlägen wurde die Arbeit für Walton in den 70er Jahren zunehmend mühsamer. »Da ich außer ein oder zwei abstrusen Anthems nichts zu komponieren versucht habe, fällt es mir schwerer denn je«, schrieb er im Februar 1974 an Roy Douglas, »und da Sie nur zu gut wissen, wie schwer es mir immer geworden ist, weiterzukommen, so bin ich jetzt auch selbst völlig entsetzt über meine Impotenz – es gibt kein anderes Wort dafür –, und ich fürchte, sie wird nicht vorübergehen, so daß ich niemals mehr in der Lage sein werde, etwas zu Papier zu bringen.« Und im April hieß es über ein Werk, das nie zustande kam: »Ich habe die Pläne zu einer 3. Sinfonie im Kopf, aber nicht auf dem Papier (Allegretto – Scherzo diabolico – langsames Finale). Mit dem langsamen Satz am Schluß wird's bestimmt ein Flop.«[44]

Ischia

Seit seinem ersten Besuch in Begleitung der Sitwells im Jahre 1920 hegte Walton eine Zuneigung für Italien. Vom 19. Mai 1956 an wurde er auch steuerrechtlich offiziell als ein im Ausland lebender britischer Staatsangehöriger geführt. Sein Haus, das er sich 1961 in Forio auf Ischia baute, sollte sein Domizil für die letzten zwanzig Jahre seines Lebens werden. Seine Frau Susana kultivierte eine prachtvolle Gartenanlage, die sie ebenso liebevoll pflegte wie ihren Gatten. »Ich habe das Land immer geliebt. Italien war eine wahre Offenbarung für mich, als ich es zum erstenmal sah«, erzählte Walton. »Ich mag die Italiener, aber vor allem finde ich das herrliche Licht überwältigend. Ich werde nie vergessen, wie es während meiner ersten Bahnreise nach Italien die ganze Zeit geregnet hatte, und als wir auf dem Weg nach Turin aus dem Tunnel kamen, empfingen uns plötzlich das strahlende Sonnenlicht und die leuchtenden Farben der mediterranen Atmosphäre.«[45] Wiederholt wurden die feuerwerksartigen Ausbrüche, der Glanz und die üppige Pracht der Orchestersprache Waltons auf diesen Einfluß zurückgeführt. »Ich glaube nicht, daß dies das Wesen meiner Musik wirklich grundlegend verändert hat«, sagte der Komponist dazu. »Man mag versuchen, die Farben und die Klarheit, die ich bei der Instrumentierung anstrebe, mit den Eigenschaften der mediterranen Atmosphäre in Verbindung zu bringen, aber ich muß sagen, daß ich niemals bewußt vom Klima oder der Landschaft Italiens angeregt wurde. Eigentlich hat meine Abwesenheit von Großbritannien, wenn überhaupt, meine Musik eher britischer gemacht, als es der Fall gewesen wäre, wenn ich daheim geblieben wäre. Wenn man lange von England weg ist, überkommt einen manchmal starkes Heimweh. Ich glaube nicht, daß man dem Hintergrund und der Tradition, in die man hineingeboren wurde, entkommen kann.«[46]

Der 73jährige Walton, Zeichnung von G. Coppia

Nach 1940 hat Walton nur noch Auftragswerke geschrieben, zumeist für großes Orchester. Wenn es darum ging, sie aufzuführen oder für die

Platte einzuspielen, war kein anderer als der Komponist selbst als Dirigent am besten geeignet. Obgleich ihm offizielle Auftritte und das Bejubeltwerden durch eine Menge nicht sonderlich behagte und seine selbstkritische Haltung ständig Zweifel an seiner Leistung aufkommen ließ, liebte er es, Einladungen zu Konzerten und Plattenaufnahmen anzunehmen, da ihm dies die Gewißheit vermittelte, daß die Musikwelt wußte, er existierte noch. Der Umzug nach Italien verschaffte ihm zwar die ersehnte Ruhe und Abgeschiedenheit, brachte auf der anderen Seite aber auch eine gewisse Isolation vom Kulturleben mit sich, selbst wenn sich Walton bemühte, auf dem Laufenden zu bleiben. So fand er besonders an den Arbeiten Berios und Nonos Gefallen und freundete sich mit Hans Werner Henze an, der gleichfalls 1953 nach Italien übergesiedelt war. Von den jüngeren britischen Kollegen schätzte er vor allem Birtwistles Arbeiten und amüsierte sich über eine Foxtrott-Bearbeitung von *Crown Imperial* durch Peter Maxwell Davies anläßlich seines 70. Geburtstags. »Eine wahre Ehrenbezeigung der Avantgarde an einen, der fast schon tot und begraben ist«, meinte er.[47] Dennoch blieb Walton zurückhaltend. »In meiner Jugend konnte ich mich für neue Werke begeistern, besonders für Strawinsky und Prokofjew«, erzählte er. »Jetzt sind meine Reaktionen, wie ich glaube, zu distanziert. Vielleicht liegt das an einer musikalischen Arterienverkalkung.«[48]

Zweimal wurde Walton für die BBC-Serie *Desert Island Discs* um eine Auswahl gebeten. Am 22. Juli 1965 entschied er sich für Strawinskys Ballett *Pulcinella*, Mozarts Klavierkonzert in F-Dur, KV 459, Beethovens große Hammerklavier-Sonate, Henzes »A l'acqua de li funtanelle« (das 2. der *Fünf Neapolitanischen Lieder*), Bellinis Arie »Come per me sereno« (aus *La Sonnambula*), Debussys »Pour invoquer Pan, dieu du vent d'été« (das erste der *Six Epigraphes Antiques*), Schönbergs *Variationen für Orchester* und die 2. Sinfonie von – Mr. Walton. Kein Leitfaden für seinen musikalischen Geschmack, aber ein Abriß seiner mitunter ausgefallenen, sehr persönlichen Vorlieben. Schließlich brachte der 2. April 1982 folgende Präferenz: *The Wilderness* von Samuel Sebastian Wesley, das A-Dur-Klavierkonzert von Mozart, KV 488, die 5. Sinfonie von Sibelius, *Tosca* von Puccini, die *Fünf Neapolitanischen Lieder* von Henze und aus den eigenen Werken »Old Sir Faulk« (aus *Façade*), das Violinkonzert und *Belshazzar's Feast*.

Diese Vielseitigkeit der Neigungen spiegelt sich auch in Waltons eigenen Arbeiten. Kompositionspläne beschäftigten ihn bis zuletzt. Auf Anfrage des Leiters der Huddersfield Choral Society, Owain Arwel Hughes, sollte er für 1986 ein *Stabat Mater* zum 150jährigen Bestehen der Chorvereinigung schreiben, hatte Walton doch bereits 1961 ein *Gloria* für sie verfaßt. Nach langem Zögern rief Walton am Abend des 7. März 1983 bei Hughes in London an und teilte ihm mit, daß er den Auftrag annehme. Als er jedoch am frühen Morgen erwachte, fühlte er sich unwohl, hatte Atembeschwerden. Seine Frau ließ einen Arzt kommen, der ein Stärkungsmittel injizierte. Doch nur wenige Augenblicke darauf starb Walton. Drei Wochen später hätte er seinen 81. Geburtstag feiern können. Nach der Feuerbestattung erhielt die Urne einen Ehrenplatz in Waltons »Stein«, wie er einen pyramidenartigen Fels hoch über seinem Garten in Ischia nannte.

Waltons große Sorge, daß seine Musik nach seinem Tod alsbald der Vergessenheit anheimfallen werde, scheint heute unberechtigt. Nicht nur, daß der Bibliothekar und Walton-Enthusiast Dr. Stewart Craggs in langer Forschungsarbeit detailreiche und informative Werkkataloge erstellt hat, auch innovative Plattenfirmen widmen sich der systematischen Erschließung seines reichhaltigen, weitgehend noch nicht eingespielten Œuvres. »Walton scheint (wie Bach) einer jener Komponisten zu sein, deren Musik, selbst wenn sie ihrem Medium ideal angepaßt ist, auch unabhängig von ihm lebensfähig sein kann«, schrieb der Komponist und Musikschriftsteller Christopher Palmer. »Anders ausgedrückt: Daß sie relativ leicht zu transkribieren ist, beruht nicht auf dem Geschick des Bearbeiters, sondern auf ihrem Charakter, ihrer Eignung zur Adaption, der Unzerstörbarkeit des musikalischen Gedankens (was in diesem Zusammenhang soviel wie Intensität der *Linie*, der melodischen Erfindung bedeuten mag). Es wäre schwierig, wenn nicht gar unmöglich, den Gitarrenpart von Brittens *Songs from the Chinese* für Klavier umzuschreiben oder die Klavierbegleitung von, sagen wir, den *Holy Sonnets of John Donne* zu orchestrieren. [...] Ich bin wie geblendet von dem überwältigenden Glanz des Komponisten Walton: seinem Sinn für das Heroische und Epische, für das Romantische und Poetische, von seinem Geist und Witz, seiner Prägnanz und Direktheit, seiner Ausdruckskraft, seiner Leidenschaft, seiner Begeisterungsfähigkeit. Da ich mehr am Hören und Genießen interessiert bin als am Analysieren und Bewerten, weiß ich nicht, ob Walton ein ›großer‹ Komponist war, es ist mir auch ziemlich egal. Was ich aber wirklich weiß, ist, daß er ein außergewöhnlich *guter* Komponist war, ein vollendeter Techniker, der sich immer der Situation gewachsen zeigte, selbst wenn diese seiner mehr als unwürdig war. Für meinen Geschmack reicht das; alles Übrige (wie Bernard Herrmann zu sagen pflegte) können wir den Experten überlassen.«[49]

IX

Und wo bleibt das Positive, Herr Britten?

Benjamin Britten (1913–76)

Von Lessing gibt es ein paar Sätze, die das Spannungsverhältnis zwischen den Wortführern der reaktionären Kräfte und dem Spielverderber, den einzig sein Gewissen treibt, unübertrefflich kennzeichnen. »Ich habe auf kein Gewissen schwören müssen. Mich verbindet nichts, eine andere Sprache als die meinige zu reden. Ich bedauere die ehrlichen Männer, die nicht so glücklich sind, dieses von sich sagen zu können. Aber diese ehrlichen Männer müssen nur andern ehrlichen Männern nicht auch den Strick um die Hörner werfen wollen, mit welchem s i e an die Krippe gebunden sind. Sonst hört mein Bedauern auf, und ich kann nichts, als sie verachten.« Solche ehrlichen Männer, die nichts als ihre eigene Sprache reden, sind rarer als vierblättriger Klee. Die Lessings gibt es nicht im Dutzend. Da müssen sich erst Ehrlichkeit, Verstand, Mut, Talent und kaltes Feuer in ein und demselben Menschen mischen, ehe halbwegs ein echter Spielverderber zustande kommt. Und wie oft vereinigen sich diese fünf Gaben schon in einem einzigen Manne?

Erich Kästner[1]

Kehrseiten der Vollkommenheit

»Die reinen Fakten aus Brittens Leben sind einfach. Er wurde als ein Engländer aus dem Osten geboren, zog aus der Heimat fort, eignete sich vielfältige Erfahrungen an und kehrte zurück, um sein kreatives Leben in seiner natürlichen Umgebung wieder aufzunehmen. Wie Peter Grimes konnte er sagen:

I am native, rooted here . . .
By familiar fields,
Marsh and sand,
Ordinary streets,
Prevailing wind.«[2]

Mit diesen Worten umschrieb der Earl of Harewood, der 1949 die Zeitschrift »Opera« gegründet hatte, Brittens Weg. Einfache Worte für einen großen Mann. Diese schlichten, leisen Töne, die eine äußerliche Facette von Brittens Wesen treffend umschrieben, leiteten eine 1952 veröffentlichte, über 400 Seiten starke Aufsatzsammlung ein – eine Anerkennung, die noch keinem lebenden Komponisten, weder in England noch sonstwo, vor Vollendung des 40. Lebensjahres zuteil geworden war. Neider lagen auf der Lauer, und nichts lag näher, als Britten von dem hohen Roß, auf das er gesetzt wurde, herunterzuholen. Angriffspunkte wurden zur Genüge geboten.

Die Vorstellung vom bescheidenen Genie, das fernab der Metropolen für sein Werk lebt, ist im Laufe der letzten Jahre revidiert worden. Nachdem man pietätvoll eine gebührende Frist nach Brittens Tod verstreichen ließ, wurde mit der systematischen Erschließung und Veröffentlichung seiner Tagebücher und Briefe begonnen. Das Bild des einfachen Jungen von der Ostküste präsentiert sich dadurch in einem neuen, schillernderen Licht. Wie wäre es auch zu erklären, daß jemand – wie manche glauben mochten – aus dem Nichts große Tragödien wie *Peter Grimes* (1945) schreibt, Alpträume wie in *The Turn of the Screw* (1954) Gestalt werden läßt und Jahrhundertwerke wie das *War Requiem* (1962) erschafft? Daß daneben auch zahlreiche Stücke stehen, die sich an den Aufführungsmöglichkeiten von Kindern und Jugendlichen orientieren, oder Gelegenheitswerke wie die *Cantata Academica* op. 62 zum 500jährigen Bestehen der Universität Basel, rundet nur das Bild eines Menschen ab, der zu Lebzeiten einen Kreis von Anhängern um sich scharte, die bewunderten, aber kaum hinterfragten. »Ben hatte es schwer, mit der Welt fertig zu werden, zeigte das aber beileibe niemandem«, erinnerte sich Dietrich Fischer-Dieskau. »Um so häufiger herrscht in seiner Musik das Dunkel vor. Sie spricht von der verschatteten Seite des Lebens. Das Leiden an der eigenen Person trieb es Ben – vor allem in seinen Bühnenwerken – immer wieder auszudrücken. Dabei erschließt dieser moralische Aspekt zugleich das Verständnis der Musik. Unaufhörlich suchte er nach der Unschuld. Er haßte Streit, konnte sich aber widerstrebenden Einflüssen gegenüber sehr wohl durchsetzen.«[3] »There is a dark side even to perfection«, singt Aschenbach in Brittens letzter Oper *Death in Venice*, in der Britten Bilanz zog – auch die Vollkommenheit hat ihre dunklen Seiten. »Er war ein Mensch, der mit der Welt nicht im Einklang war«, sagte Leonard Bernstein. »Das ist merkwürdig, weil Brittens Musik an der Oberfläche scheinbar so dekorativ, positiv, charmant wirkt, doch es steckt viel mehr dahinter. Wenn man Brittens Musik hört, ihr wirklich zuhört, sie nicht nur oberflächlich wahrnimmt, wird einem etwas sehr Düsteres bewußt. Es gibt da verschiedene Zahnräder, die sich drehen, aber nicht ganz ineinandergreifen, und sie können einen großen Schmerz verursachen.«[4]

»A Boy Was Born«

Britten war zum Genie bestimmt. Der Zahnarztsohn aus Suffolk, geboren am 22. November 1913 in Lowestoft, etwa 40 Kilometer nördlich von Aldeburgh an der englischen Ostküste, war das jüngste von vier Kindern, der Benjamin. Der Tag seiner Geburt war zugleich der Tag der Heiligen Cäcilia, der Patronin der Kirchenmusik. »Beni«, wie man ihn bald nannte, wurde von der Mutter als musikalisches Hätschelkind vorgezogen. Britten erinnerte sich daran, daß seine Mutter eine Amateursängerin mit einer sehr angenehmen Stimme war. Edith Britten zeigte sich fest entschlossen, aus Ben einen großen Musiker zu machen. »Wir sprachen ziemlich oft über die drei B's bzw. vier B's,«, erzählte ein Schulfreund, »Die drei B's waren Bach, Beethoven, Brahms, und das vierte B war Britten.«[5]

Im Hause der Brittens drehte sich im Umfeld der Mutter alles um Musik. Nachdem Bens Schwestern Barbara und Elizabeth wenig Begabung gezeigt hatten und sein Bruder Robert immerhin musikalisch genug war, um später unter anderem als Klavierlehrer zu arbeiten, wurde das Talent des Jüngsten nach besten Kräften gefördert. Mit fünf Jahren erhielt er den ersten Klavierunterricht von der Mutter, schon im ersten Schuljahr konnte er sie beim Liedvortrag begleiten, mit acht begann er zu komponieren. Die Mutter arrangierte Musikabende im eigenen Haus, bei denen Ben als Wunderknabe in Erscheinung trat. »Ich mag meine Kinderwerke«, gestand später noch der gereifte Komponist, »besonders ein Lied mit dem Titel *The Birds*, das geschrieben wurde, als ich vierzehn oder fünfzehn war.«[6] Bens Vater war eher das Gegenteil von seiner Frau: streng und an musischen Dingen kaum interessiert. Er weigerte sich, für die Familie ein Grammophon oder ein Radio anzuschaffen, und so bezog Britten junior seine Kenntnisse der großen sinfonischen Meisterwerke zunächst vorwiegend aus Klavierarrangements zu vier Händen, die er mit Freunden oder Verwandten durchspielte.

Das Kind war gesundheitlich angeschlagen. Als drei Monate altes Baby erkrankte Ben an Lungenentzündung. Nach Auffassung seiner Schwester Elizabeth (»Beth«) überlebte er »wahrscheinlich deshalb, weil meine Mutter ihn, wie uns alle, mit Muttermilch nährte. Sie pumpte die Milch ab und fütterte ihn mittels einer Glaspipette mit Gummiballönchen, da er zum Saugen zu schwach war«.[7] Nach der Genesung wurde einer Nachbehandlung keine besondere Aufmerksamkeit mehr geschenkt. Zurück blieb eine Herzschwäche. Trotz der keineswegs zentralen Lage war Lowestoft im Ersten Weltkrieg um 1916 das Ziel von Zeppelinangriffen, weil sich dort ein Flottenstützpunkt befand. Die Familie mit dem dreijährigen Kind mußte häufig in Kellerräumen Zuflucht suchen, und Britten erzählte seiner späteren Mitarbeiterin Imogen Holst, daß das erste Geräusch, an das er sich erinnern könne, ein Explosion im Krieg gewesen sei. Beth hingegen meinte, es habe sich dabei um eine zischende Gasleitung oder ein Feuer gehandelt.

Die viereinhalb Jahre ältere Schwester hatte mit ihrem berühmten Bruder bis zu dessen Tod Kontakt. Im Jahre 1987 veröffentlichte sie einen Erinnerungsband mit dem Titel *My Brother Benjamin*, der nur eine von zahlreichen Publikationen über den Komponisten war. Imogen Holst, von 1952 bis 1964 Brittens Assistentin, brachte 1966 in einer Reihe über »The Great Composers« als erste ein knapp 100seitiges Biographiebändchen für Jugendliche heraus. Der Schriftsteller Eric Crozier zeigte sich befremdet, daß darin sein Name aus Brittens Lebensgeschichte getilgt wurde, war er doch zwischen 1944 und 1951 als Librettist und Regisseur ein enger Mitarbeiter des Komponisten. Crozier inszenierte nicht nur die Uraufführungen von *Peter Grimes* und *The Rape of Lucretia*, er schrieb unter anderem auch die Textbücher zu *Albert Herring* sowie in Kooperation mit E. M. Forster zu *Billy Budd*, ferner war er Mitbegründer der English Opera Group und des Aldeburgh Festivals. Von all dem war nun nicht mehr geblieben als ein paar Zitate aus den Opern und aus zwei Artikeln. Crozier argwöhnte, daß Gustav Holsts Tochter »jedwede Erwähnung meines Namens vermied, um Britten einen Gefallen zu tun, selbst wenn er einen solchen Wunsch nie ausdrücklich geäußert hat«. Als Entgegnung verfaßte Crozier eine 37 Seiten umfassende Dokumentation, *Notes on Benjamin Britten*, die er jedoch mit dem Hinweis »vertraulich« überschrieb und geheim verwahrte.

Erst der Schriftsteller Humphrey Carpenter durfte diese Informationen für sein 1992 erschienenes Buch über Britten verwenden. Damit folgte nach vielen Studien über das kompositorische Schaffen nun die erste wirklich umfassende Lebensbeschreibung. Carpenter konnte auch Crozier noch selbst befragen. Crozier zeichnete ein durchaus positives Bild Brittens und zeigte sich über den Umstand, daß der Komponist Mitarbeiter und sogar Freunde nach einiger Zeit fallen ließ, eher irritiert als verbittert. Auch Brittens Homosexualität kam zur Sprache, doch am ungewöhnlichsten war Croziers Hinweis, Britten habe ihm Ende der 40er Jahre erzählt, »er sei von einem Lehrer an seiner Schule mißbraucht worden, als ob seine sexuelle Abweichung in diesem einen Ereignis seinen Ursprung habe – aber keiner von denen, die ihn gut kannten, konnte einen Zweifel daran haben, daß er von Geburt an unbestreitbar homosexuell war«. Im Jahre 1990 erzählte Crozier Brittens Biographen, daß ihm bezüglich der Frage eines sexuellen Vergehens an dem Kind kein bestimmtes Datum und auch keine bestimmte Schule genannt worden sei. »Das ist einfach das, was er mir gesagt hat.«[8] Soweit Brittens Freunde heute noch leben, halten sie – mit einer Ausnahme – den mutmaßlichen sexuellen Mißbrauch für eher unwahrscheinlich. In Brittens Tagebüchern wird man kaum Aufschluß darüber erwarten dürfen, auch überzeugen Äußerungen, daß man doch davon gehört hätte, wenn so etwas beispielsweise in der Schule in South Lodge passiert wäre, wenig. Für Beata Sauerlander (geborene Mayer), bei der Britten vom Herbst 1939 an in Amityville, Long Island, wohnte, war diese Information indes keine Überraschung. Von Carpenter für sein Buch befragt, erinnerte sie sich an Brittens schwere Erkrankung Anfang 1940, wobei »er sehr hohes Fieber hatte und viel redete. Er fühlte sich sehr unwohl. Und obwohl er für gewöhnlich sehr zurückhaltend war, sprach er sogar über seine Schulzeit und seine Kindheit. Wenn ich mich auch nicht mehr genau daran erinnere, was er sagte, weiß ich noch, daß es sehr traumatische Erfahrungen waren, sexuelle Erfahrungen. Und sie quälten ihn.«[9] Was tatsächlich geschehen ist, wird nie zu klären sein. Daß Britten bis auf eine Andeutung gegenüber Crozier nicht weiter darüber gesprochen hat, besagt wenig. Wie die sexuelle Beziehung von Erwachsenen zu Kindern in seinen Werken – die von Grimes zu seinen Lehrjungen, von Quint zu Miles und Flora in *The Turn of the Screw* (*Die Schraube wird angezogen*) oder von Aschenbach zu Tadziú in *Death in Venice (Tod in Venedig)* – oder das Interesse an einem Sujet wie *The Rape of Lucretia (Die Vergewaltigung der Lukretia)* zu interpretieren sein mag, sollte der einfühlsamen Deutung von psychologisch geschulten und im Umgang mit mißhandelten Kindern erfahrenen Exegeten vorbehalten bleiben.

Ein für seine Laufbahn als Musiker einschneidendes Erlebnis hatte Britten als Zehnjähriger. Beim Besuch des Norwich Triennial Festival am 30. Oktober 1924 wohnte er einer Aufführung der Orchestersuite *The Sea* bei, die 1910 entstanden war und nun von ihrem Komponisten, Frank Bridge (1879–1941), selbst geleitet wurde. Ben war außer sich vor Begeisterung über das Orchester und den Farbenreichtum des Werkes, das die einzige von Bridges Vorkriegskomposition war, die sich im Repertoire gehalten hatte, ja noch auf Jahre hinaus ein Renner bei Woods Promenadenkonzerten blieb. Bridge, der bereits vor dem Ersten Weltkrieg einen nachhaltigen Einfluß auf die Pflege der Kammermusik in Großbritannien ausgeübt hatte, zählte unterdessen zu den wenigen auf der Insel, die Auge und Ohr für die Komponisten aus Wien offenhielten. Werke wie seine Klaviersonate (1921–24), das 2. Klaviertrio (1929), das Cellokonzert *Oration* (1930), das 3. und 4. Streichquartett (1926 bzw. 1937) und die Violinsonate (1930) zeigen den Einfluß Schönbergs und seiner Schule auf das harmonische Denken des Engländers. Bei der Aufführung seines Orchesterstücks *Enter Spring* 1927 in Norwich begeisterte den jungen Benjamin Britten abermals »eine Orgie an melodischer und harmonischer Fülle«. Brittens Bratschenlehrerin kannte Bridge persönlich und stellte den 14jährigen Knaben dem Mann vor, der sich eigentlich nicht mit Schülern zu umgeben pflegte. »Wir kamen prächtig miteinander aus, und ich verbrachte den nächsten Morgen mit ihm, wobei wir einige meiner Musikstücke besprachen«, erzählte Britten. »Von diesem Zeitpunkt an ging ich regelmäßig zu ihm und weilte in Eastbourne oder in London in den Ferien bei ihm.« Bridge stellte gewaltige Anforderungen an den Jugendlichen, mit dem er stundenlang intensiv auf sehr professionelle Weise arbeitete. »Am Ende dieser Marathonsitzungen war ich oft in Tränen aufgelöst, nicht etwa, weil er grob zu mir gewesen wäre, sondern weil diese konzentrierte Anspannung einfach zuviel für mich war«, erinnerte sich Britten.[10] Für Ruhepausen sorgte zumeist Mrs. Bridge zur »tea-time«, die ihren Gatten daran erinnerte, daß er keinen erwachsenen Studenten vor sich hatte und nicht nur die Kunst Leib und Seele zusammenhält.

Frank Bridge bestand auf einer absolut klaren Beziehung zwischen dem, was in der Vorstellung eines Komponisten vor sich ging, und dem, was letztendlich auf dem Papier stand. »Für gewöhnlich wurde ich in die andere Ecke des Zimmers geschickt. Bridge spielte mir vor, was ich geschrieben hatte, und fragte mich, ob dies wirklich das sei, was ich gemeint hatte«, erzählte Britten 1960 in einem Interview. »Er nahm an meiner Musik, die ich ihm recht zuversichtlich präsentierte, die schrecklichsten Eingriffe vor. Er pflegte jede Passage langsam auf dem Klavier zu spielen und sagte: ›Hör' Dir das jetzt an – hast Du es so gemeint?‹ Natürlich fing ich an, die Stelle zu verteidigen, aber dann erkannte man, als er die Stelle immer noch einmal spielte, daß man nicht genau genug darüber nachgedacht hatte. Und er brachte mir bei, daß ich mir bei jeder Passage, bei jeder Fortschreitung, bei jeder Linie soviel Mühe wie möglich geben mußte.«[11] Laut Britten lehrte ihn Bridge »durch die Instrumente, für die ich schrieb, zu denken und zu fühlen«. Entscheidend waren jedoch zwei Grundsätze: »Der erste lautete, daß man versuchen muß, sich selbst zu erkennen und getreu zu dem zu stehen, was man gefunden hat. Der andere, der offenkundig damit zusammenhing, war seine gewissenhafte Aufmerksamkeit hinsichtlich guter Technik – das klar ausdrücken, was einem vorschwebte. Er vermittelte mir einen Sinn für technischen Ehrgeiz.«[12] Auch der persönliche Einfluß von Bridge war nachhaltig. So prägte er entscheidend Brittens Einstellung zum Krieg, insbesondere im Hinblick auf den Ersten Weltkrieg. »Obwohl er mich nicht dazu ermutigte, Stellung zu beziehen nur um einer Stellungnahme willen, brachte er mich dazu, zu diskutieren, zu diskutieren und nochmals zu diskutieren«, sagte Britten. »Sein eigener Pazifismus war nicht aggressiv, sondern bezeichnenderweise sanft.«[13]

Eine Einrichtung wie das Royal College of Music, wo John Ireland Komposition und Arthur Benjamin Klavier unterrichteten, konnte Britten ab 1930 wenig vermitteln, weil dort nach seiner Ansicht außergewöhnlich begabte junge Musiker nicht angemessen gefördert wurden. Der »Farrar Prize« für Komposition, den er im Juli 1931 gewann, konnte darüber kaum hinwegtrösten. Bridges Anregungen, England zu verlassen und »ein anderes musikalisches Klima« kennenzulernen, ließen sich nicht verwirklichen. Pläne eines Studiums bei Alban Berg in Wien zerschlugen sich, weil, wie Britten sagte, die Institutsleitung »dem Rad des Schicksals in die Speichen griff«.[14] Sein wichtigster Lehrer war und blieb sein Mentor Frank Bridge, dem er 1937 mit den *Variations on a Theme of Frank Bridge* ein musikalisches Denkmal setzte. Andere wichtige Kompositionen aus Brittens frühen Jahren waren Chorstücke wie *Hymn to the Virgin* (1930) oder die *Sinfonietta* für Kammer- (1932) und die *Simple Symphony* für Streichorchester (1934). Erstmals schenkte die britische Musikszene dem jungen Talent ihre Aufmerksamkeit, als dessen Opus 1, die *Sinfonietta*, am 31. Januar 1933 uraufgeführt wurde. In Deutschland hatte zur gleichen Zeit der Anfang vom Ende für das alte Europa begonnen.

Weitere Erstaufführungen und die ersten Übertragungen im Radio folgten. Der Generationswechsel vollzog sich 1934: In den frühen Morgenstunden des 23. Februar starb in Little Malvern Edward Elgar. Am Abend des selben Tages wurde die Londoner Uraufführung eines vielversprechenden Werkes des 20jährigen Benjamin Britten direkt im Rundfunk gesendet: die Variationen *A Boy Was Born* für gemischten A-cappella-Chor und Knabenstimmen. Das Werk über die Weihnachtsgeschichte und die Geburt Christi wurde in der »Radio Times« in einem Vorbericht des Komponisten Edmund Rubbra als »ein weiteres Beispiel der steigenden Vitalität der modernen englischen Musik« gepriesen. »Hierin findet man die besten Bestandteile der elisabethanischen Chorkompositionen verknüpft mit einer subtilen rhythmischen Erfindungskraft«, schrieb Rubbra. »In seinem [Brittens] Werk gibt es weder Anzeichen von Ungeschicklichkeiten noch – was umso bemerkenswerter ist – von äußeren Einflüssen. Seine Themen sind immer direkt und zur Sache gehörend, und seine musikalische Sprache ist leicht verständlich.«[15]

Das Abenteuer »Englische Oper«

Das ABC der Musik war Britten in Fleisch und Blut übergegangen. Doch auch andere seiner Vorgänger wie etwa Holst oder Vaughan Williams beherrschten ihr Handwerk. Was ihnen jedoch abging, war der dramatische Instinkt für das Wort. Daß Britten gerade im Hinblick auf Texte – Lyrik, Erzählungen, Bühnenwerke – seine Sinne schärfte, befähigte ihn zu erfolgreicheren Unternehmungen auf einem Gebiet, auf dem die neue britische Musik bis dato noch nicht ihre Meisterschaft bewiesen hatte: Nachdem sich die Pforten zu Kammer, Kirche und Konzertsaal bereits weit geöffnet hatten, war ihr das Theater bislang noch verschlossen. Doch auch hier begehrte die Muse Einlaß.

Die finanziell einträglichsten Vorübungen ermöglichten zunächst allerdings die Lichtspieltheater. »Buchstäblich ein höllischer Tag«, schrieb Britten über den 1. Mai 1935. »Ich verbrachte den lieben langen Tag damit, mich auf meinem Zimmer mit Filmmusik herumzuplagen – mit der Uhr in der einen und einem Stift in der anderen Hand –, wobei ich darum bemüht war, meine wenigen Einfälle (und es sind herzlich wenig bei diesem gottverdammten Thema) auf die Sekunden abzustimmen.« In diesem Fall bestand die Aufgabe darin, einen Kurzfilm über den Entwurf und die Herstellung einer neuen Briefmarke zum Thronjubiläum von König George V. zu vertonen. Auftragsarbeiten dieser Art waren für Britten in den 30er Jahren eine künstlerisch zwar unbefriedigende, aber dennoch lehrreiche Aufgabe. »Ich mußte rasch arbeiten und mich zur Arbeit zwingen, wenn ich nicht wollte; zudem mußte ich mich daran gewöhnen, unter allen erdenklichen Gegebenheiten zu arbeiten«, erzählte Britten. »Ich hatte Partituren für nicht mehr als sechs oder sieben Instrumentalisten zu schreiben und auch dafür zu sorgen, daß diese Instrumente alle Effekte erzeugen, die jeder Film benötigte.«[16] In späteren Jahren nahm Britten Filmmusik als musikalische Kunstwerke nicht mehr ernst, was gewiß eine Folge der Produktionsbedingungen war, unter denen Komponisten an der Herstellung eine Streifens beteiligt wurden. Für Britten begann zu dieser Zeit ein gestreßtes Leben, das vornehmlich aus Herumhetzen in Taxis, Komponieren, Aufnahmesitzungen und Bearbeiten des Ton- und Bildmaterials bestand. »Ließ mir rasch die Haare schneiden, bevor Basil Wright [von der General Post Office Film Unit] mich um 10 mit dem Auto abholte und runter nach Colwall in der Nähe von Malvern brachte«, notierte er am 5. Juli 1935 im Tagebuch über sein vermeintlich normales Pensum, doch am Schluß dieses Tages sollte eine wichtige Begegnung stehen: »Sehr schöne Fahrt über Maidenhead, Oxford, Tewkesbury. Ankunft 13.45 – Essen im Park Hotel, wo wir abstiegen. Wir sind hier, um Filmprojekte mit Wystan Auden zu besprechen (er ist hier Lehrer an der Downs School) [...] Auden ist ein erstaunlicher Mann ...«[17]

Der Schriftsteller Wystan Hugh Auden (1907–73) hatte sich bereits damals einen beträchtlichen Ruf als einflußreicher Dichter und Sprecher der linksgerichteten jungen Generation erworben, überdies machten er und sein Freundeskreis kein Hehl aus ihrer Homosexualität, die zu dieser Zeit in Großbritannien noch illegal war. 1935 hatte er die deutsche Schauspielerin und Autorin Erika Mann, eine Tochter von Thomas Mann, geheiratet, um ihr zu einem britischen Paß und der Flucht vor den Nazis zu verhelfen. »Auden war eine energische, revolutionäre Person«, erinnerte sich Britten. »Er war ausgesprochen antibürgerlich, und das reizte an ihm. Er hatte auch einige flotte, etwas verrückte Vorstellungen von Musik. Er spielte recht ordentlich Klavier und war ganz groß darin, ziemlich ungewöhnliche Worte zu anglikanischen Kirchenliedern zu singen.«[18] In den 30er Jahren suchte und fand Britten Anschluß an einen Intellektuellenzirkel um Auden und dessen Schriftstellerfreunde Christopher Isherwood und Louis MacNeice, der später in den USA auch zu Bekanntschaften mit Mitgliedern der Familie Mann, dem antifaschistischen Essayisten und Historiker Giuseppe Antonio Borgese und dem Physiker Albert Einstein, einem begabten Amateurgeiger, führte. Durch Auden kam Britten nicht nur mit moderner Lyrik in Berührung, sondern wurde auch in die Dichtung von John Donne und Arthur Rimbaud eingeführt. Zeit seines Lebens erwies sich Britten als einer der im Umgang mit Literatur und Textauswahl versiertesten Komponisten. Nachdem er sich zumindest mit dem Klangduktus fremder Sprachen vertraut gemacht hatte, konnte er, auch ohne diese vollständig zu beherrschen, Texte im französischen, italienischen, deutschen und russischen Original vertonen. Natürlich bot es sich auch an, daß Britten Texte Audens mit Musik versah. Auden lieferte sogar die Vorlage zu einem Weihnachtsoratorium, das Britten jedoch zu umfangreich und zu sehr eigenständige Literatur war, um es in Musik zu setzen. Sehr zufrieden zeigte sich der Komponist jedoch mit den Versen zu dem Liederzyklus *Our Hunting Fathers* (1936) und zu dem Chorwerk *Hymn to Saint Cecilia* (1942). »Per Post erhalte ich viele Libretti, aber ich habe nie eins davon angenommen«, berichtete später der arrivierte Opernkomponist Britten. »Leider gehe ich nur selten ins Theater, aber wenn ich neue Stücke lese, fällt mir immer wieder auf, wie sie Libretti ähneln. Man könnte sagen, daß auch sie beim Lesen relativ wirkungslos sind. Was ich brauche, sind bemerkenswerte und packende Wendungen. Ich denke, daß die Kneipenszene in *Grimes* zum Teil deswegen Erfolg hatte ...«[19]

Nach 1942 kühlte das Verhältnis zu Auden und den Seinen ab, vorwiegend weil Britten den Dichterzirkel als zu dogmatisch empfand. Zudem plagte ihn ein »unangenehmer Minderwertigkeitskomplex in Gesellschaft von Köpfen wie Basil Wright, Wystan Auden und William Coldstream«, wie er seinem Tagebuch anvertraute.[20] Zu den schockierendsten Erlebnissen jener Zeit gehörten der Tod seiner Mutter am 31. Januar 1937 und Audens Entschluß, als Fahrer eines Ambulanzfahrzeugs am Spanischen Bürgerkrieg teilzunehmen. »Nach dem Essen sagt er mir, daß er nach Weihnachten nach Spanien gehen und kämpfen will – ich versuchte ihn davon abzubringen, denn das, was die spanische Regierung von seiner Teilnahme hat, ist nichts verglichen mit dem, was die Welt davon hätte, wenn er weiter schreibt; aber niemand kann W. H. A. von seiner Meinung abbringen«, notierte Britten. »Es ist furchtbar bedrückend, und ich empfinde es als entsetzlich, dennoch glaube ich, daß es für ihn vielleicht nur logisch ist – er ist eine so direkte Person. Trotzdem zeigt es einen phänomenalen Mut.«[21] Britten engagierte sich nie politisch wie einige seiner Bekannten. Daraus, daß er Pazifist war, machte er indes nie einen Hehl, und er äußerte starke Zweifel an der Handlungsfähigkeit politischer Organisationen. Ob er sich für apolitisch halte, fragte man ihn Anfang der 60er Jahre. »Politiker sind doch so gräßlich, oder?« entgegnete Britten. »Schließlich ist es die Aufgabe der Politik, die Welt zu gestalten und Spannungen zu entschärfen. Was wir tatsächlich brauchen, sind mehr internationale Fachleute, Künstler und Ärzte. Eigentlich sollten politische Institutionen allmählich bereits verschwunden sein. Meine sozialen Empfindungen sind die gleichen, die sie immer waren. Ich glaube einfach nicht an Macht und Gewalt.«[22] Schon 1936 hatte er Musik für den dreiminütigen Film *Peace of Britain* geschrieben, den die Zensur eine Zeitlang zurückhielt, und 1937 einen *Pacifist March* für die kurz zuvor von Reverend Dick Sheppard gegründete Peace Pledge Union (PPU). Britten war einer von gut 100 000 Menschen, die 1935 einem Aufruf von Sheppard, dem Pfarrer von St-Martin-in-the-Fields in London, folgten und eine Postkarte einsandten mit der Erklärung: »Ich widersage dem Krieg, und niemals wieder werde ich, direkt oder indirekt, einen anderen unterstützen oder billigen.« Die daraus entstehende PPU wurde zur Dachorganisation verschiedener Friedensbewegungen wie etwa der Christian Fellowship for Reconciliation. Auch ein anderer Komponist sandte seine Erklärung ein: Michael Tippett. Im Gegensatz zu Britten beteiligte er sich ausgesprochen engagiert an dieser Vereinigung und deren Zeitschrift »Peace News« und übernahm 1956 sogar die Präsidentschaft.

Brittens Hauptbeschäftigung war und blieb die Musik, die ihm allmählich auch eine Lebensgrundlage bot. Nach einigen kleinen Kompositionen und Arbeiten für Filmgesellschaften konnte er am 3. Januar 1936 einen Vertrag mit Boosey & Hawkes unterzeichnen, der ihm ein vorläufiges Auskommen durch monatliche Vorschußzahlungen bot, während er dem Verlag eine Option auf seine Kompositionen einräumte. Auch Walton war 1923 eine derartige Symbiose mit Oxford University Press eingegangen, desgleichen verband später in den 60er Jahren ein solcher Optionsvertrag Boosey & Hawkes mit dem vielversprechenden Peter Maxwell Davies.

International wurde Britten 1937 in der Musikwelt bekannt, als seine *Variations on a Theme of Frank Bridge* am 27. August 1937 in Salzburg erstmals gegeben wurden. Sein Opus 10 für Streichorchester, das parodistisch und virtuos ein Thema aus dem zweiten der *Three Idylls*, Bridges op. 6, variiert, entstand im Auftrag für ein englisches Kammerorchester, das eine glanzvolle Nummer für seinen Auftritt auf dem Kontinent haben wollte, und es zählt noch heute zu den populärsten Stücken Brittens. Neben Liedvertonungen waren in den folgenden Jahren Brittens gewichtigste Kompositionen für den Konzertsaal die *Sinfonia da Requiem* (1940) und die kantatenartige *Spring Symphony* (1949). Doch es war auch die Zeit gekommen, in der Britten sein Betätigungsfeld beträchtlich erweiterte. »Als ich ihn in den 40er Jahren erstmals kennenlernte, besprachen Ben Britten und ich unsere Zukunftspläne«, berichtete Michael Tippett. »Ben sagte, daß er in erster Linie Opernkomponist werden würde. Das hat er, wie jedermann weiß, auch verwirklicht; und obwohl er Lieder, Kammer- und Orchestermusik schrieb, gründet seine Leistung – von Peter *Grimes* bis zu *Death in Venice* – vor allem auf seinen Bühnenwerken.«[23] Bei seinem Bestreben hatte Britten einen großen Vorteil gegenüber Künstlern wie Sullivan, Smyth oder Boughton, die sich mit unterschiedlichem Erfolg um die englische Oper verdient gemacht hatten: Als er sich diesem Genre zuwandte, war der Weg für eine Oper in englischer Sprache bereits geebnet.

Das Opernhaus Covent Garden war jedoch nicht der Ansprechpartner. Hier dominierten wie eh und je die ausländischen Stars. Einst schien es sogar, als ob die bereits im 19. Jahrhundert unternommenen Anstrengungen um eine Oper in der Landessprache bereits vor dem Ersten Weltkrieg auch am Covent Garden fruchten sollten. Nach dem Hinscheiden des Theatermagnaten Augustus Harris im Jahre 1896 übernahm bis 1924 ein Grand Opera Syndicate die Verwaltung, und als noch 1905 Neil Forsythe Intendant und die Dirigenten Hans Richter und Percy Pitt künstlerische Leiter wurden, glaubten viele, das Gröbste sei überstanden. Pitt und Richter klügelten ein Konzept für eine Oper in englischer Sprache aus und erzielten im Januar 1908 mit einer Produktion von Wagners *Ring* – in Englisch und mit Richter am Pult – einen beachtlichen künstlerischen und finanziellen Erfolg. Doch dem Grand Opera Syndicate widerstrebten ähnlich angelegte Projekte, und man versagte dem Briten und dem Deutschen jegliche weitere Unterstützung. Künstler wie Caruso, Martinelli oder die Destinn übernahmen am Covent Garden wieder das Regiment, und der neue Chefdirigent Thomas Beecham bemühte sich um einzelne Komponisten, verfolgte aber keine langgesteckten künstlerischen Ziele. Während des Ersten Weltkriegs blieb das Opernhaus sowieso geschlossen, und zwischen 1924 und 1931 hatte unter Bruno Walters Leitung vor allem das deutsche Repertoire eine Blütezeit.

Parallel zu Covent Gardens nicht immer stilvollen Richtungswechseln entfalteten sich die Vorläufer jenes Ensembles, das heute die im Coliseum beheimatete English National Opera bildet. Durch die Initiative der opernbegeisterten Besitzerin des Old Vic Theatre, Lilian Baylis, wurde nach dem Ersten Weltkrieg an diesem Haus ein Repertoire mit Opern in englischer Sprache aufgebaut, darunter ein Mozart-Zyklus mit neuen Übersetzungen von Edward J. Dent. Wenn das Theater auch über kein festes Ensemble verfügte, so traten dort immer wieder Künstler wie Edith Coates, Joan Cross, Heddle Nash und Henry Wendon auf. Nach einem ersten Erfolg mit Mozarts *Les Petits Riens* im Dezember 1928 begann auch die Integration von Ballettproduktionen in das Angebot, choreographiert von Ninette de Valois. Aus deren Camargo Society, die 1931 Vaughan Williams' *Job* die Bühnentaufe gegeben hatte, entwickelte sich später das Sadler's Wells Ballet. Zur Jahreswende 1930/31 konnte Lilian Baylis mit ihrer Ballett- und Operntruppe in das Sadler's Wells Theatre in der Rosebery Avenue umziehen, und am 6. Januar 1931 im neuen Haus eröffnen. Dieses Gebäude gehörte ursprünglich einem Grundbesitzer namens Sadler, dessen Bedienstete 1683 eine zugeschüttete mittelalterliche Heilquelle wiederentdeckten – daher der Name. Zu diesem Zeitpunkt nun hatte man schon etwa 30 Opern im Repertoire: Neben dem Mozart-Verdi-Puccini-Standardangebot auch Ausgefallenes wie Donizettis *The Daughter of the Regiment*, Humperdincks *Hansel and Gretel* und Saint-Saëns' *Samson and Delilah* und britische Opern wie Purcells *Dido and Aeneas*, Wallaces *Maritana*, Benedicts *The Lily of Killarney* und Balfes *The Bohemian Girl*. Sullivans Bühnenwerke waren ja aus urheberrechtlichen Gründen nicht vor 1961 zugänglich. Die erste Neuinszenierung im Sadler's Wells Theatre war am 27. Januar 1932 Verdis *A Masked Ball*; als bemerkenswerte englische Erstaufführungen folgten 1933 die Rimsky-Korsakow-Opern *The Snow Maiden* und *Tsar Saltan* sowie die Erstaufführung der Urfassung von Mussorgskys *Boris Godunow*, initiiert vom Dirigenten Lawrence Collingwood, der noch im zaristischen St. Petersburg der Assistent von Albert Coates gewesen war. Zu den bald folgenden Neuinszenierungen englischer Opern gehörten Benjamins *The Devil Take Her* (1932), Smyths *The Boatswain's Mate* und die Uraufführung von Collingwoods *Macbeth* (1934), Stanfords *The Travelling Companion* und Holsts *Savitri* (1935), Vaughan Williams' *Hugh the Drover* (1937), Smyths *The Wreckers* (1939) sowie – Sadler's Wells war wegen der deutschen Luftangriffe bereits geschlossen – Gays *The Beggar's Opera*, Arnes *Thomas and Sally* und Purcells *Dido and Aeneas* (1941).

Was Britten also in den 40er Jahren vorfinden konnte, war ein Vakuum im Bereich von Opern aus der Feder britischer Komponisten, dafür aber ein intaktes, gutes Ensemble, das sie aufführen konnte. Die englischen Opern, die es dort zu hören gab, vermochten ihm aber kaum die angemessene Inspiration zu bieten. Meilensteine im Bereich der zeitgenössischen Oper waren andernorts gesetzt worden: 1925 in Berlin mit Alban Bergs *Wozzeck* und 1934 in Leningrad mit Dmitri Schostakowitschs *Lady Macbeth von Mzensk*.

Bis diese Werke erstmals in Großbritannien zu hören waren – und dann aus Kostengründen zunächst auch nur in konzertanten Aufführungen – verstrich einige Zeit. Doch die Darbietungen von *Wozzeck* am 14. März 1934 und von *Lady Macbeth von Mzensk* im März 1936 bedeuteten nicht nur für Britten Schlüsselerlebnisse. Er hielt *Wozzeck* für ein »großartiges Werk« und war äußerst betroffen über Bergs Tod am 24. Dezember 1935. »Dies bedrückt mich sehr, da ich spüre, daß er einer der wichtigsten Männer ist, die heute schreiben«, hieß es im Tagebuch. »Wir könnten noch viele Nachfolger von *Wozzeck*, *Lulu* und der *Lyrischen Suite* gebrauchen. Ein sehr großer Mann.«[24] Nicht minder enthusiastisch nahm Britten die Oper von Schostakowitsch auf. »Überall findet man eine stilistische und methodische Folgerichtigkeit. Die Satire ist scharf und brillant. Sie ist nicht eine Sekunde langweilig – selbst in dieser Form«, schrieb Britten in einer Besprechung für die »World Film News«. »Das Gekicher jener ›ehrenwerten Komponisten der englischen Renaissance‹ auf ihren Parkettplätzen war typisch. Auf einer einzigen Seite *Macbeth* gibt es mehr Musik als in all ihrem ›eleganten‹ Geschreibsel!«[25] Vorbilder, denen es nachzueifern galt, gab es also doch. Die Voraussetzungen für Britten, nun selbst eine Oper zu schreiben, waren dementsprechend günstig. Es fehlte lediglich ein guter Stoff, Geld und für eine anregende Arbeit der geeignete Partner.

»Peter Grimes«

Bereits 1934, im Jahr seines ersten großen Erfolges, hatte Britten flüchtig einen Sänger kennengelernt, mit dem er eine der künstlerisch fruchtbarsten Verbindungen der Musikgeschichte eingehen sollte. Sein Name war Peter Pears (1910–87). Dieser junge Tenor wurde nach einer Ausbildung in Oxford und am Royal College of Music in London ab 1936 Mitglied der BBC Singers, bevor er nach 1938 seinen Weg als Solist ging. Durch den Tod von Brittens Mutter und eines gemeinsamen Freundes kamen sich die beiden Männer jedoch erst im April 1937 näher. »Peters Stimme hatte irgend etwas, was Ben brauchte, denn er war am kreativsten, wenn er für die Stimme komponierte«, erzählte Brittens Schwester Beth. »Ein naher Freund von Ben, der auch meine Mutter gut kannte, sagte mir unlängst, daß Peters Stimme der meiner Mutter sehr ähnelte, und sie war doch gerade erst gestorben.«[26] Ende 1937 gaben Benjamin Britten und Peter Pears in Oxford ihr erstes gemeinsames Konzert, bei dem unter anderem Brittens Liederzyklus *On This Island* op. 11 mit einem Text von Auden auf dem Programm stand – der Grundstein für die Zusammenarbeit von zwei der bedeutendsten Liedkünstler des 20. Jahrhunderts war gelegt.

Doch Künstler können es in ihrem Privatleben kaum jemandem recht machen. Haben sie wie Sullivan eine Beziehung zu einer nicht vor dem Gesetz ge-

Der Komponist und »seine« Stimme: Benjamin Britten und Peter Pears

schiedenen Frau, gelten sie als moralisch fragwürdig. Führen sie wie Holst eine glückliche Ehe, werden sie als spießig angesehen. Über Brittens homosexuelle Beziehung zu Pears sprach man lange Zeit nur hinter vorgehaltener Hand. Waren Zärtlichkeiten auf offener Straße schon undenkbar, so blieb diese »Angelegenheit« selbst auf dem sprichwörtlich so geduldigen Papier der Literaten ein Anathema. Will man sich ein Bild machen vom Umgang der Gesellschaft mit der Homosexualität, braucht man sich lediglich das Schicksal des Romans *Maurice* von Edward Morgan Forster (1879–1970) zu vergegenwärtigen. Das Werk wurde 1913, in Brittens Geburtsjahr, begonnen und 1914 vollendet. »Gewidmet einem glücklicheren Jahr«, heißt es zuvor. Publiziert werden konnte es erst 1971, ein Jahr nach Forsters Tod. Hier erzählt Forster vom Selbstfindungsprozeß eines jungen Mannes der »upper middle class«, der durch die Liebe zu einem gleichgeschlechtlichen Partner in Konflikt mit den herrschenden gesellschaftlichen Normen gerät. Eine strafrechtliche Verfolgung von Homosexuellen gefährdete gleichgeschlechtliche Beziehungen bis 1967. Erinnert sei nur an das Schicksal Oscar Wildes, doch auch die unbefangene Schilderung heterosexueller Verhältnisse führten zu Skandalen und Verboten wie etwa bei James Joyces *Ulysses* (1921) oder D. H. Lawrences *Lady Chatterley's Lover* (1928). Im September 1960 notierte Forster, daß sich, seit *Maurice* geschrieben wurde, ein Wandel in der Öffentlichkeit vollzogen habe, »der Wechsel von Ignoranz und Angst zu Gewohnheit und Verachtung«.[27] Michael Tippett, der Anfang der 50er Jahre als Gast von Pears und Britten in Aldeburgh weilte, wo man zusammen mit Forster an *Billy Budd* arbeitete, erinnerte sich an lange Gespräche mit dem Schriftsteller über Literatur und Oper. Der Roman *Maurice*, den Forster anfangs privat zirkulieren ließ, kam dabei nicht zur Sprache, und es ist auch kaum anzunehmen, daß man mit Britten über dieses Thema hätte reden können. Auch hatte Tippett das Buch nie gelesen, solange es nur privat im Umlauf war, und er glaubt, daß Forster, wenn er das Werk für so wichtig gehalten hätte und es unbedingt publizieren wollte, dies auf die eine oder andere Art zumindest auf dem Kontinent auch geschafft hätte, wie etwa Joyce und Lawrence.[28] *Maurice* bleibt letztlich ein Werk, in dem Literarisches hinter dem Persönlichen zurücksteht. Britten trat nie öffentlich für die Belange der Homosexuellen ein, so wie etwa Tippett in seiner 1991 erschienen Autobiographie unbefangen über seine gleichgeschlechtlichen Partnerschaften erzählt. Welche Qualen Britten sein Coming-out bereitete, verraten nur die Tagebücher. »Das Leben ist heutzutage ein ganz schön heftiger Kampf – auch sexuell. Es ist so schwer, Entscheidungen zu treffen, und es ist schwierig, offensichtlich abnormale Dinge ohne Vorurteile zu betrachten«, notierte er am 5. Juni 1936, und am 5. März 1937 heißt es: ». . . jetzt ist für mich die Zeit gekommen, eine Entscheidung über mein Sexualleben zu fällen.«[29] Aus der Freundschaft mit Pears wurde vom Juni 1939 an, als beide über Kanada in die USA reisten, eine intime Liebesbeziehung. Der Briefwechsel zwischen Britten und Pears – »Honey my darling«, »My heart«, »All my love, for ever & ever ...« – vermittelt einen kleinen Einblick in die Vertrautheit und zärtliche Zuneigung zwischen den beiden Männern.

Daß beide eine gemeinsame Wohnung bezogen, gab der Gerüchteküche und dem Klatsch in den 50er und 60er Jahren nur zusätzlich Nahrung. Die englische Musik werde von einer »Päderasten-Allianz« regiert, hieß es, und über Brittens Heim in Aldeburgh mit »Homo sweet homo« gelästert. Covent Garden führe beizeiten die *Schwuchteldämmerung* (*The Twilight of the Sods*) auf, spottete Beecham, und verprellte Britten mit der Bemerkung, er gebe niemals Kommentare ab über junge, sich noch abmühende Komponisten.[30] Mochten die Etablierten der Musikszene auch höhnen, die breite Masse der Musikfreunde und -kundigen, die Generation der in den 20er und 30er Jahren Geborenen, verfolgte Brittens kompositorische Produktion mit gespannter Aufmerksamkeit. Sein Auftreten verlieh dem Zahnarztsohn von der Ostküste eine geradezu aristokratische Würde; sein Ansehen als Komponist, Dirigent und Pianist wuchs immens. Über das Tiefste in ihm, um mit Thomas Mann zu sprechen, redete man in seinem Kreis nicht. Das Wort »homosexuell« kam in seinem Wortschatz nicht vor. Britten war ein Ästhet, dessen puritanische Ader ihn zu einer asketischen, streng organisierten Lebensweise anhielt. So nahm er täglich kalte Bäder, komponierte nach einem korrekt eingehaltenen Arbeitsplan etwa acht, beim Instrumentieren manchmal zwölf Stunden täglich, liebte die Häuslichkeit, speiste maßvoll (laut Pears konnte er kaum ein Ei kochen und aß am liebsten »Kinderessen« wie Rosinenpudding) und ging früh zu Bett. Ein gutes Benehmen gehörte für ihn einfach zur vornehmen Lebensart. Die Homosexualität blieb seine und Pears Privatangelegenheit, doch sie war auch Teil seiner Kreativität. So wurden die Möglichkeiten von Knabenstimmen seiner geistigen Sphäre anverwandelt, desgleichen umfingen seine Emotionen den Sänger Peter Pears sowohl als Mensch wie auch Künstler. »Nel vostro fiato son le mie parole«, hieß es im 30. der Michelangelo-Sonette – in Deinem Atem bildet sich mein Wort. Und mein Klang. Das erste Werk, das Britten für den Freund schrieb, waren die *Seven Sonnets of Michelangelo* op. 22, vollendet im Herbst 1940, das letzte, 33 Jahre später uraufgeführt, die Oper *Death in Venice* nach Thomas Manns Erzählung. Ähnlich wie bei dem deutschen Schriftsteller sind die Frauengestalten in Brittens Opern Projektionsfiguren, in manchen Werken kommen sie überhaupt nicht vor. Die Vokalstücke und Opernpartien, die Britten für Pears komponierte, gehören zu seinen besten Werken. »Er hätte nichts geschrieben, was ich nicht singen konnte», bemerkte Pears und sagte, bezogen auf die Rolle des Grimes: «Ich glaube, andere können die Rolle besser singen, aber er glaubte, daß ich es auch konnte.«[31]

Liedkompositionen sind in Brittens Werkkatalog zahlreich. Ein prominenter, mit Sicherheit der gehaltvollste Teil davon, entstand für Peter Pears. Nach den Auden-Vertonungen *Our Hunting Fathers* (1936) und *On This Island* (1937) kam Britten eigentlich auf dem Umweg über eine Fremdsprache zur Meisterschaft seiner vokalen Schreibweise; die *Michelangelo-Sonetts* für Pears sind der erste Markstein in Brittens Werk, die ihn als »Erneuerer des englischen Liedes« ausweisen, wie ihn der Freund in einem Aufsatz nannte. Er setzte noch weitere: *Les Illuminations* mit Rimbauds Versen (1939), *Serenade* mit einer Textauswahl aus diversen Anthologien (1943), *The Holy Sonnets of John Donne* (1945), *Winter Words* nach Thomas Hardy (1953) und die *Sechs Hölderlin-Fragmente* (1958) gehören zum Besten, was die Konzertliteratur zu bieten hat. »Eines meiner Hauptziele besteht darin, zu versuchen, der Vertonung von englischen Texten wieder eine Brillanz, Freiheit und Lebendigkeit zu geben, die seit dem Tod Purcells merkwürdigerweise ziemlich rar geworden sind«, postulierte Britten. »Während der letzten hundert Jahre wurden englische Vokalkompositionen von einer strengen Unterordnung unter den logischen Sprachrhythmus beherrscht, ungeachtet der Tatsache, daß eine dem Sinn entsprechende Betonung einer Betonung des gefühlsbedingten Gehalts oft zuwiderläuft. [...] Der Komponist sollte nicht absichtlich unnatürliche Betonungen vermeiden, wenn die Prosodie des Gedichts und die emotionale Situation sie erfordern, auch braucht er eine eigenmächtige Wortbehandlung nicht zu fürchten, die eine Verlängerung erforderlich machen mag, die weit über die gewöhnliche Sprechdauer hinausreicht oder eine rasche Vortragsweise, die im Gespräch undenkbar wäre.«[32] Ungeachtet dieser Worte schmückte sich der Komponist jedoch keineswegs mit dem Nimbus des Revoluzzers. »Britten hat nie den Anspruch erhoben, ein Neuerer zu sein; die Generation der Revolutionäre ging der seinen voran«, schrieb Peter Pears in seinem Essay. »Er erkannte früh, daß sich die akademische Überlieferung in seinem Lande auf stumpf gewordenen Dilettantismus und anmaßende Gelehrtheit gründete. Er begriff, daß der junge Komponist sich als Folge der Explosion in der musikalischen Welt der ersten Jahrzehnte dieses Jahrhunderts seine eigene Tradition aufbauen müsse. In seinem Bemühen darum ist Britten an den reinsten Strom ›moderner‹ Musik gegangen: zu Monteverdi, Purcell, Bach, Haydn, Mozart, Schubert, Verdi und, unter den späteren, zu Mahler, Berg und Strawinsky.«[33]

Eine wichtige Rolle in Brittens Œuvre spielte auch stets die Arbeit mit Kindern. Die UFA-Verfilmung von Erich Kästners Roman *Emil und die Detektive* sah Britten erstmals am 28. März 1933. Gerhard Lamprechts Film nach einem Drehbuch von Billy Wilder begeisterte den jungen Britten. Es sei »der vollkommenste und befriedigendste Film, den ich je gesehen habe und je zu sehen hoffe«, notierte er in seinem Tagebuch. »Man spielt so natürlich und schön wie möglich – herrlich und subtil gefilmt – die Handlung sehr unterhaltsam und einfallsreich – eine kolossale Leistung.«[34] Drei Tage später erwarb Britten eine (deutsche) Ausgabe des Buches, die heute im Archiv des Red House in Aldeburgh aufbewahrt wird, und bereits am 3. April begann er mit den Entwürfen zu einer *Emil*-Suite. Doch er mußte anderen Projekten Vorrang einräumen, und obschon seine Begeisterung für Kästners Geschichte erhalten blieb, stellte er diese Komposition leider nie fertig. Zu seinen Stükken, bei denen Kinder mit erwachsenen Interpreten zusammenwirken, zählen unter anderem die Kinderopern *The Little Sweep/Let's Make an Opera* (1949) und *Noye's Fludde* (1957) sowie zahlreiche Chorstücke wie *Saint Nicolas* (1948), *Psalm 150* (1963), *Voices for Today* (1965), *The Golden Vanity* (1966) und *Kinderkreuzzug* nach Brecht (1968). Ferner gibt es auch Gesangsrollen für Kinder in *Albert Herring*, *The Turn of the Screw* und *A Midsummer Night's Dream* sowie einen Knabenchor im *War Requiem*. Einer der bekanntesten Knabensolisten Brittens, der auch auf mehreren seiner Einspielungen zu hören ist, dürfte gewiß David Hemmings gewesen sein – er machte später Karriere als Schauspieler und wirkte unter anderem in Antonionis Kultfilm *Blow up* (1966) mit.

Für Jugendliche gedacht sind zudem auch jene Variationen über ein Thema von Henry Purcell, die als *The Young Person's Guide to the Orchestra* berühmt wurden. Sie entstanden ursprünglich 1946 für den Dokumentarfilm *Instruments of the Orchestra*, zu dem Eric Crozier Kommentare beisteuerte, doch wurde bereits vor der Erstaufführung eine Konzertfassung in Liverpool vorgestellt. Im Umgang mit Kindern war es, als ob Britten sich in seine eigene Jugend zurückversetzt sah, meinte Crozier. Und ein BBC-Mitarbeiter erinnerte sich, wie sich der berühmte Musiker nach der Fernsehübertragung eines Liederabends bei der anschließenden Party mit zwei Kindern, einem Jungen und einem Mädchen von etwa zwölf bzw. vierzehn Jahren, zusammensetzte und mit ihnen plauderte, »und Ben wollte offensichtlich mit niemand anderem reden, er saß hinten in einer Ecke und sprach mit ihnen – völlig gelöst, vollkommen entspannt führte er mit diesen beiden Kindern eine wirklich ernsthafte Unterhaltung. Dann wandte er sich um und blickte im Raum umher, und etwas Mißbilligendes legte sich auf seine Züge, als er wieder der Welt gegenübertreten mußte«. In seiner Musik habe Britten Kinder nie überfordert, meinte Croziers Frau, die Altistin Nancy Evans, weil er sich auf ideale Weise in sie hineinversetzen konnte – »Es war eine Art Peter Pan-Mentalität.«[35] Völlig Neuartiges kam durch diese Kompositionen in die Behandlung von Kinderstimmen ein, die nun wesentlich energischer eingesetzt wurden. »Benjamin Britten hat immer viele kräftige Knabenstimmen in seinen Stücken gewollt«, erinnerte sich der englische Dirigent Marcus Creed, der seit 1987 künstlerischer Leiter des RIAS-Kammerchores in Berlin ist. »Er hat absichtlich für einen Schulchor in London, in

Wandsworth, geschrieben, die richtig gebrüllt haben – überhaupt weit, weit weg von dem netten, puren Klang von Cambridge und Oxford. Ich glaube aber, in England geht man langsam weg von dieser Klangvorstellung und singt mit mehr Ausdruck.«[36] Brittens Arbeit mit Kindern und Amateuren gehörte wesentlich zu seinem Arbeitsethos. »Ich will für die Menschen schreiben«, sagte er. »Ich glaube leidenschaftlich an den Professionalismus und denke, daß der Profi sein Metier von Grund auf beherrschen muß, aber das sollte ihn nicht daran hindern, für Amateure zu schreiben. Eher im Gegenteil. Schließlich sind sie immer eine wichtige Kraft in der Herausbildung unserer Tradition gewesen. Selbst auf dem Kontinent haben gerade Amateure – zumindest noch bis vor einigen Jahren – die Lieder und Streichquartette der großen Komponisten aufgeführt und geschätzt.«[37]

Bei aller Hingabe an die Musik konnte sich selbst Britten nicht den drohenden Gefahren gegen Ende der 30er Jahre verschließen. Auch Großbritannien litt unter Arbeitslosigkeit und Kriegsangst. Deutschland war 1933 aus dem Völkerbund ausgetreten und hatte sich in den folgenden Jahren durch Abkommen mit Polen, Großbritannien und Österreich darum bemüht, Argwohn zu zerstreuen. 1938 wurden Österreich und das Sudetenland annektiert. Als der britische Premierminister Neville Chamberlain Anfang Oktober 1938 von seinen Treffen mit Hitler nach England zurückkehrte, glomm noch ein Funke Hoffnung auf, daß seine Appeasement-Politik den Diktator besänftigen könnte. Doch voll düsterer Ahnungen hatte Großbritannien schon 1934 mit der Wiederaufrüstung begonnen. Noch bevor am 1. September 1939 deutsche Truppen mit dem Überfall auf Polen den Zweiten Weltkrieg einleiteten, hatten Britten und Pears Europa den Rücken gekehrt.

Sie traten ihre Reise im Mai an und erreichten, nach einem längeren Aufenthalt in Kanada, Ende Juni New York. »Ich glaube kaum, daß man die Situation zu sehr vereinfachen würde, wenn man sagt, daß viele aus unserer jüngeren Generation zu dieser Zeit die Empfindung hatten, daß Europa mehr oder weniger am Ende war«, sagte Britten 1960 in einem BBC-Interview mit Lord Harewood. »Über Europa lag dieser große faschistische Schatten der Nazis, die jeden Moment alles zugrunderichten konnten, und man hatte das Gefühl, daß Europa weder den Willen hatte, noch irgend etwas unternahm, sich dem zu widersetzen. Ich ging nach Amerika und glaubte, daß dort meine Zukunft liegen würde. Ich brauchte sehr lange, um zu erkennen, daß dem nicht so war, und vielleicht ist es interessant, zu erzählen, daß mir diese Erkenntnis teilweise durch eine Erkrankung kam. Etwa ein gutes Jahr lang war ich sehr krank, gerade in den ersten Kriegstagen in Amerika. Als die Erkrankung fast vorbei war, wurde mir völlig klar, daß dies nicht meine Heimat war, daß ich, wie auch immer die Lage sein mochte, ein Europäer war, und so kehrte ich zurück.«[38]

Bei seiner Rückkehr hatte Britten bereits den Stoff zu seiner ersten Oper gefunden: *Peter Grimes* nach der Dichtung *The Borough* von George Crabbe (1754–1832). Das am 5. Mai 1941 an der Columbia University in New York uraufgeführte Singspiel *Paul Bunyan*, eine amerikanische Holzfällerlegende mit einem Text von Auden, läßt sich schwerlich zum Reigen der Brittenschen Opern hinzurechnen, weil dieses Werk mit seinen Liednummern und Dialogen eher eine gelungene Mimikry des vorübergehenden Auswanderers darstellt, in der sich Elemente des amerikanischen Musicals, etwas Opernparodie und Weills Song-Stil mischen. Der Plan zu *Peter Grimes* reifte, als Britten im Sommer 1941 in Kalifornien eine Ausgabe der BBC-Zeitschrift »The Listener« in die Hände fiel, in der E. M. Forster einen Artikel über Crabbe veröffentlicht hatte. Dieser Bericht über den Geistlichen und Autor aus dem heimatlichen Suffolk verstärkte nicht nur Brittens Heimweh, sondern regte auch seine musikalische Phantasie an. Als der russisch-amerikanische Dirigent Serge Kussewitzky, ein Verfechter moderner Musik und von 1924 bis 1949 Leiter des Boston Symphony Orchestra, Britten darauf ansprach, warum er noch keine abendfüllende Oper komponiert habe, berichtete ihm dieser von seinen Absichten, klagte aber auch sein Leid, daß das Konzipieren und Komponieren eines solchen Werkes eine Unabhängigkeit von anderen Arbeiten erfordere, was aber aus finanziellen Gründen für die meisten jungen Komponisten unmöglich sei. Kussewitzky sorgte dafür, daß Britten durch die Koussevitzky Music Foundation eine Unterstützung von 1000 Dollar erhielt und sicherte eine Aufführung beim Berkshire Festival zu. Dazu sollte es indes nicht kommen, denn Britten hegte keineswegs die Absicht, wie Auden amerikanischer Staatsbürger zu werden.

Nach fast drei Jahren in den USA betraten Britten und Pears am 17. April 1942 in Liverpool wieder englischen Boden. Vom Kriegsdienst wurden sie freigestellt unter der Voraussetzung, daß sie sich dazu verpflichteten, Konzerte zur Stärkung der Moral in der Heimat zu geben. Das Gemunkel über Drückebergerei blieb ihnen dennoch nicht erspart. Nach dem Krieg erging im Sommer 1945 an Benjamin Britten der Ruf, gemeinsam mit Yehudi Menuhin eine als Konzertreise deklarierte Strafexpedition nach Deutschland zu unternehmen, wo man täglich etwa zwei bis drei Recitals in Konzentrationslagern zu geben hatte. Britten komponierte zu dieser Zeit gerade die *Holy Sonnets of John Donne;* Gedichte, die inhaltlich um Sterben und Untergang kreisen. »Es war in vielerlei Hinsicht ein fürchterliches Erlebnis«, erinnerte sich Britten. »Das Thema der *Donne Sonnets* ist bekanntlich der Tod. Ich glaube, daß die Verbindung zwischen persönlichen Erfahrungen und meinen Empfindungen gegenüber der Dichtung sehr stark war. Sie prägten die Musik.«[39]

In der letzten Phase des Zweiten Weltkriegs hatte Britten zwischen dem Januar 1944 und dem Februar 1945 die Komposition von *Peter Grimes*, zu der Montagu Slater das Libretto verfaßt hatte, im Dorf Snape bei Aldeburgh fertiggestellt, wo er zusammen mit Peter Pears in The Old Mill lebte. Das Ambiente, das den Hintergrund von Crabbes Geschichte bildet, bot die ideale Anregung zur Auseinandersetzung mit dem Schicksal des Fischers Peter Grimes, der ein Außenseiter in seinem Heimatdorf ist. Die Bezichtigung, den Tod eines Lehrjungen verschuldet zu haben, verfolgt ihn; geblieben sind nur wenige Freunde wie die Lehrerin Ellen Orford und Kapitän Balstrode. Grimes, dem Wahnsinn nahe, endet durch Selbstmord.

An eine Aufführung von Brittens erstem durchkomponiertem Bühnenwerk war während des Krieges natürlich nicht zu denken. Doch das Ensemble der Sadler's Wells Opera Company, dem Peter Pears beitrat, meldete Interesse an, und die Uraufführung wurde auf die Zeit nach dem Krieg ins Auge gefaßt. Zusammen mit der Leiterin, der Sopranistin Joan Cross, engagierte sich Britten stark für eine nationale Oper, die Zeitgenössisches auf die Bühne bringen sollte und, wie er 1943 in einem Interview äußerte, »weniger von importierten ›Stars‹ abhängig ist, sondern ein eigenes erstklassiges, junges und frisches ständiges Ensemble hat. Sadler's Wells hat bereits einen guten Anfang gemacht.«[40] Die Vorbereitungen für *Peter Grimes* ließen jedoch nichts Gutes erhoffen, weil der Widerstand gegen neue Musik dieser Art groß war und Orchester und Chor sich mit den unvertrauten Rhythmen und Harmonien abplagten. Die Uraufführung am 7. Juni 1945 im Sadler's Wells Theatre mit Peter Pears (Grimes), Joan Cross (Ellen) und Reginald Goodall am Pult wurde dennoch ein Triumph. Imogen Holst erinnerte sich, daß alle Anwesenden »wußten, daß sie ein Meisterwerk gehört hatten und daß sich nie zuvor etwas Vergleichbares in der englischen Musik ereignet hatte. Sie erhoben sich von ihren Plätzen und jubelten und applaudierten.«[41] Das Werk trat nicht nur auf europäischen Bühnen einen Siegeszug an. Schon in den nächsten drei Jahren gab es Inszenierungen am Covent Garden und an den Opernhäusern in Stockholm, Zürich, Basel, Hamburg, Berlin (unter Robert Hegers Leitung), Mailand (Tullio Serafin) sowie in Tanglewood (dirigiert vom jungen Leonard Bernstein) und New York. »Ich hatte eigentlich kein Vertrauen in *Grimes*«, bekannte Britten später, »zumal zu dieser Zeit eine so ungewöhnliche Geschichte kaum als geeignet für eine Oper erachtet wurde. Dies zusammen mit den Querelen im Ensemble war wirklich kein gutes Omen. Bei der Generalprobe dachte ich, das Ganze würde eine Katastrophe. [...] Rückblickend glaube ich, daß damit das Eis für die britische Oper gebrochen wurde.«[42] Noch Monate, nachdem sich die ersten Wogen über die begeistert aufgenommene Oper geglättet hatten, hieß es beispielsweise in einem Nachbericht in der Londoner »Times«, *Peter Grimes* sei »auf jeden Fall ein Meilenstein in seiner Karriere, ebenso wie in der wechselhaften Geschichte der englischen Oper«.[43]

Worauf war nun der gewaltige Erfolg von *Peter Grimes* zurückzuführen? Hauptsächlich wohl auf ein günstiges Zusammentreffen vielfältiger

Faktoren. Nach dem siegreich beendeten Krieg war die Stimmung in der Gesellschaft von Erleichterung und Euphorie bestimmt, so daß von vornherein eine gewisse Aufnahmebereitschaft gegeben schien. Musikhistorisch bildet das Werk einen Gipfelpunkt und sozusagen die logische Folge einer langen Entwicklung im Bemühen um die englische Oper. Die Wahl des Sujets, das nationale Ambiente und die Allgemeingültigkeit der geschilderten menschlichen Konflikte boten vielfältige Interpretationsmöglichkeiten; und nicht zuletzt sind der dramaturgische Aufbau und die Verschmelzung von Text und Musik glänzend gelungen – die erste Frucht der von Britten stets geforderten engen Zusammenarbeit von Textdichter und Komponist. Dennoch lag eine Gefahr des Romantisierens nahe, zumal Britten 1945 geäußert hatte, beim Schreiben dieser Oper ginge es ihm darum, seinem »Wissen um den ewigen Kampf der Männer und Frauen, die ihr Leben, ihren Lebensunterhalt dem Meer abtrotzen, Ausdruck zu verleihen – trotz aller Problematik, ein derart universelles Thema dramatisch darzustellen.«[44] Nach Auffassung von Peter Pears kommt der Polarität von Grimes auf der einen und der Gemeinde auf der anderen Seite eine zentrale Rolle zu. Grimes, in der Oper ein komplexerer Charakter als der Gewaltmensch in Crabbes Dichtung, war für ihn »ein frustrierter Mensch, der noch genug Vorstellungskraft besitzt, für sich bessere Verhältnisse anzustreben«. Gut fünfzehn Jahre nach der Uraufführung räumte Britten ein, daß die Grundkonstellation Individuum-Masse »ironische Zwischentöne zu unserer eigenen Situation« hatte. »Wir konnten nicht sagen, daß wir körperlich litten, aber natürlich spürten wir eine ungeheuere Anspannung«, erzählte er. »Ich glaube, daß es teilweise diese Empfindung war, die uns dazu brachte, aus Grimes einen Charakter der Vision und des Konflikts zu machen, den gepeinigten Idealisten, der er ist, und nicht den Schurken, der er bei Crabbe war.«[45] Der kanadische Tenor Jon Vickers, Pears bislang bedeutendster, wenn auch von Britten wenig geschätzter Nachfolger als Interpret der Titelrolle, ging noch einen Schritt weiter und deutet Grimes, dessen Sprache nicht die eines rauhen Fischers ist, als mißverstandenen Ästheten. »Britten soll gesagt haben, daß er die Mühsal der Leute schildern wollte, die ihr Leben dem Meer abtrotzen müssen. Das glaube ich nicht. Britten war viel klüger, das war nur eine ausweichende Antwort. Ich meine, daß das Meer nichts anderes ist als ein großes Symbol. Das Meer und der Sturm sind die Stürme des Lebens, Grimes' innere Unruhe«, überlegte Vickers. »Für mich war das Ergebnis von den Angstgefühlen und der Zurückweisung eines Menschen ein Kunstwerk von so gewaltigen Ausmaßen – so viel größer als irgendwelche unbedeutenden, auf einen begrenzten Raum beschränkten Ängste im Vergleich zu den Leiden der Menschheit –, weil dies eine Geschichte von den Ängsten der Menschheit ist; nicht eines einzelnen menschlichen Wesens, nicht einer unbedeutenden kleinen Gruppe von Feministinnen, von Homosexuellen oder von chassidischen Juden – nichts von alledem! Es hat etwas Erhabenes, und ich glaube nicht, daß das alles erkannt wurde.«[46]

Glyndebourne und Aldeburgh

Für Britten war *Peter Grimes* durchaus ein gefährliches Werk, ein verführerischer Triumph. »Einige Leute scheinen von mir noch einen weiteren *Grimes* haben zu wollen, und noch einen, und noch einen!« klagte er. »Aber sie täuschen sich, wenn sie von mir erwarten, daß sie ihn bekommen. Vor mir liegen andere Herausforderungen, und diesen muß ich mich stellen«[47]

Die Oper *Peter Grimes* war der Kulminationspunkt der Bemühungen um eine nationale Oper, die im 19. Jahrhundert eingesetzt hatten. Somit war das Werk noch im starken Maße der Form der alten Epoche verpflichtet. Ansätze zu denkbaren neuen Wegen hatten Holsts Kammeropern *Savitri* und *The Tale of the Wandering Scholar* aufgezeigt. »Musik bedeutet für mich Klarstellung; ich versuche zu klären, zu verfeinern, zu sensibilisieren«, postulierte Britten. »Strawinsky hat einmal gesagt, daß man beständig an seiner Technik arbeiten muß. Was aber bedeutet Technik? Schönbergs Technik ist oftmals eine riesige Durchführung. Meine Technik besteht darin, alles Überflüssige zu beseitigen, um eine vollkommene Klarheit des Ausdrucks zu erreichen, das ist mein Ziel.« Was genau Britten damit meinte, verdeutlicht seine Abgrenzung gegen die seiner Ansicht nach bedenklichen Tendenzen in Vergangenheit und Gegenwart. »Erst gestern habe ich mir die *Coriolan*-Ouvertüre von Beethoven angehört«, erläuterte er Anfang der 60er Jahre einem Interviewer. »Was für ein großartiger Beginn, und wie schön ist die Themenverarbeitung der Reihe nach ausgeführt! Aber was mir bitter aufstieß, war die Derbheit des Klangs; die Orchesterklänge scheinen oft so willkürlich zu sein. Selbstverständlich habe ich keine Abneigung gegen alles von Beethoven, aber manchmal habe ich das Gefühl, daß ich nicht mehr verstehe, worauf er eigentlich hinaus will. Kürzlich habe ich mir die Klaviersonate op. 111 angehört. Die Variationen klangen so grotesk, ich konnte einfach nicht erkennen, um was es da ging.«[48] Die von Britten bevorzugten Tonsetzer waren Mozart, Purcell, Schubert, Bach, Verdi, Tschaikowsky, Mahler und Berg. Die Kompositionsweise mit zwölf Tönen und die serielle Musik interessierten Britten durchaus, jedoch nicht als allein seligmachende Methode, weil ihn die dadurch auferlegten Einschränkungen störten. Dennoch respektierte er die Musiker, die damit arbeiteten, und mochte viele ihrer Stücke. Entscheidend war für Britten letztendlich der Zugang zu einem Musikwerk. Aus der seriellen Musik könne man »eine große Sache machen, wenn man sich ihr intellektuell nähert«, sagte er, »aber ich glaube nicht, daß das der beste Weg ist. Mein *Nocturne*, beispielsweise, beginnt mit einem langen absteigenden Melisma, und es schließt mit seiner aufsteigenden Umkehrung, aber ich glaube kaum, daß es von großem sittlichem Nährwert ist, sich dessen bewußt zu sein. Das einzige, was zählt, ist, daß ein Komponist seine Musik so klingen lassen sollte, daß sie zwangsläufig und richtig erscheint; das System ist unwichtig.«[49]

Brittens Ziel bestand darin, sich als Opernkomponist zu etablieren, und so suchte er nach Möglichkeiten, seine Prinzipien in diesem Medium zu realisieren. Die geeignetste und zweckmäßigste Form war die Konzentration auf ein kleines Ensemble: Hier konnten Strukturen klar und durchhörbar gemacht werden, auch stellte der reduzierte Personal- und Materialaufwand in der Nachkriegszeit keine übermäßigen Anforderungen an die Räumlichkeiten und den Etat. »Die Seltenheit moderner englischer Opern hat ihren Grund in den beschränkten Möglichkeiten, die sich für Aufführungen bieten«, äußerte Britten bereits 1945. »Theaterleiter werden neue Werke kaum herausbringen, wenn sie nicht eine begründete Hoffnung haben, die Kosten der Einstudierung wieder einspielen zu können: es gibt kein Fortkommen für Komponisten und Librettisten, wenn sie nicht erleben können, daß ihre Opern angemessen inszeniert und gesungen werden; die konservative Haltung des Publikums steht experimentellen Abweichungen von der Norm des Repertoires hemmend im Wege.«[50]

Anfang 1947 wurde die Gründung der English Opera Group bekanntgegeben. »Wir glauben, daß der beste Weg, den Grundstein für ein Repertoire englischer Opern zu legen, darin besteht, eine Form der Oper zu schaffen, die einer kleinen Anzahl von Sängern und Instrumentalisten bedarf, aber für Aufführungen in großen und kleinen Häusern bzw. Theatern geeignet ist«, lautete die Maxime des Ensembles.[51] Durch seine Vorliebe für einen konzentrierten, ökonomischen Einsatz der Mittel erwies sich Britten als der geeignete Komponist für die English Opera Group. Zuvor war bereits am 12. Juli 1946 mit *The Rape of Lucretia* eine Kammeroper von der Glyndebourne Festival Opera uraufgeführt worden – ein Stück für acht Sänger und zwölf Musiker, dessen Zusammenstellung sich im Grunde genommen an Brittens Opus 1, der *Sinfonietta*, orientiert: fünf Bläser (Flöte, Oboe, Klarinette, Fagott und Horn) und jeweils ein Solist der traditionellen Streichergruppen, zu denen noch Harfe und Schlagzeug hinzukommen. »Ich schreibe gern für kleinere Besetzungen und bedaure die Einstellung des heutigen Zuhörers, der von einem Orchester nichts anderes als die widerliche Tutti-Wirkung erwartet«, sagte Britten 1946 in einem BBC-Interview.[52] Ein geeigneter Ort für die ersten Produktionen war gerade das kleine Theater zu Glyndebourne in Sussex, südlich von London, wo der Millionär John Christie 1934 auf seinem Landsitz ein Opernfestival gegründet hatte, das Modellaufführungen in der Originalsprache zu bieten suchte. Vor allem der emigrierte Dirigent Fritz Busch und der

Regisseur Carl Ebert engagierten sich hier in den Anfangsjahren, als man mit einem Platzangebot für 300 Gäste begann, das später auf 800 erweitert wurde. 1992 war die vorerst letzte Spielzeit, bevor die Festspiele 1994 mit einem völlig neuen Theaterbau wiedereröffnet werden sollen.

Am 20. Juni 1947 erklang nun mit dem neuen Ensemble in Glyndebourne erstmals *Albert Herring*, eine komische Oper, die die Geschichte um einen Tugendbold aus Maupassants Erzählung *Le Rosier de Madame Husson* nach England transferierte. Mit diesem zweiten Werk wollte Brittens English Opera Group der Tragödie der Lukretia eine unterhaltsame Satire über Kleinbürgertum und verklemmte Moralvorstellungen zur Seite stellen. Zugleich hatte er damit den Grundstein gelegt, seinen Ruf als Opernkomponist zu festigen. Thematisch war *Peter Grimes* der Prototyp aller folgenden Bühnenwerke Brittens. Die Themen seiner Opern bilden ein Kaleidoskop menschlichen Leidens durch die Angst, das Ausgegrenztsein und die Einsamkeit des Individuums, traumatische Erfahrungen und die Zweifel an der eigenen Existenz. Brittens Hauptwerke fügen sich in formalen bzw. thematischen Paaren zueinander. Nachdem mit einem Drama und einer Komödie der äußere Repertoirerahmen abgesteckt worden war, folgten mit *Billy Budd* (1951) und *Gloriana* (1953) wieder zwei Opern für großes Ensemble, die am Covent Garden uraufgeführt wurden. Die eine, nach Melvilles Erzählung, wurde zu einer Studie über die Zerstörung der Unschuld durch Norm und Gesetz; die andere, nach Lytton Stracheys *Elizabeth and Essex*, geriet als Auftragsarbeit zur Krönung von Elizabeth II. zu einer Historienoper, deren dramatisches Potential sich nur schwer erschließt. Die weiteren Opern nach Vorlagen von Henry James und William Shakespeare wurden wieder von der English Opera Group uraufgeführt: *The Turn of the Screw* 1954 in Venedig, *A Midsummer Night's Dream* 1960 in Aldeburgh. Beide bieten erneut fesselnde Einblikke in das weite Land der menschlichen Seele und sind gelungene Adaptationen literarischer Vorlagen. Die 60er Jahre standen im Zeichen von Brittens pazifistischem Engagement. Das *War Requiem* (1962) setzt sich im Konzertsaal, die Oper *Owen Wingrave* (1969) auf der Bühne mit dem Thema Gewalt, Krieg und Versöhnung auseinander. Brittens letzte Oper, *Death in Venice* nach Thomas Manns Novelle, schlägt mit der Figur des Aschenbach den Bogen zurück zu Peter Grimes und schildert das Gefühl des Ausgegrenztseins eines Ästheten, die Einsamkeit des Individuums abseits der Menge, das Ergeben in das eigene Los bis hin zum Tod.

Brittens Anti-Helden sind zumeist Einzelgänger, die sich von der Masse abheben, wie etwa Albert Herring oder Billy Budd, oder schuldlose Opfer von traumatischen Erfahrungen und Angst wie Miles, Lukretia oder Owen Wingrave. Vor allem mit Verdi verband Britten dabei der Instinkt für Theaterwirksamkeit, mit Mozart die Klarheit und Transparenz der Ausformung, mit dem 20. Jahrhundert sein facettenreiches musikalisches Idiom. Britten bewies in all seinen Werken eine verblüffende Wandlungsfähigkeit. Seine Behandlung der Gesangslinie ist inspiriert vom Liedkomponisten, und nicht minder auffallend ist die intellektuell durchdachte Strukturierung der Klangebenen, wie beispielsweise in *A Midsummer Night's Dream*, wo die übersinnliche Sphäre der Elfen und des Waldes durch Knabenstimmen und Streicher sowie der Besetzung des Oberon mit einem Countertenor einen ätherischen Duktus erhält; die Menschen höheren Standes werden vom normalen Orchester begleitet und die Handwerker durch deftige Bläserklänge charakterisiert. Puck ist eine Sprechrolle für einen jungen Schauspieler. Bemerkenswert ist in allen Opern Brittens die Behandlung des Rezitativs, das im Stile des späten Verdi gekonnt in den Fluß des musikalischen Dramas eingeflochten ist. Gerade durch den Mangel an musikalischer Formung biete das Rezitativ das Feld, auf dem die Sprache ihren eigenen phonetischen Erfordernissen gerecht werden könne, meinte der österreichische Musikschriftsteller Erwin Stein (1886–1958), der sich 1938 in England niederließ, und führte aus: »In dieser Beziehung besitzt die englische Sprache einen Vorteil gegenüber der italienischen, deren offene Vokale so angenehm zu singen sind: Die feineren Unterschiede der englischen Vokale und Konsonanten verlangen nach größerer Differenziertheit der musikalischen Diktion (fremde Opern in englischer Übersetzung gleichen mitunter einer groben Arbeit, die von einer Präzisionsmaschine verrichtet wird). Der Reichtum der englischen Vokalmusik ist, wie ich glaube, aus dem Rezitativ und damit letzten Endes aus der englischen Sprache entstanden.«[53]

An Brittens Opern schätzte der amerikanische Komponist Aaron Copland vor allem die sorgfältige Planung von der ersten bis zur letzten Note. »Nichts ist improvisiert, nichts dem Zufall überlassen«, urteilte Copland 1947. »Eine opernhafte Bearbeitung, wie Britten sie versteht, zerfällt in drei verschiedene Bereiche: das gewöhnliche Rezitativ, das die Handlung vorantreibt; ein mehr ausgestaltetes, begleitetes Rezitativ für ein dramatisches Vorantreiben; die voll ausgestalteten Arien, Duette, Septette usw., die das emotionale Gewicht tragen. Dieses vergleichsweise einfache Grundmuster wird konsequent eingehalten und sorgt für eine ausgewogene Gliederung des ganzen Werkes. Die zukünftige Gefahr liegt darin, daß die Möglichkeit eines Zuviels an Planung besteht.«[54] Der Ehrgeiz, den Edith Britten ihrem Sohn eingeimpft hatte, war immens. Der Fünfzigjährige äußerte in einem BBC-Interview auf die Frage, was er in den nächsten Jahren erreichen möchte: »Bessere Musik schreiben.«[55] Unablässig feilte er an der Verfeinerung seiner Technik, vermied sorgsam das Wiederholen von musikalisch bereits Gesagtem und trachtete danach, den Ausdruck jeweils individuell an das Sujet anzupassen. »Auf dem Gebiet der Harmonik geht er dissonanten Tonverbindungen oder verwickelten polyphonen Gefügen keinesfalls aus dem Wege, andererseits versteht er es, einfache harmonische Fortschreitungen mit der Frische neuer Erfindungen zu beleben«, charakterisierte Erwin Stein, Schüler Schönbergs und guter Freund Brittens, die Musik des Engländers. »Der komplizierteste Akkord aus Brittens ganzem Schaffen steht in der Oper *Billy Budd.* Er leitet sich aus einer aufsteigenden Figur her, in der jeder Ton liegen bleibt. Ein verschwommener dissonanter Klang ergibt sich daraus, charakteristisch für die Atmosphäre des Dramas, die sich mit den Worten ›Verwirrung innen und außen‹ umschreiben läßt. Die sich auftürmenden Dreiklänge, die aus der Figur entstehen, umfassen zunächst neun Töne. Später, auf dem dramatischen Höhepunkt der Oper, sind es elf; nur einer fehlt an der Vollständigkeit der Zwölftonskala. Der zwölfte Ton G tritt indessen endlich machtvoll im Baß ein und macht den ›atonalen‹ Zwölftonakkord zur Dominante des folgenden c-Moll-Satzes: [»The mists have cleared ... O terror, what do I see?«, 2. Akt] Hier haben wir im Keim den fundamentalen Unterschied zwischen Schönbergs und Brittens harmonischen Konstruktionen. Der komplizierteste Akkord, der vor Schönberg tatsächlich nicht existierte, und der in seiner Struktur keine Beziehung zu irgendeiner Tonart trägt, erhält von Britten eine Funktion im streng tonalen Sinne. Offenbar gibt es auch für einen Zwölftonakkord mehr als eine Interpretation. Die Art, wie ein Komponist seine Mittel gebraucht, hängt natürlich von dem Idiom ab, in dem sich seine musikalische Denkweise bewegt. Die Welt der Musik, in der der junge Schönberg erwachte, war von Wagner und Brahms bestimmt. Sein suchender Sinn setzte dort fort, wo jene aufgehört hatten, aber er machte die Erfahrung, daß die alte Tonalität unter seinen Händen zerbrach, um neuen Tonbeziehungen Raum zu geben. Für Britten, der neununddreißig Jahre später in England aufwuchs, stellte weder die Tonalität noch die Atonalität ein musikalisches Erbe dar. Seine Harmonik ist keiner Tradition und keinem anderen als seinem eigenen Stil verpflichtet. Eines ist sicher: Die tonalen Funktionen der Harmonik haben ihre zwingende Kraft verloren, und jetzt hängt es von Geschick und Geist eines Tonsetzers ab, welche Art Tonverhältnisse er zu begründen fähig ist.«[56]

Seite an Seite mit dem Aufbau der English Opera Group mußte auch das Opernhaus Covent Garden nach dem Zweiten Weltkrieg einen Neuanfang wagen. Während des Krieges wurde das Theater als Tanzsaal genutzt, nach Beendigung der Kampfhandlungen konnte Philip Hill, ein früherer Mitarbeiter aus der bis 1939 währenden Beecham-Ära, den Musikverlag Boosey & Hawkes überzeugen, sich am Pachtvertrag zu beteiligen. Der Covent Garden Opera Trust wurde geschaffen, um das Haus in seinem früheren Glanz wiederauferstehen zu lassen. Der Trust arbeitete in enger Kooperation mit dem als CEMA-Nachfolger neu gebildeten Arts Council of Great Britain, der ansehnliche Zuschüsse gewährte. Die neue Leitung vom Covent Garden steckte sich natürlich auch neue Ziele. Als oberstes Anliegen galt nun »Covent Garden als ein nationales Zentrum von Oper und Ballett zu etablieren, in allen Abteilungen britische Künstler anzustellen, wo immer dies mit der Aufrechterhaltung des bestmöglichen Standards vereinbar ist; und nicht lediglich die Organisation gelegentlicher Spielzeiten anzustreben, sondern eine permanente nationale Institution einzurichten, die, während sie bereit ist, von den großen Traditionen des Kontinents zu lernen, ihre eigene Tradition entwickeln soll und schließlich ihren eigenen Stil schaffen wird«.[57] Zur Verwirklichung dieser Ansprüche wurde das Ballett von Sadler's Wells als Royal Ballet in die neue Institution integriert und die erste Nachkriegsspielzeit 1946 mit Purcells *The Fairy Queen* eröffnet. Ein wesentlicher konzeptioneller Unterschied zwischen Covent Garden und der Sadler's Wells Opera, die 1974 in English National Opera umgetauft wurde, bestand darin, daß letztere als englischsprachiges Repertoiretheater alle Werke – analog zur Komischen Oper in Berlin – in der Landessprache aufführt, während am Covent Garden in der Originalsprache gesungen wird. Doch keine Regel ohne Ausnahme: In der 1992 am Coliseum uraufgeführten Oper *The Bacchae* von John Buller verwendete man auch altgriechische Originaltexte von Euripides. Durch die staatliche Kulturförderung nach Kriegsende und das wachsende Interesse, das die Briten dem Operngenre entgegenbrachten, kam es zur Gründung weiterer fester Ensembles wie der Welsh National Opera in Cardiff (1946), der Scottish Opera in Glasgow (1962) und der English National Opera North in Leeds (1978).

Auch am Covent Garden wurden die 50er Jahre zu einer Blütezeit der britischen Oper: Bliss' *The Olympians* (1949), Vaughan Williams' *The Pilgrim's Progress* (1951), Waltons *Troilus and Cressida* (1954), Berkeleys *Nelson* (1955) und Tippetts *The Midsummer Marriage* (1955) wurden dort erstmals gespielt. Nachdem man bereits am 6. November 1947 *Peter Grimes* übernommen hatte, erteilte man nun auch Britten Aufträge für neue Opern mit großem Orchester. Am 1. Dezember 1951 leitete er die Uraufführung von *Billy Budd* im Rahmen des »Festival of Britain« und am 8. Juni 1953 *Gloriana* anläßlich der Krönung von Elizabeth II.

Doch Stolz, Pomp und Prunk waren Brittens Sache nicht. Als man im August 1947 von einer Tournee mit der English Opera Group, die mit *Albert Herring* und *The Rape of Lucretia* in den Niederlanden, Belgien, Luxemburg, Frankreich und der Schweiz gastiert hatte, nun an die heimatlichen Gestade zurückkehrte, war in Britten, Pears und ihren Freunden der Entschluß gereift, fortan nicht mehr nur Unsummen und Energien in kostspielige Gastspiele zu investieren, sondern einfach ein eigenes Festival zu gründen. Der geeignete Ort für ein derartiges Unterfangen? Er mußte schon an den Ufern von Brittens innig geliebtem Meer liegen. »Inwiefern seine Gegenwart ein Stimulus für mich ist, kann ich nicht sagen, aber ich liebe das Meer, und bestimmte Werke von mir vermitteln diese Leidenschaft«, bekannte der Komponist.[58] Abgesehen von Venedig, Amsterdam und Kopenhagen haßte Britten Großstädte. In London mochte er sich vorübergehend für Konzerte oder sonstige Arbeiten aufhalten, leben konnte und wollte er dort nicht. So war Aldeburgh als Festspielort eine ganz natürliche Wahl. Der Charme britischer Musikfestivals »erschließt sich nicht dem professionell Durchreisenden«, schrieb eine Beobachterin. »Im Gegensatz zu manch kontinentalem Auftrieb der Namen und Moden messen sie ihren Erfolg daran, wieviele Einheimische kommen. Das hängt mit dem Vergnügungsvermögen der Engländer ebenso zusammen wie mit der musikalischen Dürre außerhalb Londons. Leute wie Britten oder Tippett denken nicht im Traum daran, der Überfülle der Hauptstadt auch noch ein Festspiel hinzuzufügen. Wer aber einmal in Bath zum Stehgeiger-Aufspiel Yehudi Menuhins Straußwalzer getanzt hat, wer in der winzigen Pfarrkirche des Fischerdorfes Aldeburgh Swjatoslaw Richter seine legendär langsame Interpretation des Kopfsatzes der B-Dur-Sonate von Schubert spielen hörte, wer die Edinburgher Kellertheater kennt und in der Glyndebourner Opernpause den vorher deponierten Picknick-Wein köstlich kühl aus dem Flüßchen gezogen hat, der wird zwar immer noch gern nach Salzburg oder zum Prager Frühling gehen, aber dort etwas vermissen. Festspiele sollten – wenn schon nicht für die Aufführenden, so wenigstens für die Besucher – auch entspannend sein. Nur Uneinsichtige fahren daher die 140 Kilometer von London nach Aldeburgh nachmittags hin und spät abends wieder zurück. Hier nistet man sich ein, wenigstens für ein paar Tage.«[59]

Britten ließ sich für den Rest seines Lebens in Aldeburgh nieder, das für ihn zum Ausgangspunkt für alle seine weiteren Aktivitäten werden sollte. Bei seinen Festspielplänen konnte er auf eine weitreichende Unterstützung der Bevölkerung vertrauen. »Letztendlich ist es dieser lokale Touch, der für mich am wichtigsten ist«, bekannte er später.[60] Die Aufführungsmöglichkeiten in den ersten Jahren waren bescheiden. Die wichtigsten Spielstätten waren zunächst die Dorfkirche und die Jubilee Hall, die etwa 300 Zuhörer faßte. Zur Eröffnung des 1. Aldeburgh Festivals, das vom 5. bis zum 13. Juni 1948 dauerte, erklang Brittens Kantate *Saint Nicolas*. Der Komponist steuerte zahlreiche Werke bei, die er unter Berücksichtigung der Gegebenheiten in Aldeburgh schrieb, so vor allem die Kirchenparabeln *Curlew River* (dt. *Fluß der Möwen*, wörtl.: *Brachvogel-Fluß*, 1964), *The Burning Fiery Furnace* (dt. *Die Jünglinge im Feuerofen*, wörtl.: *Der brennende Feuerofen*, 1966) und *The Prodigal Son* (dt. *Der verlorene Sohn*, wörtl.: *Der verschwenderische Sohn*, 1968). Denkwürdige Aufführungen sind Legion: so 1952, fünfzehn Monate vor ihrem frühen Tod, ein Liederabend der Altistin Kathleen Ferrier, der ersten Lukretia; Kammermusik mit Yehudi Menuhin und Benjamin Britten; später Konzerte mit Mstislaw Rostropowitsch; Opern mit Peter Pears; Auftritte von Kodály, Poulenc, Copland, Malcolm und Henze sowie neben Britten-Uraufführungen auch Neues von Berkeley, Walton, Maxwell Davies, Birtwistle und Musgrave. Und falls erforderlich beteiligte sich Ben Britten sogar als »Blattlaus« und wendete bei einem Liederabend von »Slava« (Richter) und »Dieter« (Fischer-Dieskau) die Noten um. Doch das Aldeburgh Festival beschränkte sich von Anfang an nicht allein auf musikalische Darbietungen, sondern verknüpfte diese mit Kunstausstellungen, Lesungen, Vorträgen und Filmen; später kamen auch Angebote für den Nachwuchs hinzu: 1972 wurde der erste Meisterkurs der neuen Britten-Pears School for Advanced Musical Studies abgehalten.

Nach fast zwei Jahrzehnten konnte der Plan eines neuen Konzertgebäudes verwirklicht werden. Im Nachbardorf Snape richtete man 1967 in einer umgebauten Mälzerei einen neuen Saal ein, der bei Konzerten 820, bei Opernaufführungen 760 Hörern Platz und Sicht bot. Am 2. Juni 1967 wurde »The Maltings« eröffnet. Sogar die Königin reiste in die Provinz. Entstanden war ein Konzertsaal mit hochgelobter Akustik, vergleichbar etwa mit den Qualitäten des Großen Musikvereinssaals in Wien oder dem Concertgebouw in Amsterdam, wie Frequenzmessungen beim Bau ergaben. Der Saal war ideal für Plattenaufnahmen, und im Februar 1969 wurde hier von der BBC auch eine Aufzeichnung von *Peter Grimes* für das Fernsehen gemacht. Peter Pears und Heather Harper übernahmen die Hauptrollen, Benjamin Britten dirigierte. Das dreiwöchige Festival im Juni erwies sich als durchschlagender Erfolg; etwa 90 Prozent aller Karten wurden jeweils abgesetzt. Am 7. Juni 1969, einem Tag, an dem in dem neuen Konzertsaal am Nachmittag nur ein Kammerkonzert mit Britten und dem Amadeus-Quartett stattgefunden hatte, machten Passanten gegen 23 Uhr eine schreckliche Entdeckung: The Maltings stand in Flammen und brannte völlig aus, selbst Brittens Steinway-Flügel und ein wertvoller Kontrabaß aus dem 18. Jahrhundert fielen dem Unglück zum Opfer. In dieser Situation zeigte sich, welchen Stellenwert das Aldeburgh Festival besaß. Aufführungen wurden unbürokratisch auf Ausweichspielstätten verlagert, so daß die neue *Idomeneo*-Inszenierung der English Opera Group in Blythburgh Church gespielt werden konnte. Alle nur erdenklichen Hebel wurden in Bewegung gesetzt, um die Zukunft des Festivals zu sichern. Spendengeld floß reichlich, auch gaben Britten und Pears Liederabende, um den raschen Wiederaufbau des Konzertsaals zu ermöglichen. Schon im folgenden Jahr konnte das Haus in alter Pracht und mit diversen Verbesserungen neu eingeweiht werden. Am 5. Juni 1970 fand das Eröffnungskonzert statt. Abermals reiste die Königin in die Provinz.

Das Festival in Aldeburgh entwickelte sich zu einer über die Landesgrenzen hinaus bekannten Größe; junge Leute zeigten in den 70er Jahren durch T-Shirts mit dem Schriftzug »I'm backing Britten« (in Anspielung auf den patriotischen Slogan »I'm backing Britain«) Enthusiasmus. Benjamin Britten genoß Anerkennung sowohl als Interpret wie auch als Mensch. Der Journalist James Helme Sutcliffe, der 1963 bei den Vorbereitungen zur Inszenierung von Brittens 1948 erstellter Neubearbeitung der *Beggar's Opera* in Aldeburgh arbeitete, erinnerte sich, daß es äußerst lehrreich war, Britten bei den Proben zu beobachten, »wegen seiner instinktiv-vermittelnden Fähigkeit, die Beziehung zwischen Bühne und Orchestergraben durch sein Verständnis von Gesang als überhöhter Sprache zu einer lebendigen, aufeinanderbezogenen Einheit zu verschmelzen. Mit seinen Künstlern war er, bei aller musikalischen Genauigkeit, stets rücksichtsvoll.« Wichtiger Bestandteil der Veranstaltungen war indes auch die Arbeit mit Amateuren, nicht zuletzt bildeten ja die Menschen aus Suffolk auch das Gros der Festivalbesucher. »Zu musikalisch ungebildeten Menschen fand er immer den richtigen Ton und Zugang (es war rührend zu beobachten, wie er die Eltern der damals so gut wie unbekannten Janet Baker bei der Probe begrüßte)«, so Sutcliffe weiter. »Andererseits konnte sein sensibler Geist sofort einen Ton der Unechtheit in der Unterhaltung eines Gesprächspartners empfinden, besonders wenn Musik das Thema war. Der sonst aufmerksame und charmante Gastgeber Britten (er half selber Tee servieren auf dem herrlichen Rasen seines umgebauten Farmhauses, ›The Red House‹) konnte in solchen Fällen plötzlich eisige Kälte ausstrahlen.«[61] Britten besaß durchaus Sinn für Humor, der jedoch auch klare Grenzen hatte. Imogen Holst erzählte, wie bei der Probe zur Platteneinspielung von *Saint Nicolas* der beste Bassist seine Brille vergessen hatte, so daß er bei einer wichtigen Stelle nicht schnell genug weiterblättern konnte. Britten erfand deshalb bei einer der dramatischsten Passagen ein zusätzliches Rallentando und kommentierte: »Das wird den Musikwissenschaftlern im nächsten Jahrhundert einigen Gesprächsstoff liefern.«[62] Die Späße des Kollegen Walton konnten ihn aber eher verdrießlich stimmen. »Eines Tages lud uns Ben zu einer Spazierfahrt in seinem alten Rolls Royce ein«, berichtete Susana Walton, »und wir kamen zufällig bei einer Knabenschule vorbei. Ben fragte William, ob er sich für kleine Jungen interessiere. Dies war eine völlig arglose Bemerkung, aber William entgegnete, nein, er interessiere sich nur für kleine Mädchen. Ben fand das gar nicht lustig.«[63]

Im Gegensatz zu Walton gründet Brittens Ruhm nicht ausschließlich auf seinen kompositorischen Leistungen. Zwar war auch Walton als Dirigent in Erscheinung getreten, hatte auch Plattenaufnahmen gemacht, bei denen er jedoch ausschließlich als Interpret eigener Werke hervortrat. Britten indes war einer der wenigen modernen Komponisten, dem zugleich als Orchester- und Chorleiter sowie als Pianist mustergültige Aufführungen des Repertoires gelangen. Zu den Glücksfällen der Musikgeschichte gehört, daß in den 50er Jahren, als mit der Entwicklung von High-Fidelity (1955) und Stereophonie (1958) eine entscheidende Verbesserung der Aufnahmequalität gelungen war, Britten seine kreativste und fruchtbarste Phase erst noch vor sich haben sollte. Da die Entwicklung der Langspielplatte (1948) beim Durchspielen der Werke keine Hektik mehr auftreten ließ, kommt in den Aufnahmen eigener Werke auch eine durch technische Einschränkungen unbeeinträchtigte, die Intentionen des Komponisten verständlicher machende Deutung zur Geltung. Britten leitete selbst Einspielungen fast aller seiner Hauptwerke, lediglich bei *Death in Venice* übernahm im April 1974 Steuart Bedford das Dirigat, weil der herzkranke Komponist schon zu schwach war. Brittens Aufnahmen sind nicht nur wertvolle Dokumente; die zum Teil mustergültigen Interpretationen von Purcells *The Fairy Queen* (1970), Elgars *The Dream of Gerontius* (1971), Bachs *Johannes-Passion* (1971), Schumanns *Szenen aus Goethes ›Faust‹* (1972), diverser Sinfonien Mozarts (1968–1971), Schuberts 8. Sinfonie (1971) sowie als Pears' Klavierpartner bei den Darbietungen von Zyklen und Liedern Schumanns, Schuberts, Wolfs, Graingers, Tippetts und Holsts – um nur einige zu nennen – weisen ihn als Dirigenten und Pianisten von hohen Gnaden und unbestreitbarer Kompetenz aus.

Einhergehend mit dem Stimulus, den Britten als Komponist und reproduzierender Künstler vermittelte, weitete sich allgemein das Feld der Orchester- und Solistenszene im Lande. So ging beispielsweise das 1960 entstandene English Chamber Orchestra aus dem 1948 formierten Goldsbrough Orchestra hervor, das sich zumeist der Musik des 18. Jahrhunderts widmete. Die Umbenennung war in diesem Fall eine logische Folge der Ausdehnung des Repertoires und der engen Zusammenarbeit mit der English Opera Group und dem Aldeburgh Festival. Unabhängig davon kamen Ensembles hinzu wie Neville Marriners Academy of St Martin-in-the-Fields (1959) oder David Athertons London Sinfonietta (1968). Nachdem das BBC Symphony Orchestra bereits 1934 mit dem BBC Northern Orchestra einen »Ableger« in einem anderen Teil des Landes gegründet hatte, kamen 1967 noch das BBC Scottish Orchestra und 1974 das BBC Welsh Orchestra hinzu, das aufgrund seiner Verdienste um das Musikleben in Wales mit Beginn der Spielzeit 1993/94 in den Rang des BBC National Orchestra of Wales erhoben wurde. Eine Generation junger britischer Dirigenten wurde unter Brittens Schatten groß und entwickelt nun ein eigenes Profil: Erinnert sei nur an Künstler wie Colin Davis (geb. 1927) – der erste Brite, der in Bayreuth dirigieren durfte (1977 *Tannhäuser*) –, Raymond Leppard (geb. 1927) und Roger Norrington (geb. 1934), die zu Brittens Lebzeiten auch in Aldeburgh auftraten, sowie ferner Jeffrey Tate (geb. 1943), John Eliot Gardiner (geb. 1943), Trevor Pinnock (geb. 1946) und Simon Rattle (geb. 1955). Desgleichen verschafften sich Instrumentalisten aus Großbritannien auch international Anerkennung wie etwa die Oboistin Joy Boughton (1913–62), die Geigerin Olive Zorian (1916–65), der Hornist Dennis Brain (1921–57), der Harfenist Osian Ellis (geb. 1928), der Gitarrist Julian Bream (geb. 1933), die Pianisten John Ogdon (geb. 1937–89) und Stephen (Bishop-)Kovacevich (geb. 1940) sowie die Cellistin Jacqueline du Pré (1945–87). Eine

Widmungs-Komposition von Britten war unter vielen Solisten begehrt. »Wir haben fast Schlange gestanden«, erzählte Julian Bream, »ich habe ihn auch gebeten, mußte aber fast zehn Jahre darauf warten.«[64]

Das Festival in Aldeburgh und große Aufträge hatten für Britten nun einmal Priorität. Dabei komponierte er zügig, ja empfand das Niederschreiben von Musik als leichter denn das Schreiben von Briefen, wenn auch die Ergebnisse seiner Arbeitsstunden vom Umfang her stark variierten. Er benutzte weder das Klavier, noch machte er viele Skizzen, und nahm Überarbeitungen weitgehend während des Komponierens vor. Lieblingswerke unter seiner Kompositionen hatte er jedoch nicht. Für gewöhnlich war er der jeweils letzten am meisten zugetan oder hegte für ein Stück besondere Sympathien, das die Kritik nach seiner Ansicht ungerecht behandelt hatte. Der scharfe Wind aus dem Blätterwald blies Britten zu Beginn der 60er Jahre kräftig ins Gesicht. »Ich glaube, daß den allerjüngsten Trends in der Musik ein unglaublich anmaßender Snobismus zugrunde liegt. Die Menschen in diesem Land, die erst kürzlich noch die Ansicht vertraten, daß Schönberg verrückt gewesen sei, sind plötzlich in eine andere Richtung umgeschwenkt und denken, daß alles ganz wunderbar ist. Keine dieser Einschätzungen ist ehrlich. Vieles der zeitgenössischen Musik ist verflixt schwierig zu spielen, und zwangsläufig steht das immer gegen sie. Peter Pears und ich haben einige Lieder Weberns aufgeführt. Wir sterben tausend Tode, wenn wir versuchen, sie haargenau richtig hinzubekommen, und nach wie vor ist das fast unmöglich«, äußerte sich Britten. »Vielleicht werden die Leute in diesem Land mit diesen Dingen nicht ganz so warm wie auf dem Kontinent, aber das ist nicht so deprimierend wie die grundsätzliche Scheinheiligkeit, die es in diesem Land gibt. Das hat nichts damit zu tun, ob man Schönberg schätzt oder nicht; es liegt an einem tiefen Vorurteil gegenüber Musik jeder Art. [...] Ich erinnere mich noch, wie ich einmal, etwa um die Zeit, als ich die Schule verließ, auf dem Tennisplatz in Lowestoft gefragt wurde, was ich denn werden möchte. Ich entgegnete, daß ich Komponist werden wolle. Sie waren verblüfft! ›Ja, aber was sonst noch?‹ Einstellungen dieser Art sind schwer zu beseitigen, doch ach, wie wünschenswert wäre es, wenn diese grundsätzliche Scheinheiligkeit in diesem Land verschwinden würde. Vielleicht wird sie es einmal!«[65]

»War Requiem«

Die 60er Jahre waren für Großbritannien eine Zeit des wirtschaftlichen Wohlergehens. Die Briten hätten es noch nie so gut gehabt, verkündete der konservative Politiker Harold Macmillan, von 1957 bis 1963 Premierminister und damit längster Amtsinhaber seit Herbert Henry Asquith (1908–16). Anzeichen für diesen Reichtum des kleines Mannes waren zwischen 1955 und 1959 die steigende Zahl von Familien, die ein Fernsehgerät besaßen (von 40 auf 70 Prozent) sowie die zunehmende Menge der Autos auf englischen Straßen (von 3,5 auf 5 Millionen). Doch die soziale Ungleichheit stellte noch immer ein Problem dar, und im Winter 1963, dem härtesten seit 200 Jahren, stieg die Arbeitslosenziffer auf die Nachkriegsrekordmarke von 900 000. Labour-Politiker lösten 1964 die konservative Regierung für die nächsten sechs Jahre ab.

Das Musikleben profitierte von der allgemeinen Prosperität, insbesondere ab 1964 der Musikunterricht an den Schulen, und auch der Arts Council nahm sich großzügig zahlreicher kultureller Projekte an. Selbst eine Stadt wie Coventry konnte es sich leisten, 1960 einen großen Auftrag nicht nur an Britten zu vergeben. Das Jahr der Uraufführungen – 1962 – brachte ein seltsames Zusammentreffen von Ereignissen: Am 29. Mai, einen Tag vor der Uraufführung von Brittens neuestem Werk, dem *War Requiem*, wurde gleichfalls in Coventry erstmals die Oper *King Priam* von Michael Tippett gegeben, der wie Britten ein leidenschaftlicher Pazifist war und 1943 sogar eine Gefängnisstrafe wegen Kriegsdienstverweigerung verbüßen mußte. Wie zum Hohn auf den moralischen Appell des Oratoriums und der Oper um den Trojanischen Krieg brachte nur wenige Monate später die Kuba-Krise die Welt an den Rand der Apokalypse.

Die Aufträge aus Coventry waren an die beiden berühmten einheimischen Komponisten ergangen, um anläßlich der Einweihung der neuen, von Basil Spence entworfenen Kathedrale mit entsprechenden Rahmenveranstaltungen an das Schicksal der Stadt im Zweiten Weltkrieg zu erinnern. November 1940: Michael Tippett, noch an seinem Oratorium *A Child of Our Time* schreibend, bereitete sich auf seinen Prozeß wegen Kriegsdienstverweigerung vor. Britten weilte in den USA; sein Mentor Frank Bridge sollte knapp zwei Monate vor seinem Tod noch gewahr werden, welche Achtung jene Ideale genossen, die er seinem Schüler vermittelt hatte. Nach den vergeblichen deutschen Versuchen, Großbritannien mit Luftangriffen für eine Bodenoffensive sturmreif zu bomben, begann in der Nacht des 14. November 1940 die deutsche Luftwaffe mit einem zehnstündigen Bombardement Coventrys, bei dem die Stadt nahezu dem Erdboden gleichgemacht wurde. Ein neues Wort fand seinerzeit Eingang in die deutsche Sprache – »coventrieren«, das Ausradieren ganzer Städte durch flächendeckende Bombenangriffe. Bei dem Überfall wurden dreißig Prozent der Fabriken und 60 000 Gebäude zerstört, darunter die prachtvolle Kathedrale aus dem 14. Jahrhundert. 550 Menschen starben, 1200 wurden verletzt. Rückblickend besagen die bloßen Zahlen so gut wie nichts. Der Feuersturm in Hamburg, Dresden, Hiroshima oder Nagasaki erscheint dagegen ungleich verheerender. Coventry indes war ein Signal. Erstmals in der Geschichte des Krieges wurden nicht, wie noch einmal im Washingtoner Abkommen von 1922 festgelegt, Fabriken und Stätten der Kriegsproduktion angegriffen, wurden nicht gegnerische Stellungen, Truppen, Soldaten attackiert, sondern bewußt, vorsätzlich und gezielt öffentliche und private Gebäude und Zivilpersonen vernichtet und umgebracht. Der moderne Krieg erhielt eine neue Dimension: Coventry öffnete die Schleusen für den Kriegsterror gegen die Zivilbevölkerung.

Die einzige englische Kathedrale, die im Krieg zerstört wurde, stand in Coventry. Ein Kunstwerk, das das Gedenken an das Geschehene und die Opfer wachhalten soll, muß sich aber von einer zeitlichen Fixierung loslösen lassen. Tippett wandte sich dem Mythos des Trojanischen Krieges zu, während Britten in seinem *War Requiem* den lateinischen Requiem-Text der römisch-katholischen Totenmesse mit der *Missa pro Defunctis* des englischen Dichters Wilfred Owen (1893–1918) verknüpfte – eine Totenmesse auf die Gefallenen des Ersten Weltkriegs von einem Künstler, der wenige Tage vor Kriegsende, am 4. November 1918, ums Leben kam. »Was ich schreibe, wird wohl eines meiner wichtigsten Stücke werden«, teilte Britten dem Sänger Dietrich Fischer-Dieskau mit und erläuterte weiter: »Diese großartige Lyrik, voller Haß auf die Zerstörungswut, bildet eine Art Kommentar zum Requiem. Natürlich erscheint sie in englischer Sprache. Die Gedichte werden für Tenor und Bariton gesetzt, zur Begleitung eines Kammerorchesters, das mitten unter den anderen Instrumentalisten sitzt. Sie erfordern einen Gesang von äußerster Schönheit, Intensität und Ernsthaftigkeit.«[66]

Tenor und Bariton sind – einzeln oder im Zwiegesang – die imaginären Stimmen von Gefallenen, die ihre Erinnerungen und Reflexionen über das Grauen des organisierten Massenmords in den Messetext einstreuen, den der Chor und die Sopranistin mit großem Melos vortragen. Diese Kontrastwirkung, die gekonnte Disposition des etwa eineinhalbstündigen Werkes sowie Brittens einfühlsamer, verständiger Umgang mit dem Wort und den Möglichkeiten, die der Musik hier zu Gebote stehen, machen das *War Requiem* gleichermaßen zu einem Dokument der Humanität wie zu einem großen Kunstwerk. Der Grundgedanke des Stücks ist in einem Zitat Wilfred Owens zusammengefaßt, das Britten auf die Titelseite der Partitur schrieb: »Mein Thema ist der Krieg und der Jammer des Krieges. / Die Poesie ist im Jammer. / Alles, was ein Dichter tun kann, ist warnen.« Als Solisten hatte sich Britten einen Engländer (Peter Pears), einen Deutschen (Dietrich Fischer-Dieskau) und eine Russin (Galina Wischnewskaja) gewünscht. Da letzterer jedoch die Teilnahme aus politischen Gründen versagt wurde, obwohl sie noch wenige Tage zuvor ein Konzert in London gegeben hatte, sprang Heather Harper ein. Erst als der Komponist im Januar 1963 höchstpersönlich eine Einspielung in der Londoner Kingsway Hall dirigierte, konnte auch die Vertreterin der vom Krieg geschundenen Sowjetunion mitwirken.

Die Uraufführung des *War Requiem* am Abend des 30. Mai 1962 wurde von der BBC direkt im Rundfunk übertragen. Das bereits mit viel Vorschußlorbeeren bedachte Werk hinterließ einen überwältigenden Eindruck. »Die erste Aufführung schuf so dichte Atmosphäre, daß ich zum

Schluß innerlich völlig aufgelöst war und nicht wußte, wo mein Gesicht verstecken. Die gefallenen Freunde standen auf und die vergangenen Leiden; natürlich bewegte auch das Zusammensingen mit dem begnadeten Peter Pears«, bekannte Fischer-Dieskau in seinen Erinnerungen,[67] und der Dramatiker Peter Shaffer, der als Rezensent für »Time & Tide« anwesend war, resümierte knapp und treffend: »Kritik ist hier unangebracht.«[68] Besondere Anlässe oder Umstände für eine Aufführung des *War Requiem* sind – leider, müßte man sagen, – zahlreich. Großen Symbolwert hatten beispielsweise 1987 zwei Aufführungen im damals noch geteilten Berlin, die am 15. August im Schauspielhaus im Ost- und am folgenden Tag in der Philharmonie im Westteil der Stadt gegeben wurden. Es folgte noch eine Darbietung im neuen, den UNO-Gebäuden angeschlossenen Austria-Center in Wien. Jeffrey Tate leitete dabei das 1970 gegründete Jeunesses Musicales Weltorchester, als Solisten wirkten Carol Varness, Robert Tear und alternierend Dietrich Fischer-Dieskau, Andreas Schmidt und Robert Holl mit. Vielleicht weniger spektakulär, aber nicht minder angemessen, war eine Darbietung im Rahmen des Schleswig-Holstein-Musikfestivals in Lübeck, die am 23. August 1992 in der Marienkirche stattfand. Beim einzigen Bombenangriff auf Lübeck in der Nacht vor Palmsonntag 1942 war diese von der englischen Luftwaffe zerstört worden. Nun widmeten John Eliot Gardiner und sein internationales Ensemble ihre Aufführung den Kriegsopfern im ehemaligen Jugoslawien. Dieses *War Requiem* »bleibt unter den erinnernswerten, von Mensch zu Mensch sprechenden Dokumenten begnadeten melodischen Einfalls«, notierte Fischer-Dieskau.[69]

Neue Welten

Von der *Sinfonietta* (1932) bis zur *Welcome Ode* (1976) hat Britten 95 seiner Werke mit Opuszahlen versehen. Geschrieben hat er voraussichtlich etwa doppelt so viel, darunter an die fünfzig Kompositionen für Rundfunk, Film und Sprechtheater. Allein Ronald Duncan, der Librettist der *Lucretia*, wußte von fünf Opern- und vier Kantatenprojekten, zu denen bereits vollständige Textbücher vorlagen – darunter *The Canterbury Tales*, *King Lear* (mit Fischer-Dieskau) und, indes ohne Duncans Beteiligung, *Anna Karenina* –, die jedoch aus noch nicht völlig geklärten Gründen nie ausgeführt wurden. Weitere Überlegungen zu der Tolstoi-Oper *Anna Karenina* mit Galina Wischnewskaja für das Bolschoi Theater verboten sich beispielsweise nach dem Einmarsch der Sowjets in die CSSR aus diplomatischen Gründen. In Kooperation mit dem Regisseur Richard Attenborough war eine Verfilmung von Shakespeares *The Tempest* auf Bali geplant, auch lagen Entwürfe für eine Reihe von Weihnachtsspielen nach den alten Chester-Mirakelspielen auf Brittens Schreibtisch, als der Komponist 1976 starb. Noch heute bietet das Œuvre Brittens Neues, dessen Entdeckung zwar keine Überraschung für die Fachleute darstellt, dafür aber für den Musikhörer und -liebhaber. So etwa im November 1992 die Erstaufführung des Chorwerks *Christ's Nativity* durch die BBC Singers, komponiert vom erst siebzehnjährigen Ben Britten.

Wenn auch Brittens schöpferischer Arbeits- und Lebensbereich nach dem Zweiten Weltkrieg vorwiegend in Suffolk lag, so war er doch ein Mann, der mehr als nur die halbe Welt kannte. Seine Reisen führten ihn nicht nur immer wieder auf das europäische Festland, sondern unter anderem auch nach Bali und Japan (1955/56), in die Sowjetunion (1963-66 und 1971), nach Indien (1965), Nord- und Südamerika (1967) und Australien (1970). Wesentliche musikalische Anregungen fand er dabei in der asiatischen Gamelanmusik, die sich ausgeprägt in den Partituren zu dem abendfüllenden Ballett *The Prince of the Pagodas* (1957) sowie in den Kirchenparabeln *Curlew River* (1964) und *The Burning Fiery Furnace* (1966) niederschlugen. Diese Werke mit ihrer Konzentration auf eine mythologisch-moralische Aussage stehen stilistisch in der Tradition der mittelalterlichen Mysterienspiele. In *Curlew River* griff Britten Anregungen auf, die er im Februar 1956 beim Besuch des japanischen No-Theaters in Tokio empfangen hatte, wo er *Sumidagawa* von Juro Motomasa sah, ein traditionelles Stück aus dem 15. Jahrhundert. Dieses »völlig neue Opern-Erlebnis« beeindruckte den Komponisten nachhaltig. »Es gab keinen Dirigenten – die Instrumentalisten saßen wie der Chor auf der Bühne, und die Hauptdarsteller kamen beim Auftritt eine lange Rampe herunter. Die Beleuchtung war streng untheatralisch. Die Besetzung bestand durchweg aus Männern, die einzige weibliche Figur trug eine ausgezeichnete Maske, die jedoch die darunterliegenden männlichen Züge nicht zu verbergen suchte. Die Erinnerung an dieses Stück hat mich im Lauf der Jahre selten verlassen«, erläuterte Britten und räsonierte, ob es denn nicht möglich sei, gerade eine solche Geschichte »mit einem englischen Hintergrund« zu verwenden.[70] Die Instrumentierung der daraus entstandenen Werke, die kleiner ist als bei den Kammeropern, ist mit ihrem starken Schlagzeuganteil dem asiatischen Vorbild nachgestaltet, auch gibt es keinen Dirigenten, so daß jeder Interpret auf sich selbst gestellt ist. Um das Aufeinanderhören und die Koordination zu erleichtern, erfand Britten ein eigenes Pausenzeichen, das er »curlew sign« nannte. Nach dieser Metamorphose eines buddhistischen zu einem christlich angehauchten Stoff wandte sich Britten mit *The Burning Fiery Furnace* der biblischen Geschichte der Jünglinge im Feuerofen aus dem alttestamentarischen Buch Daniel zu. Auch hier setzte er ein kleines Orchester mit Schlagwerk ein. Das Parabelartige der Stücke wird wie auch in *The Prodigal Son* durch den prozessionsartigen Ein- und Auszug aller Mitwirkenden unter Absingen eines gregorianischen Chorals hervorgehoben – eine »liturgische« Technik, die Britten, möglicherweise in Anlehnung an das 1918 initiierte jährliche Festival of Nine Lessons and Carols in der King's College Chapel in Cambridge, bereits bei dem Chorwerk *A Ceremony of Carols* (1942) verwandt hatte.

Zu mehrfachen Besuchen in der Sowjetunion führte die Freundschaft mit Schostakowitsch und Rostropowitsch, die Britten im September 1960 bei einem Konzert in der Royal Festival Hall in London kennengelernt hatte. Die künstlerischen und privaten Konsequenzen waren weitreichend. Mit Rostropowitsch gab Britten zahlreiche Konzerte und spielte Kammermusik ein, ferner komponierte er für dessen Frau Galina Wischnewskaja in russischer Sprache den Liederzyklus *The Poet's Echo* nach Puschkin (1965) und für den Cellisten unter anderem Solostücke, eine Cellosonate (1961) und die *Cello-Sinfonie* (1964), nach der *Sinfonia da Requiem* das erste große Orchesterwerk seit gut 23 Jahren. In diesem viersätzigen, schwerblütigen Werk konzertiert das Cello nicht im Wechselspiel mit dem Orchester, sondern ist in einen sinfonischen Verlauf eingebunden. Dem am 12. März 1964 unter Brittens Leitung in Moskau uraufgeführten Stück widerfuhr damals wie noch oft danach eine reservierte Aufnahme, und erst allmählich setzt sich die in der »Times« geäußerte Ansicht durch, daß die *Cello-Sinfonie* »unserer Empfehlungen nicht bedarf, denn sie ist einfach ein Meisterwerk, und ebenso ist klar, daß ihre tiefere Bedeutung sich erst im Verlauf des mehrfachen Hörens erschließen wird.«[71]

Es war die Zeit gekommen, in der Britten allmählich mit Ehrungen überhäuft wurde. 1964 erhielt er die Goldmedaille der Royal Philharmonic Society und im Jahr darauf den Order of Merit – die Auszeichnung, die er am meisten schätzte. Seit der O. M. 1902 erstmals verliehen worden war, hatten ihn nur zwei Musiker erhalten, Elgar (1912) und Vaughan Williams (1935). Nach Britten wurde noch Tippett (1983) diese Anerkennung zuteil. Doch keinem anderen Komponisten wurde bislang von der Königin die Peerswürde auf Lebenszeit verliehen. Britten erhielt sie am 12. Juni 1976 zugesprochen: Der sterbenskranke Mann im Rollstuhl war für fünf Monate *Lord* Britten.

Es war auch die Zeit, in der der Opernkomponist Britten neue Medienbereiche erschloß. Die BBC erteilte 1966 den Auftrag zu einer Fernsehoper. Britten kehrte zu Henry James und der Librettistin Myfanwy Piper zurück, die schon den Text zu *The Turn of the Screw* verfaßt hatte. Bereits damals hatte man eine Dramatisierung der Erzählung *Owen Wingrave* erwogen – der 1892 entstandenen Geschichte eines jungen Mannes aus einer angesehenen Offiziersfamilie, der sich gegen die Tradition stellt und den Dienst an der Waffe verweigert. Bei einem Versuch, dann doch zu beweisen, daß er kein Feigling ist, kommt er schließlich ums Leben. Gerade jetzt, als die Amerikaner ihr Engagement im Vietnamkrieg verstärkt hatten und auf dem Campus der Kent State University in Ohio Studenten bei Protestaktionen erschossen worden waren, griff Britten diesen Stoff wieder auf, um vor einer breiten Öffentlichkeit seinen Vorstellungen von Pazifismus und Friedfertigkeit abermals Ausdruck zu verleihen. Obwohl es sich um eine Auftragsarbeit für das Fernsehen handelte, hatte Britten bei der Komposition von *Owen Wingrave* bereits eine nachfolgende Bühnenaufführung im Hinterkopf, die zwei Jahre nach der Ausstrahlung der neuen Oper (16. Mai 1971) schließlich am 10. Mai 1973 am Covent Garden auch realisiert wurde. Der spezifischen Probleme von Oper im Fernsehen war sich Britten durchaus bewußt. »Man muß die Zuschauer überzeugen, die Sache ernst zu nehmen«, sagte er. »Andererseits kann man nicht wirklich Rücksicht nehmen auf diejenigen, die sich langweilen, später zuschalten oder durch einen Telefonanruf abgelenkt werden. Man kann die Handlung nicht wiederholen, wie etwa den Spielstand beim Kricket. Zudem gibt es das weitreichende Problem, wie man es schafft, daß Sänger auf dem Bildschirm einigermaßen überzeugend wirken.«[72]

Die Produktion brachte viele Unannehmlichkeiten mit sich. Britten stritt sich mit den BBC-Gewaltigen um die Neuaufnahmen einiger Szenen, die letztendlich gewährt wurden; die Sänger fühlten sich unbehaglich, da sie meinten, sie seien für ihre Rollen eigentlich zu alt, und zudem ging dem Komponisten viel Zeit für Aldeburgh verloren. Das Werk traf in einer Zeit, in der Pop-Barden wie Joan Baez und Bob Dylan das gleiche Anliegen mit einer den breiten Massen vertrauteren musikalischen Sprache zum Ausdruck brachten, auf gewisse Vorbehalte. Die Fernsehoper mit Benjamin Luxon in der Titelrolle, die auch in den USA und von 12 europäischen Sendeanstalten von Island über Norwegen bis Jugoslawien übertragen wurde, erzielte als »eines der wichtigsten künstlerischen Ereignisse in der Geschichte dieses Mediums« (»The Daily Telegraph«) gewaltige Publizität. Doch auch wenn es als »ausgesprochen erfolgreich« eingestuft wurde, hieß es, die neue Oper sei »kein Meisterwerk wie etwa [...] *The Turn of the Screw*« (»Sunday Times«). Kritisiert wurde auch, daß das Stück »in erster Linie zu sehr Oper und erst in zweiter Linie etwas fürs Fernsehen« sei (»The Daily Telegraph«).

Britten indes war sich selbst treu geblieben. »*Owen Wingrave* scheint Eindruck gemacht zu haben – hoffentlich prägt sich auch die Geschichte ein wenig ein!« schrieb er in einem Brief.[73] Er hatte im *War Requiem* und in *Owen Wingrave* die Ideale Bridges realisiert, ja es war ihm gelungen, »durch die Instrumente zu denken und zu fühlen«. Bei aller Vielseitigkeit seines Œuvres war der rote Faden, der sich durch sein Schaffen zieht, nie gerissen. Auch Peter Grimes und die Hauptfigur der letzten Oper, Aschenbach, stehen sich näher, als die Distanz von Aldeburgh zu Venedig zunächst nahelegt.

»Death in Venice«

»Weißt Du, Ronnie, ich werde meine besten Werke erst nach meinem 65. Lebensjahr schreiben«, hatte Britten schon 1951 zu dem Schriftsteller Ronald Duncan gesagt.[74] Doch soviel Zeit sollte ihm nicht mehr bleiben. Seine Herzschwäche machte ihm Anfang der 70er Jahre zunehmend Beschwerden, schwächte den Körper, und letztlich schien eine Operation unausweichlich. Britten hatte sich bis dahin nie geschont, ohne, wie er meinte, je das zu werden, was seine Mutter in ihm sah: das vierte B. »So ein Leben!« klagte er 1968 in einem Brief an Imogen Holst kurz vor einer anstrengenden Konzertreise mit Peter Pears nach Deutschland, ». . . aber es wird nicht ewig dauern, und eines Tages hoffe ich mich ein wenig entspannen zu können, so daß ich den Versuch unternehmen kann, ein guter Komponist zu werden.«[75] Zufrieden mit sich selbst war er nie, ja er hielt sich auch nicht für einen großen Komponisten, lediglich für einen, der etwas mehr zu leisten vermochte als andere. Nun mußte er erkennen, daß ihm wahrscheinlich nur noch eine kurze Frist blieb, um sich in seiner Kunst auszudrücken. Bereits 1952 hatte Imogen Holst in ihrem Tagebuch notiert: »Wir sprachen über das Altwerden, und er betonte seine Überzeugung, daß Menschen jeweils zur richtigen Zeit stürben, so daß die Größe eines Menschen auch in sich die Zeit einschließe, in die er hineingeboren werde, sowie die Zeit, die er durchleben müsse, aber dies sei schwer zu verstehen . . .«[76]

Im Oktober 1971 reiste Britten mit Peter Pears sowie John und Myfanwy Piper in sein geliebtes Venedig, wo er mit der Arbeit an seiner letzten Oper begann: *Death in Venice.* Eine Vertonung von Thomas Manns Erzählung *Der Tod in Venedig* beschäftigte ihn schon seit Jahren und war keineswegs inspiriert von Viscontis Film, in dem Musik von Mahler verwendet wird und die Hauptfigur ein Komponist und kein Schriftsteller, wie in der Vorlage, ist. Britten hat ebenso wie seine Librettistin Myfanwy Piper den Film nie gesehen. *Death in Venice* sollte sein umfangreichstes Opernmanuskript werden, und die anstrengende Arbeit sowie die Besessenheit, das Werk zu vollenden, strapazierten ihn zusätzlich. »Für Ben war diese Oper in gewisser Weise ein Resümee all dessen, was er fühlte, angeregt selbst durch die Erinnerungen an seine eigene idyllische Kindheit«, sagte Peter Pears. »Am Schluß fragt Aschenbach, nach was er eigentlich sein ganzes Leben lang gesucht habe. Wissen? Eine verlorene Unschuld? Und muß das Streben nach Schönheit, nach Liebe, nur ins Chaos führen? All diese Fragen stellte sich Ben stets selbst.«[77]

Am 7. Mai 1973 wurde Britten im National Heart Hospital in London acht Stunden lang am Herzen operiert. Er erlitt einen leichten Schlaganfall, was ihn vorübergehend am Sprechen hinderte und seine rechte Hand auf Dauer lähmte. Zwei Monate, nachdem er zum letzten Mal gemeinsam mit Pears bei einem Privatkonzert in Deutschland musiziert hatte, war ihm das Klavierspielen unmöglich geworden. Nach der Entlassung aus dem Krankenhaus vertraute sich Britten der Obhut von Rita Thomson, einer privaten Krankenschwester, an. Auch nach der Operation unternahm er noch eine weitere Reise nach Venedig, wo er einst *Curlew River* komponiert hatte. Die Manuskripte zu der Thomas Mann-Vertonung hatte er im Gepäck. »Er konnte sich kaum bewegen«, erzählte Rita Thomson. »Das Notenpapier war so lang, daß er nicht an den oberen Rand kam. Wir haben es deshalb zerschnitten. Er konnte auch nicht am Tisch sitzen und schreiben. Er ließ sich eine Art Brett machen, das er auf den Knien halten konnte. Aber weil sein Arm schnell ermüdete, mußte er häufig ausruhen. Er hatte auch Schwierigkeiten mit dem Radieren, das habe ich dann manchmal übernommen. Überall nahm er seine Arbeit mit hin. Die Zeit war ihm zu kostbar.«[78] Laut Pears war das Komponieren Brittens Lebensinhalt: »Als er wegen seiner körperlichen Schwäche nicht mehr komponieren konnte, rechnete er mit dem Leben ab.«[79]

Die Oper *Death in Venice* setzt Manns zumeist in der dritten Person verfaßte Erzählung gekonnt in Monologe und Ensembleszenen um, wobei die Instrumente des sparsam besetzten Orchesters die verschiedenen Sphären symbolisieren: das »normale« Orchester die reale Welt, Gamelanschlagwerk die Welt des jungen Tadziú und das Klavier den Gedankenkosmos' Aschenbachs. Der fast durchgehend präsente Erfolgsautor Gustav von Aschenbach reflektiert nach dem Vorbild der Schützschen Passionen in einer Art Sprechgesang, bei dem die Tonhöhe festgelegt ist, es jedoch dem Interpreten überlassen bleibt, den geeigneten Rhythmus für die Gedankengänge zu finden. Der von ihm verehrte Tadziú, von dem es bei Mann heißt, daß »Fremdheit des Knaben Rede zur Musik« erhob, ist in der Oper als Tanzrolle festgelegt, wodurch die immer wieder gepriesene Wohlgestalt seines Körpers in der Bewegung am natürlichsten zum Ausdruck kommt. Wie die introvertierten Vorgänge der Geschichte spannend in ein Bühnengeschehen umgesetzt werden, wie eine geradezu klaustrophobische Atmosphäre entsteht und einmal mehr der Text mit der Musik zur Einheit wird, macht diese Oper zu einer der faszinierendsten Leistungen des Brittenschen Musiktheaters.

Thomas Mann (1875–1955), Herz und Ohr für das Kulturdreieck Bayreuth-Berlin-Wien geöffnet, ließ Brittens Musik indes ziemlich kalt. Als der Journalistin Heidi Heimann eine Ähnlichkeit zwischen der Textauswahl Brittens und der Adrian Leverkühns, des Komponisten aus dem Roman *Doktor Faustus*, auffiel, schenkte sie dem deutschen Schriftsteller um 1947/48 in den USA eine Aufnahme von Brittens 1943 entstandenem Liederzyklus *Serenade*. »Ich muß der Wahrheit gemäß antworten, daß zwar der Name dieses Komponisten, aber nichts von seiner Musik mir bekannt ist«, schrieb Mann am 16. Januar 1948 an eine Freundin der Spenderin. »Die Verwandtschaft meiner Musik-Phantasien mit seinen wirklichen Werken beruht also, ich will nicht sagen, auf Zufall, aber auf einer Coinzidenz, die bestimmt ihre tieferen Gründe in unserer Zeitgenossenschaft hat. Merkwürdig wird Ihnen und Ihrer Freundin sein, zu hören, daß Medi [die jüngste Tochter Elisabeth Veronika, verheiratet mit Giuseppe Antonio Borgese] mir vor kurzem schrieb, sie sei der Überzeugung, daß aus dem *Faustus* ein vorzüglicher Film gemacht werden könne und daß, wenn er zustande käme, Benjamin Britten die Musik dazu schreiben müsse.« Kurz darauf, in Gesellschaft der Neumanns und Adornos beim Abendessen, wurde Mann jedoch klar, wo er Britten einzuordnen hat, und er vermerkte am Freitag, dem 13. Februar 1948, im Tagebuch: »Spielten zum Schluß die *Wozzeck*-Platten. Die tonale Stelle, als die Mutter dem Kind eine alte Geschichte erzählt. Echte Adrian-Sphäre. Daß B. Britten mit dieser Musik, die letztes Ereignis europäischer Hochkultur, überhaupt nicht in einem Atem zu nennen.«[80]

Nach Vollendung der Oper komponierte Britten solange weiter, wie es ihm bei seinen schwindenden Kräften noch möglich war. Dabei entstanden einige kürzere Werke wie die Kantate *Phaedra* für Janet Baker, die Chorlieder *Sacred and Profane* und das 3. Streichquartett. Letzteres schrieb er im Hinblick auf den Klang und das Timbre des Amadeus Quartetts, das es auch im September 1976 in der Bibliothek des Red House für ihn spielte. Die Arbeit an der Vertonung eines ihm von Edith Sitwell gewidmeten Gedichts, *Praise We Great Men* von 1959, blieb unvollendet. Am Morgen des 4. Dezember 1976 starb Britten in den Armen von Peter Pears. »Wir wußten schon um einiges früher, was kommen würde. Und er hatte keineswegs Angst vor dem Sterben«, erinnerte sich der Freund. »Ich glaube kaum, daß er irgendwelche bestimmten Überzeugungen von dem besaß, was danach kommen würde. Aber Angst vor dem Tod hatte er gewiß nicht. [. . .] Seine stärkste Empfindung war jedoch die von Trauer und Leid bei dem Gedanken, mich verlassen zu müssen, seine Freunde und auch seine Verpflichtungen. Das beschäftigte ihn mehr als alles andere. Er hat früher immer gesagt: ›Ich muß vor Dir sterben, weil ich nicht weiß, was ich ohne Dich machen soll‹.«[81]

Lange Schatten

»Nach seinem Tod wurde ich einmal mit Peter ins Red House eingeladen«, berichtete Michael Tippett, »ich fand aber die ehrfurchtgebietende Mausoleumsatmosphäre bedrückend.«[82] Der Komponistenkollege war nicht der einzige, dem sich dieser Eindruck vermittelte. Die Haltung, »es kann kein Zweifel daran bestehen, daß Britten der größte britische Komponist seit den Tagen von Purcell war und vielleicht der größte lebende Komponist, der je seit dem Zweiten Weltkrieg aktiv war« – so formuliert vom Chefredakteur Harold Rosenthal in »Opera«[83] – lastete schwer auf Britten, seinen Nachlaßverwaltern und der nachfolgenden Generation. An Brittens bedeutenden Leistungen kann gar kein Zweifel bestehen, jedoch führte eine Verabsolutierung seiner Grandiosität durch zementierte Postulate zu Argwohn und bewirkte für eine angemessene Einschätzung seiner Kunst eher das Gegenteil. Diejenigen, die sich seiner Sache mit Übereifer annahmen, reagierten auf Kritik genauso empfindlich wie Britten selbst. Dieser Prozeß einer allmählichen Entfremdung aus einem Umkreis, der auch die Möglichkeit einer kritischen Distanz zu sich selbst und dem eigenen Schaffen ermöglicht hätte, hatte schon bald nach dem Erfolg von *Peter Grimes* eingesetzt, der eine einschneidende Wende mit sich brachte. »Danach war er weniger zugänglich, weniger bereit, Scherze oder despektierliche Bemerkungen über sich selbst, seine Arbeit oder Peter hinzunehmen; aber er hat nie Verrat an seiner Berufung oder seiner künstlerischen Integrität begangen«, meinte Tippett. »Viele enge Freunde gerieten mit Ben und Peter in Aldeburgh in Konflikt, was bedauerlich war. Ich erkannte, was da vorging, und hielt mich aus all dem heraus: Wenn ich in der Folge zum Aldeburgh Festival ging, schickte ich ihm eine Postkarte und teilte mit, daß ich da sein werde, aber da er ganz ohne Zweifel beschäftigt war, erwartete ich nicht, ihn zu sehen.«[84]

Doch der Versuch, nach Brittens Tod einen künstlichen Mythos zu kreieren, war zum Scheitern verurteilt. Ein Mythos manifestiert sich in Symbolgestalten und Kulten. Er bildet eigene Realitäten, die eines rationalen Beweises nicht mehr bedürfen. Die Welt Benjamin Brittens jedoch mußte sich dem realen Alltag des Kulturlebens anpassen. Zu Beginn der 90er Jahre wurden das Leitungsteam des Aldeburgh Festivals einer »Verjüngungskur« unterzogen und entwickelten sich aus den »Gedenkfeiern« einer Anhängerclique zeitgemäße moderne Festspiele. Die künstlerischen Leiter sind heute der Dirigent Steuart Bedford (geb. 1939), der bereits 1967 mit der English Opera Group gearbeitete hatte, und der Komponist Oliver Knussen (geb. 1952), der Britten als Sechsjähriger von seinem Vater, einem Kontrabassisten, vorgestellt worden war. »Man muß akzeptieren, daß Aldeburgh Brittens Bayreuth ist – aber Aldeburgh selbst muß sich nicht so empfinden«, meinte Knussen 1991. »Wir haben uns ganz langsam von dem Festival, das er gegründet hat, weg entwickelt, und wir sind auf der Suche nach solchen Beiträgen, von denen auch er begeistert gewesen wäre, würde er noch leben – schließlich wäre er heute erst 78. Er war beispielsweise sehr großzügig mit der Vergabe von Aufträgen an junge Komponisten und bei deren Unterstützung – so hat er auch mir meinen ersten Auftrag erteilt – und eines unserer Ziele ist es, neue Werke aufzuführen.«[85]

Doch auch bekannte Komponisten werden als »composer-in-residence« eingeladen, so etwa 1991 Harrison Birtwistle, der selbst seine Oper *Punch and Judy* inszenierte, die noch 23 Jahre zuvor bei ihrer Uraufführung in Aldeburgh für erheblichen Wirbel gesorgt und Britten ziemlich verärgert hatte. »Dies war eine der Möglichkeiten, von denen wir glaubten, daß sie etwas von der Energie zurückbringen würden, die nach Brittens Tod 1976 verlorengegangen war«, erläutert Bedford. »Wir hoffen auch, Komponisten vorstellen zu können, die in diesem Land nicht so arg bekannt sind und es unserer Meinung nach sein sollten – beispielsweise haben wir Panufnik und Lutoslawski eingeladen, als wirklich noch sehr wenige Leute ihr Werk kannten.«[86]

Etwa 35 Prozent des 300 000-Pfund-Budgets der über das Jahr verteilten Festivalveranstaltungen und Kurse kommen durch den Kartenverkauf in die Kassen. Die Tantiemen von Aufführungen der Werke Brittens fließen reichlich, so daß der Britten-Pears Foundation, die nach Peter Pears Tod 1987 gegründet wurde, jährlich ein Pool von mehreren hunderttausend Pfund zur Verfügung steht. »Wir unterstützen die Aldeburgh Foundation, das Festival eingeschlossen, mit beträchtlichen Subventionen, die sich 1991 auf nahezu 200 000 Pfund beliefen«, sagt Donald Mitchell, ein früherer Vertrauter des Komponisten, jetzt Nachlaßverwalter, Herausgeber der Briefe und Tagebücher und Treuhänder der Stiftung. »Ein weiterer großer Teil der Einkünfte geht in den Erhalt der Britten-Pears-Bibliothek, das Archiv, das praktisch alle juvenilen Stücke und den Großteil seiner Manuskripte enthält (einschließlich der Dauerleihgaben der British Library), und in den Komplex des Red House. Drittens fördern wir die posthume Veröffentlichung und Einspielungen jener Werke Brittens, die wir einer Publikation für wert erachten, und sponsern im gleichen Fall Aufnahmen und Aufführungen von Stücken, die vernachlässigt und bislang noch nicht eingespielt wurden. Und schließlich geht auch Geld in die Unterstützung von Fällen, die Ben und Peter am Herzen gelegen haben – Hilfen für junge Komponisten, und, wann und wo immer es möglich ist, dem *lebenden* Komponisten ein hohes Ansehen zu verschaffen, worin auch das Ziel unseres beträchtlichen (alle drei Jahre zu vergebenden) Britten Award besteht sowie der bescheideneren (in wechselnden Jahren ausgerichteten) Benjamin Britten International Competition for Composers. Wir konzentrieren uns besonders auf die Förderung von Musikern und der Musikerziehung, besonders in East Anglia. Außerhalb der Musik sind wir uns stets jener Leitgedanken bewußt, die uns Ben und Peter hinterlassen haben; beispielsweise sollte eines unserer Anliegen sein, eine zivilisierte Einstellung zur Homosexualität zu fördern, was leider auch 1991 noch immer nötig ist. Und wir sprechen uns für Frieden und Gewaltlosigkeit aus – der Falkland- und der Golf-Krieg waren Beispiele dafür –, genau so, wie wir meinen, daß Ben und Peter es von uns erwartet hätten.«[87]

Die britische Musikwelt nach Britten hatte ein schwieriges Erbe übernommen. So wie mit *Peter Grimes* eine neue Ära in der Operngeschichte ihren ersten Höhepunkt hatte, war mit Brittens Tod in Suffolk ein wichtiges Kapitel abgeschlossen. Zu diesem Zeitpunkt hatte Großbritannien gemeinsam mit Deutschland Italien als neues Opernland bereits überflügelt. Der König war tot. Doch wer konnte das Zepter übernehmen?

X

Schöne neue Welten

Michael Tippett (geb. 1905)

Sogenanntes Gelingen oder Scheitern wird davon abhängen, ob wir die richtige Aufgabe finden, und nicht, ob wir sie erfüllen, ist also mehr eine Sache der Frage als der Antwort. [. . .] Das Suchen ist wichtig und nicht das Finden, was ohnehin nicht gesichert ist.

George Tabori[1]

»Turn on to Tippett!«

Die Tippetts sind ein zäher Stamm. Ein langes Leben war vielen Familienangehörigen beschieden, und auch Michael Kemp Tippett, seit 1966 Sir Michael, bildet keine Ausnahme. Geboren am 2. Januar 1905, ist er gerade drei Jahre jünger als Walton und nur acht Jahre älter als Britten – daß diese Komponisten der gleichen Generation angehören, mag man jedoch kaum glauben. Ähnlich wie bei den aufeinanderfolgenden Karrieren der Zeitgenossen Sullivan und Elgar ergeben sich diese Versetzungen dadurch, daß Tippett eher ein Spätentwickler war. Dafür ist er rüstig genug, um sich noch heute, im hohen Alter, seinen Kompositionen und dem Nachdenken über Musik zu widmen. Mit »der rechten Mischung aus Geduld und Arroganz«, wie er sagte, mauserte er sich zu »Großbritanniens beliebtestem Komponisten« (»Newsweek«).[2] Noch in den letzten Jahren, Tippett war bereits über achtzig, gab es mehrere Uraufführungen größerer Werke: Im Oktober 1989 wurde *New Year*, seine fünfte Oper, in Houston, im April 1991 die Kantate *Byzantium* nach W. B. Yeats in New York und im Mai 1992 sein 5. Streichquartett in Sheffield erstmals gespielt. 1991 erschien sein drittes Buch, die Autobiographie *Those Twentieth-Century Blues*, deren erste Auflage mit 5000 Exemplaren innerhalb von zwei Monaten verkauft war.

Sir Michael, der 1990 anläßlich seines 85. Geburtstages noch eine dreimonatige Tournee durch die USA unternommen hatte, konnte erst kürzlich ein neues Orchesterwerk fertigstellen. Bei diesem Stück, *The Rose Lake*, handelt es sich um ein etwa 25minütiges, durchkomponiertes orchestrales »Lied ohne Worte«, das in seiner fünfsätzigen Anlage dem Aufbau von *Byzantium* ähnelt. Ganz ohne Spuren ist das Alter indes nicht an Tippett vorübergegangen. Seit 1970 leidet er an einer Netzhauterkrankung infolge einer Ernährungsstörung, so daß er nur noch mit einer Speziallupe lesen kann und besonderes Notenpapier mit einem extra großen Linienabstand verwendet. Als Dirigent – noch 1991 leitete er selbst eine CD-Einspielung seines fast 50 Jahre alten Oratoriums *A Child of Our Time* – muß er gezwungenermaßen die Partituren auswendig beherrschen. Hinzu kommen auch noch leichte Herzbeschwerden und ein Darmleiden wie bei Berlioz. Dennoch arbeitet er regelmäßig in seinem Heim in den Marlborough Downs, das er 1970 bezog und von wo aus er das Tal von Malmesbury in der Grafschaft Wiltshire überschauen kann. Ruht die Arbeit, erholt er sich, begibt sich auf Reisen, erkundet Neues. Zwar wohnt er noch Ereignissen wie der Uraufführung seines 5. Streichquartetts bei, zieht sich jedoch mehr und mehr zurück. »Ich habe ihn seit ungefähr drei Jahren nicht gesehen, aber es ist, als ob wir immer noch in Verbindung sind«, berichtet der 29 Jahre jüngere Peter Maxwell Davies. »Ich mag ihn sehr. Aber jetzt ist er, wenn ich so sagen darf, ziemlich alt geworden, und man weiß, daß seine Zeit etwas begrenzt ist. Ich will ihn nicht stören, weil er noch immer schreibt.«[3] Er ist auch noch immer sozial und politisch engagiert. So warb er im Fernsehen für die Unterstützung von Erdbebenopfern in Armenien und wandte sich in Artikeln und Leserbriefen zugunsten des London Schools Symphony Orchestra bzw. der Kent Opera Company gegen Kürzungen bei der staatlichen Kulturförderung. Sein intensives Eintreten für den Pazifismus, zu dem er auch im Zweiten Weltkrieg konsequent stand, führte 1956 zur Ernennung zum Präsidenten der Peace Pledge Union, ein Amt, das er noch heute innehat. Bei seinen öffentlichen Auftritten in diesem Zusammenhang sprach er sich beispielsweise bei der Eröffnung einer PPU-Ausstellung in London im August 1977 gegen die amerikanischen Pläne zur Neutronenbombe aus.

Tippett komponiert am Klavier. Vier Stunden jeden Tag, auch wenn nur wenige Takte pro Arbeitssitzung das Ergebnis sein mögen. »Ich muß einfach richtige Klänge am Klavier erzeugen, selbst wenn sie nicht perfekt sind und nie identisch mit denen, die nachher in der Aufführung erklingen«, beschreibt er seine Arbeitsweise. »Aber mit dieser allgemeinen Klangaura, die ich mit meiner Stimme und dem Klavier erzeuge, stelle ich etwas her, was mir ziemlich klar als eine körperliche Atmosphäre erscheint, und innerhalb dieser körperlichen Atmosphäre ist der kreative Prozeß bei mir am stärksten.«[4] In der übrigen Zeit entspannt sich Tippett beim Lesen, Spazierengehen, beim Entwickeln neuer Pläne und beim allabendlichen Fernsehen. Seine Publikationen, Rundfunksendungen, Fernsehbeiträge und -auftritte sowie in den letzten zwei Jahrzehnten auch vermehrt Plattenaufnahmen seiner Werke haben eine große Fangemeinde zusammengebracht. Als im Anschluß an eine Wiederaufnahme der Oper *The Midsummer Marriage* am Covent Garden eine Einspielung gemacht wurde, die 1971 herauskam, entwickelte sich diese in Großbritannien und den USA schon bald zu einem Bestseller. So tauchten auch bereits 1974 bei Konzerten in Chicago Studenten mit T-Shirts auf, die den Slogan »Turn on to Tippett« trugen. In der englischsprachigen Welt, vor allem in den USA, erfreut sich dieser britische Komponist keltisch-angelsächsischer Abstammung einer mitunter nahezu überbordenden Popularität, während man sich in anderen Ländern mit dem Verständnis seiner Werke zumeist schwertut. Noch Mitte der 70er Jahre verweigerten die Verantwortlichen der Salzburger Festspiele Colin Davis, bei einem Gastspiel mit dem London Symphony Orchestra Tippetts 3. Sinfonie ins Programm zu nehmen. Davis zog seine Konsequenzen, und das Konzert fand überhaupt nicht statt. Die 4. Sinfonie, Tippetts erstes Auftragswerk für die USA, durfte dann bei einer Tournee des Chicago Symphony Orchestra unter Georg Solti in Salzburg, Montreux und London gespielt werden. Zwar genießt Tippett in der Heimat gerade auch unter jungen Menschen großen Respekt, andernorts umgibt ihn jedoch eine esoterische Exklusivität. Doch

Tippett ist auch Realist und schöpft seine Möglichkeiten aus, der Kunst im kapitalistisch-kommerziellen System Rückendeckung zu geben. Im Jahre 1979 initiierte der Etablierte die Gründung der Michael Tippett Musical Foundation, die sich ausschließlich auf Aktivitäten im Bereich der Musik konzentriert, wie etwa die Vermittlung zeitgenössischer Musik in der Gesellschaft, Bildungsprojekte für Kinder und Erwachsene, die Unterstützung von Ensembles und die Förderung talentierter junger Künstler, seien sie Interpreten oder Komponisten. Bis heute wurde in weit über 300 Fällen Unterstützung geleistet mit einer Gesamtsumme von gut einer Viertel Million britischer Pfund. Die erforderlichen Finanzmittel wurden durch den Verkauf zahlreicher wichtiger Manuskripte an die British Library gewährleistet. Wie wichtig solche Initiativen sind, zeigt die problematische finanzielle Situation, in der sich viele, vor allem jüngere Komponisten noch immer befinden, die stets von neuem mit einem Auftrag hier, einem Wettbewerb da oder einem Zuschuß um die Sicherung ihrer Existenz ringen müssen.

Eine Komponistenförderung im eigentlichen Sinne begann in England erst nach dem Zweiten Weltkrieg durch den Arts Council of Great Britain, der jeweils auch eigene Abteilungen in Schottland, Wales und Nordirland unterhält. Diese staatliche Kulturbehörde förderte beispielsweise in der Saison 1990/91 sechs Komponisten mit Werkaufträgen, für die je nach Umfang zwischen 2000 und 5000 Pfund gezahlt wurden. Zudem gibt es Kompositionsaufträge privater oder halbstaatlicher Institutionen, die jedoch zumeist nur ein Tropfen auf dem heißen Stein sind: Abgesehen von den ansehnlichen 10 000 Pfund der Gemini-Fellowship, die auf zwei Jahre verteilt sind, gibt es unter anderem jährlich 2500 Pfund von der Performing Right Society oder den Vivian Ellis Prize mit mehreren Preisgeldern in einer Gesamthöhe von 7000 Pfund. Bekanntere, keineswegs berühmte Komponisten, können als Professoren oder Dozenten an Musikhochschulen ihr Auskommen finden. Wem eine akademische Laufbahn nicht zusagt oder wer unbeirrbar vom Komponieren leben will, dem bieten die »Composer-in-residence«-Programme von Universitäten und Colleges einen Unterschlupf. Für etwa ein bis zwei Jahre ist ein monatliches Einkommen gesichert, wofür der zumeist junge Komponist bereit sein muß, einige Vorträge und zwei bis drei Kompositionen zum Hochschulleben beizusteuern. Aufträge versprechen nach wie vor die Festivals, zumal es auch einen enormen Prestigegewinn bedeutet, eine Uraufführung in Bath – wo Tippett von 1969 bis 1974 die künstlerische Leitung hatte –, Aldeburgh, Cheltenham, Brighton, Huddersfield oder beim Londoner Almeida Festival im Werkkatalog vorweisen zu können. Auch die BBC ist nach wie vor ein wichtiger Ansprechpartner für neue Musik. Michael Tippett gehört heute zusammen mit Peter Maxwell Davies, Harrison Birtwistle und Richard Rodney Bennett (geb. 1936) zum Auswahlgremium der Society for the Promotion of New Music (SPNM), das neue Stücke für professionelle (Ur-)Aufführungen aussucht. Diese 1943 gegründete Gesellschaft, deren Präsidentin Elizabeth Maconchy (geb. 1907) ist, erhält jährlich etwa 350 neue Kompositionen in Form von Partituren oder als Bandmitschnitte. Man hat schon so manches Talent entdecken und fördern können. Vom British Council, dem Gegenstück zum deutschen Goethe-Institut, werden im Ausland vorwiegend Werke etablierter britischer Komponisten vorgestellt, so wurden etwa in Deutschland 1988 ein Benjamin-Britten-Festival und vom Herbst 1992 bis zum Frühjahr 1993 die Konzertreihe »Musik aus Großbritannien« in verschiedenen Städten Nordrhein-Westfalens veranstaltet. Die in den 60er und 70er Jahren verhältnismäßig reichhaltigen Förderprogramme sind während der Regierungszeit von Margaret Thatcher (1983–1991) systematisch reduziert worden, zudem wurden regelmäßige Subventionen nicht den steigenden Kosten angepaßt. 1991 konnte sogar eine traditionelle Veranstaltung wie das Almeida Festival nicht stattfinden, nachdem sich auch Organisationen wie die Association of Professional Composers, die Composers' Guild of Great Britain und das British Music Information Centre vergeblich um Sponsorengelder bemüht hatten.

Doch gerade auf solche Foren sind Komponisten angewiesen. Tippett erinnert sich gut an die Lektüre einer Briefsammlung Giuseppe Verdis, wobei »eine seiner Bemerkungen sich mir für immer eingeprägt hat: ›Alle Komponisten wollen nur in ihrem Elfenbeinturm leben, aber sie müssen hinausgehen auf den Marktplatz.‹«[5] Diesem Grundsatz ist Tippett gefolgt. Zahlreiche öffentliche Auftritte, Rundfunkbeiträge, Bücher und Kompositionen in allen Gattungen sind die Früchte seines Wirkens. »Yeats schrieb irgendwo, daß Dichter ihren Hader mit der Gesellschaft in Rhetorik verwandeln und ihren Hader mit sich selbst in Dichtung«, sinniert Tippett und zieht Parallelen zu seiner Situation als Komponist.[6] Die Werke, die er in sein Opusregister aufgenommen wissen will, sind nicht frühe Vorstudien oder Stücke, die in den 30er Jahren aus seinem politischen Engagement heraus entstanden, sondern Kompositionen, die in Persönlichem gründen. Nach seinem Coming-out, dem Studium von C. G. Jungs Lehren und einer 1939 vorgenommenen, konsequent durchgeführten psychoanalytischen Selbstanalyse seiner Träume begann sein fruchtbares Wirken als Komponist. »Die Begegnung mit Wilf war die tiefste, erschütterndste Erfahrung des Verliebens«, berichtet er über seine erste feste Beziehung zu dem Maler Wilfred Franks, »und ich bin ziemlich sicher, daß es der entscheidende Faktor war, der der Entdeckung meiner eigenen, individuellen musikalischen ›Stimme‹ zugrunde liegt – etwas, das sich nicht einfach mit technischen Begriffen erklären läßt: Diese ganze Liebe floß ein in den langsamen Satz meines ersten Streichquartetts; in ihm spannt sich ein ununterbrochener Bogen lyrischer Musik, in dem alle vier Instrumente vom Anfang bis zum Schluß erregt singen.«[7]

So wie Sullivan die britische Musik um die handwerkliche Meisterschaft bereicherte und Parry ihr seinen Humanismus vermittelte, brachte Michael Tippett die Intellektualität in das Komponieren ein. »Am Royal College of Music und folglich im ganzen englischen Musikleben fand ich einen Anti-Intellektualismus, der mich störte und irritierte«, erinnert sich Tippett. »Die Vaughan Williams-Schule war ein Teil davon, was auch einer der Gründe ist, warum ich nicht bei ihm studieren wollte. Für mich persönlich fand ich es völlig in Ordnung, dem Beispiel von Shaw und Butler zu folgen, und den Intellekt als einen Teil der Kreativität einzubringen.«[8] Bei seiner umfangreichen Lektüre stieß Tippett auf das Nietzsche-Zitat »Man muß noch Chaos in sich haben, um einen tanzenden Stern gebären zu können« aus *Also sprach Zarathustra.* »Das bin ich«, kommentiert er in seiner Autobiographie, »das ist aber auch dieses sehr eigenwillige Buch – ein Rechenschaftsbericht über all meine Kämpfe, um die chaotische innere Welt der Träume dahingehend zu verstehen, wie ich Musik in allen Gattungen schaffen konnte.«[9]

Verdorbene Kindheit

Die Beschäftigung mit der Musik war alles andere als Familientradition. Tippetts Vater Henry William (1858–1944), der sich als Anwalt, Unternehmer und später Hotelbesitzer versuchte, konnte man kaum als musikalisch bezeichnen, obwohl Michaels Großvater, der sechs Jahre vor der Geburt des Enkels starb, eine gute Stimme besaß und gelegentlich für Sims Reeves einsprang, einen der meistgeschätzten englischen Tenöre des 19. Jahrhunderts. Die Mutter Isabel (1880–1969), eine geborene Kemp, hatte eine Ausbildung als Krankenschwester erhalten, doch engagierte sich die vielseitig talentierte Frau auch als Theosophistin und in der Frauenbewegung, schrieb Romane und Theaterstücke, trat der Labour Party bei, lebte streng vegetarisch und wandte sich in ihren späten Jahren noch der Malerei zu. »Meinem Vater verdanke ich mit Sicherheit die kritische und philosophische Seite meines Wesens«, meint der Komponist. »Bald schon, als frühzeitig entwickeltes Kind, begann ich damit, alles selbst zu lesen. Eines der Bücher meines Vaters war ein kleiner Band mit dem Titel *Ambidexterity and Mental Culture* von H. Macnaughton-Jones. Es handelte von den Beziehungen zwischen den unterschiedlichen Zentren des Gehirns und unseren verschiedenen intellektuellen und emotionalen Fähigkeiten. Eine Sache, die darin befürwortet wurde, war das Schreiben mit beiden Händen, und ich beschloß, dies bei mir selbst zu entwikkeln.«[10] Wenn dies auch nicht vollends glückte, so vermag Tippett zumindest viele alltägliche Handgriffe mit beiden Händen auszuführen. Das Verhältnis zur Mutter gestaltete sich problematisch. »Meine Mutter war ein völlig anderer Charakter, und ich kann nicht behaupten, daß ich sie jemals so geliebt habe wie meinen Vater. Sie war ausgesprochen moralistisch, mit einem tiefen Gefühl für soziale Verpflichtungen.«[11] Bitter klingt der Brief, in dem der Achtunddreißigjährige im August 1943, kurz vor seiner Entlassung aus dem Gefängnis, wo er wegen Kriegsdienstverweigerung inhaftiert war, einer Freundin bezüglich seiner Mutter mitteilte: »Sie sollte besser der Tatsache ins Auge sehen, daß sie meine (& ihre) Heimkehr nur verderben wird – aus den alten üblichen, mütterlich moralischen Gründen, die so viel von meiner Kindheit verdorben haben.«[12]

Finanziell ging es den Tippetts alles andere als schlecht. Der Komponist erinnert sich an seine frühe Kindheit als ein »bequemes Leben in der Mittelklasse« mit Reisen nach Frankreich, wo dem Vater ein Hotel in Cannes gehörte, und einem ruhigen Leben auf dem Lande in Wetherden, Suffolk. Michael und sein 1904 geborener Bruder Peter, beide noch in London zur Welt gekommen, erhielten Klavierstunden, dennoch war der Kontakt zum Musikleben so gering, daß für den Jüngsten ernsthaft eher eine Laufbahn als Mathematiker oder Jurist in Erwägung gezogen wurde. »Das einzige, was im Heim meiner Kindheit fehlte, war Musik, oder zumindest der Kontakt mit der professionellen Musikausübung«, berichtet Michael Tippett. »Wir lagen so weit ab von der Londoner Konzertszene, auch wenn mich einmal eine Tante mitnahm, um einen Liederabend mit dem großen russischen Bassisten Schaljapin zu hören, den Beecham nach London gebracht hatte. Die einzige Musik, die lokal gemacht wurde, kam von Amateuren.«[13] Ein Jahr nach seinem Bruder Peter wurde auch Michael im September 1914, kurz nach Beginn des Ersten Weltkriegs, auf das Internat der Brookfield Preparatory School geschickt. Eine beängstigende Situation für den Neunjährigen, der zwar, entschlossen diese zu bewältigen, vor allem in Griechisch, Latein und Französisch hervorstach, auf anderem Gebiet jedoch gebremst wurde. »Ich nahm weiterhin Klavierstunden, bis sie aufhören mußten: Wie alle anderen ›unwesentlichen‹ Fächer, wie etwa Reiten, wurde Musik während der Kriegszeit als ›unpatriotisch‹ aus dem Schulplan gestrichen«, erinnerte er sich.[14] Diese frühen Jahre prägten eher den Charakter als den Musiker. Die Pläne der Eltern waren nicht die von Michael, und die Vorstellungen der Obrigkeit waren nicht die Tippetts.

In wüstem Land

»Dauerhafter als irgendein anderes Trauma in meiner Kindheit war die Auflösung des familiären Heims am Ende des Ersten Weltkriegs«, erzählt Michael Tippett.[15] Schulbesuche im Fettes College bei Edinburgh und ab 1920 der Stamford Grammar School rissen ihn aus der vertrauten Umgebung. Zudem waren die Eltern bis Kriegsende in ernsthafte finanzielle Schwierigkeiten geraten, so daß sie beschlossen, bis auf weiteres auf dem

Kontinent zu leben. Für die Tippetts begann eine Nomadenexistenz, wobei sich Michael schon als Vierzehnjähriger damit zurechtfinden mußte, in den Ferien auf eigene Faust durch das vom Krieg verheerte Europa zu fahren, um seine Eltern zu besuchen. Die Schikanen autoritärer Erzieher im Internatsleben in Form von spartanischer Versorgung, religiösem Zwang und sexueller Repressionen machten dem aufsässigen Jungen zu schaffen. Die Musik spielte in dieser Zeit eher eine – wenn auch wichtige – Nebenrolle. »Natürlich ging der Gedanke, Komponist zu sein, weiter zurück, vielleicht bis zu meinem zwölften Lebensjahr. Aber ich hatte keine Ahnung, was das in der Praxis bedeutet«, sagt Tippett. »Ich lebte in völliger Abgeschiedenheit auf dem Lande, ohne Radio und Schallplatten, und ich konnte keine richtige Vorstellung davon bekommen, wie das Leben eines Komponisten aussehen könnte. Ich spürte einfach, daß ich Musik schreiben wollte. Daß ich sie dann wirklich auf dem Papier festhielt, begann erst, als ich 17 war, und als ich schließlich an das Royal College of Music kam, war diese Erfahrung wie ein Dammbruch, und alles strömte plötzlich aus mir heraus.«[16]

Die Vorbereitung auf das Studium bestand größtenteils aus Privatinitiativen. Tippett spielte Klavier, sang im Chor der Operngesellschaft von Stamford unter der Leitung des jungen Malcolm Sargent und besuchte Konzerte. Ravels Suite *Ma mère l'oye*, gespielt von dem durch Sargent gegründeten Leicestershire Symphony Orchestra, war die erste Komposition des 20. Jahrhunderts, die er hörte. Anfang der 20er Jahre suchte er nach Wegen, das Komponieren zu erlernen. Mehr oder weniger auf sich gestellt, orderte er in Stamford in einer Buchhandlung Stanfords 1911 erschienenes Buch *Musical Composition*, das ihm als Leitfaden diente. Keine ungewöhnliche Methode der Wissensaneignung, erwarb sich doch Tippett durch Selbststudium auch Kenntnisse in mehreren Fremdsprachen wie Italienisch, Deutsch und (wenn auch in wesentlich geringerem Maße) Serbokroatisch; mit Französisch war er ja von Kindheit an vertraut. Im Sommersemester 1923 nahm er das Studium am Royal College of Music in London auf. Hatte er bis dahin vielleicht drei bis vier Konzerte in seinem Leben gehört, so war es ihm nun möglich, gleich mehrere in einer Woche zu besuchen. Komposition studierte er bei Charles Wood und nach dessen Tod 1926 bei C. H. Kitson. Diese machten ihn zwar mit den großen Meisterwerken der Klassik vertraut, vernachlässigten jedoch die frühe Musik. »Zu meiner Studienzeit vertrat man in England allgemein die Auffassung, daß der Komponist bzw. der Musiker im allgemeinen zwar eine sensible Person sei, aber keine, die Intellekt besaß. Und nachdem diese künstliche Trennung einmal vorgenommen war, glaubte man, daß so etwas wie ein planvolles Vorgehen im Leben eines kreativen Musikers nicht allzu offenkundig hervortreten sollte – man hielt es sogar für unpassend, daß es überhaupt deutlich wird. Dahinter stand, so glaube ich, natürlich der Gedanke, daß die Metapher der Musik in gewisser Hinsicht etwas Unwirkliches sei und nicht zu so etwas wie einem Gedankengebäude paßte. Im Gegensatz dazu wurde kreativen Künstlern im Bereich der Literatur oder des Dramas zugestanden, daß sie alle intellektuellen Anlagen nutzten und sogar in einem weltoffenen Rahmen erkundeten.«[17]

Tippett stellte sich nach eigenem Gutdünken einen Plan für das systematische Analysieren der Werke Palestrinas und der Polyphonie der Renaissance zusammen. Nach dieser Methode eignete er sich insbesondere Kenntnisse der Kirchenmusik und der englischen Madrigalkomponisten an. Das große Vorbild hinsichtlich der Vermittlung einer geistigen Weltbotschaft durch die Musik wurde indes Beethoven. »Als Student verschrieb ich mich voll und ganz der Musik Beethovens«, erinnert sich Tippett. »Ich erkundete sie derart erschöpfend, daß ich sie später für lange Zeit nicht mehr hören konnte.«[18] Zum Dirigenten ließ er sich anfangs durch Malcolm Sargent und von 1925 bis 1929 durch Adrian Boult ausbilden. Unter seinen Mitstudenten galt er dabei, wie er später erfuhr, lange Zeit als »Boult's darling«. Nach einem mißlungenen ersten Anlauf zum Examen im Sommer 1928 bestand Michael Tippett die Prüfung zum »B. Mus.« dann im Dezember.

Als Komponist hatte er sich bis dahin noch nicht hervorgetan, nun aber beschloß er, der Akademie den Rücken zu kehren und sich ein Ambiente zu suchen, in dem er seine diesbezüglichen Fähigkeiten entfalten konnte. Von 1929 bis 1951 ließ sich Tippett in Oxted, Surrey, nieder, einem Städtchen an den südlichen Ausläufern der North Downs, wo er anfangs als Französischlehrer seinen Unterhalt bestritt und sich der Arbeit mit Laienvereinigungen widmete. Bereits 1924 hatte er dort begonnen, mit der Opern- und Chorgesellschaft zunächst Madrigale und dann Bühnenstücke aufzuführen, so etwa 1927 Vaughan Williams' *The Shepherds of the Delectable Mountains* (in Anwesenheit des Komponisten), zusammen mit dem Schauspiel *Everyman*, und in den folgenden Jahren eine eigene Bearbeitung von *The Village Opera*, einer Ballad Opera aus dem 18. Jahrhundert, sowie Stanfords *The Travelling Companion*, Fleckers *Don Juan*, Holsts *The Perfect Fool*, Flotows *Martha*, Sullivans *Ruddigore* und dessen von Edward German vollendete Oper *The Emerald Isle*. Für ein Konzert wurde auch Händels *Messiah* vorbereitet, was für den Komponisten Tippett eine wichtige Vorbereitung für sein erstes Werk mit großer Besetzung war, das Oratorium *A Child of Our Time*.

Unzufrieden mit seinen eigenen Arbeiten, nahm er noch privat Kompositionsunterricht bei R. O. Morris. Eine Frucht dieser 18monatigen Bestandsaufnahme und Neuorientierung war das erste seiner Stücke, dem Tippett einigen Wert beimißt: das 1935 vollendete 1. Streichquartett. Bis 1939 hatte er seinem schmalen Œuvre auch eine erste Klaviersonate und das *Concerto for Double String Orchestra* hinzugefügt – Werke, die für ihn wichtige Auseinandersetzungen mit der polyphonen Musik und den klassischen Formen darstellten. Die meisten der vorangegangenen Kompositionen hatte Tippett vernichtet, und insbesondere in der Klaviersonate glaubt er, »das erste Werk, in dem die verschiedenen Zutaten eines persönlichen Stils fast vollständig integriert sind«, zu erkennen.[19] Dazu gehören lang ausgeschwungene Melodiebildungen, eine individuelle Auslegung polyphoner und kontrapunktischer Verläufe sowie Gestaltungselemente wie beispielsweise die additive Rhythmik. Hierbei verliert der Takt seine rhythmusgebende Funktion durch einen ständigen Wechsel der Taktangaben und Phrasenbildungen über die Taktstriche hinweg, so daß die Musik einen improvisatorischen, tänzerischen Charakter voll unerwarteter Akzente erhält. An dieser Gestaltungsweise zeigt sich vor allem der Einfluß der Renaissancemusik auf Tippetts Schaffen. Die Entwicklung als Komponist vollzog sich jedoch quälend langsam, und trotz einiger ermutigender Pressebesprechungen interessierten sich renommierte Förderer wie die BBC, Oxford University Press oder Boosey & Hawkes nicht für Tippetts Partituren. Erst auf Drängen eines Freundes versuchte er sein Glück bei Schott in Mainz, wo sich vor allem der Verleger Willy Strecker für ihn einsetzte. Nach der ersten Kontaktaufnahme kurz vor Kriegsbeginn sollten aber noch mehrere Jahre vergehen, bevor die Zusammenarbeit in geregelte Bahnen gelenkt werden konnte.

Ein Stück wie *A Song of Liberty*, eine Blake-Vertonung für Chor und Orchester, entsprang noch Tippetts sozial-politischem Einsatz in den 30er Jahren. Diese Zeit war nicht nur in Großbritannien geprägt von der schweren Wirtschaftskrise mit Massenarbeitslosigkeit und einer damit einhergehenden Verelendung der Hunger leidenden Bevölkerung. Hatte die bis dahin wenig bedeutende, kleine Kommunistische Partei in England im Unterschied zu anderen europäischen Ländern kaum Aufmerksamkeit gefunden, so übte sie nun auf die Intellektuellen – darunter, wenn auch teils nur vorübergehend, auf Leute wie George Orwell, G. B. Shaw, Rutland Boughton und Beatrice Webb – eine große Anziehungskraft aus. Die marxistische Lehre von der Endzeit des Kapitalismus schien sich mit deren Auffassung von einer Krise der Zivilisation zu decken, zudem bot die zu dieser Zeit gespaltene Labour Party keine angemessenen Alternativen und Konzepte. Gegen das vielfach verbreitete Gefühl der Ausweglosigkeit schien sich in der Sowjetunion mit Kommunismus und Planwirtschaft eine neue Perspektive gegen die ökonomische Not und die faschistische Bedrohung zu eröffnen. Tippett wurde 1932 eingeladen, die Leitung der musikalischen Aktivitäten in Lagern für Arbeitslose in der Nähe von Boosbeck zu übernehmen, einem Bergarbeiterdorf im Distrikt Cleveland im Norden Yorkshires. Dort initiierte er unter anderem Aufführungen einer von ihm selbst bearbeiteten Version der *Beggar's Opera* (1933), und er komponierte auch eigens für Laien die Opern *Robin Hood* (1934), *Ro-*

bert of Sicily (1938) und *Seven at a Stroke* (1939), die jedoch Gelegenheitsarbeiten blieben und eher als »Etüden« für die späteren Bühnenwerke anzusehen sind. Material aus der Oper *Robin Hood* ging nachher beispielsweise in die *Suite in D* ein, die 1948 im Auftrag der BBC zur Geburt des potentiellen Thronfolgers Prinz Charles entstand.

Der Kommunistischen Partei trat Tippett 1935 bei, beendete seine Mitgliedschaft jedoch bald wieder, da er als Anhänger Trotzkis keine Möglichkeit sah, seine Vorstellungen im Apparat durchzusetzen. Im gleichen Jahr schrieb er ein antikapitalistisches Anti-Kriegs-Drama, betitelt *War Ramp*, das bei Versammlungen der Labour Party aufgeführt wurde. Wenn auch Tippett bestimmten Überzeugungen treu blieb, vermied er es jedoch fortan, seine Bemühungen in den Dienst einer bestimmten Ideologie zu stellen. Nach seinem Austritt aus der KP wandte er sich alsbald der englischen Friedensbewegung zu. »Mein revolutionärer Eifer wurde für die nächste Zeit in die Arbeit mit dem South London Orchestra und verschiedenen Chören gelenkt«, erzählt Tippett.[20] Dieser Klangkörper setzte sich aus Musikern von aufgelösten Kinoorchestern zusammen, die nach dem Durchbruch des Tonfilms auf der Straße saßen.

Seine Stellung als Dirigent des South London Orchestra für arbeitslose Musiker brachte Tippett in Verbindung mit dem Morley College in London, wo einst Gustav Holst gelehrt hatte. Hier gab man von 1933 bis 1940 regelmäßig Konzerte, um den Unterhalt der Schule zu sichern, so daß schon bald der Zusatz Morley College Professional Orchestra angefügt wurde. Gespielt wurde aber auch in Schulen, Krankenhäusern, Kirchen und öffentlichen Parks. »Das Programm bestand zumeist aus populären klassischen Stücken und leichter Musik«, berichtet Tippett, »aber gelegentlich konnte ich auch Stücke einschmuggeln, die ich als Komponist ausprobieren wollte. Eines davon war Strawinskys Violinkonzert, das erst kurz zuvor mit Samuel Dushkin uraufgeführt worden war.«[21] Aber auch eigene Werke konnte Tippett bei dieser Gelegenheit testen. Ihm gelang es auch, angesehene Pianisten wie Harriet Cohen, Myra Hess, Irene Scharrer, Cyril Smith und Solomon zu Auftritten ohne Gage zu bewegen, um die Orchestermitglieder zu unterstützen. Im Jahre 1936 wurde Tippett Mitglied der neu gegründeten Workers' Music Association, und im Zuge seiner Freundschaft mit dem Komponisten Alan Bush und mit Francesca Allinson, die beide ebenfalls als Chorleiter in der Arbeiterbewegung aktiv waren, arrangierte und schrieb er im Rahmen eines Bildungsprojekts auch Musik für Kinder. »Es war nicht immer einfach, Laien dazu zu bewegen, politische Lieder zu singen; sie wollten viel eher Gilbert und Sullivan oder *Merrie England* machen«, erinnert sich Tippett. »Ich konnte es ihnen nachfühlen, denn einiges aus dem politischen Repertoire erschien mir musikalisch als zu uninteressant – so kam beispielsweise Hanns Eisler, sang seine Lieder und traktierte das Klavier, hinterließ bei mir aber keinen Eindruck. Als ausgesprochen grotesk empfand ich später die Situation, als Alans Klavierkonzert bei einem Sonderkonzert der BBC im kleinen Konzertsaal der Sendeanstalt seine Uraufführung erlebte. Das Werk (das er, wie Alan mir sagte, Busonis fünfsätzigem Klavierkonzert nachgebildet hatte) besaß ein Finale mit Chor und einem politisch extrem linken Text von Randall Swingler. Alan war wie stets ein hervorragender Pianist, Boult dirigierte. Um jedoch den radikalen Tendenzen des Finales entgegenzuwirken, erzwang Boult am Schluß den Abbruch des Beifalls, indem er ganz unerwartet die Nationalhymne spielte!«[22]

Am Morley College, dessen musikalischer Leiter Tippett von 1941 bis 1951 wurde, lernte er auch Benjamin Britten und Peter Pears kennen, die bald nach ihrer Rückkehr aus Amerika dort Konzerte gaben. »Ich wurde rasch mit ihnen vertraut«, berichtet Tippett. »Aus unserem gemeinsamen Interesse an Purcell und Monteverdi entstand meine Kantate *Boyhood's End*, die Ben und Peter erstmals im Juni 1943 am Morley College aufführten. Als Pazifisten und als Künstler, denen die Menschen im allgemeinen und die Kinder im besonderen aufrichtig am Herzen lagen, kamen wir uns näher. Sie besuchten mich damals ziemlich oft in Oxted.«[23] Tippett komponierte auch den Liederzyklus *The Heart's Assurance* (1950–52) für Britten und Pears und widmete sein *Concerto for Orchestra* (1962/63) dem Kollegen zum 50. Geburtstag. Dieser revanchierte sich, indem er *Curlew River* eine Widmung an Tippett »in Freundschaft und Verehrung« zu dessen 60. Geburtstag voranstellte.

Kometenhaft wie der Aufstieg Brittens war derjenige Tippetts indes keineswegs. Als er Britten kennenlernte, war der Mann in Oxted nunmehr 33. Er spürte, daß allmählich die Zeit gekommen sein mußte, um ein großes Werk zu schreiben. Die Schwierigkeit bestand darin, ein geeignetes Thema zu finden. Zunächst gingen ihm Pläne zu einem Stück über den irischen Osteraufstand von 1916 durch den Kopf. Doch er ließ davon ab, weil »der dramatische Impuls hinter das Kontemplative zurücktrat«.[24] Ihm war klar, daß vorerst ein Oratorium seinen Ambitionen angemessener war als eine Oper. Ein Thema war zwar noch nicht gefunden, jedoch greifbar nahe.

Ein Kind unserer Zeit

Am Vormittag des 7. November 1938 kaufte sich ein junger Jude in Paris einen Revolver. Es war der 17jährige Herschel Fiebel Grynspan, der sich daraufhin in die deutsche Botschaft begab und dort fünf Schüsse auf den deutschen Diplomaten Ernst vom Rath abfeuerte, von denen zwei tödlich trafen. Sein Motiv entsprang einer grausamen Logik: Verzweifelt über die Deportation seiner engsten Angehörigen, dachte er zunächst an Selbstmord. Doch wer kümmerte sich in jener Zeit schon darum, ob es einen toten Juden mehr oder weniger gab? Grynspan wollte die Aufmerksamkeit der ganzen Welt auf das Schicksal seines Volkes lenken. Seine Tat löste statt dessen eines der brutalsten Pogrome in Mitteleuropa aus. Proteste aus dem Ausland verhinderten jedoch, daß mit dem Attentäter selbst kurzer Prozeß gemacht wurde. Grynspan wurde erst nach dem deutschen Überfall auf Frankreich von der Regierung in Vichy an die Nazis ausgeliefert, die dann im Konzentrationslager Sachsenhausen verhältnismäßig behutsam mit ihm umgingen, weil sie noch einen großen Schauprozeß planten. Bei Kriegsende verloren sich Grynspans Spuren im Dunkel der Spekulation. Tippett wurde durch einen Artikel vom 26. November 1938 in dem Magazin »Picture Post« auf die Geschehnisse aufmerksam. Der Titel des Oratoriums, in dem die Hauptfigur namenlos bleibt, geht zurück auf Ödön von Horvaths 1938 erschienenen Roman *Ein Kind unserer Zeit* sowie auf Berlioz' Oratorium *L'Enfance du Christ*, das die BBC zur letzten Vorkriegsweihnacht im Rundfunk übertrug. »Das Werk begann sich gemeinsam mit den Schüssen selbst – das bevorstehende Geschützfeuer des Krieges vorwegnehmend – und dem Splittern des Glases in der ›Kristallnacht‹ zusammenzufügen«, sagt Tippett.[25]

Um eine Textvorlage für sein Oratorium über das Opferlamm unserer modernen Zeit zu bekommen, wandte er sich an T. S. Eliot (1888–1965), der unweit von Oxted in Fahrradnähe zu Tippett lebte. Der junge Musiker bewunderte den namhaften Schriftsteller seit seiner Studentenzeit, ja ein Werk wie Eliots *Selected Essays* (1932) beeindruckte ihn nachhaltiger als die musikalische Bibel jener Tage, Lamberts *Music Ho!*. Die beiden Männer lernten sich 1937 kennen, und als Tippett mit den Vorbereitungen zu seinem Oratorium beschäftigt war, legte er Eliot einen selbstverfaßten »Entwurf für ein modernes Oratorium« vor, mit der Bitte, daraus eine Textvorlage zu erstellen. Der Mann des Wortes gab ihm jedoch »den überraschenden Rat, alles selbst zu schreiben«, erzählt Tippett. »Er glaubte, daß der ›Entwurf‹ im Kern bereits eine Textvorlage sei (was er tatsächlich ja auch war), und welche Worte er, Eliot, auch immer schriebe, sie wären von einer solch größeren dichterischen Qualität, daß sie weit über das Ziel hinausschießen würden.«[26] Tippett befolgte die Anregung. »Ich glaube, daß ich sogar soweit gehen würde, zu sagen, daß ich durch den Erfolg von *A Child of Our Time*, das ein einfaches Libretto hat, zu der Überzeugung kam, daß ich mehr in diese Richtung machen könnte«, gesteht er.[27] Fortan sollte der Komponist sein eigener Textbuchautor bleiben, was insbesondere seinen Opern eine Ausnahmestellung in diesem Genre verleiht. »Wenn man sich an einen Dichter wendet, der eine poetische Sprache schaffen will, erhält man letztendlich einen Text, der für sich schon genug Poesie enthält«, meint Tippett dazu.[28] Da ein Opernlibretto, wie Eliot ihn lehrte, eher einer Begabung für das Theatralische bedarf und nicht unbedingt für die Dichtkunst, sei es naheliegend, das

Amt des Autors sowie des Schöpfers der dazugehörigen Musik in Personalunion auszuüben.

Die Einstellung, aus der heraus Tippett *A Child of Our Time* schrieb, bezeichnet er als eine »Haltung des Mitgefühls«.[29] In seiner Zusammenfassung behandelt »Teil 1 allgemein die Unterdrückung in unserer Zeit; Teil 2 bringt die konkrete Geschichte von einem jungen Mann, der versucht, Gerechtigkeit durch Gewalt zu erlangen, was katastrophale Folgen hat; während Teil 3 sich mit der Moral auseinandersetzt, die, wenn überhaupt, daraus gezogen werden kann«. Der dreiteilige Aufbau des Werkes orientiert sich an Händels *Messias*, aber auch Bach zollt Tippett nicht nur durch musikalische Anspielungen Tribut, sondern vor allem durch das Einfügen von »Chorälen«, die wie in den Kantaten und Passionen kollektive Gefühle wecken sollen. Dafür mußte Tippett ein geeignetes musikalisches Idiom des 20. Jahrhunderts finden. Schließlich wählte er als Analogie zu den lutherischen Gesängen die Spirituals der amerikanischen Neger, denn, so der Komponist, »sie dienen insofern als moderne Choräle, als wir *alle* von ihnen angerührt werden, weit über die kraftvollen Melodien als reine Musik hinaus, denn die Spirituals selbst haben die biblische Sprache in ein modernes Idiom umgewandelt; die Geschichten, die sie von den Juden der Bibel erzählen, dienen dazu, die Neger in der Grausamkeit ihrer Unterdrückung zu trösten, und ich verwende diese Negro Spirituals, um das Leiden der modernen Juden in Hitlers Europa zu symbolisieren«. Wenn man auch aus dem Werk seine Lehren ziehen mag, schulmeisterlich belehrend sei es nicht gemeint. Vielmehr bewegte Tippett, das Schicksal »all derjenigen, die abgelehnt werden, abgedrängt aus dem Mittelpunkt des gemeinschaftlichen Lebens an den Rand der Gesellschaft; in Slums, Konzentrationslager, Ghettos«.[30] *A Child of Our Time* sei »modern und zeitgemäß, aber auch religiös, ohne dem Kult zu huldigen«, charakterisierte Tippett das Oratorium in einem Brief an einen Freund.[31] Überdies handelt es sich um ein Werk, das nicht nur den Opfern der Judenverfolgung etwas zu sagen hat.

»Es ist vielleicht der Traum eines jeden Komponisten, daß irgend etwas, das er oder sie geschrieben hat, ein Publikum in der ganzen Welt erreicht. In meinem Fall scheint *A Child of Our Time* seine Botschaft wirklich in alle Teile der Erde gebracht zu haben«, bekennt Tippett. »Es dauerte lange, bis es in Israel aufgeführt werden konnte, denn für eine kurze Zeit war das Wort ›Jesus‹ im Text nicht zugelassen. Als es dann doch 1962 in Tel Aviv gegeben wurde, befand sich Grynspans Vater unter den Zuhörern, nachweislich bewegt von dem Werk, das die unheilvolle Tat seines Sohnes 24 Jahre zuvor angeregt hatte. Aber das Werk handelte nicht von der Verfolgung der Juden durch die Nazis, und wie ich festgestellt habe, beziehen es die Menschen ständig auf ihre eigenen Belange und Probleme. Als ich es 1981 in Atlanta, Georgia, dirigierte, betrachteten es die überwiegend schwarzen Mitglieder des Chores als ein Stück über ihre eigenen Kämpfe gegen Schikanen, und das Publikum, auch überwiegend Schwarze, stimmte bei den Negro Spirituals mit ein. Im Brasilien des Jahres 1985 schien es von einer bedrückenden Relevanz für die aktuelle Lage der ungewollten, verlassenen Kinder dort zu sein. Es wurde sogar in Südafrika und in der Sowjetunion gespielt. 1986 leitete André Previn eine Aufführung des Oratoriums in der Festival Hall in London; zufällig befand sich ein deutscher Arzt unter den Konzertbesuchern, der an einer AIDS-Konferenz teilnahm. Er schrieb mir nachher, daß er gar nicht anders konnte, als das Stück auf die Lage der vielen an AIDS Leidenden zu beziehen, die jetzt in vielen Ländern zu Opfern von Diskriminierung und Ächtung werden. Dem konnte ich nur beipflichten. Als er dann eine medizinische Studie über AIDS veröffentlichte, verwendete er Zeilen aus dem Oratorium als Motto.«[32]

Insbesondere Britten und Pears machten ihren Einfluß für eine Aufführung von Tippetts Oratorium geltend. Erstmals erklang *A Child of Our Time* dann im Londoner Adelphi Theatre am 19. März 1944 mit Joan Cross, Margaret McArthur, Peter Pears, Roderick Lloyd, diversen Chören und dem London Philharmonic Orchestra unter der Leitung des deutschen Emigranten Walter Goehr. Der Erfolg war nachhaltig. »Ich war sehr zufrieden mit Michaels Stück – es enthält viel wahrlich Schönes, aber man kann es sich nicht gleich beim ersten Hören aneignen«, schrieb der Komponist Lennox Berkeley an Britten und formulierte eine Haltung, die vielen Werken Tippetts entgegengebracht werden sollte: »Ich hatte den Eindruck, daß es beinahe zu kompliziert sei, und wünschte mir, er könnte seinen Stil ein wenig vereinfachen; ich hatte das Empfinden, daß es jeden Augenblick hysterisch werden könnte – auch glaube ich, daß seine Textbehandlung zu willkürlich war – besonders hinsichtlich von Betonungen, die nicht immer ganz glücklich wirkten. Dies sind jedoch nur erste Eindrücke, und so etwas – vor allem, wenn es sich um etwas so Neues und Individuelles handelt – erweist sich oft als vollkommen richtig, wenn man das Werk erst besser kennt. Auf jeden Fall ist es wunderbar, außer Ihnen in diesem Land noch jemanden zu finden, der wahrhaft lebendige Musik schreiben kann. Nach Ihnen ist er jedem anderen der jüngeren Komponisten weit voraus.«[33]

Bereits während der Arbeit an dem Oratorium wußte Tippett nach eigenem Bekunden, daß dies »der Wendepunkt in meinem kompositorischen Schaffen war, sowohl in technischer – ich hatte gelernt, wie ich umfangreiche dramatische Formen bewältigen konnte – als auch in thematischer Hinsicht: denn jetzt hatte ich endlich meine wahre Rolle gefunden, wie ich diesen Blues des 20. Jahrhunderts singen sollte.«[34] Tippett macht deutlich, daß er der Auffassung aus Leroi Jones' Buch *Blues People* beipflichtet, daß, »ebenso wie die Fuge in der Barockzeit grundlegend war und die Sonate während der Aufklärung, der Blues die grundlegendste musikalische Form in unserer Zeit ist (nicht so sehr Schönbergs Methode des Komponierens mit zwölf Tönen, die mir zu alphabetisch erscheint)«. Blues singe man nicht einfach, weil einem danach ist, wenn man sich »blue«, also niedergeschlagen, fühlt, sondern weil man sich von den mit dem Blues verbundenen Emotionen lösen will. »Als ich Noël Coward ›Those twentieth-century blues are getting down on me‹ singen hörte, sang er, weil die melancholische Blues-Stimmung genau dafür sorgte, und das Singen des Blues ist sein Mittel, um für ihre Wirkung ein Ventil zu finden: gleichzeitiges Involviertsein und Loslösen, mit anderen Worten – so entstehen Kunstwerke.« Nach den Spirituals sollte der Blues in Werken wie der 3. Sinfonie oder der Oper *The Knot Garden* eine entscheidende Rolle bekommen. »Einige Kritiker glaubten, daß ich versuchte, Blues als Jazz-Form zu schreiben. Dies aber machte ich gerade nicht«, sagt Tippett. »Der Blues war für mich eine Metapher; ja ein Archetyp.«[35]

Doch Tippett stimmte sich nicht nur als Musiker auf die Anforderungen seines Jahrhunderts ein. Als überzeugter Pazifist, der 1934 der englischen Friedensbewegung beigetreten war und sich intensiv mit dem pazifistischen Gedankengut und Gandhis Lehren auseinandersetzte, zog er seine Konsequenzen und verweigerte im Zweiten Weltkrieg den aktiven Dienst. Trotz der Fürsprache angesehener Persönlichkeiten, wie etwa Vaughan Williams, wurde Tippett im Juni 1943 zu einer dreimonatigen Gefängnisstrafe verurteilt, die er in der Haftanstalt von Wormwood Scrubs verbüßte. »Es gibt Augenblicke, in denen einen Sehnsucht überkommt, doch nicht allzu viele. Ich werde es durchstehen«, schrieb er in einem Brief während der Inhaftierung. »Natürlich ist es langweilig hier. Aber es ist wirklich gut zu wissen, daß draußen etwas vor sich geht. [. . .] Letzte Nacht träumte ich von einem grünen, blühenden Olivenbaum im Frühling. Gutes Zeichen.«[36]

Tippett, voller Pläne und Ideen, blickte optimistisch auf die kommenden Jahre. Doch es sollte noch einige Zeit vergehen, bis die Welt den rechten Zugang zu seiner Musik finden sollte. Als der Musikenthusiast A. L. Bacharach in seinem 1946 erstmals veröffentlichten, 1951 wiederaufgelegten Buch *British Music of Our Time* eine Bestandsaufnahme präsentierte, war zwar Benjamin Britten ein eigenes Kapitel gewidmet, Tippett hingegen erhielt nur drei Seiten in dem abschließenden Ausblick »What now?«. Darin wird *A Child of Our Time* als das wichtigste Oratorium eines britischen Komponisten seit Elgars *Dream of Gerontius* gewürdigt. Spekulationen über Tippetts weitere Entwicklung wagte der Verfasser dieses Kapitels wohlweislich nicht.

Sommernachtsträume

Seinen Prinzipien blieb Michael Tippett treu, wenn er auch in sehr verschiedenen Genres danach trachtete, diesen Ausdruck zu verleihen. »Irgendwo im Hinterkopf gibt es eine verschwommene, noch nicht klar formulierte Vorstellung von einer Art neuem Humanismus – ein unverbrauchter Gedanke über die Grenzen und den Wert des menschlichen Wesens – Der Ganze Mensch, wie ich ihn nennen würde«, schrieb Tippett, nunmehr 45 Jahre alt, im März 1950 an den Musikschriftsteller Eric Walter White.[37] Zu diesem Zeitpunkt arbeitete er bereits an seiner ersten Oper, *The Midsummer Marriage* (etwa: *Hochzeit zur Sommersonnenwende*), die ihn von 1946 bis 1952 beschäftigte. Wenige Jahre zuvor war im November 1945 die 1. Sinfonie vom Liverpool Philharmonic Orchestra unter Malcolm Sargent uraufgeführt worden. Dieses Werk, während des Gefängnisaufenthalts konzipiert und anschließend niedergeschrieben, entstand noch unter dem prägenden Einfluß Beethovens. »Ich bin der Überzeugung, daß die Komposition von Oratorien und Opern nicht nur eine persönliche, sondern auch eine kollektive Erfahrung darstellt«, schrieb Tippett. »Zwar könnte man wohl alle künstlerisch schöpferische Betätigung so charakterisieren, doch meine ich, daß die kollektive Erfahrung, ob bewußt oder unbewußt, bei Oratorien und Opern wesentlicher ist als bei einem Streichquartett.«[38]

Mit der 1. Sinfonie sowie dem 2. und 3. Streichquartett, entstanden 1941/42 bzw. 1945/46, erreichte Tippetts Auseinandersetzung mit den klassischen Formen ihren Höhepunkt. Mit der Oper *The Midsummer Marriage* verschrieb er sich der »Befreiung aus dem streng klassischen Stil etwa der 1. Sinfonie hin zur Möglichkeit eines gewaltigen, lyrischen Ausdrucks«. Die Jahre 1954/55 sollten zwei der ergiebigsten für die britische Oper werden. Nicht weniger als vier neue Werke namhafter Komponisten wurden uraufgeführt: *Nelson* von Lennox Berkeley, *The Turn of The Screw* von Britten, *Troilus and Cressida* von Walton und *The Midsummer Marriage* von Michael Tippett. Tippet verstand seine Oper als eine »kollektive, phantasiereiche Erfahrung, die sich mit den Wechselwirkungen zweier Welten auseinandersetzt, der natürlichen und der übernatürlichen«. Um seinem Sujet gerecht zu werden, trachtete er danach, »einen magischen (wie ich hoffe!) musikalischen Schleier zu weben, um mein ungewöhnliches Textbuch zu umhüllen, so daß das Endergebnis (wie ich abermals hoffe!) den Eindruck jener unauflöslichen Einheit von Drama und Musik vermittelt, die man Oper nennt«.[39] Tippett sparte indes nicht an Symbolen, um eine Mozarts *Zauberflöte* verwandte Geschichte der Selbstfindung und Menschwerdung zu erzählen. Griechische Metaphorik, Jungs analytische Psychologie und zahlreiche literarische Bezüge von Shaw bis Eliot ziehen sich durch das komplexe Libretto, das ein entnervter Rezensent als »eines der schlechtesten in der 350jährigen Geschichte der Oper« bezeichnete. [40]

Der Stoff des Werkes war auch keiner, mit dem routinierte Opernbesucher in der Nachkriegszeit rasch warm werden konnten: In einem irreal

Michael Tippett bei einer Schallplatten-Aufnahme von »The Midsummer Marriage«, links Produzent Erik Smith, rechts Dirigent Colin Davis (Anfang der 70er Jahre)

anmutenden Ambiente soll eine Hochzeit gefeiert werden, jedoch entzieht sich das Mädchen Jenifer kurz vor der Vermählung ihrem Freund Mark, und erst nach einem mühevollen, mitunter quälenden Reifungsprozeß in einer sommernachtstraumartigen Seelenlandschaft findet das junge Paar wieder zueinander. Tippetts Musik mit ihrer kraftvollen Vitalität, ihrer Klangopulenz und den flirrenden Lyrismen schien der genaue Gegensatz zu Waltons modernem Belcanto zu sein, der eher dem Geschmack der Traditionalisten entsprach. »Tippett hat seine Allegorie überladen«, hieß es in der noch ausgesprochen freundlich formulierenden Londoner »Times«. »Die Kräfte, die hinter dem Entwurf der Oper stehen, waren für ihn zu mächtig, um sie unter Kontrolle zu halten.« Nur wenige schenkten dem Opernkomponisten Tippett Vertrauen. Für diesen war Kritik indes eher ein Ansporn und Ausgangspunkt für neue Ideen. Noch war die Zeit für ein Werk wie *The Midsummer Marriage* nicht reif, was nicht zuletzt auch die szenisch unzureichende Uraufführung bewies. Tippetts Vorstellung von einer konzeptionellen Verbindung mit dem zeitgenössischen Theater war sie in keiner Weise gerecht geworden.

Seine Grundsätze zum Thema Oper legte Tippett in dem Essay »Die Entstehung einer Oper« dar, der 1959 in seinem ersten Buch erschien, der Aufsatzsammlung *Moving into Aquarius*. Parallelen zu Rutlands Boughtons Verbindung von Tanz, Chor- und Sologesang liegen zwar nahe, jedoch beruft sich Tippett keineswegs auf dieses Vorbild. Zwar fand er großes Gefallen an der Oper *The Immortal Hour*, die er in seinen Studientagen in London sah, und wußte um Boughtons Ideen und den geplanten Artus-Zyklus, jedoch sah er keines dieser Werke auf der Bühne und konnte sich auch nicht mit den künstlerischen Prinzipien identifizieren.[41] War für Boughton die Oper vielmehr ein Drama des menschlichen Geistes, dem in einer eher statischen Darbietung durch Beleuchtung und Klang Leben eingehaucht wird, so geht es Tippett in der Oper vor allem darum, Dinge von dauerhafter Gültigkeit innerhalb eines zeitlich begrenzten Rahmens auszudrücken. »A timeless music played in time«, singt denn auch Hermes gegen Ende der Oper *King Priam*, und Tippetts Bühnenwerke zeigen in konkreten Geschichten Archetypen des menschlichen Miteinanders wie Liebe-Suchen-Vereinigung, Haß-Kampf-Versöhnung, Spaltung-Ringen-Vergebung. Tippett, der stets sein eigener Librettist blieb, erzählt diese Geschichten mit Rückgriffen auf die Symbolik (die Jungsche Terminologie in *The Midsummer Marriage*), die Mythologie (Homers *Ilias* in *King Priam*), die Psychologie (Verhaltensmuster der Mozartschen Opernkonstellationen in *The Knot Garden*), reale Geschehnisse (Generations- und Rassenkonflikte in *The Ice Break*) sowie die Phantasie (Außerirdische in *New Year)*. »Kurz nachdem die schöne Schlußphrase in *New Year* – ›One humanity, one justice‹ – auf der Bühne des Opernhauses in Houston erklungen war, fiel die Berliner Mauer und die Grenzen in Osteuropa wurden geöffnet; wenige Monate später entließ man Nelson Mandela nach fast drei Jahrzehnten Gefängnis aus der Haft. Dies ist zwar nicht gerade ein Beispiel für die Jungsche Synchronizität, kommt der Sache aber nahe«, meint der Komponist.[42]

Neue Ufer

Von den kulturellen Umbrüchen, die nach dem Zweiten Weltkrieg einsetzten, hielt Tippett sich fern. Er sah keine Veranlassung, die Nabelschnur zur Tradition zu kappen. »Der Hinweis auf die Nabelschnur wurde häufig von Komponisten wie Boulez verwendet, die bei Ende des letzten Krieges etwa 20 waren«, sagt er. »Sie waren Teil eines Syndroms von Erfahrungen, das es bereits schon am Ende des vorangegangenen Weltkriegs gegeben hatte – diesen halte ich für den entscheidenden Wendepunkt der Epoche und, historisch gesehen, für den wichtigeren. Der Zerfall der Werte im Herzen des christlichen Europa während des Ersten Weltkriegs vollzog sich so extrem, daß beispielsweise ein Syndrom auftauchte wie Dada. [. . .] Dada war nun eine kurzlebige Sache. Aber es war der Frühling meines Lebens – einerlei ob er nun falsch oder echt war –, und er fand einen noch lebendigeren Ausdruck beispielsweise im Bauhaus und in Diaghilews Balletttruppe. Dadurch wurde Dada hinweggefegt. Jetzt kehrt es 1945 mit der neuen Generation zurück; in einer neuen Form natürlich. Sie meinten, es gebe keine Vergangenheit. Wir müßten von neuem beginnen. Wie Boulez auch einmal selbst zu mir sagte: ›Wir haben nichts.‹ Das berührte mich eigentlich nicht, obwohl es sich insofern auswirkte, da ich, wenn ich mich umblicke, erkenne, daß es Leute wie Schostakowitsch gibt, und ich mich daran erinnere, was *er* durchgemacht hat. [. . .] Ich habe Schostakowitsch nie getroffen, da ich aber wußte, was er erdulden mußte, hatte ich immer das Gefühl, er würde mir beim Komponieren über die Schulter sehen.«[43]

In *Moving into Aquarius* kristallisierten sich bereits einige der Leitpunkte heraus, die in Tippetts Individuationsprozeß eine Rolle spielten. Ihn beschäftigten die kulturellen Errungenschaften des Westens wie des Ostens, die Wechselwirkungen von Malerei, Literatur und Musik, die Erkenntnisse der Psychologie und der Naturwissenschaften sowie im besonderen das Schaffen von Goethe, Shaw, Jung und Brecht. Diese facettenreichen Auswahlmöglichkeiten sind für Tippett wesentlich, um die künstlerische Sensibilität zu bereichern. Komponist sein bedeutet für ihn, »Musik aus der inneren Welt der Imagination zu schaffen«, wie er es formuliert. »Wie jeder schöpferische Künstler verbringe ich meine Tage damit, in mir über eine unbegrenzte Permutation von Möglichkeiten zu grübeln, nachzudenken, mit ihnen zu ringen. Ich muß Ordnung aus dem Chaos schaffen.«[44] Dabei verlor er nie das Umfeld, in dem er als Intellektueller und Künstler wirkt, aus den Augen. »Wir sind alle bedroht durch den selbstmörderischen Wahnsinn der nuklearen Rüstung, und jedermann trägt Verantwortung dafür in seinem eigenen Arbeitsbereich«, äußerte Tippett in einem Interview Anfang der 60er Jahre. »Ich glaube, man könnte sagen, daß der Künstler, insoweit er interessiert ist am inneren Wesen der Menschen, daran leidet, in einer Gesellschaft zu leben, in der Äußerlichkeiten so wichtig sind. [. . .] Betrachtet man die moderne Gesellschaft, erkennt man, daß die technologischen Prozesse heutzutage die größte Rolle spielen, während künstlerische Prozesse auf ein Nebengleis gedrängt wurden. Sie mögen wohl als Nebenbeschäftigung sehr geschätzt werden, oder von jenen, die sich selbst auf diesem Nebengleis befinden. Ich glaube, daß dies eine grundlegende Neuanpassung für den Künstler notwendig macht.«[45]

Um als Künstler vor sich und der Welt bestehen zu können und um den Anforderungen der Themenkomplexe, mit denen er sich auseinandersetzte, gerecht zu werden, vollzog Tippett einen stilistischen Wandel. »Es kann heutzutage kein Zweifel daran bestehen, daß der Künstler ein echtes Mandat der

Gesellschaft erhält, etwas zu schaffen«, meint Tippett und präzisiert: »Das Mandat der Gesellschaft besteht darin zu unterhalten und ist somit klar und unkompliziert. Aber das Mandat aus dem eigenen Wesen des Künstlers, seiner besonderen, angeborenen Begabung, ist, in die Tiefen der menschlichen Psyche einzudringen und die gewaltigen Bilder von Dingen hervorzubringen, die noch bevorstehen. Diese Bilder sind noch keine Kunst. Es bedarf schon der Arbeit eines ganzen Lebens, um aus ihnen Kunstwerke zu formen. Der einzige Lohn, den der Künstler dafür bekommen kann, ist die Freude am Schöpfen. Er schöpft, weil ohne Kunst – in diesem tiefen, ernsthaften Sinne – die Nation sterben würde. Sein Mandat ist zwangsläufig.«[46]

Nach der, wie er es nannte, »polyphonen Studie« im *Concerto for Double String Orchestra* sowie den Lyrismen in Werken wie *The Midsummer Marriage*, der *Fantasia Concertante on a Theme of Corelli* für Streichorchester (1953) und dem Klavierkonzert (1956) wandte sich Tippett kompromißlos einem harmonisch harten Stil mit einer straffen Konstruktion und scharf durchdachten Orchestrierung zu. »Ich bin ein geborener Kontrapunktiker, und spüre, daß mir polyphone Verläufe ziemlich in den Knochen stecken«, bekannte er. »Aber ich glaube, daß ein Komponist kaum einen Schuß Pulver wert ist, wenn er nicht in der Lage ist, genau das zu machen, was das jeweilige Problem im Augenblick gerade erfordert.«[47]

Die verschiedenen Entwicklungsphasen in Tippetts Schaffen manifestieren sich jeweils in Beiträgen zu allen musikalischen Gattungen. Herausragend sind dabei natürlich die Sinfonien und Opern, aber auch die Streichquartette und Klaviersonaten spielen keine untergeordnete Rolle. Erste deutliche Hinweise auf einen Stilwandel finden sich bereits in der 1956 fertiggestellten 2. Sinfonie. Während sich noch in *The Midsummer Marriage* die Stimmen auf einem weitgehend homogenen Klangteppich entfalten konnten, begann Tippett nun zunehmend instrumentale Gesten und musikalische Gedanken in Form eines Mosaiks zusammenzufügen. Einflußreich waren hier die Musik zu Strawinskys Ballett *Agon*, das Tippetts Freund John Mitchinson 1957 erstmals in England aufführte, aber auch die präzise konzipierte Strukturierung von Klangebenen wie in Brittens Opern dürften nicht ohne Einfluß geblieben sein. Konsequent verfolgte Tippett diesen Ansatz in der zwischen 1958 und 1961 komponierten Oper *King Priam* und in der 2. Klaviersonate (1962) weiter, die auf Themen aus der Oper aufbaut. Zur Charakterisierung des Krieges verzichtet Tippett im 2. Akt von *King Priam* völlig auf den zu »weichen« Klang der Streichinstrumente, auch spielt das Klavier nicht nur in den Opern Tippetts eine zunehmend größere Rolle, ja zur Intensivierung eines markanten rhythmischen Effekts wird es in den meisten folgenden Werken sogar als reines Orchesterinstrument verwendet. Tiefgreifend, vor allem für die 2. Sinfonie, waren die Einflüsse von Strawinskys *Sinfonie in drei Sätzen* (1942–45) mit ihrem Spannungswechsel zwischen Passagen voll rhythmisch treibender Kraft und solchen lyrischen Ausdrucks. Tippetts »theatralischer« Einsatz von Instrumenten, auch in Orchesterwerken, hinterließ vor allem bei Harrison Birtwistle einen nachhaltigen Eindruck. Mochten für die 2. Sinfonie noch die Baß-Arpeggien in C-Dur aus einem Konzert Vivaldis den Ausgangspunkt bilden, so rückte Tippett im Verlauf der Komposition von der Sonatenform ab und entfaltet beispielsweise im langsamen Satz ein farbenreiches Klangschema von Themeneinwürfen und Reprisen.

Die Uraufführung in der Royal Festival Hall mit dem BBC Symphony Orchestra unter der Leitung von Adrian Boult machte indes die Crux der Interpretation eines modernen Werkes mehr als deutlich. »Bekanntlich brach die erste Aufführung in der Festival Hall zusammen, als etwa zwei Drittel des ersten Satzes gespielt waren«, berichtet Tippett, »und Boult, der dirigierte, wandte sich an das Publikum und sagte: ›Dies ist allein meine Schuld, meine Damen und Herren.‹ Dabei hatten die Hörner an einer Stelle einen Takt zu früh eingesetzt und dadurch alles durcheinander gebracht. Man mußte noch einmal von vorne anfangen. Aber es kam noch schlimmer. Beard verschleppte sein Geigensolo im Scherzo, und das Spiel der Streicher wurde immer holpriger.«[48] Der Konzertmeister des BBC Symphony Orchestra, Paul Beard, hatte darauf gedrungen, die Streicherstimmen auf konventionelle Weise mit Takteinteilungen zu versehen, während Tippett die einzelnen Phrasengruppen frei über den Taktstrichen notiert hatte, um das Spiel zu erleichtern. Natürlich mußte die Neufassung den Instrumentalisten rhythmisch unzusammenhängend erscheinen, und erst später bewiesen andere Musiker, daß die ursprüngliche Schreibweise deutlich und auch praktikabel ist. »Im allgemeinen waren die 50er Jahre eine katastrophale Zeit für mich, zumindest was Aufführungen in England betraf«, erinnert sich Tippett. Die Qualität der meisten Darbietungen ließ viel zu wünschen übrig, weil die an klassischen Werken geschulten Interpreten zumeist nur starr die Noten durchexerzierten, der Gehalt dieser »modernistischen« Musik aber nicht erschlossen wurde. Als problematisch erwies sich hier auch das Verfahren, Musik auf dem Papier festzuhalten. »Die Notation ist heute ein großes Problem für alle Komponisten«, erkannte Tippett bereits Anfang der 60er Jahre. »Unser gegenwärtiges Notationssystem ist zu metrisch und regelmäßig, um unseren ganzen Einfällen gerecht zu werden. In der frühen mehrstimmigen Musik war der Taktstrich einfach eine eigenmächtige Einteilung des Zeitmaßes, um das Lesen zu erleichtern. Im 19. Jahrhunderte wurde er zu einem Hinweis auf die Schlagzeit. Heute kann er das eine oder das andere sein. Dennoch gibt es beim heutigen Notendruck nichts, das darauf hinweist, was vom Interpreten gefordert wird. Das Problem, das die Leute in meinem Fall beunruhigt, ist mein Bedürfnis, Phrasengruppierungen musikalisch durch Ligaturen deutlich werden zu lassen, ohne Rücksicht darauf, ob die Ligaturen zum Taktstrich passen oder nicht. Nach meiner Erfahrung finden junge Interpreten diese Schreibweise nicht besonders schwierig. Die Wurzel des Problems, daß nämlich das Notationssystem ungeeignet ist für kontrapunktische Ideen, liegt tief.«[49]

Durch Platteneinspielungen, gefördert vom British Council und dem Vaughan Williams Trust, erlangten Tippetts Werke vor allem in den 60er Jahren eine gewisse Popularität. Unter anderem erschienen das *Concerto for Double String Orchestra* dirigiert von Walter Goehr (1952), *Boyhood's End* mit Pears und Mewton-Wood (1953), das 2. Streichquartett mit dem Amadeus Quartett (1956), *A Child of Our Time* unter John Pritchard (1958), die 1. Klaviersonate mit Margaret Kitchin (1960), das Klavierkonzert und die 2. Klaviersonate mit John Ogdon und Colin Davis (1965) und 1968 – zehn Jahre nach der Uraufführung – die 2. Sinfonie, die Tippett für eines seiner besten Werke hält, mit dem London Symphony Orchestra unter Colin Davis. Bezeichnend für Tippetts wachsendes Ansehen in den 70er Jahren war, daß seine beiden weiteren Sinfonien bereits kurz nach ihrer Uraufführung eingespielt und ergänzt mit der 1. Sinfonie als Gesamtaufnahme herausgegeben wurden. Colin Davis und Georg Solti dirigierten Spitzenorchester. »Ich bin nicht der einzige, der von solchen Fortschritten bei den technischen Fertigkeiten profitiert«, meint Tippett. »Ich erinnere mich beispielsweise, als Pierre Boulez' *Le Marteau sans Maître* Mitte der 50er Jahre erstmals gespielt wurde, war es für Xylophon- und Marimba-Spieler nicht möglich, in jeder Hand zwei Schlegel zu halten. Jetzt ist der Stand der Virtuosität auf Schlaginstrumenten mit Tasten erstaunlich. Es ist nicht einfach eine Ausrede oder ein Hirngespinst für einen Komponisten, zu sagen, seine oder ihre Musik gehöre der Zukunft an: Hinsichtlich der Instrumentaltechnik mag dies wirklich der Fall sein. [...] Wie so vieles, das ich geschrieben hatte, mußte das Klavierkonzert auf eine jüngere Pianistengeneration warten – John Ogdon, Stephen Bishop, Paul Crossley, Emanuel Ax usw. – und Dirigenten wie Norman Del Mar, Colin Davis und Andrew Davis, um eine wirklich angemessene Interpretation zu erfahren.«[50] In Deutschland fand Tippett kongeniale Interpreten in Hans Schmidt-Isserstedt und Horst Stein. Letzteren lernte Tippett nach einer Aufführung des *Concerto for Double String Orchestra* kennen. »Ich fragte ihn anschließend, woher er das Stück kenne und er entgegnete: ›Schmidt-Isserstedt war mein Lehrer.‹ So werden die besten Traditionen der Interpretation von einer Generation zur nächsten weitergereicht«, freut sich Tippett. »Ein anderer Fall, der dies bestätigt, ereignete sich, als ich mich 1990 während meiner Weltreise in Cincinnati befand. Das Cincinnati Symphony Orchestra hatte einige Monate zuvor meine 2. Sinfonie unter Charles Mackerras' Leitung gespielt, und einer der Geiger sprach mich nun im Flur an und meinte: ›Das war wahrlich eine schwierige erste Geigenstimme in Ihrer Sinfonie – ich mußte wirklich daran üben, und jetzt bringe ich sie meinen Studenten bei!‹«[51]

Während Tippett an seiner zweiten Oper schrieb, setzte nur ein kleiner Kreis von Kennern Vertrauen in ihn. Die Lage besserte sich allmählich, als am 29. Mai 1962 die Oper *King Priam* in Coventry unter John Pritchards Leitung uraufgeführt wurde, und im gleichen Jahr Norman Del Mar eine BBC-Studioproduktion von *The Midsummer Marriage* zustande brachte. In den 60er und 70er Jahren stieg Tippetts Renommee als Komponist zusehends. Es war die Zeit, in der eine junge Interpretengeneration hervortrat, die, vertraut mit spätmittelalterlicher Notationsweise und Jazz, nicht nur moderne Kompositionen versierter aufführen konnte, sondern auch willens war, Schwierigkeiten zu überwinden, und erkannte, daß die Werke, um die es ging, größer waren als die technischen Probleme, die sie stellten. Tippetts Œuvre hat dabei vielen etwas zu bieten. Nach den mitunter luxuriös schwelgenden Melodien in *The Midsummer Marriage* mutet beispielsweise die Orchestersprache in *King Priam* entschlackt, trocken, hart an. Stand das eine Werk noch in der formalen Tradition der Oper des 18. Jahrhunderts mit Ensembles, Arien und Rezitativ, bot die menschliche Tragödie vor dem Hintergrund des Falls von Troja eine Abfolge dramatischer Monologe mit ausdrucksstarken musikalischen Gesten, die eher dem impressionistischen Stil russischer Komponisten und dem Drama Brechtscher Prägung nahestanden. Obwohl Tippett wie Wagner stets sein eigener Librettist war, lag ihm die dramatische Prägnanz Verdis mehr als Wagners episches, eher aktionsarmes Bühnenwerk. Nach Tippetts Ansicht wäre gewiß auch Verdi beeindruckt gewesen von einem »filmischen Meisterwerk wie *Citizen Kane*, bei dem die Schnitte und Szeneneinstellungen selbst (das sind Szenenwechsel ›in excelsis‹) Teil des künstlerischen Erlebnisses werden und die altmodischen Szenenwechsel auf der Opernbühne beschämen.«[52] Diese Erfahrungen prägten die folgenden Bühnenwerke Tippetts, deren Ablauf dadurch nicht nur zunehmend rasanter wurde, auch die Gesamtlänge einer Oper glich sich zunehmend den Kinodimensionen an. Bezeichnend war, daß ein Filmregisseur wie Sam Wanamaker bei den ersten Produktionen von *King Priam* und *The Ice Break* Regie führte. Filmmusik übte einen starken Eindruck auf Tippett aus, und obwohl er nie für dieses Medium schrieb, war sie für ihn hinsichtlich rascher Szenenwechsel oder Rückblenden technisch ausgesprochen lehrreich. Vor allem in seinen folgenden Opern – *The Knot Garden* (1970), *The Ice Break* (1977) und *New Year* (1989) – wurde dieser Einfluß besonders deutlich. Tippett räumt ein, daß sich gerade diese Werke besonders gut für das Genre »Filmoper« eigneten, dennoch gibt er immer einer Bühnenaufführung den Vorzug, weil hier eine viel unmittelbarere Wirkung möglich ist. Auch eine Verbindung von Film und Live-Darbietung, wie sie beispielsweise Busoni bereits für seine Oper *Die*

Brautwahl (1912) vorschwebte, ist denkbar, denn Tippett ist für alle »gekonnten und phantasievollen Formen der Darbietung« durchaus offen.[53] Grenzen scheinen in dieser Beziehung keine gesetzt zu sein, wurden doch bereits szenische Aufführungen von Händels *Messias* (Berlin), Brittens *War Requiem* (Wiesbaden) und eine fesselnde filmische Realisation von Tippetts *The Midsummer Marriage* in der Regie von Elija Moshinsky mit Philip Langridge und Lucy Shelton und unter David Athertons Leitung gewagt.

Doch ohnedies sind allein die musikalischen Anforderungen der Werke Tippetts hoch. Zu den schwersten Stücken der Musikliteratur gehört gewiß der Chorpart der zwischen 1963 und 1965 entstandenen Kantate *The Vision of Saint Augustine*, uraufgeführt am 19. Januar 1966 mit Dietrich Fischer-Dieskau und den Kräften der BBC unter der Leitung des Komponisten. Tippett stellte dafür den Text aus den *Confessiones* des Augustinus und den Briefen des Petrus selbst zusammen. Die neue Dimension, die Augustinus in das christliche Denken einbrachte, besteht in der Vorstellung, daß Gott nicht allein in den Weiten des Kosmos gegenwärtig ist, sondern im Inneren der menschlichen Seele. Tippett faszinierte der Gedanke von der Zeit als etwas Transzendentalem, einem Modus des subjektiven Geistes, mit dem der Mensch die Welt betrachtet. Im Mittelpunkt der Kantate steht nun des afrikanischen Kirchenvaters Vision der Ewigkeit, die im 9. Buch seiner *Bekenntnisse* beschrieben wird. »Die Zeit begann erst mit der Schöpfung und wird mit ihr enden«, notiert Tippett. »Gott ist in der Ewigkeit, nicht in der Zeit.« Thema des Werkes ist demnach der »Dialog zwischen Gott und der Welt bzw. zwischen Ewigkeit und Zeit«[54], für den Tippett eine ausdrucksstarke musikalische Sprache erfand, in der er die mosaikartige Konstruktionsmethode seiner Kompositionen noch weiterentwickelte. Insgesamt werden vierzehn thematische Blöcke, die alle ein eigenes Tempo haben, miteinander verwoben, so daß sich ein komplexes Geflecht von Expositionen und Durchführungen ergibt, die sich stetig überlagern und umgewandelt werden. Als das Wesen seiner Musik betrachtet Tippett die Fortführung einer uralten Tradition, »die grundlegend ist für unsere Zivilisation, in vorgeschichtliche Zeit zurückreicht und in eine unbekannte Zukunft vorausweist. Diese Tradition besteht darin, Bilder aus den Tiefen der Imagination zu schaffen und ihnen Form zu verleihen, sei sie nun optisch, geistig oder musikalisch. Denn nur durch solche Bilder ist die innere Welt in der Lage, sich mitzuteilen.«[55] Im Lichte dieser schamanenhaften Schöpferleistung des Künstlers steht die Kantate um die Visionen des Augustinus den *Songs for Dov* und den Passagen mit Sopran-Solo in der 3., der längsten, Sinfonie Tippetts nahe. Wegen der immensen Anforderungen wird *The Vision of St. Augustine* allerdings nur selten gespielt; nichtsdestotrotz gehört dieses Werk zu den Höhepunkten in Tippetts Schaffen.

Retter?! Held?!

Die Mannigfaltigkeit des Interessengeflechts, das in Tippetts literarische und musikalische Kreativität einfließt, machte einmal mehr ein weiterer Aufsatzband deutlich, der 1980 erschien. Dieses Buch, *Music of the Angels*, war zunächst als Folgeband zu *Moving into Aquarius* konzipiert, entwickelte sich aber zu einer eigenständigen Quellensammlung von Rundfunkbeiträgen, Aufsätzen und Artikeln von 1935 bis in die 70er Jahre. Dennoch verschleiern die vielseitigen Themen nicht die Konzentration auf die Musik, die Tippetts primäres Ausdrucksmedium ist. »Die Erfahrung, die grundlegend sein muß, ist das Erlebnis der Musik«, sagt er. »Die anderen Dinge sind Teil meines Selbst als Komponist, aber sie sind völlig in der Musik aufgegangen. Die Musik nun ist eine Sache, die man von vielen Seiten betrachten kann, aber letzten Endes ist sie im wesentlichen und einzig nur sie selbst.«[56]

Tippetts Kompositionen der 70er und 80er Jahre empfingen nachhaltige Impulse durch seine Reisen in die USA und, infolge seiner wachsenden Popularität und soliden finanziellen Position, durch die ganze Welt. Seiner musikalischen Sprache, die über die Jahre ständigen Mutationen unterworfen war, ist nichts von einer beschaulichen Altersweisheit anzumerken; eher zeichnet sie sich durch eine gesteigerte Expressivität aus, die auch elektronische Klangelemente, Jazz-Färbungen und Blues-Elemente in ihren Ausdruckskosmos miteinbezieht. Seinen ersten Besuch in den USA hatte Tippett bis 1965 hinausgeschoben. Nun beschlichen ihn pilgerväterliche Gefühle, als er erstmals in einer Art »privaten Mayflower« den Atlantik überflog, auf dem Weg zum Musikfestival in Aspen, Colorado. »Von Anfang an war Amerika für mich Geschichte«, berichtet er, »Geschichte nicht nur meiner Vorfahren aus England, sondern der Völker aus ganz Europa.«[57] Die Erfahrung, die Musik von amerikanischen Komponisten wie Ives, Gershwin, Barber und Copland studiert und dirigiert zu haben, bereicherte sein eigenes Vokabular. Die Ergebnisse jener expressionistischen Phase Tippetts sind die Oper *The Knot Garden* (1966–69), die 3. Sinfonie (1970–72), die Klaviersonate Nr. 3 (1973) und – abermals eine Oper – *The Ice Break* (1973–76). Tippetts universale Klangwelt weist viele Beispiele außereuropäischer Einflüsse auf. So inspirierte beispielsweise die Gamelanmusik Javas die Kadenzen zu der einleitenden Melodie im langsamen Satz des Tripelkonzerts für Violine, Viola, Cello und Orchester (1978/79). Auffallend sind auch die amerikanischen Einflüsse bei der Verwendung einer Elektrogitarre in den *Songs for Dov* (1970) oder bei Hannahs Arie »Stranger and darker« im 2. Akt von *The Ice Break* sowie beim Blues-Finale im 1. Akt von *The Knot Garden* (*Der Irrgarten*). Der Titel dieser Oper bezieht sich auf die Labyrinthe der geschnittenen Buchsbaumhecken aus elisabethanischer Zeit. Hierin treffen sieben Personen in einer Abfolge kurzer Szenen zusammen, erörtern ihre Lage und sehen neuen psychologischen Kalamitäten entgegen. Die einzelnen Akte, die mit den Untertiteln »Konfrontation«, »Labyrinth« und »Scharade« näher bezeichnet sind, schildern psychologische Rollenspiele im Geiste von Shaws *Heartbreak House* und Albees *Who's Afraid of Virginia Woolf?*. Letztendlich gelangen die Figuren in *The Knot Garden* zu der Erkenntnis, daß es in einer vieldeutigen, hinterfragenswürdigen Welt kein Allheilmittel für die Lebensgestaltung geben kann; jeder muß durch einen mitunter schmerzlichen Prozeß der Selbstfindung seine eigene Rolle definieren. Tippett selbst hat diese Erfahrung immer wieder durchlebt, sei es in mehreren Beziehungskrisen oder anläßlich von Selbstmorden im engen Freundes- und Bekanntenkreis, wie etwa bei den Suiziden des erst 31jährigen, australischen Pianisten Noel Mewton-Wood oder der Musikforscherin Francesca Allinson – ihr ist auch der Liederzyklus *The Heart's Assurance* gewidmet. Seine dritte Oper basiert auf einer Erkenntnis aus Shakespeares *All's Well That Ends Well* (4. Akt, 3. Szene), die dem Werk vorangestellt ist und wo es heißt: »Die Tatsache allein, daß ich bin, sollte mich am Leben halten.« Vorbild waren zudem die Verwicklungen aus *The Tempest*, nur werden in *The Knot Garden* Liebe und Haß von sieben Menschen im modernen England gezeigt: die fade gewordene Ehe von Faber und Thea, die Nöte ihrer Tochter Flora mit ihrer neurotischen Furcht vor dem Sexus und vor Denise, einer radikalen Linken, die Probleme des Psychoanalytikers Mangus sowie des introvertierten, homosexuellen Musikers Dov und seines farbigen Freundes Mel.

Dov symbolisiert für Tippett den Künstler im Spannungsfeld zwischen einer polyglotten und einer alten pastoralen Kultur sowie den Sucher nach einer menschlich annehmbaren Lösung oder Synthese. Dieser Problematik stellte sich der Komponist noch einmal, als er die Gesänge der Opernfigur hernach separat in den *Songs for Dov* für Tenor und Orchester (1970) veröffentlichte. »Als Sänger steht Dov mir als Künstler bzw. Komponist nahe«, sagt Tippett, »Wenn er ein Lied singt, macht er dies nicht für sich selbst, sondern für seine ganze Generation, möglicherweise sogar für uns alle.«[58] Musikalisch bietet die Oper eine erweiterte Synthese aus dem ökonomisch schroffen Stil in *King Priam* und den Lyrismen aus *The Midsummer Marriage*. Erstmals aufgeführt wurde *The Knot Garden* am 2. Dezember 1970 am Opernhaus Covent Garden unter der Leitung von Colin Davis.

Gleichfalls im Auftrag vom Covent Garden entstand Tippetts vierte Oper, *The Ice Break*, die dort am 7. Juli 1977 mit großem Erfolg uraufgeführt wurde, dirigiert von Colin Davis, dem das Werk auch gewidmet ist. Zugleich war es auch seine erste Oper, die 1979 in den USA gegeben wurde, dargeboten von der Boston Opera Company unter Sarah Caldwell.

Tippett versteht den Text zu *The Ice Break* (*Das Aufbrechen des Eises*) als ein Plädoyer für die Versöhnung unter den Menschen schlechthin. Der Titel dieser Oper um Auseinandersetzungen zwischen den Generationen, den Kulturen des Ostens und des Westens sowie Farbigen und Weißen bezieht sich auf das Angst auslösende, aber auch frohe Erwartungen weckende Getöse des bersten Eises auf den großen Flüssen des Nordens, durch das sich das Nahen des Frühlings ankündigt. Das Motiv des brechenden Eises wird zu Beginn und an drei weiteren Stellen in der Oper durch einen einprägsamen, von Blechbläsern und Schlagzeug ausgeführten Akkord und rhythmisch manipulierten kleinen und großen Terzen ohrenfällig gemacht. Neben den Beziehungskonflikten der Protagonisten kommt diesmal auch dem Chor eine entscheidende Bedeutung zu, indem er viele verschiedene Rollen zu gestalten hat. Der Chor wird hier für Tippett zu einer Metapher für die Menschheit, und sein Einbeziehen in die Handlung geht auf Anregungen zurück, die der Komponist durch Berlioz' Oper *Benvenuto Cellini* und Ernst Tollers Stück *Masse Mensch* empfing. Der rasante Ablauf des Geschehens und die theatralische Vitalität der Chorszenen in der etwa 80minütigen Oper bringen nicht unerhebliche Probleme mit sich, so daß Tippett es für angebracht hält, auch nicht-singende Darsteller einzusetzen. Wesentlich ist ihm aber – hier wie in anderen Werken – letztendlich die auf die Würde des Menschen gerichtete Grundaussage, für die er sich als Bote verstanden wissen möchte. Zu diesem Zweck flicht er in seine Werke immer wieder Zitate aus Werken ein, die bereits zu Archetypen der humanistischen Überlieferung geworden sind, wie etwa in der 3. Sinfonie Auszüge aus Martin Luther Kings »I have a dream«-Rede und Beethovens 9. Sinfonie mit Schillers Ode an die Freude. Für die Oper *The Ice Break* griff Tippett auf Goethe zurück. »Die letzten Worte in meinem Text stammen aus einer sehr bekannten Versöhnungsszene, derjenigen zwischen Wilhelm Meister und seinem Sohn«, erläutert Tippett. »Die habe ich aus dem allerletzten Kapitel von *Wilhelm Meisters Wanderjahre* übernommen. Ich habe diese Worte immer in meiner Erinnerung behalten. Vielleicht war die Versöhnung schon für Goethe nur mehr eine Vision, aber für uns bleibt sie ganz bestimmt eine Vision für allemal. Es ist für mich absolut wichtig, daß diese Vision am Ende meines Lebens, genau wie bei Goethe, in Sicht bleibt und daß sie und auch ähnliche Gedanken sich schließlich behaupten können.«[59]

Tippett war nun 72 Jahre alt. Für viele die Zeit, um Bilanz zu ziehen. Der Musikwissenschaftler Ian Kemp, ein entfernter Verwandter des Komponisten, der bereits 1965 ein erstes Büchlein veröffentlicht und ein Symposium zum 60. Geburtstag des Komponisten initiiert hatte, bereitete eine 500 Seiten starke Studie über *Tippett – The Composer and His Music* vor, die 1984 endlich erschien. Die Oper *The Ice Break* war das letzte große Werk, das er darin ausführlicher analysieren konnte. Der Komponist war mit seinem Schaffen längst weitergekommen, so daß auf acht Seiten nur allgemeinere Hinweise auf neue Arbeiten beigefügt werden konnten. Tippetts globales Anliegen weitete sich zu einer Art summarischen Darstellung vom Wesen des menschlichen Daseins und dessen Verflechtung mit dem Transzendentalen. Analogien zu diesen Bestrebungen bieten vielleicht Paul Gauguins größtes Werk, das Gemälde *Woher kommen wir? Wer sind wir? Wohin gehen wir?* (1897) oder W. B. Yeats *Last Poems* (1939).

Am 6. Oktober 1977 führte das Chicago Symphony Orchestra unter Georg Solti erstmals Tippetts 4. Sinfonie auf, die eine Widmung an Ian Kemp trägt. Die menschliche Dimension des etwa halbstündigen, einsätzigen Werkes wird durch die Integration von sanften Atemgeräuschen verstärkt – ein verblüffender Kunstgriff (ausgeführt von einer Windmaschine, einem Syntheziser oder durch Mikrophon verstärkte Stimmen), der den in diesem Werk berührten Dimensionen von Geburt und Tod konkrete Exempel beimischt. Am 20. Mai 1979 erklang in Bath erstmalig das 4. Streichquartett, und als Auftragswerk zum 100jährigen Bestehen des Boston Symphony Orchestra schrieb Tippett zwischen 1980 und 1982 sein zweites oratorienartiges Opus: *The Mask of Time* – ein monumentales Werk, in dem es »vorrangig um das Transzendentale« geht, wie der Komponist 1983 in seinem Vorwort bemerkte. Es »setzt sich mit jenen elementaren Dingen auseinander, die den Menschen formen, seiner Beziehung zur Zeit, seinem Platz in der Welt, wie wir ihn kennen, sowie im geheimnisvollen Universum in seiner ganzen Weite. [...] Unser Jahrhundert hat derart unermeßlich erweiterte Vorstellungen von Raum und Zeit gewonnen, daß ich meine, es wäre ein Irrtum, sich auf vergangene Konzeptionen vom Ontologischen und Transzendentalen zu berufen. So ist das Werk, das ich geschrieben habe, weder eine Vertonung einer Messe noch ein Oratorium und schon gar nicht eine Anpassung jenes Genres, wie wir es in spätromantischen Werken wie Delius' *Eine Messe des Lebens* oder Mahlers Achter Sinfonie finden. So war es unvermeidlich, daß ich eine Vielzahl koexistierender Gedankengänge miteinander in Einklang zu bringen hatte. Bestenfalls bietet meine Komposition Fragmente oder Szenen aus einem möglichen ›Epiphanias‹ für heute.«[60]

Pläne zu einem Werk dieser Art reichen in das Jahr 1973 zurück, und wie bei den meisten Arbeiten Tippetts erstreckte sich die Konzeption auch hier über einen langen Entstehungszeitraum. Der Titel der »Mask« der Zeit spielt auf das englische Maskenspiel des Mittelalters, die Masque, an. Tippett bezieht in das Maskenspiel der Zeit aber alle erdenklichen Aspekte ein, die ihm helfen, das Begreifen der Welt zu erleichtern. So inspirierte ihn H. G. Wells' Roman *Men Like Gods* (1927) ebenso wie Jacob Bronowskis BBC-Fernsehserie und das nachfolgende Buch *The Ascent of Man* (1973), ohne daß er dabei Haltungen unreflektiert übernahm. Rechtfertigen beispielsweise nach Bronowskis Auffassung die Errungenschaften der letzten Jahrhunderte den Zukunftsoptimismus der Menschheit, ungeachtet aller Umwälzungen und Katastrophen, so bleibt Tippett skeptischer. Sein Anliegen ist das Bewahren kultureller Werte in einer Gesellschaft, die die inhumanen Folgen des technologischen Fortschritts und die Pervertierung wissenschaftlicher Entdeckungen zu ignorieren scheint. »Alles Metapher«, singt der Solo-Tenor zu Beginn, und der Agnostiker Tippett stellte ein beziehungsreiches Konglomerat aus Texten von Yeats, Rilke, Eliot, Achmatowa und vielen anderen für die Metaphern seiner Musik zusammen. Die Uraufführung fand am 5. April 1984 unter der Leitung von Colin Davis in der Symphony Hall zu Boston statt. Für die europäische Erstaufführung und die Live-Einspielung bei den Promenade Concerts in der Londoner Royal Festival Hall zeichnete der Dirigent Andrew Davis verantwortlich, der mit dem Namensvetter nicht verwandt, aber ebenso wie dieser ein kompetenter Advokat für Tippetts Werk ist. Dieses abendfüllende oratorienhafte Werk biete »einen großartigen Beleg für die keineswegs nachlassende Qualität seiner Erfindungskraft«, hieß es in »Opera« über Tippetts *The Mask of Time*.[61]

Zu seinem 85. Geburtstag wurde Michael Tippett in Houston mit Konzerten, Vorlesungen und diversen Rahmenveranstaltungen geehrt. Sozusagen als Dankeschön überließ Tippett der Houston Grand Opera die Uraufführung seiner neuen Oper, *New Year*, die am 27. Oktober 1989 im Rahmen eines britischen Musikfestivals neben Händels *Julius Caesar* und Sullivans *The Mikado* erstmals gegeben wurde. Schon seit geraumer Zeit verfolgte das Opernhaus in der texanischen Hauptstadt eine mutige Repertoirepolitik und besaß bereits reichlich Erfahrungen mit Uraufführungen, wie etwa mit Bernsteins *A Quiet Place* (1983) und John Adams' *Nixon in China* (1985). Die Leitung der europäischen Erstaufführung am 1. Juli 1990 in Glyndebourne oblag wiederum Andrew Davis.

Zu dem Titel *New Year* regten Tippett die Silvesterfeiern auf den großen Plätzen in verschiedenen Gegenden der Erde an – dem Trafalgar Square in London, dem Times Square in New York und dem Roten Platz in Moskau –, wo stets zu diesem Anlaß Menschenmassen zusammenfinden, um mit hohlen Floskeln und guten Vorsätzen den Beginn eines neuen Jahres zu feiern. Die Geschichte erzählt nun von der zurückgezogen lebenden Kinderpsychologin Jo Ann, die mit Hilfe ihres außerirdischen Verehrers Pelegrin, der bei ihr in der Silvesternacht landet, die Angst vor dem Chaos in der Welt überwindet und sich ihrer Verantwortung im Leben stellen will. »Die Hauptpersonen in *New Year* versuchen, jede auf ihre eigene Art, ihre Träume zu verwirklichen«, erläuterte Tippett, der sein Stück keinesfalls als eine Science-Fiction-Oper verstanden wissen will, vielmehr entspringen die drei nicht-irdischen Geschöpfe der Welt der Phantasie. »Stilistisch steht die Oper einem Musical nahe, da der Tanz ein

Szene aus »The Midsummer Marriage«, Produktion der English National Opera im London Coliseum, 1985

wichtiger und integraler Bestandteil ist«, meint der Komponist und Librettist. »Tänzer sind ständig zugegen, und dies bedeutet, daß der Choreograph wohl auf der gleichen Stufe mit dem Regisseur steht, und nicht jemand ist, der ein Divertissement arrangiert.«[62] Mit der Aufteilung von Sängern und Tänzern löste Tippett auch eines der szenischen Handikaps, das die überaus aktiven Choristen in *The Ice Break* vor Probleme stellt. Auch dem Dilemma, daß kleinere Bühnen seine gewaltigen musikalischen Anforderungen nicht bewältigen können, versuchte Tippett dadurch entgegenzuwirken, daß er neben der vollen Besetzung von gut 50 Instrumentalisten mit einem starken Bläser- und Schlagzeug-Anteil sowie zwei Elektrogitarren auch eine Version mit einem reduzierten Orchesterapparat zuläßt. »In ihrer endgültigen Form verband *New Year* als Oper gesellschaftliche und persönliche Träume und Phantasien, und als solche lenkte sie mich, ganz anders als jene für *The Mask of Time*, durch ihre stets gegenwärtigen Polarisierungen auf neue Pfade – das Kosmische und Immerwährende gegen das Individuelle, hier und jetzt.«[63]

Der Verwendung sinnfälliger Metaphern ist Tippett auch in seinen neuesten Werken treu geblieben. Dazu zählen das 5. Streichquartett

(1990/91) und *Byzantium* für Sopran und Orchester (1989/90), ein Werk auf ein Gedicht von W. B. Yeats, das erstmals am 11. April 1991 unter Soltis Leitung mit der Solistin Faye Robinson und dem Chicago Symphony Orchestra erklang. Der knapp halbstündige Zyklus zeichnet in fünf Stanzen, die Tippett durch kurze Orchesterzwischenspiele miteinander verbindet, ein halb realistisches, halb visionäres Bild des alten Byzanz, des heutigen Istanbul, mit seinen Türmen, Kirchen und Moscheen, seinem Religions- und Völkergemisch, seinen Tag- und Nachtseiten. Dieses späte Yeats-Poem hatte Tippett schon seit langem fasziniert, und eine Zeile wie die von der »gong-gequälten See« (»gong-tormented sea«) beeinflußte bereits manches in dem Tripelkonzert, das 1980 unter Colin Davis Leitung in London uraufgeführt wurde. In der opulenten, kraftvollen Musik zu *Byzantium* scheinen gleichfalls noch die musikalischen Eindrücken der Asienreisen mitzuschwingen.

Eines der persönlichsten Werke war schließlich die 1991 publizierte Autobiographie *Those Twentieth Century Blues*. Kompositionspläne besaßen immer Priorität, und so hatte Tippett vielfach Angebote, seine Lebenserinnerungen zu publizieren, abgelehnt. Zudem wollte er sich nicht unablässig mit Vergangenem auseinandersetzen. »Die Zukunft zählt mehr, und meine wahre Hoffnung ist, daß ich das neue Jahrtausend erleben werde«, schrieb er.[64] Trotz guter Absatzzahlen rief das Buch vielfach Irritation hervor und spaltete wie Tippetts Musik die Lager in Bewunderer und Gegner. Bei den vielen positiven Besprechungen, die unter anderem Vergleiche mit den Memoiren von Berlioz nahelegten (»Liverpool Daily Post«), wurde das Buch von so unterschiedlicher Seite wie der »Gay Times« und der »Church Times« gepriesen. Andere bemängelten hingegen eine »flache Geschwätzigkeit, deren Hauptmerkmal eine Art von naiver Aufgeblasenheit ist« (»Times Literary Supplement«) und die »Verträumtheit, die wohl ein massives Geltungsbedürfnis verschleiern soll« (»The Independent on Sunday«). Die Reflexionen dieses »Komponisten von Faszination und Individualität« nannte ein Rezensent »ein entschuldbares Unterfangen« (»Spectator«) und sinnierte in einer Anspielung auf die farbenfrohe Kleidung des Komponisten in den letzten Jahren: »Tippett mag dereinst als ein Opfer seiner T-Shirts enden. Seine schwungvolle Gangart führt unausweichlich zu einigen unangenehmen Fragen: Deutet die Musik dieses Mannes etwa an, daß hier einer mit den höheren Mächten in Verbindung steht oder daß hier jemand glaubt, daß er selbst diese höhere Macht ist? Schöpft er wie Madonna auf brillante Weise den Rahm seiner eigenen Berühmtheit ab oder ist er schlichtweg einfach verrückt geworden?«[65] Die Entgegnung, die Michael Tippett darauf geben könnte, wäre vielleicht eine Zeile aus seinem Libretto zu *The Ice Break*, die seinem Buch *Music of the Angels* vorangestellt ist: »Saviour?! Hero?! Me!! You must be joking.« (Retter?! Held?! Ich!! Ihr macht wohl Scherze.)

XI

Folge mir ins Labyrinth!

Peter Maxwell Davies (geb. 1934)

Wenn Du vor mir stehst und mich ansiehst, was weißt Du von den Schmerzen, die in mir sind und was weiß ich von Deinen. Und wenn ich mich vor Dir niederwerfen würde und weinen und erzählen, was wüßtest Du von mir mehr als von der Hölle, wenn Dir jemand erzählt, sie ist heiß und fürchterlich. Schon darum sollten wir Menschen voreinander so ehrfürchtig, so nachdenklich [...] stehen, wie vor dem Eingang zur Hölle.

Franz Kafka[1]

Pax Orcadiensis

Die Landschaft der Orkney-Inseln im äußersten Norden Schottlands, etwa tausend Kilometer von London entfernt, übt mit ihren schroffen Felsen, dem Meer, dem Himmel, der kargen, baumlosen Vegetation und den Überresten vergangener Kulturen eine magische Faszination aus. Hier findet man auf Mainland noch Megalithanlagen, die so alt sind wie die ägyptischen Pyramiden. Die Witterung und die für Städter bescheidenen Lebensbedingungen zwingen jedoch eher zu einer nüchternen Sicht der Dinge und zu einem Leben, das Abgeschiedenheit und viel Muße zum Nachdenken über sich und die Welt ermöglicht. Gut 20 der über 70 Inseln sind bewohnt; knapp 20 000 Menschen leben heute dort. Seit dem 6. Jahrhundert wurden die Orkneys von keltischen Mönchen christianisiert, in den folgenden zweihundert Jahren von den Wikingern geplündert und besetzt, 875 unter norwegische Verwaltung gestellt, bis schließlich 1472 Schotten die Herrschaft übernahmen. Noch heute, über fünfhundert Jahre später, sind die Fischerei, die Landwirtschaft und die Whiskybrennerei die Haupterwerbsquellen der Bewohner.

Seit über zwanzig Jahren nun lebt unter den Menschen der Orkneys einer, der sich nur schwer in dieses Bild einzuordnen scheint: Ein Mann, der Musik schreibt. Dafür ehrte ihn sogar das britische Königshaus, und das Londoner South Bank Centre widmete seinem Schaffen 1990 ein zweiwöchiges Festival mit hochkarätigen Interpreten. Keineswegs fremd sind ihm aber auch moderne Aufnahmestudios, luxuriöse Hotels auf Konzerttourneen in Europa und den Vereinigten Staaten sowie Superlative wie »Englands führender Komponist« (»New York Times«) oder Komponist des »wichtigsten sinfonischen Zyklus' seit Schostakowitsch« (»The Times«). Dennoch lebt dieser Künstler vollständig integriert in der abgelegenen, mit Verkehrsmitteln schwer erreichbaren Gemeinschaft einfacher Menschen. »Viele Leute fragten mich, was mich in dieser Jahreszeit dorthinzieht«, erinnert sich der Musiker an den November 1970. »Sie meinten, das düstere und feuchte Wetter sowie die schrecklichen Stürme würden mir das Leben schwermachen, zumal ich nie zuvor in solcher Umgebung gelebt hätte. Natürlich stimmte das, aber ich sah darin eine Herausforderung. Ich fand es erregend und herrlich, von Sturm und Wetter umgeben zu sein, Wasser aus einer Quelle zu holen, Holz zu hacken und alle die Dinge tun zu müssen, die einem beim komfortablen Leben in der Stadt erspart bleiben. Unter solchen Bedingungen verging ein ganzer Monat, ohne daß ich auch nur einen einzigen Menschen am Strand gesehen hätte. Ich lernte mich selbst auf eine Art und Weise sehen, wie es einem unter sogenannten normalen Umständen in der Stadt mit Telefon und Besuchern nie gelingt. Ich spürte, daß ich bessere Musik schrieb als in den Jahren zuvor, weil ich Zeit zur Konzentration fand.«[2] Rutland

Peter Maxwell Davies füttert das Federvieh vor seinem Haus auf Hoy, Orkney Islands

Boughton wäre stolz gewesen auf den damals Sechsunddreißigjährigen. »Er kann durchaus mit Musikintellektuellen reden, fühlt sich aber unter einfachen Leuten am wohlsten«, fiel Gregory Knowles auf, einem Schlagzeuger, der vom Pop zur Klassik wechselte.[3] Der Umzug nach Hoy, der zweitgrößten Orkney-Insel, in ein Bauernhaus auf einem Kliff oberhalb des Meeres bedeutete einen wichtigen Einschnitt, der das Leben und die Musik dieses Komponisten deutlich beeinflußte. »Er hat sogar eine Melodie über meine Fähre geschrieben«, erzählt verblüfft der Schiffer, der das Boot durch den Sund zwischen Hoy und dem Hafen von Stromness navigiert. »Kein Ort wird zum Leben erweckt, solange nicht über ihn gesungen wurde«, glaubt der Musiker,[4] der noch immer ohne Telefon im hohen Norden residiert, wo er bei Bedarf einen öffentlichen Fernsprecher benutzt, der eine Meile von seinem Haus entfernt und je nach Wetterlage mal funktionstüchtig ist, mal nicht. Erst seit 1992 ist er durch das Faxgerät eines Nachbarn eine Insel weiter in dringenden Fällen kurzfristig für seine Londoner Managerin erreichbar.

Sein Name – Peter Maxwell Davies – ist für Musikwissenschaftler untrennbar mit den Arbeiten der sogenannten »Manchester Group« in den 50er und 60er Jahren verbunden, Konzertunternehmer und Plattenfirmen profitierten von seinen erfolgreichen Produktionen mit dem Ensemble

Fires of London, für Rezensenten gilt er als einer der wenigen Tonsetzer der Gegenwart, »die bei allem, was sie schreiben, auch an ihr Publikum denken« (»Bonner General-Anzeiger«), und den Bewohnern der Orkneys beschert er seit 1977 das alljährlich zur Sommersonnenwende stattfindende St.-Magnus-Festival. »Es waren nicht nur die Naturschönheiten, die auf mich so anregend wirkten, sondern auch die Menschen, denen ich begegnete«, notierte Maxwell Davies. »So fand ich z. B. in der Familie des English Masters der Academy von Stromness besonders herzliche Aufnahme. Die Geborgenheit, die von dieser Familie ausging, ihre Gastlichkeit (einschließlich des selbstgebrauten Biers), die Gespräche – all das ist charakteristisch für eine Gemeinschaft, in der man noch Bücher liest und regen Anteil an seiner Umgebung nimmt, und das weit über die neuesten Albernheiten des Fernsehens hinaus. Die Zurückgezogenheit auf einer Insel wie dem Mainland der Orkneys macht die Menschen nicht unbedingt weniger gegenwartsbewußt oder beraubt sie persönlicher Standpunkte – ganz im Gegenteil!«[5]

Maxwell Davies ist heute gewiß der bekannteste lebende britische Komponist, weil er den Kontakt mit der Öffentlichkeit nicht scheut. Zwar liest er keine Kritiken, steht aber Journalisten Rede und Antwort. Er meint, er sei »mit Worten nicht begabt«, wendet sich aber bei einem Konzertpublikum, das mit ihm und seinen Werken weniger vertraut ist als seine Landsleute, zuvor an seine Hörer und spricht einige einführende Worte, ehe er dem Orchester, ohne Taktstock dirigierend, den Einsatz gibt. Jener Mann, der mit jeweils etwa einmonatigen Unterbrechungen gut die Hälfte des Jahres in der nordschottischen Abgeschiedenheit zubringt, steht, wenn er darum gebeten wird, auch nach einem anstrengenden Abend einem interessierten Publikumskreis Rede und Antwort, wobei er mit viel Humor über sein Werk plaudert. Unausweichlich scheint, daß der Komponist von so gegensätzlichen Stücken wie dem genialen Gassenhauer *Orkney Wedding, with Sunrise* (1985) und dem Trompetenkonzert (1988), einem eher nachdenklichen, beklemmenden Werk mit Vorstudien zu einer Franziskus-Oper, auf Irritation, ja Ablehnung stößt. Unübersehbar, daß bei einem Konzert in Düsseldorf, in dem Maxwell Davies ausschließlich eigene Werke aufführte, sich einige Hörer schon in der Pause ihre Mäntel wieder an der Garderobe abholten. Selbst manch namhafter Dirigent hat Vorbehalte gegen seine Werke, und ein verantwortlicher Redakteur einer großen (deutschen) Sendeanstalt gestand, die Musik des Briten interessiere ihn, »was seine neuere kompositorische Tätigkeit betrifft, nicht sonderlich«.[6]

Der Komponist indes fühlt sich zunächst einmal nur sich selbst gegenüber verantwortlich. Ob ihm wie Elgar, Walton oder Britten jenes Los beschieden sein wird, wieder von dem Thron gestoßen zu werden, auf den er einst gestellt wurde, berührt ihn wenig. Sein Werk betrachtet er trotz der scheinbar unvereinbaren Gegenpole als ein Kontinuum. »Es gibt einen Doppelstrich für das Ende des einen Werkes, und das nächste fängt an. Das ist eine Art ›notebook‹ meines Lebens, und wenn ich ein dreißig Jahre altes Stück höre, erkenne ich daran: ›Ach ja, so fühlte ich da, so war die Welt damals . . .‹ Und hoffentlich werde ich weitermachen können, damit das immer klarer wird, und ich bessere und tiefere Musik schreiben kann«, sagt Maxwell Davies. »Ich bin Musiker, will meine Musik verfeinern und studiere noch immer Technik. Und ich versuche beim Lesen und bei meinen Erfahrungen im Leben immer reifer zu werden, damit ich mehr verstehe. Nicht mit Worten verstehen. Das kann ich nicht, weil ich nicht mit Worten begabt bin. Aber hoffentlich wird das klar und hörbar in der Musik, die ich schreibe.«[7]

Maxwell Davies, wie Shaws Professor Higgins ein »eingefleischter alter Junggeselle«, haftet nichts von jener esoterischen Aura an, mit der sich Michael Tippett umgibt, auch nichts von der enigmatischen Isolation, aus der heraus Harrison Birtwistle seine Werke kreiert. Dennoch steuerte er in seiner Laufbahn bislang einen Konfrontationskurs, der ihm einerseits große Popularität einbrachte, aber auch ablehnende Haltungen provozierte. Er zwingt dazu, Stellung zu beziehen – zu ignorieren ist er nicht.

Ein flammender Löwe

Der Weg des Mannes, der 1987 von der Königin zum Ritter geschlagen wurde, und sich fortan »Sir Peter« nennen lassen könnte, aber unter Freunden und Kollegen noch immer das schlichte »Max« aus seiner Schulzeit bevorzugt, begann in einem Arbeiterviertel der Industriestadt Manchester. Hier wurde er am 8. September 1934 in Salford, Greater Manchester, geboren. Die Mutter, eine Maxwell, war Schottin, der Vater, Mr. Davies, Sproß englisch-walisischer Vorfahren, die in früheren Generationen auch irisches Blut in die Familie einließen. Der einzige Sohn, in England geboren, ist demnach so britisch wie man es sich nur denken kann. Künstlerisch oder gar musikalisch vorbelastet war er von Hause aus nicht, da die Männer der Familie zumeist Kohle- und Stahlarbeiter waren. Doch seinen ersten prägenden musikalischen Eindruck erhielt Peter bereits 1938, als er gerade vier Jahre alt war, durch eine Amateuraufführung der Gilbert-und-Sullivan-Oper *The Gondoliers*, bei der Nachbarn und Freunde der Maxwell Davies' mitwirkten. »Die Musik selbst machte auf mich einen sehr starken Eindruck, ebenso wie die ganze Vorstellung, auf der Bühne diese strahlende, funkelnde Welt zu schaffen«, erinnert sich der Komponist. »Das war etwas ganz anderes als der Hintergrund der Arbeiterklasse, in der ich aufwuchs. Ich erkannte schon damals, daß dies etwas war, das möglicherweise eine Alternative zur Arbeit im Geschäft meines Großvaters oder in einer Fabrik war, die viel Krach machte, was ich haßte.«[8]

Als Peter acht war, kam Großmutters Klavier als Erbstück ins Haus. Das Kind erschuf sich die Welt der Musik im Alleingang, wobei Tonarten und Klangbeziehungen »selbst ausgedacht und gebastelt« wurden. Neugierig erforschte der Junge die Ausdrucksmöglichkeiten der Töne und begann gleich zu komponieren, probierte am Klavier aus und übersäte Notenpapier mit seinen Einfällen. Noch heute meint der arrivierte Komponist, daß manches davon nicht ganz so übel sei, ja aus der Zeit um 1942 gebe es »einige interessante Sachen«. Doch ohne Stipendien war an eine geregelte musikalische Ausbildung nicht zu denken. Die Eltern hatten nicht genug Geld, und auf der Schule schenkte man Peters Begabung keine Beachtung. Als er dort im Rahmen des Abschlußexamens die für eine Förderung erforderlichen Prüfungen machen wollte, speiste ihn der Direktor mit der Bemerkung ab, daß dies doch keine »Mädchenschule« sei. Peters Kampfgeist erwachte, und er kümmerte sich gezwungenermaßen selbst um die Vorbereitungen, besorgte Prospekte und meldete sich auf eigene Faust an. Auf dem Programm standen Fragen zur Musikgeschichte und -theorie sowie zu Beethovens Violinkonzert, Waltons *Façade*, Schumanns Klavierquintett Opus 44 und anderen Werken. Wie fundiert die Kenntnisse waren, die sich der Junge bereits angeeignet hatte, zeigte sich am Prüfungstag für das Lancashire County Music Scholarship, als er nicht nur mühelos die Themen der besagten Stücke am Klavier vorspielen konnte, sondern darüber hinaus noch sämtliche Sinfonien Beethovens auswendig beherrschte. Das Stipendium war ihm sicher. Eine prägende Studie des menschlichen Charakters dürfte hernach die Reaktion seines Direktor gewesen sein, dem er gestand, daß er sich heimlich doch um das Stipendium beworben und es erhalten hätte. Als dieser überschwenglich zum Ausdruck brachte, »wie stolz« er auf seinen Eleven sei und den Erfolg seiner Schule auf die Fahnen schrieb, wurde dem Jungen einiges klar. »Das verschaffte mir einen tiefen Einblick in die menschliche Natur.«[9]

Auch die Eltern zeigten sich zufrieden, wenn auch nur die Mutter instinktiv verstand, was es mit Peter und der Musik auf sich hatte, während der Vater damit wenig anzufangen wußte und sich sorgte, wie man davon eine Existenz aufbauen könnte. Immerhin erlebten die Eltern, die 1984 bzw. 1986 im hohen Alter verstarben, noch viele Stationen von Maxwell Davies' Entwicklung mit. Zwar mochten sie seine Kompositionen wohl nicht sonderlich, waren jedoch froh, daß der Sohn überhaupt davon leben konnte. Die Jugend von Peter Maxwell Davies war aber noch von einer anderen Sorge beeinflußt: dem nahen Tod in Zeiten des Krieges. Manchester hatte schwer unter deutschen Luftangriffen zu leiden; das Sterben und der Verlust von Menschen, die man kannte oder die einem nahestanden, war etwas Alltägliches geworden. »Ich glaube, als Kind gewöhnt man sich irgendwie daran«, meint Maxwell Davies, »und man wußte: ›Vielleicht bin ich morgen nicht mehr da.‹ Ich glaube, das war irgendwie sehr wichtig, obwohl ich es nicht mit Worten erklären kann ...« Noch heute sind ihm Bilder in Erinnerung von Leichenbergen, von einer Nachbarin, die brennend aus dem Haus rennt, die drei schreienden Kinder hinter sich; von seiner eigenen Mutter, die ihn nach einem Bombenangriff weinend an der Hand durch die in Flammen stehende Stadt zerrt, auf der Suche nach den Großeltern. »Doch was mich als Kind wirklich zum Weinen brachte, war, daß auf der Hauptstraße eine Tierhandlung mit Kaninchen, Katzen und Hunden getroffen worden war und alle Tiere verbrannten. Ich erinnere mich sehr gut, daß ich mich fast totweinte wegen dieser Tiere«, erzählt Maxwell Davies. Bewußt spielen diese Erlebnisse bei seiner kompositorischen Tätigkeit keine Rolle, aber »es liegt irgendwie darunter«. So bleibt ihm das Resümee: »›Humanity can do this‹ – so etwas passiert bei den Menschen. Das war etwas Alltägliches, und es könnte jeden Tag wieder so werden. Man sieht es jetzt in Jugoslawien und anderswo.«

Thematisch hatten die Erfahrungen aus der Schul- und Kriegszeit einen wichtigen Einfluß auf die jahrelange Beschäftigung mit dem Renaissancekomponisten John Taverner, die schließlich in der 1972 uraufgeführten Oper *Taverner* mündete, sowie auf Werke wie den metaphorischen Orchesterfoxtrott *St. Thomas Wake* (1969) nach einer Pavane von John Bull, einem Auftragswerk der Stadt Dortmund, und die Kammeroper *The Martyrdom of St. Magnus* (1977). Stilistisch prägend wurden das künstlerische Klima der 50er Jahre und der Freundeskreis beim Studium in Manchester, das 1952 begann.

Frischer Wind

Wenn Peter Maxwell Davies an seine Lehrzeit in Manchester zurückdenkt, wo er von 1952 bis 1957 Musikvorlesungen an der Universität besuchte und am Royal Manchester College of Music, dem heutigen Royal Northern College, studierte, sind es keineswegs die Professoren, die ihm in Erinnerung geblieben sind. »Manchester hatte einen großen Vorteil, und der bestand in der Henry Watson Music Library, die ich mehr oder weniger ausgeplündert habe«, berichtet er. »Ich glaube, daß ich dort wirklich jede verdammte Partitur kannte, die von Bedeutung war: Indem man sie einfach am Klavier durchspielte, lernte man enorm viel. Aber es gab natürlich niemanden, mit dem ich diese Sachen hätte besprechen können, und so hatte sich vieles in mir angestaut, und ich war noch unfertig. Es konnte in vielerlei Hinsicht nicht richtig an die Oberfläche gelangen, bis ich an die Universität und das College in Manchester kam, wo ich Birtwistle, Goehr, Ogdon und so weiter traf.«[10]

Zu den Studienkollegen gehörte neben den hier angesprochen späteren Komponisten Harrison Birtwistle und Alexander Goehr sowie dem Pianisten John Ogdon auch der Trompeter und Dirigent Elgar Howarth. In diesem kleinen Kreis junger Talente zeigte vor allem Birtwistle nicht nur Verständnis für sein Interesse an früher Musik wie den Werken von Machaut, Dufay, Josquin und dem englischen Renaissancemeister John Taverner – Birtwistle selbst inspirierten zudem die italienischen Renaissancemaler Paolo Uccello und Piero della Francesca –, sondern teilte auch die Begeisterung für Bartók, Strawinsky, Schönberg, Berg und Webern sowie für die Musik der Gegenwart. Die Gruppe, die später von den Musikhistoriographen mit dem Schlagwort »Manchester Group« zusammengefaßt wurde, stand zu dieser Zeit ziemlich isoliert in einem Land, in dem Stücke wie Brittens *The Turn of the Screw* (1954) und *The Prince of the Pagodas* (1956), Vaughan Williams' drei letzte Sinfonien (1953–58) und Tippetts *The Midsummer Marriage* (1955) das letzte Wort zum Thema neue Musik darstellten. Die »jungen Wilden« indes hatten auch offene Augen und Ohren für die Partituren und die Klänge auf dem Kontinent, wenn auch nur wenig davon veröffentlicht wurde, wie etwa Stockhausens *Kontra-Punkte* und ein erster Band mit Klavierstücken, Boulez *Sonatina* für Flöte und die ersten beiden Klaviersonaten sowie einige Kompositionen von Nono. »Diese Stücke lösten etwas aus«, meinte Maxwell Davies, »sie waren ausgesprochen befreiend.«[11]

Entscheidend war vor allem der Einfluß, den diese Werke bei der kulturellen Standortbestimmung nach dem Zweiten Weltkrieg ausübten. Während auf dem Kontinent eine Aufarbeitung der von den Faschisten geächteten Kunst stattfand und man sich zurückbesann auf die atonale Musik der Wiener Schule, begierig John Cages Experimente aus Amerika aufnahm und versuchte, eine neue musikalische Sprache zu erfinden, da das vorhandene »tonale Erbe« von dem Entsetzlichen der Vergangenheit besudelt schien, hatten die britischen Musiker keine Identitätsprobleme mit dem Zerfall des Empire, nachdem 1947 auch das ehemalige Kronjuwel Indien unabhängig geworden war. Die Entwicklung hatte sich schon zu Beginn der 40er Jahre abgezeichnet. Für die Komponisten der älteren Generation – Vaughan Williams, Walton oder Tippett – war sie nicht wichtig, während die Haltung der Jüngeren eher »Empire? Das war vor unserer Zeit ...« lautete, wie Maxwell Davies sagt.

Neue Erfahrungen, neue Traumata prägten die 50er Jahre. 1951 feierte sich das Land mit dem Festival of Britain, im Frühjahr 1952 übernahm Elizabeth II. die Herrscherwürde von ihrem Vater George VI., zugleich regten sich Proteste gegen Großbritanniens Aufstieg zur Nuklearmacht. Im April 1949 hatte man zu den Gründungsmitgliedern der NATO gehört, über einen Beitritt zur Europäischen Gemeinschaft gab es endlose Debatten. Im Herbst 1956 weihte die Königin das erste Atomkraftwerk bei Calder Hall in Cumberland ein. Das Establishment pflegte seinen Wohlstand und die Tradition. Die Jüngeren pilgerten zu den Zentren der musikalischen Avantgarde, und so besuchte auch Maxwell Davies Paris, Donaueschingen und von 1955 bis 1957 regelmäßig die Ferienkurse für Neue Musik in Darmstadt. Er erinnerte sich, daß man »in den Jahren, als in Darmstadt hauptsächlich über Parameter und dynamische Organisation diskutiert wurde, hierzulande eher über Klang und Ausdruck sprach – ein großer Unterschied«.[12] Die jungen Briten aber wollten mehr über die rein technischen Aspekte erfahren. Gerade heute muß ein Komponist seine Identität »vielleicht rein in seiner Technik finden«, glaubt Maxwell Davies. »Tradition ist ein gefährliches Wort. Man hat echte Traditionen, man hat falsche Traditionen. Ich glaube, Tradition bedeutet: etwas Neues aus dem Alten hervorzuziehen und das Neue in einer Art zu gebrauchen, die unserer Zeit, unseren Zuhörern und den Musikern einen Sinn gibt. Die Leute, die sagen, meine Musik habe keine Tradition oder ich kenne die wahre Tradition nicht, weil meine Musik dissonant klingt, haben Unrecht. Das ist reiner Akademismus, und das ist eine falsche Tradition. Tradition heißt für diese Leute eigentlich in diesem Fall Sicherheit. Sie wollen eine Musik haben, die keinen Menschen stört; und das ist nicht möglich. Aber wenn man eine traditionelle Melodie oder eine Melodie aus der Gregorianischen Literatur nimmt oder eine Form oder Formmöglichkeit aus der klassischen Zeit und etwas Neues daraus macht, dann empfinde ich das als echte Tradition.«[13]

Der analytische Zugang zur Musik war in Großbritannien noch in den 50er Jahren kaum verbreitet. Großen Einfluß übte hier Walter Goehr (1903–60) aus, der Vater des 1932 geborenen Alexander Goehr. Walter Goehr hatte in Berlin bei Schönberg studiert und mußte als Jude mit seiner Familie über Österreich nach England emigrieren. Dort komponierte er nicht nur weiterhin, sondern leitete auch zahlreiche Konzerte. Durch ihn lernten die Briten Ende der 40er und Anfang der 50er Jahre schon bald nach den Uraufführungen erstmals Werke von Stockhausen, Boulez und Messiaen kennen. »Ich habe besonders Schenker, Erwin Ratz' Einführung in die musikalische Formenlehre und Bergs kleine Analyse über Schönbergs *Kammersinfonie* begierig gelesen. Gott sei dank, habe ich Deutsch in der Schule gelernt«, erzählt Maxwell Davies. Alexander Goehr, der heute als Professor in Cambridge lehrt, war noch in Berlin zur Welt gekommen und hatte gleichfalls keine Sprachprobleme.

Die ersten musikalischen Früchte von Maxwell Davies' überwiegend autodidaktischen Studien waren die *Trompetensonate* (1955) und *Fünf Stücke für Klavier* (1956), die auch als Opus 1 bzw. 2 veröffentlicht wurden. Hier könne er bereits seine »eigene Stimme« deutlich vernehmen, meinte der Komponist, hinsichtlich »der Gestaltungsweise – bereits in den Klavierstücken gibt es isometrische Anlagen – und der Harmonik. [. . .] Ich glaube, daß dies, unabhängig davon, wie man seine Musik anlegt, letztlich etwas ist, was man nicht kontrollieren kann. Irgendwo im Gedächtnis gibt es Archetypen, die einfach immer wieder von neuem auftreten.«[14] Ungeachtet seiner intensiven Studien der Musik des Mittelalters schrieb Maxwell Davies seine Examensarbeit über indische Musik, die fortan aber keinen unmittelbaren Einfluß auf seine eigenen Kompositionen hatte. Das einzige erhaltene Werk, das bereits 1955 in diesem Zusammenhang entstand, war *Stedman Doubles* für Klarinette und Schlagzeug. Erst nach einer weiteren Überarbeitung wurde es 1968 in Cardiff uraufgeführt.

Ein Stipendium der italienischen Regierung ermöglichte Maxwell Davies 1957 ein achtzehnmonatiges Kompositionsstudium bei Goffredo Petrassi (geb. 1904) in Rom. »Petrassi war ausgesprochen gescheit«, erinnert er sich. »Er gab sich sehr viel Mühe, meine Partituren und Skizzen anzuschauen, und er stellte Fragen. Der Unterricht bestand im Grunde genommen aus Fragen, auf die ich vernünftig und wohlüberlegt antworten mußte. Wenn irgend etwas nicht in Ordnung war, wurde das Ganze zu einem regelrechten Verhör.«[15] Unter der Obhut des Italieners entstand das Sextett für Holzbläser *Alma Redemptoris Mater*, das 1958 beim Festival der Internationalen Gesellschaft für Neue Musik in Straßburg uraufgeführt wurde, ferner das erste Orchesterwerk, *Prolation*, das ihm den Olivetti-Preis einbrachte und 1959 bei einem Festival in Rom erklang. Im gleichen Jahr wurde die Sonate für 17 Blasinstrumente *St. Michael* in Cheltenham erstmals gespielt.

Im Jahre 1959 kehrte Maxwell Davies nach England zurück. Wenn er auch als Komponist durchaus schon Aufmerksamkeit erregt hatte, konnte er mit der Anerkennung und dem Ruf als »Enfant terrible« allein seinen Lebensunterhalt nicht bestreiten. Gezwungenermaßen trat er in Holsts Fußstapfen und wurde von 1959 bis 1962 Musiklehrer an der Cirencester Grammar School in Gloucestershire. Hier komponierte er Werke, die vom eigenen Schulchor und -orchester aufgeführt werden konnten, so etwa *O Magnum Mysterium* (1960), vier Weihnachtslieder für gemischten Chor a cappella nach Texten aus einer mittelalterlichen Sammlung, oder *Five Klee Pictures* (1959, überarbeitet 1976), inspiriert von Paul Klees Bildern *Ein Kreuzfahrer; Garten im Orient; Die Zwitschermaschine; Heilige, aus einem Fenster* und *Ad Parnassum*. Maxwell Davies war sich der Probleme beim Arbeiten mit Kindern und Jugendlichen durchaus bewußt. Beim Komponieren für junge Menschen, muß man »so ziemlich innerhalb des Rahmens ihres Begriffsvermögens und ihrer technischen Fertigkeiten bleiben«, notierte er, »aber man darf keine Kompromisse eingehen oder von einer hohen Warte heraus auf sie ›herunterschreiben‹ – Kinder würden eine solche Herablassung durchschauen.«[16]

Als Verfechter moderner Unterrichtsmethoden ermutigte Maxwell Davies seine Schüler, auch selbst zu komponieren und zu improvisieren. Ein Lehrer aus Berufung war er indes nicht; seine Kinderliebe kennt durchaus Grenzen. »Kinder mag ich sehr gerne, wenn sie arbeiten, beschäftigt sind und etwas Konstruktives machen«, sagt er. »Wenn sie Musik machen,

Maxwell Davies bei der Arbeit mit Kindern

sind sie frisch; sie haben keine Ausbildung in klassischer Musik und sind sehr offen. Auch wenn es nicht perfekt ist, gibt es eine Intensität und Freude, von der wir als professionelle Musiker noch etwas lernen können.« Zunächst war seine Tätigkeit noch durch Benjamin Britten beeinflußt, der Kinder mit Profimusikern zusammenarbeiten ließ und Pionierarbeit darin leistete, junge Menschen mit neuer Musik vertraut zu machen. So wurde denn auch ein Künstler wie beispielsweise Brittens Zögling Oliver Knussen auf dem Kontinent gerade durch seine Kinderopern *Where the Wild Things Are* (1980) und *Higgelti Piggelti Pop!* (1991) bekannt. Maxwell Davies vollzog jedoch noch einen weiteren Schritt, indem er den Kindern die volle Verantwortung für die Darbietung anvertraute. Sie agieren nicht nur auf der Bühne, sondern spielen auch im Orchester, dessen Instrumentarium weit über das Orffsche Schulwerk hinausgeht. Inzwischen gibt es eine Reihe von Kurzopern, die etwa zwischen 20 und 50 Minuten lang sind. Anfangs hatte Maxwell Davies Stücke geschrieben, die den Möglichkeiten einer bestimmten Schule angepaßt waren. So entstand für das St.-Magnus-Festival die Oper *The Two Fiddlers* (1978) für die Schüler der mit etwa 500 Kindern größten Schule in Kirkwall auf den Orkneys. Ebenfalls für das Festival und das gleiche Ensemble verfaßte er mit *Cinderella* (1980) eine moderne Version des alten Aschenputtel-Märchens sowie die Kinderoper *The Rainbow* (1981). Daß die Werke schon kurz nach ihren ersten Aufführungen auch im Ausland mit Erfolg nachgespielt wurden, hatte der Komponist weder beabsichtigt noch geahnt. Zur Zeit schreibt Maxwell Davies für die Longman Group, einen Schulverlag, acht »Miniopern« von jeweils etwa zwanzig Minuten Spielzeit, von denen bislang *The Great Bank Robbery* (1988), *Jupiter Landing* (1989), *Dangerous Errand* (1990), *Dinosaur at Large* (1990), *The Spider's Revenge* (1991) und *A Selkie Tale* (1992) in Orkney, Leeds und London uraufgeführt wurden. Für ein neuartiges Bildungsprojekt im Frühjahr 1993 entstand im Auftrag des Arts Council und in Verbindung mit der Association of British Orchestras das zehnminütige Orchesterstück *The Turn of the Tide*, das aus fünf Teilen besteht, zwischen denen Kinder unter Anleitung ihre eigene Musik über die einzelnen Themen machen sollen. Hierbei musizieren sie gemeinsam mit professionellen Musikern. Die Situation der Musikausbildung schätzt Maxwell Davies in Großbritannien immer noch als gut ein, weil nicht nur Hochbegabte, sondern alle Kinder durch die Schule die Möglichkeit bekommen, mittels staatlicher Förderung ein Orchesterinstrument zu erlernen. Allerdings besteht die Gefahr, daß die dafür zur Verfügung stehenden Geldmittel nun von der Regierung drastisch reduziert werden.

So lehrreich die Jahre an der Schule auch sein mochten, so bedeutete doch ein neues Stipendium einen weiteren erlösenden Schritt in Richtung Unabhängigkeit. Bewährt dafür hatte sich Maxwell Davies mit Kompositionen wie dem Streichquartett (1961), den *Leopardi Fragments* (1962) und der *Sinfonia* (1962). Als der Musikjournalist Murray Schafer im Dezember 1961 seine Arbeit an der 1963 veröffentlichten Sammlung *British Composers in Interview* abschloß, gehörten Alexander Goehr und Peter Maxwell Davies zu den Vertretern der Avantgarde-Generation, deren Ansichten er der Dokumentierung für wert befand. Letzteren charakterisierte er als »den jüngsten und in musikalischen Dingen radikalsten« der sechzehn ausgewählten Komponisten.[17] Mit Hilfe der Harkness Fellowship wurden für Maxwell Davies 1962 weitere Studien an der Princeton University, New Jersey, bei Roger Sessions und Earl Kim realisierbar. »Es war das erste Mal, daß ich die Möglichkeit hatte, mich hinzusetzen und, wenn ich wollte, den ganzen Tag und die ganze Nacht Musik zu komponieren«, sagt er.[18] Schon seit etwa 1956 beschäftigte ihn das Schicksal des Renaissancekomponisten John Taverner, das ihm als Grundlage zu einer Oper dienen sollte. Diese Auseinandersetzung hatte bereits musikalisch Früchte getragen: 1962 war bei den Promenade Concerts die *First Fantasia on In Nomine of John Taverner* uraufgeführt worden, eine zweite Fantasie folgte in den USA. Hier bot sich Maxwell Davies endlich die Gelegenheit, konzentriert das Projekt einer abendfüllenden Oper anzugehen. Das Ziel, die Oper *Taverner*, war ein gutes Stück näher gerückt.

Dogma und Gewissen

Über der englischen Komponisten John Taverner (ca. 1490–1545) haben Geschichtsforscher nicht allzuviel herausfinden können. Der in Lincolnshire geborene Tonsetzer wirkte in einer Blütezeit der englischen Kirchenmusik am Cardinal's College (der heutigen Christ Church) in Oxford, das 1526 von Kardinal Wolsey gegründet worden war. Nachdem es diesem als Leiter der englischen Politik unter Heinrich VIII. im Oktober 1529 nicht gelungen war, vom Papst eine Nichtigkeitserklärung der Ehe des Königs zu erwirken, wurde der Kirchenmann seiner Ämter und Würden enthoben. Damit war auch Taverners Glanzzeit vorüber, und er sah sich gezwungen, sich bis zu seinem Lebensende in Boston in der heimatlichen Grafschaft Lincolnshire niederzulassen. Inwiefern er sich in die Machenschaften der radikalen protestantischen Reformbewegung verstrickte, ist historisch umstritten. Bekannt ist, daß er in Oxford zeitweilig einer lutherischen Sekte nahestand; in seinem Engagement hielt er sich jedoch zurück, was man ihm als »ungebildeten« Musikanten durchgehen ließ. Zweifel bestehen nach wie vor an einem Hinweis, den man in der 1583er-Ausgabe der Kirchengeschichte *Actes and Monuments* des überzeugten Protestanten John Foxe findet, die erstmals 1559 auf lateinisch und 1563 auf englisch erschienen war. In diesem gemeinhin als *Book of Martyrs* bekannten Werk hieß es knapp 40 Jahre nach Taverners Tod, daß es der Kirchenmusikmeister sehr bedauere, »Lieder zu papistischen Versen in den Zeiten der Verblendung« verfaßt zu haben.

Maxwell Davies abstrahierte in seiner Oper Wahrheit und Legende, nannte nur Taverner mit Namen und verdichtete historische Persönlichkeiten zu Figuren, die bestimmte Haltungen und Prinzipien vertreten. So wurde Wolsey einfach zum »Kardinal«; Thomas Cranmer, als Erzbischof von Canterbury das erste Haupt der neuen anglikanischen Kirche, zum »Erzbischof«, auch Heinrich VIII. fungierte schlicht als »König«. Hinzu kamen Nebencharaktere: ein Narr – laut Maxwell Davies ein Doppelgänger Taverners im Dostojewskischen Sinne – und weitere allegorische Figuren, allesamt Inkarnationen der verschiedenen Facetten von Taverners zerrissener Seele. Die Oper gliedert sich in zwei Akte mit je vier Bildern, in denen erzählt wird, wie Taverner wegen Ketzerei angeklagt ist, aber mit der Unterzeichnung eines Reuebekenntnisses seinen Kopf rettet. Fortan obliegt ihm selbst die Aufgabe, Abweichler dem Scheiterhaufen zu überantworten. In der symbolischen, rituellen Hinrichtung des Weißen Abts am Schluß sieht Maxwell Davies »Taverners letzte, in seiner Psyche sich vollziehende Tat der Vernichtung, der Zerstörung sozusagen seiner eigenen geistigen Existenz«.[19]

Der Zusammenhänge mit seinem eigenen Erleben und der vielfältigen Verflechtungen war sich der junge Opernkomponist durchaus bewußt. »Meine Oper *Taverner* projiziert meine eigenen stets gegenwärtigen Auseinandersetzungen, besonders mit dem Phänomen des Verrats auf seinen niedrigsten Ebenen, auf das Leben und die Geisteshaltung des englischen Komponisten John Taverner aus dem 16. Jahrhundert«, äußerte er sich zu seinem Werk. »Die ›Handlung‹ spielt sich in Taverners Geist ab, so werden trotz ständiger Bezugnahme auf (zumeist englische) Quellen des 16. Jahrhunderts weder Zeit noch Ort realistisch erfaßt. Während die Zeit in ihrem Ablauf aufgehoben wird und in einem formalen und quasi-musikalischen Sinn als Mittel der Darstellung von Geschehnis und Gegen- oder Schattengeschehnis dient, ist der Ort so determiniert oder undeterminiert, wie es der Text gerade erfordert und bedarf keiner Definition durch ›konventionelle‹ Szenerie.«[20] Die Probleme des Taverner in der Oper sind nach Maxwell Davies' Auffassung jene Konflikte, mit denen sich Menschen zu allen Zeiten auseinanderzusetzen hatten: Soll man die eigene Integrität zugunsten einer bequemen, unauffälligen Linientreue aufgeben? Soll man riskieren, die Humanität einem radikalen Fanatismus zu opfern? »Zu der Zeit, als ich *Taverner* schrieb, beschäftigte ich mich sehr mit der Person Schostakowitschs, dessen Musik nicht wirklich das meint, was sie an der Oberfläche scheinbar zum Ausdruck bringt. Diese triumphalen Finali wie etwa in der 5. Sinfonie – sie klingen so nichtssagend, und doch sind sie als Umkehrung eine politische Äußerung, wenn man so will. Bei Schostakowitsch gibt es insofern viele Parallelen zu Taverner, als er politische Aussagen machte, denen zufolge er seit 1917 anscheinend völlig in Einklang war mit dem Regime, das Rußland beherrschte, aber seine Musik selbst läßt Zweifel daran aufkommen. Die Parallele zu Taverner besteht natürlich darin, daß hier zwei Komponisten unter Druck standen: Ihre Reaktionen waren völlig unterschiedlich. Taverner hat sich, soweit ich zu dem Zeitpunkt, als ich an der Oper schrieb, wußte, völlig auf das neue Regime eingelassen und daran geglaubt; er hat seine Humanität aufgegeben, um ein Inquisitor zu werden.«[21]

In der Musik zu dem Bühnenwerk spiegelt sich die lange Entstehungsphase. »In der Oper durchläuft Taverners Musik Verwandlungsprozesse in der Art, wie auch ich sie über die Jahre in meinen Experimenten durchmachte«, erläutert Maxwell Davies. »Da gibt es Entwicklungen wie etwa in der großen *Second Fantasia*. Da sind aber auch schon einige Techniken, die ich später in *Revelation and Fall* oder *L'Homme Armé* anwandte. Ich denke dabei an die erste Szene des 2. Aktes, die ich 1965 oder Anfang 1966 schrieb. Diese sind viel extrovertierter als alles, was ich zuvor gemacht hatte. Die Oper enthält in der Tat eine Vielzahl von Techniken, von denen ich hier erstmals Gebrauch machte, bevor ich sie später bei anderen Sachen verwendete. [...] Dies ist nicht so sehr ein Zusammenfügen, denn die Oper *ist* eigentlich diese Verschiedenartigkeit der Entwicklungen, weil sie während eines langen Zeitraums geschrieben wurde.«[22]

Die Uraufführung am 12. Juli 1972 im Opernhaus Covent Garden wurde zwiespältig aufgenommen. »Es ist kein ›Erfolgs‹-Stück geworden, keines für die Bühne, eher eines für das Konzertpodium«, meinte der Rezensent des deutschen Magazins »Opernwelt«.[23] Bedenken wurden laut, daß *Taverner* wie auch Maxwell Davies' zweite Oper für großes Ensemble, *Resurrection* (1988), eher ein szenisches Oratorium, denn ein Theaterstück mit nach den üblichen dramaturgischen Gesetzen gebauter Handlung sei. Die Wurzeln dieser Bühnenwerke liegen indes nicht in dem linearen Verständnis des Dramatischen, wie es vor allem die italienische Oper im 19. Jahrhundert herausbildete. »Es bezieht sich auf die alte englische ›pantomime‹«, sagt Maxwell Davies, »jeder kennt die Geschichte, nur darum herum bildet sich eine sehr ungewöhnliche Struktur, die Beziehungen zum täglichen Leben ebenso knüpft wie zu Religion und Politik. Und die hinsichtlich der Zeit flexibel ist, mal hundert Jahre zurückspringt, dann in die Gegenwart oder in die überzeitliche Ebene des Märchens. Zeit ist kein Kontinuum, sondern blitzlichthaft und ›fermentiert‹ eingesetzt. Großen Einfluß hatte dabei auf mich James Joyces *Ulysses* in seiner Methode des Zeitensprungs.«[24]

Beide Opern stehen für den Komponisten vom Konzept her in enger Beziehung. Für ihn stellt *Resurrection* eine Art Ausweitung der 4. Szene des 1. Akts von *Taverner* dar, »in welcher der Titelheld mit dem Narren konfrontiert wird, der eigentlich der Tod ist und Taverner zu einem ›neuen Glauben‹ bekehrt. Am Schluß dieser Szene gibt es eine ›falsche Auferstehung‹. Taverner nimmt das Schwert, um für die militante Kirche, für das Dogma, zu kämpfen. Bevor ich diese Perspektive theatralisch weiter verfolgen und *Resurrection* fertigstellen konnte, mußte ich erst durch all die anderen Stücke hindurch, besonders durch die *Eight Songs for a Mad King* und *The Martyrdom of St. Magnus*.«[25] In diesem Zusammenhang erscheint es angebracht, bereits auf Peter Maxwell Davies' zweite große Oper einzugehen, *Resurrection* (*Auferstehung*), die als Auftragswerk des Staatstheaters Darmstadt am 18. September 1988 an diesem Haus uraufgeführt wurde, obwohl die Idee zu diesem Werk bereits lange vor der Fertigstellung von *Taverner* entstanden war. »Sie kam mir im Jahre 1963, als ich Student an der Princeton University in den USA war«, erinnert sich Maxwell Davies. »Ich erlebte die ungeheuere Manipulation der Menschen in diesem Lande durch die sogenannte ›populäre Kultur‹ der Medien, die ja in erster Linie eine kommerzielle ist; erlebte die Gehirnwäsche, der die Medienkonsumenten dort tagtäglich unterzogen werden. Ich sah auch die Kehrseite der Medaille, die Armut, die Gewalt, die in dieser Gesellschaft herrschte. Darüber wollte ich etwas schreiben, hatte damals nur noch nicht die Erfahrung und die Kraft, ein solches Thema zu bewältigen.«[26] Schließlich ging der Komponist noch einen Schritt weiter als mit *Taverner*. »Jede Art von Fanatismus und Dogmatismus wird gebrandmarkt; eingeschlagen wird auf Engstirnen, die im Bestreben, ihre sogenannte Integrität zu wahren, nur noch engstirniger werden und dabei versuchen, andere Menschen gewaltsam mitzunehmen. Wo auch immer – in Religion oder Politik: Solche Haltungen sind äußerst gefährlich. Fanatiker glauben an Irreales – nichts ist perfekt auf dieser Welt, Perfektion also

Utopie –, es nimmt alle ihre Gedanken gefangen, vergiftet menschliche Beziehungen, führt zu Gewalt und Verfolgung. Das Thema von *Resurrection* sind Beobachtungen darüber, wie Menschen durch Fanatismus zu Unmenschen werden.«[27]

Wie kaum ein anderer Komponist der »klassischen Moderne« erteilte Maxwell Davies mit diesem Werk auch jeglichem Dogmatismus in der Musik eine Absage. Den Grund dafür sah er in dem »so makaberen Phänomen der Musik im Dritten Reich, von dem heute niemand etwas wissen will. Nachdem der Spuk vorbei war, versuchte man mit Vehemenz, etwas Neues zu finden und warf alles, was mit dem Dritten Reich verbunden gewesen sein mochte, über Bord. Das führte notwendigerweise zu einem Bruch, zu ›weißen Stellen‹ in der historischen Entwicklung. In den Fünfzigern, als ich zum ersten Male nach Deutschland kam, war dieses Phänomen noch äußerst virulent – die psychologische Situation nach dem Trauma des Dritten Reichs und darüber hinaus die Bewältigung dieser ungeheueren Last der deutsch-österreichischen Tradition, deren letzte Auswirkungen in der Nazizeit ziemlich unterdrückt worden waren. Daß sich dabei manch neuer ›Dogmatismus‹ ergab, war eine vielleicht nicht zu vermeidende Begleiterscheinung.«[28]

Die Uraufführung von *Resurrection* wurde in Darmstadt reserviert aufgenommen. Die Hauptperson der Handlung, die ständig von kommentierenden »Werbespots« unterbrochen wird, ist eine stumme Puppe – Sohn einer Spießerfamilie, den nahe Verwandte und die sogenannten Stützen der Gesellschaft derart bedrängen, daß ihm schließlich buchstäblich der Schädel platzt. Die Manipulation wird in einem Operationssaal fortgesetzt, wo sich ein Spezialistenteam mit dem Gehirn (die intellektuelle Seite bzw. politische Vergangenheit), dem Herz (die emotionale/religiöse Vergangenheit) und den Genitalien des jungen Mannes (sein Sexualleben) befaßt. Drahtzieher der Aktionen ist eine Katze, die vom normalen Haustier zu Beginn zu einem Drachen mutiert, der die Ereignisse kontrolliert. Der Sänger einer Rockband leiht dem Tier seine Stimme. Maxwell Davies hatte die Oper auf einen eigenen Text komponiert, der Dirigent Günther Bauer-Schenck fertigte eine Übersetzung an. Daß dieser Text »melodienarm sprechgesungen« wurde, blieb nur ein Kritikpunkt der Presse. »Auf der rechten Seite hören wir ein ›klassisches‹ Vokalquartett, das seine Kommentar-Sentenzen melodisch ansprechend zelebriert. Da mengt sich Streicher-Expressivität mit neumodischer Schlagzeug-Farbe und normalem Blechbläser-Sound«, hieß es in der »Süddeutschen Zeitung«. »Auf der linken Seite aber ist eine veritable Rock-Band aufgebaut, die mit der übel-üblichen Lautstärke den Opernbesuchern an Gedärm und Nieren geht, dröhnend wummert, so daß dem alten Opernfreund die Ohren abfliegen. Sollen sie doch, denn nun haben wir endlich die Verbrüderung von Pop und Klassik erfahren. Und musikalisch funktioniert das erstaunlich gut, obwohl – oder weil – der Generalmusikdirektor des Darmstädter Staatstheaters, Hans Drewanz, beide Seiten dirigiert, erstmals in seinem Leben wohl eine Band.«

Bedenken wurden laut an der »riesigen Revue« und dem »Mißverhältnis zwischen dem extremen Aufwand an Technik und Bühnenbild und den Absichten des Autors«. Der Komponist selbst charakterisierte das etwa 90minütige Stück als »vor allem eine komische Oper, und selbst dann, wenn der Humor schwarz ist, sollte er leicht serviert werden«.[29] Dieser Anspruch wurde vielleicht nicht immer eingelöst. »Ein ehrenwerter, aber insgesamt verunglückter Versuch, der überraschend wenig Buhrufe und recht viel Beifall fand«, richtete der Rezensent.[30]

Folgeaufführungen von *Resurrection* gab es bislang nicht. Auch die Rezeptionsgeschichte von *Taverner* ist kurz. Elf Jahre nach der Uraufführung kam es 1983 zu einer Wiederaufnahme am Covent Garden mit fast gleicher Besetzung, 1984 wurde das Stück in schwedischer Übertragung in Stockholm inszeniert, eine deutsche Übersetzung blieb bislang ungenutzt. Die gelungene und enthusiastisch gefeierte Wiederaufnahme in London revidierte den ersten Eindruck von *Taverner*. Nun fand das Werk als »durchaus eine Oper von zeitlicher Relevanz« (»Opernwelt«) Anerkennung.

Die Zurückhaltung gegenüber weiteren Produktionen lag nicht zuletzt an dem Aufwand, mit dem hier zumal moderne Opern auf die Bühne gebracht wurden. Peter Maxwell Davies ist es allerdings lieber, wenn Werke mit bescheideneren Proportionen gespielt werden, als daß brillante Monumentalkompositionen in der Schublade der Bewunderung zukünftiger Generationen harren. Als er 1967 von einem einjährigen Aufenthalt als »Composer-in-residence« von der Universität Adelaide in Australien zurückkehrte, schloß er sich dem von Harrison Birtwistle und dem Pianisten Stephen Pruslin gegründeten Ensemble der »Pierrot Players« an. Die Zusammensetzung wie auch der Name orientierten sich an Schönbergs *Pierrot Lunaire* (1912), einem kammermusikalischen Werk auf Gedichte von A. Giraud, die nach rhythmisch festgelegten Tonhöhen vorgetragen werden. Die Mezzosopranistin Mary Thomas und ein Ensemble aus Flöte, Klarinette, Geige, Bratsche, Cello, Klavier und Schlagzeug steckten den Rahmen für die Kompositionen ab. Birtwistle fühlte sich durch dieses Miniaturorchester in seiner Kompositionsfreiheit auf Dauer zu sehr eingeschränkt und trennte sich 1970 von der Gruppe, die in »The Fires of London« umbenannt wurde nach dem bunten »Feuerkraut«, das im September 1666 nach der verheerenden Londoner Brandkatastrophe aus dem Erdreich gesprossen sein soll. Peter Maxwell Davies war fortan Hauskomponist und Ensembleleiter in Personalunion. Es gab verschiedene weitere Ensemblegründungen zu dieser Zeit, aber die »Fires of London« waren die mit Abstand erfolgreichste. Zum Kern der Gruppe gehörten die Sängerin Mary Thomas, Philippa Davies (Flöte), David Campbell (Klarinette), Rosemary Furniss (Geige), Beverley Davison (Bratsche), Alexander Baillie (Cello), Stephen Pruslin (Klavier) und Gregory Knowles (Schlagzeug). Mit zahlreichen Gastspielreisen und Plattenaufnahmen wurde das Ensemble weit über die Landesgrenzen hinaus bekannt. Auf Tourneen kam es oft zu kuriosen Erlebnissen mit der Flötistin Philippa Davies, wie sich Maxwell Davies erinnert, als sich Dirigent und Instrumentalistin wiederholt im selben Hotelzimmer wiederfanden, das ihnen gemeinsam zugeteilt worden war, in der Annahme, es handele sich um ein Ehepaar.

Durch die technische Weiterentwicklung der Tonaufzeichnung in den 70er und 80er Jahren konnten wichtige Stücke von Maxwell Davies in nahezu perfekter Qualität digital auf CD eingespielt werden. Zur Aufführung kamen nicht nur Werke aus der ersten Hälfte des 20. Jahrhunderts, sondern auch Zeitgenössisches und vom Leiter eigens Verfaßtes. Überdies ergingen Aufträge an über dreißig Komponisten. Nach zwanzig Jahren erfolgreicher Zusammenarbeit, als Maxwell Davies bereits mehr als 50 Werke für das Ensemble geschrieben hatte, hielt er jedoch den rechten Zeitpunkt für gekommen, um aufzuhören.

Wichtige Werke, die von den »Pierrot Players« bzw. den späteren »Fires of London« uraufgeführt wurden, waren das Gesangsstück *Missa Super l'Homme Armé* (1968, revidiert 1971), der Trakl-Zyklus *Revelation and Fall* (1968), die Tanz-Pantomime *Versalii Icones* (1969) sowie für kleines Ensemble *Antechrist* (1967), *Hymn to St. Magnus* (1972), *Ave Maris Stella* (1975) und *Runes from a Holy Island* (1977). Zu dieser Vielfalt der Genres kam auch noch das Musiktheater hinzu. Nicht jedoch Opern großen Formats, sondern Kammeropern für ein reduziertes Ensemble, ideal geeignet für Aufführungen mit bescheidenen Mitteln und beschränkten räumlichen Möglichkeiten. Durch diese Praxisorientiertheit können Maxwell Davies' Kinder- und Kammeropern nicht nur in Opernhäusern gespielt werden, sondern auch in Ausweichspielstätten (einer Probebühne wie in Hannover) oder von Pfarrgemeinden (wie in Bremen). Uraufgeführt wurde vieles davon in Schulen, Kirchen oder kleinen Sälen. Ein Vorbild war ihm Strawinsky mit *L'Histoire du Soldat* (1918) und natürlich Benjamin Britten, den er in den frühen 60er Jahren auch persönlich kennenlernte. Obwohl Maxwell Davies manche Werke Brittens noch immer als »zu niedlich, zu bürgerlich« empfindet, ist er überzeugt: »Ich glaube, *Curlew River* war ein guter Einfluß . . .«

Mit der Uraufführung von *Eight Songs for a Mad King* am 22. April 1969 in der Londoner Queen Elizabeth Hall war der Grundstein gelegt für eine Reihe von Kammeropern wie *Miss Donnithorne's Maggot* (1974), *The Martyrdom of St. Magnus* (1977), *Le Jongleur de Notre-Dame* (1978), *The Lighthouse* (1980), *The Medium* (1981) und *The No. 11 Bus* (1984). Die Texte zu den *Acht Gesängen für einen verrückten König* wurden durch eine acht Melodien spielende Miniaturorgel aus dem Besitz von George III. (1738–1820) angeregt, der die letzten acht Jahre seines Lebens in geistiger Umnachtung verbrachte. Blas- und Streichinstrumenten kommt eine Art Begleitfunktion zu, indem sie ausgedehnte Dialoge mit dem verwirrten Monarchen führen. Der Schlagzeuger stellt eine Art »Aufseher« des Königs dar. »Was Menschen unter äußerster körperlicher und geistiger Anspannung in

Klängen auszudrücken vermögen, ist uns zumindest teilweise vertraut«, schrieb Maxwell Davies. »Durch einen Solisten mit weitem Stimmumfang und der Fähigkeit, Akkorde zu produzieren (wie auf der Flöte und der Klarinette in diesem Werk), bieten diese Gedichte eine einzigartige Gelegenheit, diese Techniken nutzbar zu machen, um in gewisse extreme Erfahrungsbereiche vorzudringen, wie sie schon in meinem Werk *Revelation and Fall*, der Vertonung eines expressionistischen Gedichts von Georg Trakl, eröffnet wurden.« Den Höhepunkt des Werkes bildet nach Auffassung des Komponisten der Schluß des siebten Gesangs, bei dem der König durch die Gitterstäbe des auf der Bühne abgegrenzten Orchesters hindurchgreift, die Geige packt und sie zerbricht. Dies bedeutet nicht nur den Tod des symbolisierten Dompfaffs, sondern auch »ein Sich-Ergeben in den Irrsinn, einen rituellen Mord, den der König an einem Teil seiner selbst begeht, wonach er zu Beginn des achten Gesangs nur noch seinen eigenen Tod ankündigen kann«.[31]

In vielen seiner folgenden Bühnenwerke setzte sich Maxwell Davies in zuweilen kafkaesker Manier mit den Abgründen der Psyche und dem Labyrinth der menschlichen Seele auseinander. »Ich glaube, daß diese ziemlich exzentrischen Typen, die man auf der Bühne sieht, wirklich Archetypen von heute sind. Wir alle haben ein bißchen von dieser Verrücktheit in uns verborgen, und wenn wir das sehen und erleben, miterleben in diesen Stücken, versteht man sich selbst, versteht man seinen Nachbarn vielleicht auch ein bißchen besser«, meint Maxwell Davies und fügt hinzu: »Man hat sehr oft gesagt, ich habe ein ziemlich ungesundes Interesse an abnormalen Psychologien. Zuerst hat man auch geschrieben, ich verspotte König George III. Aber das tue ich nicht. Hoffentlich hat man etwas Rücksicht und Sympathie mit ihm, wenn man dieses Stück miterlebt hat.«[32]

So wie die Trakl-Vertonung mit den Gesängen des verrückten Königs in Verbindung steht oder die Bearbeitung des cis-Moll-Präludiums von Bach eine Klangskizze für *Ave Maris Stella* darstellt, findet man vielfach eine konzeptionelle Verflechtung im Schaffen von Maxwell Davies, wenn sich auch diese Verzahnung von Werken nicht immer bewußt vollzog. So wurde dem Komponisten bei dem Orchesterwerk *Worldes Blis*, an dem er drei Jahre arbeitete, erst nachher die thematische Verbindung zu *St. Thomas Wake* klar. Beide Stücke wurden 1969 vom BBC Symphony Orchestra bzw. dem Orchester der Stadt Dortmund uraufgeführt. Sehr bewußt verlief die Interaktion zwischen den Orchesterwerken, die um die Oper *Taverner* kreisen, auch war Maxwell Davies klar, daß sein Trompetenkonzert etwas mit einer Oper über den Heiligen Franziskus zu tun haben wird. Auch im Falle des Trompetenkonzerts – einem aufwühlenden, dreisätzigen Werk, das auf einem Gregorianischen Choral aufbaut – reiften die Pläne lange; ein gutes Jahr dauerte der Gärungsprozeß, bis sie dann innerhalb einer Woche vollständig ausgearbeitet und in einer weiteren Woche sorgfältig zu Papier gebracht wurden. Statt bei der geplanten Uraufführung in London erklang das

Werk erstmals am 21. September 1988 in Hiroshima, interpretiert vom Auftraggeber, dem Philharmonia Orchestra, unter der Leitung von Giuseppe Sinopoli mit John Wallace als Solist.

Die als Anschlußwerk geplante Franziskus-Oper ereilte indes ein trauriges Schicksal. Zu dieser hatte einst die Kent Opera den Auftrag erteilt. Der Komponist verfaßte das Libretto wieder selbst und skizzierte auch bereits Teile der Musik. Doch die für 1990 geplante Uraufführung in Brighton platzte: Der Arts Council entzog dem Tournee-Ensemble der Kent Opera die finanzielle Grundlage, so daß sich der Komponist gezwungen sah, die Arbeit an diesem Stück erst einmal ruhen zu lassen. Konzipiert ist das Werk wiederum im Kammeropernformat. Maxwell Davies kann sich seine Oper »nicht so unfranziskanisch vorstellen« wie die 1983 in Paris uraufgeführte aufwendige Riesenoper Messiaens über den bescheidenen Heiligen. »Da möchte ich nur untersuchen, was für ein Mensch Franziskus war«, sagt er. »Wenn ich endlich dazu komme, wird es um den Menschen gehen und keine Hagiographie sein wie bei Messiaen. Das Thema ist viel weiter und interessanter, wenn man darunter wirklich etwas zu finden sucht. Ich bin sicher, wenn Franziskus fünfzig Jahre später geboren worden wäre, hätte man ihn gewiß als Häretiker verbrannt.«

Zu Beginn der 70er Jahre wandelte sich Maxwell Davies' musikalische Sprache. Die grellen Töne traten zugunsten einer subtileren Ausdruckspalette zurück. Entscheidenden Einfluß übte hier der Wechsel des Lebensbereichs aus. Nachdem der Komponist 1970 erstmals nach Hoy gekommen war, wuchsen sich seine Besuche zu immer längeren Aufenthalten aus, bis er sich 1973 dort ein Haus einrichten konnte, in das er 1974 endgültig umzog.

Runen von einer heiligen Insel

Das etwa 40minütige Stück für Tänzer und kleines Orchester, *Versalii Icones*, nach Bildern des Anatomen Andreas Versalius aus dem 16. Jahrhundert, in dem noch einmal geistige Fragen sehr direkt an der Oberfläche der Musik zum Ausdruck kommen, bildete in gewisser Weise den Endpunkt einer Entwicklungsphase. »Ja, danach wandte es sich mehr nach innen«, meint Maxwell Davies. »1969 war ein kritisches Jahr, und was dabei herauskam, war die Musik, die ich in Orkney zu schreiben begann. Ich entschied mich dafür, daß ich diese Dinge nicht mehr weiter erörtern und diese überzogenen musikalischen Gesten vermeiden wollte. Ich wollte es viel mehr in das Innere der Musik verlagern.«[33]

In seinem Haus auf einem Kliff, zu dessen Füßen sich der Atlantik mit der Nordsee verbindet, fand Maxwell Davies die Abgeschiedenheit, Konzentration und Muße, um sich neue Ausdrucksbereiche zu erschließen. »Ich glaube, die Architektonik meiner Musik strahlt sehr viel davon aus, daß ich die Möglichkeit habe, so in Ruhe schreiben zu können«, sagt er. »Ich selbst kann sehr lange atmen sozusagen, und die Architektur der Musik hat sehr viel damit zu tun, daß ich diese ganz langen Strukturen jetzt empfinde und damit bauen kann. Dazu muß man eine Harmonie und einen psychologischen Rhythmus finden, die diese Fähigkeit hervorbringen, sonst hat es keinen Sinn. Ich mußte jahrelang darauf hinarbeiten, um diese Qualität zu verbessern, nämlich die Vorstellung, daß die Zeit psychologisch ist und nichts mit Sekunden zu tun hat. Sie kann sehr still, aber auch sehr schnell sein, aber das ist eine psychologische Sache. Es dauerte, glaube ich, Jahre, bevor ich mich tätig fühlte, dies wirklich auszudrücken.«[34] Zwar entstand mit *Miss Donnithorne's Maggot* (*Miss Donnithornes Grille*) noch 1974 eine Kammeroper im Stile der *Eight Songs*, mit denen sie zumeist kombiniert aufgeführt wird, vieles in der Musik von Maxwell Davies wurde jedoch inniger, kontemplativer, gelassener. »Wenn man sich so zurückzieht und Musik schreibt, muß man sich selbst kennenlernen. Das ist sehr schwer«, meint er dazu. »Wenn man in der Stadt lebt mit Gesellschaft und Konzerten und Fernsehen und all den Dingen, die heute so häufig sind und die den Menschen zerstreuen, ist es möglich, daß man die Probleme gar nicht zu fassen bekommt. Man verliert das ganze Leben. [. . .] Und es ist wirklich ein Problem von heute, daß die Menschen nichts mit sich anzufangen wissen.«[35] Hier möchte er, nach Möglichkeit, mit seiner Musik dazu beitragen, Abhilfe von dieser Entfremdung und Außenlenkung zu schaffen. Kammermusikalische Werke wie *Ave Maris Stella* (1975), *Image, Reflection, Shadow* (1982) und *Runes from a Holy Island* (1977 für die BBC-Funkreihe »Not now, I'm listening«) zielen in diese Richtung. Die »Runen« markieren Zwischenräume des Schweigens, Einschnitte der Stille: Nicht jetzt, ich lausche . . . »*Eight Songs for a Mad King* z. B. ist ganz anders«, sagt der Komponist, »aber dieses *Image, Reflection, Shadow* – ich glaube, wenn das zu Ende ist, sollte man ein bißchen Ruhe gefunden haben.«[36]

Zwar schrieb Maxwell Davies die Musik zu Ken Russells Filmen *The Devils* (1970) und *The Boy Friend* (1971), zeigt aber kein weiteres Interesse an kurzfristigen, hektischen Terminarbeiten. »Ich habe ohne das genug zu tun«, meint er. Vaughan Williams' Idealvorstellungen einer Kooperation von Filmemachern und Musikern sind von der heutigen Realität scheinbar weit entfernt: »Wenn jemand das ernst nimmt und machen will – fein. Aber um einen solchen Film zu produzieren, wo vorher die Künstler zusammenkommen und alles diskutieren, dazu braucht man Geld.«

Die 70er und 80er Jahre standen noch im Zeichen wichtiger Opernprojekte. Zu den herausragenden Arbeiten zählen die Kammeropern *The Martyrdom of St. Magnus* (1977) und *The Lighthouse* (1980), zu denen Maxwell Davies selbst die Textbücher schrieb. Das erste dieser beiden Werke, uraufgeführt am 18. Juni 1977 im Dom zu Kirkwall, ist ein gut 80minütiges Stück nach Motiven des Romans *Magnus* von George Mackay Brown (geb. 1921). »Im Buch wird Magnus in einem (Nazi-) Konzentrationslager gefoltert; ich beschloß sowohl, das Martyrium näher in die Gegenwart zu rücken, als auch in das Land, wo die Oper spielt – ein Versuch, dem Publikum die Möglichkeiten bewußt zu machen, die wir für solch einen Mord an einer politischen und religiösen Figur haben, ganz gleich, wie ihre Überzeugungen sind. Wir können uns einfach nicht mehr länger einreden, daß ›so etwas hier nie passieren kann‹«, notierte Maxwell Davies.[37] »St. Magnus ist eine historische Figur. In der in isländischer Sprache aufgezeichneten Orkney Saga erscheint er als eine imposante Persönlichkeit. Er war, wie mir scheint, der erste Pazifist – sicherlich der erste unter den Wikingern. Der Überlieferung nach verweigerte er in der Schlacht zwischen dem Earl of Shrewsbury und dem König von Norwegen in der Meerenge von Menai den Kampf. Er saß im Bug des Langschiffes, sang Psalmen und betete zu Gott. Durch eine glückliche Fügung – oder wie man es sonst nennen möchte – traf ihn keiner der Pfeile. Am Ende teilten er und sein Vetter die Orkney-Inseln untereinander auf. Es kam jedoch bald zu Streitigkeiten zwischen den beiden, in deren Verlauf Magnus als frommer Christ den Märtyrertod fand. Zu seinem Gedenken, und um das Verbrechen des Vaters zu sühnen, erbaute der neue Earl Rognvald in Kirkwall diese einzigartige Kirche. Bei ihrer Fertigstellung war Magnus bereits vom Vatikan heiliggesprochen worden.«[38] Parallelen zur Oper *Taverner* liegen nahe, jedoch ist der Blickwinkel in der Magnus-Vertonung distanzierter und die Ausgestaltung schlichter. Um eine angemessene musikalische Umsetzung zu finden, kreierte Maxwell Davies eine Klangwelt aus Gregorianischen Gesängen, die dem historischen Magnus vertraut gewesen sein müssen, und einem expressiven modernen Stil mit Bläsern, Schlagzeug und Keyboards. Nach der Premiere auf den Orkneys ging das Ensemble der »Fires of London« mit dieser Oper auf eine erfolgreiche Tournee durch Norwegen, Deutschland, Belgien, Holland und Polen.

Am 2. September 1980 fand im Moray House Gymnasium beim Edinburgh Festival die sensationelle Uraufführung von Maxwell Davies' bekanntestem Bühnenwerk statt: *The Lighthouse* (*Der Leuchtturm*). Mit zahllosen Folgeaufführungen ist dieses knapp 80minütige Stück nicht nur seine erfolgreichste Kammeroper, sondern auch eines der fesselndsten Werke des modernen Musiktheaters. »Der ursprüngliche Einfall, diese Oper zu schreiben, kam mir beim Lesen von Craig Mairs Buch über die Familie Stevenson aus Edinburgh«, berichtete Maxwell Davies. »Diese Familie, aus deren Reihen der berühmte Robert Louis stammte, brachte mehrere Generationen von Leuchtturm- und Hafeningenieuren hervor. Im Dezember 1900 fuhr das Leuchtturm- und Hafenversorgungsschiff »Hesperus«, das in Stromness auf den Orkney-Inseln stationiert war, auf gewohntem Kurs zum Leuchtturm der Flannan Inseln auf den Äußeren Hebriden. Bei der Ankunft war der Leuchtturm leer – die drei Betten und der Tisch sahen aus, als wären sie in Eile verlassen worden; das Licht, wenngleich gelöscht, funktionierte tadellos; die drei Männer jedoch hatten sich in Luft aufgelöst. Es gab viele Mutmaßungen über die Art und den Grund des Verschwindens der drei Männer. Diese

Oper bietet keine Lösung des Rätsels an, sondern versucht anzudeuten, was durch das gespannte Verhältnis zwischen den drei Männern, die viel zu lange schon auf Ablösung harrten und durch den Sturm im Leuchtturm festgehalten wurden, möglicherweise passiert ist.«[39]

Durch die drei Akteure gelang Maxwell Davies, der selbst wieder den Text schrieb, mit dieser Oper eine noch facettenreichere, vielschichtigere Auseinandersetzung mit den Themenkomplexen Schuld, Angst und Repression. Die verschobenen, neurotisch verzerrten Wahrnehmungsebenen treiben die Leuchtturmwärter bis an die Grenze des Wahnsinns; nicht zuletzt fordert diese Oper, analog zu Akira Kurosawas Filmklassiker *Rashomon* (1950), auch eine Auseinandersetzung mit der Wahrheit und ihrer Relativität. Obwohl Maxwell Davies Kurosawas Film kennt, meint er, daß die Literatur von James Joyce für ihn eine größere Inspirationsquelle war: »In *Ulysses* gibt es verschiedene Schichten von Realität, und noch mehr in *Finnegan's Wake*. Es ist zwar ein sehr abstraktes Werk, aber es gibt auch sehr konkrete Elemente wie den Fluß oder Phoenix Park in Dublin. In *Lighthouse* gibt es zwar auch Realität, aber gebrochen.« Die Partitur, so der Rezensent von »Opera« in der Besprechung der Uraufführung, besticht in jeder Hinsicht »durch eine unwiderstehliche Virtuosität: In der brütenden Bedrohlichkeit ihres ›brutal veranschaulichenden‹ Instrumentalsatzes für die sieben Instrumente, die den Kern der ›Fires of London‹ bilden, aufgestockt durch Horn, Trompete, Posaune und Kontrabaß; in ihrer vielschichtigen Dramatik und psychologischen Struktur, und in den kompromißlosen Anforderungen an die vokalen und darstellerischen Fähigkeiten der drei männlichen Sänger, die sowohl die Rollen der Leuchtturmwärter als auch die der Offiziere des Versorgungsschiffes übernehmen.«[40]

Die Auseinandersetzung mit den Abgründen der menschlichen Psyche ist nur eine Seite von Maxwell Davies' Schaffen – »›Humanity can do this‹ – so etwas passiert bei den Menschen.« Auf den Orkneys stellt er seine Arbeiten auch in den Dienst eines sozialpolitischen Engagements, und er ist die treibende Kraft im Kulturleben der Inseln. »Ich glaube, ich habe sehr viel Verantwortung für die Gesellschaft, aber wenn ich schreibe, will ich keine Gesellschaft haben«, meint er. Gerade in der Stille entstehen dann jene Werke, die im Licht der Öffentlichkeit, in den Konzertsälen, Opernhäusern und Plattenstudios den Schlüssel liefern könnten, um für eine differenziertere Wahrnehmung zu sensibilisieren. »We have wandered out of the circle, where we were safe, through the fifth door, into the labyrinth«, heißt es in einem Liederzyklus, den Maxwell Davies 1983 vertonte – eine bewegende Reflexion über die psychologischen Konsequenzen der Zerrüttung der Einheit von Mensch und Natur durch die moderne Technik. »At the heart of the labyrinth is the treasure. Round the treasure, the Dragon lies, asleep.«[41]

Der fünfte Schlüssel

Angesichts der Tatsache, daß der Hörer in Maxwell Davies' Werken durchaus gefordert und strapaziert wird, verblüfft der Erfolg, den seine Musik, moderne zumal, in der ganzen Welt hat. In einer Analyse zur Ästhetik der Arbeiten von Maxwell Davies,[42] kam Klaus H. Stahmer, der 1982 mit dem Komponisten bei der Dartington Summer School zusammenarbeitete, in gemeinsamen Überlegungen auf fünf Gründe für diese Popularität. Diese sieht er in der handwerklichen Präzision der Ausführung, der Übersichtlichkeit und Zweckmäßigkeit der formalen Konstruktion, der inhaltlichen Aussage der Kompositionen, der Fähigkeit, sich ohne Anbiederungsversuche oder falschen »Zungenschlag« an den Zuhörer zu wenden, sowie in der hervorragenden Aufführbarkeit der Stücke. »Das Publikum, das nicht spezialisiert ist, sollte dazu kommen, Spaß an Musik und Theater zu haben«, meint Maxwell Davies. »Ich finde, daß der Witz in der heutigen Musik ziemlich selten ist. [...] Die witzigsten Komponisten sind vielleicht die beiden: Haydn und Mozart. Ich muß mich oft totlachen, wenn ich z. B. ein Streichquartett von Haydn höre, das ich nicht sehr gut kenne, und nach Jahren wieder höre.«[43] In seinen eigenen Werken findet man musikalischen Humor nicht nur in den publikumswirksamen »Reißern« wie *Orkney Wedding, with Sunrise* (1985), das von einer feucht-fröhlichen schottischen Hochzeit inspiriert wurde, oder der *Ojai Festival Overture* (1991) mit ihrer Rodeoatmosphäre, sondern auch – subtiler, raffinierter, ironischer – in den Sinfonien oder Kammeropern.

Eine volkstümliche Figur ist Maxwell Davies daheim auf den Orkney-Inseln vor allem seit der Gründung des St. Magnus-Musikfestivals im Jahre 1977. Anregungen dazu bekam er vor allem von Hans Werner Henze, den er im norditalienischen Montepulciano besuchte, wo der Deutsche 1976 »seine« Festspiele begründete. »Im Grunde genommen haben meine Ideen sehr viel mit denen von Henze gemeinsam«, bekennt der Brite, »den Menschen der Orkney-Inseln Musik näherzubringen, Musik für die Menschen dort zu schreiben und auch anderen Komponisten, besonders Komponisten aus Schottland, die Gelegenheit zu geben, Musik für die Menschen dort zu schreiben. Ich wollte zeigen, daß es nicht ausgeschlossen ist, daß die Menschen – vor allem die Kinder – etwas mit der Musik anfangen und daß die sehr viel Freude daran haben können. Ich wollte auch die Musiker nicht nur als ›performers‹ engagieren, sondern auch die Musik von draußen – aus Schottland und vielleicht der ganzen Welt – zu Gehör bringen. Außerdem möchte ich gern, daß die besten Repräsentanten der Musik Konzerte geben.«[44]

Aufführungen größerer Opern in Verdi-Dimensionen sind bei den eingeschränkten Darbietungsmöglichkeiten indes nicht realisierbar. Als

Spielstätten für das jährliche Festival stehen ein Kino mit 350 Plätzen und die 1137 gegründete, doch erst 300 Jahre später fertiggestellte St. Magnus Cathedral mit gut 300 Plätzen zur Verfügung, die außer der Bischofskirche von Glasgow der einzige Dom Schottlands ist, der die Reformation unbeschädigt überstanden hat. So bieten die Veranstaltungen im Juni für Groß und Klein eine breite Palette von Konzerten, Kammeropern, Theaterstücken, Improvisationen, Straßentheater, experimentellen Gruppen, Tanz und vielem mehr. »Ich wollte für jeden Menschen etwas im Programm haben, damit niemand sagen kann, das Festival bestünde nur aus der einen oder anderen Art von Musik«, sagt Maxwell Davies, der bis 1987 zehn Jahre lang künstlerischer Leiter der Veranstaltungen war. »Jeder sollte etwas mit dem Programm anfangen können. Und wenn jemand in ein Konzert oder ein Schauspiel geht und ist davon begeistert, wird er vielleicht auch weitere Veranstaltungen besuchen. Vielleicht geschieht es auch, daß jemand überhaupt zum erstenmal in ein Konzert geht.« Auch Kinder sind in das Programm mit einbezogen. Der Grund ist einfach und plausibel: »Kinder sind die Zuhörer und Musiker der Zukunft; und wenn ein Komponist nicht mit Kindern anfängt, ist das sehr traurig, weil Kinder diese künstlerischen Erlebnisse haben müssen.«[45]

In Kirkwall gibt es einen großen, gut 100 Kehlen starken Chor, der jedes Jahr große Werke wie Mozarts *Requiem* oder eine Messe von Haydn aufführt, nicht zuletzt auch Stücke, die Maxwell Davies für ihn komponierte, wie beispielsweise *Solistice of Light* (1979) oder *Lullabye for Lucy* (1981) für Lucy Rendall, das erste Baby, das seit 32 Jahren in Rackwick zur Welt kam. In jedem Jahr werden auch Kompositionsaufträge vergeben, zumeist an schottische Komponisten, doch auch Maxwell Davies' Musiktheaterstücke wie *The Martyrdom of St. Magnus* (1977), *Le Jongleur de Notre Dame* (1978), *The Medium* (1981) und *The No. 11 Bus* (1984) erlebten hier ihre Uraufführung. Das St. Magnus-Festival ist ein großes Gemeinschaftserlebnis. »Vor zwei Jahren [1990] machten wir *L'Histoire du Soldat* von Strawinsky mit Musikern aus dem Scottish Chamber Orchestra und Leuten aus Stromness, der zweiten Stadt auf den Orkneys. Und sie haben den Erzähler gestellt, das Bühnenbild, ein Ballett und alles andere gemacht«, erzählt Maxwell Davies. »Das war wirklich schön, daß die Hausfrauen, Fischer usw. aus der Gegend so etwas machen konnten. Es ist sehr wichtig, glaube ich, mit den professionellen Musikern zusammenzukommen. Natürlich haben sie Schallplatten, aber das war der erste *lebendige* Kontakt damit. Es war natürlich ausverkauft.«

Zwar zieht das Festival vor allem Besucher aus Schottland, den USA und Skandinavien an, gedacht ist es jedoch primär für die Einheimischen. Eine Reise nach Orkney ist, zumal mit dem Flugzeug, sehr teuer, der Weg über Land und Wasser weit und mühsam. »Das Festival muß auch für die Leute, die dort sind, sein«, sagt Maxwell Davies, »sonst hat es keinen Zweck.« Daß wie bei Boughtons Festspielen in Glastonbury eines Tages die Bevölkerung das Interesse an der aktiven Teilnahme verliert, weil das St. Magnus Festival als Touristenattraktion finanziell zu reizvoll werden könnte, befürchtet Maxwell Davies nicht. Dafür liegen die Orkney-Inseln zu weit von den Großstädten entfernt.

Nicht weit genug indes, um nicht auch für die Regierung wirtschaftlich und strategisch attraktiv zu sein. Ende der 70er Jahre bedrohten Pläne zum Abbau von Uran-Erz die Orkney-Inseln. Die Protestaktionen waren zahlreich, Bürgerinitiativen zu allem entschlossen. »Ich erinnere mich sehr gut daran, daß eines Tages Leute von Edinburgh kamen und sich mit unserem Orkney Islands Council im kleinen Rathaus von Kirkwall, der Hauptstadt der Orkneys mit 5000 Einwohnern, treffen wollten. Und es regnete. Und dann standen auf dem Platz dort den ganzen Tag im Regen 5000 Leute. Sie sagten nichts, sie taten nichts. Aber es war klar, was sie meinten.« Der Komponist Peter Maxwell Davies engagierte sich am Widerstand mit Stücken wie *Black Pentecost* (*Schwarze Pfingsten*) für Mezzosopran, Bariton und Orchester nach Texten aus dem Roman *Greenvoe* von George Mackay Brown und *The Yellow Cake Revue* für Stimme und Klavier, ein von Maxwell Davies verfaßtes »Kabarett« mit sechs Liedern, drei gesprochenen »Interviews« und zwei Zwischenspielen (die bekannten Klavierstücke *Farewell to Stromness* und *Yesnaby Ground*; »yellow cake« ist übrigens ein umgangssprachlicher Ausdruck für Uran-Erz). »Das wurde 1980 in Kirkwall und Stromness in Pubs uraufgeführt. Mit schrecklichen Klavieren! Ich begleitete. Eleanor Bron, eine berühmte Schauspielerin, hat gesungen und die Texte gesprochen. Das war mein Protest dagegen. Es lief wirklich gut. Die Leute haben alle dagesessen, Bier und Whisky getrunken und geraucht ... ›Wirklich gut!‹, ›Toll, so was zu machen!‹ – Es war wirklich einmalig!« Heute scheint die Gefährdung für die Eilande durch den exzessiven Uranabbau aus Kostengründen vorerst gebannt. »Und auch unsere dumme konservative Regierung wird hoffentlich verstehen, daß es nicht mehr nötig ist, soviel Uran als Rohstoff für atomare Waffen zu haben – es ist nicht nötig. Es war nie nötig, aber jetzt ist es noch überflüssiger«, kommentiert Maxwell Davies.

Daß der Komponist für *Black Pentecost* Texte des schottischen Schriftstellers George Mackay Brown wählte, war kein Zufall. Diesem 13 Jahre älteren Mann, Jahrgang 1921, ist Maxwell Davies seit 1971 verbunden. »Für meine Arbeit hat sich der Kontakt mit den auf den Orkneys lebenden Menschen stets als besonders fruchtbar erwiesen. Das kann man besonders von George Mackay Brown sagen«, erzählt der Musiker. »Er redet nicht viel, und wenn man mit ihm spricht, dann geht es mehr um die Qualität des Selbstgebrauten oder des Whiskys oder um die Erörterung von Dingen, die man kaum als tiefschürfend bezeichnend könnte. Aber man spürt, daß man es mit einem starken Intellekt zu tun hat, einem hervorragenden Geist, einem erstrangigen Dichter. Das Erstaunlichste ist seine poetische Sprache. Seine Romane sind

His Master's Voice – der Komponist und sein Grammophon

von einer Diktion, die fast rituell anmutet.«[46] Die kongeniale Kooperation von Maxwell Davies und Mackay Brown ist eines der wenigen Beispiele für ein ergiebiges Zusammenwirken eines Komponisten mit einem noch lebenden Schriftsteller. »Es ist ein ganz außerordentliches Privileg, mit einer Persönlichkeit wie Mackay Brown zusammenzuarbeiten und sich dabei ganz unbefangen und unbeschwert fühlen zu können«, weiß Maxwell Davies. »Es begann damit, daß ich sein Gedicht *From Stone to Thorn* ganz spontan vertonte, ohne ihn um Erlaubnis zu bitten. Als er die Musik hörte, war er ein wenig überrascht, regierte aber durchaus freundlich und war schließlich zu weiterer Zusammenarbeit bereit.«[47] Diese bestand in der Vertonung von Mackay Browns Versen wie in *Dark Angels* für Solo und Gitarre (1973), *Solistice of Light* für Tenor und Chor (1979) oder in Maxwell Davies' Bearbeitungen von Romanvorlagen oder Theaterstücken des Dichters. So entstand aus der Bühnenmusik für das Drama *The Well* (1981) die Kantate *Into the Labyrinth* für Tenor und Kammerorchester (1983). Thema ist der sich wandelnde Lebensstil auf den Orkney-Inseln, die Gefährdung der Einheit mit der Natur – die Verbindung mit den Elementen Feuer, Wasser, Erde, Luft – und der Fähigkeit zu Ausdauer und Selbsterneuerung, wofür die Quelle (»well«) des Titels steht, durch das Vordringen und den nicht immer segensreichen Einbruch der Technik. Der Mensch, seelisch erschüttert und seiner Sicherheit beraubt, begibt sich ins Labyrinth, nach neuen, mitunter fragwürdigen Schätzen suchend. Maxwell Davies' subtile musikalische Ausformung der Texte machen *Into the Labyrinth* zu einem der vielleicht bedeutendsten Liederzyklen des letzten Jahrzehnts.

Dieses Werk gehört zu einem Triptychon von kammermusikalischen Werken, das 1982/83 entstand. Das erste Stück dieser Reihe war die *Sinfonia Concertante* für die Academy of St. Martin-in-the-Fields, den Schluß bildete die *Sinfonietta Accademica*, deren Titel auf den Auftraggeber anspielt, die Universität Edinburgh. Trotz einiger Querverweise und gemeinsamer musikalischer Gesten besteht der Zusammenhang eher im Aufbau und in der Strukturierung des thematischen Gehalts. Die Werke gelten als leichter zugänglich als die ersten beiden Sinfonien von Maxwell Davies, die in dieser Phase bereits uraufgeführt waren, und sie stehen auch am Anfang einer reduzierteren, konzentrierteren sinfonischen Ausdrucksweise. »Ich denke, daß das zum Teil damit zusammenhängt, daß man, je älter man wird, erkennt, daß eine komplexe Oberfläche nicht unbedingt auch zu einem komplexen Musikstück gehört, und daß es sehr viele Stücke gibt, die äußerlich sehr kompliziert erscheinen, aber eigentlich sehr schlicht gemacht sind«, erklärt er. »In den Stücken für Kammerorchester habe ich sehr bewußt versucht, die Oberfläche so transparent zu gestalten, wie ich nur konnte, so daß es möglich wird, die Zusammenhänge innerhalb der Architektur zu erkennen.«[48]

Modernität um ihrer selbst willen ist seine Sache nicht. Zu einigen Bereichen des Musikbetriebs hat Peter Maxwell Davies heute eine gewisse Distanz entwickelt. So kommt er zwar noch ziemlich häufig mit Hans Werner Henze zusammen, jedoch hat er Kollegen wie Boulez, Stockhausen oder Kagel seit langer Zeit nicht mehr gesehen. Von Wolfgang Rihm und Aribert Reimann sind ihm nur die Werke vertraut, persönlich kennt er beide Komponisten nicht. Auch zu einer Auseinandersetzung mit elektronischer Musik, die sich in frühen Werken wie *Missa Super l'Homme Armé* noch angedeutet hatte, findet er heute keinen Bezug mehr. »Das interessiert mich nicht mehr so sehr«, sagt er. »So viele Leute machen das, und nach fünf Jahren ist es schon wieder altmodisch. Ich war da oben in Orkney zehn Jahre lang ohne Strom. Unter diesen Umständen ist es unmöglich, und ich will nicht in Großstädten bleiben. Besonders da beim IRCAM [dem Zentrum für elektronische Musik] in Paris. Ich war dort einmal, unter der Erde, und es war so scheußlich – wie in einem Grab.« Auch eine reservierte Haltung gegenüber dem Musiktheater kann man konstatieren. »Ich bin ein bißchen vorsichtig geworden mit Theaterstücken, weil ich unangenehme Erfahrungen gemacht habe«, meint er. Dazu gehörte beispielsweise eine Inszenierung von *Eight Songs for a Mad King*, die ein Regisseur sowohl in London als auch in Paris herausbrachte. Der König war nackt und warf mit Fäkalien um sich. »Das steht nicht in meiner Partitur«, klagt Maxwell Davies. »Das haben sie im Fernsehen gebracht, und jeder glaubte, daß ich der Komponist von diesem Stück bin, wo sie mit

Scheiße auf der Bühne herumwerfen. Das hat nichts mit mir zu tun. Man wird vorsichtig. Mit solchen Leuten kann man kein Theater machen.« Wenn man Orchestermusik schreibt, ist die Sache klarer, weniger risikoreich. »Bei einem Orchesterstück spielen sie wenigstens, was auf der Seite geschrieben ist...«

Unterdessen konzentriert sich der Brite mehr auf das Komponieren großer Orchesterwerke, wozu – mit Einschränkungen hinsichtlich Konzeption und Durchführung – auch Ballette wie *Salome* (1978) und *Caroline Mathilde* (1991) für das Königliche Dänische Ballett von Kopenhagen zu rechnen sind, von denen es auch Konzert-Suiten gibt. Das Schaffen des Sinfonikers Peter Maxwell Davies reift indes erst seit Ende der 70er Jahre heran. Mit der Arbeit an der 1. Sinfonie begann er 1973, vollendet wurde sie 1976, uraufgeführt schließlich in der Londoner Royal Festival Hall am 2. Februar 1978 vom Philharmonia Orchester unter der Leitung von Simon Rattle. Erst nach einer langen Entwicklungsphase und der Arbeit an anderen Orchesterstücken gewann Maxwell Davies die Zuversicht, umfassende sinfonische Strukturen bewältigen zu können, und konstatiert: »Ich glaubte, daß dieses Stück den Anfang einer orchestralen Kompetenz markieren könnte. Deshalb der Titel – Sinfonie.«[49] Wie in früheren Kompositionen gibt es in der etwa einstündigen 1. Sinfonie keine »Orchestrierung« im üblichen Sinne, meint er, vielmehr dienen die Instrumente dazu, die musikalischen Auseinandersetzungen und Verläufe klar herauskommen zu lassen. Je komplexer diese sind, umso umfassender ist auch der Orchesterapparat. »Es mag genügen, darauf hinzuweisen, daß es magische Quadrate gibt, bei denen es um Tonhöhen, Notenwerte und längere Zeitabläufe geht«, notierte der Komponist, »die nicht nur dazu dienen, die allmähliche Transmutation gewisser Choralthemen in andere zu vollziehen, sondern auch großräumige, ineinander verzahnte isorhythmische Zyklen zu bilden.«[50]

Wie auch in seiner 2. Sinfonie, die erstmals am 16. Februar 1981 in den USA vom Boston Symphony Orchestra unter Seiji Ozawa gespielt wurde, verwendet Maxwell Davies das traditionelle Orchester, angereichert mit einem ausgedehnten Percussions-Anteil, der nur aus gestimmten Schlaginstrumenten besteht. Die 2. Sinfonie, deren musikalische Verläufe durch die Beobachtung unterschiedlicher Wellenformen des Meeres angeregt wurden, stellt wie die 1. Sinfonie hohe Anforderungen an die Virtuosität der Orchestermusiker. Für die etwa 50minütige 3. Sinfonie, entstanden 1984 zum 50jährigen Jubiläum des BBC Philharmonic Orchestra in Manchester, holte sich Maxwell Davies Anregungen aus dem Schaffen des italienischen Renaissancebaumeisters Filippo Brunelleschi. Hier ist die musikalische Sprache schlichter, zudem wurde bis auf die Pauken auf Schlaginstrumente verzichtet.

In der viersätzigen, doch pausenlos durchgespielten 4. Sinfonie – der bislang kürzesten – konzentriert sich Maxwell Davies auf kammerorchestrale Dimensionen, bestrebt, ein Werk zu kreieren, das »konzentrierter und sparsamer« ist, wie er meint. »Ich weiß, daß ich Musik schreiben kann, die vordergründig an Kompliziertheit niemandem nachsteht, aber es hat keinen Sinn, dies noch einmal zu machen«, sagt Maxwell Davies. »Es ist viel aufregender zu versuchen, die Kunst durch die Kunst zu verbergen und etwas zu schreiben, das es dem Hörer erlaubt, die inneren Zusammenhänge so deutlich wie möglich wahrzunehmen. [...] Die Möglichkeiten der harmonischen Ausgestaltung sind äußerst spannend, und ich möchte sie so klar machen, wie ich nur kann. Dabei handelt es sich nicht um eine Rückkehr zur Tonalität; das ist keine nostalgische Sache. Es geht vielmehr darum, herauszufinden, wie Musik hinsichtlich unserer eigenen Erfahrungen funktioniert, und es ist vollkommen falsch, einfach zu sagen, dies wäre eine Abkehr von dem, was in den 60er und 70er Jahren vorging. Was mich betrifft, ist es die unausweichliche Schlußfolgerung meiner Erfahrungen aus dieser Zeit, den Blick nach vorne gewandt.«[51] Uraufgeführt wurde die 4. Sinfonie am 10. September 1989 in der Royal Albert Hall vom Scottish Chamber Orchestra unter der Leitung des Komponisten. Zur Zeit entstehen die 5. Sinfonie aus Anlaß des 50jährigen Bestehens des Philharmonia Orchestra und die 6. Sinfonie zum »50.« des Royal Philharmonic Orchestra.

Dem Scottish Chamber Orchestra ist Peter Maxwell Davies seit 1985 als »Associate Composer« verbunden. Gemeinsame Auftritte, Kompositionsaufträge und CD-Einspielungen sind die angenehmen Pflichten dieser Berufung. Das ungewöhnlich engagierte Ensemble will damit die »dynamische Dreiecksbeziehung zwischen dem Schöpfer, den Ausführenden und dem Publikum« hervorheben, wie der Manager Ian Ritchie verdeutlicht.[52] Daß man dabei nicht nur mit großen Namen prunkt, zeigte im September 1990 die Ernennung des hochbegabten schottischen Komponisten James MacMillan (geb. 1959) zum »Affiliate Composer« des SCO. Im Auftrag dieses Orchesters, unterstützt vom Strathclyde Regional Council in Schottland, begann Maxwell Davies 1987 mit der Komposition der sogenannten *Strathclyde Concertos* – einem Zyklus von zehn Instrumentalkonzerten für die einzelnen Solisten des Orchesters. Fertiggestellt und uraufgeführt wurden bislang die Konzerte für Oboe (Nr. 1, 1987); Cello (Nr. 2, 1988); Horn und Trompete (Nr. 3, 1989); Klarinette (Nr. 4, 1990); Violine, Viola und Streichorchester (Nr. 5, 1991); Flöte (Nr. 6, 1991) sowie für Kontrabaß (Nr. 7, 1992). Es folgen die *Strathclyde Concertos* Nr. 8 für Fagott, Nr. 9 für Kammerensemble und das letzte Stück als Konzert für Orchester. Gemeinsam ist all diesen Werken ein dreisätziger Formaufbau und die »klassische« Orchestrierung mit zweifacher Bläserbesetzung. Ein Vergleich mit Bachs *Brandenburgischen Konzerten* liegt nahe; auch bei den Konzertstücken des Briten verleiht das Soloinstrument dem einzelnen Werk seinen spezifischen Charakter. Wie in vielen seiner Kompositionen gebraucht Maxwell Davies aber auch hier die Prinzipien funktioneller Harmonik in einem nicht-tonalen Zusammenhang. Tonika oder Dominante stehen bei ihm nicht im üblichen Quint- bzw.

Quartabstand, sondern sind, ähnlich wie in der Musik des Mittelalters, als kontrastierende Ebenen gegeneinander gesetzt. Die *Strathclyde Concertos* sind keine Virtuosenstücke; vielmehr werden die Solisten als »primus inter pares« in das Orchester eingebettet. Das Cellokonzert beispielsweise bietet keine vordergründige Brillanz oder eine effektvolle Coda. Natureindrücke prägten die Komposition; das Wechselspiel von Sonnenlicht, Wind und den wellenartigen Flugbewegungen eines Vogelschwarms über dem Meer, das Maxwell Davies von der Steilküste aus beobachten konnte, inspirierten die Melodiebögen und die Verflechtung von Cello- und Orchesterklang. Die Musik beinhaltet indes keine melodienverträumte Naturidylle.

Leitet Maxwell Davies seine eigenen Werke, fordert er viel Differenzierungsvermögen. »Innere Spannung« und nicht nur Lautstärke verlangt er von den Streichern, und er erklärt geduldig, wie er bei einem Sforzando einer Note Bedeutung verliehen wissen will und nicht lediglich eine stärkere Tongebung wie bei Mozart oder Haydn. »Normalerweise bitte ich darum, es soll lyrisch klingen, singen usw., aber bei ›R‹ nicht«, fordert beispielsweise der Dirigent Maxwell Davies bei einer Probe von den Musikern. »Das ist sehr hart . . . [Er singt den Rhythmus vor.] Es muß wirklich laut zuerst, aber dann irgendwie drohend sein . . .« Willig probieren die Bassisten des Orchesters sogleich die angesprochene Passage aus, den neuen Gedankengang berücksichtigend.

In den letzten Jahren hat sich Peter Maxwell Davies zunehmend auch als Dirigent einen Namen gemacht. Zu dieser Tätigkeit kam er eher zufällig, als 1985 bei der geplanten Einspielung von *Into the Labyrinth* der Dirigent absagte und den Komponisten bat, doch selbst einzuspringen; und des weiteren, als im Jahr darauf der vorgesehene Orchesterleiter für das Gastspiel des Royal Philharmonic Orchestra beim St. Magnus-Festival ausfiel, und André Previn nur für eines der beiden Konzerte einspringen konnte. Mit Hilfe der gewieften Orchesterprofis überwand der zunächst überaus nervöse Maxwell Davies die Klippen in Bruchs *Schottischer Fantasie* und Beethovens 7. Sinfonie. Unterdessen hat er sich zu einem begehrten Gastdirigenten gemausert, der bei seinen Auftritten in den USA, Kanada, Großbritannien, Spanien, Norwegen, Island, Ungarn, der Schweiz (in Luzern) und Deutschland (in Bonn, Düsseldorf, Leipzig und Berlin) nicht nur eigene Stükke leitet. »Ich mache nur Werke, die ich wirklich liebe und von denen ich sehr viel lernen kann«, sagt er und denkt dabei vor allem an Komponisten wie Mozart, Haydn, Beethoven, Strawinsky, Schönberg, Sibelius und viele neue Werke jüngerer Kollegen. Von den Arbeiten britischer Komponisten schätzt er vor allem Vaughan Williams' *Wasps*, die 5. und 6. Sinfonie, die 4. mit Einschränkungen sowie die *Tallis*-Fantasie. Mit Elgar hat er Schwierigkeiten; er räumt ein, daß er sehr viel von ihm »nicht vertragen« kann, weil es »so nach Imperialismus« klingt, obschon Maxwell Davies Stücke wie *Introduction and Allegro for Strings*, die *Enigma Variations* und einige der Miniaturen sehr mag. Aber: »Es gibt eine Sorte von Nationalismus, wo man nicht nur Freude an der Heimat hat, sondern stolz darauf wird – und dann wird's peinlich und gefährlich«, meint er. Mittlerweile hat er sich auch als Operndirigent profiliert und 1989 in Glyndebourne zwölf Aufführungen von Mozarts *Le Nozze di Figaro* geleitet. Er betrachtet das Dirigieren als eine gute »Kompositionserziehung«. Das Faszinierendste bei dieser Erfahrung ist für ihn das tiefere Eindringen in und das Verstehen musikalischer Kunstwerke. Fast ehrfürchtig erzählt Maxwell Davies von einem Gespräch mit Leonard Bernstein in den USA, der ihm 1988, irgendwann zu fortgeschrittener Stunde, Zunge und Seele vom Whisky gelöst, gestand, wenn er – Bernstein – Mahler dirigiere, verschmelze er so mit dem Werk, daß er zuweilen glaube, er sei selbst Mahler. Erst jetzt könne er, so Maxwell Davies, begreifen, was der Ältere damals damit gemeint habe.

Auch beim Dirigieren von eigenen Werken verzichtet Maxwell Davies nicht auf die Partitur. Technische Schwierigkeiten gibt es bei seinen Stücken für die Musiker noch immer. Doch er weiß: »Es wird allmählich besser.« Aufführungen in den 60er Jahren waren zum Teil »schrecklich«. »Sie schafften die Stücke nicht, auch die Dirigenten beherrschten sie nicht. Die Rhythmen und alles andere waren zu schwer.« Erst in den 80er Jahren hat sich seiner Meinung nach die Situation allmählich gebessert. Heute finden die Orchestermitglieder die Rhythmen zwar noch immer schwierig, aber sie sind in der Lage und vor allem auch bereit, sie zu spielen. Maxwell Davies legt Wert auf eine ausreichende Anzahl von Proben. Für drei Konzerte mit den Düsseldorfer Symphonikern, bei denen ausschließlich eigene Werke auf dem Programm standen, waren fünf Proben angesetzt. »Mit den Orchestern in Großbritannien braucht man weniger, weil sie sehr schnell lesen können und gewohnt sind, vom Blatt zu spielen. Ich habe neulich ein Konzert mit dem Royal Philharmonic Orchestra gemacht, für das wir zwei Proben hatten. Sie haben das so gut gemacht, aber sie sind es nun mal gewohnt. Andererseits brennen sie sich aus. Mit 35 Jahren sind sie kaputt.«

Die Zeiten, in denen ein renommierter Komponist wie einst Elgar unter Geldsorgen litt oder wie noch Vaughan Williams Orchesterproben selbst finanzieren mußte, sind heute Vergangenheit. Peter Maxwell Davies erfüllt es mit Genugtuung, daß er von der Musik leben kann. Sein Werkregister verzeichnet bislang an die 200 Kompositionen, und Tantiemen von Aufführungen in Theatern, Konzerten, Rundfunk- und Fernsehsendungen fließen reichlich. Auch der Notenverkauf hat unter der Verfügbarkeit der Musik durch Aufnahmen und Radioübertragungen nicht zu leiden. Die Werke erscheinen in guten Editionen und insbesondere Stücke wie *Eight Songs for a Mad King*, *The Lighthouse*, *Orkney Wedding* und die Instrumentalkonzerte werden vor allem von Bibliotheken und Studenten erworben. Platteneinspielungen sind finanziell weniger ergiebig, meint Maxwell Davies.

In seinen Ansprüchen an die Wirkung seiner Musik gibt er sich bescheiden. »Es gibt so viele Sorten von Publikum. Ich bin zufrieden, wenn jemand etwas Sympathie für die 4. Sinfonie, die wirklich ein philosophisches Werk ist, oder für ein Stück reiner Kammermusik wie *Ave Maris Stella* aufbringt und darin etwas hören kann. Ich freue mich auch, wenn die Leute *Orkney Wedding* hören«, sagt Maxwell Davies. »Vielleicht kommen sie dadurch auch allmählich zu den anderen Sachen.« Bei eigenen Konzerten hält er auf jeden Fall eine Mischung aus Unterhaltung und Anspruch für eine gute, praktische Lösung. Zwar will er den Hörern die Scheu vor zeitgenössischer Musik nehmen, ist aber nicht bereit, dafür Kompromisse einzugehen. »Ich habe noch immer Spaß daran zu stören. Ich hoffe, nicht auf eine kindische Weise, aber so, daß die Leute nachdenken. Man kann zeigen, daß es vielleicht nicht immer so ist, wie sie glauben«, lautet sein Standpunkt.

Gelegenheit, für diesen auch weiterhin einzutreten, bietet sich Maxwell Davies zu Hauf. Seit Juli 1992 ist er dem BBC Philharmonic in Manchester und dem Royal Philharmonic Orchestra in London als Dirigent und Komponist verbunden. Zwar harrt das Projekt der Franziskus-Oper noch seiner Ausführung, dafür sind aber die Verträge für die 5. und 6. Sinfonie (für 1996) bereits unterzeichnet. Auch hier wird es sich um reine Instrumentalwerke handeln, obschon Maxwell Davies nicht völlig ausschließt, daß bei späteren Stücken dem Klangbild auch noch die menschliche Stimme hinzugefügt wird. Ein Ballett-Projekt, das mit dem alten Führungsstab der Salzburger Festspiele geplant wurde, ist unterdessen zu den Akten gelegt worden, gleichfalls das für die Deutsche Oper in Berlin vorgesehene Ballett *The Beltane Fire*. Dafür sind neue Orchesterwerke (*Mac Donnell Dances*) und Chorstücke (*Corpus Christi, With Cat and Mouse*) im Entstehen, sowie das nunmehr zwanzigste Stück in Zusammenarbeit mit George Mackay Brown, die Weihnachtskantate *The Three Kings* (für 1995).

Die Zeiten des royalistisch opportunen Hofkomponierens sind passé. Leute aus der Politik kennt er auf gesellschaftlicher Ebene, weiter nicht. Wird von ihm keine neue Komposition zu einer der Scheidungen im englischen Königshaus verlangt? »Ich glaube nicht«, flachst er, »vielleicht werden sie so etwas bei Malcolm Williamson bestellen, das ist der ›Master of the Queen's Musick‹.«

Hat er nach Bühnen- und Orchesterwerken auch schon einmal die Komposition eines Oratoriums erwogen? Vorerst konnte er noch keine Beziehung zu dieser Gattung entwickeln. »Vielleicht werde ich so etwas machen mit der Hilfe von George Mackay Brown«, sagt er, »aber es riecht dann kein bißchen nach Imperialismus, Elgar, Queen Victoria, Mendelssohn und so weiter ...« Nach den letzten Informationen liegt für 1997 unterdessen ein Auftrag der Canadian Broadcasting Corporation für ein Oratorium mit dem Titel *Job* vor. Maxwell Davies' Œuvre spiegelt einen wesentlichen Teil der spannungsvollen Vielfalt moderner Musik aus Großbritannien. Das künstlerische Potential hingegen ist noch keineswegs ausgeschöpft. »Ich bin immer offen«, sagt er. »Nichts ist ausgeschlossen . . .« Und die weitere Entwicklung der Musik in unserer Zeit? Peter Maxwell Davies glaubt, daß vor allem im Bereich der harmonischen Ausgestaltung ein hoher Grad an musikalischer Geschlossenheit erzielt werden kann, »wobei man damit rechnen muß, daß die gesamte Palette des musikalischen Ausdrucksvermögens von der Erinnerung, Erwartung und dem Unterlaufen von Erwartungen eingebracht wird. Aber um dorthin zu gelangen, gibt es keine Patentlösungen, glaube ich. Möglicherweise wird es erst nach meiner Zeit soweit sein – das weiß ich nicht. Aber ich kann es in einiger Entfernung bereits wittern.«[53]

XII

»Die Natur ist die Hölle auf Erden ...«
Harrison Birtwistle (geb. 1934)

Die Zwiesprache mit der Natur bleibt für den Künstler conditio sine qua non. Der Künstler ist Mensch, selber Natur und ein Stück Natur im Raume der Natur.
Es wandelt sich nur je nach der Einstellung des Menschen in bezug auf seine Reichweite innerhalb dieses Raumes die Zahl und die Art der zu begehenden Wege, sowohl in der Produktion, als in dem damit verbundenen Naturstudium.
Die Wege scheinen oft sehr neu, ohne es im Grunde vielleicht zu sein. Neu ist nur ihre Kombination, oder wirklich neu sind sie gegenüber der Zahl und der Art der Wege von gestern. Neu in bezug auf gestern zu sein, ist aber immerhin ein revolutionäres Merkmal, wenn auch dadurch die große alte Welt noch nicht erschüttert wird.

Paul Klee[1]

Ein böser Scherz

Die »tragische Komödie bzw. komische Tragödie in einem Akt«, die die Besucher der Jubilee Hall in Aldeburgh am Abend des 8. Juni 1968 erlebten, verursachte – abseits der großen Bühnen – einen mittelschweren Theaterskandal. *Punch and Judy* lautete der Titel. Ein harmloser, könnte man meinen, der an das traditionelle englische Puppenspiel erinnert, in dem Figuren wie Punch, Judy, Polizist, Henker und wie sie alle heißen mögen vertraute Typen sind. Die Brutalität der Handlung, die Krassheiten der Musik trafen. Die filigrane Akustik der hellhörigen Jubilee Hall tat ein Übriges. Einige Hörer waren fasziniert, andere Ohrenzeugen fanden das Ereignis »ear-splitting«, ohrenzerfetzend. Benjamin Britten verließ die Vorstellung.

Was sich an diesem Abend ereignete, war nach Ansicht von Andrew Porter, der als Rezensent der »Financial Times« unter den Zuschauern saß, nichts Geringeres als die Geburtsstunde der »ersten modernen englischen Oper«. Arthur Jacobs schrieb als Vertreter des renommierten Magazins »Opera« in der Festivalausgabe, daß hier »die britische Oper sich zum erstenmal mit dem abgefunden hat, was im Konzertsaal jetzt als ›moderne Musik‹ gilt; und der erzielte Erfolg gestattet mir, *Punch and Judy* als eines der wichtigsten Ereignisse zu preisen, das sich jemals in Aldeburgh zugetragen hat, und daß es genau das ist, was das Aldeburgh Festival zum gegenwärtigen Zeitpunkt braucht«. Und, so resümierte der Rezensent, für ihn werde »die Beziehung zwischen der allgemeinen Kunst der Musik und der besonderen Kunst der Oper nie mehr genauso sein wie zuvor«.[2]

Und was meinte der Komponist selbst zu diesem Stück, das Jacobs nach den Erfahrungen mit Berkeleys und Waltons Einaktern in den Vorjahren nun als »ein wahres Feuerwerk« pries? Schon Mitte der 60er Jahre schwebte ihm eine bestimmte Art des Musiktheaters vor. »Der Inhalt interessierte mich weniger als die Form«, äußerte er dazu. »Ich wollte einen englischen Mythos finden, der mich anspricht, nicht einen archaischen. Es fiel mir ein, daß die Tradition des englischen Kasperls, obwohl sie einigermaßen überholt war, immerhin eine Popularität besaß. In ihr fand ich Grundelemente für eine Oper. Zum Beispiel: die Grausamkeiten, die darin vorkommen.«[3]

Der Urheber der Ereignisse hieß Harrison Birtwistle. Fast vierunddreißig Jahre alt war er damals und ein Komponist, der erst durch wenige Werke Aufmerksamkeit auf sich gezogen hatte. *Punch and Judy* wurde eine, wie der Librettist Stephen Pruslin meinte, »kollektive Verallgemeinerung aller bekannten Opern in einer ›Quellen-Oper‹, die, obschon sie nach ihnen geschrieben wurde, die Illusion erweckt, als sei sie vorher entstanden«.[4] Es war ein merkwürdiger Zufall, daß dieser neue Mythos von Liebe und Erbarmungslosigkeit in einer Zeit erstmals gespielt wurde, als sich in den USA die Rassenunruhen nach der Ermordung von Martin Luther King am 4. April 1968 verschärften, als im Mai in Frankreich zum Generalstreik mobilgemacht wurde, als die Hippiebewegung die bürgerliche Gesellschaft mit ihrem Ideal einer humanistischeren Welt konfrontierte und in Deutschland, Frankreich und Polen Studentenunruhen für Aufruhr sorgten. In Großbritannien waren die »Swinging Sixties« auf ihrem Höhepunkt. In den 60er Jahren avancierte London zum Zentrum der Mode, eines neuen Lebensstils und gewagter künstlerischer Experimente. Die Eröffnung der ersten modernen Diskothek 1961 in der Londoner Park Lane bedeutete den Anfang vom Ende für die Live-Darbietungen bei Tanzveranstaltungen; der Maler und Graphiker David Hockney setzte auf der Ausstellung »Young Contemporaries« die englische Pop-Art durch, die Beatles wurden so berühmt, daß die vier Popmusiker 1965 von Premierminister Wilson zu »MBE« – »Members of the Order of the British Empire« – ernannt wurden. Eine aggressivere Gangart schlugen Gruppen wie die Rolling Stones und The Who ein. Trotz des wirtschaftlichen Aufschwungs Ende der 50er und Anfang der 60er Jahre waren Krisen unübersehbar: Steigende Arbeitslosenzahlen und außenpolitische Schwierigkeiten, wie im November 1965 die Rhodesien-Krise und 1969 Unruhen in Nordirland, bereiteten Sorgen, die von 1964 bis 1970 eine Labour-Regierung plagten.

Die Welt, die auch Birtwistle in seiner Musik lebendig werden läßt, ist nicht mehr angehaucht von der besänftigenden Ruhe und Schönheit der Natur, wie man ihr noch bei Vaughan Williams begegnet, des weiteren ist die gemütliche Atmosphäre aus vielen frühen Kompositionen Elgars gewichen. 1968, im Uraufführungsjahr von *Punch and Judy*, kam es in Belfast zu schweren Auseinandersetzungen bei Bürgerrechtsdemonstrationen und in London bei Protestmärschen gegen den Vietnamkrieg vor der amerikanischen Botschaft zu Zusammenstößen mit der Polizei. »Wir betrachten die Natur von außen mit mystischen Gefühlen«, meint Birtwistle. »Wenn man näher hinschaut, erkennt man, daß sie unglaublich grausam ist. Jeder frißt jeden. Die Natur ist die Hölle auf Erden.«[5] Ein Pessimist ist er keineswegs. Seine Einschätzung hält er für »vollkommen realistisch«. Er hegt keine romantischen Gefühle gegenüber einer Natur, in der »alles ums Überleben kämpft – ein Fressen und Gefressenwerden –, wenn man aber unter die Oberfläche schaut oder wie durch ein Mikroskop, stellt man fest, daß alles völlig symmetrisch ist. Es ist genau das Gegenteil von dem, was wir alltäglich sehen.«[6]

Diese Auffassung hält Harrison Birtwistle keineswegs davon ab, inmitten der Natur zu leben. Nachdem er zunächst mit seiner Frau und drei Söhnen im Londoner Stadtteil Twickenham und auf der entlegenen Hebriden-Insel Raasay – fünfzehn Meilen lang, fünf Meilen breit mit etwa 100 Bewohnern – residierte, verließ er 1983 auf Drängen seiner Gattin das sturmumpeitschte Eiland und zog sich in den friedvolleren Südwesten Frankreichs zurück, nach Le Lot bei Toulouse, wo er knapp dreißig Kilometer vom nächsten Dorf entfernt in einer Landschaft wohnt, die so ruhig und abgeschieden ist, daß man die Wolle der Schafe wachsen hört, wie ein Besucher bemerkte. Birtwistle scheut die Neugier der Öffentlichkeit und mag es nicht, wenn viel Aufhebens um seine Person gemacht wird. »Ich bin gerne anonym«, sagt er. »Es ist schön, wenn niemand weiß, wer ich bin, auch wenn ich am Gemeindeleben teilhabe. Meine Musik wird zwar von den Radiosendern wie France Musique gespielt, aber ich glaube kaum, daß sich die Leute hier das anhören. Anfangs konnten sie kaum meinen Namen aussprechen. Sie verschluckten das Ende, und es kam so etwas wie ›Birwiss‹ heraus. Sie haben keine Ahnung, was ich mache oder was es bedeutet, und wenn sie es wüßten, würden sie vielleicht kein Wort mehr mit mir reden.«[7]

Respektiert man seinen privaten Arbeits- und Lebensbereich und achtet darauf, ihn nicht mit überflüssigen Fragen zu langweilen, ist er durchaus entgegenkommend und zeichnet sich durch einen trockenen Humor aus. Für Journalisten ist er dennoch ein Alptraum. Birtwistle zu interviewen, sei schwieriger, als Pandas zu paaren, stöhnte einer, und ein anderer berichtete, Birtwistle lebe in einer Welt der Imagination – wenn er nur kurz die Aufmerksamkeit verliert oder ein Thema zur Sprache kommt, das ihn nicht interessiert, sinke er tief in seinen Sessel, die Augenlider schließen sich, und er entgleitet unerreichbar in seine eigene Welt. Gegen dieses Bild des weltentrückten Eigenbrötlers steht, daß er seit 1964 mit seiner Frau Sheila verheiratet und Familienvater ist und relativ irdische Hobbys wie Kochen und gutes Essen pflegt. »Das ganze Gerede über die Franzosen mit ihrem Essen und ihrem Wein ist ein Irrtum«, spricht der Experte. »Ich bin sicher, daß Cassoulet von Elizabeth David erfunden wurde, und ich muß erst noch den Franzosen treffen, der wirklich etwas von Wein versteht. Was das Essen betrifft, sind sie sehr konservativ.«[8] Keiner der Söhne hat eine Musikerlaufbahn eingeschlagen: Der Erstgeborene, Adam, ist Maler, lebt in Frankreich und hat bereits selber einen Sohn; Silas, der zweite, ist freischaffender Opernregisseur in Großbritannien, hat bislang jedoch noch keine Werke seines Vaters inszeniert; und der dritte studiert Architektur bei der Architectural Association in London. Gegenüber lästigen Presseleuten kann der Komponist eine geradezu verdische Bärbeißigkeit an den Tag legen. »Und doch ist Birtwistle ein weitaus intellektuellerer Mensch, als sein schlichtes Äußeres vermuten läßt«, liest man. »Sein Wissen über Malerei reicht weitaus tiefer, als er von vornherein zu erkennen gibt. Seine Bücherregale weisen auf einen umfassenden, eigenwilligen Leser hin. Erkundigt man sich bei ihm danach, wie er in Frankreich mit nur rudimentären Französischkenntnissen zurechtkommt, entledigt er sich sogleich dieser Frage: ›In Schottland

Harrison Birtwistle

konnten sie mich auch nicht verstehen.‹«[9] Ein Beobachter hat Harrison Birtwistle denn auch mit einem Igel verglichen, da man zwar jedes Thema anschneiden könne, aber damit rechnen müsse, daß er mal darauf eingeht und ein anderes mal seine Stacheln ausfährt. »Kennen Sie das französische Wort für Igel?« sinniert der Komponist. »Hérisson . . .«[10]

Instrumentale Dramen

Daß er einmal Komponist werden würde, war Birtwistle keineswegs an der Wiege gesungen worden. Diese stand in Accrington in Lancashire, etwa 35 Kilometer nördlich von Manchester in der Wohnung einer Arbeiterfamilie. Harrison, geboren am 15. Juli 1934, war das einzige Kind. In der Schule habe er nicht viel gelernt, meint er gelassen, er sei Autodidakt. Das Interesse an der Welt der Töne erwachte, als die Mutter dem Siebenjährigen eine Klarinette schenkte. »Vorher hatte ich keine Ahnung von Musik«, erzählt er. »Wahrscheinlich wollte mir meine Mutter etwas beibringen, was sie selbst nie gelernt hatte. Man erfüllt dann den Ehrgeiz der Eltern.«[11] Für dieses Instrument komponierte er mit neun Jahren eine Gavotte, die er später, vielleicht unbewußt, für die Gavotte in *Punch and Judy* verwendete. Die Musik, mit der der Knabe aufwuchs, war die von Vaughan Williams und Gilbert & Sullivan. Britten und Tippett, die sich ab Mitte der 40er Jahre einen Namen machten, fanden bei ihm wenig Aufmerksamkeit.

Das Kind wurde in enger Verbundenheit mit der Natur groß. Als Harry acht Jahre alt war, verkaufte der Vater sein kleines Geschäft in Accrington und zog mit der Familie aufs Land. Diese Umstellung, die Begegnung des kleinen Jungen mit einem Leben abseits der Stadt, war ein prägendes Erlebnis. Noch als Erwachsener bewahrt er in seinem Gartenhaus, in dem er arbeitet, neben einer Armee kleiner Holztiere, die ihm einer der Söhne einmal zum Geburtstag schenkte, Fossilien und Schädel von Vögeln und anderen Tieren auf. Vor dem Fenster hat er eine Futterstelle eingerichtet, um Vögel anzulocken, die er dann in Ruhe fotografieren kann. Auch dem Garten mit seinen Rosen, dem Gemüse und den Kräutern schenkt er viel Aufmerksamkeit, und wenn man soliden Quellen Glauben schenken darf, sind seine Tomatenzüchtungen ein Objekt des Neides der benachbarten französischen Bauern.

Von traumatischen Kriegserfahrungen blieb man abseits der Zentren verschont. Harrisons Liebe zur Musik und sein Wunsch, sich auch beruflich mit dem zu befassen, was man in seinen Kreisen höchstens als Feierabendbeschäftigung betrieb, löste zunächst einige Verwirrung aus. Der Junge spielte Klarinette in der Stadtkapelle bei Weihnachtsstücken, sogar in Händels *Messias*, und Sullivans *Mikado*! Falls er wirklich Musiker werden sollte, könnte er ja noch immer zusehen, das Beste daraus zu machen ... »Wenn man aus einer Arbeiterfamilie kommt, wo man sich immer nur darum bemüht hat, seinen Lebensunterhalt zu verdienen, bestand der Ehrgeiz meiner Mutter natürlich darin, daß ich einmal Klarinettist im Hallé Orchestra werde«, erinnert sich Birtwistle. »Ich sollte mich schon sehr früh darauf einstellen. Ich war einfach nicht in der Lage, daß ich sagen konnte: ›Ich werde Komponist.‹«[12]

Nebenbei komponierte er für sich, seit er mit dem Klarinettenspiel begonnen hatte; frühe Werke, die er heute als »Vaughan Williams-Verschnitt« beurteilt.[13] Sein Talent wurde belohnt, als er 1952 mit 18 Jahren ein Stipendium für das Royal Northern College of Music in Manchester erhielt. Die Erfüllung aller Wünsche stellte das zweijährige Studium am College allerdings nicht dar. Wegweisend wurde indes seine Freundschaft mit Alexander Goehr und Peter Maxwell Davies, die hier begann. »Im College fand ich keine Beziehung zu dem, was ich machte«, berichtet Birtwistle. »Dadurch wurde ich völlig gelähmt, ausgedörrt. Niemand unterrichtete Komposition. In Sandy und Max fand ich Geistesverwandte. Wir waren Komponisten, eine romantische Vorstellung. Wir waren diejenigen, die Musik erfanden.«[14] Zu den Kommilitonen gehörten ferner der Pianist John Ogdon und der Trompeter und Dirigent Elgar Howarth. Der Letztgenannte, der später die Uraufführungen so bedeutender Bühnenwerke wie *The Mask of Orpheus* (1986) und *Gawain* (1991) leiten sollte, hat Birtwistle indes zunächst als Klarinettisten in Erinnerung. »Ich denke da an eine sehr elegante und technisch souveräne *Semiramide*-Ouvertüre – schwierig, da kann man jeden Klarinettisten fragen – und eine schwerblütige, einfühlsame Aufführung eines frühen Solostücks, das Alexander Goehr, ein Studienkollege, damals für ihn geschrieben hat«, erinnert sich Howarth. »Wenn er gewollt hätte, wäre eine beachtliche Karriere als Solist möglich gewesen, aber er zog das einsamere, finanziell noch riskantere Leben eines Komponisten vor, wobei er die Ernsthaftigkeit seiner Absicht demonstrierte, mit der man zu rechnen hatte.«[15]

Jedoch war Birtwistle lange Zeit unsicher und zögerte, den entscheidenden Schritt zu vollziehen. Komponist sein? Komponieren war etwas für Genies wie Beethoven, aber nicht für menschliche Wesen aus Fleisch und Blut. Goehr war der führende Kopf des Freundeskreises, Maxwell Davies gewiß der brillanteste von allen. Birtwistle schreckte zurück und versuchte, in der Stille seinen eigenen Weg zu finden. »Als ich formell ausgebildet wurde, konnte ich keinen Zusammenhang entdecken zwischen dem, was gelehrt wurde, und dem, was ich geschrieben hatte«, erinnert er sich. »Die klassischen Verfahren galten als offizielle Musik, und das konnte ich so nicht hinnehmen. Man sprach über die Zeit vor Bach, als ob es das finsterste Mittelalter wäre. Ich war mir sicher, daß es noch andere Kategorien gab. Ich wollte zurückgelangen zu der Musik, die ich als Kind schrieb. Ich mußte wieder von neuem anfangen.« Alsdann wandte er sich dem, wie er es nennt, »geheimnisvollen strukturellen Formalismus« der Musik des Mittelalters zu: »Ich habe mich nicht nur vordergründig mit der Technik befaßt, ich habe sie regelrecht verschlungen, verdaut und auf eine neue Weise wieder hervorgebracht. Ich lernte die Regeln, anschließend habe ich sie wieder ausradiert.«[16]

Als aber die Freunde der sogenannten »Manchester Group« 1956 ein eigenes Konzert in London arrangierten, hatte er noch nicht ein einziges Werk geschrieben, das er einer Aufführung für wert befunden hätte. »Ich war das ›häßliche Entlein‹«, umschreibt er seine damalige Situation, »man hielt mich eigentlich nicht für einen Komponisten.«[17] Doch die Zeiten ändern sich. Und wie fühlt er sich heute, wenn er in den Partituren von Studenten seine »Handschrift« wiedererkennt? »Geschmeichelt«, sagt Birtwistle lapidar.[18] Seine eigene Suche nach Vorbildern in den 50er Jahren war mühsam. Nach Darmstadt ging er nur einmal, als er noch Klarinettist war; nach Donaueschingen oder Paris kam er zu dieser Zeit nicht. An der Musik von Boulez und Stockhausen gefiel Birtwistle anfangs die Radikalität von Werken wie *Le Marteau sans Maître* und *Zeitmaße*. Nach den Jahren rein technischen Experimentierens »erlösten uns diese Stücke davon«, erzählte er. »Man wußte wirklich, worauf sie hinauswollten. Dies waren entscheidende Stücke. Das waren Visionen.« Um irgend etwas wert zu sein, muß ein Komponist bereit sein, bis zum Äußersten zu gehen, lautet auch noch heute Birtwistles Überzeugung.[19] Doch auch die Werke dieser Musiker konnten ihn auf Dauer wenig für sich einnehmen, da er in ihnen nicht die Art modaler Harmonik fand, die ihm vorschwebte. Die serielle Musik, mit der sich seine Studienkollegen befaßten, war ihm auf Dauer wenig sympathisch. Weberns pointilistische Kompositionsweise sprach ihn eher an, begeistert zeigte er sich von der *Turangalîla-Sinfonie* Messiaens (1949), den er später auch persönlich kennenlernen konnte. Dieses zehnsätzige Monumentalwerk beeinflußte vor allem Birtwistles Experimentieren mit thematischen Klangblöcken. Große Bedeutung kam auch dem Einfluß von Strawinsky zu, insbesondere dessen Ballett *Agon* (1957). »Vorher kannte ich schon Schönbergs Zwölftonstücke, aber durch *Agon* wurde mir klar, daß man eine Welt erschaffen konnte, die archetypisch war, seriell, und dennoch nichts mit Schönberg zu tun hatte. Irgend jemand sagte, daß es ein Werk sei, daß Britten sehr beunruhigte, weil er geglaubt hatte, daß man nicht seriell komponieren könnte, bis er *Agon* hörte.«[20]

Zu dieser Zeit, gegen Ende der 50er Jahre, war auch bei Birtwistle der Bann gebrochen. Sein Opus 1, *Refrains and Choruses* für Bläserquartett, fertiggestellt am Silvesterabend 1957, wurde am 11. Juli 1959 beim Cheltenham Festival uraufgeführt. Bei den meisten der folgenden Werke, die bis 1965 entstanden, blieb eine Aufführungsdauer von etwa zwanzig Minuten die Schallmauer. Birtwistle, ungemein vorsichtig und selbstkritisch, zog unter anderem noch bei den Proben ein Orchesterstück wie *The Triumph of Time* zurück und vernichtete es – später schrieb er ein neues Werk mit diesem Titel. Auch versagte er nach der Uraufführung in York seiner 65minütigen Allegorie für Bariton, Schauspieler und Kammerensemble *The Visions of Francesco Petrarca* (1966) die Publikation und behielt sie zur Überarbeitung ein. »Ich hoffe, daß es im Mülleimer gelandet ist«, meint er heute zu dem Stück. »Vielleicht liegt es noch irgendwo herum, aber ich bin nicht mehr daran interessiert.«

Harrison Birtwistle studierte noch ein weiteres Jahr Klarinette an der Royal Academy of Music in London. Von 1956 bis 1957 absolvierte er seine zweijährige Wehrpflicht als Klarinettist in der Kapelle des Königlichen Artillerieregiments. Schon bald nachdem er der Armee den Rücken gekehrt hatte, heiratete er Sheila Duff, eine junge Frau aus Lancashire, die als Mitglied der George Mitchell Singers in der »Black and White Minstrel Show« auftrat. Damit Geld ins Haus der Familie kam, die auch alsbald Zuwachs erhielt, arbeitete Birtwistle in einer Fabrik für pharmazeutische Produkte und als Asbest-Vertreter in Slough, bevor er als freier Kopist endlich sein Geld mit Musik verdienen konnte. Neben wenig lukrativen Stücken plagte er sich auch mit der nicht ganz einfachen Aufgabe herum, Tippetts 2. Sinfonie zu transkribieren. Als Fünfundzwanzigjähriger fand er Beschäftigung als Musiklehrer an vier verschiedenen Privatschulen, wo er für die nächsten sechs Jahre vor allem Klarinettenunterricht gab: an der Cranborne-Chase-Mädchenschule in Wardour Castle in Wiltshire sowie in der Grafschaft Dorset in den »preparatory schools« Claysmore und Knighton House in Blandford und der Port Regis School bei Shaftesbury.

Seine wichtigste kompositorische Talentprobe war das fünfzehnminütige Stück *Tragoedia* für Kammerorchester, gewidmet Michael Tippett zum 60. Geburtstag. 1965 mietete Birtwistle gemeinsam mit Goehr und Maxwell Davies das Grundstück von Wardour Castle, um dort im Sommer einen Lehrgang abzuhalten. Im Rahmen einiger Konzerte wurde hier am 20. August vom Melos Ensemble, geleitet von Lawrence Foster, auch *Tragoedia* uraufgeführt. Es war das erste Werk Birtwistles, das auf die griechische Geisteswelt Bezug nimmt. Die Absicht bestand darin, »die Kluft zwischen ›absoluter Musik‹ und Theatermusik zu überbrücken«, meint der Komponist zu diesem Stück. »Es beinhaltet ein bestimmtes Drama, aber dieses Drama ist rein musikalisch. Der Titel bezieht sich nicht auf das ›Tragische‹, wie man es im 19. Jahrhundert verstand. Wortwörtlich bedeutet ›Tragoedia‹ soviel wie ›Bocks-Tanz‹, und das Werk befaßt sich auch eher mit den rituellen und formalen Aspekten der griechischen Tragödie als mit einem bestimmten Schauspiel.« Die Instrumente sind in drei Gruppen gegliedert – Bläserquintett, Harfe und Streichquartett –, die als Widerparts agieren. »Das Wesentliche des Werkes besteht in der Symmetrie – oder genauer gesagt, in der bilateralen Symmetrie, in der konzentrische Schichten von einem statischen, zentralen ›Stützpfeiler‹ nach außen verlagert werden.« So der Komponist. Dadurch erhält das Werk einen hohen Grad an Geschlossenheit, zumal die »Spiegelungen« nicht immer leicht zu identifizieren sind, da sie oft in Umkehrungen oder gebrochen auftreten. So ist beispielsweise die zweite Episode »nur insofern ein Spiegelbild der ersten, als sie den Charakter umwendet: aus ›friedvoll-friedvoll-brutal‹ wird ›brutal-brutal-friedvoll‹«.[21] Mit diesem komplexen Werk, einer Art Vorstudie zu *Punch and Judy*, war es Birtwistle endlich gelungen, »das eigene Material zu erkennen und zu entdekken, was es anzubieten hat«.[22] Erstmalig hörte man hier jene ritualisierte, schartige Musik, jene Mischung aus Lyrik und Härte, die viele Werke Birtwistles auszeichnet. »Ich glaube, Harry erweist sich noch als der beste von uns allen«, bemerkte Maxwell Davies gelassen.[23]

Doch vor den Erfolg haben die Götter den Schweiß gesetzt. Die Arbeit an den eigenen Kompositionen, die zu einer Art Grundlagenforschung und zum Nachschöpfen einer eigenen Musikgeschichte wurde, und die Beschäftigung mit den alten Mythen verfolgte Birtwistle seither mit archäologischer Akribie und Hartnäckigkeit. »Mich interessieren die Grundlagen der Kultur, wie ein kulturelles System ersonnen wird. Ja, was *ist* denn nun eigentlich der Anfang aller Dinge?« *Ein* Vorbild ist ihm Strawinsky. »Er hat nie etwas wiederholt. Jedes Stück war ein neuer Anfang. Dann ging er von dem einen wieder zum nächsten, um weiterzumachen. Ein bißchen wie Picasso.«[24] Birtwistle traf Strawinsky Mitte der 60er Jahre in Princeton und in Dartington bei der Aufführung der *Requiem canticles*, dem letzten großen Werk des Exilrussen. Dieser fand besonders an einem Stück des Briten Gefallen, das in Kalifornien aufgeführt worden war: der 1960 entstandenen *Monody for Corpus Christi*.

Wesentlich an Birtwistles Kompositionen, auch an den reinen Orchester- bzw. Instrumentalwerken, ist das dramatische Element. Die Klangmöglichkeiten der verschiedenen Instrumente faßt er – ähnlich wie der Amerikaner Elliott Carter – geradezu als »Stimmen in einem abstrakten Schauspiel«[25] auf, und gerade ein kleines Stück wie das sechsminütige *Verses* für Klarinette und Klavier (1965) zeigt en miniature, was er darunter versteht. Der dramatische Konflikt vollzieht sich ausgesprochen unauffällig. Ein Kontrast entsteht beispielsweise durch das Aufeinandertreffen von zwei unterschiedlichen instrumentalen Charakteren: Während der Klarinettist noch die Dynamik und Klangfarbe eines angespielten Tons verändern kann, ist die Tongebung auf dem Klavier eher statisch. Bei dem in einer isorhythmischen Struktur angelegten Werk, das weitgehend auf Pianissimo-Ebene gehaltenen ist, agieren die Instrumentalisten sozusagen als »dramatis personae« auf dem Konzertpodium als einer imaginären Bühne. Bei *Verses for Ensembles* (1969), seinem ersten Werk für die London Sinfonietta, sind die Musiker sogar zu Positionswechseln auf der Bühne angehalten.

Die Imagination der Instrumentalwerke steht in engem Zusammenhang mit den Arbeiten für das Musiktheater. Als Birtwistle 1966 die Möglichkeit erhielt, durch ein Stipendium der Harkness Fellowship für jeweils zwei Semester als Lektor in die USA an den Universitäten in Princeton und Boulder, Colorado, zu arbeiten, konnte er dort endlich auch die Muße finden, sein erstes größeres Bühnenwerk anzugehen.

Bemerkungen zum Musiktheater

»*Tragoedia* ist für mich zumindest eher eine Exposition. In *Tragoedia* habe ich eine Welt entdeckt, die ich dann in *Punch and Judy* ausgewertet habe«, äußerte Harrison Birtwistle, der mit dem Skandalerfolg seiner ersten Oper die Richtung andeutete, die er einzuschlagen gedachte.[26] Musikalisch sprach er eine andere Sprache als seine Vorgänger. Britten, den Birtwistle nie persönlich kennenlernte, reagierte allergisch auf diese neuen Opernklänge. Ungeachtet der Aufmerksamkeit, die die Premiere erregte, dauerte es elf Jahre, bis das Werk in Großbritannien in einer konzertanten Aufführung unter David Atherton wieder erklang, wobei auch eine Platteneinspielung vorgenommen wurde. Britten war zu diesem Zeitpunkt bereits drei Jahre tot. Folgeaufführungen waren selten. 1985 wagte man sich in Coventry und Gelsenkirchen an das Stück, Anfang 1993 in Amsterdam. Erst 1991, 23 Jahre nach der Uraufführung in Aldeburgh, konnte *Punch and Judy* dort wieder aufgeführt werden, diesmal nach den Vorstellungen des Komponisten inszeniert.

Birtwistle charakterisiert das Werk als »ein sehr formstrenges Stück, sehr streng, eine Art kubistische Oper«.[27] Diese Oper sei eine Art »Lumpensack«, amüsiert sich der Komponist. »Sie hat Märsche, Trompetensignale, hinzu kommen Lieder, Serenaden, Wettervorhersagen, ein Quartett – eine ganze Menge.«[28] Wie Picasso versuchte Birtwistle, den tradierten, formalisierten und abgenutzen Stil zu überwinden und zu einer neuen Intensität des Ausdrucks zu gelangen. Daß Altbekanntes in parodistischer Form wieder auftaucht, ergibt sich dabei ganz natürlich, etwa bei dem Choral im Geiste der Bachschen *Matthäus-Passion* zu Punchs Hinrichtung oder bei der Analogie von Punchs Duett mit Pretty Poll zur Szene von Nero und seiner Gespielin am Schluß von Monteverdis *L'Incoronazione di Poppea*. »Es ist eine Oper in Anführungszeichen«, sagt Birtwistle. »Desgleichen sind die Versatzstücke (›Quartett‹, ›Liebesduett‹ usw.) wie Formeln, die mit verschiedenen Bedeutungen in vielen Opern wiederkehren.«[29] Eines findet man bei Birtwistle jedoch nicht: Illusionstheater, das mit lieblichen Melodien einlullt. Die scharfen Kanten seines musikalischen Materials bleiben ungeschliffen.

Birtwistles Zugehörigkeit zu den Pierrot Players, die er 1967 zusammen mit Stephen Pruslin in Anlehnung an Schönbergs *Pierrot Lunaire* gründete, blieb nur ein kurzes Intermezzo. Er schrieb nur zwei Stücke für das Ensemble, *Monodrama* (1967) und *Medusa* (1969), die mäßig erfolgreich waren und vor allem Birtwistle selbst nicht zufriedenstellten. Auf Dauer blieben auch Diskrepanzen mit Maxwell Davies nicht aus. »Ich glaube nicht, daß es für zwei Komponisten möglich ist, zusammenzuarbeiten«, resümiert Birtwistle. »Es ist ungesund.«[30] Seine Unzufriedenheit wuchs. Schließlich vollzog er den entscheidenden Schritt und schied 1970 von den Pierrot Players, »weil mir die damalige Zusammensetzung nicht paßte. Die Quellen meiner Inspiration waren und sind noch immer Strawinsky, Varèse, Messiaen, Webern und Tippett.«[31] Schönberg und Berg nennt er bei dieser Aufzählung bewußt nicht. Die Trennung von diesem Ensemble bereute Birtwistle keineswegs. »Danach hatte ich nicht das Gefühl, daß es irgend etwas mit mir zu tun hätte«, meinte er. »Es war nicht mehr die gleiche Organisation, und meines Wissens hat sie nicht eine einzige Note meiner Musik gespielt. [...] Max wollte etwas ganz bestimmtes verwirklichen und ich nicht. Wir waren Gleichgesinnte, wir haben gemeinsam Musik für uns entdeckt. Aber wir waren niemals das, was die Leute so gerne die ›Manchester-Schule‹ nannten, weil ›Schule‹ eine gemeinsame Haltung nahelegt, wie etwas gemacht wird, was bei uns nicht der Fall war. Bei den Pierrot Players gab es eine latente Konkurrenzsituation. Max' *Eight Songs for a Mad King* sagten: ›Hier ist etwas Sensationelles, und wollt Ihr etwas noch Sensationelleres machen?‹ Ich wollte damit nicht in Wettbewerb treten. Und gewiß wollte ich auch nicht eine grelle Musik schreiben wie die von Max.«[32] Unter Peter Maxwell Davies' Leitung feierte das alte Ensemble seine Wiederauferstehung als The Fires of London.

Birtwistle seinerseits hegte bereits Pläne zu einer weiteren Oper für ein großes Ensemble. Satellitenartig umkreisen andere Stücke dieses umfangreiche Projekt. Anstatt in scharfkantigen Blöcken wie in der Musik zu *Punch and Judy* komponierte Birtwistle vermehrt in langgezogenen, langsamen melodischen Bewegungen und homogenen Klangfarben. Zu den Werken, die dabei entstanden – »Prozessionshymnen« nennt sie der Komponist – gehören *Meridan* für Mezzosopran, kleinen Chor und Instrumentalensemble (1971), *An Imaginary Landscape* für Bläser und Schlaginstrumente, das seiner verstorbenen Mutter gewidmet ist und 1971 von Boulez mit dem BBC Symphony Orchestra uraufgeführt wurde, und *The Triumph of Time* für großes Orchester, ein vom gleichnamigen Gemälde Pieter Brueghels d. Ä. inspiriertes Auftragswerk des Royal Philharmonic Orchestra, das es 1972 unter Lawrence Foster in der Royal Festival Hall erstmals spielte. Drei Jahre später machte Boulez, der damalige Chefdirigent des BBC-Orchesters, eine Plattenaufnahme. Birtwistles Bekanntheitsgrad stieg gegen Ende der 70er Jahre, und gerade durch Boulez' Initiative wurde er auch außerhalb seiner Heimat, vor allem in Frankreich, bekannt. 1979 leitete Boulez im Théatre de la Ville in Paris auch die Uraufführung von *...agm...*, eine Komposition für 16 Stimmen und Instrumentalensemble mit fragmentarischen Versen der Dichterin Sappho. »Ich bin noch immer in Kontakt mit Boulez und treffe ihn gelegentlich«, erzählt Birtwistle. »Als er noch in London war, habe ich ihn öfter gesehen.« Pierre Boulez ist neben Howarth einer der engagiertesten Verfechter der Musik Birtwistles. Entscheidend für das gute Verhältnis ist hierbei, daß Boulez nicht ausschließlich Komponist ist, sondern auch als Verfasser wichtiger musiktheoretischer Schriften und als Dirigent hervortrat, denn Komponisten allein haben einander schon nach kurzer Zeit nur noch wenig zu sagen, lautet Birtwistles Standpunkt.

Der Brite hat sich nie danach gedrängt, eigene Werke zu dirigieren, geschweige denn fremde. Auch ist er als Komponist mehr Praktiker als Theoretiker. »Ich glaube kaum, daß kreative Menschen über ihre Intuition nachdenken. Man hält es für selbstverständlich, daß man sich selbst ausdrückt«, meint Birtwistle. »Was Künstler wirklich beschäftigt, ist, wie zum Teufel macht man's. [...] Das Problem besteht darin, wie man seine Ideen nutzt, wie man sie produktiv macht, und dazu braucht man mehr als Intuition.«[33] Dieser Gedankengang führt direkt zur einflußreichsten Inspirationsquelle Birtwistles: der Malerei. »Zuallererst muß man eine Vorstellung von der Welt haben, die man erschaffen will«, sagt er. »Für mich sind die Welten, die ich am meisten bewundere, mit denen ich mich am meisten identifiziere, jene von Künstlern wie Uccello, Piero della Francesca, Paul Klee. Als ich jung war, machte Piero einen gewaltigen Eindruck auf mich. Kennen Sie sein Gemälde mit dem Titel *Die Geißelung Christi*? Das Lyrische, Mysteriöse und Formalistische, das man darin findet, sind Qualitäten, die ich schon immer nachahmen wollte. Die eigentliche Geißelung findet links im Hintergrund des Bildes statt. Es gibt eine Symmetrie, die eigentlich wiederum doch keine Symmetrie ist. Rechts im Vordergrund stehen die Gestalten von drei Männern, als ob sie sich in ihre eigenen Welten verloren hätten. Es sind jedoch keine Marionetten, sie sind wirklich Menschen, und wenn man vom Informationsgehalt des Bildes ausgeht, bilden sie dessen wichtigstes Element. Im Grunde genommen handelt das Bild eigentlich gar nicht von der Geißelung. Das Wesentliche des Bildes liegt hinter seinem Thema verborgen. Da geht es um etwas anderes.«[34]

Neben diesem zwischen 1455 und 1465 entstandenen Gemälde, das heute im Palazzo Ducale in Urbino hängt, zeichnen sich die Werke Piero della Francescas (ca. 1410/20–1492) durch eine sorgfältige Beachtung der Gesetze von Proportion und Perspektive beim Bildaufbau sowie durch die subtile Verbindung von Farben und Licht zu einer beinahe unwirklichen Atmosphäre aus. Im Gegensatz zu dem italienischen Renaissancekünstler Paolo Uccello (1397–1475), dessen Mosaike, Bilder und Fresken durch ihre freie Farbwahl und die Ansätze zu einer perspektivischen Darstellung bestechen, verfaßte Piero della Francesca auch mathematisch-kunsttheoretische Schriften. Birtwistles künstlerische »Bibel« blieb jedoch für lange Zeit das *Pädagogische Skizzenbuch* von Paul Klee (1879–1940). Dieses Werk erschien ursprünglich 1925 als zweiter Band der von Gropius und Moholy-Nagy edierten *bauhausbücher*. In Deutschland wurde das schmale Bändchen erst wieder 1965 verlegt, während schon 1953 die erste englische Übersetzung herauskam. Inspirierend war bereits der erste Satz: »Eine *aktive* Linie, die sich frei ergeht, ein Spaziergang um seiner selbst willen, ohne Ziel. Das agens ist ein Punkt, der sich verschiebt«, lautet die Erläuterung zur ersten Figur – einer geschwungenen Linie, die im folgenden mit ihren Varianten durch Hinzufügen von Begleitungsformen sich selbst umschreibend und mit Nebenlinien dargestellt wird. Dies vermittelte Birtwistle die Anregung, auch musikalische Elemente in verschiedenen Zusammenhängen darzustellen, sie nebeneinanderzulegen oder sie von verschiedenen Blickwinkeln aus zu betrachten. »Der Gedanke der Wiederholungen ist sehr stark in meiner Musik, und dies ist eine Sache, die sehr bewußt angelegt ist«, bekennt er. »Es gibt dabei auch verschiedene Arten der Wiederholung, beispielsweise bei der Wiederholung von Dingen, die sich nie verändern oder solchen, bei denen sich nur ein Aspekt wandelt, und denen, die einem ständigen Veränderungsprozeß unterworfen sind. Dies findet sich in meinem gesamten Werk. Aber es wird nicht rein formal gehandhabt.«

Die Reaktion auf seine Musik hängt davon ab, »mit welcher Haltung man ihr zuhört«, glaubt der Komponist. »Ich bin immer wieder überrascht, wie die Leute auf meine Musik reagieren, weil ich sie in gewisser Hinsicht für recht traditionell halte.« Selbstverständlich gibt es in seinen Werken, wie auch in der meisten zeitgenössischen Musik, keine Bezugnahme auf das traditionelle System der Tonarten. Die konzeptionelle Anlage sei aber keineswegs neuartig, wenn es auch keine Entwicklung gibt, die von einer Tonart ausgeht, ausgeformt wird, und wieder zum Ursprung zurückfindet. »Ich würde sagen, daß sich meine Musik ständig entwikkelt, etwa in der Art wie die Musik der Renaissance, wo es auch nicht das gibt, was man als ›Gegenpart‹ bezeichnen könnte, dennoch regeneriert sie sich immer wieder aufs neue«, überlegt Birtwistle. »In diesem Sinne gibt es keine Keimzelle oder etwas, was sich daraus entwickelt, und wieder dahin zurückkehrt. Es ist eher eine Art Evolution.«

So wie die Universalität der Zeichen und der Bildersprache Paul Klees vielfältige Stile und Epochen zu einer neuen Gestaltungs- und Sichtweise formte, könnten Birtwistles Kompositionen zur Bestandsaufnahme und Grundlage für ein differenzierteres Hören moderner Musik werden. Eine Hommage an Paul Klee ist das Orchesterstück *Carmen Arcadiae Mechanicae Perpetuum* (1978), in dem sechs Mechanismen ohne Modulationen mehrfach aneinandergereiht werden. Eine Eigendynamik entwickelt das Stück durch ein unabhängiges Schema von Tonstärken und -höhen. Zu den wichtigsten Werken Birtwistles, die im Geiste Klees als »Bewegungs-Organismen« gestaltet sind, gehört auch *Silbury Air* (1977), dessen Titel sich auf Silbury Hill bezieht, einen prähistorischen Wall in Wiltshire, der mit einer Höhe von fast vierzig Metern und einer Fläche von gut 20 000 m^2 der größte seiner Art in Europa ist. Bis heute kann über seinen Verwendungszweck nur spekuliert werden. Birtwistles Musik orientiert sich weder an den geometrischen Proportionen, noch bietet sie romantische Assoziationen zur enigmatischen Aura der Landschaft. In dem Werk soll eine archaische Welt musikalisch Gestalt annehmen, und so ist der Partitur ein »Impuls-Labyrinth« vorangestellt. »Ich habe meine Musik oft als Landschaft bezeichnet, in der musikalische Gedankengänge durch die Aneinanderreihung und Wiederholung von ›statischen Blöcken‹, oder in meiner Terminologie: ›Objekten‹, dargestellt werden«, notierte Birtwistle. »Das Endergebnis dieses Prozesses besteht in einer Verbindung künstlicher Landschaften bzw. ›imaginärer Landschaften‹, um Paul Klees Titel zu verwenden.«[35] Trotz der konzeptionellen Parallelen zwischen der Gestaltung von Bildern und musikalischen Strukturen zeigt Birtwistle keinerlei Ambitionen, selbst zu malen, wie etwa Arnold Schönberg. »Es ist lediglich ein intellektuelles Interesse«, erzählt er, »ich sammle auch nicht gezielt. Ich habe zwar einige Bilder, aber ich bin kein ernsthafter Sammler.«

Möglicherweise hätten ihn Gemälde schneller reich gemacht als Kompositionen. Nachdem das Dasein als Musiklehrer wenig Faszination auf ihn ausübte, und die Tätigkeit als freier Komponist und Dozent nur bescheidene Einkünfte bot, kam es Birtwistle nicht ungelegen, als ihm Peter Hall 1976 die musikalische Leitung des National Theatre in London anbot. Was ihn künstlerisch vor allem lockte, war die Aussicht auf eine Aufführung von Aischylos' Tetralogie *Die Orestie* in der Neuübersetzung seines Freundes Tony Harrison, der auch die Libretti zu *Bow Down* (1977) und *Yan Tan Tethera* (1984) schrieb. »Doch sie hat zehn Jahre lang auf sich warten lassen, und so habe ich die übrigen Sachen machen müssen, während ich wartete«, erinnerte sich Birtwistle.[36] Dazu gehörten unter anderem Inszenierungen von Shakespeares *As You Like It* und *Hamlet*, Ibsens *Brand*, Giraudouxs *The Trojan War Will Not Take Place*, Jonsons *Volpone* und Shaffers *Amadeus*. Vertan war diese Zeit letztlich nicht ganz, weil Birtwistle brauchbare Erfahrungen mit der Verbindung von Musik und Drama sammeln konnte. Unter anderem realisierte er die Kurzopern *Down by the Greenwood Side* (1969) und *Bow Down*. Dennoch mag die Tätigkeit an einem Schauspielhaus für einen Musiker mitunter frustrierend gewesen sein. Nach Birtwistles Auffassung muß Musik eine Notwendigkeit besitzen, etwas Unentbehrliches, eine naturgegebene Unabdingbarkeit. Rein »kosmetische« Musik ist ihm ein Greuel. »Für gewöhnlich rate ich Regisseuren ab, Musik in neuen Inszenierungen zu verwenden«, lautet die Maxime, und so setzte er selbst seine Bühnenmusiken nur äußerst sparsam und gezielt ein. Während er mit Peter Hall Aischylos' *Orestie* vorbereitete, meinte er, daß es am Ende vielleicht überhaupt keine Musik geben werde. »Haben Sie kürzlich die BBC-Produktion gesehen?« fragte Birtwistle einen Interviewer. »Genau das meine ich, wenn ich von kosmetischer Musik spreche.«[37] Es gab dann doch Musik zu der griechischen Tragödie am National Theatre zu London, doch nach Birtwistles Art. Die halbstündige Zugfahrt von Twickenham nach Waterloo bot ihm Zeit zum Improvisieren. »Jeden Morgen konnte ich gerade genug schreiben, um es tagsüber mit den Schauspielern einzustudieren«, erzählt er. »Ich hatte mir vorgenommen, den Text und die Aktionen der Darsteller zusammenzuschweißen. Für gewöhnlich eifern sie diesen entsetzlichen griechischen Vasenbildern nach. [Er demonstriert es effektvoll mit den Armen ...] Aber die griechische Tragödie ist voller Blut und Gedärm; der Chorus war wie eine Meute Fußballfreaks.«[38] Griechisches Theater, inspiriert von der Stadionatmosphäre bei Arsenal London.

Über ein Nebenprodukt der *Orestie*-Inszenierung kann sich Birtwistle rückblickend amüsieren: Ein Werbeproduzent sah die Aufführung und bot ihm daraufhin einige Aufträge an. Er akzeptierte, da er sowieso noch Zeit hatte und der Verdienst auch nicht zu verachten war. Honorare von Musikverlegern flossen ohnehin spärlich. Nebenbei schrieb Birtwistle die Musik zu Sidney Lumets Film *The Offence* (1973), ein Thriller mit Sean Connery. Doch das Komponieren für den Film erschien ihm auf Dauer wenig verlokkend, weil ihm zu viele Beschränkungen auferlegt waren, und es ihm nicht zuletzt auf die Nerven ging, wenn die Darsteller anfingen, ihm ihre Wunschmelodien vorzusummen. Doch auch die Tätigkeit am National Theatre konnte nicht seine Zukunft bedeuten. Theaterarbeit an einem Schauspielhaus bezeichnet der Komponist Birtwistle als »Handwerk«. Problematisch erschien ihm auch das ständige Reisen zum Arbeitsort, und er bedauerte, daß ihm viel Zeit für andere Kompositionen und Pläne verlorenging. Die *Orestie*-Produktion brachte dennoch einen entscheidenden Impuls für Birtwistles nächstes großes Opernprojekt. Seit über zehn Jahren lag ein unvollendetes Manuskript in seiner Schublade, mit dem er bereits manche Irrungen und Wirrungen des Theaterbetriebs durchgemacht hatte. Die Geschichte seiner Fertigstellung und Erstaufführung sollte sich allerdings recht abenteuerlich gestalten.

Orpheus-Kommentare

Birtwistle verließ das National Theatre 1983. Die Vorgeschichte zu seiner nächsten Oper reicht jedoch bis in das Jahr 1968 zurück. Als Peter Hall seinerzeit zum neuen Co-Direktor des Opernhauses Covent Garden ernannt wurde, bot er Birtwistle einen Auftrag zu einem neuen, eigenen

Bühnenwerk an. »Ich arbeitete zu dieser Zeit mit verschiedenen Repetitionsarten, Klangblöcken, die von verschiedenen Perspektiven aus wiederholt werden, aber niemals gleich sind«, erzählt Birtwistle. »Ich wollte eine Geschichte haben, die sich diese Versuche zunutze macht, die aber zugleich jedermann kennt. Ursprünglich wollte ich *Faust* machen. Covent Garden war ganz aufgeregt. Aber ich schrieb auch einen *Orpheus* für den Beginn von London Weekend Television und kam zu dem Schluß, daß dies interessanter wäre.«[39] So teilte der Komponist den Verantwortlichen am Covent Garden mit, daß es nun ein Stück über den griechischen Sänger Orpheus und nicht über Dr. Faust geben werde, doch man brauche sich keine Sorgen zu machen – es sei die gleiche Oper. »Zuerst war die Musik da, und erst dann machte ich mich auf die Suche nach einem Sujet«, erklärt Birtwistle. »Die Frage war, welche Art von Theater kann diese Musik ausdrücken? Ich schrieb zu der Zeit sehr extreme, statische Musik; und das Problem mit einer dramatischen Erzählweise ist, daß sie immer in eine Richtung geht. So mußte ich eine Erzählung finden, die sich theatralisch anders darstellen ließe als auf lineare Weise.«[40] Das Libretto verfaßte Peter Zinovieff, ein ehemaliger Geologe, der zum Computerspezialisten und Fachmann für elektronische Musik geworden war. Er hatte sich schon 1969 an der Gründung der British Society for Electronic Music beteiligt und in Putney das fortschrittlichste Studio in ganz Großbritannien eingerichtet, das Birtwistle bereits bei der Komposition von *Medusa* nutzte. Bis dahin hatte man eher zögerlich mit elektronischer Musik experimentiert: Nachem auf dem Kontinent und in den USA bereits in den 50er Jahren die ersten Versuche angelaufen waren, wurde in England erst am 15. Januar 1968 in der Londoner Queen Elizabeth Hall das erste Konzert mit elektronischen Werken veranstaltet. Durch die Zusammenarbeit mit Zinovieff versprach auch die neue Oper ein bahnbrechendes Stück zu werden.

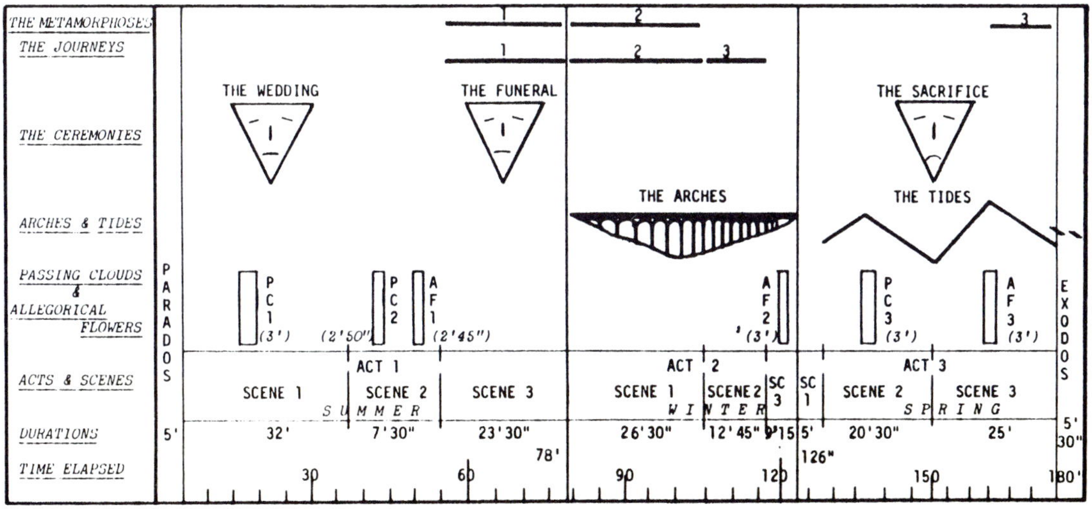

Peter Zinovieffs Strukturplan für »The Mask of Orpheus«

Zwischen Herbst 1973 und Frühjahr 1975 stellte Birtwistle die ersten beiden Akte fertig. Doch allmählich gab es Grund, sich Sorgen um die Zukunft dieses Werkes zu machen. Gleichzeitig mit Peter Hall schieden auch die Hoffnungen auf eine Uraufführung am Covent Garden. Hall indes hielt an dem Auftrag fest und bot an, als neuernannter Direktor der Festspiele in Glyndebourne die Oper dort auf die Bühne zu bringen. Nachdem Birtwistle das Theater in Augenschein genommen hatte, mußte er feststellen, daß es schlichtweg zu klein war für das, was ihm vorschwebte. Der Komponist ließ die Arbeit an der Oper fortan ruhen. Das Orpheus-Projekt verschwand nun für mehrere Jahre in der Versenkung, weil Birtwistle nach eigenem Bekunden keine Zeit für ein Stück verschwenden wollte, das möglicherweise nie aufgeführt würde. »Mich interessiert, was ich morgen machen werde und nicht erst in einigen Jahren«, meinte er. »Ich hatte bereits andere Musik im Kopf.«[41] Diese praktische Erwägung entsprang einer weiteren Lektion, die Birtwistle in seiner Zeit am National Theatre gelernt hatte. Das Thema Orpheus verlor er indes nicht völlig aus den Augen. So komponierte er im Auftrag des Hessischen Rundfunks ein Chorwerk auf einen Text von Boethius, *On the Sheer Threshold of the Night* (1980); ein mathematisch angelegtes Stück, in dem der Philosoph die Beständigkeit der Vernunft mit den Launen des Glücks vergleicht, was am Beispiel des Orpheus aufgezeigt wird. Als Musiker hätte sich Orpheus dem Lichte der Vernunft und seinen Blick der Sonne zugewandt, spekuliert der Denker, da Orpheus jedoch nur Sänger war, ergab er sich gefühlsmäßig der Liebe, wandte sich um und verlor alles.

Für Birtwistles Oper sah es mehrere Jahre lang schlecht aus. Das Projekt war kostspielig, außerdem war kein geeignetes Theater in Aussicht. Mit Beginn der 80er Jahre eröffneten sich neue Perspektiven. Durch die Vermittlung von Lord Harewood bot sich die Möglichkeit, das Stück an der English National Opera herauszubringen, und die erforderlichen Ausgaben konnten gedeckt werden, weil eine – vermutlich amerikanische – Gönnerin und Bewundererin Birtwistles eine sechsstellige Summe (in Dollar) stiftete. Obwohl der Komponist neugierig war, blieb die Dame auf Wunsch ungenannt. Der 3. und damit letzte Akt konnte dann bis zum Herbst 1983 fertiggestellt werden. Keine leichte Aufgabe, lagen doch mehrere Jahre anderer musikalischer Beschäftigungen und die Erfahrung mit dem National Theatre dazwischen. »Dadurch hatte ich zu der Zeit, als ich mich wieder dem *Orpheus* zuwandte, meine theatralische Unschuld verloren«, sagte der Komponist. »Sich diese Arbeit wieder vorzunehmen war, als ob man in eine Pyramide eintritt und einen Papyrus betrachtet. Was könnte das wohl bedeutet haben? Wie alle guten Archäologen habe ich mir das, was ich nicht verstehen konnte, einfach dazugedacht. Als ich erst einmal Vergangenheit und Gegenwart zusammengefügt hatte, war es einfach.«[42]

Gut die Hälfte des Uraufführungs-Budgets von 70 000 Pfund wurde investiert, um eine mutige künstlerische Vision Birtwistles zu realisieren: den Einsatz elektronischer Musik in einer Oper. Er wagte diesen Schritt, weil es ihm nur dadurch möglich schien, den mimischen Einlagen in seinem Werk und der Stimme des unsichtbaren Gottes Apollo auf eine angemessene Weise klanglich Ausdruck zu verleihen. Mit Hilfe des Elektroakustikers Barry Anderson erstellte der Komponist die Bänder im Institut de Recherche et Coordination Acoustique/Musique, kurz IRCAM genannt – Boulez' staatlich geförderte musikalische Abteilung am Pariser Kulturinstitut Centre Pompidou. Boulez schätzt Birtwistle von allen britischen Komponisten am meisten, und dem Briten gefiel die Arbeit am IRCAM, wenn er auch das Ambiente wenig gemütlich fand. »Ein sehr ungesunder Ort«, schaudert ihm,[43] dennoch hielt er die Erfahrung, mit dem »Material aus erster Hand« arbeiten zu können, für ausgesprochen wichtig. Ob er allerdings weitere Pläne in dieser Richtung realisieren wird, ist ungewiß. Er habe ein »merkwürdiges Verhältnis zu elektronischer Musik«, räumt der Komponist ein. Immerhin baute dieser längere Frankreich-Aufenthalt die Brücke für die (zumindest vorläufige) Übersiedlung auf den Kontinent.

Das neue Werk stellte Birtwistles bis dahin anspruchsvollstes Unterfangen dar: Die Oper *The Mask of Orpheus*, »eine lyrische Tragödie in drei Akten«, bietet nichts Geringeres als ein Kompendium des facettenreichen Orpheus-Mythos, von dem es verschiedene Versionen gibt. Der erste Akt schildert die Vorgeschichte, in der Apollo Orpheus seine magischen Kräfte verleiht, bis zum Hinscheiden und Begräbnis Euridices; der mittlere – laut Zinovieff eine »Fantasie« – den Abstieg in die Unterwelt und der dritte schließlich den Ruhm des Mythos Orpheus zu Lebzeiten und nach seinem Tod. Die Erzählweise ist indes nicht linear, sondern verwebt die verschiedenen Darstellungen und Deutungen der Legende in Schichtungen, Doppelungen und Variationen. So gibt es beispielsweise verschiedene Deutungen von Euridices Tod durch einen Schlangenbiß. Auch sind die Hauptcharaktere – Orpheus, Euridice und Aristaeus – aufgespalten in Mensch, Held und Mythenfigur, dargestellt in den jeweiligen Akten durch Sänger, Schauspieler und Puppen. »Birtwistle und Zinovieff nehmen den Mythos als eine Art historischen Artefakt, der uns in dieser vielschichtigen Form überliefert wurde, was sich auch mit der Musik deckt, die ihrerseits vielschichtig angelegt ist. So werden uns sowohl durch die Musik als auch durch die Geschichte die verschiedenen Facetten einer Legende gezeigt, von der die meisten Komponisten nur einen Teil behandelt haben«, erläuterte der Regisseur David Freeman und zog Bilanz: »Zusammenfassend kann ich sagen, daß dies das komplizierteste Stück ist, mit dem ich bisher fertig werden mußte: auch Philip Glass hat mir kürzlich gesagt, daß Birtwistle sich wohl vorgenommen hatte, die komplexeste Oper zu kreieren, die jemals geschrieben wurde.«[44] Es ist kaum übertrieben festzustellen, daß *The Mask of Orpheus* in bezug auf den Schwierigkeitsgrad und die Anforderungen an ein Theater in die gleiche Kategorie gehört wie Bernd Alois Zimmermanns Oper *Die Soldaten* (1965). Die vielschichtige Struktur der Partitur Birtwistles, die unter anderem gleichzeitig verschiedene Tempi in den Orchestergruppen verlangt, machte sogar zwei Dirigenten erforderlich, und so stand Elgar Howarth noch Paul Daniel zur Seite. Bläser, Schlagwerk und die in Paris erstellten Bänder geben den Ton an. Streichinstrumente fehlen völlig, weil sie sich nicht in das klangdramaturgische Konzept fügten, das den Komponisten zu dieser Zeit umtrieb.

»Ich glaube nicht, daß es sich um eine Oper im eigentlichen Sinne handelt«, kommentiert er. »Lieder werden dabei nicht unbedingt dazu verwendet, die Erzählung voranzubringen. Es gibt Tanz, Pantomime und anderes. Niemand besingt das, was gerade passiert: ›Möchten Sie eine Tasse Tee‹ oder ›Wie eiskalt ist dies Händchen‹. Es ist anders.«[45] Dieses Stück Musiktheater ist nicht nur eine Bestandsaufnahme eines Mythos, es ist – wie auch Monteverdis *Orfeo* als eine der ersten Opern – nicht zuletzt eine Hommage an die Musik selbst. Diesen Zugang ermöglicht nur das Musiktheater. Nennen wir es der Einfachheit halber »Oper«, selbst wenn *The Mask of Orpheus*, wie der Titel bereits andeutet, eher in der Tradition des elisabethanischen Maskenspiels steht. Auch Birtwistle glaubt, daß »nur die Oper sich wirklich mit Mythen, mit Göttern befassen kann. Das Sprechtheater kann sie nur auf eine menschliche Ebene bringen. Aber in der Oper gibt es diese großen Dimensionen, wie die gewaltige Stimme des Apollo. Musik besitzt sozusagen einen heißen Draht zum Übernatürlichen. Musik ist Psychologie – man muß sie nicht mit Worten erklären. Bei mir kommt der musikalische Gedanke immer zuerst, lange vor dem Text.«[46]

Die Dreiteilung der Figuren war Birtwistles Idee. »Sogar die Tonbänder, die ich mit Barry Anderson bei der IRCAM in Paris aufnahm, sind meine eigene Arbeit. Aber David Freeman, der Regisseur, der die Opera Factory gründete und 1981 eine bahnbrechende Inszenierung von Monteverdis *Orfeo* an der English National Opera sowie von *Punch and Judy* herausbrachte, hatte freie Hand«, berichtet Birtwistle. »Es wäre falsch zu glauben, daß die schöpferische Arbeit eines Regisseurs durch die Regieanweisungen im Libretto begrenzt ist. Es gibt zum Beispiel drei verschiedene Manifestationen von jeder handelnden Person, die durch einen Schauspieler, einen Sänger und eine Puppe als Metapher dargestellt werden. Wenn ich ›Metapher‹ sage, meine ich, daß dies die strengste Form der Bühnenstilisierung ist. [. . .] Die Wiederholungen lassen Variationen der gleichen Dinge zu. Das kann durch Schweigen erreicht werden, oder wie gesagt, mit Puppen. Wie das gemacht wird, entscheidet der Regisseur.«[47]

»The Mask of Orpheus«, Szene aus der Uraufführung durch die English National Opera, 1986

Nachdem die eigentliche Komposition letztendlich weitaus weniger Zeit in Anspruch genommen hatte als die Mühen, das Werk auf die Bühne zu hieven, fand nach noch gut zwölf Wochen Probenarbeit die Uraufführung dann endlich am 21. Mai 1986 an der English National Opera im Londoner Coliseum statt. Philip Langridge gab den Orpheus, Jean Rigby war Euridice und Tom McDonnell Aristaeus. Der Erwartungsdruck war nach der Vorgeschichte, die viel Wirbel in den Medien verursacht hatte, enorm. »Es war eine Situation, die geradezu gemacht war für eine Enttäuschung«, schrieb Paul Griffith in der Londoner »Times«, »und trotzdem erweist sich *The Mask of Orpheus* sowohl als ein reicheres als auch einzigartigeres, stärkeres und dynamischeres Experiment, als man zu hoffen gewagt hätte.« Tippett erinnerte sich, er sei nach dem Besuch der Uraufführung »völlig zerschmettert gewesen von diesem kolossalen Werk. Ich schrieb zu dieser Zeit gerade an *New Year*, und ich mußte erst einmal aufhören, eine Atempause einlegen und überdenken, welche Lektion ich davon lernen könnte. Wie sich zeigte, wurde ich nicht ›beeinflußt‹; ich konnte nur staunen über die Art und Weise, wie dies Stück (und jeder, der damit zu tun hatte) so mutig, so hartnäckig eine Kunstform wiederbelebte, die in unseren Tagen oft als tot angesehen wird.«[48] In der Minderheit waren Stimmen wie die eines deutschen Rundfunkredakteurs, der meinte, Birtwistle verstehe es, »in seiner Mythen-Oper ein Sammelsurium von Bildungsgütern als große experimentelle Tat zu verkaufen«. Für William Mann war der elektronische Teil der Musik »schlicht und einfach die großartigste musikalische Komposition dieser Art«, die er je gehört hatte.[49] Man könne das Werk vergleichen »mit anderen Augenblicken in der Operngeschichte, bei denen eine neue Fassung der Orpheus-Legende mobilisiert wurde, um einer neuen Vision Gestalt zu geben, nicht nur im Hinblick auf die Oper, sondern auch auf die Natur des Selbst: Nichts Geringeres macht Birtwistles Werk«, hieß es in der »Times«, in der Griffith resümierte: »Die Welt ist anders danach.«

Ruhm und öffentliche Anerkennung war dem Komponisten gewiß. Zur Jahreswende strahlte »Channel Four« vier Sendungen über Leben und Werk des Harrison Birtwistle aus, gefolgt von drei Übertragungen seiner Opern – eine Form der Publizität, die den Zweiundfünfzigjährigen nicht unbedingt begeisterte. »Man kommt sich vor, als ob man tot ist«, schmunzelte er. »Es gibt so viele verschiedene Meinungen über das, was ich mache, daß ich das Gefühl habe, etwas zu betrachten, mit dem ich nichts mehr zu tun habe ... – Es ist, als ob man aus dem Grab zurückblickt.«[50]

Zwei Jahre zuvor hatte ein weniger spektakuläres Bühnenstück, die Oper *Yan Tan Tethera*, bereits zu heißen Gefechten zwischen Fernsehsendern geführt. Die BBC hatte das Werk 1979 in Auftrag gegeben. Geplant war es als Stereo-Übertragung, die – erstmals für eine Oper in Großbritannien – von BBC Television und Radio 3 simultan im Rundfunk und im Fernsehen ausgestrahlt werden sollte. Birtwistle beendete das Werk fristgerecht, doch unterdessen hatte die BBC dem verantwortlichen Musikredakteur Robert Ponsonby gekündigt und zeigte sich nicht länger interessiert an der neuen Oper. Zu teuer, hieß es. Der aufgebrachte Birtwistle telefonierte kurzerhand mit Michael Vyner, dem künstlerischen Leiter der Opera Factory und Direktor der London Sinfonietta. Dieser erklärte sich bereit, das Werk auf die Bühne zu bringen, und ließ seine Kontakte zu privaten Fernsehsendern spielen, an die die desinteressierten BBC-Gewaltigen auch gutwillig die Rechte abtraten. Die vierstellige Pfund-Summe, die der Komponist für den Auftrag erhalten hatte, konnte nicht mehr zurückgefordert werden. Als das Musikprogramm der BBC kurz darauf der Obhut von Alan Yentob anvertraut wurde, stellte dieser zu seinem Entsetzen fest, wie leichtfertig der Sender mit der Auftragsoper umgegangen war. Er setzte alle Hebel in Bewegung, um die Rechte wieder zurückzukaufen. Eine hitzige, gut einstündige Debatte zwischen den Vertretern von BBC und Channel Four entbrannte, als ginge es um die Rechte an einem Kinokassenschlager. Der Privatsender obsiegte, und die BBC mußte sich mit den Übertragungsrechten für *Earth Dances* begnügen, Birtwistles erstem größeren Orchesterwerk seit vielen Jahren. »Theoretisch könnten wir die Opernpremiere auf Channel Four zeitgleich auch in unserem dritten Radioprogramm übertragen«, meinte ein BBC-Verantwortlicher, der lieber ungenannt bleiben möchte, »aber um das vorzuschlagen, ist mir mein Job zu wertvoll.«[51]

Die Geschichte, die in der Oper erzählt wird, geht zurück auf eine Erzählung aus K. M. Briggs' *British Folk Tales*. Sie handelt von zwei Schäfern, die mit der Größe ihrer Herde ein Mädchen beeindrucken und für sich gewinnen wollen. Der Titel *Yan Tan Tethera* bezieht sich auf den Dialekt der Schäfer in Nordengland, mit dem sie in alter Zeit ihre Tiere zählten. Die Worte bedeuten »Eins, zwei, drei« und sind zugleich eine magische Schutzformel gegen den Teufel, mit dem sich einer der Rivalen verbündet. Die vermeintliche Gelegenheitsarbeit wurde umfangreicher, als Birtwistle zunächst geplant hatte. Abermals sind Wiederholungen ein Grundbestandteil der Komposition, erstmals kam jedoch auch eine »lange organische, fugenartige Textur im Orchester« hinzu, die sich etwa beim Zahlenzählzauber »durch den ganzen Abschnitt zieht und dann in einen Choral ausweitet, sobald beim Zählen die magische Ziffer Sieben erreicht wird«. Dadurch, so Birtwistle, konnte er »einen strophischen Überbau als Vordergrund und einen organischen Unterbau als Hintergrund« schaffen, die voneinander weitgehend unabhängig sind.[52] Die Uraufführung von *Yan Tan Tethera* fand schließlich am 7. August 1984 im Rahmen eines Minifestivals auf der Londoner South Bank statt, dargeboten von der Opera Factory und der London Sinfonietta unter Leitung Elgar Howarths. Gespielt wurde in der Queen Elizabeth Hall des South-Bank-Komplexes, wo man kurzerhand die ersten Parkettreihen herausnahm und das Orchesterpodium zu einer portallosen Bühne umbaute, auf der auch einige Aufführungen von Mozarts *Cosí fan tutte* gegeben wurden.

Im gleichen Jahr erschien auch das bislang einzige Buch über Birtwistle, eine nicht ganz 200 Seiten umfassende Studie von Michael Hall in einer Reihe über zeitgenössische Komponisten. Birtwistle hatte sich unterdessen bereits nach Frankreich zurückgezogen, was ihm nicht nur mehr Ruhe und Muße zum Komponieren gab, sondern auch einige Unannehmlichkeiten ersparte, wie etwa den Wein importieren zu müssen. So wie manche Gestreßte die Wochenenden auf dem Lande verbringen, nimmt Birtwistle mitunter umgekehrt in Toulouse ein Flugzeug nach London. Einen festen Zeitplan für die Lebensgestaltung gibt es indes nicht; diese richtet sich nach den jeweils vordringlichen Aufgaben und auswärtigen Terminen oder Verpflichtungen. »Die Franzosen haben eine viel gesündere Einstellung zur Kreativität«, meint Birtwistle. »Man betrachtet das hier als richtige Arbeit, während in England nur das als richtige Arbeit gilt, von dem man leben kann. Das englische Musikpublikum ist das konservativste und reaktionärste. Man will nur ›Desert Island‹-Platten hören. All jene Persönlichkeiten, die in jeder anderen Hinsicht sehr gebildet sind, erweisen sich als musikalische Analphabeten. Die Leute *hören* Musik nicht mehr. Sie *haben* sie einfach.«[53] Von seiner eigenen Musik glaubt der Komponist, daß sie eine Stellungnahme verlangt. »Bei ihr muß man hinhören«, sagt er. »Es ist erschreckend, wie mit Musik umgegangen wird, wie sie zu einer Art Umweltverschmutzung zweiten Grades geworden ist. Endlose Radiosendungen mit ihren rhythmischen Pop-Schnullern. Auch Restaurants und Hotels haben dieses obligatorische, nichtige Gedudel im Hintergrund, und die Leute bemerken es erst, wenn es abgestellt wird. Die Musik, die ich schreibe, ist in gewisser Hinsicht das Gegenteil davon.«[54] In seinem Heim in Le Lot besitzt Birtwistle zwar ein Klavier, das er jedoch zum Komponieren kaum benutzt. Auch Musik hört er sich so gut wie nie an. Er besitzt lediglich ein Radio und einen Kassettenrecorder mit schauderhaftem Klang. Als ihn ein gesteigertes Interesse an Wagner überkam, erwarb er eine Aufnahme der *Götterdämmerung* und ließ sie auf dem Kassettengerät seines Autos laufen, bis dieses das Band verschluckte und nicht mehr herausgab. Die Kassette steckt noch immer im Wagen und wird wahrscheinlich auch so lange darin bleiben, bis das Gefährt verkauft wird.

Bei seinem nächsten großen Opernprojekt konzentrierte sich Birtwistle auf eine alte englische Legende aus dem Sagenkreis um König Artus. Einer der merkwürdigen, aber bezeichnenden Zufälle fügte es, daß bei einer Matinee mit Erläuterungen zu dem neuen Werk im Hintergrund Musik aus der *Götterdämmerung* von einer gleichzeitigen Probe im Orchestergraben herüberschallte. Doch wo sollte nun das neue Bühnenopus in Szene gesetzt werden? Die English National Opera, die 1986 mit der Realisierung eines Projekts begonnen hatte, für die folgenden sieben Spielzeiten ein entsprechendes Budget und die Möglichkeiten für jeweils eine Uraufführung eines britischen Komponisten zur Verfügung zu stellen, hatte mit *The Mask of Orpheus* ihr Soll mehr als erfüllt. Aber Londons zweites großes Opernhaus stand noch tief in Birtwistles Schuld: Covent Garden.

Ein endlos geflochtener Klang

Für Birtwistle selbst mag es paradox erscheinen, daß das Establishment, zu dem er sich keineswegs hingezogen fühlt, ihn nun mit offenen Armen empfängt. 1988 wurde aus Mr. Harrison Birtwistle durch den Ritterschlag der Königin Sir Harrison oder »Sir Harry«, wie sein Manager etwas legerer schreibt. »Ich finde es seltsam, daß ich zu einem Mitglied des britischen Establishments gemacht wurde, den Ritterschlag erhalten habe, obwohl das Establishment keine Ahnung hat, was ich eigentlich mache. In Frankreich bin ich von der Welt eher abgeschnitten«, kommentiert Birtwistle. »In Frankreich gibt es keinen Landadel, keine ›Tweed-Klasse‹. Nur Bauern, Fachkräfte und Künstler.«[55] Beruhigend auf die finanzielle Lage dürfte sich die Vergabe eines der wertvollsten Musikpreise ausgewirkt haben, des Grawemeyer Award, der sich auf 150 000 Pfund Sterling beläuft. Birtwistle erhielt ihn in der Nachfolge von Lutoslawski und Ligeti. Zu irgendwelchen musikalischen Zugeständnissen an den herrschenden Geschmack läßt er sich durch solche Ehrungen aber keinesfalls hinreißen. »Auf Hochglanz polierte Oberflächen sind gefährlich«, weiß er. »Man kann darin nur sein eigenes Spiegelbild erkennen. Ich habe versucht, in dem, was ich mache, mir eine Art von Rauheit zu erhalten. Wäre ich Bildhauer, würde ich noch die Spuren des Meißels erkennen wollen.«[56] Das Unbequeme bleibt. Und es erweckt zudem immer mehr Aufmerksamkeit. Vielleicht sind einige Theater- und Konzertbesucher gut hundert Jahre nach Wagner auch wieder offener für neue Mythen. Vielleicht auch kann eine neue Generation von Musikfreunden, die als Kinder mit den Werken von Orff, Britten oder Maxwell Davies die Sprache der zeitgenössischen Musik erlernt haben, die neuen Kompositionen anders einordnen. Vielleicht werden die Dissonanzen von heute doch die Konsonanzen von morgen sein.

Über mangelnde Aufträge kann sich Birtwistle nicht beklagen. Kompositionsaufträge allerdings, denn das Dirigieren überläßt er lieber anderen, obschon er bereits Aufführungen einiger einfacherer Stücke geleitet hat. Mit der Interpretation seiner eigenen Werke ist er nicht immer zufrieden. An Aufführungen interessiert ihn vornehmlich, »wie sich ein Stück verändert«. Dieser Aspekt ist für ihn besonders reizvoll, wobei nicht entscheidend ist, »ob die Aufführung nun gut oder schlecht war, sondern wie sich das Stück selbst verändert. Das ist etwas, was ich nicht so ganz verstehen kann: Was man eigentlich wahrnimmt, besonders bei komplexer Musik, bei der ich mitunter bestimmte Aspekte nicht hören kann, und bei einem weiteren Mal völlig andere erfasse. Das ist eine sehr merkwürdige Sache.« Auch die Instrumentalisten gewöhnen sich an seine Musik. Bei Aufnahmen einiger seiner Kompositionen im Januar 1993 waren lediglich drei Proben angesetzt. »Als die Stücke das erste Mal gespielt wurden, hatte es noch neun Proben gegeben«, erinnert sich Birtwistle.

Auf Bestellung des Polnischen Kammerorchesters schrieb er *Still Movement* und für die London Sinfonietta *Secret Theatre*; zwei Kompositionen, die bereits 1984 uraufgeführt wurden. Sein erstes größeres Orchesterwerk seit mehreren Jahren wurde *Earth Dances*, das im Auftrag der BBC entstand und Pierre Boulez gewidmet ist. Unter der Leitung von Peter Eötvös erklang es erstmals am 14. März 1986 in der Royal Festival Hall. Später wurde auch eine CD-Einspielung vorgenommen, was indes nicht darüber hinwegtäuschen kann, daß die Diskographie der Werke Birtwistles vorerst noch wenig umfangreich und keineswegs repräsentativ für sein Schaffen ist. Das knapp vierzigminütige Stück ist eines seiner vielschichtigsten Werke und wurde bei der Uraufführung von einem Rezensenten nicht ganz unzutreffend mit Strawinskys *Le Sacre du Printemps* verglichen. Im folgenden Jahr entstand mit *Endless Parade* für Trompete, Vibraphon und 24 Streicher Birtwistles erstes Solokonzert seit 1976, als er *Melancolia I* geschrieben hatte. Die Interpreten, die ihn nun um ein Werk gebeten hatten, waren Paul Sachers Zürcher Kammerorchester, das Collegium Musicum und der Trompeter Hakan Hardenberger. Das Ergebnis war kein dialogisierendes Konzertieren im traditionellen Sinne, statt dessen verwenden die Instrumentalisten simultan voneinander unabhängiges Material mit einem gemeinsamen kompositorischen Objekt. Dieses besteht aus einem musikalischen Block, der auf verschiedene Weise wiederholt wird, so daß die visuelle Analogie entsteht, ihn im Verlauf der ständigen Variation von verschiedenen Seiten aus zu betrachten.

Von Birtwistles neuen Kompositionen geht eine ungemeine Faszination und Sogwirkung aus. »Die Stücke haben eigentlich keinen Anfang: sie sind Bestandteil eines kontinuierlichen Prozesses«, sagt er. »Bestimmte Aspekte werden im Laufe des Komponierens einfach aufgeworfen. Wenn ich an einer bestimmten Stelle angelangt bin, kann ich einen anderen Punkt sehen, zu dem ich vielleicht gelangen möchte, aber ich komme nie dort an.« Dabei handelt es sich nicht um die Realisierung einer bestimmten Klangvorstellung. Die logische Weiterentwicklung der Komposition vor Augen, öffnen sich immer wieder neue Wege. »Für *Secret Theatre* habe ich beispielsweise viele Vorstudien gemacht – wie sich die Dinge entwickeln könnten, wie sie von einem Punkt zum nächsten kommen. Ich entwarf sogar regelrecht eine Karte. Aber im Verlauf der Komposition, auf der Wanderung, schlug ich andere Richtungen ein, so daß diese ursprünglichen Wege noch immer da sind.« Nein, seine »Karte« habe nichts mit harmonischen Verläufen zu tun gehabt. »Es handelte sich eher um Richtschnüre: sie regelten eine Welt mit ihren Wegen, ihren Wanderungen, ihren Richtungen . . . es ist schwierig darüber zu sprechen.«[57]

Wie einst Beethoven, Schubert zufolge, den Verlauf seiner Werke zunächst in Worten umschrieb, arbeitet Birtwistle die Beziehungen und Entwicklungen seiner Kompositionen zunächst skizzenhaft aus. In einem hermeneutischen Zirkel sucht er Klarheit über die Struktur zu gewinnen, bevor die Komposition im Detail niedergeschrieben wird. Einige Jahre nach seiner Buchpublikation über Birtwistle veröffentlichte Michael Hall in einem Artikel erstmals Auszüge aus diesen Entwürfen, die beispielsweise für das Orchesterwerk *Secret Theatre* (1984) aus 32 Seiten allgemeinen Verlaufsskizzen und 76 Seiten zur methodischen Ausarbeitung von melodischen, harmonischen und rhythmischen Einzelheiten bestehen. Zu Beginn heißt es da: »Zum ersten – Instrumentierung – Instrumentierung der London Sinfonietta; daran denken, daß Schönbergs *Kammersinfonie* in der Kammerfassung zu stark besetzt klingt (zu schwach instrumentiert in der Orchesterfassung) – kein eigentlicher Baß, einzelne Streicher gegen zentrale Holzbläser, Ungleichgewicht zwischen einzelnen Streichern und Blechbläsern. Ideen, die im Hinterkopf sind, können zum Material des Vordergrunds werden, indem man sie, ganz gleich wie derb, zu Papier bringt.«[58] Der Kontext eines Werkes ist heute für Birtwistle entscheidend, so daß die Komposition schon so weit konzipiert ist, daß sie nach der Festlegung von Form, Besetzung und Interpreten vollständig niedergeschrieben werden kann. Jeremy Isaacs, der Intendant vom Covent Garden, erzählte fasziniert, wie Birtwistle bei den Vorbesprechungen zu seiner nächsten Oper das Werk bereits vollständig entworfen hatte und genau wußte, welche Besetzung und welche Solisten er haben wollte, ohne daß auch nur eine einzige Note niedergeschrieben war. »Ich habe nie einen Menschen getroffen, der sich dessen, was er macht, so sicher war«, sagte Isaacs. »Er bekam das Ensemble, das er wollte, und er schrieb für die Stimmen, die er im Kopf hatte.«[59]

Großbritanniens Renommierbühne, das Covent Garden Opera House, konnte sich auf Dauer einem Komponisten vom Range Birtwistles nicht verschließen. Also erging ein Auftrag an Sir Harrison, für die Spielzeit 1990/91 ein neues großes Bühnenwerk zu komponieren. *Gawain* lautete der Titel; der Name eines Ritters aus König Artus' Tafelrunde. Das Ausarbeiten dieser Oper erforderte nach den Vorbereitungen noch zwei Jahre konzentrierten Niederschreibens der konzipierten Klänge. »Ich habe von 9 Uhr morgens bis 19 Uhr 30 abends daran gearbeitet, sieben Tage pro Woche. Komponieren ist harte Arbeit, eine Sache von Inspiration und ›Transpiration‹. Meine Frau kümmert sich um mich, das arme Mädchen.«[60]

Den endgültigen Durchbruch zu internationaler Anerkennung dürfte der Abend des 30. Mai 1991 gebracht haben. Nachdem knapp zwei Wochen zuvor Stephen Olivers (1954–92) letzte Oper *Timon of Athens* an der English National Opera nur mäßig interessiert hatte, wurde Birtwistles *Gawain* in Großbritannien enthusiastisch gefeiert und auch im Fernsehen übertragen. Und auf dem Kontinent? Dort schieden sich die Geister. In der »Neuen Zeitschrift für Musik« hieß es, dieses Werk »stellt ohne jeden Zweifel den jüngsten und gewichtigsten Meilenstein innerhalb der Operntradition unserer Zeit dar«. Auch hier eine Stimme für viele. Der Rezensent des Magazins »Opernwelt« glaubte indes, »nach dem ersten Akt drei Aufführungen der *Götterdämmerung* hinter sich zu haben«, und beklagte die seiner Meinung nach auch für mitteleuropäische Gemüter unerträgliche Länge der Musik. Die Proportionen von *Gawain* sind auf zwei Akte von jeweils fast eineinhalb Stunden Dauer verteilt. Erzählt wird die Sage des Grünen Ritters (John Tomlinson), der an den Hof von König Artus kommt, welcher enttäuscht ist vom fehlenden Mut und von der mangelnden Abenteuerlust seiner Mannen. Der unverhoffte Gast macht nun ein verblüffendes Angebot: Wer sich traut, ihm den Kopf abzuschlagen, muß nach einem Jahr und einem Tag bei ihm in der Grünen Kapelle erscheinen, um sich der gleichen Prozedur zu unterziehen. Gawain (François LeRoux) zögert nicht, diese »Heldentat« zu verrichten - was kann ihm ein Enthaupteter schon anhaben! Nach vollzogener Tat jedoch steigt der Grüne Ritter mit seinem abgeschlagenen Haupt in der Hand wieder aufs Roß und mahnt, die Abmachung einzuhalten. Für Gawain ist der Weg zur Grünen Kapelle sowohl eine physische als auch eine geistige Anforderung. Am Ende seines Lehr- und Wanderjahres stellt sich Gawain dem Grünen Ritter. Letzten Endes wird er jedoch verschont, weil er gereift ist und gelernt hat, den Tod als einen Teil seines Lebens zu akzeptieren. An König Artus' Tafel, wo man nach den Berichten von seinen Abenteuern giert, stößt der Heimkehrer nur auf Unverständnis. Er ist nicht der Held, den man in ihm sehen will.

Hier hatte Birtwistle einmal mehr das Thema gefunden, das zu seiner Musik paßte. »Ich schaffe keine lineare Musik«, sagt er. »Um eine Erzählung zu finden, die dieser Verfahrensweise entspricht, mußte ich mich einem Mythos zuwenden, denn nur in den Mythen findet man Geschichten, die nicht linear sind. Mythen sind multi-dimensionale Schilderungen, die Widersprüchliches und Doppelsinniges enthalten. Erzählt man einen Mythos, muß man sich des ganzen Mythos' annehmen und nicht nur eines Teils davon.«[61] Die Vorlage bot die Stabreimdichtung *Sir Gawain and the Green Knight* aus dem 14. Jahrhundert, verfaßt im Dialekt Lancashires. Der Stoff beschäftigte Birtwistle schon seit gut dreißig Jahren. Der Grüne Ritter ist eine Variante des Grünen Mannes, jener heidnischen Symbolgestalt für die Natur, die bereits in der »dramatischen Pastorale« *Down by the Greenwood Side* (1969) die Bühne des Birtwistleschen Œuvres betrat. Die Stanzen 22 und 23 hatte Birtwistle bereits 1963 als *Narration: A Description of the Passing of a Year* für A-cappella-Chor vertont. Als ein Auszug aus diesem elfminütigen Werk bei der Einführungsmatinee zu der neuen Oper erklang, versetzte Birtwistle Covent Gardens Dramaturg mit der Bemerkung »Das habe ich nicht geschrieben!« in Panik. Hatte er etwa die Bänder vertauscht? Der Komponist grinste. Gemeint hatte er lediglich, daß dieses Stück noch aus einer Zeit stammte, in der er noch nicht den ihm eigenen Stil gefunden hatte.

Um aus der alten Legende eine moderne Oper über die Antagonismen Christentum/heidnische Welt und innere Sphäre/äußere Sphäre (der Hof mit seinen Ritualen gegen das Anarchische der Wildnis) sowie über eine Winterreise hin zur Selbstfindung und Versöhnung mit der Sterblichkeit zu schaffen, wandte sich der Komponist an den Schriftsteller David Harsent. Analog zum symmetrischen Aufbau der Akte sowie zu den zyklischen Repetitionen in Text und Handlungsablauf entwarf Birtwistle einen musikalischen Strom des unendlichen Klangs. »Eine Art englischer *Parsifal* also«, sortierte der »Opernwelt«-Kritiker. »Die außerordentlich eindrucksvolle szenische Lösung mit ihren poetischen Bildwirkungen und großartigen Lichteffekten, die souveräne, engagierte und kompetente musikalische Wiedergabe von Elgar Howarth, die durchweg vorzüglichen Leistungen der Sänger machten der Covent Garden Oper als einem der führenden Opernhäuser Europas alle Ehre. Aber selbst die außerordentlich anspruchsvolle musikalische und szenische Wiedergabe konnte nicht darüber hinwegtäuschen, daß *Gawain* kein *Parsifal*, Birtwistle kein Richard Wagner ist. *Gawain* stellt den Hörer auf eine harte Probe, denn Birtwistles Musik verweigert sich dem Theater. Er nennt das Stück zwar Oper, negiert aber fast alle Regeln der Gattung. Es eine Anti-Oper zu nennen, wäre auch nicht richtig, denn Birtwistle bietet keine Alternative an. [. . .] Die musikalische Struktur setzt sich, trotz symmetrischer Formbildungen, aus kurzen expressiven Phrasenfetzen zusammen, die in keine auch für den Zuhörer wahrnehmbare musikalisch-dramaturgische Einheit eingebunden sind, so gewinnt man während des ganzen Abends den Eindruck, einer Musik ausgesetzt zu sein, die jeder Zeit beginnen und genauso gut jeder Zeit, ob nach einer halben oder drei Stunden, auch aufhören könnte.«[62]

Wer sich Birtwistles *Gawain* nähert, gerüstet mit dem Panzer der Operntradition, der gleicht eigentlich – ohne sich dessen vielleicht bewußt zu sein – den Schranzen an Artus' Hof mit ihren Ritualen und dem verfügbaren Wissen, das der Narr in seinen Rätselspielen abfragt, sowie auch dem Herrscher selbst, der nach Neuem lechzt, doch nichts anderes hören will als Varianten der vertrauten Heldenlegenden. In diesem Sinne ist Birtwistle sehr wohl ein »Opern-Verweigerer«. Dennoch könnte er wie Gawain am Schluß der Oper sagen: »Who do you want me to be? I'm not that hero.« (Als wen wollt Ihr mich denn? Ich bin nicht dieser Held.)

Bereits 1984 hieß es zu Birtwistles 50. Geburtstag in der Zeitung »Observer«, er sei »der herausragendste britische Komponist seiner Generation«. Und nach 1991? Hundert Jahre nachdem Sullivan mit *Ivanhoe* über einen Achtungserfolg nicht hinausgekommen war, 46 Jahre nachdem die Anstrengungen um eine englische Oper in Brittens *Peter Grimes* kulminierten, war mit *Gawain* ein großer britischer Opernmythos geschaffen. Dennoch geziemt es sich, mit beiden Beinen auf dem Boden zu bleiben. »Sehe ich etwa aus, als ob mich jemals die Inspiration überkommen hätte? Kreativität wird derart mißverstanden. Man muß sein Handwerk beherrschen.« Also sprach Birtwistle. »Womit fängt man denn an? Was ist eine Idee? Ich sitze nicht herum und warte auf Inspiration. Ich schwitze mich aus, wenn ich bei der Arbeit versuche herauszufinden, wie ich etwas machen kann. Es ist, als ob man eine dieser Mauern, die quer durch die Felder in Lancashire gehen, baut – man setzt Stein auf Stein. An *Gawain* habe ich zwanzig Monate lang täglich neun Stunden gearbeitet.«[63]

Seit Ende 1992 schreibt Harrison Birtwistle an einer neuen Oper. Der Titel des Werkes, das er im Auftrag des Glyndebourne Festivals komponiert, lautet *The Second Mrs. Kong*; Verfasser des Librettos ist der in London lebende amerikanische Autor Russell Hoban. Geplant ist die Uraufführung für Oktober 1994 durch die Touring Opera sowie eine Übernahme zu den Festspielen im folgenden Jahr in das neue, erweiterte Opernhaus, das Platz für 1200 Zuschauer bietet. Ein Schwerpunkt dieser Geschichte um King Kong – jene riesige, haarige Figur aus dem legendären Schwarz-Weiß-Film von 1932, der auf eine Idee des während der Dreharbeiten verstorbenen Edgar Wallace zurückgeht – bildet die Verquickung verschiedener Existenz- und Realitätsebenen: die von realen Gestalten (dem Maler Vermeer), Bildern (Vermeers *Mädchen mit der Perle*), antiken (Orpheus und Euridice) und modernen Mythengestalten (King Kong). Auch in diesem Fall wird vermutlich das gelten, was Paul Klee im Dezember 1908 in seinem Tagebuch notierte: »Die Form steht im Vordergrund des Interesses. Um sie müht man sich. Sie gehört zum Metier in erster Linie. Es wäre aber falsch, daraus zu schließen, daß die miteinbezogenen Inhalte nebensächlich seien.«[64] Ein Zitat, das auch von Harry Birtwistle stammen könnte. Die Musik bietet ihm hier die Möglichkeit, viele Barrieren zu überwinden, denn sie ist nach seiner Auffassung, »das einzige Medium, in dem sich die Zeit mehr als anderswo selbst transzendieren kann. Bei der Dichtung stehen dem immer Sprache und Bedeutung entgegen – ebenso im Theater –, während bei der Malerei ein Rahmen gegeben ist, der Größe und Ausmaße begrenzt. Das Zeitmaß in der Musik hat nichts mit der Dauer eines Stücks zu tun – eine neue Vorstellung von Zeit gehört zu meiner vordringlichsten kompositorischen Beschäftigung.«[65]

Auf die Frage, als was er sich heute vornehmlich betrachte, entgegnet Birtwistle spontan: »Opernkomponist.« Ambitionen, möglicherweise noch Sinfonien zu schreiben, hat er nicht, wenn er auch zuletzt ein Klavierkonzert mit dem Titel *Antiphonies* vollendet hat, das am 5. Mai 1993 von Pierre Boulez mit dem Philharmonia Orchestra und Joanna MacGregor als Solistin in Paris uraufgeführt wurde und in der Presse ein geteiltes Echo fand. Unabhängig von den Gattungen gibt es vielfache Berührungspunkte seiner Kompositionen untereinander. Nach Birtwistles Auffassung befindet sich seine Musik in einem »Zustand des Fließens, wobei ein neues Stück beginnt, wenn ich das letzte zu einem Drittel geschrieben habe; es erwächst aus den Dingen, die bei diesem Prozeß allmählich entstehen. In gewisser Weise komponiere ich immer die gleiche Musik – was teilweise an der Misere des Komponierens selbst liegt, da es keine Kurzschrift gibt, so daß ein kreativer Verstand schneller arbeitet, als die Hand es aufs Papier bringen kann. Man kann zwei Sekunden nachdenken und muß vier

Tage schreiben.« Die Quintessenz seiner selbst sei immer das, was er zuletzt komponiert habe, resümiert er.[66] Für wen er eigentlich schreibe, wurde Birtwistle einmal gefragt. »Ich glaube, letzten Endes schreibe ich für mich selbst. Das ist die einzige Weise, auf die ich hoffen kann, mit Menschen zu kommunizieren. Müßte ich an ein Publikum denken, würde ich wahrscheinlich an den kleinsten gemeinsamen Nenner denken. Das will ich nicht. Nein, ich tue, was ich tue, so klar ich kann. Das ist alles.«[67] Eine schlichte Antwort, ein Komponist mit großen Ansprüchen, ein kompliziertes, hochartifizielles Werk. Der Weg ins 21. Jahrhundert? Der Chairman der British Music Society, Stanley Meares, wagte in einem Gespräch eine vielleicht gar nicht so abwegige Prognose: »Es kann sein, daß ich vollkommen falsch liege, aber ich glaube, daß dieser Mann, Birtwistle, in hundert Jahren als einer der bedeutendsten Opernkomponisten unseres Jahrhunderts gelten wird.«[68]

Anmerkungen zum Text

Vorbemerkung

1 Lindlar, Heinrich (Hrsg.); *Musik der Zeit – Benjamin Britten;* Verlag Boosey & Hawkes, Bonn/London 1954, S. 56.

2 Lawrence, Arthur; *Sir Arthur Sullivan – Life Story, Letters and Reminiscences,* London 1899 [Neuauflage: Haskell House Publishers, New York 1973], S. 272.

3 Ebd., S. 9. Die erste Lebensbeschreibung erschien ein Jahr vor Sullivans Tod.

4 Kennedy, Michael; *Portrait of Elgar,* Oxford University Press 1987, S. 39.

5 Zu dieser Einschätzung über den in England sehr beliebten Frederick Delius, der jedoch ein Kosmopolit mit einem ambivalenten Gefühl gegenüber seinem Geburtsland war, kommt sein Biograph Christopher Palmer nach reiflicher Überlegung. Palmer, C.; *Delius – Portrait of a Cosmopolitan,* Duckworth, London 1976, S. IX.

I
Arthur Sullivan

1 Vaughan Williams, Ursula; *R.V.W.*, London 1964, S. 333 f. Der zitierte Text stammt aus dem Auftrittschor der Peers im 1. Akt der Oper *Iolanthe*.

2 Siehe: Benjamin, Walter; *Illuminationen*, Suhrkamp, Frankfurt a. M. 1980, S. 170 ff.

3 Sanders, Andrew; »Dickens and the English Language« in Dear, I.C.B.; *Oxford English*, Oxford University Press 1986, S. 544.

4 In seiner landesweit publizierten Rede vom 18. Oktober 1888 in Birmingham sagte Sullivan: »Es ist außergewöhnlich, von welch einem frühen Zeitpunkt an die Musik eine bedeutende Rolle übernommen hat. In dem Bericht über die Erschaffung der Menschen, wie wir ihn im Buch Genesis finden, wird die Gesellschaft in drei große Gruppen gegliedert: (1.) Ackerbauern, ›die Zeltbewohner und Hirten‹, (2.) Warenhersteller, ›Schmiede, die Erz und Eisen bearbeiten‹, (3.) Musiker, ›Zither- und Flötenspieler‹, also Streicher und Bläser. Die Musik steht dabei auf einer Stufe mit so wesentlichen Arbeiten wie Landwirtschaft und Warenproduktion. Und diesen gleichen Anteil im Getriebe der Welt hat sich die Musik bewahrt. Aber sie gehört nun einmal zum innersten Teil der menschlichen Natur, ihre Gegenwart wird oft übersehen, und sie ist uns ebensowenig bewußt wie die Luft, die wir atmen, unser Sprechvermögen, die natürliche Bewegung unserer Muskeln oder unser Herzschlag. Sie ist ein wesentlicher Teil des menschlichen Lebens.« Lawrence, A.; *Arthur Sullivan,* London 1899, S. 277.

5 Weber, William; *Music and the Middle Class*, London 1975, S. 16.

6 Lawrence, A.; *Arthur Sullivan*, London 1899, S. 272.

7 Siehe: Kruger, Loren; »‹Our National House›: The Ideology of the National Theatre of Great Britain«, in »Theatre Journal«, März 1987, Bd. 39, Nr. 1, S. 35–50.

8 Lawrence, A.; *Arthur Sullivan*, S. 44 f.

9 Shaw, G.B.; *Musikfeuilletons des Corno di Bassetto*, Reclam, Leipzig 1972, S. 195.

10 Zitiert nach: Kohlmaier, G. / von Sartory, B.; *Das Glashaus – ein Bautyp des 19. Jahrhunderts*, München 1981, S. 426.

11 Hatzfeld, E. (Hrsg.); »Interviews with Eminent Musicians – No. 5: Mr. August Manns« in »The Strand Musical Magazine«, Vol. 1, Januar-Juni 1895, London 1895, S. 404.

12 Jacobs, Arthur; *Arthur Sullivan – A Victorian Musician*, Scolar Press, Aldershot 1992, S. 28.

13 Flower, N./Sullivan, H.; *Sir Arthur Sullivan*, London 1927, S. 38.

14 Ein interessantes Notenbeispiel hierzu findet sich bei Fink, Robert; »Rhythm and Text Setting in *The Mikado*« in »19th Century Music«, Bd. XIV, Nr. 1, Sommer 1990, S. 32.

15 Zu ersehen aus Holsts Notizen für den Vortrag »England and Her Music«, in Vaughan Williams, U./Holst, I.; *Heirs and Rebels*, S. 50.

16 Proust, Marcel; *Auf der Suche nach der verlorenen Zeit*, 1. Band: *In Swanns Welt*, Frankfurt a. M. 1983, S. 438.

17 Ehrlich, Cyril; *Harmonious Alliance – A History of The Performing Right Society*, Oxford University Press 1989, S. 5.

18 Hanslick, E.; *Aus dem Konzertsaal,* 1870 (Briefe aus England 1860), S. 499.

19 Mackenzie, A.C.; *A Musician's Narrative*, London 1927, S. 59.

20 Lawrence, A.; *Arthur Sullivan*, S. 103 f.

21 Hibbert, Christopher; *Gilbert and Sullivan and Their Victorian World,* New York 1976, S. 73.

22 Young, P.M.; *Sir Arthur Sullivan*, London 1971, S. 41.

23 Hibbert, C.; *Gilbert and Sullivan and Their Victorian World*, S. 56.

24 Bennett, J.; *Forty Years of Music*, London 1908, S. 65, zitiert nach: Young, P.M.; *Sir Arthur Sullivan*, S. 51.

25 Zedlitz, M.A. von; »Interviews with Eminent Musicians – No. 3: Sir Arthur Sullivan« in »The Strand Musical Magazine«, Januar-Juni 1895, Bd. I, S. 170.

26 Lawrence, A.; *Arthur Sullivan*, S. 56.

27 Hibbert, C.; *Gilbert and Sullivan and Their Victorian World*, S. 167.

28 Young, P.M.; *Sir A. Sullivan*, S. 62.

29 Lawrence, A.; *Arthur Sullivan*, S. 87.

30 Crompton, Lewis (Hrsg.); *The Great Composers – Reviews and Bombardments by Bernard Shaw*, London 1978, S. 328. Es sei daran erinnert, daß Sullivans erste Bühnenkomposition, das Ballett *L'Ile enchantée*, als Anhängsel zu Bellinis Oper *La Sonnambula* gegeben wurde.

31 Mackenzie, Alexander; *A Musician's Narrative*, London 1927, S. 205.

32 Williamson, Audrey; *Gilbert and Sullivan Opera*, London 1953, S. 44 f.

33 Stresau, H.; *G.B. Shaw*, Reinbek 1962, S. 80.

34 Vgl. die Musikbeispiele in Hughes, Gervase; *The Music of Arthur Sullivan*, London 1960, S. 122 f.

35 Dark, S./Grey, R.; *W.S. Gilbert – His Life and Letters*, London 1923, S. 59.

36 Hibbert, C.; *Gilbert and Sullivan and Their Victorian World*, S. 70.

37 Ebd., S. 71.

38 Flower, N./Sullivan, H.; *Sir Arthur Sullivan*, S. 94.
39 Jacobs, A.; *Arthur Sullivan*, S. 116.
40 Ebd., S. 116.
41 Bradley, Ian; *The Annotated Gilbert and Sullivan*, London 1982, Bd. 1, S. 268.
42 »San Francisco Chronicle«, 22. Juli 1885, zitiert nach: Jacobs, A.; *Arthur Sullivan*, S. 223.
43 Jacobs, A.; *Arthur Sullivan*, S. 343.
44 »Es gibt eine kleine Inselgruppe jenseits der Wogen – / so winzig, daß man sich fast wundert, wo sie überhaupt ist – / Dieses Nation ist die tapferste der tapferen, und Feiglinge sind eine absolute Seltenheit. / Die stolzesten Nationen gehen in die Knie, wenn sie es befiehlt; / sie versetzt alle ausländischen Halunken in Angst und Schrecken; / und hat den Frieden Europas in der Hand / mit zehn unbesiegbaren Bataillonen! / So heißt es zumindest in der Sage, / die der Sturmwind trägt / von der Insel, die dort im Meer liegt. / Wir hoffen für sie, / daß sie keinen Fehler macht / und daß alles stimmt, was man dort von sich behauptet.« (Aus dem Finale des 2. Aktes von Arthur Sullivans Oper *Utopia Limited*.)
45 Wolfson, John; *Final Curtain*, New York 1976, S. 207.
46 Lawrence, A.; *Arthur Sullivan*, S. 263 f.
47 Lawrence, A.; »Sir Arthur Seymour Sullivan«, in »Strand Magazine«, XIV, Dezember 1897, S. 653 f.
48 Diese Szene wird ausführlich analysiert in dem Artikel von Robert Fink; »Rhythm and Text Setting in *The Mikado*«, in »19th Century Music«, Bd. XIV, Nr. 1, Sommer 1990, S. 40 ff.
49 Zedlitz, M. A. von; »Interviews with Eminent Musicians – No. 3: Sir Arthur Sullivan«, in »The Strand Musical Magazine«, Januar-Juni 1895, Bd. I, S. 172.
50 Lawrence, A.; *Arthur Sullivan*, S. 9.
51 Hibbert, C.; *Gilbert and Sullivan and Their Victorian World*, S. 206.
52 Ebd., S. 192.
53 Jacobs, A.; *Arthur Sullivan*, S. 287.
54 Ebd., S. 223.
55 Zitiert nach: Drabble, M.; *The Oxford Companion to English Literature*, Oxford University Press 1985, S. 1108.
56 Jacobs, A.; *Arthur Sullivan*, S. 332.
57 Mitchell, Jerome; *The Walter Scott Operas*, The University of 58Alabama Press, Alabama 1977, S. 200.
58 Kennedy, M.; *Britten*, London 1981, S. 47.
59 Mitchell, J.; *The Walter Scott Operas*, Alabama 1977, S. 198.
60 Young, P. M.; *Sir Arthur Sullivan*, S. 257.

61 Ebd., S. 264. Siehe auch Elgars Essay »Critics«, in Young, P. M. (Hrsg.); A *Future for English Music*, London 1968.

62 Jacobs, A.; *Arthur Sullivan*, S. 368.

63 Young, P.M.; *Sir George Grove*, London 1980, S. 248 f.

64 Zitiert nach: Stanyon, Anne; »The Great Leeds Conspiracy – Sullivan, the 1898 Festival, and Beyond«, in »Sir Arthur Sullivan Society Magazine«, Nr. 31, Winter 1990, S. 9-18.

65 Interessante Beiträge zur Qualitätsbeurteilung von Musik bieten: Meyer, Leonard B.; *Music, the Arts and Ideas*, Chicago/London 1967. William Thomson; »Functional Ambiguity in Musical Structures«, »Music Perception«, Bd. 1, Nr. 1, Herbst 1983.

66 Lawrence, A.; *Arthur Sullivan*, S. 165.

II
Hubert Parry

1 Walter, Bruno; *Von den moralischen Kräften der Musik*, Vortrag gehalten im Kulturbund zu Wien 1935, Ogham Verlag, Stuttgart 1987, S. 9 und 13.
2 Graves, Charles L.; *Hubert Parry – His Life and Works*, London 1926, Bd. 1, S. 102.
3 Graves, C.; *Hubert Parry*, London 1926, Bd. 2, S. 23.
4 Siehe: *Cornhill*, März 1901, S. 301 ff. und *The History of Music in England*, Oxford University Press 1907, S. 295. Weder Ernest Walker (1870–1949) noch John Fuller Maitland (1856–1936) relativierten später ihre Meinung; vgl. Fuller Maitland, J.; *A Door-Keeper of Music*, London 1929, S. 175.
5 Mackenzie, Alexander; *A Musician's Narrative*, London 1927, S. 159.
6 Netzer, H.-J.; *Albert von Sachsen-Coburg-Gotha*, München 1988, S. 259.
7 Graves, C.; *Hubert Parry*, Bd. 2, S. 284.
8 Erst 1905 erschien das Werk in Deutschland, ergänzt und revidiert von Richard Strauss (Berlioz; *Instrumentationslehre*, Leipzig 1905).
9 Lawrence, A.; *Sir Arthur Sullivan*, London 1899, S. 273. Siehe zu diesem Aspekt auch: Ehrlich, Cyril; *The Music Profession in Britain-since the Eighteenth Century – A Social History*, Oxford University Press 1990.
10 Graves, C.; *Hubert Parry*, Bd. 1, S. 362.
11 Dibble, Jeremy; *C. Hubert H. Parry – His Life and Music*, Clarendon Press, Oxford 1992, S. 214.
12 Ebd., S. 497.
13 Ebd., S. 106.
14 Graves, C.; *Hubert Parry*, Bd. 1, S. 155.
15 Vaughan Williams, U.; *R. V. W.*, London 1964, S. 31.
16 Vaughan Williams, U./Holst, I.; *Heirs and Rebels*, S. 94 f.
17 Colles, H. C. (Hrsg.); *College Addresses delivered to the Pupils of the Royal College of Music by Sir Hubert Parry*, Macmillan, London 1920.
18 Vaughan Williams, U./Holst, I.; *Heirs and Rebels*, S. 95.
19 Holst, G.; »A Memory of Parry as a Lecturer«, in »The Music Student«, November 1918; zitiert nach: Graves, C.; *Hubert Parry*, Bd. 1, S. 364 f.
20 Graves, C.; *Hubert Parry*, Bd. 2, S. 135 f.
21 Dibble, J.; *Hubert Parry*, Oxford 1992, S. 291.
22 Ebd., S. 351.

23 Ebd., S. 112.
24 Graves, C.; *Hubert Parry*, Bd. 1, S. 207 f.
25 Zillman, John (Hrsg.); *Shelley's »Prometheus Unbound« – The Text and The Drafts*, London 1968, S. 37.
26 Graves, C.; *Hubert Parry*, Bd. 2, S. 190.
27 Graves, C.; *Hubert Parry*, Bd. 1, S. 214 f.
28 Vaughan Williams, Ralph; »A Musical Autobiography«, in *National Music and Other Essays*, London 1963, S. 182.
29 Kennedy, M.; *Portrait of Elgar*, S. 63.
30 Graves, C.; *Hubert Parry*, Bd. 2, S. 206.
31 Dibble, J.; *Hubert Parry*, Oxford 1992, S. 297 f.
32 Graves, C.; *Hubert Parry*, Bd. 2, S. 157.
33 Graves, C.; *Hubert Parry*, Bd. 1, S. 239.
34 Dibble, J.; *Hubert Parry*, Oxford 1992, S. 435.
35 »The Musical Times«, August 1991, S. 399.
36 Graves, C.; *Hubert Parry*, Bd. 2, S. 184 f.
37 Ebd., S. 210.
38 Ebd., S. 212 f.
39 Vaughan Williams, U./Holst, I.; *Heirs and Rebels*, S. 95. Die *Fünf Orchesterstücke* op. 16 wurden 1912 uraufgeführt.
40 Ebd., S. 96 f.
41 Dibble, J.; *Hubert Parry*, Oxford 1992, S. 227.
42 Graves, C.; *Hubert Parry*, Bd. 2, S. 242.
43 Ebd., S. 83.
44 Ebd., S. 69.
45 Ebd., S. 69. Eine der berühmtesten Aufführungen einer Komposition Arthur Benjamins dürfte jenes Konzert in der Royal Albert Hall sein, bei dem später in Alfred Hitchcocks Film *The Man Who Knew Too Much* (1955) auf einem Fortissimoschlag der tödliche Schuß bei einem Attentat fallen sollte. Es handelte sich dabei um Benjamins Kantate *Storm Cloud*, die im Film vom London Symphony Orchestra unter der Leitung von Bernard Herrmann interpretiert wurde.
46 Siehe: Vaughan Williams, U.; *R. V. W.*, London 1964, S. 117.
47 Graves, C.; *Hubert Parry*, Bd. 2, S. 97.
48 Bliss, Arthur; *As I Remember*, London 1970, S. 30.
49 Gray, Cecil; *Peter Warlock - a Memoir of Philip Heseltine*, London 1934, S. 94.
50 »Sind etwa diese Füße in alter Zeit / Über das Grün von Englands Bergen gewandelt? ... Bringt mir meine Pfeile der Hoffnung: / Bringt mir meinen Speer: O Wolken, öffnet Euch! / Bringt mir meinen flammenden Streitwagen.«
51 Dibble, J.; *Hubert Parry*, Oxford 1992, S. 483 f.
52 Graves, C.; *Hubert Parry*, Bd. 2, S. 95.

53 Parry, H.; *Instinct and Character*, zitiert nach: Graves, C.; *Hubert Parry*, Bd. 2, S. 299.

54 Ebd., S. 326.

55 Graves, C.; *Hubert Parry*, Bd. 2, S. 364.

56 »Wo Glauben ist, dort ist Stärke! / Wo Wahrheit ist, dort ist Freude!/ Wo Vertrauen ist, dort ist Liebe! / Wo Liebe ist, dort ist der Himmel!«

57 »... aber viele dort standen still, / um den öden, leeren Himmel über der Hügelkette zu betrachten; / wissend, daß ihre Füße sie bis zum Ende der Welt getragen hatten.« (Aus dem 5. Satz der Sinfonie *Morning Heroes* von Arthur Bliss.)

III
Edward Elgar

1 »Nun, auf immer / Leb wohl, du innre Ruh! Leb wohl, mein Friede! / Lebt wohl, ihr Helmfedern, ihr großen Kriege, / Die aus dem Ehrgeiz Tugend machen. Ach, leb wohl! / Wieherndes Roß, schrille Trompete, / Trommel, die aufrührt, ohrzerreißende Pfeife, / Du königlich Panier und aller Adel, / Stolz, Prunk und Rüstung des ruhmreichen Krieges!« (Aus Shakespeares Drama *Othello*, 3. Akt, 3. Szene.)

2 Brief an Frank Schuster 25. August 1914, zitiert nach: Moore, J.N. (Hrsg.); *Edward Elgar – Letters of a Lifetime*, Oxford 1990, S. 276 f.

3 Seeley, J.R.; *The Expansion of England*, Tauchnitz Editions, Leipzig 1884. S. 46 und 52.

4 Macaulay, T.B.; *History of England*, 2. Band, London.,1849.

5 Strachey, Lytton; *Queen Victoria*, Frankfurt a. M. 1991, S. 181.

6 Kennedy, M.; *Portrait of Elgar*, Oxford 1987, S. 52.

7 Ebd., S. 15.

8 Ebd., S. 33.

9 Rupert de Cordova; »Interview with Dr. Edward Elgar«, in »Strand Magazine«, Mai 1904, S. 538 f.

10 Maine, Basil; *Elgar – His Life and Works*, London 1933, S. 33.

11 Reed, W.H.; *Elgar*, London 1939, S. 50 f.

12 Kennedy, M.; *Portrait of Elgar*, S. 62. Das britische Pfund blieb im 19. Jahrhundert relativ stabil, wobei ein Pfund Sterling von damals etwa die Kaufkraft von 100 £ heute hatte. Während des Ersten Weltkriegs fiel die Kaufkraft auf etwa 30 £. In den folgenden Jahrzehnten kam es vermehrt zu Schwankungen, so daß die Kaufkraft verglichen mit heute im Jahre 1925 um 20 £ lag, 1935 um 35 £, 1946 um 14 £, 1955 um 10 £, 1965 um 7 £, 1975 um 3 £, mit zunehmendem Kursverfall in den 80er Jahren.

13 Ebd., S. 62

14 Ebd., S. 63.

15 Ebd., S. 72.

16 Ebd., S. 81. Im Original: ». . . won't affect the hearer who 'nose nuffin'.«

17 Ebd., S. 84.

18 Moore, J.N.; *Edward Elgar – A Creative Life*, Oxford 1983, S. 270.

19 Kennedy, M.; *Portrait of Elgar*, S. 91.

20 Ebd., S. 92 f.

21 Ebd., S. 95.

22 Walter, B.; *Thema und Variationen*, S. 366.

23 »Sunday Times«, 23. Oktober 1955, zitiert nach: Kennedy, M.; *Portrait of Elgar*, S. 123.

24 Kennedy, M.; *Portrait of Elgar*, S. 138.
25 Ebd., S. 138.
26 Ebd., S. 128.
27 Zitiert nach: *The Apostles*, Textbeilage EMI CDS 7 49742 2, S. 3.
28 Dunhill, T.; *Sir Edward Elgar*, London 1938, S. 200.
29 Kennedy, M.; *Portrait of Elgar*, S. 328 f.
30 Ebd., S. 200.
31 Ebd., S. 194.
32 Ebd., S. 195.
33 Ebd., S. 128.
34 Ebd., S. 77.
35 Ebd., S. 299.
36 Moore, J.N.; *Elgar – Letters of a Lifetime*, Oxford 1990, S. 201.
37 Kennedy, M.; *Portrait of Elgar*, S. 175.
38 Young, Percy M. (Hrsg.); *A Future for English Music and other Lectures*, London 1968, S. 51.
39 Kennedy, M.; *Portrait of Elgar*, S. 227.
40 Ebd., S. 176.
41 Ebd., S. 225.
42 »Selten, selten, kommst Du, / Geist der Freude.« (Aus einem Gedicht von Percy Bysshe Shelley.)
43 Wood, H.; *My Life of Music*, London 1938, S. 326.
44 Reed, W.H.; *Elgar*, London 1939, S. 105.
45 Easton, Carol; *Jacqueline du Pré*, Wien 1991, S. 21.
46 Kennedy, M.; *Portrait of Elgar*, S. 286 f.
47 Ebd., S. 334.
48 Holland, Vyvyan; *Time Remembered*, London 1966, S. 20.
49 Ebd., S. 324.
50 Lambert, C.; *Music Ho! – A Study of Music in Decline*, London 1934, (3. Auflage 1966), S. 240. Der Titel „Music Ho!“ ist übrigens ein Zitat aus Shakespeares Drama *Antony and Cleopatra* (2. Akt, 5. Szene).
51 »Neue Zeitschrift für Musik«, 18. Juni 1902, S. 369 f.
52 »Music and Musicians«, Juni 1957, S. 17.
53 Einen gewaltigen Einschnitt gab es noch einmal zu Beginn der 30er Jahre, als die Stummfilmkinos, die zahlreiche Musiker beschäftigten, nicht mehr mit dem Tonfilm konkurrieren konnten. Die Verkaufszahlen von sechs führenden britischen Musikverlagen fielen weltweit von 537.000 £ (1921) auf 318.000 £ (1929) und 185.000 £ (1935). Die Verleger populärer Werke erlebten besonders schwere Einbrüche, so sank der Absatz in einem Fall von 71.000 £ auf 14.000 £ jährlich, in einem anderen von 55.000 £ auf 9.000 £. Bei den Einkommen der Komponisten, von denen nur die wenigsten allein vom Komponieren leben konnten, zeichnete sich allmählich eine Veränderung ab. So verdiente Frank Bridge

insgesamt 112 £ (1921), 248 £ (1929) und 142 £ (1935), wobei die Tantiemen für den Notenverkauf jeweils 60 £, 112 £ und 45 £ betrugen. Sein Verdienst durch Aufführungen sank von 36 £ auf 22 £, dafür stiegen die Honorare für Rundfunkübertragungen auf 73 £. Die Erben des Komponisten Samuel Coleridge-Taylor kassierten kassierten 1921 durch den Notenverkauf noch 50 £, 1935 nichts mehr. Durch Aufführungen und Rundfunksendungen kam man immerhin auf den Betrag von 52 £. John Irelands Einkünfte reduzierten sich von 242 £ (1921) auf 162 £ (1935), woran der Notenabsatz mit 220 £ (1921) bzw. 68 £ (1935) beteiligt war. Aufführungen und Rundfunkkonzerte erbrachten 92 £. Durch die Performing Right Society erhielten Komponisten bzw. deren Erben folgende Beträge: z.B. Frank Bridge 126 £ (1927), 168 £ (1930), 295 £ (1935), 605 £ (1940), 476 £ (1945), 956 £ (1950), 781 £ (1955), 569 £ (1960), 865 £ (1965), 1.482 £ (1970), 3.218 £ (1975), 17.220 £ (1980), 18.582 £ (1985) und Gustav Holst 31 £ (1927), 119 £ (1930), 407 (1935), 648 £ (1940), 897 £ (1945), 1.704 £ (1950), 6.546 £ (1955), 4.563 £ (1960), 8.616 £ (1965), 13.027 £ (1970), 31.590 £ (1975), 58.080 £ (1980), 134.035 £ (1985). Siehe: Ehrlich, Cyril; *Harmonious Alliance – A History of The Performing Right Society*, Oxford University Press 1989, S. 66, 85 und 164.

54 Für Einzelheiten siehe: Moore, Jerrold N.; *Elgar on Record*, London 1974.

55 Vaughan Williams, R.; »A Musical Autobiography«, in *National Music and Other Essays*, Oxford University Press 1963, S. 184.

56 Kennedy, M.; *Portrait of Elgar*, S. 304.

57 Beecham, T.; A *Mingled Chime*, London 1944, S. 110.

58 Siehe: Boult, A.; „Platform Planning", in: Kennedy, M.; *Adrian Boult*, London 1987, S. 313-316 und ebd., S. 17 f.

59 Boult, A.; *My Own Trumpet*, London 1973, S. 66.

60 Vaughan Williams, U./Holst, I.; *Heirs and Rebels*, London 1959, S. 45.

IV
Ethel Smyth

1 Zitiert nach: Fromm, Erich; *Wege aus einer kranken Gesellschaft*, Gesamtausgabe, Bd. IV: Gesellschaftstheorie, München 1989, S. 2.
2 St. John, C.; *Ethel Smyth*, London 1959, S. 227.
3 Virginia Woolf und ihre Schwester Vanessa zogen nach dem Tod ihres Vaters, des Literaturwissenschaftlers und Publizisten Leslie Stephen (1832-1904) in den Londoner Stadtteil Bloomsbury, wo sie zu den wichtigsten Mitgliedern einer Gruppe junger Intellektueller gehörten.
4 St. John, C.; *Ethel Smyth*, S. 222.
5 Ebd., S. 229. Henry Wood nahm erst 1913 weibliche Instrumentalisten in sein Orchester auf, und die »Messe« von Elgar ist auch nur ein fiktives Beispiel von Mrs. Woolf.
6 Ebd., S. 199
7 Walter, B.; *Thema und Variationen*, Frankfurt a. M. 1950, S. 217 f.
8 Smyth, E.; *Impressions That Remained*, Bd. 1, London 1919, S. 85.
9 Young, Percy M. (Hrsg.); *A Future for English Music and other Lectures*, London 1968, S. 53.
10 Rieger, Eva (Hrsg.): *Ein stürmischer Winter*, Kassel 1988, S. 230.
11 Smyth, E.; *As Time Went On*, zitiert nach: St. John, C.; Ethel Smyth, S. 70.
12 St. John, C.; *Ethel Smyth*, S. 72.
13 Rieger, E.; »Exzentrisch und streitbar: Ethel Smyth – Portrait einer vergessenen Komponistin«, in »Basler Magazin«, Nr. 41, 8. Oktober 1988, S. 6.
14 Smyth E.; *A Final Burning of Boats*, London 1928; zitiert nach: Rieger, E. (Hrsg.): *Ein stürmischer Winter*, Kassel 1988, S. 212.
15 St. John, C.; *Ethel Smyth*, S. 49.
16 Ebd., S. 61.
17 Ebd., S. 57.
18 Smyth, E.; *Female Pipings in Eden*, London 1933, S. 38 f.
19 Shaw, G.B.; *Musikfeuilletons des Corno di Bassetto*, Leipzig 1972, S. 195 ff.
20 Smyth, E.; *As Time Went On*, London 1936, S. 172.
21 Collis, Loise; *Impertuous Heart – The Story of Ethel Smyth*, London 1984, S. 197.
22 Foreman, Lewis (Hrsg.); *From Parry to Britten – British Music in Letters 1900–1945*, London 1987, S. 106.
23 Smyth, E.; *What Happened Next*, London 1940; zitiert nach: White, E.W.; A *History of English Opera*, London 1983, S. 355.

24 Ebd., S. 358.
25 St. John, C.; *Ethel Smyth*, S. 99.
26 Schafer, M.; *British Composers in Interview*, London 1963, S. 54.
27 Walter, B.; *Thema und Variationen*, Frankfurt a. M. 1950, S. 217.
28 Kennedy, M.; *Adrian Boult*, London 1987, S. 120.
29 Diese Darstellung gab Sir Keith Falkner in einem Brief vom 28. November 1985 an den Boult-Biographen Michael Kennedy (vgl. ebd. S. 132). Dieser scharfe Ton der Auseinandersetzung ist wahrscheinlicher als Boults eigene Darstellung in Christopher St. Johns Buch über Ethel Smyth (vgl. S. 213), weil der Dirigent des öfteren dazu neigte, Konflikte zu beschönigen (vgl. die Autobiographie *My Own Trumpet*).
30 Graves, C.L.; *Hubert Parry*, Bd. 1, London 1926, S. 225.
31 St. John, C.; *Ethel Smyth*, S. 109.
32 Ebd., S. 110.
33 Ebd., S. 113.
34 Ebd., S. 114.
35 Ebd., S. 115.
36 Ebd., S. 131
37 Ebd., S. 131.
38 Zur Geschichte der Bewegung siehe: Pankhurst, Sylvia; *The Suffragette Movement*, London 1913.
39 Spiel, H.; *Englische Ansichten*, Stuttgart 1984, S. 6 f.
40 Brontë, C.; *Jane Eyre*, 12. Kapitel.
41 Smyth E.; *A Final Burning of Boats*, London 1928; zitiert nach: Rieger, E. (Hrsg.): *Ein stürmischer Winter*, Kassel 1988, S. 153.
42 Huschke, Konrad; *Frauen um Brahms,* Karlsruhe o. D., S. 191.
43 Beecham, T.; *A Mingled Chime*, London 1944, S. 138 f.
44 Schmölders, Claudia (Hrsg.); *Deutsche Briefe von Lieselotte von der Pfalz bis Rosa Luxemburg*, Frankfurt 1987, S. 220.
45 St. John, C.; *Ethel Smyth*, S. 151.
46 Rieger, E.; »Exzentrisch und streitbar: Ethel Smyth – Portrait einer vergessenen Komponistin«, in »Basler Magazin«, Nr. 41, 8. Oktober 1988, S. 7.
47 Mackenzie, A.; *A Musician's Narrative*, London 1927, S. 236 f.
48 Collis, L.; *Impertuous Heart*, London 1984, S. 148.
49 Ebd.; S. 149.
50 Smyth, E.; »A New Departure in Comic Opera«, in *A Final Burning of Boats*, London 1928, zitiert nach: White, E.W.; *A History of English Opera*, London 1983, S. 363.
51 St. John, C.; *Ethel Smyth*, S. 212.
52 Ebd., S. 215 f.
53 Walter, B.; *Thema und Variationen*, S. 366 f.

54 Smyth, E.; *A Final Burning of Boats*, London 1928; zitiert nach: St. John, C.; *Ethel Smyth*, S. 172.

55 St. John, C.; *Ethel Smyth*, S. 242.

56 Ebd., S. 243.

V
Ralph Vaughan Williams

1 Diese Verse aus den *Songs of the Exposition* des amerikanischen Dichters Walt Whitman stellte Vaughan Williams 1912 seinem Artikel »Wer will den englischen Komponisten?« voran: »Komm, Muse, ziehe fort aus Griechenland und Ionien; / Streiche aus jene völlig überbezahlten Darstellungen / Vom Zorne Trojas und des Achill und den Fahrten des Aeneas und des Odysseus; / Plakatiere ›verzogen‹ und ›zu vermieten‹ an die Felsen Deines verschneiten Parnaß, / Mache das gleiche in Jerusalem, bringe die Nachricht hoch am Tore Jaffas und am Berge Moriah an, / Ebenso an den Wällen Deiner deutschen, französischen und spanischen Schlösser und italienischen Sammlungen – / Denn eine bessere, frischere, bewegtere Sphäre, / Eine umfassendere, unverbrauchtere Domäne erwartet Dich, verlangt nach Dir.«

2 Vaughan Williams, Ursula; *R.V. W. – A Biography of Ralph Vaughan Williams*, London 1964, S. 13.

3 Vaughan Williams, Ralph; »A Musical Autobiography«, in *National Music and Other Essays*, London 1963, S. 180.

4 Vaughan Williams, U.; *R. V. W.*, London 1964, S. 34, 38 f.

5 Vaughan Williams, R.; »A Musical Autobiography«, in *National Music, London* 1963, S. 185 f.

6 Ebd., S. 193 f.

7 Ebd., S. 188.

8 Sharp, C. / Karpeles, M.; *English Folk Song – Some Conclusions*, London 1954, 2. Auflage, zitiert nach: Kennedy, Michael; *The Works of Ralph Vaughan Williams*, 2. Auflage, London 1980, S. 26.

9 Hardy, F.E.; *The Life of Thomas Hardy*, Bd. 2, London 1930, zitiert nach: Kennedy, M.; *Vaughan Williams*, London 1980, S. 26.

10 Kennedy, M.; *Vaughan Williams*, London 1980, S. 32.

11 »Komplex, aber nicht kompliziert . . .« und »Ohne Klavier kann man keine neuen Harmonien erfinden«, lauteten die Ratschläge Ravels. Vaughan Williams, R.; »A Musical Autobiography«, in *National Music*, London 1963, S. 191.

12 Zitiert nach: Vaughan Williams, U.; *R. V. W.*, London 1964, S. 101 f. Der Artikel ist vollständig abgedruckt in Foss, H.; *Ralph Vaughan Williams – A Study*, Harrap, London 1950.

13 Vaughan Williams, U./Holst, I.; *Heirs and Rebels*, London 1959, S. 90.

14 »Daily Telegraph«, 6. August 1955, zitiert nach: Kennedy, M.; *Vaughan Williams*, London 1980, S. 333.

15 Interview mit Henry Wood, BBC, August 1941, zitiert nach: Routh, F.; *Contemporary British Music*, London 1972, S. 5 f.
16 Kennedy, M.; *Vaughan Williams*, London 1980, S. 98 f.
17 Lawrence, A.; *Arthur Sullivan*, London 1899, S. 263 f.
18 Lambert, C.; *Music Ho!*, London 1934, S. 85.
19 Vaughan Williams, U.; *R. V. W.*, London 1964, S. 397.
20 Kennedy, M.; *Vaughan Williams*, London 1980, S. 302.
21 Ebd., S. 117.
22 Ebd., S. 136.
23 Lambert, C.; *Music Ho!*, London 1934, S. 134.
24 Kennedy, M.; *Vaughan Williams*, London 1980, S. 156.
25 Ebd., S. 191.
26 Vaughan Williams, U./Holst, I.; *Heirs and Rebels*, London 1959, S. 62.
27 Kennedy, M.; *Vaughan Williams*, London 1980, S. 204.
28 »Railway Review«, 23. Februar 1934.
29 Kennedy, M.; *Adrian Boult*, London 1987, S. 176.
30 Kennedy, M.; *Vaughan Williams*, London 1980, S. 246.
31 Ebd., S. 246.
32 Walter, Bruno; *Briefe 1894–1962*, Frankfurt a. M. 1969, S. 288.
33 Howes, Frank; *The Music of Ralph Vaughan Williams*, London 1954, S. 62.
34 Aus einem Gespräch des Verfassers mit Peter Maxwell Davies.
35 Douglas, Roy; *Working with R. V. W.*, London 1972, S. 15.
36 Kennedy, M.; *Vaughan Williams*, London 1980, S. 302.
37 Vaughan Williams, R.; »Some Thoughts on Beethoven's Choral Symphony«, in *National Music*, London 1963, S. 89.
38 Kennedy, M.; *Vaughan Williams*, London 1980, S. 376.
39 Vaughan Williams, R.; »Composing for the Films«, in *National Music*, London 1963, S. 160 ff.
40 Humphrey, John; *British Film Music*, London 1947, S. 160.
41 Kennedy, M.; *Vaughan Williams*, London 1980, S. 382.
42 Ebd., S. 347.
43 Ebd., S. 200.
44 Ebd., S. 313.
45 Ebd., S. 312.
46 Ebd., S. 312 ff.
47 Ebd., S. 315.
48 Vaughan Williams, R.; »The Letter and the Spirit«, in *National Music*, London 1963, S. 121–128.
49 Douglas, R.; *Working with R. V. W.*, London 1972, S. 46 f.
50 Vaughan Williams, R.; »A Musical Autobiography«, in *National Music*, London 1963, S. 194.

51 Kennedy, M.; *Vaughan Williams*, London 1980, S. 382.
52 Maxwell Davies, Peter; »The Young British Composer«, in »The Score«, März 1956, S. 84 f.; »Problems of a British Composer«, in »The Listener«, 9. Oktober 1959, S. 563 f.
53 Kennedy, M.; *Vaughan Williams*, London 1980, S. 333.
54 Vaughan Williams, U.; *R. V. W.*, London 1964, S. 217 f.
55 Bacharach, A. L. (Hrsg.); *Streiflichter durch die zeitgenössische britische Musik*, Berlin 1949. Blom, E.; *Musik in England*, Hamburg 1947. Borner, J.; *Das englische Musikleben – Seine jüngste Entwicklung und seine Förderung durch die Mittel des Rundfunks*, London 1951. Lindlar, Heinrich (Hrsg.); *England-Heft* (Musik der Zeit Nr. 4), Boosey & Hawkes, Bonn/London 1953. Lindlar, H. (Hrsg.); *Benjamin Britten* (Musik der Zeit Nr. 7), Boosey & Hawkes, Bonn/London 1954. Lindlar, H. (Hrsg.); *Benjamin Britten – Das Opernwerk* (Musik der Zeit Nr. 11), Boosey & Hawkes, Bonn/London 1955. Reed, W.H.; *Edward Elgar – Leben und Werk*, Albert Müller Verlag, Rüschlikon-Zürich 1950. White, E. W.; *Benjamin Britten*, Zürich 1948.
56 Hermand, Jost; *Kultur im Wiederaufbau – Die Bundesrepublik Deutschland* 1945–1965, München 1986, S. 279 f.
57 Persché, Gerhard; »Interview mit Peter Maxwell Davies« in »Opernwelt«, November 1988, S. 64.
58 Kennedy, M.; *Vaughan Williams,* London 1980, S. 324.
59 Ebd., S. 346.

VI
Gustav Holst

1 Gibran, K.; *Im Garten des Propheten*, München 1986, S. 38.
2 Vaughan Williams, R.; »A Musical Autobiography«, in *National Music and Other Essays*, London 1963, S. 193.
3 Holst, Imogen; *Gustav Holst – A Biography*, 2. Auflage, Oxford University Press 1988, S. 81.
4 Gray, C.; *A Survey of Contemporary Music*, London 1924, S. 252.
5 Fußnote zum Artikel: »Beispielsweise ›This have I done for my true love‹, und die Passage aus *Savitri*, die später in diesem Essay zitiert wird.« [Vaughan Williams bezieht sich hier auf einen Part-Song und den Auftritt des Satyavan »Ah, the trees that stand so proudly«; Anm. d. Verf.]
6 Vaughan Williams, R.; »Gustav Holst – An Essay and a Note«, in *National Music*, London 1963, S. 129 ff.
7 Short, Michael; *Gustav Holst*, Oxford University Press, London 1990, S. 23.
8 Holst, I.; *Gustav Holst*, S. 13 ff.
9 Vaughan Williams, Ursula/Holst, Imogen; *Heirs and Rebels*, London 1959, S. 16.
10 Short, M.; *Gustav Holst*, S. 47.
11 Holst, I.; *Gustav Holst*, S. 21.
12 Short, M.; *Gustav Holst*, S. 37.
13 Holst, I.; *Gustav Holst*, S. 31.
14 Capell, Richard; »Death Comes to Satyavan« in »Radio Times«, 18. Oktober 1935.
15 Holst, G.; »On Appreciation«, in »British Music Bulletin«, Februar 1921, S. 30 f.
16 Holst, I.; *Gustav Holst*, S. 92.
17 Short, M.; *Gustav Holst*, S. 60.
18 Ebd., S. 59.
19 Ebd., S. 70.
20 Tippett, M.; *Those Twentieth Century Blues*, London 1991, S. 15.
21 Short, M.; *Gustav Holst*, S. 64.
22 Carpenter, H.; *Benjamin Britten*, London 1992, S. 16.
23 Holst, G.; »The Education of a Composer«, in »Beacon«, Oktober 1921, S. 30 f.
24 Short, M.; *Gustav Holst*, S. 62.
25 Leo, A.; *What is a Horoscope*, zitiert nach: Short, M.; *GustavHolst*, S. 122.
26 Short, M.; *Gustav Holst*, S. 130.
27 Ebd., S. 170.

28 Kennedy, M. *Adrian Boult*, London 1989, S. 273.
29 Holst, I.; *Gustav Holst*, S. 81.
30 Short, M.; *Gustav Holst*, S. 238.
31 Holst, I.; *Gustav Holst*, S. 79.
32 Ebd., S. 117 f.
33 Ebd., S. 105 f.
34 Ebd., S. 157.
35 Ebd., S. 48.

VII
Rutland Boughton

1 Shaw, G. B.; *Der vollkommene Wagnerianer*, in *Erste Hilfe für Kritiker – Essays*, Leipzig/Weimar 1985, S. 139.

2 Hurd, Michael; *Immortal Hour – The Life and Period of Rutland Boughton*, Routledge and Kegan Paul, London 1962, S. 29 und 33.

3 Ebd., S. 114.

4 Interview mit Rutland Boughton in »Rutland Boughton – Crusader for British Music«; BBC, Midland Home Service, 5. Mai 1958. Alle weiteren Zitate des Komponisten, die nicht durch andere Quellen belegt sind, stammen aus diesem Beitrag.

5 Hurd, M.; *Immortal Hour*, S. 6.

6 Ebd., S. 24.

7 Ebd., S. 26.

8 Boughton, R.; *The Self-Advertisement of Rutland Boughton*, London 1909, S. 5 f.

9 Siehe Anmerkung 4.

10 Boughton, R.; *The Music Drama of the Future*, zitiert nach: Hurd, M.; *Immortal Hour*, S. 30.

11 Ebd., S. 32.

12 »The Times«, 8. Januar 1915, und »Musical Standard«, 5. Juni 1915, zitiert nach: Hurd, M.; *Immortal Hour*, S. 52 f.

13 Siehe: Hurd, Michael; »Rutland Boughton's Arthurian Cycle«, in: Mancoff, Debra N. (Hrsg.); *The Arthurian Revival – Studies on Form, Tradition, and Transformation*, Garland Publishing Inc., New York / London 1992, S. 205–229.

14 Schafer, M.; *British Composers in Interview*, London 1963, S. 55.

15 Siehe: Budden, Julian; »Time stands still in ›Otello‹«, in »Opera«, September 1981, S. 888-893.

16 Sonntag, Brunhilde; »Interview mit Peter Maxwell Davies«, in »Zeitschrift für Musikpädagogik«, Nr. 21, März 1983, S. 8.

17 Siehe: Panofsky, Walter; *Protest in der Oper*, München 1966, S. 69 f.

18 Braulich, H.; *Max Reinhardt – Theater zwischen Traum und Wirklichkeit*, Berlin 1966, S. 66.

19 Sear, H.G.; »Enduring Value«, in »Daily Worker«, 26. Mai 1953.

20 «Immortality?«, in »Evening Standard«, 30. Mai 1953.

21 »Boredom at the Opera«, in »Liverpool Daily Post«, 29. Mai 1953.

22 »›Immortal Hour‹ Revived« in »The Star«, 29. Mai 1953.

23 Boughton, R.; *The Music Drama of the Future,* zitiert nach: Hurd, M.; *Immortal Hour*, S. 33.

24 Hurd, M.; *Immortal Hour*, S. 44.

25 Ebd., S. 44.
26 Ebd., S. 49.
27 Ebd., S. 57.
28 Ebd., S. 66.
29 Zitiert nach: White, Eric Walter; *A History of English Opera*, London 1983, S. 399.
30 Wilson, Steuart; »The Immortal Hour«, in »Philharmonic Post«, März-April 1949, zitiert nach: White, E.W.; *A History of English Opera*, S. 399.
31 Hurd, M.; *Immortal Hour*, S. 98.
32 Shaw, G.B.; Vorwort zu *On the Rocks*, in *The Complete Prefaces of Bernard Shaw*, London 1965, S. 372.
33 Foreman, Lewis (Hrsg.); *From Parry to Britten – British Music in Letters 1900–1945*, London 1987, S. 131.
34 Hurd, M.; *Immortal Hour*, S. 122.
35 Ebd., S. 104.
36 Ebd., S. 106.
37 Siehe: Ehrlich, Cyril; *Harmonious Alliance – A History of The Performing Right Society*, Oxford University Press 1989.
38 Vaughan Williams, U.; *R. V. W.*, London 1964, S. 112.
39 »Worker's Weekly«, 12. Februar 1926, zitiert nach: Hurd, M.; *Immortal Hour*, S. 92 f.
40 Hurd, M.; *Immortal Hour*, S. 117.
41 Ebd., S. 120.
42 Ebd., S. 128.
43 Schafer, M.; *British Composers in Interview*, London 1963, S. 54 f.
44 Brief an den Verfasser vom 21. September 1992.

VIII
William Walton

1 Lambert, C.; *Music Ho! – A Study of Music in Decline*, London 1934, S. 31.
2 Sitwell, O.; *Laughter in the Next Room*, London 1949, S. 195 ff.
3 Kennedy, M.; *Portrait of Walton*, Oxford University Press 1989, S. 5.
4 Brief von Noel Walton an Hugh Ottoway vom 11. April 1970, zitiert nach: Tierney, Neil; *William Walton – His Life and Music*, London 1984, S. 23.
5 Brief von Dr. Thomas Strong an Hubert Foss vom 8. Januar 1938, zitiert nach: Craggs, Stewart R.; *William Walton – A Thematic Catalogue of His Musical Works*, Oxford University Press 1977, S. 3 f.
6 »Sunday Times«, 25. März 1962.
7 Interview mit William Walton; BBC World Service, 1. November 1977.
8 Tierney, N.; *William Walton*, London 1984, S. 34.
9 Routh, F.; *Contemporary British Music,* London 1972, S. 27–29.
10 Schafer, M.; *British Composers in Interview*, London 1963, S. 74.
11 Sitwell, Edith; »Façade«, Einführung zur DECCA-Einspielung von 1954.
12 Schafer, M.; *British Composers in Interview*, London 1963, S. 76.
13 Roscow, Gregory (Hrsg.); *Bliss on Music*, Oxford 1991, S. 29 f.
14 »Boston Evening Transcript«, 27. November 1926, zitiert nach: Craggs, S.R.; *William Walton – A Thematic Catalogue*, Oxford University Press 1977, S. 16.
15 Kennedy, M.; *Portrait of Walton*, S. 48.
16 Skelton, G.; *Paul Hindemith – The Man behind the Music*, London 1975, S. 98.
17 Roscow, G. (Hrsg.); *Bliss on Music*, Oxford 1991, S. 173.
18 Kennedy, M.; *Portrait of Walton*, S. 257.
19 Etwa: »Die weiße (= große) Hoffnung von heute ist das schwarze Schaf von morgen.« Walton, S.; *Behind the Façade*, London 1988, S. 179.
20 Kennedy, M.; *Portrait of Walton*, S. 134.
21 Schafer, M.; *British Composers in Interview*, London 1963, S. 75 f.
22 Brief von Stephen Tennant an Stewart Craggs vom 10. Juni 1975, zitiert nach: Tierney, N.; *William Walton*, London 1984, S. 57 f.
23 Carpenter, H.; *Benjamin Britten*, London 1992, S. 416 f.
24 Walton, S.; *Behind the Façade*, London 1988, S. 123 ff., 36 f. und S. 3.
25 Schafer, M.; *British Composers in Interview*, London 1963, S. 80 f.
26 Ebd., S. 79 f.

27 Jens, Inge (Hrsg.); *Thomas Mann – Tagebücher 1946–1948*, Frankfurt a. M. 1989, S. 341-342.
28 *A Portrait of Sir William Walton,* BBC Radio 3, 4. Juni 1977.
29 Interview mit William Walton; BBC World Service, 1. November 1977.
30 Kennedy, M.; *Portrait of Walton*, S. 98.
31 Mitchell, D. (Hrsg.); *Letters from a Life*, Bd. 1, London 1991, S. 419.
32 »Sunday Times«, 25. März 1962.
33 Olivier, L.; *Confessions of an Actor*, London 1982, S. 139.
34 Kennedy, M.; *Portrait of Walton*, S. 117.
35 Tippett, M.; *Those Twentieth-Century Blues*, London 1991, S. 213 f.
36 »BBC Music Weekly«, 28. März 1982.
37 »Oldham Chronicle«, 1. Mai 1926.
38 »Opera«, Januar 1956, S. 30 ff.
39 Headington, C.; *Peter Pears*, London 1992, S. 168.
40 Walton, S.; *Behind the Façade*, London 1988, S. 162 f.
41 Schafer, M.; *British Composers in Interview*, London 1963, S. 79.
42 Kennedy, M.; *Portrait of Walton*, S. 226.
43 Walton, S.; *Behind the Façade*, London 1988, S. 201.
44 Kennedy, M.; *Portrait of Walton*, S. 271 f.
45 Schafer, M.; *British Composers in Interview*, London 1963, S. 78.
46 Ebd., S. 78.
47 Kennedy, M.; *Portrait of Walton*, S. 252.
48 Schafer, M.; *British Composers in Interview*, London 1963, S. 79.
49 Palmer, C.; »The Uncollected Walton«, in »Musical Times«, Mai 1990, S. 252.

IX
Benjamin Britten

1 Kästner, Erich; »Das Zeitalter der Empfindlichkeit«, in *Die kleine Freiheit – Chansons und Prosa* 1949–1952, München 1989, S. 45.

2 »Ich bin hier geboren, hier verwurzelt. / . . . Mit den vertrauten Feldern, / der Marsch, dem Strand, / den gewöhnlichen Straßen, / dem üblichen Wind.« [The Earl of Harewood; »The Man«, in Mitchell, D./Keller, H. (Hrsg.); *Benjamin Britten – a Commentary on his works from a group of specialists*, London 1952, S. 1.]

3 Fischer-Dieskau, Dietrich; *Nachklang – Ansichten und Erinnerungen*, Stuttgart 1988, S. 223.

4 Aus Tony Palmers Filmportrait *A Time There Was* (BBC 1980). Der Titel ist ein Zitat aus dem letzten Lied des Zyklus *Winter Words* op. 52 (1953), »Before life and after«, nach Gedichten von Thomas Hardy.

5 Mitchell, Donald; *Letters from a Life: The Selected Letters and Diaries of Benjamin Britten*, London 1991, Bd. 1, S. 12.

6 Schafer, Murray; *British Composers in Interview*, London 1963, S. 22.

7 Carpenter, Humphrey; *Benjamin Britten – A Biography*, Faber and Faber, London 1992, S. 5.

8 Ebd., S. 20.

9 Ebd.

10 Kennedy, Michael; *Britten*, London 1981, S. 5.

11 Carpenter, H.; *Britten*, London 1992, S. 17.

12 Kennedy, M.; *Britten*, London 1981, S. 6.

13 Ebd., S. 7.

14 Mitchell, D.; *Letters from a Life*, London 1991, Bd. 1, S. 394 f.

15 Carpenter, H.; *Britten*, London 1992, S. 53.

16 Ebd., S. 64 f.

17 Ebd., S. 66.

18 Schafer, M.; *British Composers in Interview*, London 1963, S. 114 f.

19 Ebd., S. 115 f.

20 Kennedy, M.; *Britten*, London 1981, S. 19.

21 Ebd., S. 24.

22 Schafer, M.; *British Composers in Interview*, London 1963, S. 117.

23 Tippett, M.; *Those Twentieth Century Blues*, London 1991, S. 312.

24 Mitchell, D.; *Letters from a Life*, London 1991, Bd. 1, S. 394.

25 Kennedy, M.; *Britten*, London 1981, S. 23.

26 Mitchell, D.; *Letters from a Life,* London 1991, Bd. 1, S. 64.

27 Forster, E. M.; *Maurice*, Leipzig 1990, S. 242.

28 Brief an den Verfasser vom 27. Oktober 1992.

29 Mitchell, D.; *Letters from a Life*, London 1991, Bd. 1, S. 66 und 18.
30 Kennedy, M.; *Britten*, London 1981, S. 62.
31 Aus Tony Palmers Filmportrait *A Time There Was.*
32 Britten, B.; »Introduction«, in: Brett, Philip (Hrsg.); *Benjamin Britten: Peter Grimes*, Cambridge 1983, S. 149.
33 Lindlar, H. (Hrsg.); *Benjamin Britten*, Bonn/London 1954, S. 30.
34 Mitchell, D.; *Letters from a Life*, London 1991, Bd. 1, S. 321.
35 Carpenter, H.; *Britten*, London 1992, S. 345.
36 Ely, Norbert; »Vielstimmige Utopie – Die Tradition des englischen Chorgesangs« – Gespräch mit dem englischen Dirigenten Marcus Creed, Hessischer Rundfunk, 2. Programm, 16. November 1992.
37 Schafer, M.; *British Composers in Interview*, London 1963, S. 118.
38 Mitchell, D.; *Letters from a Life*, London 1991, Bd. 1, S. 618.
39 Schafer, M.; *British Composers in Interview,* London 1963, S. 122.
40 Kennedy, M.; *Britten*, London 1981, S. 43.
41 Headington, Christopher; *Peter Pears – A Biography*, London 1992, S. 134 f.
42 Kennedy, M.; *Britten*, London 1981, S. 46 f.
43 »Britten's Dramatic Music – *Peter Grimes*«, in »The Times«, 26. Oktober 1945.
44 Lindlar, H. (Hrsg.); *Benjamin Britten – Das Opernwerk*, Bonn/London 1955, S. 9.
45 Schafer, M.; *British Composers in Interview*, London 1963, S. 116 f.
46 Loppert, Max; »Jon Vickers on *Peter Grimes*«, in »Opera«, August 1984, S. 836 ff.
47 Schafer, M.; *British Composers in Interview*, London 1963, S. 121.
48 Ebd., S. 118 f.
49 Ebd., S. 120.
50 Lindlar, H. (Hrsg.); *Benjamin Britten – Das Opernwerk*, Bonn/London 1955, S. 9.
51 Kennedy, M.; *Britten*, London 1981, S. 49.
52 Lindlar, H. (Hrsg.); *Benjamin Britten,* Bonn/London 1954, S. 10.
53 Ebd., S. 20.
54 Copland, Aaron; *Copland on Music*, New York 1960, S. 226.
55 Mitchell, D.; *Letters from a Life*, London 1991, Bd. 1, S. 12.
56 Lindlar, H. (Hrsg.); *Benjamin Britten*, Bonn/London 1954, S. 12 ff.
57 Zitiert nach: »London«, in *Grove's Dictionary of Music and Musicians,* 5. Auflage, London 1980, S. 166. Die jährlichen Zuschüsse des Arts Council für Covent Garden betrugen: 50.000 £ (1946–49), 150.000 £ (1950-55), 270.000 £ (1956–1961), 505.000 £ (1962–64), 1.050.000 £ (1965–74), 2.070.000 £ (1975), 12.386.891 £ (1984/85), 6.301.000 £ (1989/90). Im Rechnungsjahr 1981 wendete der Arts Council 22,5 % seiner Fördermittel, also knapp 16 Millio-

nen Pfund, für die Oper auf. Der größte Teil entfiel dabei auf die fünf festen Ensembles des Landes: Covent Garden (4.680.000 £), die English National Opera (4.175.000 £), die Welsh National Opera (2.460.000 £), die Scottish Opera (2.111.500 £) und die English National Opera North (1.200.000 £). Während die Subventionen für Covent Garden ab 1987/88 drastisch reduziert wurden, blieb die Förderung der anderen Ensembles mit leicht steigender Tendenz relativ stabil. So erhielten 1989/90 die English National Opera 7.056.000 £ und die Welsh National Opera 2.579.060 £. Siehe auch: Payne, Nicholas; »Hat man nicht auch Gold beineben . . .«, in »Opera«, März 1981, S. 228–232.

58 Schafer, M.; *British Composers in Interview*, London 1963, S. 113.

59 Trilling, Ossia; »Der Tod in Venedig«, in »Opernwelt«, August 1973, S. 18.

60 Kennedy, M.; *Britten*, London 1981, S. 53.

61 Sutcliffe, J. H.; »Benjamin Britten zum Gedenken«, in »Opernwelt«, Februar 1977, S. 9.

62 Aus Tony Palmers Filmportrait *A Time There Was*.

63 Walton, S.; *Behind the Façade*, Oxford University Press 1988, S. 124.

64 Aus Tony Palmers Filmportrait *A Time There Was*.

65 Schafer, M.; *British Composers in Interview*, London 1963, S. 124.

66 Fischer-Dieskau, D.; *Nachklang*, Stuttgart 1988, S. 218 f.

67 Ebd., S. 220.

68 Carpenter, H.; *Britten*, London 1992, S. 410.

69 Fischer-Dieskau, D.; *Töne sprechen, Worte klingen – Zur Geschichte und Interpretation des Gesangs*, München 1985, S. 243.

70 Kennedy, M.; *Britten*, London 1981, S. 84 f.

71 Ebd., S. 88.

72 Ebd., S. 100.

73 Carpenter, H.; *Britten*, London 1992, S. 519.

74 Sutcliffe, J.H.; »Benjamin Britten, Komponist und Festspielleiter«, in »Opernwelt«, März 1984, S. 12.

75 Ebd.

76 Ebd.

77 Kennedy, M.; *Britten*, London 1981, S. 106.

78 Aus Tony Palmers Filmportrait *A Time There Was*.

79 Sutcliffe, J.H.; »Benjamin Britten, Komponist und Festspielleiter«, in »Opernwelt«, März 1984, S. 13.

80 Jens, Inge (Hrsg.); *Thomas Mann – Tagebücher 1946–1948*, Frankfurt a.M. 1989, S. 720 und 223 f.

81 Headington, C.; *Peter Pears*, London 1992, S. 273.

82 Tippett, M.; *Those Twentieth Century Blues*, London 1991, S. 117.

83 »Opera«, Januar 1977, S. 12.
84 Tippett, M.; *Those Twentieth Century Blues*, London 1991, S. 117.
85 Whitley, John; »A new East Anglian dynasty«, in »The Daily Telegraph«, 6. Juni 1991, S. 17.
86 Ebd.
87 Carpenter, H.; *Britten*, London 1992, S. 589 f.

X
Michael Tippett

1 Tabori, George; *Betrachtungen über das Feigenblatt*, München/Wien 1992, S. 32 ff.
2 Chin, Paula/Dallas, Rita; »Celebrating Michael Tippett«, in »Newsweek«, 11. Februar 1985, S. 49.
3 Aus einem Gespräch des Verfassers mit Peter Maxwell Davies.
4 Schafer, Murray; *British Composers in Interview*, London 1963, S. 97.
5 Tippett, Michael; *Those Twentieth Century Blues*, London 1991, S. 213.
6 Tippett, M.; *Music of the Angels*, London 1980, S. 238.
7 Tippett, M.; *Those Twentieth Century Blues*, S. 58.
8 Ebd., S. 16.
9 Ebd., S. XI.
10 Ebd., S. 2.
11 Ebd., S. 2.
12 *Michael Tippett – A Man of Our Time*, (Ausstellungskatalog), London 1977, S. 52.
13 Tippett, M.; *Those Twentieth Century Blues*, S. 5.
14 Ebd., S. 7.
15 Ebd., S. 7.
16 Schafer, M.; *British Composers in Interview*, London 1963, S. 98 f.
17 Bowen, Meirion; *Michael Tippett*, London 1982, S. 158.
18 Tippett, M.; *Moving Into Aquarius*, London 1959, S. 101.
19 Kemp, Ian; *Tippett – The Composer and his Music*, London 1984, S. 131.
20 Tipett, M.; *Those Twentieth Century Blues*, S. 47.
21 Ebd., S. 43.
22 Ebd., S. 44.
23 Ebd., S. 116 f.
24 White, Eric Walter; *Tippett and his Operas*, London 1979, S. 38.
25 Tippett, M.; *Those Twentieth Century* Blues, S. 50.
26 Tippett, M.; *Music of the Angels*, S. 119.
27 Schafer, M.; *British Composers in Interview*, London 1963, S. 99.
28 Harries, Meirion und Susan; *Opera Today*, London 1986, S. 287.
29 Schafer, M.; *British Composers in Interview*, London 1963, S. 101.
30 Tippett, M.; *Music of the Angels*, S. 193 und 196.
31 Foreman, L.; *From Parry to Britten*, London 1987, S. 255.
32 Tippett, M.; *Those Twentieth Century Blues*, S. 260 f.
33 Mitchell, D.; *Letters from a Life*, Bd. 2, London 1991, S. 1153 f.
34 Tippett, M.; *Those Twentieth Century Blues*, S. 51.
35 Ebd., S. 274 f.

36 Ebd., S. 149.
37 White, Eric Walter; *Tippett and his Operas*, London 1979, S. 63.
38 Tippett, M.; *Moving Into Aquarius*, S. 50.
39 Ebd., S. 62 und 52.
40 Bowen, M.; *Michael Tippett*, London 1982, S. 29.
41 Brief an den Verfasser vom 27. Oktober 1992.
42 Tippett, M.; *Those Twentieth Century Blues*, S. 271.
43 Bowen, M.; *Michael Tippett*, London 1982, S. 160 und Tippett, M.; *Moving Into Aquarius*, S. 269.
44 Tippett, M.; *Moving Into Aquarius*, S. 148.
45 Schafer, M.; *British Composers in Interview*, London 1963, S. 101.
46 Tippett, M.; *Moving Into Aquarius*, S. 129.
47 Schafer, M.; *British Composers in Interview*, London 1963, S. 95.
48 Tippett, M.; *Those Twentieth Century Blues*, S. 209.
49 Schafer, M.; *British Composers in Interview*, London 1963, S. 97.
50 Tippett, M.; *Those Twentieth Century Blues*, S. 211 und 208 f.
51 Ebd., S. 208.
52 Tippett, M.; *Moving Into Aquarius*, S. 59.
53 Brief an den Verfasser vom 27. Oktober 1992.
54 Tippett, M.; *Music of the Angels*, S. 61.
55 Tippett, M.; *Moving Into Aquarius*, S. 156.
56 Schafer, M.; *British Composers in Interview*, London 1963, S. 102.
57 Tippett, M.; *Music of the Angels*, S. 235.
58 Ebd., S. 236.
59 Trilling, Ossia; »Gespräch mit dem Komponisten Sir Michael Tippet« (sic!), in »Opernwelt«, September 1977, S. 45.
60 Tippett, M.; »Vorwort zu *The Mask of Time*«, Beilage zur Schallplatteneinspielung EMI EX 2705673, S. 4.
61 Clements, Andrew; »Tippett at 80«, in »Opera«, Januar 1985, S. 16.
62 Tippett; M.; »Introduction« in *New Year* – Libretto, Schott, London/Mainz 1989.
63 Tippett, M.; *Those Twentieth Century Blues*, S. 268.
64 Ebd., S. XIII.
65 Zitiert nach: Wright, Nicholas (Hrsg.); »Tippett in focus«, Nr. 20, Januar 1992, S. 3 f.

XI
Peter Maxwell Davies

1 Zitiert nach: Miller, Alice; *Du sollst nicht merken*, Frankfurt a.M. 1983.
2 Maxwell Davies, Peter; »Pax Orcadiensis«, zitiert nach: Jeutner, Renate (Hrsg.); *Peter Maxwell Davies – Ein Komponistenporträt*, Boosey & Hawkes, Bonn 1983, S. 11 f.
3 Brown, Anthony; »Sir Peter, Orkney's Pied Piper«, in: »Reader's Digest«, Bd. 136, Nr. 816, April 1990, S. 61.
4 Ebd., S. 60.
5 Maxwell Davies, P.; »Pax Orcadiensis«, zitiert nach: Jeutner, R. (Hrsg.); *Peter Maxwell Davies*, Bonn 1983, S. 12.
6 Brief an den Verfasser vom 3. November 1992.
7 Aus einem Gespräch des Verfassers mit Peter Maxwell Davies am 11. November 1992 in Düsseldorf, das in deutscher Sprache geführt wurde. Alle weiteren Zitate des Komponisten, die nicht durch andere Quellen belegt sind, stammen aus dieser Unterhaltung.
8 Griffiths, Paul; *Peter Maxwell Davies*, London 1982, S. 101.
9 Ebd., S. 102.
10 Ebd., S. 102 f.
11 Ebd., S. 104.
12 Persché, Gerhard; »Interview mit Peter Maxwell Davies«, in »Opernwelt«, November 1988, S. 64.
13 Sonntag, Brunhilde; »Interview mit Peter Maxwell Davies«, in »Zeitschrift für Musikpädagogik«, März 1983, S. 6.
14 Griffiths, P.; *Peter Maxwell Davies*, London 1982, S. 103.
15 Ebd., S. 104 f.
16 Ebd., S. 137.
17 Schafer, M.; *British Composers in Interview*, London 1963, S. 173.
18 Griffiths, P.; *Peter Maxwell Davies*, London 1982, S. 106.
19 Maxwell Davies, P.; »*Taverner* - Synopsis and Documentation«, zitiert nach: »Tempo«, Nr. 101, London 1972, S. 6.
20 Ebd., S. 4.
21 Griffiths, P.; *Peter Maxwell Davies*, London 1982, S. 107.
22 Walsh, Stephen; »*Taverner* – Interview with Peter Maxwell Davies«, zitiert nach: »Musical Times«, Nr. 113, London 1972, S. 653.
23 »Opernwelt«, Oktober 1972, S. 27.
24 Persché, G.; »Interview mit Peter Maxwell Davies«, in »Opernwelt«, November 1988, S. 65.
25 Ebd., S. 65 f.
26 Ebd., S. 65.
27 Ebd., S. 65.

28 Ebd., S. 65.
29 Programmheft zu *Resurrection*, Staatstheater Darmstadt 1988, S. 8.
30 von Lewinski, Wolf-Eberhard; »Der Held ist von Pappe«, in »Süddeutsche Zeitung«, 21. September 1988.
31 Griffiths, P.; *Peter Maxwell Davies*, London 1982, S. 148 f.
32 Sonntag, B.; »Interview mit Peter Maxwell Davies«, in »Zeitschrift für Musikpädagogik«, März 1983, S. 10.
33 Griffiths, P.; *Peter Maxwell Davies*, London 1982, S. 113.
34 Sonntag, B.; »Interview mit Peter Maxwell Davies«, in »Zeitschrift für Musikpädagogik«, März 1983, S. 8.
35 Ebd., S. 8.
36 Ebd.
37 Griffiths, P.; *Peter Maxwell Davies*, London 1982, S. 163.
38 Maxwell Davies, P.; »Pax Orcadiensis«, zitiert nach: Jeutner, R. (Hrsg.); *Peter Maxwell Davies*, Bonn 1983, S. 13.
39 Maxwell Davies, P.; »Der Leuchtturm«, zitiert nach: Jeutner, R. (Hrsg.); *Peter Maxwell Davies*, Bonn 1983, S. 59.
40 »Opera«, Festivalausgabe, Herbst 1980, S. 42.
41 »Wir sind aus dem Kreis herausgetreten, in dem wir sicher waren, durch die fünfte Tür, in das Labyrinth. Im Herzen des Labyrinths liegt der Schatz. Und um den Schatz liegt der Drache, schlafend.«
42 Stahmer, Klaus H.; »Vom Ideal des musikalischen Handwerks – Zur Ästhetik im Werk von Peter Maxwell Davies«, in Jeutner, R. (Hrsg.); *Peter Maxwell Davies*, Bonn 1983, S. 15-22.
43 Sonntag, B.; »Interview mit Peter Maxwell Davies«, in: »Zeitschrift für Musikpädagogik«, März 1983, S. 10.
44 Ebd., S. 12.
45 Ebd., S. 12 f.
46 Maxwell Davies, P.; »Pax Orcadiensis«, zitiert nach: Jeutner, R. (Hrsg.); *Peter Maxwell Davies*, Bonn 1983, S. 13.
47 Ebd.
48 Griffiths, P.; *New Sounds, New Personalities – British Composers of the 1980s*, London 1985, S. 36.
49 Griffiths, P.; *Peter Maxwell Davies*, London 1982, S. 159.
50 Ebd., S. 159 f.
51 Griffiths, P.; *New Sounds, New Personalities*, London 1985, S. 36 f.
52 Klein, Axel; »Großbritannien/Irland – Länder ohne Musik?«, in »Neue Zeitschrift für Musik«, Oktober 1991, S. 13.
53 Griffiths, P.; *New Sounds, New Personalities*, London 1985, S. 37.

XII
Harrison Birtwistle

1 Klee, Paul; »Wege des Naturstudiums«, zitiert nach: Geelhar, Christian; *Paul Klee – Schriften*, Köln 1976, S. 124.
2 »Opera«, Festival-Ausgabe, Herbst 1968, S. 35 ff.
3 Trilling, Ossia; »Interview mit Harrison Birtwistle«, in »Opernwelt«, November 1986, S. 51.
4 Pruslin, S.; »*Punch and Judy*«, Beilage zur CD-Einspielung Etcetera KTC 2014.
5 Lebrecht, Norman; »The Music of a Lone Explorer«, in »Sunday Times Magazine«, 18. Mai 1986.
6 Aus einem telefonischen Gespräch des Verfassers mit Harrison Birtwistle in Le Lot am 7. Dezember 1992, das in englischer Sprache geführt wurde. Alle weiteren Zitate des Komponisten, die nicht durch andere Quellen belegt sind, stammen aus dieser Unterhaltung.
7 Richardson, Sally; »Home From Home – Harrison Birtwistle in the Lot, France«, in »Telegraph Weekend Magazine«, 27. Oktober 1990.
8 Ebd.
9 Heyworth, Peter; »A long journey of self-discovery«, in »Observer«, 15. Juli 1984.
10 Lebrecht, Norman; »The Music of a Lone Explorer«, in »Sunday Times Magazine«, 18. Mai 1986.
11 Trilling, O.; »Interview mit Harrison Birtwistle«, in »Opernwelt«, November 1986, S. 51.
12 Lebrecht, Norman; »The Music of a Lone Explorer«, in »Sunday Times Magazine«, 18. Mai 1986.
13 Hall, Michael; *Harrison Birtwistle*, Robson Books, London 1984, S. 5.
14 Lebrecht, Norman; »The Music of a Lone Explorer«, in »Sunday Times Magazine«, 18. Mai 1986.
15 Howarth, Elgar; »*The Mask of Orpheus*«, in »Opera«, Mai 1986, S. 493.
16 Conrad, Peter; »A little knight music«, in »Observer«, 19. Mai 1991, S. 53.
17 Heyworth, Peter; »A long journey of self-discovery«, in »Observer«, 15. Juli 1984.
18 Clements, Andrew; »A virtue in reticence«, in »The Guardian«, 10. September 1983
19 Hall, M.; *Harrison Birtwistle*, London 1984, S. 3.
20 Griffiths, Paul; *New Sounds, New Personalities – British Composers in the 1980s*, London 1985, S. 190.
21 Hall, M.; *Harrison Birtwistle*, London 1984, S. 173 f.

22 Heyworth, Peter; »A long journey of self-discovery«, in »Observer«, 15. Juli 1984.
23 Lebrecht, Norman; »The Music of a Lone Explorer«, in »Sunday Times Magazine«, 18. Mai 1986.
24 Conrad, Peter; »A little knight music«, in »Observer«, 19. Mai 1991, S. 53 f.
25 Griffiths, Paul; *New Sounds, New Personalities – British Composers in the 1980s*, London 1985, S. 188.
26 Ebd., S. 190.
27 Conrad, Peter; »A little knight music«, in »Observer«, 19. Mai 1991, S. 53.
28 Ebd., S. 53.
29 Hall, M.; *Harrison Birtwistle*, London 1984, S. 58.
30 Lebrecht, Norman; »The Music of a Lone Explorer«, in »Sunday Times Magazine«, 18. Mai 1986.
31 Trilling, O.; »Interview mit Harrison Birtwistle«, in »Opernwelt«, November 1986, S. 51.
32 »Secret Landscapes«, in »The Independent«, 25. März 1987.
33 Hall, M.; *Harrison Birtwistle*, London 1984, S. 147 f.
34 Ebd., S. 148.
35 Ebd., S. 177.
36 Conrad, Peter; »A little knight music«, in »Observer«, 19. Mai 1991, S. 54.
37 Clements, Andrew; »A virtue in reticence«, in »The Guardian«, 10. September 1983.
38 Conrad, Peter; »A little knight music«, in »Observer«, 19. Mai 1991, S. 54.
39 Lebrecht, Norman; »The Music of a Lone Explorer«, in »Sunday Times Magazine«, 18. Mai 1986.
40 White, Michael John; »The Making of an Opera«, in »Review«, 16.-23. Mai 1986, S. 18.
41 Ebd.
42 Maddock, Fiona; »Fantastic invention of elaborate riddles«, in »The Times«, 15. Mai 1986.
43 Conrad, Peter; »A little knight music«, in »Observer«, 19. Mai 1991, S. 53.
44 Granville Barker, Frank; »A Trinity Orpheus«, in »Plays International«, Mai 1986, S. 50.
45 Lebrecht, Norman; »The Music of a Lone Explorer«, in »Sunday Times Magazine«, 18. Mai 1986.
46 Conrad, Peter; »A little knight music«, in »Observer«, 19. Mai 1991, S. 53.

47 Trilling, O.; »Interview mit Harrison Birtwistle«, in »Opernwelt«, November 1986, S. 52.
48 Tippett, Michael; *Those Twentieth Century Blues*, London 1991, S. 225.
49 »Opernwelt«, August 1986, S. 46.
50 »Secret Landscapes«, in »The Independent«, 25. März 1987.
51 Lebrecht, Norman; »The Music of a Lone Explorer«, in »Sunday Times Magazine«, 18. Mai 1986.
52 Hall, M.; *Harrison Birtwistle*, London 1984, S. 145.
53 Richardson, Sally; »Home From Home – Harrison Birtwistle in the Lot, France«, in »Telegraph Weekend Magazine«, 27. Oktober 1990.
54 Lebrecht, Norman; »The Music of a Lone Explorer«, in »Sunday Times Magazine«, 18. Mai 1986.
55 Richardson, Sally; »Home From Home – Harrison Birtwistle in the Lot, France«, in »Telegraph Weekend Magazine«, 27. Oktober 1990.
56 Lebrecht, Norman; »The Music of a Lone Explorer«, in »Sunday Times Magazine«, 18. Mai 1986.
57 Griffiths, Paul; *New Sounds, New Personalities – British Composers in the 1980*s, London 1985, S. 188.
58 Hall, M.; »The Sanctity of the Context: Birtwistle's Recent Music«, 1986.
59 Aus dem Vorbericht zur Fernsehübertragung von *Gawain*, BBC 1991.
60 Richardson, Sally; »Home From Home – Harrison Birtwistle in the Lot, France«, in »Telegraph Weekend Magazine«, 27. Oktober 1990.
61 Programmheft zu *Gawain*, Covent Garden 1990/91.
62 »Opernwelt«, August 1991, S. 19.
63 Conrad, Peter; »A little knight music«, in »Observer«, 19. Mai 1991, S. 54.
64 Kersten, Wolfgang (Hrsg.); *Paul Klee – Tagebücher 1898–1918*, Nr. 845, Stuttgart 1988, S. 285.
65 Programmheft zu *Gawain*, Covent Garden 1990/91.
66 »Secret Landscapes«, in »The Independent«, 25. März 1987.
67 Hall, M.; *Harrison Birtwistle*, London 1984, S. 152 f.
68 Gespräch mit dem Verfasser in Calver, Derbyshire, im Mai 1992.

Abbildungsnachweis

Judy Arnold, London: S. 361
Catherine Ashmore, English National Opera, London: S. 349
Ros Drinkwater, London: S. 353, 377
Peter Joslin, Wokingham: S. 15, 56, 76, 88, 127, 148, 155, 190
The Lebrecht Collection, London: S. 249, 288, 389
Meinhard Saremba, Heidelberg: S. 20, 21, 29, 38, 47, 62, 101, 110, 119, 129, 168, 177, 208, 213, 224, 262, 271, 336, 401
Donald Southern, English National Opera, London: S. 405

Zeittafel

(Abkürzungen: Bal = Ballett; BM = Bühnenmusik; Ch = Chor; F = Filmmusik; Kant = Kantate; L = Lied(erzyklus); Op = Oper; Orat = Oratorium; Orch = Orchesterwerk)

1800 Errichtung des Vereinigten Königreichs Großbritannien und Irland. London und Tokio Millionenstädte (Paris: 550 000, New York: 60 000 Einwohner). Beethoven: 3. Klavierkonzert. Schiller: *Maria Stuart, Wallenstein.*

1813 Gründung der Philharmonic Society (Orchestermusik).

1815 Auf dem Wiener Kongreß wird die politische Neuordnung Europas nach dem Sturz Napoleons festgelegt. George Stephenson baut die erste Dampflokomotive. Rossini: *Elisabetta, Regina d'Inghilterra* (Op).

1832 Gründung der Sacred Harmonic Society (Chormusik).

1838/39 Massenpetition der Chartisten für demokratische Reformen (auch 1842 und 1848). Benedict: *The Gipsy's Warning* (Op). Balfe: *Falstaff* (Op).

1842 Frieden von Nanking (China tritt Hongkong an England ab, Handelseröffnung). Wagner: *Rienzi* (Op). Lortzing: *Der Wildschütz* (Op). Tennyson: *Poems.* 13. Mai: Arthur Sullivan geboren.

1843 Theatre Act. Erster Ozeandampfer mit Schrauben, »Great Britain« (98 m Länge, 2000 PS). Berlioz: *Traité d'instrumentation.* Donizetti: *Don Pasquale* (Op). Wagner: *Der fliegende Holländer* (Op). Konservatorium in Leipzig gegründet. Balfe: *The Bohemian Girl* (Op).

1845 Hungersnot in Irland. Engels: *Die Lage der arbeitenden Klasse in England.* Disraeli: *Sybil or The Two Nations.* Wagner: *Tannhäuser* (Op). Wallace: *Maritana* (Op).

1848 Revolutionen in Paris und Wien. Gold in Kalifornien. 1. Gesundheitsgesetz in England (Cholera). Erste Blinddarmoperation; routinenmäßig erst ab 1887. Zusammenschluß englischer Künstler zur Pre-Raphaelite Brotherhood. 27. Februar: Hubert Parry geboren.

1849/50 Cholera-Epidemie in England. Bau des Kristallpalasts (Crystal Palace) für die erste Weltausstellung in London. Nachweis der Erddrehung (Foucaultsches Pendel). Dickens: *David Copper-*

field. Macaulay: *History of England*. Wagner: *Lohengrin* (Op), *Das Kunstwerk der Zukunft*. Gründung der London Bach Society.

1852/53 Krimkrieg (bis 1856). Dickens: *Bleak House*. Gründung der New Philharmonic Society.

1857 Sepoy-Aufstand in Indien. Flaubert: *Madame Bovary*. Gründung des Hallé Orchestra in Manchester. 2. Juni: Edward Elgar geboren.

1858 Indien geht als Vizekönigreich an die britische Krone über. Cornelius: *Der Barbier von Bagdad* (Op). W. S. Bennett: *The May Queen* (Kant). 23. April: Ethel Smyth geboren.

1859 Italienischer Unabhängigkeitskrieg. Darwin: *On the Origin of Species*. Smiles: *Self-Help*. G. Eliot: *Adam Bede*. Pierson: *Macbeth* (Orch.)

1861/62 Zweite Weltausstellung in London. Entdeckung der Photosynthese. Gründung der Royal Academy of Music. Benedict: *The Lily of Killarney* (Op). Sullivan: *The Tempest* (BM).

1870/71 Education Act, Trade Union Act. Deutsch-französischer Krieg. Schliemann beginnt mit den Ausgrabungen in Troja. Zola: *Les Rougon-Macquart* (bis 1893). Darwin: *The Descent of Man*. Eröffnung der Royal Albert Hall. Sullivan: *Thespis* (Op).

1872 Ballot Act (Gesetz über geheime Wahlen). Erster Stahlskelettbau. 12. Oktober: Ralph Vaughan Williams geboren.

1874 Verdi: *Requiem*. 21. September: Gustav Holst geboren.

1875 Balkankrise (bis 1878). Englands Gewerkschaften wird das Streikrecht zugestanden. Fahrräder mit Freilauf und Rücktritt, Beginn der modernen Fabrikation (in England), Bizet: *Carmen* (Op). Sullivan: *Trial by Jury* (Op).

1876/77 Bell baut ein gebrauchstüchtiges Telefon. Ottos Viertaktmotor wird patentiert. Walzen-Phonograph von Edison. Milzbrandbakterium von Koch als Krankheitserreger erkannt. Eröffnung der Bayreuther Festspiele. Gründung der Purcell Society. Sullivan: *The Lost Chord* (L), *The Sorcerer* (Op).

1878 Krieg Englands mit Afghanistan (bis 1881): Swan erfindet in England die elektrische Glühbirne. Erste Werkausgabe der Purcell-Gesellschaft. Gründung der People's Concert Society. Sullivan: *HMS Pinafore* (Op). 24. Januar: Rutland Boughton geboren.

1879 Siemens entwickelt die elektrische Lokomotive. Gründung der D'Oyly Carte Opera Company. Sullivan: *The Pirates of Penzance* (Op). Grove: *A Dictionary of Music and Musicians* (erste Ausgabe bis 1889 fertiggestellt).

1880 Burenaufstand (Erster Südafrikanischer Krieg, bis 1881). Entdekkung des Typhus-Erregers. Sullivan: *The Martyr of Antioch* (Orat). Parry: *Scenes from Shelley's »Prometheus Unbound«* (Orat)

1881 Erhebung des Mahdi im Sudan. Wilde: *Poems*. Stevenson: *Treasure Island*. Offenbach: *Les Contes d'Hoffmann* (Op). Sullivan: *Patience* (Op). 10. Oktober: Das Savoy Theatre wird als das erste elektrisch beleuchtete Theatergebäude der Welt mit *Patience* eröffnet.

1882 Besetzung Ägyptens, England erhält die formale Oberhoheit über das Land. Die National Training School for Music wird in das Royal College of Music integriert. Wagner: *Parsifal* (Op). Sullivan: *Iolanthe* (Op). Parry: 1. Sinfonie.

1883 Gesetz gegen Wahlmanipulation. Berlioz' *La Damnation de Faust* (Orat) erstmals in Lodon. Nietzsche schreibt *Also sprach Zarathustra* (bis 1885). Schopenhauer in englischer Übersetzung (*The World as Will and Idea*). Parry: 2. Sinfonie.

1885 Neueinteilung der englischen Wahlkreise. Erste Kraftwagen (Benz) und Krafträder (Daimler) werden gebaut. Ibsen: *Die Wildente*. Sullivan: *The Mikado* (Op).

1886 Gladstone scheitert mit Home Rule für Irland. Stevenson: *Dr. Jekyll and Mr. Hyde*. Sullivan: *The Golden Legend* (Orat).

1887 Königin Victorias Goldenes Thronjubiläum. Unruhen in Irland und London. Platten-Grammophon (Berliner). Verdi: *Otello* (Op). Wilde: *The Canterville Ghost*. Doyle: *A Study in Scarlett* (erste Sherlock-Holmes-Geschichte). Englische Übersetzung von Marx' *Das Kapital* (von 1869). Parry: *Blest Pair of Sirens* (Kant), *Studies of Great Composers*. Sullivan: *Ruddigore* (Op). Carte schickt erstmals verschiedene Tournee-Ensembles auf Gastspielreise nach Deutschland und Österreich.

1888 Reform der Grafschaftsverwaltungen. Mordserie von Jack the Ripper in London. Aufschwung der Amateurphotographie durch Eastmans Rollfilmkamera. Sullivan hält seine landesweit publizierte Rede »About Music« in Birmingham. Parry: *Judith* (Orat). Sullivan: *The Yeomen of the Guard* (Op), Macbeth (BM)

1889 Kolonialverträge zur Interessensabgrenzung zwischen England, dem Deutschen Reich, Frankreich und den USA. Eiffel baut den Eiffelturm für die Pariser Weltausstellung. Erste Automobilausstellung in Paris. Parry: *L'Allegro ed il Penseroso* (Orat), 3. Sinfonie, 4. Sinfonie (1. Fassung). Sullivan: *The Gondoliers* (Op).

1890 In den 90er Jahren erscheinen Wagners theoretische Schriften in englischer Übersetzung. Erste englische Aufführung eines Werkes von Ethel Smyth im Londoner Kristallpalast (Orchester-Serenade).

1891 Erste Segelflüge (Lilienthal). Hardy: *Tess of the D'Urbervilles*. Shaw: *The Quintessence of Ibsenism*. Gründung des Scottish Orchestra (ab 1951 Scottish National Orchestra). Sullivan: *Ivanhoe* (Op).

1892 James: *Owen Wingrave*. Parry: *Job* (Orat), *The Lotos-Eaters* (Kant), *The Frogs* (BM). Sullivan: *Haddon Hall* (Op).

1893 Verdi: Falstaff (Op). Yeats: *The Celtic Twilight*. Eröffnung der Londoner Queen's Hall. Parry: *The Art of Music*. Smyth: *Mass in D*. Elgar: The Black Knight (Kant). Sullivan: *Utopia Limited* (Op).

1895 Burenkonflikt. Eroberung des Sudan. Röntgen entdeckt die nach ihm benannte elektromagnetische Strahlung (erster Nobelpreis für Physik, 1901) Wells: *The Time Machine*. Hardy: *Jude the Obscure*. Henry Wood beginnt mit den regelmäßigen Promenadenkonzerten in der Londoner Queen's Hall. Stanford leitet die erste moderne Aufführung von Purcells *Dido and Aeneas*. Parry: *Invocation to Music* (Kant). Sullivan: *King Arthur* (BM).

1896 Serienherstellung von Grammophonen. Puccini: *La Bohème* (Op). Jones: *The Geisha* (Op). Stanford: *Shamus O'Brian* (Op). Elgar: *The light of Life* (Orat). Sullivan: *The Grand Duke* (Op).

1897 Parry: *Elegy for Brahms* (Orch), *Symphonic Variations*.

+FRANKREICH | IMPERIALISM

1898 Faschoda-Krise. Zola: *Les Trois Villes*. Shaw: *The Perfect Wagnerite*. James: *The Turn of the Screw*. Gründung der Folk Song Society. Elgar: *Caractacus* (Orat). Parry: *A Song of Darkness and Light* (Kant). Smyth: *Fantasio* (Op). Sullivan: *The Beauty Stone* (Op).

1899 Zweiter Burenkrieg in Südafrika (bis 1902). Beginn der Atomphysik. Aspirin (Dreser), Beginn der Verwenung synthetischer Heilmittel. Drachenversuche der Brüder Wright (erster bemannter Motorflug 1903). Veblen: *The Theory of the Leisure Class*. Conrad: *Heart of Darkness*. Sullivan: *The Rose of Persia* (Op). Elgar: *Enigma Variations* (Orch).

1900 Gründung des Labour Representation Committee (seit 1906 Labour Party). Freud: *Die Traumdeutung*. Quant begründet die Quantentheorie. Erste Zeppelinfahrt. Schnitzler: *Reigen*. Conrad: *Lord Jim*. Puccini: *Tosca* (Op). Gründung der Purcell Operatic Society. Elgar: *The Dream of Gerontius* (Orat). 22. November: Sullivan (58) gestorben.

1901 22. Januar: Königin Victoria gestorben, Edward VII. wird König. Drahtlose Überbrückung des Atlantiks (Marconi). Tschechow: *Drei Schwestern*. Mahler: 4. Sinfonie. Sullivan/German: *The Emerald Isle* (Op). Stanford: *Much Ado About Nothing* (Op). Elgar: *Pomp and Circumstance* op. 39 No. 1. (ferner 1902, 1904, 1907, 1930).

1902 Debussy: *Pelléas et Mélisande*, Sibelius: 2. Sinfonie. German: *Merrie England* (Op). Holst: *Cotswolds Symphony*. Smyth: *Der Wald* (Op). 29. März: William Walton geboren.

1903 Shaw: *Man and Superman*. Bartók: *Kossuth-Sinfonie*. Elgar: *The Apostles* (Orat). Holst: *Indra* (Orch), *King Estmere* (Kant). Parry: *War and Peace* (Kant), *The Birds* (BM).

1904 Großbritannien und Frankreich schließen die Entente Cordiale, um koloniale Differenzen zu bereinigen. Gründung des London Symphony Orchestra. Sharp: *Folk Songs from Somerset*. Delius: *Koanga* (Op), *Enter Spring* (Orch). Elgar: *In the South* (Orch). Boughton: 1. Sinfonie. Vaughan Williams: *In the Fen Country* (Orch), *Songs of Travel* (L).

1905 Einstein entwickelt die spezielle Relativitätstheorie. Beginn der militanten Suffragettenbewegung. Strauss: *Salome* (Op). Craig: *The Art of the Theatre*. Elgar hält Vorträge in Birmingham, die lebhafte Diskussionen auslösen. Gründung der Society of British Composers. 2. Januar: Michael Tippett geboren.

1906 San Francisco wird durch ein Erdbeben zerstört. Smyth: *The Wreckers* (Op). Elgar: *The Kingdom* (Orat). Parry: *The Soul's Ransom* (Kant).

1907 Mahler: 8. Sinfonie. Shaw: *Major Barbara*. German: *Fallen Faries* (Op). Delius: *Romeo und Julia auf dem Dorfe* (Op). Parry: *The Vision of Life* (Kant). Vaughan Williams: *Toward the Unknown Region* (L).

1908 Schönberg: 2. Streichquartett. Vaughan Williams studiert bei Ravel. Elgar: 1. Sinfonie.

1909 Schönberg: *Drei Klavierstücke* op. 11, *Fünf Orchesterstücke* op. 16. Webern: Fünf Sätze für Streichquartett op. 5. Strauss: *Elektra* (Op). Wells: *Tono-Bungay*. Debussys *Pelléas et Mélisande* wird erstmals in London gegeben. Delius: *A Mass of Life* (Orat). Erste englische Aufführung von Smyths Bühnenwerken. Boughton: *The Self-advertisement of Rutland Boughton*. Vaughan Williams: *The Wasps* (BM), *On Wenlock Edge* (L).

1910 6. Mai: Edward VII. gestorben, George V. wird König. Beginn einer zwei Jahre anhaltenden Streikwelle. Bridge: *The Sea* (Orch). Parry: 4. Sinfonie (2. Fassung). Vaughan Williams: *Fantasia on a Theme by Thomas Tallis* (Orch). *A Sea Symphony*. Elgar: Violinkonzert.

1911 Copyright Act. Schönberg: *Harmonielehre*, Sechs kleine Klavierstücke op. 19. Mahler: *Das Lied von der Erde*, 9. Sinfonie. Strawinsky: *Petruschka*. Sibelius: 4. Sinfonie. Parry: *Style in Musical Art*. Diaghilews »Ballets Russes« erstmals in England. Holst leitet die seit 1697 erste Aufführung von Purcells *The Fairy Queen*. Boughton: *Music Drama of the Future*. Holst: *Choral Hymns from the Rig Veda* (Ch). Smyth: *March of the Women* (Ch). Elgar: 2. Sinfonie.

1912 Scott erreicht nach Amundsen den Südpol. Untergang des britischen Luxusdampfers *Titanic*. Schönberg: *Pierrot Lunaire* (L). Ravel: *Daphnis et Chloé* (Bal). Elgar: *The Music Makers* (Kant). Parry: 5. Sinfonie, *Ode on the Nativity* (Kant).

1913 Mann: *Der Tod in Venedig*: Shaw: *Pygmalion*. Forster schreibt *Maurice* (bis 1914, veröffentlicht 1971), Strawinsky: *Le Sacre du Printemps* (Bal). Elgar: *Falstaff* (Orch). Holst: *The Cloud Messenger* (Kant), *St. Paul's Suite* (Orch). 22. November: Benjamin Britten geboren.

1914 Erster Weltkrieg (bis 1918). Einstein formuliert die allgemeine Relativitätstheorie. Joyce schreibt *Ulysses* (bis 1921). Gründung der Performing Right Society. Schönbergs *Fünf Orchesterstücke op. 16* erstmals in London. Erstes Festival in Glastonbury. Boughton: *The Immortal Hour* (Op). Vaughan Williams: *A London Symphony*.

1915 Debussy: *12 Études*. Boughton: *Bethlehem* (Op).

1916 Der Osteraufstand der Sinn-Fein-Bewegung in Dublin mit Ausrufung der Irischen Republik wird unterdrückt. Bantock: *The Great God Pan* (Kan). Boughton: *The Round Table* (Op).

Holst: *Savitri* (Op). Smyth: *The Boatswain's Mate* (Op). Parry: *Songs of Farewell* (L), *Jerusalem* (Ch).

1917 Russische Revolution. Holst: *The Planets* (Orch).

1918 Strawinsky: *L'Histoire du Soldat*. Bartók: *Herzog Blaubarts Burg* (Op). Parry: *Songs of Farewell* (L). 7. Oktober: Parry (70) gestorben.

1919 Gründung des Völkerbundes. Die Engländer Alcock und Brown überqueren erstmals im Flugzeug den Nordatlantik. Gropius gründet seine Hochschule für Gestaltung, das Bauhaus (bis 1933). Strauss: *Die Frau ohne Schatten* (Op). Shaw: *Heartbreak House*. Smyth: *Impressions That Remained*. Delius: *Fennimore and Gerda* (Op). Elgar: Cellokonzert, Klavierquintett.

1920 Verbesserung der Aufnahmetechnik durch eine neu entwickelte elektronische Verstärkerröhre. Bildung der »Groupe des Six« in Frankreich. Gründung des Birmingham Symphony Orchestra. Ravel: *La Valse* (Orch). Boughton: *The Birth of Arthur* (Op). Holst: *The Hymn of Jesus* (Ch). Vaughan Williams: *The Lark Ascending* (Orch).

1921 Lytton Stracheys Biographie der Königin Victoria markiert einen Bruch mit der Idealisierung des viktorianischen Zeitalters. Erstes Festival für zeitgenössische Musik in Donaueschingen. Erstes Konzert der British Musical Society. Smyth: *Streaks of Life*. Walton: Streichquartett.

1922 Irischer Bürgerkrieg (bis 1923). Gründung der British National Opera Company und der Rundfunkgesellschaft BBC. T. S. Eliot: *The Waste Land*. Vaughan Williams: *Pastoral Symphony*, *Mass in g minor*, *The Shepherds of the Delectable Mountains* (Kant). Boughton: *Alkestis* (Op).

1923 Erstes Festival der neu gegründeten International Society for Contemporary Music (Sitz: London, Vorsitzender: Dent). Sibelius: 1. Sinfonie. Delius: *Hassan* (BM). Holst: *The Perfect Fool* (Op). Smyth: *Fête Galante* (Op). Walton: *Façade* (L).

1924 Gershwin: *Rhapsody in Blue*. Schönberg: *Suite op. 25*. Sibelius: 7. Sinfonie. Gray: *A Survey of Contemporary Music*. Bridge: Klaviersonate: Vaughan Williams: *Hugh the Drover* (Op). Boughton: *The Queen of Cornwall* (Op).

1925 Klee: *Pädagogisches Skizzenbuch*. Berg: *Wozzeck*. Gershwin: Klavierkonzert f-Moll. Sibelius: 7. Sinfonie. Busoni: *Doktor Faustus* (Op). Holst: *At the Boar's Head* (Op), *Choral Sympho-*

ny. Smyth: *Entente Cordiale* (Op). Stanford: *The Travelling Companion* (Op). Vaughan Williams: *Flos Campi* (Orch). Walton: *Portsmouth Point* (Orch).

1926 Generalstreik. Empirekonferenz in London. Kodály: *Háry János* (Op). Janáček: *Glagolitische Messe*. Berners: *The Triumph of Neptune* (Bal). Bridge: 3. Streichquartett. Lambert: *Romeo and Juliet* (Bal). Vaughan Williams: *Sancta Civitas* (Orat). Walton: *Siesta* (Orch).

1927 Wells: *Men Like Gods*. Die BBC beginnt mit der Übertragung der »Promenade Concerts«. Erste Tonfilme. Bridge: *Enter Spring* (Orch). Boughton: 2. Sinfonie. Holst: *Egdon Heath* (Orch).

1928 Frauen erhalten in Großbritannien das uneingeschränkte Wahlrecht. Erste Fernsehsendungen. Brecht/Weill: *Die Dreigroschenoper*. Ravel: *Bolero* (Orch). Lawrence: *Lady Chatterley's Lover*. Woolf: *Orlando*. Smyth: *A Final Burning of Boats*. Walton: *Sinfonia Concertante*.

1929 Weltwirtschaftskrise. Labour Party wird erstmals stärkste Partei. Bridge: 2. Klaviertrio. Lambert: *The Rio Grande* (Kant). Vaughan Williams: *Sir John in Love* (Op). Walton: Bratschenkonzert.

1930 Strawinsky: *Psalmensinfonie*. Schostakowitsch: *Die Nase* (Op). Erste Aufführung von Mahlers 9. Sinfonie in England. Mit der Camargo Society etabliert sich das erste britische Ballettensemble. Gründung des BBC Symphony Orchestra. Bridge: *Oration* (Orch). Bliss: *Morning Heroes* (Orch). Holst: Doppelkonzert. Vaughan Williams: *Job* (Bal), *Benedicite* (Kant).

1931 Gründung der Sadler's Wells Opera. Britten: *A Hymn to the Virgin* (Ch). Holst: *Hammersmith* (Orch). Smyth: *The Prison* (Orat). Walton: *Belshazzar's Feast* (Orat).

1932 Eliot: *Selected Essays*: Huxley: *Brave New World*. Gründung des London Philharmonic Orchestra. Benjamin: *The Devil Take Her* (Op). Delius: *Songs of Farewell* (L). Bliss: *A Colour Symphony*. Vaughan Williams: *National Music*, *Magnificat* (Kant).

1933 In Deutschland kommt Hitler an die Macht. Strauss: *Arabella* (Op). Lutyens: *The Birthday of the Infanta* (Bal). Maconchy: 1. Streichquartett. Smyth: *Female Pipings in Eden*. Vaughan Williams: Klavierkonzert. Britten: *Sinfonietta*.

1934 Großbritannien beginnt mit der Wiederaufrüstung: Klee-Ausstellung in England. Schostakowitsch: *Lady Macbeth* von

Mzensk. Bergs *Wozzeck* erstmals in London. Christie gründet ein Opernfestival auf seinem Landsitz in Glyndebourne. Lambert: *Music Ho – A Study of Music in Decline*. Collingwood: *Macbeth* (Op). Boughton: *The Lily Maid* (Op).Vaughan Williams: *Fantasia on Greensleeves* (Orch). Britten: *Simple Symphony* (Orch), *A Boy Was Born* (Ch). Holst: *The Wandering Scholar* (Op). Walton: 1. Sinfonie (ohne 4. Satz). 23. Februar: Elgar (75) gestorben. 25. Mai: Holst (49) gestorben. 10. Juni: Delius (72) gestorben. 15. Juli: Harrison Birtwistle geboren. 8. September: Peter Maxwell Davies geboren.

1935 Gründung der Peace Pledge Union. Strauss: *Die schweigsame Frau* (Op). Gershwin: *Porgy and Bess* (Op). Smyth: *As Time Went On*. Boughton: *The Ever Young* (Op). Tippett: 1. Streichquartett. Vaughan Williams: 4. Sinfonie. Walton schreibt erstmals Filmmusik (*Escape Me Never*). Walton: 1. Sinfonie (vollständig).

1936 Spanischer Bürgerkrieg. 20. Januar: George V. gestorben, George VI. wird König. Schostakowitschs *Lady Macbeth von Mzensk* erstmals in London. Bartók: Musik für Saiteninstrumente, Schlagzeug und Celesta. Bliss: *Things to Come* (F). Boughton: 1. Oboenkonzert. Britten: *Our Hunting Fathers* (L). Vaughan Williams: *The Poisoned Kiss* (Op). Walton: *As You Like* (F), 1. Sinfonie.

1937 Schostakowitsch: 7. Sinfonie. Berg: *Lulu* (Op). Beginn der Zusammenarbeit von Britten und Pears. Bliss: *Checkmate* (Bal). Bridge: 4. Streichquartett. Britten: *Variations on a Theme of Frank Bridge* (Orch). Boughton: 3. Sinfonie. Walton: *Crown Imperial* (Orch). Vaughan Williams: *Riders to the Sea* (Op).

1938 Hindemith: *Mathis der Maler* (Op). Tippett: 1. Klaviersonate. Britten: Klavierkonzert.

1939 Zweiter Weltkrieg (bis 1945). Joyce: *Finnegan's Wake*. Yeats: *Last Poems*. Schostakowitsch: 6. Sinfonie. Rawsthorne: *Sinfonische Studien*. Walton: Violinkonzert.

1940 Gründung des Council for the Encouragement of Music and the Arts (ab 1946: The Arts Council of Great Britain). Bantock: *Celtic Symphony*. Smyth: *What Happened Next*. Tippett: *Concerto for Double String Orchestra*. Britten: *Les Illuminations* (L), *Seven Sonnets of Michelangelo* (L), *Sinfonia da Requiem*.

1941 Britten: *Paul Bunyan* (Op). Tippett: *A Child of Our Time* (Orat). Vaughan Williams: *49th Parallel* (F). Walton: *Scapino* (Orch), *Major Barbara* (F).

1942 Schostakowitsch: 7. Sinfonie. Britten: 1. Streichquartett, *Hymn to St. Cecilia* (Ch), *A Ceremony of Carols* (Ch). Vaughan Williams: *Costal Command* (F). Walton: *Christopher Columbus* (BBC-Hörspiel), *Next of Kin* (F), *The Foreman Went to France* (F), *The First of the Few* (F).

1943 Gründung der Society for the Promotion of New Music. Gründung des Liverpool Philharmonic Orchestra. Sartre: *Die Fliegen.* Searle: *Night Music* (Orch). Boughton komponiert *Galahad und Avalon* (bis 1945, nicht aufgeführt). Britten: *Serenade* (L), *Rejoice in the Lamb* (Ch). Tippett: 2. Streichquartett, *Boyhood's End* (L). Vaughan Williams: 5. Sinfonie. Walton: *The Quest* (Bal).

1944 Education Act (Laienmusik wird Teil der Erwachsenenbildung). Britisches Strahlantrieb-Flugzeug überschreitet 800 km/h. Dallapiccola: *Il Prigioniero.* Tippett: *A Child of Our Time* (Orat). Vaughan Williams: Oboenkonzert. Walton: *Henry V* (F). 9. Mai: Smyth (86) gestorben.

1945 Gründung der UNO. Erstes Festival für zeitgenössische britische Musik in Cheltenham. Gründung des Philharmonia Orchestra London. Strawinsky: Sinfonie in drei Sätzen. Tippett: 1. Sinfonie. Britten: *Peter Grimes* (Op).

1946 Schostakowitsch: 9. Sinfonie. Erster Darmstädter Ferienkurs für Neue Musik. Der CEMA wird in Arts Council of Great Britain umbenannt, Beginn der staatlichen Kulturförderung. Gründung der Welsh National Opera in Cardiff. Konzeptionelle Umstrukturierung am Opernhaus Covent Garden. Das Sadler's Wells Ballet wird als Royal Ballet in das Repertoire vom Covent Garden integriert. Gründung des Royal Philharmonic Orchestra. Die BBC beginnt mit der Ausstrahlung ihres 3. Programms. Searle: Klavierkonzert. Tippett: 3. Streichquartett. Britten: *The Rape of Lucretia* (Op), *Variations and Fugue on a Theme of Henry Purcell* (The Young Person's Guide to the Orchestra).

1947 Großbritannien entläßt Indien in die Unabhängigkeit. Schönberg: *Ein Überlebender aus Warschau.* Gründung der English Opera Group. Rawsthorne: Oboenkonzert. Searle: *Gold Coast Customs* (Orch). Britten: *Albert Herring* (Op).

1948 Die Langspielplatte aus Kunststoff kommt auf den Markt. Britten gründet das Musikfestival in Aldeburgh. Lutyens: *Requiem for the Living.* Britten: *Saint Nicolas* (Kant). Vaughan Williams: 6. Sinfonie, *Scott of the Antarctic* (F). Walton: *Hamlet* (F).

1949 Gründung der NATO. Irland scheidet am Jahrestag des Osteraufstandes 1916 (18.4.) formell aus dem Commonwealth aus und wird unabhängige Republik. Orwell: *1984*. Messiaen: *Turangalîla-Sinfonie* (orch). Bliss: *The Olympians* (Op). Maconchy: Fagottkonzert. Britten: *The Little Sweep – Let's Make an Opera* (Op), *Spring Symphony*.

1951 Strawinsky: *The Rake's Progress* (Op). Schönberg: *Moses und Aron* (Teilaufführung; konzertant 1954, szenisch 1957). Dessau: *Die Verteidigung des Lukullus* (Op). Henze: *Boulevard Solitude* (Op). Boulez: *Polyphonie X* (Orch). Festival of Britain. Tippett: *The Heart's Assurance* (L). Britten: *Billy Budd* (Op). Vaughan Williams: *The Pilgrim's Progress* (Op).

1952 6. Februar: George VI. gestorben, Elizabeth II. wird Königin. Erster britischer Atombombenversuch. Beckett: *En attendant Godot*. Boulez: *Structure 1a*. Strawinsky: *Cantata*.

1953 Stockhausen: *Elektronische Studie I, Kontra-Punkte*. Strawinsky: *Septett*. Messiaen: *Le Réveil des Oiseaux*. Tippett: *Fantasia Concertante on a Theme of Corelli* (Orch). Vaughan Williams: *Sinfonia Antartica*. Britten: *Gloriana* (Op), *Winter Words* (L). Walton: *Orb and Sceptre* (Orch).

1954 Golding: *Lord of the Flies*. Britten: *The turn of the Screw* (Op). Vaughan Williams: *The Making of Music, Hodie* (Kant). Walton: *Troilus and Cressida* (Op).

1955 HiFi-Platten. Dezember: Die Arbeitslosenrate erreicht den niedrigsten Stand seit Kriegsende. Boulez: Streichquartett »Livre pour Quatuor«, *Le Marteau sans Maître* (L). Maxwell Davies: Trompetensonate. Berkeley: *Nelson* (Op). Walton: *Richard III* (F). Tippett: *The Midsummer Marriage* (Op).

1956 Volksaufstand in Ungarn wird von sowjetischen Truppen niedergeschlagen. Erstes britisches Atomkraftwerk eingeweiht. Suez-Krieg. Copyright Act. J. Osborne: *Look Back in Anger*. Maxwell Davies: Fünf Stücke für Klavier. Tippett: Klavierkonzert. Vaughan Williams: 8. Sinfonie.

1957 Bernstein: *West Side Story*. Nono: *Varianti* (Orch). Strawinsky: *Agon* (Bal). Schostakowitsch: 11. Sinfonie. Britten: *The Prince of the Pagodas* (Bal), *Noye's Fludde* (Op). Vaughan Williams: *Epithalamion* (Kant). Walton: Cellokonzert.

1958 Gründung der EWG. Stereo-Schallplatte. Cage: Klavierkonzert. Boulez: *Doubles* (Orch). Henze: *Undine* (Bal). Enescu: *Oedipus*

(Op). Britten: *Noye's Fludde* (Op), *Nocturne* (L), *Sechs Hölderlin-Fragmente* (L). Maxwell Davies: *Alma Redemptoris Mater* (Orch). Tippett: 2. Sinfonie. Vaughan Williams: 9. Sinfonie. 26. August: Vaughan Williams (86) gestorben.

1959 Adorno: *Klangfiguren* (Theorie der modernen Musik). Gründung der Academy of St. Martin-in-the-Fields. Berkeley: 2. Sinfonie. Maxwell Davies: *Prolation* (Orch). Birtwistle: *Monody for Corpus Christi* (L), *Refrains and Choruses* (Orch).

1960 Beginn einer zweiten Entkolonisierungsphase (Afrika). Gründung des English Chamber Orchestra. Birtwistle: *Monody for Corpus Christi* (L). Britten: *A Midsummer Night's Marriage* (Op). Maxwell Davies: *O Magnum Mysterium* (Ch). Walton: 2. Sinfonie, *Anon in Love* (L). 25. Januar: Boughton (82) gestorben.

1961 Gründung von Amnesty International. Nono: *Intolleranza* (Op). Britten: Cellosonate. Walton: *Gloria* (Ch).

1962 Kuba-Krise. Gründung der Scottish Opera in Glasgow. Bliss: *The Beatitudes* (Bal). Maxwell Davies: *Sinfonia, Leopardi Fragments* (Kant). Tippett: *King Priam* (Op), 2. Klaviersonate. Britten: *War Requiem.*

1963 Tippett: *Concerto for Orchestra.* Walton: *Variations on a Theme by Hindemith* (Orch).

1964 Das PO London wird zum New Philharmonia Orchestra umbenannt. Britten: *Curlew River* (Kant/Op), *Symphony for Cello and Orchestra.*

1965 Die USA greifen verstärkt in den Vietnamkrieg ein. Abschaffung der Todesstrafe in Großbritannien. Henze: *Der junge Lord* (Op). B. A. Zimmermann: *Die Soldaten* (Op). R. R. Bennett: *The Mines of Sulphur* (Op). Britten: *The Poet's Echo* (L). Birtwistle: *Verses* für Klarinette und Klavier, *Tragoedia* (Orch). Maxwell Davies: *Second Fantasia on John Taverner's In Nomine* (Orch).

1966 Britten: *The Burning Fiery Furnace* (Kant/Op). Tippett: *The Vision of Saint Augustine* (Orat).

1967 In Großbritannien wird die strafrechtliche Verfolgung von gleichgeschlechtlichen Beziehungen aufgehoben. Erste Herztransplantation (Barnard). Gründung der »Pierrot Players«. McDermont: *Hair.* Bliss: *The River* (Orat). Birtwistle: *Chorales for Orchestra* (Orch), *Monodrama* (Orch). Maxwell Davies: *Antechrist* (Orch). Walton: *The Bear* (Op).

1968 »Prager Frühling«. In Nordirland beginnen bürgerkriegsähnliche Auseinandersetzungen zwischen den politisch benachteiligten Katholiken und der protestantischen Mehrheit. Erstes Konzert mit elektronischer Musik in England. Gründung der London Sinfonietta. Searle: *Hamlet* (Op). Britten: *The Prodigal Son* (Kant/Op). Birtwistle: *Punch and Judy* (Op). Maxwell Davies: *Missa Super L'Homme Armé* (Parody mass), *Revelation and Fall* (L).

1969 Erste Mondlandung. Penderecki: *Die Teufel von Loudon* (Op). Gründung der British Society for Electronic Music. Musgrave: *The Beauty and the Beast* (Bal). Birtwistle: *Down by the Greenwood Side* (Op), *Verses for Ensemble* (Orch), *Medusa* (Orch). Maxwell Davies: *Versalii Icones* (Bal), *Worldes Blis* (Orch), *St. Thomas Wake* (Orch), *Eight Songs for a Mad King* (Op).

1970 Kagel: *Musiktheater* (Op). Bliss: Cellokonzert. Maxwell Davies: *The Devils* (F). Tippett: *The Knot Garden* (Op), *Songs for Dov* (L). Walton: *Three Sisters* (F).

1971 Gründung von Greenpeace. Die britische Währung wird auf das Dezimalsystem umgestellt. Birtwistle: *An Imaginary Landscape* (Orch). Britten: *Owen Wingrave* (Op). Maxwell Davies: *From Stone to Thorne* (Kant), *The Boy Friend* (F).

1972 Großbritannien und Irland treten der EG bei. Quadrophonie-Platten. Birtwistle: *The Triumph of Time* (Orch). Maxwell Davies: *Taverner* (Op). Tippett: 3. Sinfonie.

1973 Eine Volksabstimmung in Nordirland ergibt eine Mehrheit für den Verbleib bei Großbritannien. Kunstkopfstereophonie. Britten: *Death in Venice* (Op). Birtwistle: *The Offence* (F). Maxwell Davies: *Stone Litany* (Orch), *Dark Angels* (L). Tippett: 3. Klaviersonate.

1974 Sadler's Wells Opera wird in English National Opera umbenannt. Musgrave: *The Voice of Ariadne* (Op). Maxwell Davies: *Miss Donnithorne's Maggot* (Op).

1975 Nono: *Al Gran Sole Carico d'Amore* (Op). Britten: *Sacred and Profane* (Ch). Maxwell Davies: *Ave Maris Stella* (Orch).

1976 Glass: *Einstein on the Beach* (Op). Maxwell Davies: *Five Klee Pictures* (Orch). Britten: *Phaedra* (Kant). 4. Dezember: Britten (63) gestorben.

1977 Maxwell Davies gründet das St. Magnus Festival auf Orkney. Musgrave: *Mary, Queen of Scots* (Op). Birtwistle: *Bow Down*

(BM), *Silbury Air* (Orch), *Carmen Arcadiae Mechanicae Perpetuum* (Orch). Maxwell Davies: *Runes from a Holy Island* (Orch), *The Martyrdom of St. Magnus* (Op). Tippett: *The Ice Break* (Op), 4. Sinfonie.

1978 Digital-Schallplatten. Reimann: *Lear* (Op). Gründung der English National Opera North in Leeds. Maxwell Davies: *The Two Fiddlers* (Op), *Le Jongleur de Notre Dame* (Op), *Salome* (Bal), 1. Sinfonie.

1979 Margaret Thatcher wird als erste Frau in der britischen Geschichte Premierminister. Gründung der British Music Society. Taverner: *Thérèse* (Op). Birtwistle: *... agm ...* (Ch). Maxwell Davies: *Solistice of Light* (Kant). Tippett: 4. Streichquartett

1980 Afghanistan-Krieg. Knussen: *Where the Wild Things are* (Op). Birtwistle: *On the Sheer Threshold of the Night* (Ch). Maxwell Davies: *The Yellow Cake Revue, The Lighthouse* (Op). Tippett: *Triple Concerto.*

1981 Welle schwerer Krawalle, vor allem farbiger Jugendlicher, in den Städten Großbritanniens. Krieg zwischen Iran und Irak. Erste wiederverwendbare Raumfähre (Columbia). Geburt des ersten Retortenbabys in New York. Stockhausen: *Donnerstag aus Licht* (Op). Musgrave: *A Christmas Carol* (Op). Maxwell Davies: *The Medium* (L), Klaviersonate, 2. Sinfonie.

1982 Krieg mit Argentinien um die Falkland-Inseln. Das Nachrichtenmagazin »Time« wählt den Computer zum »Mann des Jahres« (vor Thatcher und Begin). Auflösung der D'Oyly Carte Opera Company. Maxwell Davies: *Songs of Hoy* (Ch), *Black Pentecost* (L); *Image, Reflection, Shadow* (Orch).

1983 NATO stationiert Pershing II und Cruise Missiles in Europa. Compact Disc. Bernstein: *A Quiet Place* (Op). Messiaen: *Saint François d'Assise* (Op). Maxwell Davies: *Sinfonia Concertante* (Orch), *Sinfonia Accademica* (Orch), *Into the Labyrinth* (L). 8. März: Walton (80) gestorben.

1984 Eine britische Polizistin wird aus der lybischen Botschaft in London heraus erschossen, Abbruch der diplomatischen Beziehungen, Amerikaner bombardieren lybische Städte. Stockhausen: *Samstag aus Licht* (Op). Berio: *Un re in ascolto* (Op). Weir: *The Ride Over the Lake Constance* (Orch). Birtwistle: *Still Movement* (Orch), *Secret Theatre* (Orch), *Yan Tan Tethera* (Op). Maxwell Davies: *The No. 11 Bus* (Op). Tippett: *A Mask of Time* (Orat).

1985 Adams: *Nixon in China* (Op) Maxwell Davies: *An Orkney Wedding, with Sunrise* (Orch), 3. Sinfonie.

1986 Reaktorkatastrophe in Tschernobyl. Penderecki: *Die schwarze Maske* (Op). Reimann: *Troades* (Op). Birtwistle: *The Mask of Orpheus* (Op), *Earth Dances* (Orch). Maxwell Davies: Violinkonzert.

1987 Rihm: *Hamletmaschine* (Op), *Oedipus* (Op). Cage: *Europeras 1 & 2*. N. Osborne: *The Electrification of the Soviet Union* (Op). Weir: *A Night At the Chinese Opera* (Op). Birtwistle: *Endless Parade* (Orch).

1988 Hawking: *Brief History of Time*. Reimann: *Gespenstersonate* (Op). Glass: *The Fall of the House of Usher* (Op). Stockhausen: *Montag aus Licht* (Op). Finissy: *The Undivine Comedy* (Op). Weir: *Missa del Cid* (Kant). Maxwell Davies: *Strathclyde Concerto No. 1* (Oboe), Trompetenkonzert, *Resurrection* (Op).

1989 Politische Umwälzungen in Mittel- und Osteuropa. Reimanns *Lear* erstmals in London. Singer: *Piano Quartet – The Grammar of Hope*. Maxwell Davies: *Strathclyde Concerto Nr. 2.* (Cello), 4. Sinfonie.

1990 Durchbruch des Kanaltunnels zwischen Folkstone und Calais. Holloway: *Clarissa* (Op). MacMillan: *The Confession of Isobel Gowdie* (Orch). Birtwistle: *Ritual Fragment* (Orch). Maxwell Davies: *Strathclyde Concerto Nr. 3* (Horn, Trompete) & *Nr. 4* (Klarinette). Tippett: *New Year* (Op).

1991 Krieg am Golf. Adams: *The Death of Klinghoffer*. Penderecki: *Ubu Rex* (Op). Trojahn: *Enrico* (Op). Simpson: 10. Sinfonie. Oliver: *Timons of Athens* (Op). Birtwistle: *Gawain* (Op). Maxwell Davies: *Caroline Mathilde* (Bal). Tippett: *Those Twentieth Century Blues, Byzantium* (Kant).

1992 Krieg im ehemaligen Jugoslawien. Jugendkrawalle in Nordengland. Umweltkonferenz in Rio. Rihm: *Die Eroberung von Mexiko* (Op). Reimann: *Das Schloß* (Op). Maxwell Davies: *Strathclyde Concerto Nr. 5* (Violine, Viola), *No. 6* (Flöte) & *No. 7* (Kontrabaß). Tippett: 5. Streichquartett. Buller: *The Bacchae* (Op).

1993 Schwere Tankerunglücke, u. a. vor den Shetland-Inseln. Birtwistle: Klavierkonzert. Stockhausen: *Dienstag aus Licht* (Op).

Bibliographie

Die Bibliographie kann keinen Anspruch auf Vollständigkeit erheben, sondern soll eine möglichst breit gefächerte Auswahl von Buchhinweisen zu speziellen Themen und zu einzelnen Komponisten geben. Umfassende Literaturverzeichnisse findet man in den einzelnen Standardwerken.

Allgemeines

Bacharach, Alfred Louis (Hrsg.); *British Music of Our Time*, Plican Books, Harmondsworth 1947.

Banfield, Stephan; *Sensibility and English Song*, Cambridge University Press 1985.

Briggs, Asa; *The BBC – The First Fifty Years*, London 1985.

Donaldson, Frances; *The Royal Opera House in the Twentieth Century*, Weidenfeld & Nicholson, London 1988.

Ehrlich, Cyril; *The Music Profession in Britain since the Eighteenth Century – A Social History*, Oxford University Press 1990.

Ehrlich, Cyril; *Harmonious Alliance – A History of The Performing Right Society*, Oxford University Press 1989.

Foreman, Lewis (Hrsg.); *From Parry to Britten – British Music in Letters 1900–1945*, Batsford, London 1987.

Foreman, Lewis/Palmer, Christopher; *British Music Now*, London 1975

Gänzl, Kurt; *The British Musical Theatre* (1. Band: 1865–1914, 2. Band: 1915–1984), Macmillan Press, London 1986.

Gatens, William J.; *Victorian Cathedral Music in Theory and Practice*, Cambridge University Press 1986.

Griffiths, Paul; *New Sounds, New Personalities – British Composers in the 1980s*, Faber and Faber, London 1985.

Harper, John; *Music of the English Church*, Weidenfeld & Nicolson, London 1991.

Holbrooke, Joseph; *Contemporary British Composers*, London 1925.

Howes, Frank; *The English Musical Renaissance*, London 1966.

Howes, Frank; *Folk Music of Britain*, London 1969.

Kennedy, Michael; *The Hallé 1858–1983 – A History of the Orchestra*, Manchester University Press 1982.

Kenyon, Nicholas; *The BBC Symphony Orchestra – The First Fifty Years 1930–1980*, London 1981.

Mackerness, Eric D.; *A Social History of English Music*, London 1966 (Neuauflage London 1976).

Nettel, Reginald; *The Orchestra in England – A Social History*, London 1946.

Peacock, Alan/Weir, Ronald; *The Composer in the Market Place*, Faber Music, London 1975.

Pearsall, Ronald; *Victorian Popular Music*, London 1973.

Pirie, Peter John; *The English Musical Renaissance*, London 1979.

Routh, Francis; *Contemporary British Music*, London 1972.

Rowell, George; *The Victorian Theatre*, 2. Auflage, London 1978.

Russell, D.; *Popular Music in England* 1840–1914 – A *Social History*, Manchester University Press 1988.

Samson, Jim (Hrsg.); *Man and Music Volume 7: The Late Romantic Era*, Macmillan, London 1991.

Schafer, Murray (Hrsg.); *British Composers in Interview*, London 1963.

Temperley, Nicholas (Hrsg.); *The Athlone History of Music in Britain*, vol 5: *The Romantic Age 1800–1914*, London 1981.

White, Eric Walter; *The Rise of English Opera*, London 1951.

White, Eric Walter; *A History of English Opera*, Faber und Faber, London 1983.

Young, Percy M.; *A History of British Music*, Benn, London 1967.

Arnold, Malcolm (geb. 1921)

Cole, Hugo; *Malcolm Arnold – An Introduction to his Music*, Faber and Faber, London 1989.

Poulton, Alan; *The Music of Malcolm Arnold – A Catalouge*, Faber and Faber, London 1986.

Balfe, William Michael (1808–1870)

Barrett, W. A.; *Balfe – His Life and Work*, London 1882.

Kenney, C. L.; *Memoir of Michael William Balfe*, London 1875 (Neuauflage London 1978).

Bax, Arnold (1883–1953)

Foreman, Lewis (Hrsg.); *Farewell, My Youth and other writings by Arnold Bax*, Scolar Press, Aldershot 1992.

Parlett, G.; *Arnold Bax – A Catalogue of his Music*, London 1972.

Scott-Sutherland, C.; *Arnold Bax*, London 1973.

Birtwistle, Harrison (geb. 1934)
Hall, Michael; *Harrison Birtwistle*, Robson Books, London 1984.

Bliss, Arthur (1891–1975)
Bliss, Arthur; *As I Remember*, London 1970.

Foreman, Lewis (Hrsg.); *Arthur Bliss – A Catalogue and Critical Survey*, London 1979.

Roscow, Gregory (Hrsg.); *Bliss on Music – Selected Writings of Arthur Bliss 1920–1975*, Oxford University Press 1991.

Boughton, Rutland (1878–1960)
Hurd, Michael; *Immortal Hour – The Life and Period of Rutland Boughton*, Routledge and Kegan, London 1962.

Hurd, Michael; *Rutland Boughton and the Glastonbury Festivals*, Oxford University Press 1993.

Brian, Havergal (1876–1972)
Foreman, Lewis (Hrsg.); *Havergal Brian – A Collection of Essays*, London 1969.

Macdonald, M.; *Havergal Brian – Perspective on the Music*, London 1972.

Macdonald, M.; *Symphonies of Havergal Brian*, London 1974.

Nettel, R.; *Havergal Brian and his Music*, London 1976.

Bridge, Frank (1879–1941)
Hindmarsh, Paul; *Frank Bridge – A Thematic Catalogue*, 2. Auflage, Thames Publishing, London 1991.

Little, Karen R.; *Frank Bridge – A Bio-Bibliography*, Greenwood Press, London 1991.

Payne, Anthony; *Frank Bridge – Radical and Conservative*, Thames Publishing, London 1976.

Pirie, Peter John; *Frank Bridge*, London 1971.

Britten, Benjamin (1913–1976)
Carpenter, Humphrey; *Benjamin Britten*, Faber and Faber, London 1992.

Evans, Peter; *The Music of Benjamin Britten*, Dent, London 1979.

Kennedy, Michael; *Britten*, Dent. London 1981.

Mitchell, Donald/Reed, Philip (Hrsg.); *Letters from a Life – The Selected Letters and Diaries of Benjamin Britten 1913–1976* (1. Band: 1923–1939, 2. Band: 1939–1945), Faber and Faber, London 1991.

White, Eric Walter; *Benjamin Britten – His Life and Operas*, London 1970.

Coates, Eric (1886–1957)

Coates, Eric; *Suite in Four Movements – An Autobiograhpy*, London 1953.

Delius, Frederick (1862–1934)

Beecham, Thomas; *Frederick Delius*, London 1959.

Carey, Lionel (Hrsg.); *Delius – A Life in Letters* (1. Band: 1862–1908, 2. Band: 1909–1934), Scolar Press, Aldershot 1983.

Palmer, Christopher; *Delius – Portrait of a Cosmopolitan*, Duckworth, London 1976.

Elgar, Edward (1857–1934)

De-la-Noy, Michael; *Elgar – The Man*, Allen Lane, London 1983.

Kennedy, Michael; *Portrait of Elgar*, 3. Auflage, Oxford University Press 1987.

Knowles, John; *Elgar's Interpreters Record*, Thames Publishing London 1985.

McVeagh, Diane; *Edward Elgar – His Life and His Music*, Dent, London 1955.

Moore, Jerrold Northrop; *Edward Elgar – A Creative Life*, Oxford University Press 1983.

Moore, Jerrold Northrop; *Edward Elgar – The Windflower Letters*, Oxford University Press 1989.

Moore, Jerrold Northrop; *Elgar and his Publishers* (1. Band: 1895–1903, 2. Band: 1904–1934), Oxford University Press 1988.

Moore, Jerrold Northrop; *Elgar – Letters of a Lifetime*, Clarendon Press, Oxford 1990.

Monk, Raymond (Hrsg.); *Edward Elgar – Music and Literature*, Scolar Press, Aldershot 1993.

Monk, Raymond (Hrsg.); *Elgar Studies*, Scolar Press, Aldershot 1990.

Young, Percy M.; *Elgar*, O. M., 2. Auflage, London 1973.

Young, Percy M.; *Alice Elgar – Enigma of a Victorian Lady*, London 1978.

Young, P. M. (Hrsg.); *A Future for English Music and other lectures by Edward Elgar*, Dennis Dobson, London 1968.

German, Edward (1862–1936)

Scott, W. H.; *Edward German – An Intimate Biography*, London 1932.

Goossens, Eugène (1893–1962)

Goossens, Eugène; *Overture and Beginners*, London 1951.

Grainger, Percy (1882–1961)

Mellers, Wilfrid; *Percy Grainger*, Oxford University Press 1992.

Holst, Gustav (1874–1934)

Holst, Imogen; *Gustav Holst*, Oxford University Press 1938.

Holst, Imogen; *The Music of Gustav Holst and Holst's Music Reconsidered*, Oxford University Press 1968.

Holst, Imogen; *A Thematic Catalogue of Gustav Holst's Music*, Faber Music, London 1974.

Short, Michael; *Gustav Holst – The Man and his Music*, Oxford University Press 1990.

Lambert, Constant (1905–1951)

Lambert, Constant; *Music Ho! – A Study of Music in Decline*, Faber and Faber, 3. Auflage, London 1966.

Shed, Richard; *Constant Lambert*, Lutterworth, London 1973.

Lutyens, Elisabeth (1906–1983)

Lutyens, E.; *The Goldfish Bowl*, London 1972.

Mackenzie, Alexander Campbell (1847–1935)

Mackenzie, A. C.; *A Musician's Narrative*, Cassell, London 1927.

Maxwell Davies, Peter (geb. 1934)

Bayliss, C. (Hrsg.); *The Music of Sir Peter Maxwell Davies – An Annotated Catalogue*, Highgate, London 1992.

Griffith, Paul; *Peter Maxwell Davies*, Robson Books, London 1981.

Jeutner, Renate (Hrsg.); *Peter Maxwell Davies – Ein Komponistenporträt*, Musik der Zeit, Dokumentationen und Studien 3, Boosey & Hawkes, Bonn 1983.

Parry, Hubert (1848–1918)

Dibble, Jeremy; *C. Hubert H. Parry – His Life and Music*, Clarendon Press, Oxford 1992.

Graves, C. L.; *Hubert Parry – His Life and Works*, 2 Bände, Macmillan & Co., London 1926.

Fuller Maitland, J. A.; *The Music of Parry and Stanford*, Cambridge 1934.

Rubbra, Edmund (1901–1986)

Grover, Ralph Scott; *The Music of Edmund Rubbra*, Scolar Press, Aldershot 1993.

Smyth, Ethel (1858–1944)

Collis, Louise; *Impertuous Heart – The Story of Ethel Smyth*, William Kimber, London 1984.

Crichton, Ronald (Hrsg); *The Memoirs of Ethel Smyth*, Viking, London 1987.

Rieger, Eva (Hrsg.); *Ein stürmischer Winter – Erinnerungen einer streitbaren Komponistin*, Bärenreiter, Kassel 1988.

St. John, Christopher; *Ethel Smyth – A Biography*, Longmans, London 1959.

Smyth, Ethel; *Impressions That Remained – Memoirs*, 2 Bände, Longmans, Green and Co.; London 1919.

Smyth, Ethel; *As Time Went On*, Longmans, London 1935.

Smyth, Ethel; *What Happened Next*, Longmans, London 1940.

Smyth, Ethel; *Streaks of Life*, Longmans, London 1921.

Smyth, Ethel; *A Final Burning of Boats*, Longmans, London 1928.

Smyth, Ethel; *Female Pipings in Eden*, Peter Davies, London 1933.

Smyth, Ethel; *Beecham and Pharao*, Chapman and Hall, London 1936.

Stanford, Charles Villiers (1852–1924)

Greene, Harry Plunket; *Charles Villiers Stanford*, Edward Arnold & Co., London 1935.

Porte, John F.; *Sir Charles Villiers Stanford*, London 1921.

Sullivan Arthur, (1842–1900)

Baily, Leslie; *The Gilbert and Sullivan Book*, Cassell, London 1952 (Neuausgabe 1966)

Bradley, Ian (Hrsg.); *The Annotated Gilbert and Sullivan*, 2 Bände, Penguin Books, London 1984.

Eden, David; *Gilbert and Sullivan – The Creative Conflict*, Fairleigh Dikkinson, London 1986.

Hayter, Charles; *Gilbert and Sullivan*, Macmillan, London 1988.

Hibbert, Christopher; *Gilbert and Sullivan and Their Victorian World*, American Heritage Pub. Co.; Putnam, New York 1976.

Hughes, Gervase; *The Music of Arthur Sullivan*, London 1960

Jacobs, Arthur; *Arthur Sullivan – A Victorian Musician*, 2. Auflage, Scolar Press, Aldershot 1992.

Saremba, Meinhard; *Arthur Sullivan – Facetten eines Komponistenlebens im viktorianischen England*, Wilhelmshaven 1994.

Williamson, Audrey; *Gilbert and Sullivan Opera*, Marion Boyars Inc.; London 1953 (Neuausgabe 1982).

Young, Percy M.; *Sir Arthur Sullivan*, Dent, London 1971.

Tippett, Michael (geb. 1905)

Bowen, Meirion; *Michael Tippett*, Robson Books, London 1982.

Kemp, Ian; *Tippett – The Composer and His Music*, Eulenburg Books, London 1984.

Theil, Gordon (Hrsg.); *Michael Tippett – A Bio-Bibliography*, Greenwood Press, London 1989.

Tippett, Michael; *Moving into Aquarius*, London 1958 (Neuauflage 1974).

Tippett, Michael; *Music of the Angels*, London 1980.

Tippett, Michael; *Those Twentieth Century Blues*, Weidenfeld & Nicolson, London 1991.

White, Eric Walter; *Tippett and his Operas*, London 1979.

Vaughan Williams, Ralph (1872–1958)

Day, James; *Vaughan Williams*, Dent, London 1972.

Hurd, Michael; *Vaughan Williams*, London 1970.

Kennedy, Michael; *The Works of Ralph Vaughan Williams*, 2. Auflage, Oxford University Press 1980.

Vaughan Williams, Ralph; *National Music and Other Essays*, London 1963.

Vaughan Williams, Ursula; *R. V. W. – A Biography*, Oxford University Press, London 1964.

Young, Percy M.; *Vaughan Williams*, London 1953.

Walton, William (1902–1983)

Craggs, Stewart R.; *William Walton – A Thematic Catalogue of his Works*, Oxford University Press 1977.

Craggs, Stewart R.; *William Walton – A Catalogue*, Oxford University Press 1990.

Craggs, Stewart R.; *William Walton – A Source Book*, Scolar Press, Aldershot 1993.

Kennedy, Michael; *Portrait of Walton*, Oxford University Press 1989.

Tierney, Neil; *William Walton – His Life and Music*, Robert Hale, London 1984.

Walton, Susana; *William Walton – Behind the Façade*, Oxford University Press 1988.

Warlock, Peter (1884–1930)

Copley, I. A.; *The Music of Peter Warlock – A Critical Survey*, London 1979.

Verschiedenes: Dirigenten, Sänger, Kritiker

Barnett, J. F; *Musical Reminiscences and Impressions*, London 1906.

Beecham, Thomas; *A Mingled Chime*, Hutchinson, London 1944.

Bennett, J.; *Forty Years of Music*, London 1908.

Bond, Jessie; *The Life and Reminiscences of Jessie Bond*, London 1930.

Boult, Adrian; *My Own Trumpet*, London 1973.

Burnand, Francis C.; *Records and Reminiscences*, Methuen, London 1904.

Earl of Harewood; *The Tongs and the Bones*, London 1981.

Easton, Carol; *Jacqueline du Pré*, Paul Zsolnay, Wien 1991.

Graves, Charles L.; *The Life and Letters of Sir George Grove*, Macmillan, London 1903.

Gray, Cecil; *Musical Chairs*, London 1948.

Gray, Pauline (Hrsg.); *Cecil Gray – His Life and Notebooks*, Thames Publishing, London 1989.

Grossmith, George; *A Society Clown*, J. W. Arrowsmith, Bristol 1888.

Grossmith, George; *Piano and* I, London 1910.

Hallé, C. E. und M.; *Life and Letters of Sir Charles Hallé*, London 1896.

Headington, Christopher; *Peter Pears – A Biography*, Faber and Faber, London 1991.

Hollingshead, John; *My Lifetime*, 2 Bände, 1895.

Joseph, Tony; *George Grossmith – Biography of a Savoyard*, Bristol 1982.

Kennedy, Michael (Hrsg.); *The Autobiography of Charles Hallé, with Correspondences and Diaries*, London 1972.

Kennedy, Michael; *Barbirolli – Conductor Laureate*, London 19.

Kennedy, Michael; *Adrian Boult*, London 1987.

Kenyon, Nicholas; *Simon Rattle – The Making of A Conductor*, Faber and Faber, London 1987.

Klein, Hermann; *Thirty Years of Musical Life in London: 1870–1900*, London 1903.

Laurence, D. H. (Hrsg.); *The Complete Musical Criticism of Bernard Shaw*, Bodley Head, London 1989.

Leppard, Raymond; *Authenticity in Music*, Faber and Faber, London 1989.

Lytton, Henry A; *Secrets of a Savoyard*, London 1921.

MacDonald, Cheryl; *Emma Albani – Victorian Diva*, Dundurn Press Limited, Toronto/London 1984.

Melba, Nellie; *Melodies and Memories*, London 1925.

Moran, Williams R. (Hrsg.); *Hermann Klein and The Gramophone*, Amadeus Press, Portland Oregon 1990.

Newman, Ernest; *Opera Nights*, London 1943.

Reid, Christopher; *Malcolm Sargent*, London 1968.

Reid, Christopher; *The Music Monster – A Biography of James William Davison, Music Critic of The Times of London 1846–78*, Quartet 1988.

Santley, Charles; *Reminiscences of my Life*, Pitman, London 1909.

Savage, R. Temple; *A Voice from the Pit*, Newton Abbot, London 1988.

Turnbull, Michael; *Joseph Hislop – Gran Tenore*, Scolar Press, Aldershot 1992.

Wood, Henry J.; *My Life of Music*, London 1938.

Young, Percy M.; *Sir George Grove*, Macmillan, London 1980.

Diskographie

Die folgende Liste bietet eine Auswahl von empfehlenswerten CD-Einspielungen, die Anregungen zu einer privaten Diskographie mit Werken britischer Komponisten geben soll. Ausführlicher ist das Verzeichnis bei den in diesem Buch einzeln gewürdigten Komponisten.

Bezugsquellen in Deutschland sind unter anderem gute Plattenläden und Versender wie: jpc-Schallplatten, Postfach 1329, 49124 Georgsmarienhütte oder Saturn, Hansaring, 50670 Köln. Besonders seltene Einspielungen, z. T. in Live-Mitschnitten, werden außerdem von einigen der Societies angeboten (siehe Adressenverzeichnis).

Titel, Interpret/Dirigent/Orchester, Firma, Bestellnummer, Aufnahmejahr.

Allgemeines

Englische Chorlieder 1890–1950: Delius, Elgar, Grainger, Britten, Vaughan Williams u. a.; Rutter, Cambridge Singers, Collegium COLCD 104 (1985)

English Miniatures: Walton, Goossens, Bax, Warlock, German u. a.; Hickox, Northern Sinfonia, EMI CDC7 49933–2 (1989)

Spirit of England: Bridge, Butterworth, Elgar, Finzi, Holst, Parry u. a.; W. Boughton, English SO, Nimbus (4 CD) N1 5210/3 (1984–89)

Viktorianische Konzert-Ouvertüren: Sullivan, Macfarren, Pierson, Makkenzie u. a.; Lloyd-Jones, English Northern Philharmonia, Hyperion CDA 66515 (1990).

Alwyn, Richard (1905–85)

Sinfonien 1 & 4: Alwyn, London PO, Lyrita SRCD 227.

Klavierwerke: Preludes, Fantasie-Walzer, Ogdon, Chandos 8399 (1984)

Anderson, Barry (geb. 1935)

Kammermusik: Mask, Songs Penyeach u. a., Continuum CCD 1008 (1988)

Elektronische Musik; Piano Pieces 1–3, Domingus u. a., Continuum CCD 1009 (1988)

Arnold, Malcolm (geb. 1921)

Sinfonien 2 & 5: Grooves, Arnold, Bournemouth SO, City of Birmingham Orchestra, EMI CDM 7 63368 2.

Filmmusik-Suiten (River Kwai u. a.): Hickox, London SO, Chandos 9100 (1991)

Balfe, William Michael (1808–70)

The Bohemian Girl: Bonynge, National PO, Argo (2 CD) 433 324-2 (1991)

Bantock, Granville (1868–1946)
Celtic Symphony u. a.: Handley, Royal PO, Hyperion CDA 66450 (1990)

Pagan & Hebridean Symphony: Boult, BBC SO, Intaglio 704 (1968)

Bax, Arnold (1883–1953)
Sinfonien 1–7: Thomson, London PO, Ulster Orchestra, Chandos (5 CD) 8906/10 (1985–89)

Klaviertrio (+ Bridge 2. Klaviertrio): Borodin-Terzett, Chandos 8495 (1986) 4 Tone Poems: Thomson, Ulster Orchestra, Chandos 8307 (1983)

Benjamin, George (geb. 1960)
Orchesterwerke: Benjamin, Elder, London Sinfonietta, BBC SO, Nimbus 5075 (1986)

Bennett, Richard Rodney (geb. 1936)
Spells: Willcocks, Philharmonis Orchestra, Continuum CCD 1030 (1978)

Bennett, William Sterndale (1816–75)
Klavierkonzerte 1 & 3: Binns, Braithwaite, London PO, Lyrita SRCD 204 (1989)

Berkeley, Lennox (1903–89)
Sinfonie 3 (+ div. Orchesterwerke): Berkeley, Winfield, Philharmonic Orchestra, Lyrita SRCD 226 (1970–74)

Chorwerke: Clare College Choir Cambridge, Brown, Meridian CDE 84216 (1991)

Berners, Gerald, Lord (1883–1950)
The Triumph of Neptune (+ Bax, Bantock): Beecham, Royal PO, EMI CDM 7 63405 2 (1937)

Birtwistle, Harrison (geb. 1934)
Earthdances: BBC, Eötvös, Collins Classics 20012 (1991)

Silvery Air, Secret Theatre u. a.: London Sinfonietta, Howarth, Etcetera KTC 1052 (1987)

Endless Parade (+ Maxwell Davies, Watkins): Hardenberger, Howarth, BBC SO, Philips 432075-2PH (1990)

Refrains & Choruses, Verses for Ensemble: Netherlands Winds Ensemble, Etcetera KTC 1130 (1991)

. . . agm . . .: Ensemble Intercontemporain, Boulez, Erato STU 71543 (1984)

Punch and Judy: Atherton, London Sinfonietta, Etcetera (2 CD) KTC 2014 (1979)

Ritual Fragment, Melancholia I, Meridian: New Music Cassettes NMCD 009 (1993)

Bliss, Arthur (1891–1975)
Morning Heroes: Groves, Liverpool PO, EMI CDM 7 63960 2 (1974)

A Colour Symphony u. a.: Wordsworth, BBC Welsh SO, Nimbus 5294 (1990)

Checkmate Ballet u. a.: Schönzeler, West Australien SO, Chandos 6576 (1978/87)

Boughton, Rutland (1878–1960)
The Immortal Hour: Melville, English Chamber Orchestra, Hyperion (2 CD) CDA 66101/2 (1983)

Bethlehem: (Ersteinspielung 1993 bei Hyperion)

Sinfonie 3 & Oboenkonzert 1: Handley, Royal PO, Hyperion CDA 66343 (1988)

Brian, Havergal (1876–1972)
Sinfonie 1 «Gothic»: Lenard, Slowakische Philharmonie, Marco Polo (2 CD) 8. 223280/1 (1989)

Sinfonie 3: Friend, BBC SO, Hyperion CDA 66334 (1988)

Sinfonie 17 & 32: Leaper, Ireland National SO, Marco Polo 8. 223481 (1991)

Bridge, Frank (1879–1941)
The Sea (+ Britten, Bax): Handley, Royal PO, Chandos 8473.

Oration, Enter Spring u. a.: Carewe, Kölner RSO, Pearl SHE 9601 (1986)

Streichquartette 2 & 4: Brindisi Quartet, Continuum (2 CD) CCD 1035/6 (1990/91)

The Christmas Rose: Williams, Chelsea Opera Group, Pearl SHE 9582 (1983)

Britten, Benjamin (1913–76)
Peter Grimes: Pears, Britten, Covent Garden, Decca (3 CD) 414 577-2 (1958)

Peter Grimes: Vickers, Davies, Covent Garden, Philips (2 CD) 432 578-2 (1978)

The Rape of Lucretia (+ Phaedra): Britten Chamber Orchestra, Decca (2 CD) 425 666-2 (1970/77)

The Turn of the Screw: Britten, English Opera Group, Decca (2 CD) 425 672-2 (1955)

Albert Herring: Britten, English Chamber Orchestra, Decca (2 CD) 421 849-2 (1964)

Billy Budd: Britten, Covent Garden, Decca (3 CD) 417 428-2 (1967)

Gloriana: Mackerras, Welsh National Opera, Argo (2 CD) 440 213-2 (1992)

A Midsummer Night's Dream: Britten, London SO, Decca (2 CD) 425 663-2 (1966)

A Midsummer Night's Dream: Hickox, City of London Sinfonia, Virgin Classics (2 CD) 7 59305 28 (1993)

Owen Wingrave, Hölderlin-Fragmente u. a.: Britten, English Chamber Orchestra, Decca (2 CD) 433 200-2 (1970)

Death in Venice: Bedford, English Chamber Orchestra, Decca (2 CD) 425 669-2 (1974)

War Requiem: Britten, London SO, Decca (2 CD) 414 383-2 (1966)

War Requiem: Gardiner, NDR SO, DGG (2 CD) 437 801-2 (1993)

Curlew River: Britten, English Opera Group, Decca 421 858-2 (1965)

The Burning Fiery Furnace: Britten, English Opera Group, Decca 414 663-2 (1967)

Paul Bunyan: Brunelle, The Plymouth Series Minnesota, Virgin Classics (2 CD) VCD 790710-2 (1987)

Simple Symphony, Bridge-Variations: Thomas, Bournemouth Sinfonietta, Chandos 8376 (1977)

Spring Symphony: Hickox, London SO, Chandos 8855 (1990)

Sinfonia da Requiem u. a.: Rattle, Birmingham SO, EMI CDS 7 54270 2.

The Prince of the Pagodas u. a.: Britten, Covent Garden, Decca (2 CD) 421 855-2 (1957/54)

The Prince of the Pagodas: Knussen, London Sinfonietta, Virgin Classics (2 CD) VCD 7911032 (1989)

Cello-Suiten 1 & 2: Rostropowitsch, Britten, Decca 421 859-2 (1968/61)

Streichquartett 1 u. a.: Britten Quartet, Collins Classics CD 10252 (1989/90)

Streichquartett 2 & 3: Auryn Quartett, Tacet 15 (1991)

A Ceremony of Carols, Rejoice in the Lamb, A Boy Was Born: Cleobury, Argo 433 215-2 (1990)

The Little Sweep, A Boy Was Born: Britten, Decca 430 367-2 (1955/57)

St. Nicholas u. a.: Britten, Aldeburgh Festival Choir & Chorus, Decca 425 714-2 (1954/57)

Noye's Fludde, The Golden Vanity: del Mar, Britten, Decca 425 161-2 (1960/69)

Klavierkonzert, Violinkonzert: Richter, Lubotsky, Britten, Decca 417 308-2 (1970)

Klaviermusik: Hough, Virgin Classics VC 791203-2 (1990)

Les Illuminations u. a.: Pears, Britten: Decca 417 153-2 (1966)

Serenade, Winter Words u. a.: Pears, Britten, Decca 425 996-2 (1944/54)

Buller, John (geb. 1927)
The Theatre of Memory & Proença: Walker, Elder, BBC SO, Unicorn-Kanchana UKCD 2049 (1979/85)

Bush, Alan (geb. 1900)
Klavierwerke: Jacobs, Altarus AIR-2-9004.

Butterworth, George (1885–1916)
Lieder: Luxon, Willison, Chandos 8831 (1989)

Casken, John (geb. 1949)
Golem: Bernas, Music Projects, Virgin Classics (2 CD) VCD 791 204-2 (1989)

Clarke, Rebecca (1886–1979)
Musik für Viola: McCarty, Babcock, Eskin, Northeastern NR 212-CD (1982)

Coates, Eric (1886–1957)
Orchesterwerke: Nabarro, East of England Orchestra, ASV CDWHL 2053 (1991)

Coleridge-Taylor, Samuel (1875–1912)
Scenes from the Song of Hiawatha: Alwyn, Welsh National Opera, Decca (2 CD) 4303562 (1990)

Delius, Frederick (1862–1934)
A Village Romeo and Juliet: Mackerras, ORF SO, Argo (2 CD) 430 275-2 (1990)

A Mass of Life u. a.: Groves, London PO, Intaglio (2 CD) 702 (1968/72)

Sea Drift, Hassan u. a.: Beecham, Royal PO, Sony Classical MPK 47680 (1954–58)

Music of Delius (Songs of Farewell u. a.): Fenby, Royal PO, Unicorn-Kanchana (2 CD) DKP 9008/9 (1987)

Elgar, Edward (1857–1934)
Sinfonie 1: Barbirolli, Hallé Orchestra, Intaglio 701 (1970)

Sinfonie 1: A. Davis, BBC SO, Teldec 9031 73 278-2 PL (1990)

Sinfonie 2: Slatkin, London PO, RCA RD 60072 QA (1988)

Sinfonie 2: A. Davis, BBC SO, Teldec 9031-74888-2 (1991)

Enigma Variations (+ Falstaff): Barbirolli, PO London, Hallé Orchestra, EMI 7 63955 2 (1963)

Violinkonzert: Perlman, Chicago SO, Barenboim, DGG 413 312-2 (1981)

Cellokonzert (+ Sea Pictures): du Pré, Barbirolli, London SO, EMI CDC 7 47329 2 (1965)

Pomp and Circumstance (+ Enigma Variations): Previn, Royal PO, Philips 416813-2PH (1986)

Klavierquintett & Streichquartett: Bingham, Medici-Quartett, Meridian ECD 84082 (1983)

Ouvertüren: Gibson, Scottish NO, Chandos 8429 (1982)

Orchesterstücke: Hickox, Northern Sinfonia of England, EMI CDC7 476 72-2 (1985)

King Olaf: Handley, London PO, EMI (2 CD) CDS 7 47659 8 (1987)

Caractacus: Hickox, London SO, Chandos (2 CD) 9156/7 (1992)

The Dream of Gerontius (+ The Music Makers): Gedda, Boult, London PO, EMI (2 CD) CDS 7 47208 8 (1964/75)

The Dream of Gerontius (+ Holst: Hymn of Jesus): Pears, Britten, London SO, Decca (2 CD) 421 381-2 (1971/62)

The Dream of Gerontius: Mitchinson, Rattle, Birmingham SO, EMI (2 CD) 7 49549 2 (1987)

The Apostles: Boult, London PO, EMI (2 CD) CDS 7 64206 2 (1974)

The Apostles: Hickox, London SO, Chandos (2 CD) 8875/6 (1990)

The Kingdom: Hickox, London SO, Chandos (2 CD) 8788/9 (1988)

The Kingdom: Slatkin, London PO, RCA (2 CD) RD 87862 (1988)

Elgar Cathedral Music: Hunt, Worcester Cathedral Choir, Hyperion CDA 66313 (1988)

Elgar's Complete Choral Songs: Hunt, Worcester Choral Society, Hyperion CDA 66271/2 (2 CD)

Elgar dirigiert Elgar (Enigma Variations, 2. Sinfonie u. a.): Pearl (5 CD) GEMM CDS 9951-5 (1914–25)

Elgar dirigiert Elgar Vol. 2 (Violinkonzert u. a.): EMI (3 CD) CDS 7 54560-2 (1928–32)

The Dream of Gerontius (AUSZ): Wilson, Elgar, Royal Albert Hall Orchestra, Pearl OPAL 9810 (1927)

Ferguson, Howard (geb. 1908)
Octet, Violinsonate 2, 5 Bagatellen: Hyperion CDA 66192 (1983/85)

Klaviersonate, Partita: Shelley, Macnamara, Hyperion CDA 66130 (1984)

Finzi, Gerald (1901–56)
Dies Natalis, For St. Cecilia u. a.: Hickox, London SO, Decca 425 660-2 (1979)

Earth and air and rain (Thomas Hary-Lieder): Hill, Varcoe, Benson, Hyperion (2 CD) CDA 66161/2 (1984)

German, Edward (1862–1936)
Orchesterwerke: Leaper, RSO Bratislava, Marco Polo (1991)

Goehr, Alexander (geb. 1932)
Sinfonie op. 42 u. a.: Knussen, London Sinfonietta, Unicorn-Kanchana DKP 9102 (1990)

Grainger, Percy (1882–1961)
Chosen Gems for Piano: Thwaites, Unicorn-Kanchana DKP 9127 (1992)

Irish Tune, Hill Song, The Warriors u. a.: Simon, Melbourne SO, Koch International Classics 3-7003-2 (1989)

Gurney, Ivor (1890–1937)
The Western Playland u. a.: Thompson, Varcoe, Delme Quartett, Hyperion CDA 66385 (1989)

Harty, Hamilton (1879–1941)
Klavierkonzert u. a.: Binns, Thomson, Ulster Orchestra, Chandos 8321 (1983)

Violinkonzert u. a.: Holmes, Thomson, Ulster Orchestra, Chandos 8386 (1979)

Headington, Christopher (geb. 1930)
Violinkonzert (+ R. Strauss): Xue-Wei, Glover, London PO, ASV CDDCA 780 (1991)

Holbrooke, Joseph (1878–1958)
Ulalume, The Bells, The Raven u. a.: Leaper, Slowakische Philharmonie, RSO Bratislava, Marco Polo (1992)

Holst, Gustav (1874–1934)
The Planets: Boult, London PO, EMI CDM 7 69045 2 (1978)

The Planets (+ St Paul's Suite u. a.): G. Holst, London SO, Pearl GEMM CD 9417 (1922–24)

Choral Hymns from the Rig Veda u. a.: Willcocks, Royal PO, Unicorn-Kanchana DKP 9046 (1984)

Motetten, Partsongs u. a.: Halsey, Chor des Birmingham SO, Collins Classics CDCF 142 (1986)

Psalmen, Partsongs u. a.: Wetton, Holst Singers & Orchestra, Hyperion CDA 66329 (1988)

The Cloud Messenger, The Hymn of Jesus u. a.: Hickox, London SO & Chor, Chandos 8901 (1990)

Savitri (+ Lieder): Palmer, Hickox, London Sinfonia, Hyperion CDA 66099 (1983)

Savitri (+ Choral Hymns u. a.): Baker, I. Holst, English Chamber Orchestra, Decca 430 062-2 (1965)

Double Concerto, Capriccio u. a.: I. Holst, English Chamber Orchestra, Lyrita (1966)

Bläserquintett u. a.: Elysian Wind Quintet, Chandos 9077 (1992)

Japanese Suite, Beni Mora u. a.: Boult, London PO, London SO, Lyrita SRCD 222 (1971/72)

Lyric Movement, St. Paul's Suite u. a.: Braithwaite, New Zealand Chamber Orchestra, Koch International Classics 37058-2 (1990)

Holst, Imogen (1907–84)

Streichquartett 1 (+ Britten, Bridge): Brindisi Quartett, Collins Classics CDCF 196 (1990)

Howells, Herbert (1892–1983)

Klavierkonzert 2 u. a.: Scott, Handley, Liverpool PO, Hyperion CDA 66610 (1991)

Ireland, John (1879–1962)

The Forgotten Rite, Tritons u. a.: Hickox, London SO, Chandos 8994 (1991)

Klavierwerke (Sonate in e, Preludes u. a.): Parkin, Chandos 9056 (1991)

Lieder: Morgan, Crone, Etcetera KTC 1128 (1991)

Knussen, Oliver (geb. 1952)

Where the Wild Things are: Knussen, London Sinfonietta, Unicorn-Kanchana DKP 9044 (1984)

Sinfonie 2 & 3 u. a.: Knussen, Thomas, Philharmonia Orchestra, Unicorn-Kanchana UKCD 2010 (1983/86)

Lambert, Constant (1905–51)

The Rio Grande u. a.: Wordsworth, BBC Concert Orchestra, Decca 436 118-22H (1991)

Summer's Last Will and Testament u. a.: Lloyd-Jones, English Northern Philharmonia, Hyperion CDA 66565 (1991)

Horoscope, Rio Grande u. a.: Lambert, Liverpool PO, Philharmonia Orchestra, EMI CDH 7639112 (1944–50)

Maconchy, Elisabeth (geb. 1907)

Streichquartt 1–4: Hanson, String Quartet, Unicorn-Kanchana DKP 9080 (1988)

Streichquartet 5–8: Bingham String Quartet, Unicorn-Kanchana DKP 9081 (1989)

Streichquartet 9–13: Mistry String Quartet, Unicorn-Kanchana DKP 9082 (1989)

MacMillan, James (geb. 1959)

The Confession of Isobel Gowdie, Tryst u. a.: Maksymiu, BBC Scottish Orchestra, Koch International Classics 310502 H1 (1991)

Mathias, William (1934–92)

3. Sinfonie, Requiescat u. a.: Llewllyn, BBC WSO, Nimbus 5343 (1992)

Lux Aeterna: Willcocks, London SO, Chandos 8695 (1984)

Maxwell Davies, Peter (geb. 1934)

Eight Songs for a Mad King & Miss Donnithorne's Maggot: Eastman, Thomas, Maxwell Davies, The Fires of London, Unicorn-Kanchana DKP 9052 (1970/84)

The Martyrdom of St. Magnus: Rafferty, Scottish Chamber Opera, Unicorn-Kanchana DKP 9100 (1989)

Sinfonie 4 & Trompetenkonzert: Wallace, Maxwell Davies, Scottish National Orchestra, Scottish Chamber Orchestra, Collins Classics 11812 (1990)

Sinfonie 2: Maxwell Davies, BBC SO, Collins Classics (1994)

Black Pentecost, Stone Litany: Jones, Maxwell Davies, BBC PO, Collins Classics 13662 (1992)

Worldes Blis, The Turn of the Tide u. a.: Maxwell Davies, ROYAL PO, BBC PO, Collins Classics (1992/93)

Trompetenkonzert (+ Birtwistle, Watkins): Hardenberger, Howarth, BBC PO, Philips 432 075-2 (1990)

Sinfonia Academica & Into the Labyrinth: Mackie, Maxwell Davies, Scottish Chamber Orchestra, Unicorn-Kanchana UKCD 2022 (1984)

Sinfonia Concertante & Sinfonia: Maxwell Davies, Scottish Chamber Orchestra, Unicorn-Kanchana UKCD 2026 (1986)

Image, Reflection, Shadow; Ave Maris Stella, Runes from a Holy Island: Maxwell Davies, The Fires of London, Unicorn-Kanchana UKCD 2038 (1981/84)

Violinkonzert: Stern, Previn, Royal PO, Sony Classical MK 42449 (1986)

O Magnum Mysterium: Christophers, The Sixteen, Collins Classics 12702 (1990)

Solstice of Light u. a.: Cleobury, Choir of the King's College Cambridge, Argo 436 119-2 ZH (1991)

Caroline Mathilde, St. Thomas Wake u. a.: Maxwell Davies, BBC PO, Collins Classics 13082 (1991)

Suiten zu Filmen von Ken Russell (The Devils, The Boyfriend) u. a.: Cleobury, Aquarius, Collins Classics 10952 (1989)

Oboenkonzert & Cellokonzert: Miller, Conway, Maxwell Davies, Scottish Chamber Orchestra, Unicorn-Kanchana DKP 9085 (1988)

Klarinettenkonzert u. a.: Morrison, Maxwell Davies, Scottish Chamber Orchestra, Collins Classics 12392 (1991)

Doppelkonzert & Flötenkonzert: Clarke; Marwood, Nicolson, Maxwell Davies, Scottish Chamber Orchestra, Collins Classics (1993)

Renaissance & Baroque Realisations: Maxwell Davies, The Fires of London, Unicorn-Kanchana UKCD 2044 (1980)

A Celebration of Scotland: Maxwell Davies, Scottish Chamber Orchestra, Unicorn-Kanchana DKP 9070 (1987)

Orkney Wedding, Ojai Ouverture u. a.: Maxwell Davies, BBC PO, Royal PO, Collins Classics 30032 (1991)

Moeran, Ernest (1894–1950)
Cellokonzert & Sinfonietta: Wallfisch, del Mar, Bournemouth Sinfonietta, Chandos 8456 (1985)

Streichquartett & Violinsonate: Melbourne String Quartet, Chandos 8465 (1981)

Musgrave, Thea (geb. 1928)
Mary, Queen of Scots: Monk, Virginia Opera Associations Orchestra & Chorus, Novello Records (2 CD) NVLCD 108/1-2 (1979/89)

Kammerkonzerte: Pitman, Boston Musica Viva, Del 1012.

Parry, Hubert (1848–1918)
Sinfonie 1 u. a.: Bamert, London PO, Chandos 9062 (1991/92)

Sinfonie 1 (+ From Life to Death): W. Boughton, English SO, Nimbus 5296 (1991)

Sinfonie 2 (+ Symphonic Variations): Bamert, London PO, Chandos 8961 (1990)

Sinfonie 3 & 4: Bamert, London PO, Chandos 8896 (1990)

Sinfonie 5 (+ Elegy for Brahms u. a.): Bamert, London PO, Chandos 8955 (1990)

The Soul's Ransom & The Lotus Eaters: Bamert, London PO, Chandos 8990 (1990)

Invocation to Music: Bamert, London PO, Chandos 9025 (1991)

Lady Radnor's Suite u. a.: Boult, London PO, London SO, Lyrita SRCD 220 (1970/78)

Jerusalem, Songs of Farewell u. a.: Robinson, St. George's Chapel Choir Windsor, Hyperion CDA 66273 (1986)

Werke für Violine und Klavier: Gruenberg, Vignoles, Hyperion CDA 66157 (1984)

Potter, Cipriani (1792–1871)
Sinfonie 8 & 10: Wetton, Keynes Chamber Orchestra, Unicorn-Kanchana DKP 9091 (1989)

Rawsthorne, Alan (geb. 1905)
Klavierkonzerte 1 & 2 u. a.: Tozer, Cislowsky, Bamert, London PO, Chandos 9125 (1991)

Rubbra, Edmund (1901–86)
Sinfonie 6 & 8 u. a.: del Mar, Handley, Philharmonia Orchestra, London SO, Lyrita SRCD 234 (1979/82)

Sinfonie 10 u. a.: Schönzeler, Bournemouth Sinfonietta, Chandos 8376 (1975)

Scott, Cyril (1879–1970)
Klavierwerke: Henning, Etcetera KTC 1132 (1991)

Simpson, Robert (geb. 1921)
Sinfonie 6 & 7: Handley, Liverpool PO, Hyperion CDA 66280 (1977)

Streichquartette 7 & 8: Delmé String Quartet, Hyperion CDA 66117 (1977/79)

Smyth, Ethel (1858–1944)
Mass in D u. a.: Brunelle, Plymouth Music Series, Virgin Classics VC 791188-2 (1990)

Kammermusik: Fanny Mendelssohn-Quartett, Troubadisc (2 CD) TDCD 03 (1990)

Lieder & Kammermusik: Paulsen, Ethel Smyth Ensemble, Troubadisc (2 CD) TRO-CD 01405 (1992)

Stainer, John (1840–1901)

The Crucifixion u. a.: Scott, St. Paul's Cathedral Choir, Collins Classics CDCF 193 (1990)

Stanford, Charles Villiers (1852–1924)

Sinfonie 3 u. a.: Handley, Ulster Orchestra, Chandos 8845 (1986)

Klavierkonzert 2 u. a.: Bins, Boult, Braithwaite, London SO, London PO, Lyrita SRCD 219 (1985/88)

Sullivan, Arthur (1842–1900)

The Gondoliers: Pryce-Jones, New D'Oyly Carte Opera Company, TER (2 CD) 1187-2 (1991)

The Gondoliers: Sargent, Pro Arte Orchestra, EMI (2 CD) CMS7 64394-2 (1957)

HMS Pinafore (Urfassung): Phipps, New Sadler's Wells Opera, TER (2 CD) 21150 (1987)

HMS Pinafore (+ Trial by Jury): Sargent, Pro Arte Orchestra, EMI (2 CD) CDS 7477798 (1958)

Iolanthe: Pryce-Jones, New D'Oyly Carte Opera Company, TER (2 CD) 1188-2 (1990)

Iolanthe: Sargent, Pro Arte Orchestra, EMI (2 CD) CMS7 64400-2 (1959)

Ivanhoe: Lyle, The Prince Consort, Pearl (3 CD) SHE CDS 9615 (1989)

The Mikado: Mackerras, Welsh National Opera, Telarc 80284 (1992)

The Mikado: Sargent, Pro Arte Orchestra, EMI (2 CD) CMS7 64403-2 (1957)

Patience (+ Irish Symphony): Sargent, Pro Arte Orchestra, EMI (2 CD) CMS7 64406-2 (1961)

The Pirates of Penzance: Pryce-Jones, New D'Oyly Carte Opera Company, TER (2 CD) 1177-2 (1990)

The Pirates of Penzance (+ In Memoriam): Sargent, Pro Arte Orchestra, EMI (2 CD) CMS7 64408-2 (1961)

Princess Ida: Sargent, Royal PO, Decda (2 CD) 436 810-2 (1964)

Ruddigore (Urfassung): Phipps, New Sadler's Wells Opera, TER (2 CD) 1128 (1987)

Ruddigore (+ Bühnenmusik): Sargent, Pro Arte Orchestra, EMI (2 CD) CMS7 644127-2 (1962)

The Sorcerer (& The Zoo): Godfrey, Nash, Royal PO, Decca (2 CD) 436 807-2 (1967/78)

The Tempest, The Merchant of Venice: Dunn, City of Birmingham SO, KR CMS7 64412-2 (1972)

Utopia Limited: Nash, Royal PO, Decca (2 CD) 436 816-2 (1975)

The Yeomen of the Guard: Edwards, New D'Oyly Carte Opera Company, TER (2 CD) 1195-2 (1992)

The Yeomen of the Guard: Marriner, Academy of St. Martin-in-the-Fields, Philips (2 CD) 438 138-2 (1993)

The Yeomen of the Guard: Sargent, Pro Arte Orchestra, EMI (2 CD) CDS 7477818 (1958)

The Grand Duke: Nash, Royal PO, Decca (2 CD) 436 813-2 (1976)

Cello-Konzert in D-Dur u. a.: Lloyd Webber, Mackerras, London SO, EMI CDM 7 64726 2 (1986)

Sweethearts – 15 Songs of Arthur Sullivan: Ommerle, Sylvan, Wedow, Northeastern Records CDCF 156 (1985)

Ballettmusik (L'île enchantée, Thespis): Penny, RTE Concert Orchestra Dublin, Marco Polo 8.223460 (1991)

Bühnenmusik (Henry VIII, The Merchant of Venice u. a.): Penny, RTE Concert Orchestra Dublin, Marco Polo 8.223461 (1991)

Sacred and Secular Music: McCormack, Butt, Sargent u. a. Pearl GEMM CD 9494 (Historische Aufnahmen)

Choral Music: Trepte, Choir of Ely Cathedral, Britten-Pears Chamber Choir, Cantoris Records (CRCD 2368 (1992)

Tavener, John (geb. 1944)
The Protecting Veil u. a.: Isserlis, Roshdestvensky, London SO, Virgin Classics VC 791474-2 (1991)

We shall see him as he is: Hickox, BBC Welsh Chorus & Orchestra, Chandos 9128 (1992)

Tippett, Michael (geb. 1905)
The Midsummer Marriage: (Wiederveröffentlichung bei Lyrita 1993/94)

King Priam: Atherton, London Sinfonietta, Decca (2 CD) 414 241-2 (1981)

The Ice Break: Atherton, London Sinfonietta, Virgin Classics VC 7 91448-2 (1990)

A Child of Our Time: C. Davis, BBC SO, Philips 420 075-2 (1975)

A Child of Our Time: Tippett, Birmingham SO, Collins Classics 13392 (1991)

The Mask of Time: A. Davis, BBC SO EMI (2 CD) CDS7 47705-8 (1986)

Byzantium, Sinfonie 4: Solti, Chicago Symphony Orchestra, Decca 433 668-2 (1981/93)

Sinfonien 1–4: Solti, C. Davis; Decca (3 CD) 425 646-2 (1968–81)

Streichquartette 1–4: Britten Quartet, Collins Classics 7006-2 (1990)

Streichquartett 5: Lindsay String Quartet, ASV (1993)

Klaviersonaten 1–4: Crossley, CRD (2 CD) CRDC 4130/2 (1984/85)

Concerto for Double String Orchestra u. a.: Tippett, Scottish Chamber Orchestra, Virgin Classics 7 90701-2 (1987)

Fantasia Concertante on a theme by Corelli: Hogwood, St. Paul Chamber Orchestra, Decca 440 376-2 (1993)

Tripelkonzert & Klavierkonzert: Tippett, BBC PO, Nimbus NI 5301 (1990/91)

Chorwerke: Darlington, Christ Church Cathedral Choir, Nimbus NI 5266 (1989)

Vaughan Williams, Ralph (1872–1958)

A Sea Symphony: Haitink, London PO, EMI CDC 7 49911 2 (1989)

A London Symphony (+ Tallis Fantasia): Boult, London PO, EMI 430 366-2 (1971/76)

Pastoral Symphony (+ Oboenkonzert): Kenny, Thomson, London SO, Chandos 8594 (1987)

Sinfonie 4 (+ Violinkonzert): Sillito, Thomson, London SO, Chandos 8633 (1987)

Sinfonie 4 (+ Holst: Planets): Vaughan Williams, G. Holst, London SO, Koch International Classics 37018-2 (1937/26)

Sinfonie 5 (+ Konzert für 2 Klaviere): Menuhin, Royal PO, Virgin Classics VC7 90733-2 (1987)

Sinfonie 6 (+ Brahms): Barbirolli, Bayr. RSO Orf C 265921 (1970)

Sinfonie 7 & 8: Previn, London SO, RCA GD 90510 (1970)

Sinfonie 8 & 9: Boult, London PO, EMI CDM 7 64021 2 (1969)

The Pilgrim's Progress: Boult, London PO, EMI (2 CD) CMS 7 64212 2.

Hugh the Drover u. a.: Sargent, Pearl 9468 (Historische Aufnahme)

Job: Handley, London PO, EMI CDC 7 54421-2 (1983)

Hodie u. a.: Hickox, London SO, EMI CDC 7 54128-2 (1990)

Magnificat u. a.: Best, City of London Sinfonia, Hyperion CDA 66569 (1990/91)

Messe in g-Moll u. a.: Darlington, Christ Church Cathedral Choir, Nimbus 5083 (1986)

Sancta Civitas: (Ersteinspielung 1993 bei EMI)

Flos Campi u. a.: Riddle, del Mar, Bournemouth Sinfonietta, Chandos 6545 (1977)

Serenade, Te Deum u. a.: Wood, BBC SO, Pearl GEMM CD 9342 (1938)

Lieder (+ Warlock): I. & J. Partridge, Etcetera KTC 1078 (1980)

Greensleeves, Tallis Fantasia, The Lark Ascending u. a.: Marriner, Argo 414 595-2

Songs for Travel, Ten Blake Songs u. a.: Tear. Luxon; Decca 430 368-2 (1972–78)

Walton, William (1902–83)

Façade u. a.: E. Sitwell, Pears, Collins, English Opera Group, Decca 425 661-2 (1954/55)

Belshazzar's Feast u. a.: Allen, Slatkin, London PO, RCA BMG RD 60813 (1989/90)

Bratschenkonzert: Kennedy, Previn, Royal PO, EMI CDC 7 49628 2 (1987)

Cellokonzert (+ 1. Sinfonie): Harrel, Rattle, Birmingham SO, EMI CDC 54572 2 (1991)

Violinkonzert: Mordkovitch, Latham-König, London PO, Chandos 9073 (1991)

Sinfonie 1: Slatkin, London PO, Virgin Classics VC 7 90715-2 (1987)

Sinfonie 2: Thomson, London PO, Chandos 8772 (1989)

Sinfonie 2 (+ Hindemith-Variationen): Szell, Cleveland Orchestra, Sony Classical CD 46732 (1959–64)

Filmmusik Vol. 1: Hamlet, As You Like It, Marriner, Academy of St. Martin-in-the-Fields, Chandos 8842 (1989)

Filmmusik Vol. 2: Three Sisters, Escape Me Never u. a., Marriner, Academy of St. Martin-in-the-Fields, Chandos 8870 (1989)

Filmmusik Vol. 3: Henry V, Marriner, Academy of St. Martin-in-the-Fields, Chandos 8892 (1989)

Filmmusik Vol. 4: Richard III, Macbeth u. a., Marriner, Academy of St. Martin-in-the-Fields, Chandos 8841 (1989)

Sinfonia Concertante u. a.: Walton, London PO, London SO, Lyrita SRCD 224 (1971)

Orchester- und Chorwerke: Willocks, The Bach Choir, The Philharmonia, Chandos 8998 (1991)

Troilus and Cressida (Ausz.): Lewis, Schwarzkopf, Walton, Philharmonia Orchestra, EMI CDM 7 64199-2 (1955/68)

The Quest u. a.: Thomson, London PO, Chandos 8871 (1990)

Streichquartett a-Moll u. a.: Gabrieli String Quartet, Chandos 8474 (1986/90)

Geistliche Chormusik: Marlow, Trinity College Choir, Collins Classics CDCF 164 (1988)

Walton conducts Walton: Belshazzar's Feast, Siesta u. a., EMI (2 CD) CDH 7 63381-2 (1936–51)

Warlock, Peter (1894–1930)
Lieder: Luxon, Willison, Chandos 8643 (1987)

Weir, Judith (geb. 1954)
The Consolations of Scholarship, Missa del Cid, King Harald's Saga: Hirst, Lontano, Martinez, Novello Records NVLCD 109 (1989)

Wesley, Samual Sebastian (1810–76)
Cathedral Anthems Vol. 1: Hunt, Worcester Cathedral Choir, Hyperion CDA 66446 (1990)

Cathedral Anthems Vol. 2: Hunt, Worcester Cathedral Choir, Hyperion 66469 (1990)

Wordsworth William (geb. 1908)
Sinfonie 2 & 3: Braithwaite, London PO, Lyrita SRCD 207 (1989)

Videos

Britten, Benjamin (1913–76)

Peter Grimes: Moshinsky, C. Davis, Covent Garden, Castle Opera (VHS, 160') CVI 2015 (1981)

The Turn of the Screw: Weigl, C. Davis, Covent Garden, Philips (VHS, 106') 704003 (1982)

A Midsummer Night's Dream: Hall, Haitink, Glyndebourne Festival Opera, Castle Opera (VHS, 156') CVI 2008 (1981)

Gloriana: Graham, Elder, English National Opera, Virgin Classics (VHS, 150') VVD 344.

The Rape of Lucretia: Rigby, Friend, English National Opera, VVD (VHS, 108') 617 (1987)

Albert Herring: Hall, Haitink, Glyndebourne Festival Opera, Castle Opera (VHS, 150') CVI 2051.

The Prince of the Pagodas: Macmillan, Lawrence, Covent Garden, Teldec Video (VHS, 193') 9031-73826-3 (1990)

Delius, Frederick (1862–1934)

A Village Romeo and Juliet: Mackerras, ORF SO, Argo (VHS, 113') (1990)

Elgar, Edward (1857–1934)

Cellokonzert: Nupen, du Pré, Barenboim, Teldec Video (VHS, 73') 2292-46240-3 (1967)

Knussen, Oliver (geb. 1952)

Where the Wild Things Are/Higgelty Piggelty Pop: Corsaro, Knussen, Glyndebourne Festival Opera, Castle Opera (VHS, 110') CVI 2084 (1985)

Sullivan, Arthur (1842–1900)

The Gondoliers: Wood, Faris, London PO, Walker-Video.

HMS Pinafore: Riley, Nash, D'Oyly Carte Opera Company, Channel 5 Video CFV00902 (1980)

Iolanthe: Pountney, Faris, London PO, Walker-Video.

The Mikado: Miller, Robinson, English National Opera, Thames Video (VHS, 130') TV 8122 (1986)

Patience: Cox, Faris London PO, Walker-Video.

The Pirates of Penzance: Geliot, Faris, London PO, Walker-Video.

Ruddigore: Renshaw, Faris, London PO, Walker-Video.

The Sorcerer: Pimlott, Faris, London PO, Walker-Video.

The Yeomen of the Guard: Dorfman, Lloyd-Jones, The New World Philharmonic Orchestra, ITC-Video (1980)

Walton, William (1902–1983)
Henry V: Olivier, Walton, Rank Home Video (VHS, 137') 0010 (1944)

Hamlet: Olivier, Walton, Rank Home Video (VHS, 155') 0002 (1948)

Richard III: Olivier, Walton, Cinema Club (VHS, 150') CC1164 (1955)

Kontaktadressen

Aktuelle Informationen und Adressenverzeichnisse zur Musik in Großbritannien findet man in dem jährlich erscheinenden

British Music Yearbook; herausgegeben von Annabel Carter, Rhinegold Publishing Ltd., 241 Shaftesbury Avenue, LONDON, WC2 H8EH.

Allgemeine Fragen beantworten und Kontakte vermitteln können die Mitarbeiter des

British Music Information Centre
10 Stratford Place
LONDON
W1N 9AE
Tel. 071/4498567
Telefax 071/4994795

Das «British Music Information Centre» ist auf die Musik des 20. Jahrhunderts spezialisiert und macht Notenmaterial, Einspielungen und Videos während der Öffnungszeiten zugänglich. Bei Aufenthalten in London ist ein Besuch ohne vorherige Anmeldung möglich (Öffnungszeiten: Montag–Freitag 10–17 Uhr).

Das Hauptaugenmerk des British Music Information Centre gilt den Komponisten, die nicht durch eine eigene Gesellschaft vertreten werden. Es gibt verschiedene Societies, die auf Mitgliedschaft basieren und eine eigene Zeitschrift, Konzerte sowie Informationsveranstaltungen anbieten.

Um britische Musik im weitesten Sinne kümmert sich die

British Music Society
David Burkett
65 School Lane
Bushey
Herts
WD2 1BY

Für spezielle Belange kann man sich wenden an:

Scottish Music Information Centre
1 Bowmont Gardens
GLASGOW
G12 9LR
Tel. 041/3346393

Welsh Music Information Centre
Music Dept.
University College

Corbett Road
CARDIFF
CF1 1XL
Tel. 0222/874000

Ferner gibt es:

The Aldeburgh Foundation
High Street
ALDEBURGH
IP15 5AX

The Havergal Brian Society
c/o David J. Brown
17 Ash Tree Dell
Kingsbury
LONDON
NW9 0AG
Tel. 081/2051408

The Frank Bridge Trust
14 Barlby Road
LONDON
W10 6 AR

Delius Society
Jonathan Maddox
6 Town Farm
Wheathampstead
Herts
AL4 8QL

The Elgar Society
20 Geraldine Road
MALVERN
Worcester
WR 14 3PA
Tel. 0684/568822

Gilbert & Sullivan Society
c/o Miss Betty Dove
31a Menmere Gardens
WEMBLEY
Middlesex
HA0 1TD

Sir Arthur Sullivan Society
c/o Stephan Turnbull
48 Front Street
BISHOP AUCKLAND
Cockfield
Co. Durham
DL13 5DS
Tel. 0388/710308

The Tippett Office
5 Thirsk Road
LONDON
SW11 5SU

Peter Warlock Society
c/o Malcolm Rudland
32a Chipperfield Ho.
Cale Street
LONDON
SW3 3SA
Tel. 071/5899595

Personenregister

A

Aberconway, Christabel 257
Achmatowa, Anna 348
Adams, John 348
Adorno, Theodor W. 316
Aischylos 67, 399
Albee, Edward 345
Albert, Prinz von Sachsen, Coburg, Gotha 27, 59, 90
Alfred, Herzog von Edinburgh 28
Allen, Hugh 60, 247
Allinson, Francesca 329, 345
Anderson, Barry 403f.
d'Annunzio, Gabriele 180
Ansermet, Ernest 116, 248
Antheil, George 253
Antonioni, Michelangelo 292
Aristophanes 31, 73
Arne, Thomas Augustine 286
Arnold, Malcolm 254, 264, 270
Arnold, Matthew 32, 101
Arnold, Richard 101
Asquith, Herbert Henry 307
Atherton, David 306, 343, 395
Attenborough, Richard 310
Auden, Wystan Hugh 282f., 287, 291, 294
Augustinus 343
Austen, Jane 141
Ax, Emanuel 341
Ayrton, Michael 265

B

Bach, Johann Sebastian 22, 51, 62ff., 74, 78, 100, 106, 136, 160, 175, 189, 208, 231, 241, 273, 277, 291, 297, 306, 332, 369, 380, 391, 395
Bacharach, A. L. 184, 334
Baez, Joan 313
Bagehot, Walter 14
Baillie, Alexander 367
Baker, Janet 268, 305, 316
Baker, William Meath 100
Balfe, Michael William 46, 286
Balzac, Honoré de 169
Bamert, Matthias 73
Bantock, Granville 79, 217f., 228, 230
Barber, Samuel 344
Barbirolli, John 117, 120, 139, 166, 178
Baring, Maurice 146f.
Barnby, Joseph 50, 130
Barth, Cecil 214, 216
Bartók, Béla 164, 184f., 201, 256, 358
Bauer-Schenck, Günther 366
Bax, Arnold 64, 79, 81, 133, 162, 165, 176, 208, 239, 252
Bax, Clifford 208
Baylis, Lilian 260, 286
Beard, Paul 340
Beauchamp, Earl of 103
Bedford, Steuart 306, 317
Beecham, Thomas 80, 113, 118ff., 139 142, 146, 148, 161, 230, 285, 290, 325
Beethoven, Ludwig van 19ff., 51, 57, 62ff., 73f., 77, 93f., 102, 113, 126, 129f., 160, 165f., 175, 212, 272, 277, 297, 327, 335, 346, 356, 381, 391, 410
Bekker, Paul 175
Bellini, Vincenzo 25, 33, 272
Benedict, Julius 46, 286
Benjamin, Arthur 79, 165, 176, 281, 286
Bennett, Joseph 44
Bennett, Richard Rodney 322
Bennett, William Sterndale 28, 60, 67

Benson, Nelly 130
Bensons, A. C. 87
Berg, Alban 252, 267, 281, 286, 291, 297, 358f., 396
Bergner, Elisabeth 260
Bergson, Henri 34
Berio, Luciano 272
Berkeley, Lennox 183, 270, 302, 304, 333, 335, 386
Berliner, Emil 117
Berlioz, Hector 27, 40, 60, 78, 106, 175, 193, 255, 320, 331, 346, 350
Berners (Lord) 164, 251
Bernhoff, J. 137
Bernstein, Leonard 277, 295, 348, 382
Birtwistle, Adam 388
Birtwistle, Harrison 42, 120, 272, 304, 317, 322, 340, 355, 357, 367, 385ff.
Birtwistle, Sheila 388, 393
Birtwistle, Silas 388
Bishop, Stephen siehe Kovacevich, Stephen
Bizet, Georges 188
Blackmore, R. D. 238
Blake, William 81, 170, 328
Blatchford, Robert 223
Blech, Leo 138
Bliss, Arthur 71, 75, 81, 83, 87, 106, 120, 162, 165, 170, 176, 239, 252, 254, 261, 302
Blow, John 232
Bode, Mabel 196
Boethius 402
Bonawitz, Johann Heinrich 42
Bond, Jessie 36
Borgese, Giuseppe Antonio 283, 315
Borodin, Alexander 158
Boucicault, Dion 24
Boughton, Florence 228
Boughton, Joy 242, 306
Boughton, Rutland 58, 75, 79, 117, 134, 137 144, 149, 171, 179, 211ff., 285, 328, 337, 352f., 376
Boughton, William 242
Boulanger, Lili 132
Boulez, Pierre 178, 183, 340f., 358f., 387 392, 396f., 403, 410, 414
Boult, Adrian 73, 80, 111, 117, 119f., 131 136f., 165, 169, 171f., 204f., 207, 248, 254, 327, 330, 340
Brahm, Otto 225
Brahms, Johannes 27, 63f., 67, 74, 86, 99, 110, 127, 129, 137, 160, 166, 277, 302
Brain, Dennis 306
Bream, Julian 257, 306
Brecht, Bertolt 292, 338, 342
Brema, Marie 106
Brewster, Clotilde 140
Brewster, Henry Bennet 125, 128f., 133f., 136ff., 140, 143, 145f.
Brewster, Julia 128
Brian, Havergal 27, 79f., 111
Bridge, Frank 75, 79, 114, 165, 168, 239, 279ff., 285, 308, 313
Bridges, Robert 70
Briggs, K. M. 407
Britten, Benjamin 24, 43,48ff., 83, 106, 138, 145, 157, 162, 184ff., 200, 202, 226f., 231, 237, 239, 242, 247, 257, 261f., 264f., 273, 275ff., 320, 323, 330, 333ff., 339, 343, 354, 358, 361, 368, 386, 390, 392, 395, 409, 413
Britten, Edith 277, 284, 300
Britten, Elizabeth (Beth) 278, 287, 289
Broadwood, John 157
Bron, Eleanor 376
Bronowski, Jacob 347f.
Brontë, Charlotte 141
Brontë, Emily 141, 264
Brown, George Mackay 371, 376f., 383
Browning, Robert 65
Bruch, Max 156, 185
Bruckner, Anton 165f.
Brueghel d. Ä., Pieter 396
Brunelleschi, Filippo 379
Buck, Percy 247
Buckley, Reginald 220, 223, 227f., 233

Bülow, Hans von 63, 138
Bull, John 357
Buller, John 302
Bungert, August 223
Bunyan, John 173, 180f., 214
Busch, Fritz 298
Bush, Alan 135, 223, 242, 329
Busoni, Ferruccio 248, 330, 342
Buths, Julius 107
Butler, Samuel 324
Butterworth, George 75, 79, 81, 159
Byrd, William 16, 189
Byron, George Gordon Noel (Lord) 22

C

Cage, John 183, 250, 358
Caldwell, Sarah 345
Callas, Maria 268
Callot, Jacques 260
Campbell, David 367
Camus, Albert 184
Capell, Richard 197
Carlyle, Thomas 58, 128
Carpenter, Edward 218
Carpenter, Humphrey 278f.
Carte, Richard d'Oyly 32ff., 37f., 45ff., 52
Carte, Rupert d'Oyly 239
Carter, Elliott 394
Caruso, Enrico 25, 58, 285
Chagall, Marc 184
Chamberlain, Neville 293
Chaplin, Charlie 31, 36
Charles, Prinz von Wales 329
Chaucer, Geoffrey 266
Chausson, Ernest 223
Chesterton, Gilbert Keith 38f., 234
Chopin, Frédéric 18, 51, 62, 99
Christie, John 298
Clarke, Rebecca 132
Claudel, Paul 180
Coates, Albert 133, 168, 206, 286
Coates, Edith 286
Coates, Eric 133
Coates, John 105
Cocteau, Jean 184
Cohen, Harriet 167, 329
Coldstream, William 283
Coleridge-Taylor, Samuel 79, 177, 193
Coles, Cecil 79, 81
Colles, H. C. 170
Collingwood, Lawrence 286
Connery, Sean 400
Cooper, Martin 160
Copland, Aaron 253, 300, 303, 344
Cornelius, Peter 18
Costa, Michael 25, 44
Coward, Noël 250, 334
Cowen, Frederic 21, 26, 79, 95, 120
Crabbe, George 294, 296
Craggs, Stewart 273
Craig, Edward Gordon 200, 220, 225f., 230
Cranmer, Thomas 363
Creed, Marcus 292
Cross, Joan 199, 286, 295, 333
Crossley, Paul 175, 341
Crozier, Eric 278f., 292
Czinner, Paul 260

D

Da Ponte, Lorenzo 40
Daniel, Paul 404
Dannreuther, Edward 61ff., 66
Dante 105
Darwin, Charles 37, 74, 77, 152
David, Elizabeth 388
Davies, Henry Walford 81
Davies, Peter Maxwell 42, 120, 174, 183, 185, 225, 272, 284, 304, 320, 322, 351ff., 391, 393f., 396, 409
Davies, Philippa 368
Davis, Andrew 341, 348
Davis, Colin 306, 321, 341, 345, 348, 350
Davis, Kathleen 233
Davison, Beverley 367

Dean, Basil 238
Debussy, Claude 74, 77, 105, 180, 185, 188f., 197, 212, 222, 272
Decker, H. 137
Dehn, Paul 270
Del Mar, Norman 341f.
Delius, Frederick 18, 24, 75, 79, 81, 118, 120, 134f., 139, 164, 189, 212, 239, 251, 347
Dent, Edward 248, 286
Desmond, Astra 230
Destinn, Emmy 285
Diaghilew, Serge 164, 171, 338
Dickens, Charles 14, 22, 25, 31
Dieren, Bernard van 188, 251f.
Dinescu, Violeta 132
Disney, Walt 176
Disraeli, Benjamin 65
Dolaro, Selina 32
Dolmetsch, Arnold 42
Domingo, Placido 268
Donizetti, Gaetano 34, 286
Donne, John 177, 283, 291, 294
Douglas, Roy 182, 271
Dow, Dorothy 268
Dowland, John 16
Drewanz, Hans 366
Dürrenmatt, Friedrich 184
Dufay, Guillaume 358
Duff, Sheila siehe Birtwistle, Sheila
Duncan, Isadora 225
Duncan, Raymond 225
Duncan, Ronald 310, 313
Dunhill, Thomas 79, 108, 154, 193
Dushkin, Samuel 329
Dvořák, Anton 27, 175, 238
Dylan, Bob 313
Dyson, George 75

E

Ebert, Carl 299
Edward VII. 28, 76, 86ff., 97, 112, 162f.
Edward VIII. 258
Edwards, Henry John 80
Eichendorff, Joseph Freiherr von 24
Einstein, Albert 115, 283
Eisenstein, Sergej 260
Eisler, Hanns 238, 329
Elgar, Alice 87, 95ff., 100f., 156
Elgar, Ann 92
Elgar, Carice 92
Elgar, Edward 22, 50f., 59, 68f., 73, 79, 83, 85ff., 126f., 133, 156f., 159ff., 164f., 168, 170, 178, 184, 189, 204, 207, 212, 227f., 230, 237ff., 241, 246, 248, 251ff., 255f., 259, 261, 269, 281, 306, 312, 320, 334, 354, 381, 383, 387
Elgar, William 92
Eliot, George 24, 129, 141
Eliot, T. S. 251, 331, 335, 348
Elizabeth I. 16
Elizabeth II. 48, 166, 226, 259, 265, 299, 302, 304, 355, 358
Ellis, Ashton 220
Ellis, Osian 306
Elwes, Gervase 106
Eötvös, Peter 409
Eugénie (Kaiserin) 131
Euripides 302
Evans, Nancy 292

F

Farren, Nelly 32
Fauré, Gabriel 111, 147, 248
Fellini, Federico 184
Ferrier, Kathleen 303
Ffrangcon-Davies, David 107f., 215, 223
Finzi, Gerald 183
Fischer-Dieskau, Dietrich 276, 304, 309f., 343
Fisher, Adeline 155
Fitton, Isabel 102
Flecker 327
Fletcher, Stuart 235

Flotow, Friedrich von 327
Forster, Edward Morgan 278, 289, 294
Forsythe, Neil 285
Foss, Hubert 188, 253, 258
Foster, Lawrence 161, 393, 396
Foster, Muriel 107
Fox, Douglas 81
Foxe, John 363
Francesca, Piero della 358, 397
Franck, César 77, 106
Franks, Wilfred 323
Freeman, David 403f.
Frisch, Max 184
Fry, Roger 248
Fuller Maitland, John A. 58, 70, 74, 132, 215
Furniss, Rosemary 367
Furtwängler, Wilhelm 259

G

Gade, Niels 19
Gaisberg, Fred und Will 117
Gardiner, Balfour 80, 205
Gardiner, John Eliot 306, 310
Gauguin, Paul 347
Gay, John 286
George III. 368f.
George V. 89, 163, 282
George VI. 258f., 358
German, Edward 50, 79, 327
Gershwin, George 252f., 344
Gibbons, Orlando 16, 165
Gibbs, Cecil Armstrong 238
Gibran, Khalil 187
Gil Passo, Susana Valeria Rosa Maria 265f.
Gilbert, William Schwenck 18, 30ff., 45ff., 49, 51f., 89, 135, 145, 180, 329, 355, 390
Giraud, A. 367
Giraudoux, Jean 399
Glass, Philip 403
Glinka, Michail 52, 197
Gluck, Christoph Willibald Ritter von 33, 232
Goehr, Alexander 183, 357, 359, 362, 391, 393
Goehr, Walter 333, 341, 359
Goethe, Johann Wolfgang von 42, 69, 128, 338, 346
Goldschmidt, Otto 22
Goldsmith 264
Goodall, Reginald 295
Goodman, Benny 259
Goossens, Eugene 67, 75, 116, 165, 252
Gorki, Maxim 34
Gounod, Charles 40, 73, 188
Graener, Paul 216
Grainger, Percy 157, 306
Grant, Keith 257
Granville-Barker, Harley 143
Graves, Charles L. 70
Gray, Cecil 115, 132, 188f., 206 251f., 255, 265
Grieg, Edvard 62, 127, 193
Griffith, Arthur Troyte 102, 110
Griffith, Paul 405f.
Gropius, Walter 398
Grove, George 20ff., 42, 51, 57f., 64, 77, 132
Groves, Charles 161
Grunebaum, Hermann 197
Grynspan, Herschel 330ff.
Gubaidulina, Sofia 132
Gurney, Ivor 75, 165

H

Hadow, Henry 67, 69, 74
Händel, Georg Friedrich 16ff., 25f., 33, 64, 72, 214, 224f., 327, 332, 343, 348, 390
Hagel 138
Hall, Michael 407, 410
Hall, Peter 399f., 402
Hallé, Charles 98, 120
Hancock, Leonard 180
Hanslick, Eduard 26, 36, 174f.
Hardenberger, Hakan 410
Hardy, Thomas 34, 157, 207, 237, 240, 291

Harewood, Earl of 276, 293, 402
Harper, Heather 304, 309
Harris, Augustus 49, 285
Harrison, Isobel siehe Holst, Isobel
Harrison, Tony 399
Harsent, David 412f.
Hart, Fritz 154, 193
Hartmann von Aue 48
Harty, Hamilton 79, 116, 120, 255f.
Hassall, Christopher 266
Hastings, Warren 195
Hauptmann, Gerhart 48, 143
Haydn, Josef 16, 160, 175, 291, 374f., 381
Heger, Robert 295
Heifetz, Jascha 259, 269
Heimann, Heidi 315
Heine, Heinrich 42
Heinrich VIII. 363
Hemingway, Ernest 184
Hemmings, David 292
Hensel, Fanny 132
Henze, Hans Werner 272, 303, 374, 378
Herbert, Maude 61
Herder, Johann Gottfried 195
Hermand, Jost 184
Herrmann, Bernard 264, 273
Herzogenberg, Elisabeth von (Lisl) 128
Herzogenberg, Heinrich von 126f.
Heseltine, Philip siehe Warlock, Peter
Heß, Günther 255
Hess, Myra 329
Hill, Philip 301
Hindemith, Paul 144, 185, 254
Hinton, James 267
Hitchcock, Alfred 264
Hitler, Adolf 293
Hoban, Russell 414
Hobley, Florence 217
Hockney, David 387
Hölderlin, Friedrich 291
Hölszky, Adriana 132
Hoffmann, Ellwyn 216
Hoffmann, E. T. A. 96
Holbrooke, Joseph 79, 164
Holl, Robert 310
Holland, Vyvyan 115
Hollingshead, John 31f.
Holst, Adolph von 192f.
Holst, Emil Gottfried 192, 201
Holst, Gustav 22, 24, 65, 70, 79, 120f., 133, 149, 152, 154, 156f., 160, 162, 165, 168, 170, 175, 182, 187ff., 224, 239, 247, 252, 254, 261, 278, 282, 286, 289, 297, 306, 327, 329, 360
Holst, Gustavus Valentine von 192
Holst, Henry 259
Holst, Imogen 194, 202, 205, 278, 295, 305, 314
Holst, Isobel 198
Holst, Matthias von 191
Holst, Nina 192
Homer 206
Honegger, Arthur 180, 253
Horváth, Ödön von 331
Howarth, Elgar 358, 391, 397, 404, 407, 413
Howells, Herbert 75, 252
Hughes, Owain Arwel 272
Hughes, Spike 251
Hugo, Victor 24, 131
Humperdinck, Engelbert 286
Hunt, Holman 26
Hurd, Michael 226, 242

I

Ibsen, Henrik 34f., 64, 399
d'Indy, Vincent 78
Ireland, John 71, 75, 81, 154, 164, 193, 239, 252, 259, 281
Irving, Henry 50
Isaacs, Jeremy 411
Isherwood, Christopher 283
Ives, Charles 344

J

Jacobi, Georg 194
Jacobs, Arthur 386
Jacobs, W. W. 145
Jaeger, August 97ff., 107, 109
James, Henry 299, 312
Janáček, Leoš 94, 130, 146, 170
Jens, Walter 108
Joachim, Joseph 18, 51
Jochum, Eugen 184
Jones, Gwyneth 268
Jones, Howard 154
Jones, Leroi 333
Jonson, Ben 399
Jordan, Arthur 217, 230
Josquin des Prés 358
Joyce, James 289, 365, 373
Jung, C. G. 323, 335, 337f.

K

Kästner, Erich 275, 291
Kafka, Franz 351
Kagel, Maurizio 378
Kálmán, Emmerich 35
Karpeles, Maud 172
Kasandsakis, Nikos 108
Keats, John 207
Keller, Hans 116
Kemp, Ian 346f.
Kempe, Rudolf 161
Kennedy, Michael 174, 246, 266
Kentner, Louis 258
Kilburn, Nicholas 106
Kim, Earl 362
Kimpton, Gwynne 142
King, Martin Luther 346, 387
Kinkel, Johanna 132
Kipling, Rudyard 24, 42, 225
Kitchin, Margaret 341
Kitson, C. H. 326
Klee, Paul 360, 385, 397ff., 414
Kleiber, Erich 161
Klein, Hermann 39
Klemperer, Otto 161
Knowles, Gregory 353, 367
Knussen, Oliver 317, 361
Kodály, Zoltán 179, 258, 303
Korda, Alexander 120
Korngold, Erich Wolfgang 264
Kovacevich, Stephen (Bishop) 306, 341
Kramskoi 108
Kreisler, Fritz 113
Křenek, Ernst 253
Kurosawa, Akira 373
Kussewitzky, Serge 294

L

Lagerlöf, Selma 143, 145
Lambert, Constant 115, 164f., 169, 171, 173, 183, 188, 245, 251, 253ff., 265, 331
Lamprecht, Gerhard 291
Langridge, Philip 343, 405
Lascelles, Frank 134
Laurel & Hardy 32f.
Lawes, Henry 68
Lawrence, Arthur 52
Lawrence, D. H. 289
Le Sage, Alain-René 113
Lear, Edward 31
Leavis, F. R. 251
Lediard, Clara 192
Legge, Robin 215
Legge, Walter 161
Lehmann, Rudolf 22
Lenin, Wladimir I. 240
Leo, Alan 203f.
Leoncavallo, Ruggiero 238
Leppard, Raymond 306
LeRoux, François 412
Levi, Hermann 50, 133
Lewis, Wyndham 251
Ligeti, György 409
Lind, Jenny 17, 22

Liszt, Franz 18, 22, 27, 62f., 70 105, 131, 174f., 250
Lloyd, Edward 106
Lloyd, Roderick 333
Lock, Ursula, siehe Vaughan Williams, Ursula
Locke, Matthew 232
Lockhart, James 270
Lohse, Otto 135
Longfellow, Henry W. 48
Lortzing, Albert 18
Lumet, Sidney 400
Lutoslawski, Witold 238, 317, 409
Lutyens, Elisabeth 132, 183, 265
Luxon, Benjamin 313
Lygon, Mary 103

M

Macaulay, Thomas Babington 89
MacCunn, Hamish 21
Macfarren, George Alexander 27, 33, 60
MacGregor, Joanna 414
Machaut, Guillaume de 358
Mackenzie, Alexander 21, 26f., 33, 58, 74, 76, 79, 95, 97, 143, 157, 201
Mackerras, Charles 341
Macmillan, Harold 307
MacMillan, James 380
Macnaughton-Jones, H. 324
MacNeice, Louis 264f., 283
Madonna 350
Maeterlinck, Maurice 100, 180, 261
Mahler, Gustav 50, 100, 136, 153, 164, 166f., 174f., 185, 193, 291, 297, 314, 347, 382
Mair, Craig 372
Malcolm, George 303
Mandela, Nelson 337
Mann, Elisabeth (Medi) 315
Mann, Erika 283
Mann, Thomas 261, 283, 290, 299, 314ff.
Mann, William 406
Manns, August 21f., 95, 106, 116, 130
Marriner, Neville 306
Marschner, Heinrich 47
Martinelli, Giovanni 285
Marx, Karl 240
Marx Brothers 31
Mascagni, Pietro 137, 188
Massenet, Jules 78, 267
Mathieson, Muir 264
Maupassant, Guy de 299
McArthur, Margaret 333
McDonnell, Tom 405
McNaught, William 241
Meares, Stanley 415
Melba, Nellie 216
Melville, Herman 299
Mendelssohn Bartholdy, Felix 16f., 21f., 26, 51 64, 70, 72, 77, 103f., 166, 193, 214, 383
Menuhin, Yehudi 118, 258, 294, 303
Messager, André 134
Messiaen, Olivier 359, 370, 392, 396
Mewton-Wood, Noel 341, 345
Meyerbeer, Giacomo 73, 175
Miles, Napier 73
Milhaud, Darius 253
Mill, James 195
Mill, John Stuart 195
Millais, John 113
Milman, H. H. 45
Milton, John 68, 70, 141, 206
Mitchell, Donald 318
Mitchinson, John 339
Moeran, John Ernest 75, 162, 165, 188
Mörike, Eduard 42
Moholy-Nagy, László 398
Monteux, Pierre 116
Monteverdi, Claudio 291, 330, 395, 404
More, Thomas (Morus) 34, 240
Morris, Margaret 225, 229
Morris, R. O. 327
Morris, William 216, 219, 223, 240
Morrison, Angus 251, 253
Motomasa, Juro 311
Mottl, Felix 50, 133

Mozart, Leopold 17
Mozart, Wolfgang Amadeus 35, 40, 42, 62, 87, 93, 100, 103, 110, 160, 175, 224, 247, 272, 286, 291, 297, 299, 306, 337, 374f., 381f., 407
Muck, Karl 134
Müller, Friedrich Max 195
Münch, Charles 269
Mullings, Frank 230f.
Mundt, Theodor 220
Murray, Gilbert 236
Musgrave, Thea 132, 304
Musset, Alfred de 133
Mussorgsky, Modest 74, 286

N
Napoleon 16, 131
Nash, Heddle 286
Neumann, Angelo 138f.
Nevinson, Basil G. 103
Newbolt, Henry 168
Newman, Ernest 104, 241, 255
Newman, John Henry 104
Newman, Robert 160
Newton, Ivor 259
Nielsen, Carl 164
Nietzsche, Friedrich 34, 78, 231, 324
Nightingale, Florence 141
Nikisch, Arthur 50, 138f.
Nono, Luigi 178, 183, 272, 358
Norbury, Florence 102
Norbury, Winifred 102
Norrington, Roger 306
Novello, Ivor 109, 112

O
Offenbach, Jacques 23, 33, 35
Ogdon, John 306, 341, 358, 391
Ohnet, Georges 72
Oliver, Stephen 411
Olivier, Laurence 176, 260ff.
Orff, Carl 361, 409
Ormandy, Eugene 256
Ornstein, Leo 250
Orwell, George 240, 328
Ottaway, Hugh 179
Owen, Wilfred 83, 309
Oyler, Philip 228
Ozawa, Seiji 379

P
Paganini, Niccolò 269
Palestrina, Giovanni da 77, 200, 327
Palmer, Christopher 273
Palmer, Tony 273
Pankhurst, Emmeline 140
Panufnik, Andrzej 317
Parry, Charles Clinton 58, 61
Parry, Charles Hubert 22, 24ff., 48, 56ff., 89, 95, 97, 100, 104, 106, 111, 130, 137, 153, 157, 160, 165, 171, 196, 201, 241, 247, 324
Patti, Adelina 32
Pears, Peter 257, 265, 268, 270, 287ff., 302ff. 306f., 309f., 314ff., 330, 333, 341
Penny, Dora 98, 102ff.
Perón, Evita 260
Petrassi, Goffredo 360
Pfitzner, Hans 48
Piatigorsky, Gregor 259, 268f.
Piatti, Alfredo 27
Picasso, Pablo 184, 394, 395
Pierson, Heinrich Hugo 60
Pinnock, Trevor 306
Piper, John 314
Piper, Myfanwy 312, 314
Pitt, Percy 116, 285
Platon 240
Plunket Greene, H. 106
Pollitzer, Adolphe 94
Ponsonby, Arthur 61, 83
Ponsonby, Robert 406
Porter, Andrew 386

Potter, Cipriani 19, 100
Poulenc, Francis 303
Pound, Ezra 251
Pré, Jacqueline du 114, 306
Previn, André 254, 333, 381
Pritchard, John 269, 341f.
Proctor, Adelaide A. 25f.
Prokofjew, Sergej 255, 260, 267, 272
Proust, Marcel 23
Pruslin, Stephen 367, 386, 395
Puccini, Giaccomo 139, 268, 272, 286
Purcell, Henry 16, 68, 70, 93, 162, 165, 171, 189, 200f., 230, 232, 286, 291f., 297, 302, 306, 316, 330
Puschkin, Alexander 312

R

Rachmaninow, Sergej 163
Rath, Ernst vom 330
Rattle, Simon 306, 379
Ratz, Erwin 359
Ravel, Maurice 43, 158, 164, 175, 185 197, 212, 247, 267, 326
Rawsthorne, Alan 183, 256, 259, 265
Raybould, Clarence 225
Reed, Priscilla 47
Reed, Thomas German 47
Reed, William H. 96, 112, 184
Reeves, Sims 324
Reimann, Aribert 378
Reinhardt, Max 225
Rendall, Lucy 375
Rennert, Günther 268
Richter, Hans 50, 62, 72f., 98, 106f., 111, 113, 116, 120f., 194, 285
Richter, Swjatoslaw 303
Ridge 141
Rigby, Jean 405
Rihm, Wolfgang 378
Rilke, Rainer Maria 142, 348
Rimbaud, Arthur 283, 291
Rimsky-Korsakow, Nikolaj 158, 286
Ritchie, Ian 380
Roberts, Caroline Alice, siehe Elgar, Alice
Robertson, Tom 36
Robinson, Faye 350
Rodzinski, Artur 259
Ronald, Landon 113, 120
Ronalds, Fanny 44
Rosa, Carl 74, 133, 194f., 197, 202
Rosenthal, Harold 316
Rossini, Gioachino 29, 32, 35, 51, 149, 247, 270, 431
Rostropowitsch, Mstislaw 303, 312
Rousseau, Jean-Jacques 195
Rowlandson, Thomas 253, 260
Rubbra, Edmund 165, 183, 281
Ruskin, John 58, 240
Russell, Bertrand 140
Russell, Ken 371

S

Sacher, Paul 410
Saint-Saëns, Camille 286
Salmond, Felix 114
Sambourne, Linley 28
Sappho 397
Sargent, John Singer 129
Sargent, Malcolm 120, 142, 166, 178 201, 255, 266ff., 326f., 335
Sartre, Jean-Paul 184
Sassoon, Siegfried 248, 251
Satie, Erik 251
Sauerlander, Beata 279
Schafer, Murray 362
Schaljapin, Fedor 325
Scharrer, Irene 329
Scharwenka, Xaver 62
Schenker, Heinrich 175, 359
Schiller, Friedrich 346
Schmidt, Andreas 310
Schmidt-Isserstedt, Hans 341
Schmitz, Oscar A. H. 99
Schnitzler, Arthur 144

Schönberg, Arnold 50, 74, 116, 164, 175 185, 188, 203, 247, 250ff., 267, 272, 280, 297, 301, 307, 334, 358f., 367, 381, 392, 395f., 399, 411
Schopenhauer, Arthur 34
Schostakowitsch, Dmitri 185, 255, 286f., 312, 338, 352, 364
Schubert, Franz 18ff., 42, 87, 129, 291, 297, 303, 306, 410
Schütz, Heinrich 16, 77, 315
Schumann, Clara 18, 127, 129, 132
Schumann, Robert 18, 20ff., 51, 60, 62, 72 78, 99, 129, 166, 306, 356
Schuster, Frank 246, 248
Schuster, Leo Francis 97
Schwarzkopf, Elisabeth 268
Schweitzer, Albert 78, 241, 269
Schwiller, Isidore 201
Scott, Charles Kennedy 222
Scott, Cyril 79, 165
Scott, Robert Falcon 177
Scott, Walter 47f.
Searle, Humphrey 183
Seebach, Graf 134
Seneca 123
Serafin, Tullio 295
Sessions, Roger 362
Shaffer, Peter 310, 399
Shakespeare, William 21, 24, 27, 49, 85, 130, 174, 176, 179, 183, 206, 208, 214, 221, 260ff., 265, 299, 310, 345, 399
Shanks, Edward 146
Sharp, Cecil 157f.
Sharp, Evelyn 179
Sharp, William 222
Shaw, George Bernard 20, 33ff., 64, 69, 111, 131, 140, 189, 211f., 220, 226, 229f., 232, 235, 240ff., 324, 328, 335, 338, 345, 355
Shelley, Percy Bysshe 67, 177, 240
Shelton, Lucy 343
Sheppard, Dick 284
Sheridan, Richard Brinsley 188, 216
Sibelius, Jean 149, 164, 173, 183, 252, 255f., 272, 381
Simpson, Robert 27, 178
Sinclair, George R. 103
Sinclair, Upton 240
Sinopoli, Giuseppe 370
Sitwell, Edith 188, 248, 250f., 257, 259, 271, 316
Sitwell, Osbert 164, 188, 246, 248, 254, 259, 271
Sitwell, Sacheverell 188, 248, 251, 259, 271
Slater, Montagu 294
Smetana, Bedřich 179
Smith, Cyril 329
Smyth, Ethel 18, 58, 79, 118, 120, 123ff., 160, 165, 179, 212, 285f.
Smyth, John H. 125f.
Smyth, Mary 134
Smyth, Nina 125f.
Smythe-Palmer, A. 90
Solomon 329
Solti, Georg 321, 341, 347, 350
Somerville, Edith 124, 143
Sonzogno, Nino 268
Spence, Basil 308
Spencer, Herbert 77
Spenser, Edmund 206
Spiel, Hilde 141
Spohr, Louis 16, 26
St. John, Christopher 132
Stahmer, Klaus H. 374
Stainer, John 157
Stanford, Charles Villiers 21, 24ff., 58, 70, 72, 75f., 79, 95, 97f., 106, 110f., 130, 153 157, 163, 168, 179, 193f., 196, 207, 215, 239f., 286, 326f.
Stein, Erwin 300f.
Stein, Horst 341
Steuart-Powell, Hew David 100, 103
Stevenson, Robert Louis 372
Stockhausen, Karlheinz 178, 183, 358f., 378, 392
Stokowski, Leopold 113

Stone, Mary Thorley 192
Stope, Marie 225
Strachey, Lytton 248, 253, 299
Strauß, Johann 35, 194
Strauss, Richard 50, 74, 80, 86f., 105, 107 120, 139, 163, 189, 237, 239, 247, 258, 267
Strawinsky, Igor 74, 164, 175, 185f., 188f., 191, 197, 203f., 247, 250f., 253f., 260, 267, 272, 291, 297, 329, 339, 358, 368, 375, 381, 392, 394, 396, 410
Strecker, Willy 328
Strettel, A. 137
Strindberg, August 34
Strong, Thomas 247, 250f.
Stuart-Wortley, Alice 113
Stuart-Wortley, Charles 113
Sturgis, Julian Russell 47ff.
Sullivan, Arthur 13ff., 57f., 60, 62, 68ff., 72, 74, 76, 89, 94f., 100, 110f., 115, 126, 130, 133, 135, 137, 139, 159f., 163, 179, 180, 188, 191, 193, 226f., 238, 285ff., 320, 324, 327, 329, 348, 355, 390, 413 394, 417
Sullivan, Fred 25, 34
Sullivan, Maria 18
Sullivan, Thomas 16ff., 22
Sutcliffe, James Helme 304
Swift, Jonathan 39
Swingler, Randall 330
Synge, John Millington 180, 222
Szigeti, Joseph 259

T

Tabori, George 319
Tasso, Torquato 206
Tate, Jeffrey 306, 310
Tauber, Richard 238
Taverner, John 357f., 362ff., 366, 367, 368
Taylor, Una 74
Tear, Robert 310
Tennant, Stephen 257
Tennyson, Alfred 24, 70
Tertis, Lionel 169, 254
Thatcher, Margaret 323
Thomas, Dylan 265
Thomas, Mary 367
Thomson, Rita 314
Thoreau, Henry David 219
Thurn und Taxis, Marie von 142
Tippett, Henry William 324ff.
Tippett, Isabel (geb. Kemp) 324ff.
Tippett, Michael 24, 58, 83, 106, 120, 183, 200f., 224, 231, 237, 239f., 261, 267, 284f., 289, 302f., 306, 308f., 312, 316f., 319ff., 355, 358 390, 393, 396, 405
Tippett, Peter 325
Toller, Ernst 346
Tolstoi, Leo 128, 203
Tomlinson, John 413
Townshend, Richard Baxter 100
Trakl, Georg 368f.
Trevelyan, Alfred 130
Trevelyan, George Macaulay 130
Trevelyan, Pauline 130
Trotzki, Leo 329
Tschaikowsky, Peter 22, 27, 62, 73f., 78, 86, 127, 297
Tschechow, Anton 35, 270

U

Uccello, Paolo 358, 397

V

Valois, Ninette de 170f., 286
Vandervelde 248
Varèse, Edgar 396
Varness, Carol 310
Vaughan Williams, Ralph 27, 43, 47f., 57, 63ff., 68, 70f., 73ff., 79, 111f., 120f., 133, 149, 151ff., 188f., 191,

193f., 196, 201, 207ff., 224, 230 237, 239f., 242, 247, 252, 255, 261, 269, 282, 286, 302, 312, 324, 327, 334, 358, 371, 381f., 387, 390f.
Vaughan Williams, Ursula 13, 153, 156, 181, 186
Verdi, Giuseppe 39, 105f., 115, 130, 137, 224, 266f., 286, 291, 297, 299, 323, 342, 374
Vergil 206
Versalius, Andreas 370
Vickers, Jon 296
Victoria (Königin) 27, 36, 46, 48, 50, 86, 89f., 107, 162, 223, 306, 359, 383
Visconti, Luchino 314
Vivaldi, Antonio 340
Vyner, Michael 406

W
Waddells, Helen 208
Wagner, Richard 18, 21f., 34f., 39, 45f., 51, 62, 64, 67, 73f., 77f., 86, 93, 99, 105, 107, 118, 137, 152f., 174f., 180, 193, 197, 207, 212, 216, 220ff., 230, 236, 240, 248, 267, 285, 301, 342, 408f., 413
Walker, Ernest 58
Wallace, Edgar 414
Wallace, John 370
Wallace, William Vincent 46, 286
Walshe, Christina 228f., 231, 233
Walter, Bruno 55, 104, 115f., 125, 136, 144f., 147, 173, 285
Walthew, Richard 65
Walton, Noel 246
Walton, Susana 257, 269, 271f., 305
Walton, William 59, 115f., 120, 149, 162, 165, 176, 183, 239, 245ff., 284, 302, 304f., 320, 335f., 354, 356, 358, 386
Wanamaker, Sam 342
Warlock, Peter (d.i. Heseltine Philip) 64, 81, 87, 164, 169, 188, 253
Waugh, Evelyn 250
Waxman, Franz 264
Webb, Beatrice 328
Weber, Carl Maria von 19, 52
Webern, Anton 149, 183, 362, 307, 358, 392, 396, 431
Webster, David 267
Weill, Kurt 253, 294
Weir, Judith 132
Weller, Walter 161
Welles, Orson 264
Wells, H. G. 120, 169, 347
Wendon, Henry 286
Wesley, Samuel Sebastian 67, 272
Whateley, Richard 108
White, Eric Walter 184, 335
Whiteman, Paul 252
Whitman, Walt 151, 168, 216
Wilbye, John 189
Wilde, Oscar 32, 34, 115, 126, 289
Wilde, William 126
Wilder, Billy 291
Wilhelmj, August 94
Williamson, Malcolm 383
Wilson, Robert 225
Wilson, Steuart 106, 230, 232, 241
Wimborne, Alice 259, 263, 265f.
Wingham, Thomas 21
Wischnewskaja, Galina 309f., 312
Wolf, Hugo 306
Wolfe, Humbert 209
Wolsey, Thomas (Kardinal) 363
Wood, Charles 153, 326
Wood, Henry 80, 110, 112f., 116, 120, 124, 144, 153, 160, 162, 169, 201, 203, 280
Woolf, Virginia 124, 141, 149, 248, 250
Wordsworth, William 183
Wright, Basil 282f.
Wüllner, Ludwig 107
Wurm, Stanislaus 194

Y

Yeats, William Butler 222, 320, 323, 347f., 350
Yentob, Alan 406

Z

Zimmermann, Bernd Alois 404
Zinovieff, Peter 401, 403
Zorian, Olive 306
Zweig, Stefan 34